FIL

Filosofía

C. Prestel Alfonso
Profesor de Filosofía de I.E.S.

Vicens Vives
Bachillerato

Aula3D

ÍNDICE

¿Cómo es este libro?

ENTRADA

Preguntas motivadoras.

Objetivos didácticos.

Bloques y apartados del tema.

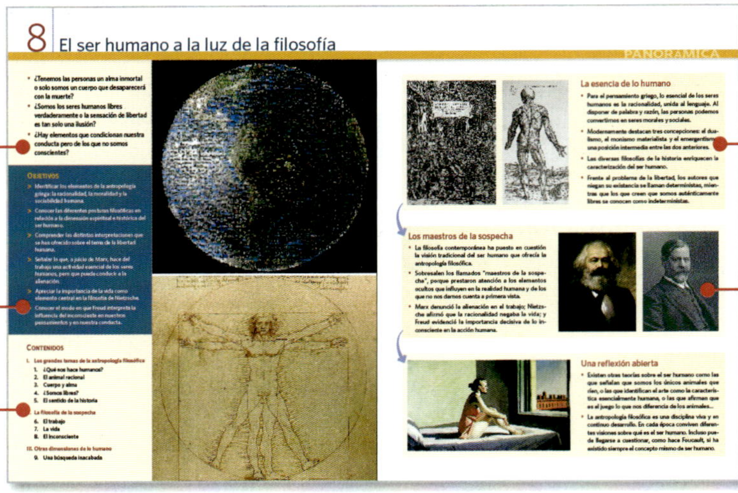

Panorámica con las cuestiones más relevantes del tema.

Ilustraciones que ayudan a contextualizar.

INTERIOR

Protagonistas de la filosofía: biografía de algunas figuras del pensamiento citadas.

Fragmentos filosóficos con preguntas orientadoras.

Léxico: definición de algunos términos.
(En el Glosario final se recogen estos y otros términos).

Fíjate: llamada de atención con información complementaria.

Ilustraciones para subrayar o contextualizar los contenidos.

Para ampliar en la Red...: recursos disponibles en Internet.

Esquemas y tablas: relación entre conceptos de forma gráfica.

PÁRATE A PENSAR: propuestas de trabajo según las diversas competencias filosóficas, al final de cada bloque.

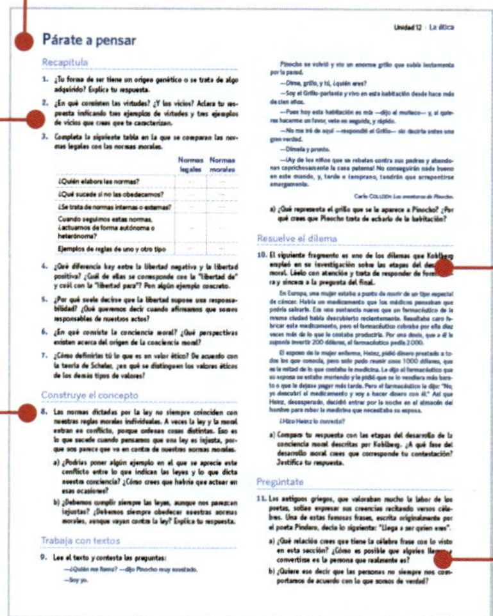

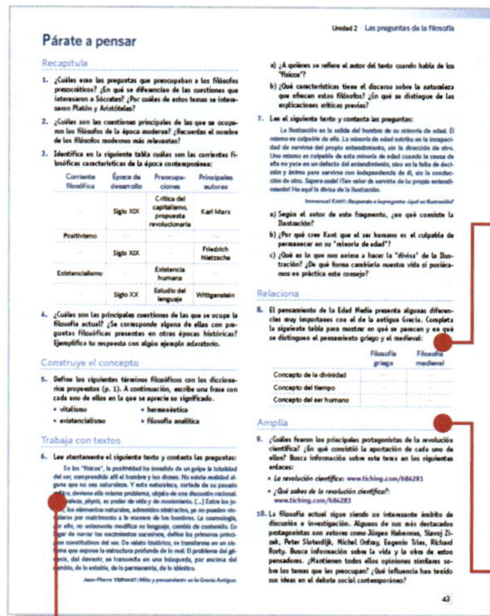

Recapitula: preguntas para sintetizar, trabajar la comprensión del texto y ordenar los contenidos.

Construye el concepto: incluye referencias *on-line*:
Glosario de Filosofía. webDianoia www.tiching.com/684285
Diccionario filosófico. Proyecto de Filosofía en español www.tiching.com/687121
Diccionario de Filosofía. Torre de Babel ediciones www.tiching.com/687118

Resuelve el dilema: contraposición de valores o normas que pide una resolución.

Pregúntate: problematización de una cuestión básica del tema.

Relaciona: búsqueda de semejanzas y diferencias entre dos aspectos.

Amplía: directrices para el alumnado que desee profundizar en un contenido.

Trabaja con textos: textos representativos con preguntas que dirigen el comentario.

TALLER DE FILOSOFÍA

Propuestas para aplicar las principales técnicas de trabajo en filosofía explicadas en **Herramientas para filosofar**, página 350.

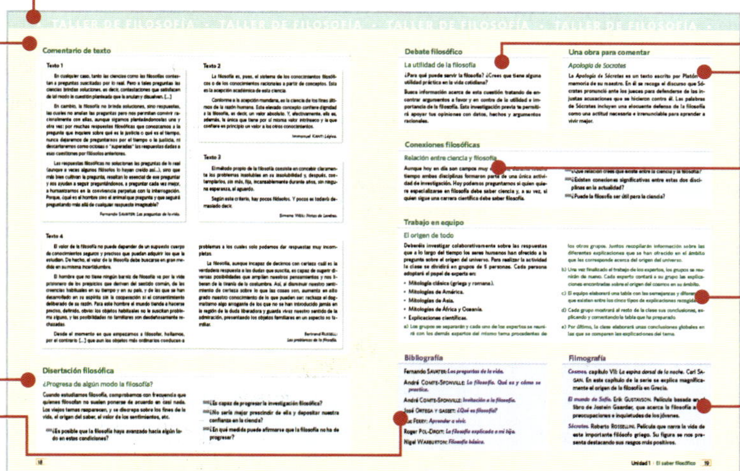

Comentario de texto: textos sin preguntas para practicar el comentario filosófico de texto.

Disertación filosófica: interrogación sobre algún aspecto relevante del tema.

Bibliografía: obras de referencia para profundizar.

Debate filosófico: discusión sobre tesis contrapuestas.

Una obra para comentar: ensayo, tratado, novela o película referido al tema.

Conexiones filosóficas: exploración de las relaciones con otros asuntos filosóficos o de disciplinas diferentes.

Trabajo en equipo: trabajo colaborativo de ampliación de un contenido del tema.

Filmografía: películas recomendables para ilustrar aspectos destacados.

MAPA CONCEPTUAL Y EVALUACIÓN

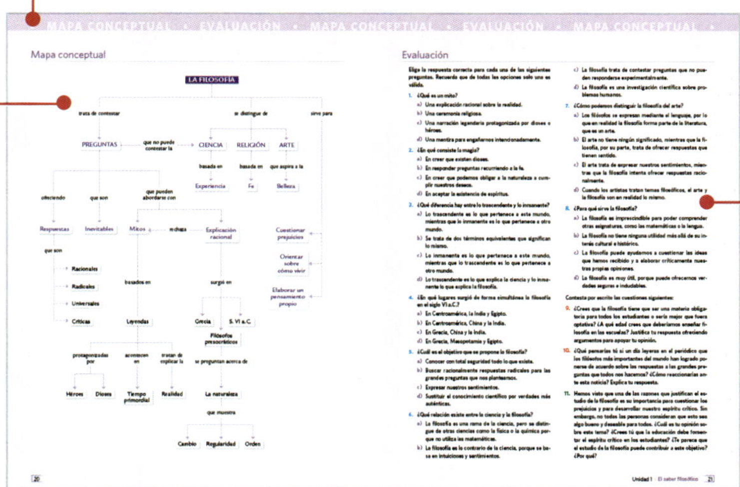

Interrelaciones entre los conceptos principales.

Test con tres tipos de preguntas: de respuesta cerrada en color azul, de respuesta semiabierta en color rojo y de respuesta abierta en color verde.

1 El saber filosófico

- ¿Sabes lo que es la filosofía?
- ¿De dónde viene esta palabra?
- ¿A qué se dedican los filósofos?
- ¿Qué semejanzas y diferencias hay entre la ciencia y la filosofía?
- ¿Cómo se relaciona la filosofía con la religión y el arte?
- ¿Para qué puede serte útil estudiar filosofía?

Objetivos

> Comprender el papel que tienen en numerosas culturas la magia, los mitos y los ritos.

> Explicar la diferencia entre las descripciones mítica y filosófica de la realidad.

> Distinguir la filosofía de otras actividades como la ciencia, la religión y el arte.

> Aclarar el carácter de saber universal, radical, racional y crítico que tiene la filosofía.

> Valorar las funciones que desempeña el saber filosófico.

> Establecer una relación entre las propuestas teóricas de la filosofía y su utilidad práctica.

Contenidos

I. Del mito a la razón

1. El ser humano: un animal que se pregunta
2. Mito y razón
3. El origen de la filosofía
4. ¿Qué es la filosofía?

II. La especificidad de la filosofía

5. Ciencia y filosofía
6. Religión y filosofía
7. Arte y filosofía
8. ¿Para qué sirve la filosofía?

El ansia de saber

- Los seres humanos siempre se han planteado grandes preguntas acerca del mundo, la vida y el sentido de la existencia.
- En muchas épocas estas preguntas se han respondido recurriendo a los mitos. En Grecia, en el siglo VI a.C., aparece la filosofía como una propuesta para responder estas preguntas de forma diferente.
- La filosofía busca explicaciones racionales basadas en argumentos y sometidas a la crítica.
- Los primeros filósofos griegos, que vivieron antes de Sócrates, se formularon preguntas acerca del orden y la regularidad de los ciclos naturales. Sócrates se interesó más por temas relacionados con el ser humano.

La filosofía frente a otros saberes

- La ciencia se fundamenta en la contrastación mediante la experiencia y procura elaborar leyes que expliquen la realidad. La filosofía, en cambio, intenta responder otro tipo de preguntas que no pueden contestarse experimentalmente.
- La religión ofrece respuestas que están basadas en la fe, mientras que la filosofía rechaza los dogmas y solamente acepta explicaciones que sean racionales.
- La literatura es una actividad artística que busca crear belleza con el lenguaje. La filosofía no pretende aspirar a la belleza, sino responder a las preguntas formuladas por el ser humano. Sin embargo, muchas obras literarias tienen un rico contenido filosófico.

Utilidad de la filosofía

- Conviene distinguir la filosofía como disciplina de la filosofía como actividad.
- Estudiar las disciplinas filosóficas nos permite conocer un patrimonio común de la humanidad de todos los tiempos y, de la mano de quienes las han practicado, adentrarnos en cuestiones radicales que interesan a todas las personas.
- Aprender a filosofar, es decir, a ejercer la filosofía como actividad, tiene una importante utilidad práctica. Sirve para cuestionar prejuicios, para elaborar nuestro pensamiento de forma crítica y racional, para comprender aspectos básicos de nuestra cultura y para orientarnos sobre cómo vivir.
- La filosofía, pues, resulta imprescindible para la formación humana integral.

I. Del mito a la razón

1. El ser humano: un animal que se pregunta

¿En qué se diferencian las personas de los demás animales? Una posible respuesta a esta pregunta consiste en distinguir el comportamiento animal del comportamiento humano. Los animales actúan de forma instintiva, siguiendo los impulsos de su naturaleza, mientras que las personas podemos actuar de manera racional (aunque no siempre lo hagamos). La capacidad del ser humano de pensar, razonar, comprender, interpretar y dar respuestas es una de las características que nos distingue de los animales.

A diferencia de los animales, los seres humanos no solo vivimos, sino que además **nos planteamos preguntas sobre nuestra vida**.

examen

Desde la más remota antigüedad, nos hemos formulado cuestiones sobre todo tipo de temas. Las personas nos preguntamos si hay algo después de la muerte, por qué debemos hacer el bien, quién ha creado todo lo que vemos, por qué debemos seguir las reglas que nos imponen los demás, cuál es el sentido de nuestra vida...

Los seres humanos siempre se han planteado preguntas acerca de la vida y la realidad. Caspar David FRIEDRICH: *Hombre y mujer contemplando la luna* (1824).

2. Mito y razón

2.1. Los mitos tratan de explicar la realidad

La necesidad que tenemos los seres humanos de encontrar respuestas para nuestras grandes preguntas aparece en todas las culturas, tanto en el pasado como en la actualidad. En casi todos los pueblos las respuestas han consistido en mitos.

Un **mito** es una narración sagrada de acontecimientos sucedidos hace mucho tiempo, en los que ciertos seres sobrenaturales (como dioses o héroes) realizaron acciones memorables que explican el mundo actual.

examen

Un ejemplo puede ayudarte a entender mejor lo que son los mitos. Los griegos sabían por experiencia que todos los años había un período invernal, en el que la tierra dejaba de dar frutos y la naturaleza parecía estar dormida hasta que volvía a despertar en primavera. Se preguntaban por qué las cosas sucedían de este modo. Para explicarlo, contaban una historia protagonizada por Perséfone y su madre Deméter, la diosa de la fertilidad.

La historia del rapto de Perséfone es un buen ejemplo de narración mítica. Esta historia ofrecía una explicación para la sucesión de las estaciones del año. Del mismo modo, los griegos disponían de muchos otros mitos que les permitían interpretar las regularidades de la naturaleza y los misterios de la vida.

Los mitos de la antigua Grecia han estado muy presentes en la cultura occidental, por lo que tal vez son los más conocidos. Pero además de los mitos griegos han existido leyendas parecidas en muchas otras culturas. Los mitos aparecen en todos los pueblos de la Tierra, puesto que ofrecen respuestas a algunas de las grandes preguntas que todos nos hacemos. Estos mitos ofrecen explicaciones sobre temas como el origen del mundo, el sentido de la vida, la aparición de los seres humanos sobre la Tierra, el aspecto de las plantas y los animales, los ciclos de la naturaleza o la posibilidad de una vida después de la muerte.

EL RAPTO DE PERSÉFONE: UN MITO DE LA ANTIGUA GRECIA

Mientras cortaba flores en la llanura de Nisa, Perséfone, la hija de Deméter, fue raptada por Hades, dios de los infiernos. Durante nueve días la buscó Deméter [...]. Finalmente, Helios le dice la verdad: ha sido designio de Zeus casar a Perséfone con su hermano Hades. Transida de amargura y llena de ira contra el rey de los dioses, Deméter decidió no regresar al Olimpo [la morada de los dioses]. [...]

Consumida del deseo de ver a su hija, [Deméter] provoca entonces una terrible sequía que hace estragos en la tierra. En vano envía Zeus mensajeros para suplicar a la diosa que retorne entre los inmortales. Deméter responde que no volverá a poner el pie en el Olimpo y que no dejará crecer la vegetación hasta que vea de nuevo a su hija. Zeus no tuvo más remedio que pedir a Hades que devolviera a Perséfone, a lo que accedió el soberano de los infiernos. Pero logró introducir en la boca de Perséfone un grano de granada, forzándola a tragarlo. Con ello se aseguró el retorno anual de Perséfone durante cuatro meses al lado de su esposo. Una vez recuperada su hija, Deméter accedió a volver junto a los dioses y la tierra recuperó milagrosamente su verdor.

Mircea ELIADE:
Historia de las ideas y creencias religiosas.

1. Según este mito, ¿cómo serían las cosas si Perséfone no hubiera sido raptada?

2. ¿Crees que se trata de una explicación mítica o racional? ¿Por qué?

En la cultura griega, el rapto de Perséfone ofrecía una explicación mítica sobre el ciclo de las estaciones del año. Nicolas MIGNARD: Detalle de *El rapto de Proserpina* (1651).

2.2. La magia y los ritos

A menudo los mitos aparecen asociados a la magia y a los ritos. La **magia** consiste en creer que las personas podemos ejercer un poder directo sobre el mundo, ejecutando determinadas ceremonias que se llaman **ritos**. Quien realiza un acto de magia cree que puede obligar a los dioses o a la naturaleza a cumplir sus deseos.

El mago de una tribu, por ejemplo, clava alfileres sobre un muñeco porque está convencido de que así causará la muerte de su enemigo. Lo mismo sucede cuando los miembros de un grupo bailan la danza de la lluvia para obligar a la naturaleza a enviar el agua que se necesita.

Aunque la magia, los ritos y los mitos están extendidos por todo nuestro planeta, en la actualidad las explicaciones míticas no nos terminan de convencer. No creemos en la magia porque no confiamos en que sea posible obligar a la naturaleza a cumplir nuestros deseos. Cuando buscamos respuestas para nuestras preguntas, esperamos encontrar explicaciones racionales en lugar de narraciones míticas. En vez de emplear estas historias, la razón trata de aclarar las causas y los motivos por los que suceden las cosas.

Los mitos ofrecen relatos **trascendentes***, en los que se recurre a dioses y fuerzas maravillosas que están más allá de este mundo. La razón, en cambio, proporciona explicaciones **inmanentes***, en las que no nos referimos a fuerzas mágicas ni a divinidades, porque suponemos que los motivos de las cosas pueden encontrarse en la propia naturaleza y no en elementos sobrenaturales.

Existe otra diferencia muy importante entre el mito y la razón. Los mitos ofrecen una visión del mundo en la que todo está dominado por el destino y la voluntad de los dioses. La realidad aparece así como algo caótico y caprichoso que no siempre sigue una pauta previsible y que a menudo escapa a la comprensión humana. Las explicaciones racionales, en cambio, tratan de averiguar las leyes que sigue la naturaleza.

Desde un punto de vista racional, la realidad no es caótica ni caprichosa, sino que responde a una serie de leyes que el ser humano puede investigar y entender.

PREGUNTAS QUE IMPORTAN

Aquí tienes una lista con algunas de las preguntas que se han planteado los filósofos a lo largo del tiempo. ¿Te has preguntado tú alguna vez algo parecido? Elige una de estas preguntas y trata de darle tu contestación personal.

- ¿Debemos obedecer siempre a los que mandan?
- ¿Puede haber normas que sean válidas para todo el mundo?
- ¿Debemos decir siempre la verdad?
- ¿Está justificado en algún caso recurrir a la violencia?
- ¿Está el destino escrito en las estrellas?
- ¿Qué debemos hacer con los criminales y con los delincuentes?
- ¿Somos verdaderamente libres de hacer lo que queramos?
- ¿Existe Dios? ¿Cómo puedo saberlo?
- ¿Es posible distinguir lo verdadero de lo falso? ¿Cómo?
- ¿Tuvo el universo alguna vez un comienzo?
- ¿Somos las personas como un robot muy complicado o hay algo "espiritual" en nosotros que nos diferencia de las máquinas?
- ¿Tiene mi vida algún sentido?

***Trascendente:** que está más allá de este mundo, en otra realidad diferente de la que vemos y percibimos ordinariamente.

***Inmanente:** que está en este mundo, dentro de la realidad ordinaria.

3. El origen de la filosofía

3.1. Los comienzos del pensamiento racional

El pensamiento filosófico surgió casi al mismo tiempo en tres lugares muy apartados entre sí: en **China**, en la **India** y en **Grecia**. En torno al siglo VI a.C., en estas tres zonas surgió por primera vez un cuestionamiento racional de la realidad que pretendía ir más allá de las tradicionales explicaciones míticas y sobrenaturales. Cada una de estas tres corrientes filosóficas tuvo un desarrollo peculiar. Por ejemplo, el budismo, que nació en la India, posteriormente se extendió por el sur y el este del continente asiático. En China surgieron el confucianismo y el taoísmo, entre otras escuelas filosóficas.

Las filosofías orientales se diferencian de la filosofía occidental tanto por su concepción del ser humano y de la mente como por su visión de la naturaleza. El carácter del pensamiento oriental, a menudo muy tradicional e influido en ocasiones por la mística y la religión, hizo que evolucionase de manera muy distinta a la filosofía occidental. Por este motivo, cuando hablamos de la filosofía solemos referirnos específicamente a la filosofía occidental que apareció por primera vez en Grecia.

3.2. La filosofía de los presocráticos

En el mundo occidental, los primeros que intentaron ir más allá de las explicaciones míticas para responder las preguntas que se hacían fueron los **filósofos presocráticos**.

Estos pensadores surgieron en el Mediterráneo oriental hacia el siglo VI a.C., y se les denomina de este modo porque vivieron antes de **Sócrates**. En aquella época, las ciudades griegas eran un activo foco comercial que mantenía continuos intercambios con otros puntos del Mediterráneo.

Los viajes de los navegantes griegos y la interacción con pueblos muy distintos favorecieron un ambiente intelectual abierto, propicio para la investigación racional y el cuestionamiento de las ideas tradicionales. Esta es una circunstancia importante que aparece repetidamente a lo largo de la historia, ya que, para desarrollarse la filosofía, necesita de un entorno que favorezca el diálogo y el intercambio racional de las opiniones.

LOS LUGARES DONDE SURGIÓ LA FILOSOFÍA

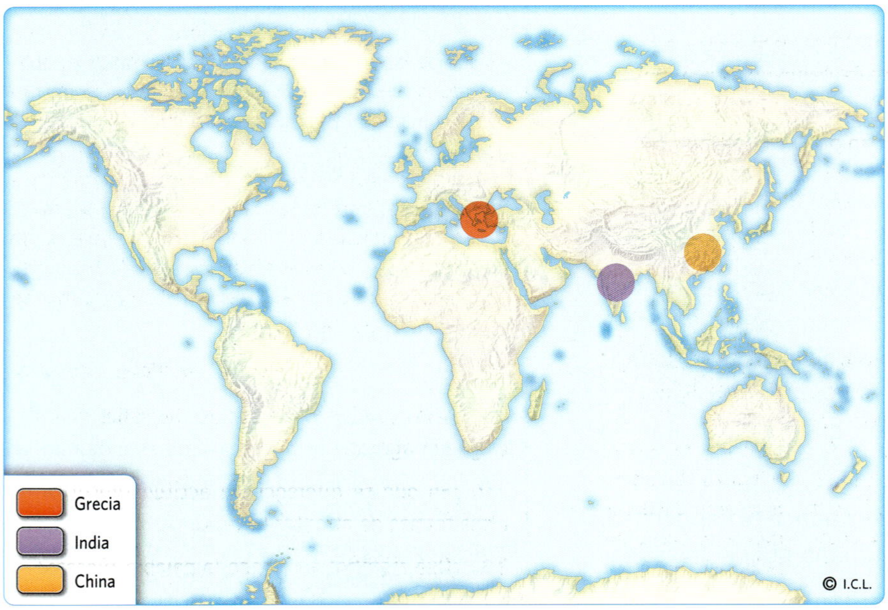

Grecia fue una de las cunas de la filosofía. F. A. BRONNIKOV: *El himno al sol de Pitágoras* (1869).

LA FILOSOFÍA EN ORIENTE Y OCCIDENTE

El pensamiento filosófico surgió simultáneamente, en el siglo VI a. C., en tres zonas distintas y distantes de nuestro planeta: en la India, en China y en Grecia. En los dos siglos siguientes se produjo un aumento espectacular de la especulación y la reflexión, que abrió los cauces por los que las tres grandes tradiciones filosóficas (la india, la china y la occidental) habrían de discurrir durante los dos mil años siguientes. [...]

Ha sido la tradición filosófica occidental (y no otra) la que ha dado lugar a la ciencia universal actual, en la que la India participa activamente. Eso le concede una preeminencia indiscutible en el panorama del pensamiento mundial. Pero, si dejamos de lado los gérmenes científicos que contiene, en todo lo demás no es superior a las tradiciones india y china. En algunos aspectos incluso es inferior. El respeto reverencial por todas las criaturas vivientes de budistas y jainistas, y la impregnación de la vida entera por la meditación, pueden servir como ejemplos. Precisamente la actual preocupación por la paz y por la protección de la naturaleza, asociada a nuestra nueva sensibilidad ecologista, nos lleva a constatar las insuficiencias de nuestra propia tradición y a abrirnos con generosa curiosidad a otros horizontes culturales.

Jesús MOSTERÍN: *India. Historia del pensamiento.*

3. De acuerdo con este fragmento, ¿cuándo y dónde surgió el pensamiento filosófico?

4. ¿Cuál es la principal característica que diferencia a la tradición filosófica de Occidente de las corrientes de pensamiento orientales?

5. ¿Estaría justificado decir que el pensamiento occidental es superior a la filosofía china o india? ¿Por qué?

6. ¿Qué elementos de la filosofía oriental pueden resultar hoy en día significativos y enriquecedores para las personas occidentales?

Los presocráticos fueron los primeros que trataron de encontrar respuestas racionales a las preguntas que se planteaban. Para ello, en lugar de recurrir a los mitos, utilizaron únicamente razonamientos basados en causas naturales.

En la lengua griega el término *logos* significa al mismo tiempo 'razón' y 'palabra'. Por eso se suele afirmar que los presocráticos fueron los primeros que consiguieron pasar del mito al logos. Ellos fueron los primeros que trataron de elaborar un discurso racional sobre la realidad, en el que se mostrase cómo son las cosas y por qué son de ese modo.

Los presocráticos fueron los primeros en darse cuenta de que emplear el logos implica cambiar por completo de perspectiva. El discurso del logos supone aceptar que la realidad es comprensible porque obedece a una norma racional y que, por tanto, puede ser explicada.

3.3. Las preguntas sobre la naturaleza

Las principales preguntas que se planteaban los presocráticos tenían que ver con la naturaleza.

La palabra griega para referirse a la realidad natural es *fisis*. Por eso a estos primeros filósofos también se les conoce como "los físicos". Al observar el mundo que los rodeaba, estos primeros filósofos advirtieron que la realidad está continuamente cambiando, y que estos cambios parecen producirse de manera ordenada. El sol sale y se pone regularmente, las estaciones del año se suceden siempre del mismo modo, los seres vivos nacen, crecen, se reproducen y mueren siguiendo continuamente la misma secuencia.

¿Por qué suceden así las cosas? Si te paras a pensarlo, te darás cuenta de que la realidad podría ser diferente. ¿Por qué tiene la naturaleza que seguir un orden regular? ¿Hay alguna explicación para que todo lo que existe tenga que obedecer a unas leyes ordenadas?

Los presocráticos pensaban que debía existir una causa profunda y comprensible que justificase la regularidad de la naturaleza y sus ciclos. De este modo dio comienzo la filosofía. Para buscar los motivos del orden natural, estos primeros pensadores emplearon únicamente la razón.

Protagonistas de la filosofía

SÓCRATES Y LA FILOSOFÍA

Sócrates (470 a.C.-399 a.C.) fue un filósofo ateniense que vivió en el siglo V a.C. Aunque Sócrates no escribió ningún libro, su influencia en el pensamiento griego fue enorme.

Sócrates se dio cuenta de que muchos de los que se hacían pasar por sabios en realidad no eran capaces de ofrecer un fundamento racional de sus opiniones. Según Sócrates, si con la filosofía aspiramos a encontrar la verdad, primero debemos partir de una actitud de apertura en la que estemos dispuestos a escuchar argumentos y a aceptar únicamente lo que nos muestre la razón. El diálogo racional fue el método que Sócrates propuso para esta búsqueda.

La aguda inteligencia de Sócrates y su afán por encontrar la verdad incomodaban a muchos ciudadanos de Atenas. Finalmente, Sócrates fue acusado de corromper a los jóvenes con sus extrañas ideas. El juicio finalizó con una condena a muerte para el filósofo. Sócrates podría haber escapado, pero creía que las leyes debían ser respetadas, por lo que aceptó la pena impuesta por los jueces y murió dando un extraordinario ejemplo de serenidad y coherencia vital.

▲ La vida y el pensamiento de Sócrates marcaron decisivamente el curso de la filosofía griega.

UNA VIDA SIN EXAMEN NO MERECE SER VIVIDA

Quizá diga alguno: "¿Pero no serás capaz de vivir alejado de nosotros en silencio y llevando una vida tranquila?". Persuadir de esto a algunos de vosotros es lo más difícil. En efecto, si digo que eso es desobedecer al dios y que, por ello, es imposible llevar una vida tranquila, no me creeréis pensando que hablo irónicamente. Si, por otra parte, digo que el mayor bien para un hombre es este, tener conversaciones cada día acerca de la virtud y de los otros temas de los que vosotros me habéis oído dialogar cuando me examinaba a mí mismo y a otros, y si digo que una vida sin examen no tiene objeto vivirla para el hombre, me creeréis aún menos. Sin embargo, la verdad es así, como yo digo, atenienses, pero no es fácil convenceros.

PLATÓN: *Apología de Sócrates*.

7. ¿Por qué Sócrates afirma que "una vida sin examen no tiene objeto vivirla"?

8. ¿Estás de acuerdo con su opinión?

¿QUÉ DISTINGUE A UN FILÓSOFO?

Admirado León de la novedad del nombre, le preguntó quiénes eran los filósofos y qué diferencia había entre ellos y los demás; y Pitágoras respondió que le parecían cosas semejantes la vida del hombre y la feria de los juegos que se celebraba ante Grecia entera; pues, igual que allí, unos aspiraban con la destreza de sus cuerpos a la gloria y nombre que da una corona, otros eran atraídos por el lucro y el deseo de comprar y vender. Pero había una clase, y precisamente la formada en mayor proporción de hombres libres, que no buscaban el aplauso ni el lucro, sino que acudían para ver y observaban con afán lo que se hacía y de qué modo se hacía; también nosotros habríamos partido para esta vida, los unos para servir a la gloria, los otros al dinero, habiendo unos pocos que, despreciando todo lo demás, consideraban con afán la naturaleza de las cosas, los cuales se llamaban *amantes de la sabiduría*, esto es, filósofos.

CICERÓN: *Cuestiones tusculanas*.

9. ¿Cuáles son las tres actitudes humanas que distingue Pitágoras?

10. ¿En qué se diferencia la actitud filosófica de otras formas de afrontar la vida?

11. ¿Qué significa en griego la palabra *filósofo*?

4. ¿Qué es la filosofía?

4.1. El amor a la sabiduría

La palabra *sofía* significa en griego 'sabiduría'. En la antigua Grecia se llamaba *sofós* ('sabio') a la persona que destacaba por sus conocimientos en un campo concreto. *Filosofía*, en cambio, significa 'amor a la sabiduría'.

Según una antigua tradición, la primera persona que empleó esta palabra fue **Pitágoras**, un célebre matemático y pensador presocrático. Pitágoras le dio este nombre porque creía que la filosofía no consiste en poseer la verdad, sino en sentirse atraído por ella y en tratar de alcanzarla.

4.2. Los dos sentidos de la filosofía

Para aclarar lo que es la filosofía conviene señalar que esta palabra se puede utilizar en dos sentidos diferentes. Por una parte la filosofía es una disciplina académica, pero por otra es una actividad de indagación muy particular.

Como disciplina académica, la filosofía es un cuerpo de conocimientos.

En este sentido, la filosofía incluye las teorías y los sistemas elaborados por diversos pensadores a lo largo del tiempo. Este es el significado que tiene la palabra cuando decimos que alguien estudia filosofía en la universidad. Sin embargo, el sentido originario de la palabra *filosofía* no se refería a una asignatura o disciplina, sino más bien a una actividad.

Como actividad, la filosofía consiste en tratar de buscar respuestas racionales para las grandes preguntas que todos nos hacemos.

Este es el sentido etimológico de la expresión *amor a la sabiduría*, que recoge el deseo de encontrar explicaciones últimas para nuestros grandes interrogantes.

El filósofo griego **Aristóteles**, reflexionando sobre el origen del pensamiento racional, afirmó que la filosofía empieza con el asombro. Esto se debe a que la filosofía nos hace reflexionar sobre cuestiones que habitualmente nos parecen ordinarias o evidentes.

▲ La actitud filosófica se caracteriza por la reflexión y el análisis racional. REMBRANDT: *Filósofo meditando* (1632).

¿APRENDER FILOSOFÍA O APRENDER A FILOSOFAR?

La filosofía es la mera idea de una ciencia posible que no está dada en concreto en ningún lugar, pero a la que trata de aproximarse por diversos caminos [...]. Mientras esta meta no haya sido alcanzada, no es posible aprender filosofía, pues, ¿dónde está, quién la posee y en qué podemos reconocerla? Solo se puede aprender a filosofar, es decir, a ejercitar el talento de la razón, siguiendo sus principios generales en ciertos ensayos existentes, pero siempre salvando el derecho a la razón a examinar esos principios en sus propias fuentes y refrendarlos o rechazarlos.

Immanuel KANT: *Crítica de la razón pura.*

Cada pensador edifica su propia obra, por así decirlo, sobre las ruinas de otra; pero nunca se ha realizado una que fuese duradera en todas sus partes. Por eso no se puede aprender filosofía, porque no la ha habido aún.

Immanuel KANT: *Sobre el saber filosófico.*

12. ¿Qué diferencia hay entre aprender filosofía y aprender a filosofar?

13. ¿Por qué afirma Kant que no puede aprenderse filosofía, sino que únicamente puede aprenderse a filosofar?

UN SABER Y UN SABER VIVIR

Por filosofía se han entendido principalmente dos cosas: una *ciencia* y un *modo de vida*. La palabra *filósofo* ha envuelto en sí las dos significaciones distintas del hombre que vive y se comporta de un modo peculiar. Filosofía como ciencia y filosofía como modo de vida, son dos maneras de entenderla que han alternado y a veces hasta convivido. Ya desde los comienzos, en la filosofía griega, se ha hablado siempre de una cierta vida teórica y al mismo tiempo todo ha sido un saber, una especulación. Es menester comprender la filosofía de modo que en la idea que de ella tengamos quepan, a la vez, las dos cosas. Ambas son, en definitiva, verdaderas, puesto que han constituido la realidad filosófica misma.

Julián MARÍAS: *Historia de la Filosofía.*

14. ¿Cuáles son los dos sentidos tradicionales de la palabra *filosofía*?

15. ¿Qué diferencia existe entre estos dos significados? ¿Son compatibles entre sí?

Lo importante en la filosofía consiste en plantearse preguntas e intentar contestarlas de manera racional. A menudo, las respuestas que se han dado no han resultado satisfactorias, duraderas o convincentes. Sin embargo, lo verdaderamente valioso de la filosofía es la actitud de indagación y la búsqueda racional de respuestas. Por eso la filosofía no puede ofrecernos un catálogo de soluciones, sino más bien una búsqueda incesante que nos obliga a pensar por nosotros mismos.

La actitud filosófica supone también cuestionarse la validez de lo que solemos dar por sentado de forma habitual. Gran parte de nuestra vida, incluyendo muchas acciones, opiniones e ideas, está basada en nuestras costumbres y tradiciones, modeladas por la sociedad.

La filosofía nos invita a pararnos a pensar sobre estas cuestiones. ¿Por qué actuamos del modo en que lo hacemos? ¿Sería posible o deseable comportarse de otra manera? ¿De dónde vienen las ideas que aceptamos? ¿Tenemos buenos argumentos racionales para defenderlas?

4.3. Una actividad racional, universal, radical y crítica

Pero no siempre que nos planteamos alguna pregunta estamos haciendo filosofía, puesto que el cuestionamiento filosófico busca un tipo de respuestas muy especiales.

Las respuestas filosóficas aspiran a ser racionales, universales, radicales y críticas.

- La filosofía busca respuestas **racionales** porque rechaza las explicaciones basadas en los mitos o en la tradición. Cuando filosofamos pretendemos encontrar explicaciones argumentadas, con las que podamos justificar adecuadamente nuestras respuestas.
- La filosofía persigue respuestas **universales** porque pretende que sean explicaciones globales para las grandes preguntas que nos planteamos. En esto se distingue de los demás saberes, que se interesan por áreas particulares de la realidad. La filosofía, en cambio, aspira a un saber total que vaya más allá de lo concreto y específico.
- Las preguntas de la filosofía son **radicales** porque intentan encontrar las respuestas últimas y el sentido profundo de las cosas. Cuando hacemos filosofía no solo nos interesa explicar cómo es la realidad, sino que también intentamos aclarar el motivo último que explica por qué es así.
- La filosofía es **crítica** porque se enfrenta a las opiniones establecidas. Para una persona que filosofa no basta con que todos hayan siempre creído algo, porque lo importante es analizarlo racionalmente y cuestionarlo para discernir si es válido o no.

Teniendo en cuenta su aspiración a un saber racional, global, radical y crítico, la filosofía es una tarea inacabada. Aunque necesitamos buscar respuestas para nuestras grandes preguntas, sabemos que nunca será posible contestarlas de forma total y completa. Las respuestas que otros pensadores han propuesto pueden servirnos como un punto de partida para reflexionar, pero no podemos tomarlas como una solución definitiva.

La actitud filosófica consiste en cuestionar las respuestas que otros han dado para elaborar de este modo nuestro propio pensamiento. Sin embargo, este carácter de tarea inacabada e interminable no le resta valor a la filosofía, sino que hace de ella un continuo desafío que nos obliga a pensar por nosotros mismos.

La filosofía aspira a convertirse en un saber racional, universal, radical y crítico que nos ayude a encontrar respuestas para nuestras preguntas. REMBRANDT: *Aristóteles contemplando el busto de Homero* (1653).

Fíjate

LA FILOSOFÍA FRENTE A LOS PREJUICIOS

La filosofía es una invitación para atrevernos a pensar por nosotros mismos. Muchas veces lo que pensamos proviene de nuestros prejuicios y de las ideas que nos han enseñado o que hemos aceptado sin discusión. Por eso, para que nuestras ideas sean verdaderamente nuestras, es preciso cuestionar las opiniones recibidas y someterlas a una crítica racional.

LA FILOSOFÍA, SU OBJETO Y FINALIDAD

¿Qué es la filosofía? Es una práctica teórica (discursiva, razonable, conceptual), aunque no científica; solo se somete a la razón y a la experiencia con exclusión de toda revelación de origen trascendente o sobrenatural y aspira menos a conocer que a pensar o poner en cuestión, menos a aumentar nuestro saber que a reflexionar sobre lo que sabemos o ignoramos. Sus objetos preferidos son el Todo y el hombre. Su finalidad, que puede variar en función de las épocas y los individuos, será la mayoría de las veces la felicidad, la libertad o la verdad, e incluso la conjunción de las tres (la sabiduría).

André COMTE-SPONVILLE:
La filosofía. Qué es y cómo se practica.

16. ¿Cómo define el autor la filosofía?

17. ¿Se corresponde esta definición con la que hemos visto en el desarrollo de la unidad?

Párate a pensar

Recapitula

1. ¿Qué son los mitos? Pon al menos dos ejemplos de narraciones míticas procedentes de dos culturas distintas para aclarar tu respuesta.

2. ¿Recuerdas cuál es el propósito de la magia? ¿Qué relación tiene la magia con los ritos? Explica tu respuesta con la ayuda de algún ejemplo aclaratorio.

3. ¿Dónde y cuándo surgió la filosofía occidental? ¿Cómo se denomina a los primeros filósofos que aparecieron en esa época?

4. ¿Cuál era la principal cuestión filosófica que se planteaban los presocráticos? ¿Tenía Sócrates las mismas preocupaciones que ellos?

5. ¿Qué diferencia hay entre la filosofía entendida como una disciplina académica y la filosofía considerada como una actividad de indagación? ¿Cuál de estos dos sentidos te parece más valioso e interesante? ¿Cuál de ellos crees que se corresponde más con el contenido de la asignatura de filosofía?

Construye el concepto

6. Define los siguientes términos filosóficos con los diccionarios propuestos (p. 1). A continuación, escribe una frase con cada uno de ellos en la que se aprecie su significado:
   - logos
   - trascendente
   - inmanente

   Mito: narración legendaria protagonizada por personajes de carácter divino o heroico, que transcurrió en un tiempo primitivo y que ofrece una explicación trascendente sobre la realidad.

   "Los griegos explicaban la sucesión de las estaciones del año mediante el mito de Perséfone."

7. ¿La palabra *filosofía* significa lo mismo en cada una de estas frases? Explica brevemente los diversos sentidos que pueden darse a este término.
   a) Estudio filosofía.
   b) La filosofía de este proyecto es...
   c) Tengo una filosofía de la vida.
   d) Durante el siglo XX proliferaron las obras de filosofía del lenguaje.
   e) El tema de la clonación siempre suscita un complejo debate filosófico.
   f) Esta película que acabamos de presenciar tiene mucho que ver con la filosofía.
   g) El libro que he leído es más propio de la literatura que de la filosofía.

8. ¿Qué queremos decir cuando afirmamos que la filosofía es una investigación racional, universal, radical y crítica? Explica tu respuesta.

9. Completa la tabla indicando cuáles de los siguientes rasgos corresponden a las explicaciones míticas y cuáles a las explicaciones racionales.

Rasgo característico	¿Mito o razón?
Las explicaciones se basan en los hechos realizados por dioses y héroes	...
Las explicaciones se basan en causas naturales	...
La naturaleza es imprevisible y caótica porque depende de la voluntad de los dioses	...
La naturaleza es regular y predecible porque obedece leyes que podemos conocer	...
Las explicaciones sobre la realidad son inmanentes (se refieren a causas y motivos de este mundo)	...
Existe un motivo comprensible para todo lo que existe que las personas podemos llegar a conocer	...
La realidad es a veces incomprensible porque depende de fuerzas que escapan a nuestro entendimiento	...

Trabaja con textos

10. Lee el siguiente texto y contesta las preguntas:

    La historia de Gilgamesh es uno de los mitos más famosos de Mesopotamia. La diosa Ishtar se enamoró de él, pero Gilgamesh la rechazó. La diosa, muy enfadada, envió un toro contra él, aunque Gilgamesh, ayudado por su amigo Enkidu, consiguió matar al toro. Enkidu, por haber colaborado en esta tarea, es castigado por los dioses y muere.

    Gilgamesh, muy apenado por la muerte de su amigo, parte en busca de la inmortalidad. Su antepasado Utnapistim le cuenta que hay una planta con la que puede alcanzarse la inmortalidad. Aunque conseguirla es muy difícil, Gilgamesh logra hacerse con ella. En su viaje de regreso a casa se detiene para beber agua, y en ese momento una serpiente le roba la planta y se la come. Por eso los hombres son mortales, mientras que las serpientes tienen el don de renacer cambiando de piel.

    Adaptado del poema *Enuma Elish*.

    a) De acuerdo con la historia de Gilgamesh, los seres humanos podrían haber logrado la inmortalidad. ¿Por qué no la alcanzaron?
    b) ¿Qué preguntas trata de aclarar este mito? ¿De qué forma podríamos responder a estas preguntas en la actualidad?

11. Lee el siguiente texto y contesta las preguntas:

    Me pareció que otras muchas personas creían que este hombre era sabio y, especialmente, lo creía él mismo, pero que no lo era. A continuación, intentaba yo demostrarle que él creía ser sabio, pero que no lo era. A consecuencia de ello me gané la enemistad de él y de muchos de los presentes. Al retirarme de allí razonaba a solas que yo era más sabio que aquel hombre. Es probable que ni uno ni otro sepamos nada que tenga valor, pero este hombre cree saber algo y no lo sabe, en cambio yo, así como, en efecto, no sé, tampoco creo saber. Parece, pues, que al menos soy más sabio que él en esta misma pequeñez, en que lo que no sé tampoco creo saberlo.

    PLATÓN: *Apología de Sócrates*.

a) ¿Qué diferencia encuentras entre la actitud de Sócrates y la del hombre al que se refiere?

b) A pesar de que Sócrates era una persona muy sabia, solía afirmar: "Solo sé que no sé nada". ¿Qué crees que quería decir con esta frase? ¿Tiene relación con el texto que acabas de leer?

c) ¿Qué conexión encuentras entre estas palabras de Sócrates y la actitud filosófica? Explica tu respuesta.

12. Lee el siguiente texto y contesta las preguntas:

¿Pero no es que de tal modo la filosofía se convierte en cosa de la afección, de los afectos y de los sentimientos?

"Con hermosos sentimientos se hace mala literatura". [...] Esta frase de André Gide no vale solo para la literatura; vale todavía más para la filosofía. Los sentimientos no pertenecen a la filosofía; ni siquiera los más bellos. Los sentimientos, se dice, son algo irracional. La filosofía, en cambio, no solo es algo racional, sino la verdadera administradora de la razón. En tanto sostenemos esto, de improviso hemos decidido algo acerca de lo que la filosofía es. Con una respuesta ya nos hemos adelantado a nuestra pregunta. Todos dan por cierta la proposición según la cual la filosofía es cosa de la razón. Sin embargo, quizás esta afirmación es una respuesta apresurada y atropellada a la pregunta: ¿Qué es eso de la filosofía? Pues a esta respuesta podemos oponer en seguida nuevas preguntas. ¿Qué es eso de la razón? ¿Dónde y quién ha decidido qué es la razón? ¿La razón misma se hizo dueña de la filosofía? Si "sí", ¿con qué derecho? Si "no", ¿de dónde recibe su misión y su papel? Si lo que pasa por razón fue establecido única y exclusivamente por la filosofía y dentro de la marcha de su historia, entonces no es buen recurso dar por sentado de antemano que la filosofía es cosa de la razón. Con todo, en cuanto ponemos en duda la caracterización de la filosofía como comportamiento racional, del mismo modo resulta también dudoso que la filosofía pertenezca al dominio de lo irracional. Pues quien quiere determinar la filosofía como irracional, toma con ello lo racional como norma de la delimitación, y por cierto que de modo tal que de nuevo presupone como comprensible de suyo qué es la razón.

Martin HEIDEGGER: *¿Qué es la filosofía?*

a) Según el autor, ¿debemos considerar la filosofía como un asunto únicamente de la razón? ¿Por qué motivo?

b) Si la filosofía no solo se corresponde con el ámbito de la razón, ¿significa eso que es algo irracional?

c) ¿Qué dimensiones, aparte de la racional, crees tú que podrían formar parte de la actividad filosófica?

13. Lee el siguiente fragmento de una famosa novela sobre la enseñanza de la filosofía y contesta las preguntas:

La mejor manera de aproximarse a la filosofía es plantear algunas preguntas filosóficas: ¿Cómo se creó el mundo? ¿Existe alguna voluntad o intención detrás de lo que sucede? ¿Hay otra vida después de la muerte? ¿Cómo podemos solucionar problemas de este tipo? Y, ante todo: ¿cómo debemos vivir?

En todas las épocas, los seres humanos se han hecho preguntas de este tipo. No se conoce ninguna cultura que no se haya preocupado por saber quiénes son los seres humanos y de dónde procede el mundo.

En realidad, no son tantas las preguntas filosóficas que podemos hacernos. Ya hemos formulado algunas de las más importantes. No obstante, la historia nos muestra muchas respuestas diferentes a cada una de las preguntas que nos hemos hecho.

Vemos, pues, que resulta más fácil hacerse preguntas filosóficas que contestarlas.

También hoy en día cada uno tiene que buscar sus propias respuestas a esas mismas preguntas. No se puede consultar una enciclopedia para ver si existe Dios o si hay otra vida después de la muerte. La enciclopedia tampoco nos proporciona una respuesta a cómo debemos vivir. No obstante, a la hora de formar nuestra propia opinión sobre la vida, puede resultar de gran ayuda leer lo que otros han pensado.

Jostein GAARDER: *El mundo de Sofía.*

a) ¿Cuál es la mejor manera de introducirse en la filosofía, según el autor?

b) ¿Puede decirse que las preguntas filosóficas cambian en cada época y en cada cultura?

c) ¿Cómo podemos buscar respuestas a esas preguntas?

Amplía

14. ¿Cuándo y dónde vivieron los presocráticos? ¿Qué otro nombre reciben estos primeros filósofos? ¿Por qué se les llama así? ¿Cuáles son las figuras más importantes entre estos filósofos? Busca la información en los siguientes enlaces:

- *Filosofía presocrática*: www.tiching.com/685128
- *Presocráticos*: www.tiching.com/685129
- *Mapa de la filosofía griega antigua*: www.tiching.com/685130

15. ¿En qué año fue juzgado Sócrates ante el tribunal? ¿Cuáles fueron exactamente las acusaciones contra él? ¿Cómo murió este filósofo? ¿Por qué no quiso huir para evitar su muerte?

Puedes encontrar información sobre estos temas en los siguientes enlaces:

- *Sócrates. Vida, obra, pensamiento e influencias*: www.tiching.com/685132
- *Sócrates. Biografía*: www.tiching.com/685133

Pregúntate

16. Hemos visto que la filosofía tiene que ver con la formulación de interrogantes.

a) Escoge una de las preguntas filosóficas que hay junto al apartado 2.2. La magia y los ritos, y trata de subdividirla en más preguntas.

b) Añade a la lista una pregunta filosófica nueva.

17. En el primer apartado de esta unidad has dado una respuesta personal a una pregunta filosófica. Ahora vas a evaluarla mediante las preguntas siguientes:

a) ¿Has contestado con claridad?

b) ¿Ofreces argumentos para justificar tu posición?

c) ¿De dónde has sacado las ideas que has empleado?

d) ¿Las has leído antes en algún lugar?

e) ¿Las has oído de otras personas?

f) ¿Qué parte de tu respuesta es una creación personal?

II. La especificidad de la filosofía

5. Ciencia y filosofía

5.1. ¿En qué se distinguen las ciencias de la filosofía?

Desde que apareció el pensamiento racional en Grecia, los pensadores se han planteado todo tipo de preguntas relacionadas con el universo, la naturaleza y el ser humano. Durante mucho tiempo la filosofía no se distinguía de la ciencia, por lo que es habitual encontrar razonamientos filosóficos y científicos mezclados sobre estos temas en muchos autores de la Antigüedad y de la Edad Media. Sin embargo, el surgimiento de la ciencia moderna en Occidente hizo que la situación cambiase por completo.

Durante los siglos XVI y XVII se produjo en Europa un espectacular cambio intelectual con la aparición de la **revolución científica**. El trabajo de autores como Kepler, Galileo y Newton permitió establecer un nuevo y eficaz método para estudiar las leyes de la naturaleza.

El **método científico** se basa en la experiencia, que sirve para comprobar si nuestras suposiciones acerca de la realidad son ciertas o falsas.

Aplicando la experimentación, los científicos son capaces de establecer las leyes matemáticas que gobiernan el comportamiento de la naturaleza. De este modo surgieron diversas **ciencias empíricas*** como, por ejemplo, la física o la química, que lograron avances espectaculares en muy poco tiempo.

Fíjate

Ahora que sabemos un poco mejor lo que es la filosofía, conviene que aprendamos a distinguirla de otros saberes distintos. Resulta especialmente importante que sepas diferenciar la filosofía de la ciencia, de la religión y del arte, puesto que en el pensamiento de muchos autores estos campos a menudo aparecen interrelacionados.

***Ciencias empíricas:** ciencias que se basan en la observación y que elaboran sus saberes mediante la experimentación. La mayoría de las ciencias empíricas aspiran a plasmar las regularidades de la naturaleza mediante leyes matemáticas.

5.2. ¿Podemos prescindir de la filosofía?

Las ciencias crearon rápidamente un cuerpo creciente de conocimientos mediante los cuales la comunidad científica de cada época estuviera de acuerdo. Por el contrario, en la filosofía existen diversas escuelas, por lo que parece imposible encontrar algo en lo que puedan ponerse de acuerdo todos los filósofos.

El desarrollo de la ciencia moderna a partir del siglo XVI ha permitido ofrecer respuestas precisas a muchas preguntas. Hoy la ciencia nos puede

@ Para ampliar en la Red...

La situación de la filosofía en el mundo: www.ticing.com/685127

La realización de experimentos es una característica esencial de las ciencias que nos permite distinguirlas de la filosofía. Joseph WRIGHT: *Experimento con un pájaro en una bomba de aire* (1768).

decir por qué se mueven los planetas, de qué están hechas todas las cosas, por qué llueve o hace buen tiempo, por qué hay terremotos y volcanes... Todas estas preguntas, que durante mucho tiempo se consideraron filosóficas, ahora se pueden contestar aplicando el método científico.

La filosofía no se ocupa de las cuestiones que pueden responderse empíricamente. De estos temas se ocupa la ciencia, que puede darnos respuestas precisas aplicando el método experimental. El desarrollo de las ciencias ha recortado el contenido de la filosofía, que ahora ha dejado de ocuparse de las preguntas que pueden responderse científicamente.

Si un día las ciencias pueden responder todas las preguntas, entonces la filosofía se quedaría vacía, sin nada que estudiar. Así se acabarían las eternas discusiones entre los filósofos. Entonces solo habría conocimientos científicos sobre los que todos podrían ponerse de acuerdo recurriendo a los experimentos. ¿Será esto posible?

▲
La aplicación y el desarrollo del método científico permiten, por ejemplo, predecir qué tiempo hará mañana. Imagen del satélite Meteosat.

5.3. La filosofía y el positivismo

Algunas personas han defendido justamente esta posición extrema. El **positivismo** es una corriente de pensamiento según la cual el único conocimiento verdadero es el científico, porque puede comprobarse empíricamente. Para los positivistas, la filosofía carece de valor y de significado, porque resulta imposible hacer experimentos para decidir la respuesta correcta a las preguntas filosóficas. La filosofía, según este punto de vista, es inútil y solo sirve para confundirnos y desviarnos del verdadero saber, que es el científico.

Sin embargo, el positivismo olvida que las personas tendemos inevitablemente a plantearnos preguntas que no se pueden responder haciendo experimentos. Algunas de estas preguntas, por ejemplo, son las siguientes:

¿Hay algo después de la muerte? ¿Soy libre o más bien soy una especie de robot muy complicado? ¿Existe Dios? ¿Por qué debo hacer el bien? ¿Puede ser justo desobedecer? ¿Quién debería mandar?

Estas grandes preguntas que no podemos eludir son, precisamente, las cuestiones filosóficas. La filosofía es la actividad que nos invita a pensar por nosotros mismos para alcanzar una respuesta que provenga de nuestra propia razón.

Como puedes ver, tanto la filosofía como la ciencia se ocupan de responder preguntas. La diferencia entre ambas está en el tipo de preguntas y en el modo de contestarlas.

La **ciencia** realiza experimentos y formula leyes naturales para describir el curso de la naturaleza. La **filosofía**, en cambio, no recurre a la experimentación porque se ocupa de otro tipo de cuestiones.

Las preguntas filosóficas no se pueden responder empíricamente, pero no podemos prescindir de ellas porque el ser humano no puede dejar de planteárselas.

Estas preguntas forman parte de nosotros, porque se refieren a los grandes problemas que siempre han inquietado a la humanidad. Por eso la actitud filosófica se ha mantenido en vigor desde sus lejanos orígenes en la Grecia antigua hasta nuestros días. La filosofía seguirá siendo útil y necesaria mientras los seres humanos traten de responder a estas grandes cuestiones de una forma racional.

EL PAPEL DE LA FILOSOFÍA

El verdadero método de la filosofía sería propiamente este: no decir nada, sino aquello que se puede decir; es decir, las proposiciones de la ciencia natural —algo, pues, que no tiene nada que ver con la filosofía—; y siempre que alguien quisiera decir algo de carácter metafísico, demostrarle que no ha dado significado a ciertos signos en sus proposiciones. Este método dejaría descontentos a los demás —pues no tendrían el sentimiento de que estábamos enseñándoles filosofía—, pero sería el único estrictamente correcto.

Ludwig WITTGENSTEIN: *Tractatus logico-philosophicus*.

18. ¿Cuál debería ser, según Wittgenstein, el papel de la filosofía?

19. Investiga acerca de la postura de este autor sobre las relaciones entre ciencia y filosofía.

20. ¿Es correcto afirmar que Wittgenstein defiende el positivismo?

6. Religión y filosofía

6.1. ¿Qué es la religión?

La gran variedad y diversidad de las religiones existentes hace que no sea fácil proponer una definición. Decir que la religión se ocupa de la divinidad no sería correcto, porque existen religiones —como el budismo o el confucianismo— que no se refieren a los dioses. Por eso resulta más adecuado relacionar la religión con el concepto de lo sagrado. Decimos que algo es **sagrado** cuando por su gran valor nos parece merecedor de respeto y veneración.

La **religión** establece el límite entre lo **sagrado** y lo **profano**, y nos indica cómo debemos acercarnos a las cosas sagradas para tratarlas con el cuidado que se merecen.

Al hablarnos de lo sagrado, las religiones también nos ofrecen respuestas para las grandes preguntas que nos hacemos los seres humanos. Sin embargo, las respuestas que nos da la religión son muy distintas de las que ofrece la filosofía. La religión se apoya en la **fe**, que es una creencia personal basada en la revelación, la tradición o el sentimiento. Muchas religiones se apoyan en **dogmas**, que son verdades fundamentales que no pueden razonarse y que los creyentes deben aceptar sin cuestionamiento.

6.2. ¿En qué se distinguen filosofía y religión?

Frente a lo que sucede con las religiones, la filosofía se basa en la razón y rechaza los argumentos basados en la autoridad o en los dogmas. Para la filosofía no hay ninguna verdad que escape a la indagación racional. Cuando filosofamos todo puede ser cuestionado y analizado. Las respuestas filosóficas no se apoyan en la fe, sino solo en la razón.

La diferencia entre religión y filosofía debe ser tenida especialmente en cuenta cuando estudiemos el pensamiento de los autores religiosos. Algunos grandes filósofos han sido también destacados hombres religiosos, por lo que en sus escritos la religión y la filosofía aparecen a menudo interrelacionadas. ¿Cómo podemos saber si un texto determinado pertenece al ámbito de la religión o de la filosofía? La respuesta es sencilla. Cuando el autor hace afirmaciones que se basan en la fe, en lo que dicen las escrituras o en lo que deben aceptar los creyentes, el discurso es religioso. Cuando el autor ofrece explicaciones racionales y argumentaciones, está haciendo filosofía.

LO SAGRADO Y LO PROFANO

Lo que es característico del fenómeno religioso es el hecho de que siempre supone una división bipartita del universo conocido y cognoscible en dos géneros que comprenden todo cuanto existe, pero que se excluyen radicalmente. Las cosas sagradas son aquellas protegidas y aisladas por las prohibiciones; las cosas profanas, aquellas a las que se aplican las prohibiciones y que deben permanecer a distancia de las primeras.

Las creencias religiosas son representaciones que expresan la naturaleza de las cosas sagradas y las relaciones que mantienen, ya sea unas con otras, ya sea con las cosas profanas. Por último, los ritos son reglas de conducta que prescriben cómo deben comportarse los seres humanos respecto a las cosas sagradas.

Émile DURKHEIM:
Las formas elementales de la vida religiosa.

21. ¿Qué es lo que define a la religión según el autor?

22. ¿Encajan las religiones que tú conoces con esta definición?

23. Pon un ejemplo de rito.

@ Para ampliar en la Red...

La relación entre religión y filosofía: www.ticking.com/684265

La actitud religiosa se diferencia de la filosofía porque se basa en la fe. Moais de la Isla de Pascua (Chile).

7. Arte y filosofía

Desde su lejano nacimiento en las costas de Grecia, la filosofía ha intentado responder las grandes preguntas que todos nos planteamos empleando para ello el lenguaje. Como hemos visto, los griegos utilizaban el mismo término (*logos*) para referirse a la razón y a la palabra.

La razón filosófica es una razón discursiva, porque para hacer filosofía necesitamos el lenguaje. Con las palabras los filósofos elaboran conceptos, argumentaciones y teorías con las que tratan de aclarar las cuestiones que les preocupan. Hoy en día podemos conocer estos discursos filosóficos gracias a los textos escritos que han llegado hasta nosotros.

Muchos textos de filosofía son, además, de una gran belleza, por lo que no siempre es fácil discernir si se trata de obras filosóficas o literarias. Algo parecido sucede con ciertas obras literarias que poseen un profundo contenido filosófico.

La **literatura** es una forma artística que aspira a crear belleza utilizando para ello las palabras.

El objetivo del **arte** —y por tanto también de la literatura— es emocionar y producir sentimientos. Cuando leemos una poesía, una novela o una obra teatral, lo que buscamos es disfrutar con la belleza del lenguaje, entretenernos con las aventuras de los personajes y vibrar con las emociones que el texto nos evoca.

Esto es lo que nos permite distinguir la literatura de la filosofía. Cuando el objetivo principal de un texto sea emocionarnos y producir belleza, estaremos ante una obra literaria. En cambio, cuando el propósito central de un texto sea buscar respuestas a las grandes preguntas que nos hacemos, estaremos ante una obra filosófica. Sin embargo, conviene recordar que en ocasiones ambos aspectos —el filosófico y el literario— aparecen unidos en las obras de algunos autores que son igualmente excepcionales como pensadores y como artistas. Es lo que sucede, por ejemplo, con las obras de Platón, que son capaces de transmitirnos pensamientos de gran profundidad con un lenguaje extraordinariamente hermoso.

El objetivo de la literatura es emocionar al lector, mientras que la filosofía intenta responder las grandes preguntas que se plantea el ser humano.

¿FILOSOFÍA O LITERATURA?

Cuando nació Afrodita, celebraron un banquete los dioses y entre ellos estaba Poro [el Recurso], el hijo de Metis. Después que comieron llegó Penía [la Pobreza] a mendigar, como era propio al celebrarse un festín, y estaba a la puerta. Poro, embriagado de néctar –aún no había vino–, entrando en el Jardín de Zeus, bajo el peso de la embriaguez, se durmió.

Penía, tramando, por su falta de recursos, hacerse un hijo de Poro, se acostó junto a él y concibió a Eros [el Amor]. Y por ello el Amor es el acompañante y servidor de Afrodita, por haber sido engendrado en la fiesta de su nacimiento, y por naturaleza es el Amor enamorado de la Belleza, siendo Afrodita bella.

PLATÓN: *El banquete*.

¡Oh, Hombre! ¡Presta atención!
¿Qué dice la profunda noche?
¡Yo dormía!
¡Me desperté de un sueño profundo!
¡El Mundo es profundo!
¡Y más profundo de lo que el día recuerda!
¡Oh, Hombre! ¡Presta atención!
¡Profundo es tu sufrimiento!
¡La alegría es más profunda que la pena!
El sufrir habla: ¡Desaparece!
¡Pero toda alegría busca la eternidad!
¡Una eternidad profunda, profunda eternidad!

Friedrich NIETZSCHE: *Así habló Zaratustra*.

24. Lee atentamente los siguientes textos. ¿Debemos considerarlos literarios o filosóficos? Razona tu respuesta.

8. ¿Para qué sirve la filosofía?

8.1. Una indagación inacabada

La filosofía, como actividad de búsqueda racional de respuestas a nuestras grandes preguntas, ha existido en nuestra cultura desde hace más de 2500 años. Durante todo este tiempo los pensadores han ofrecido todo tipo de teorías y discursos acerca de la realidad. Sin embargo, los filósofos no parecen haber sido capaces de ofrecernos respuestas definitivas y concluyentes para nuestras preguntas, ya que con frecuencia discuten entre sí y parecen incapaces de llegar a un acuerdo. Entonces, ¿sirve para algo la filosofía? ¿No se tratará de un entretenimiento sin valor ni utilidad práctica? ¿Tiene la filosofía algún sentido?

Hay quien piensa que, efectivamente, la filosofía no sirve para nada. Quienes piensan de este modo afirman que los filósofos solo se dedican a discutir y a tratar cuestiones irrelevantes utilizando palabras que nadie comprende. Según este punto de vista, la filosofía es inútil, por lo que deberíamos prescindir de ella y dedicarnos más bien a cultivar saberes prácticos, como la ciencia y la técnica, que sí son útiles y provechosos.

El propósito del arte es crear belleza, mientras que el de la filosofía consiste en responder preguntas. Gustave COURBET: *El estudio del pintor* (1855).

8.2. La utilidad de la filosofía

Sin embargo, como hemos visto anteriormente, este punto de vista pasa por alto una cuestión fundamental. Las personas no podemos evitar plantearnos algunas grandes preguntas que no se pueden contestar científicamente. Desde este punto de vista, la filosofía no solo es necesaria, sino que además resulta imprescindible para una formación humana integral. La filosofía nos ayuda a plantear estas cuestiones y nos anima a pensar por nuestra cuenta para tratar de darles una contestación.

La filosofía, además, ha estado muy presente en nuestra cultura a lo largo de la historia. Podemos apreciar su huella en el arte, la literatura, la ciencia, la política, la economía, la historia... Esto se debe a que nuestras actuaciones, nuestras palabras y nuestras ideas están influidas por la forma particular en la que respondemos en nuestro interior a esas grandes cuestiones que todas las personas nos planteamos. Por esta razón saber filosofía resulta fundamental para poder comprender nuestra cultura y orientarnos en el mundo.

Aunque no seamos conscientes de su presencia, las respuestas filosóficas forman parte de nosotros. Son los **presupuestos** desde los cuales vivimos y actuamos. Entre otras cosas, estos presupuestos incluyen una visión global sobre la realidad, sobre nosotros mismos y sobre el tipo de relación que debemos mantener con los demás. Por eso resulta tan importante cuestionar estos presupuestos y analizarlos racionalmente, para que podamos convertirnos en los dueños de nuestras propias ideas en vez de asumir sin crítica lo que otros piensan.

Existe otra buena razón que justifica la utilidad de la filosofía. Pensar filosóficamente puede ayudarnos a vivir mejor. Según el filósofo alemán Immanuel Kant, la filosofía no solo elabora explicaciones teóricas sobre el mundo, sino que además nos ofrece orientaciones prácticas que nos ayudan a saber cómo vivir.

Por eso Kant sostiene que la filosofía tiene dos vertientes: la **racionalidad teórica** (que aspira a conocer) y la **racionalidad práctica** (que se preocupa por cómo actuar). En su vertiente práctica, la filosofía nos ofrece una guía para la vida. ¿Puede haber algo más útil y valioso?

¿CUÁL ES LA UTILIDAD DE LA FILOSOFÍA?

¿Para qué sirven los filósofos? Como ya hemos apuntado antes —y como más tarde comprobaremos mejor— hay que atreverse a responder con rotundidad: "para nada". Para nada, puesto que lo que tiene de interesante la filosofía es precisamente lo que tiene de interesante lo desinteresado, esto es, lo que, por definición, no nos sirve para nada. Porque la filosofía no sirve para nada, es capaz de recordarnos que hay cosas más importantes que el servir para algo. Y que sin tener esto muy en cuenta, no hay forma de comprender lo que ocurre en la historia.

Carlos FERNÁNDEZ LIRIA: *¿Para qué servimos los filósofos?*

25. Según el autor, ¿sirve para algo la filosofía? ¿Cuál es la razón de ser de la actividad filosófica de acuerdo con este texto?

La filosofía es una búsqueda sin término, en la que cada persona ha de encontrar sus propias respuestas.

¿PUEDE EVITARSE FILOSOFAR?

Kant, en un célebre pasaje de su *Lógica*, resumía el ámbito de la filosofía en cuatro preguntas: *¿Qué puedo saber? ¿Qué debo hacer? ¿Qué me está permitido esperar? ¿Qué es el hombre?* Las tres primeras preguntas se resumen en la última, subrayaba. Pero todas ellas desembocan, añadiría yo, en una quinta pregunta que es, sin duda, filosófica y humanamente, la cuestión principal: ¿Cómo he de vivir? En cuanto se intenta dar una respuesta a esta pregunta, se está haciendo filosofía. Y como es imposible evitar planteársela, hemos de concluir que la única forma de sustraerse a la filosofía es la ignorancia o el oscurantismo.

André COMTE-SPONVILLE: *Invitación a la filosofía.*

26. ¿Cuáles son las preguntas que resumen la filosofía según Kant? ¿Por qué afirma el autor que la filosofía es algo inevitable?

Párate a pensar

Recapitula

1. ¿Cuáles son las principales características de la ciencia?

2. ¿Qué es el positivismo? ¿Por qué los positivistas rechazan la validez de la filosofía? ¿Estás de acuerdo con su argumentación? Explica tu respuesta.

3. ¿Cuál es el tipo de preguntas que se plantea la filosofía? ¿Podrías poner algún ejemplo de este tipo de preguntas? ¿Es posible responder a estas cuestiones realizando experimentos científicos?

4. ¿Crees tú que llegará un día en el que la ciencia podrá constestar todas las preguntas que se plantean los seres humanos? ¿Será entonces inútil la filosofía? Explica tu respuesta.

Construye el concepto

5. Define los siguientes términos filosóficos con los diccionarios propuestos (p. 1). A continuación, escribe una frase con cada uno de ellos en la que se aprecie su significado.

   - prejuicio
   - ciencia empírica
   - positivismo
   - dogma
   - religión
   - fe

   Literatura: Actividad humana que aspira a crear belleza mediante el lenguaje.

   "La literatura trata de emocionarnos a través de la belleza de las palabras."

6. No siempre resulta fácil distinguir la filosofía de la literatura. ¿Cómo podríamos saber si un texto es fundamentalmente filosófico o literario? Busca al menos dos ejemplos distintos con textos de este tipo para justificar tu respuesta.

7. ¿En qué se parecen y en qué se diferencian la filosofía y la ciencia? Completa la siguiente tabla señalando las semejanzas y las diferencias que hay entre ellas:

	Ciencia	Filosofía
Semejanzas	...	...
Diferencias	...	...

8. ¿Qué es la religión? ¿Por qué es distinta de la filosofía? Completa la siguiente tabla explicando las similitudes y diferencias entre ambos ámbitos:

	Religión	Filosofía
Semejanzas	...	...
Diferencias	...	...

Trabaja con textos

9. Lee el siguiente texto y contesta las preguntas:

   La filosofía no brota por razón de utilidad, pero tampoco por sinrazón de capricho. Es constitutivamente necesaria al intelecto. ¿Por qué? Su nota radical era buscar todo como tal todo, capturar el universo, cazar el unicornio. Mas, ¿por qué ese afán? ¿Por qué no contentarnos con lo que sin filosofar hallamos en el mundo, con lo que ya es y está ahí patente ante nosotros? Por esta sencilla razón: todo lo que es y está ahí, cuanto nos es dado, presente, patente, es por su esencia mero trozo, pedazo, fragmento, muñón. Y no podemos verlo sin prever y echar de menos la porción que falta.

   José ORTEGA Y GASSET: *¿Qué es filosofía?*

   a) ¿Cuál es el objetivo de la filosofía según este fragmento? ¿Estás de acuerdo con él?

   b) ¿Por qué afirma el autor que las personas tenemos el "afán de filosofar"?

10. Lee el siguiente texto y responde las preguntas:

   La respuesta a *¿por qué filosofar?* se halla en la pregunta insoslayable *¿por qué desear?* El deseo que conforma la filosofía no es menos irreprimible que cualquier otro deseo, pero se amplía y se interroga en su mismo movimiento. Además, la filosofía no se atiene sino a la realidad en su integración por las cosas; y me parece que esta inmanencia del filosofar en el deseo se manifiesta desde el origen si nos atenemos a la raíz del término *sophia*: la raíz *soph-* idéntica a la raíz del latín *sap-*, *sapere*, y del francés *savoir* y *savorer. Sophon* es el que sabe saborear; pero saborear supone tanto la degustación de la cosa como su distanciamiento; uno se deja penetrar por la cosa, se mezcla con ella y a la vez se la mantiene separada, para poder hablar de ella, juzgarla. Se la mantiene en ese fuera del interior que es la boca (que también es el lugar de la palabra). Filosofar es obedecer plenamente al movimiento del deseo, estar comprendido en él e intentar comprenderlo a la vez sin salir de su cauce.

   Jean-François LYOTARD: *¿Por qué filosofar?*

   a) ¿Por qué cree el autor que la filosofía está relacionada con el deseo? ¿A qué deseo se refiere?

   b) ¿Qué quiere decir el autor cuando explica que un sabio es alguien que sabe saborear? ¿Estás de acuerdo con él?

11. Lee los siguientes textos y contesta las preguntas:

   La existencia de Dios puede ser probada de cinco maneras distintas. La primera y más clara es la que se deduce del movimiento. Pues es cierto, y lo perciben los sentidos, que en este mundo hay movimiento. Y todo lo que se mueve es movido por otro. [...] Pero si lo que es movido por otro se mueve, necesita ser movido por otro, y este por otro. Este proceder no se puede llevar indefinidamente, porque no se llegaría al primero que mueve, y así no habría motor alguno, pues los motores intermedios no mueven más que por ser movidos por el primer motor. Ejemplo: un bastón no mueve nada si no es movido por la mano. Por lo tanto, es necesario llegar a aquel primer motor al que nadie mueve. En este, todos reconocen a Dios.

   TOMÁS DE AQUINO: *Suma teológica.*

   Al principio creó Dios el cielo y la tierra. La tierra era soledad y caos, y las tinieblas cubrían el abismo, pero el espíritu de Dios aleteaba sobre las aguas. Entonces dijo Dios: "Haya luz", y hubo luz. Vio Dios que la luz era buena y la separó de las tinieblas, y llamó a la luz día, y a las tinieblas, noche.

   Libro del Génesis.

   a) ¿Son estos textos filosóficos o religiosos? Explica razonadamente en qué basas tu respuesta.

   b) Cuando leemos un texto que trata sobre Dios, ¿cómo podemos distinguir si la actitud del autor es filosófica o religiosa?

Comentario de texto

Texto 1

En cualquier caso, tanto las ciencias como las filosofías contestan a preguntas suscitadas por lo real. Pero a tales preguntas las ciencias brindan soluciones, es decir, contestaciones que satisfacen de tal modo la cuestión planteada que la anulan y disuelven. [...]

En cambio, la filosofía no brinda soluciones, sino respuestas, las cuales no anulan las preguntas pero nos permiten convivir racionalmente con ellas, aunque sigamos planteándonoslas una y otra vez: por muchas respuestas filosóficas que conozcamos a la pregunta que inquiere sobre qué es la justicia o qué es el tiempo, nunca dejaremos de preguntarnos por el tiempo o la justicia, ni descartaremos como ociosas o "superadas" las respuestas dadas a esas cuestiones por filósofos anteriores.

Las respuestas filosóficas no solucionan las preguntas de lo real (aunque a veces algunos filósofos lo hayan creído así...), sino que más bien cultivan la pregunta, resaltan lo esencial de ese preguntar y nos ayudan a seguir preguntándonos, a preguntar cada vez mejor, a humanizarnos en la convivencia perpetua con la interrogación. Porque, ¿qué es el hombre sino el animal que pregunta y que seguirá preguntando más allá de cualquier respuesta imaginable?

Fernando SAVATER: *Las preguntas de la vida.*

Texto 2

La filosofía es, pues, el sistema de los conocimientos filosóficos o de los conocimientos racionales a partir de conceptos. Esta es la acepción académica de esta ciencia.

Conforme a la acepción mundana, es la ciencia de los fines últimos de la razón humana. Este elevado concepto confiere dignidad a la filosofía, es decir, un valor absoluto. Y, efectivamente, ella es, además, la única que tiene por sí misma valor intrínseco y la que confiere en principio un valor a los otros conocimientos.

Immanuel KANT: *Lógica.*

Texto 3

El método propio de la filosofía consiste en concebir claramente los problemas insolubles en su insolubilidad y, después, contemplarlos, sin más, fija, incansablemente durante años, sin ninguna esperanza, al aguardo.

Según este criterio, hay pocos filósofos. Y pocos es todavía demasiado decir.

Simone WEIL: *Notas de Londres.*

Texto 4

El valor de la filosofía no puede depender de un supuesto cuerpo de conocimientos seguros y precisos que puedan adquirir los que la estudian. De hecho, el valor de la filosofía debe buscarse en gran medida en su misma incertidumbre.

El hombre que no tiene ningún barniz de filosofía va por la vida prisionero de los prejuicios que derivan del sentido común, de las creencias habituales en su tiempo y en su país, y de las que se han desarrollado en su espíritu sin la cooperación ni el consentimiento deliberado de su razón. Para este hombre el mundo tiende a hacerse preciso, definido, obvio; los objetos habituales no le suscitan problema alguno, y las posibilidades no familiares son desdeñosamente rechazadas.

Desde el momento en que empezamos a filosofar, hallamos, por el contrario [...] que aun los objetos más ordinarios conducen a problemas a los cuales solo podemos dar respuestas muy incompletas.

La filosofía, aunque incapaz de decirnos con certeza cuál es la verdadera respuesta a las dudas que suscita, es capaz de sugerir diversas posibilidades que amplían nuestros pensamientos y nos liberan de la tiranía de la costumbre. Así, al disminuir nuestro sentimiento de certeza sobre lo que las cosas son, aumenta en alto grado nuestro conocimiento de lo que pueden ser; rechaza el dogmatismo algo arrogante de los que no se han introducido jamás en la región de la duda liberadora y guarda vivaz nuestro sentido de la admiración, presentando los objetos familiares en un aspecto no familiar.

Bertrand RUSSELL:
Los problemas de la filosofía.

Disertación filosófica

¿Progresa de algún modo la filosofía?

Cuando estudiamos filosofía, comprobamos con frecuencia que quienes filosofan no suelen ponerse de acuerdo en casi nada. Los viejos temas reaparecen, y se discrepa sobre los fines de la vida, el origen del saber, el valor de los sentimientos, etc.

- ¿Es posible que la filosofía haya avanzado hacia algún lado en estas condiciones?
- ¿Es capaz de progresar la investigación filosófica?
- ¿No sería mejor prescindir de ella y depositar nuestra confianza en la ciencia?
- ¿En qué medida puede afirmarse que la filosofía no ha de progresar?

Debate filosófico

La utilidad de la filosofía

¿Para qué puede servir la filosofía? ¿Crees que tiene alguna utilidad práctica en la vida cotidiana?

Busca información acerca de esta cuestión tratando de encontrar argumentos a favor y en contra de la utilidad e importancia de la filosofía. Esta investigación previa te permitirá apoyar tus opiniones con datos, hechos y argumentos racionales.

Una obra para comentar

Apología de Socrates

La *Apología de Sócrates* es un texto escrito por Platón en memoria de su maestro. En él se recoge el discurso que Sócrates pronunció ante los jueces para defenderse de las injustas acusaciones que se hicieron contra él. Las palabras de Sócrates incluyen una elocuente defensa de la filosofía como una actitud necesaria e irrenunciable para aprender a vivir mejor.

Conexiones filosóficas

Relación entre ciencia y filosofía

Aunque hoy en día son campos muy distintos, durante mucho tiempo ambas disciplinas formaron parte de una única actividad de investigación. Hoy podemos preguntarnos si quien quiere especializarse en filosofía debe saber ciencia y, a su vez, si quien sigue una carrera científica debe saber filosofía.

- ¿Qué relación crees que existe entre la ciencia y la filosofía?
- ¿Existen conexiones significativas entre estas dos disciplinas en la actualidad?
- ¿Puede la filosofía ser útil para la ciencia?

Trabajo en equipo

El origen de todo

Deberéis investigar colaborativamente sobre las respuestas que a lo largo del tiempo los seres humanos han ofrecido a la pregunta sobre el origen del universo. Para realizar la actividad la clase se dividirá en grupos de 5 personas. Cada persona adoptará el papel de experta en:

- Mitología clásica (griega y romana).
- Mitologías de América.
- Mitologías de Asia.
- Mitologías de África y Oceanía.
- Explicaciones científicas.

a) Los grupos se separarán y cada uno de los expertos se reunirá con los demás expertos del mismo tema procedentes de los otros grupos. Juntos recopilarán información sobre las diferentes explicaciones que se han ofrecido en el ámbito que les corresponde acerca del origen del universo.

b) Una vez finalizado el trabajo de los expertos, los grupos se reunirán de nuevo. Cada experto contará a su grupo las explicaciones encontradas sobre el origen del cosmos en su ámbito.

c) El equipo elaborará una tabla con las semejanzas y diferencias que existen entre los cinco tipos de explicaciones recogidas.

d) Cada grupo mostrará al resto de la clase sus conclusiones, explicando y comentando la tabla que ha preparado.

e) Por último, la clase elaborará unas conclusiones globales en las que se comparen las explicaciones del tema.

Bibliografía

Fernando SAVATER: ***Las preguntas de la vida.***

André COMTE-SPONVILLE: ***La filosofía. Qué es y cómo se practica.***

André COMTE-SPONVILLE: ***Invitación a la filosofía.***

José ORTEGA Y GASSET: ***¿Qué es filosofía?***

Luc FERRY: ***Aprender a vivir.***

Roger POL-DROIT: ***La filosofía explicada a mi hija.***

Nigel WARBURTON: ***Filosofía básica.***

Filmografía

Cosmos, capítulo VII: *La espina dorsal de la noche.* Carl SAGAN. En este capítulo de la serie se explica magníficamente el origen de la filosofía en Grecia.

El mundo de Sofía. Erik GUSTAVSON. Película basada en el libro de Jostein Gaarder, que acerca la filosofía a las preocupaciones e inquietudes de los jóvenes.

Sócrates. Roberto ROSSELLINI. Película que narra la vida de este importante filósofo griego. Su figura se nos presenta destacando sus rasgos más positivos.

Mapa conceptual

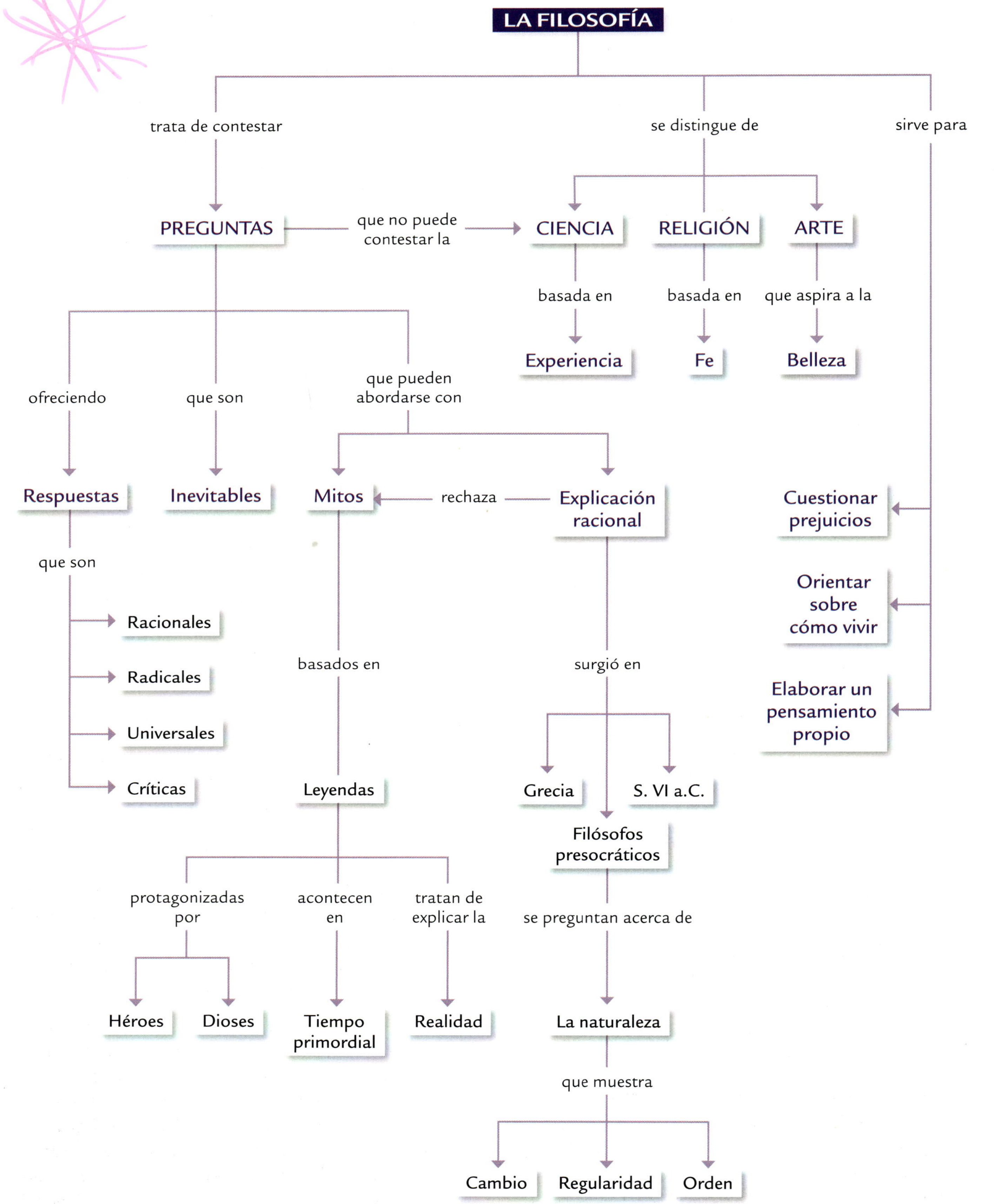

Evaluación

Elige la respuesta correcta para cada una de las siguientes preguntas. Recuerda que de todas las opciones solo una es válida.

1. **¿Qué es un mito?**
   a) Una explicación racional sobre la realidad.
   b) Una ceremonia religiosa.
   c) Una narración legendaria protagonizada por dioses o héroes.
   d) Una mentira para engañarnos intencionadamente.

2. **¿En qué consiste la magia?**
   a) En creer que existen dioses.
   b) En responder preguntas recurriendo a la fe.
   c) En creer que podemos obligar a la naturaleza a cumplir nuestros deseos.
   d) En aceptar la existencia de espíritus.

3. **¿Qué diferencia hay entre lo trascendente y lo inmanente?**
   a) Lo trascendente es lo que pertenece a este mundo, mientras que lo inmanente es lo que pertenece a otro mundo.
   b) Se trata de dos términos equivalentes que significan lo mismo.
   c) Lo inmanente es lo que pertenece a este mundo, mientras que lo trascendente es lo que pertenece a otro mundo.
   d) Lo trascendente es lo que explica la ciencia y lo inmanente lo que explica la filosofía.

4. **¿En qué lugares surgió de forma simultánea la filosofía en el siglo VI a.C.?**
   a) En Centroamérica, la India y Egipto.
   b) En Centroamérica, China y la India.
   c) En Grecia, China y la India.
   d) En Grecia, Mesopotamia y Egipto.

5. **¿Cuál es el objetivo que se propone la filosofía?**
   a) Conocer con total seguridad todo lo que existe.
   b) Buscar racionalmente respuestas radicales para las grandes preguntas que nos planteamos.
   c) Expresar nuestros sentimientos.
   d) Sustituir el conocimiento científico por verdades más auténticas.

6. **¿Qué relación existe entre la ciencia y la filosofía?**
   a) La filosofía es una rama de la ciencia, pero se distingue de otras ciencias como la física o la química porque no utiliza las matemáticas.
   b) La filosofía es lo contrario de la ciencia, porque se basa en intuiciones y sentimientos.
   c) La filosofía trata de contestar preguntas que no pueden responderse experimentalmente.
   d) La filosofía es una investigación científica sobre problemas humanos.

7. **¿Cómo podemos distinguir la filosofía del arte?**
   a) Los filósofos se expresan mediante el lenguaje, por lo que en realidad la filosofía forma parte de la literatura, que es un arte.
   b) El arte no tiene ningún significado, mientras que la filosofía, por su parte, trata de ofrecer respuestas que tienen sentido.
   c) El arte trata de expresar nuestros sentimientos, mientras que la filosofía intenta ofrecer respuestas racionalmente.
   d) Cuando los artistas tratan temas filosóficos, el arte y la filosofía son en realidad lo mismo.

8. **¿Para qué sirve la filosofía?**
   a) La filosofía es imprescindible para poder comprender otras asignaturas, como las matemáticas o la lengua.
   b) La filosofía no tiene ninguna utilidad más allá de su interés cultural e histórico.
   c) La filosofía puede ayudarnos a cuestionar las ideas que hemos recibido y a elaborar críticamente nuestras propias opiniones.
   d) La filosofía es muy útil, porque puede ofrecernos verdades seguras e indudables.

Contesta por escrito las cuestiones siguientes:

9. **¿Crees que la filosofía tiene que ser una materia obligatoria para todos los estudiantes o sería mejor que fuera optativa? ¿A qué edad crees que deberíamos enseñar filosofía en las escuelas? Justifica tu respuesta ofreciendo argumentos para apoyar tu opinión.**

10. **¿Qué pensarías tú si un día leyeras en el periódico que los filósofos más importantes del mundo han logrado ponerse de acuerdo sobre las respuestas a las grandes preguntas que todos nos hacemos? ¿Cómo reaccionarías ante esta noticia? Explica tu respuesta.**

11. **Hemos visto que una de las razones que justifican el estudio de la filosofía es su importancia para cuestionar los prejuicios y para desarrollar nuestro espíritu crítico. Sin embargo, no todas las personas consideran que esto sea algo bueno y deseable para todos. ¿Cuál es tu opinión sobre este tema? ¿Crees tú que la educación debe fomentar el espíritu crítico en los estudiantes? ¿Te parece que el estudio de la filosofía puede contribuir a este objetivo? ¿Por qué?**

2 Las preguntas de la filosofía

- La filosofía se ocupa de algunas grandes preguntas cuya respuesta no encontramos en la ciencia.
- ¿Es posible clasificar esas preguntas según su temática?
- ¿Han sido siempre las mismas preguntas a lo largo del tiempo?
- ¿Cómo ha ido respondiendo la filosofía a estas cuestiones en diferentes épocas?

Objetivos

> Distinguir el uso teórico y el uso práctico de la razón.

> Identificar las principales ramas de la filosofía, indicando qué tipo de cuestiones aborda cada una de ellas.

> Valorar la evolución histórica de la filosofía, apreciando la influencia del contexto en el que se desarrolla el pensamiento de cada autor.

> Describir las etapas principales en las que puede dividirse la historia de la filosofía, exponiendo las inquietudes fundamentales que preocupan a quienes han filosofado en cada etapa.

Contenidos

Usos de la razón

- Las preguntas filosóficas pueden clasificarse en dos grandes grupos: el de la racionalidad teórica y el de la racionalidad práctica. El primero agrupa las preguntas relacionadas con el conocimiento, y el segundo, las vinculadas a la acción.

La filosofía y sus ramas

- Tradicionalmente se ha dividido la filosofía en diversas ramas.
- La lógica analiza los razonamientos bien formados.
- La metafísica estudia el problema de la realidad.
- La gnoseología examina el conocimiento, y la epistemología se dedica a la reflexión filosófica sobre la ciencia.
- La antropología filosófica aborda las cuestiones sobre el ser humano.
- La ética reflexiona sobre la moral.
- La filosofía política trata sobre la organización de la sociedad y la vida en común.
- La estética tiene como objeto el arte y la belleza.
- Existen otras ramas filosóficas, como la teología —que trata sobre Dios—, la filosofía del lenguaje, la filosofía de la historia, la filosofía de la mente...

La filosofía y su historia

- Con el paso del tiempo, el pensamiento filosófico ha ido cambiando y desarrollándose. Si sabemos entender un período histórico, podremos interpretar las ideas filosóficas características de la época.
- La filosofía antigua —entre el s. VI a.C. y el s. V d.C.— se ocupa del orden y la regularidad de la naturaleza. Y, a partir de Sócrates, también trata del ser humano, la ética y la política.
- La filosofía medieval se extiende desde el s. V hasta el s. XV y tiene la religión como tema principal.
- La filosofía moderna surge en el s. XV y se prolonga hasta finales del s. XVIII. Centra su interés en el ser humano y en el conocimiento, como consecuencia de la revolución científica.
- La filosofía contemporánea se extiende desde finales del s. XVIII hasta la actualidad. Ha estado influida por los avances de la ciencia y de la tecnología, a partir de la revolución industrial. Hoy sigue planteándose preguntas complejas y de gran importancia.

I. Las ramas de la filosofía

1. Razón teórica y razón práctica

Como sabes, la filosofía trata de responder algunas de las grandes preguntas que todos nos hacemos. De hecho, intenta contestar estas cuestiones utilizando la razón en dos sentidos: uno teórico y otro práctico.

El **uso teórico de la razón** consiste en utilizar nuestra razón para conocer.

Esto es lo que hacemos cuando tratamos de contestar preguntas acerca de las realidades que existen, de la forma en la que podemos alcanzar la verdad o de la manera en la que tenemos que ordenar nuestros pensamientos correctamente.

El **uso práctico de la razón** consiste en emplear la razón para actuar.

Es lo que sucede cuando decidimos cómo comportarnos, cuando pensamos cuál puede ser la mejor manera de organizar nuestra convivencia o cuando analizamos qué acciones son justas o injustas.

El filósofo alemán **Immanuel Kant** partió de esta distinción para desarrollar su pensamiento. Sin embargo, Kant insistía en recordar que la razón es única. Las personas no tenemos dos razones, sino solo una, que podemos emplear para hacer dos cosas diferentes. Si la empleamos para conocer, estamos haciendo un uso teórico de la razón. En cambio, si la utilizamos para actuar, estamos recurriendo al uso práctico de la razón.

2. Las ramas de la filosofía

La distinción entre los dos usos de la razón (uno teórico y otro práctico) puede servirnos para empezar a clasificar las preguntas de la filosofía. Las cuestiones que tengan que ver con el conocimiento corresponderán a la razón teórica. Las preguntas relacionadas con el comportamiento y la acción serán cuestiones de las que se ocupe la razón práctica.

Más allá de esta primera clasificación es posible establecer una división más detallada de la filosofía en distintas materias. Esta división tiene en cuenta los diferentes temas tratados en las preguntas que suelen plantearse los filósofos. Una de las divisiones más conocidas es la del filósofo alemán **Christian Wolff**.

La clasificación que realizó Wolff basándose en esta distinción fue posteriormente ampliada y modificada por otros filósofos. Actualmente, los filósofos suelen clasificar las cuestiones filosóficas en las siguientes ramas principales:

El **uso teórico** de la razón comprende:

- La lógica
- La epistemología
- La metafísica
- La antropología filosófica

El **uso práctico** de la razón incluye:

- La ética
- La filosofía política
- La estética

Pero además de estas ramas existen otras que también son importantes, como la teología, la filosofía del lenguaje, la filosofía de la historia, la filosofía de la mente...

USO TEÓRICO Y USO PRÁCTICO DE LA RAZÓN

Immanuel Kant (1724-1804).

Kant titula uno de sus libros *Crítica de la razón pura*, y otro, *Crítica de la razón práctica*. Parece que "práctica" se opone a "pura"; no es así. La razón práctica es también pura, y se opone a la razón especulativa o teórica. La expresión completa sería, pues, razón pura especulativa (o teórica) y razón pura práctica. Pero como Kant estudia en la primera *Crítica* las condiciones generales de la razón pura, y en la segunda la dimensión práctica de la misma razón, escribe abreviadamente los títulos.

La razón especulativa se refiere a una teoría, a un puro saber de las cosas; la razón práctica, en cambio, se refiere a la acción, a un hacer, en un sentido próximo a la praxis griega, y es el centro de la moral kantiana.

Julián MARÍAS: *Historia de la Filosofía.*

1. ¿Cuáles son los dos usos de la razón que distingue Kant en sus obras? ¿Con qué otro nombre se refiere también Kant a la razón teórica?

2. ¿En qué consiste el uso teórico de la razón? ¿Y el uso práctico de la razón?

UNA POSIBLE CLASIFICACIÓN DE LA FILOSOFÍA

Dividía Wolff la filosofía en tres grupos generales de materias: la filosofía real, la filosofía del conocimiento y la filosofía de la conducta. La primera estudia el ser y las cosas en general; la segunda estudia ese gran fenómeno que se da en nuestra mente y que nos pone en relación con las cosas exteriores –el conocimiento–, fenómeno que nos diferencia de una piedra, por ejemplo, que, no teniendo conocimiento, está cerrada sobre sí, no entra en relación con lo que está fuera de ella; la tercera estudia la acción y las normas que la rigen: complemento del conocer es el obrar, el reaccionar sobre las cosas que se nos manifiestan en el conocimiento.

Rafael GAMBRA: *Historia sencilla de la filosofía.*

3. ¿Cuáles son las ramas de la filosofía según Wolff?

4. ¿Cuál de ellas habría que analizar con la razón teórica? ¿Y cuál con la razón práctica?

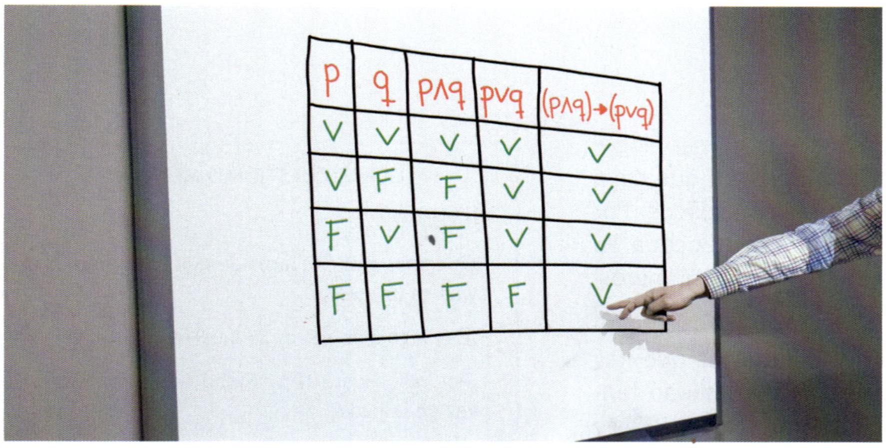

Las tablas de verdad son un instrumento de lógica formal para analizar el valor de verdad de las proposiciones.

3. La lógica

3.1. Cómo organizar los razonamientos

La **lógica** es la parte de la filosofía que estudia los razonamientos.

Este estudio es de especial importancia porque toda la filosofía se basa en el uso de la razón. La lógica nos ayuda a comprender cuándo un razonamiento está bien construido. Esto resulta fundamental para que podamos argumentar y organizar nuestros pensamientos de forma adecuada.

La lógica fue inicialmente desarrollada por el filósofo griego Aristóteles, hacia el siglo IV a.C. Aristóteles consideraba que la lógica era una herramienta al servicio del pensamiento, y por eso creía que debía servir como base para organizar nuestros razonamientos filosóficos.

El carácter instrumental de la lógica explica su utilidad y su importancia. Se trata de una disciplina muy valiosa, que debemos conocer si queremos pensar con rigor. Por este motivo, a menudo se ha considerado la lógica como una disciplina preparatoria para la filosofía. En efecto, si queremos filosofar, primero debemos aprender a formular correctamente nuestros razonamientos para evitar errores.

Sin embargo, es importante recordar que la lógica solo nos enseña cómo hay que organizar los razonamientos para que estos estén bien formulados. La lógica no nos puede decir si las afirmaciones que utilizamos son verdaderas o falsas. Tan solo nos puede señalar si los razonamientos que empleamos están bien estructurados o no.

3.2. La lógica y las falacias

La lógica nos ayuda a detectar errores en nuestros razonamientos. Los razonamientos que a primera vista parecen bien construidos, pero que en realidad son incorrectos, se llaman **falacias**. La lógica nos enseña a detectar las falacias y a distinguirlas de los razonamientos bien formulados.

Esto puede ser muy útil, porque las falacias son muy frecuentes en nuestras conversaciones ordinarias. Las falacias también aparecen a menudo en los discursos con los que otras personas tratan de convencernos de sus ideas. Si estudias lógica, podrás descubrir estos fallos. Así aprenderás a razonar adecuadamente y evitarás ser engañado con **sofismas*** y con argumentos incorrectos.

¿QUÉ ES LA LÓGICA?

No hay nada más natural en la conversación que argumentar. Intentamos convencer a las personas con las que debatimos de que tenemos razón, de que nuestra conclusión se sigue de algo que aceptan. Tal intento sería vano si no pudiésemos decir cuándo una cosa se sigue de otra. Lo que a menudo pasa por un argumento en la conversación con frecuencia no satisface los requisitos.

Toda propiedad es un robo.
Luego todo robo es una propiedad.
Por tanto estas perlas son mías.

Salta a la vista que esto es una tontería: no hay nada que conecte la verdad de la conclusión con la de las premisas. Debemos garantizar que el argumento preserva la verdad de las afirmaciones en las que se basa. La lógica es el estudio de los argumentos que preservan la verdad.

Dan Cryan, Sharon Shatil, Bill Mayblin: *Lógica para todos.*

5. ¿Por qué es incorrecto el razonamiento al que se refieren los autores?

6. De acuerdo con este texto, ¿en qué consiste la lógica?

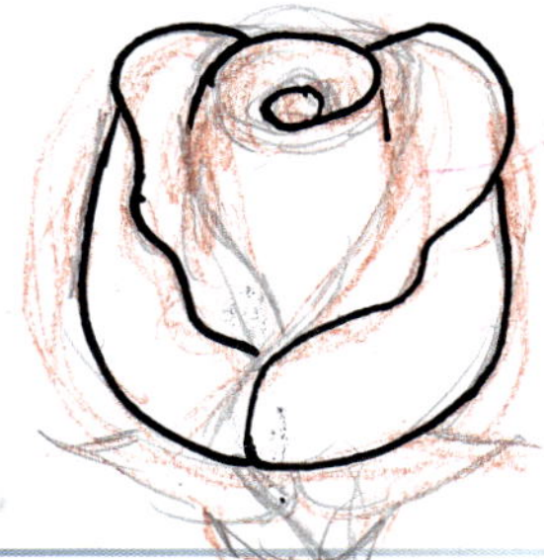

ALGUNAS CUESTIONES LÓGICAS

- ¿Cómo debemos organizar una argumentación para que el razonamiento esté bien formulado?
- ¿Cuándo podemos sacar legítimamente una conclusión a partir de unas premisas determinadas?
- ¿Cómo podemos reconocer las falacias?
- ¿Es posible diseñar un lenguaje simbólico que nos permita representar adecuadamente nuestros razonamientos?

***Sofisma:** falacia intencionada. Un sofisma es un razonamiento incorrecto que se elabora intencionadamente con el propósito de confundir o engañar al interlocutor.

4. La metafísica

4.1. Una filosofía primera

Aristóteles, que fue el fundador de la lógica, también fue el primer filósofo que trató sistemáticamente la metafísica. Aristóteles pensaba que cada una de las ciencias se ocupa de estudiar un tipo de seres específicos. Por ejemplo, la biología estudia los seres vivos, la astronomía se preocupa de los planetas y las estrellas, las matemáticas tratan acerca de los números, las figuras geométricas y los símbolos...

Sin embargo, Aristóteles creía que, más allá de las diferencias que hay entre estas distintas realidades, todas ellas comparten una propiedad fundamental: los animales, las plantas, las estrellas, los planetas, los números y las figuras son **realidades que existen**. Por eso Aristóteles consideró necesario crear una nueva disciplina que se ocupase de estudiar las **propiedades generales de todo lo que existe**, independientemente de si se trata de estrellas, planetas o árboles.

Las cosas, solo por el hecho de ser, ya tienen una serie de propiedades muy importantes que podemos estudiar. Aristóteles llamó "filosofía primera" a esta disciplina que estudia las propiedades generales de los seres que existen. Hoy en día a esta rama de la filosofía nosotros la llamamos metafísica.

La **metafísica** es la parte de la filosofía que estudia la realidad.

La metafísica elabora respuestas a preguntas fundamentales sobre lo que existe. Se trata de una rama muy general y abstracta de la filosofía que examina las propiedades que tienen todos los seres simplemente por el hecho de ser.

La metafísica también se plantea preguntas acerca del cambio y la permanencia. El objetivo que persigue es aclarar cuáles son las realidades que verdaderamente existen, más allá de las simples apariencias. No obstante, para que comprendas lo que estudia la metafísica, tal vez lo mejor sea repasar el tipo de preguntas que se plantean en esta rama de la filosofía.

4.2. La importancia de la metafísica

La metafísica tiene fama de ser oscura y difícil de entender. A veces se acusa a los filósofos que hacen metafísica de interesarse por temas que no preocupan a nadie. También se reprocha a la metafísica el uso de palabras incomprensibles que no significan nada. ¿Están justificadas estas críticas?

Aunque las teorías metafísicas no siempre sean fáciles de entender, es crucial que comprendas la importancia de esta rama de la filosofía. La metafísica es fundamental, porque cualquier sistema filosófico siempre parte de alguna interpretación sobre la realidad.

Si queremos entender la filosofía de un pensador, lo primero que debemos saber es qué es lo que existe en realidad según ese filósofo. Cuando un autor elabora su pensamiento, siempre se basa en una serie de **supuestos metafísicos fundamentales**. De hecho, cualquier discurso o interpretación del mundo se apoya en alguna teoría metafísica concreta. Lo que ocurre es que a menudo pasamos por alto estos presupuestos metafísicos porque no nos paramos a pensar en ellos.

Como sucede frecuentemente, muchas de las afirmaciones que defendemos incluyen ideas que no hemos analizado detenidamente. Estudiar metafísica puede servirte, entre otras cosas, para descubrir cuáles son las ideas sobre la realidad que están en la base de nuestras palabras y creencias cotidianas.

ALGUNAS CUESTIONES METAFÍSICAS

- ¿Existe Dios?
- ¿Podemos estar seguros de que el mundo es real y no es un sueño?
- ¿Hay algo más allá de la muerte?
- ¿Por qué existe la realidad que conocemos en vez de la nada?
- ¿Tuvo el universo alguna vez un comienzo? Y si es así, ¿qué había antes? ¿O es que no hubo ningún antes?
- ¿Existe el alma humana? Y si existe, ¿es inmortal?
- ¿De qué está hecho todo lo que existe?
- ¿Es posible explicar lo que es el tiempo?
- ¿Qué relación hay entre la realidad y nuestros pensamientos?

LA CIENCIA DEL SER

▲ Aristóteles (s. IV a.C.).

Hay una ciencia que estudia el ser en tanto que ser y los accidentes propios del ser. Esta ciencia es diferente de todas las ciencias particulares, porque ninguna de ellas estudia en general el ser en tanto que ser. Estas ciencias solo tratan del ser desde cierto punto de vista, y solo desde este punto de vista estudian sus accidentes; en este caso están las ciencias matemáticas. Pero puesto que indagamos los principios, las causas más elevadas, es evidente que estos principios deben de tener una naturaleza propia. Por tanto, si los que han indagado los elementos de los seres buscaban estos principios, debían necesariamente estudiarlos en tanto que seres. Por esta razón debemos nosotros también estudiar las causas primeras del ser en tanto que ser.

ARISTÓTELES: *Metafísica.*

7. En este texto, Aristóteles explica las diferencias que existen entre la metafísica y las demás ciencias. ¿En qué se distingue, según el autor, esta ciencia metafísica de todas las demás "ciencias particulares" como las matemáticas?

8. ¿Qué es lo que estudia la metafísica de acuerdo con Aristóteles?

5. La filosofía del conocimiento

La filosofía del conocimiento estudia cómo conocemos la realidad. Hay una diferencia muy importante entre preguntarse qué es lo que existe y plantearse cómo conocemos lo que existe. La metafísica trata de contestar la primera cuestión, mientras que la filosofía del conocimiento trata de responder la segunda.

La parte de la filosofía que se plantea preguntas acerca del conocimiento se llama **gnoseología**.

En ocasiones los filósofos distinguen la gnoseología de la epistemología.

La **epistemología** es la rama de la filosofía que trata cuestiones relacionadas con la ciencia.

Aunque a veces estos dos conceptos se usan como si fueran sinónimos, en rigor la gnoseología es una disciplina más general que incluye a la epistemología.

La **filosofía del conocimiento** nació en la antigua Grecia. Los primeros filósofos insistieron en diferenciar la apariencia de la verdadera realidad. Las apariencias son a menudo engañosas y distintas de la realidad. Solo podemos decir que conocemos algo de verdad cuando somos capaces de ir más allá de lo que parece para captar lo que las cosas verdaderamente son. Por eso tiene sentido analizar cuidadosamente cómo conocemos.

La gnoseología es la disciplina que se ocupa de estudiar **el modo en que funciona el conocimiento humano**. Para ello presta especial atención a la manera en que podemos alcanzar la verdad sin dejarnos engañar por las apariencias.

La mayor parte de las preguntas gnoseológicas que se planteaban los antiguos filósofos griegos tenían relación con la distinción entre apariencia y realidad.

Hoy en día, tras el desarrollo de la ciencia moderna, los filósofos del conocimiento también se hacen preguntas acerca del método científico y de los límites de la razón humana para comprender la realidad.

La parte de la filosofía que se plantea preguntas sobre la ciencia se llama epistemología. Acelerador de partículas del CERN, en Ginebra (Suiza).

Fíjate

En ocasiones se distingue entre la metafísica y la ontología, aunque no siempre resulta fácil diferenciar estos dos términos. Para aclarar esta cuestión podríamos decir que la metafísica es una disciplina que estudia el problema de la realidad. La ontología, en cambio, estudia los seres que existen. La palabra *ontología* proviene del griego y significa 'estudio del ser'. Así pues, la ontología es la parte de la filosofía que se dedica a estudiar los seres existentes.

ALGUNAS CUESTIONES GNOSEOLÓGICAS

- ¿Cómo podemos captar la verdadera realidad y distinguirla de las apariencias?
- ¿Hasta qué punto podemos confiar en que las ciencias descubren la verdad?
- ¿Tiene límites la razón humana? ¿Es posible conocerlo todo con completa fiabilidad?
- ¿Hay algún conocimiento que sea absolutamente indudable? ¿O, por el contrario, siempre es posible encontrar razones para dudar de cualquier afirmación?
- ¿Qué es la verdad? ¿Cómo podemos distinguir lo verdadero de lo falso?

Para ampliar en la Red...

Las preguntas filosóficas: www.tiching.com/684266

6. La antropología filosófica

La **antropología filosófica** se plantea preguntas acerca del ser humano.

Esta rama de la filosofía trata de aclarar cuáles son las características básicas que todos los humanos compartimos y que, a su vez, nos distinguen de los demás animales. Asimismo, la antropología filosófica analiza la relación que hay entre nuestro cuerpo y nuestra mente, y examina preguntas acerca del valor, el sentido y la importancia de las personas.

La antropología, entendida como el estudio del ser humano, también ha dado lugar a una ciencia llamada antropología cultural.

La **antropología cultural** estudia las costumbres, creencias y formas de vida de los diferentes pueblos que existen en nuestro planeta.

Como se basa en la observación y el estudio empírico de las culturas humanas, la antropología cultural es una ciencia. La antropología filosófica, en cambio, no es una ciencia, sino una rama de la filosofía, ya que se ocupa de preguntas acerca del sentido y la finalidad de los seres humanos.

ALGUNAS CUESTIONES ANTROPOLÓGICAS

- ¿Hay algún rasgo básico que nos diferencie de los demás animales?
- Teniendo en cuenta que cada persona es distinta de las demás, ¿existe algo que tengamos todos los seres humanos en común?
- ¿Qué relación hay entre nuestro cuerpo y nuestra mente?
- ¿Tiene el ser humano algún propósito o meta que cumplir en la vida?

7. La ética

Todas las ramas de la filosofía que hemos presentado hasta ahora entran en el ámbito de la razón teórica, porque tratan cuestiones relacionadas con el conocimiento. La ética, sin embargo, está en el campo de la **razón práctica**, porque se refiere a la acción y no al conocimiento.

La **ética** es la parte de la filosofía que se pregunta sobre la moral.

Al actuar, las personas orientamos nuestra conducta de acuerdo con valores, normas y criterios que distinguen lo que está bien de lo que está mal. Estas pautas que diferencian lo correcto de lo incorrecto forman nuestra **moral**. Cada persona tiene sus propias reglas morales, que están a menudo influidas por el conjunto de creencias y expectativas que existen en la sociedad donde se vive.

Existen muchas morales diferentes, que varían según las personas y las sociedades. La moral hace referencia a los valores y las preferencias que tenemos cada uno de nosotros sobre lo que nos parece que está bien y lo que creemos que está mal. La ética, en cambio, es una reflexión teórica sobre los fundamentos de la moral.

ALGUNAS CUESTIONES ÉTICAS

- ¿Por qué debemos hacer el bien?
- ¿Son el bien y el mal lo mismo para todas las personas?
- ¿Por qué hay tantas morales diferentes si los seres humanos somos esencialmente iguales?
- ¿Cómo debemos vivir si queremos ser felices?
- ¿Es posible conocer cómo debemos actuar usando nuestra razón?
- ¿Hay alguna norma universalmente válida?
- ¿Está justificado que nos saltemos las normas en alguna situación?
- ¿Qué deberíamos hacer con los criminales que no respetan la ley?

8. La filosofía política

La política se ocupa de la organización de la vida en común y la convivencia. Esto puede analizarse desde dos perspectivas diferentes, la ciencia política y la filosofía política.

La **ciencia política** estudia la sociedad mediante la observación y la investigación empírica. La **filosofía política** trata sobre la legitimidad y los principios de justicia de las formas de organización política.

La filosofía política se plantea más bien cómo debería organizarse la sociedad para que reine la justicia y podamos convivir satisfactoriamente.

ALGUNAS CUESTIONES DE FILOSOFÍA POLÍTICA

- ¿En qué consistiría una sociedad justa? ¿Es posible alcanzarla en la realidad?
- ¿Sería posible una sociedad sin ejército, sin policía y sin gobernantes?
- ¿Quién debe ejercer el poder en la sociedad? ¿Por qué?
- ¿Cuál es la mejor forma de gobierno?
- ¿Existen guerras justas? ¿En qué casos?

9. La estética

La **estética** es la rama de la filosofía que se ocupa de la belleza y del arte.

Al hablar de la belleza es habitual suponer que el sentimiento de lo bello es únicamente una cuestión personal. Se dice que "sobre gustos no hay nada escrito" porque se suele pensar que acerca de la belleza cada cual tiene una opinión diferente que debe ser respetada.

Pero a pesar de esta extendida visión, cuando sentimos que algo es verdaderamente bello nos da la impresión de que esa belleza está por encima de nuestra valoración personal. Es como si lo bello se nos impusiera, como si su evidencia y su fuerza nos obligaran a reconocer la hermosura que está ante nosotros. Por eso a veces nos cuesta tanto comprender los gustos estéticos de los demás cuando no coinciden con los nuestros.

La estética se plantea preguntas filosóficas relacionadas con el arte y la belleza. Wassily KANDINSKY: *Línea transversal* (1923).

10. Otras disciplinas filosóficas

Las ramas que hemos visto no agotan las cuestiones filosóficas: ¿Puede demostrarse la existencia de Dios? ¿Es la evolución histórica un verdadero progreso? ¿Se puede pensar sin palabras? ¿Qué relación hay entre nuestros pensamientos y nuestro cerebro? ¿Cuál es el límite del universo? Existen disciplinas filosóficas, antiguas o recientes, que se ocupan de examinarlas.

10.1. La cosmología

Antes de la aparición de la ciencia positiva en el Renacimiento, encontramos en las obras filosóficas cuestiones que actualmente forman parte de las ciencias empíricas.

Esto sucede, por ejemplo, con la **cosmología**, que es la disciplina que se ocupa del estudio global del universo. Los filósofos antiguos estaban muy interesados por describir la estructura del universo. En sus escritos filosóficos propusieron elaborados modelos que pretendían explicar el origen y el funcionamiento del cosmos. En la actualidad, la cosmología forma parte de la física y nos ofrece explicaciones sobre el universo apoyándose en la investigación experimental.

ALGUNAS CUESTIONES DE ESTÉTICA

- ¿En qué consiste la belleza?
- ¿Es la belleza una realidad universal con la que todos deberíamos estar de acuerdo?
- ¿Es la belleza una propiedad objetiva de las cosas o se trata de una cualidad subjetiva?
- ¿Qué es el arte? ¿Qué diferencia hay entre una obra de arte y otro objeto cualquiera?
- ¿Existe algún criterio objetivo para valorar una obra artística?

10.2. La teología

Durante la Edad Media la **teología** fue una parte muy importante de la filosofía. La teología es la disciplina que trata sobre Dios. Pero debes recordar que es posible aproximarse al tema de Dios de dos maneras distintas, por lo que la teología puede enfocarse de dos modos diferentes.

La teología forma parte de la religión cuando nuestro conocimiento sobre Dios se basa en la fe, las creencias, las escrituras sagradas o la tradición. Pero la teología es una rama de la filosofía cuando nuestro conocimiento sobre Dios se basa en la razón.

10.3. Otras ramas de la filosofía

En tiempos más recientes, la filosofía ha experimentado un notable desarrollo que ha conducido a la aparición de nuevas ramas filosóficas. Una de las más importantes es la **filosofía del lenguaje**, que trata acerca de las palabras que empleamos para comunicarnos. También tienen gran relevancia otras ramas como la **filosofía de la mente** o la **filosofía de la historia**.

Símbolos de algunas religiones monoteístas: cristianismo, islamismo y judaísmo.

Párate a pensar

Recapitula

1. ¿Qué rama de la filosofía crees que se ocupa de cada una de las siguientes preguntas?

a) ¿Qué relación existe entre nuestros pensamientos y nuestro cerebro?

b) ¿Es posible demostrar la existencia de Dios?

c) ¿Qué tienen en común todas las lenguas que se hablan?

d) ¿Tiene la historia de la humanidad algún sentido?

e) ¿Puede diseñarse un lenguaje perfecto que no genere confusiones ni ambigüedades?

f) ¿Sería posible construir un robot que tuviera sentimientos y emociones como los seres humanos?

g) Si Dios es bueno, ¿por qué permite el mal, la muerte y el sufrimiento?

h) ¿Es posible pensar sin palabras?

2. ¿Qué es lo que estudia la lógica? El nombre de esta disciplina proviene del término griego *logos*. ¿Recuerdas lo que significaba la palabra *logos* en griego?

3. ¿Cómo se llama la rama de la filosofía que estudia el conocimiento? ¿Y la rama que estudia la ciencia? ¿De qué palabras griegas proceden estos dos términos?

Construye el concepto

4. Define los siguientes términos filosóficos con los diccionarios propuestos (p. 1). A continuación, escribe una frase con cada uno de ellos en la que se aprecie su significado.

- lógica
- metafísica
- epistemología
- ética
- política
- estética

Gnoseología: Rama de la filosofía que estudia el conocimiento.

"La gnoseología se plantea preguntas acerca del modo en que podemos conocer la verdad."

Trabaja con textos

5. Lee el siguiente texto y contesta las preguntas:

Cuando se considera la filosofía como la que suministra por medio de conceptos los principios del conocimiento racional de las cosas, y no como la lógica, que solamente lo hace de los principios de la forma del pensamiento en general, haciendo abstracción de los objetos, se puede con toda razón dividir, como comúnmente se hace, en teórica y práctica. Mas para esto es de todo punto indispensable que los conceptos que sirven de objeto a los principios de este conocimiento racional sean diferentes en su especie, pues de lo contrario, no estaríamos autorizados para una división, la cual supone siempre oposición en los principios del conocimiento racional, cual corresponde a las diversas partes de una ciencia. Según esto, no existen más que dos especies de conceptos, los cuales llevan en sí otros tantos principios diferentes de la posibilidad de sus objetos; estos conceptos son los de la naturaleza y el de la libertad.

Immanuel KANT: *Crítica del juicio.*

a) ¿Cuál es la clasificación de la filosofía que se menciona en este texto?

b) ¿De qué especie de conceptos se ocupa, según Kant, la razón teórica? ¿Y la razón práctica?

6. Lee el siguiente texto y contesta las preguntas:

A diferencia de otros seres, vivos o inanimados, los hombres podemos inventar y elegir en parte nuestra forma de vida. Podemos optar por lo que nos parece bueno, es decir, conveniente para nosotros, frente a lo que nos parece malo e inconveniente. Y como podemos inventar y elegir, podemos equivocarnos, que es algo que a los castores, las abejas y las termitas no suele pasarles. De modo que parece prudente fijarnos bien en lo que hacemos y procurar adquirir un cierto saber vivir que nos permita acertar. A ese saber vivir, o arte de vivir si prefieres, es a lo que llaman *ética*.

Fernando SAVATER: *Ética para Amador.*

a) De acuerdo con el texto, ¿en qué nos diferenciamos los seres humanos de los demás animales?

b) ¿En qué consiste la ética según el autor de este fragmento?

7. Lee el siguiente texto y contesta las preguntas:

La ética, pues, a diferencia de la moral, tiene que ocuparse de lo moral en su especificidad, sin limitarse a una moral determinada. Pero, frente a las ciencias empírico-analíticas, e incluso frente a las ciencias comprensivas que repudian todo criterio de validez, tiene que dar razón filosófica de la moral: como reflexión filosófica se ve obligada a justificar teóricamente por qué hay moral y debe haberla, o bien a confesar que no hay razón alguna para que la haya. Si es importante ese primer momento que trata de detectar los caracteres específicos del fenómeno universal de la moralidad, este segundo momento de sereno distanciamiento y elaboración filosófica nos sitúa en el ámbito de los argumentos que pueden ser universalmente aceptados.

Adela CORTINA: *Ética mínima.*

a) ¿De qué se ocupa la ética?

b) ¿En qué se diferencian la ética y la moral?

c) ¿Por qué debe ofrecer la ética argumentos que puedan ser "universalmente aceptados"?

8. Lee el siguiente texto y contesta las preguntas:

¿Hay estándares o criterios objetivos para evaluar las obras de arte individuales? Se ha discutido mucho, sin llegar a acuerdo alguno, sobre la validez universal de los juicios de valor, acerca de si puede haber discusiones sobre el gusto o sobre si los juicios de valor son relativos a los gustos e intereses de cada individuo (o grupos de individuos con los mismos gustos e intereses). Un juicio como "Esto es bueno" parece sin duda afirmar algo sobre la obra misma, aunque muchas veces una afirmación como esa está basada en la sensación, en la comprensión o en la experiencia que una persona ha tenido de la obra. El valor estético o artístico de una obra suele distinguirse del simple gustar o no. Pero ¿puede establecerse qué tipo de conocimiento o experiencia tendría que proporcionar una obra a un espectador capacitado y en qué consistiría esa capacitación?

Robert AUDI (ed.): *Diccionario filosófico Akal*
(dentro de la voz "Estética").

a) ¿Recuerdas qué es lo que estudia la estética?

b) ¿Tú crees que existen criterios objetivos para afirmar juicios de valor acerca de una obra artística? Razona tu respuesta.

9. Lee el siguiente texto y contesta las preguntas:

Si a todo el saber humano se le quitan las matemáticas, la astronomía, la física, la química, etc., lo que queda, eso es la filosofía. De suerte que hay un proceso de desgajamiento.

Las ciencias particulares se van constituyendo con autonomía propia y disminuyendo la extensión designada por la palabra *filosofía*. Van otras ciencias saliendo, y entonces, ¿qué queda? Actualmente, de modo provisional y muy fluctuante, podremos enumerar del modo siguiente las disciplinas comprendidas dentro de la palabra *filosofía*: diremos que la filosofía comprende la ontología, o sea la reflexión sobre los objetos en general; y como una de las partes de la ontología, la metafísica.

Comprende también la lógica, la teoría del conocimiento, la ética, la estética, la filosofía de la religión y comprende o no comprende —no sabemos— la psicología y la sociología; porque justamente la psicología y la sociología están en este momento en si se separan o no se separan de la filosofía.

Todavía hay psicólogos que quieren conservar la psicología dentro de la filosofía; pero ya hay muchos psicólogos, y no de los peores, que la quieren constituir en ciencia aparte, independiente. Pues lo mismo pasa con la sociología.

Manuel GARCÍA MORENTE: *Lecciones preliminares de filosofía*.

a) ¿Cuáles son las principales ramas de la filosofía según el autor?

b) De acuerdo con el texto, ¿son la psicología y la sociología parte de la filosofía?

Amplía

10. Los libros sobre lógica de Aristóteles se conocen con el nombre griego de *organon*. Busca en la Wikipedia el significado de esta palabra. ¿Por qué crees que se llaman así?

11. ¿Qué es una falacia? ¿Cómo podemos identificar las falacias que se cometen? Para aclarar tu respuesta trata de elaborar una falacia, identificando adecuadamente el error de razonamiento que comete.

12. ¿Estudian lo mismo la metafísica y la ontología? ¿Cuál de estas dos disciplinas es más general y cuál es más específica? ¿Qué tipo de preguntas analiza cada una de las dos?

Busca en la Wikipedia el significado de estos dos términos y aclara en qué se distinguen el uno del otro.

13. ¿Qué significa la palabra γνῶσις (*gnosis*) en griego? ¿Y la palabra ἐπιστήμη (*episteme*)?

Puedes consultar estos términos empleando el diccionario griego-español que está disponible en:

- *Léxico griego-castellano:* www.tiching.com/684267

También puedes instalar este otro diccionario de griego:

- *Griego clásico:* www.tiching.com/684268

También puedes acceder a los artículos de la Wikipedia donde se explica el significado de estos dos conceptos. La definición de la palabra *gnosis* la encontrarás en el artículo sobre el gnosticismo.

- *Episteme*: www.tiching.com/684271
- *Gnosis:* www.tiching.com/684272

14. Los griegos llamaban δόξα (*doxa*) al conocimiento de lo aparente, mientras que denominaban ἐπιστήμη (*episteme*) al conocimiento verdadero de la auténtica realidad. ¿Qué significa la palabra *doxa* en griego? Puedes consultarlo en el diccionario griego-español *on-line* y en el siguiente enlace:

- *Doxa*: www.tiching.com/684274

¿Crees que sigue teniendo validez esta distinción hoy en día? Justifica tu respuesta.

15. La palabra *antropología* proviene del término griego ἄνθρωπος (*anthropos*). ¿Qué significa en griego?

- *Léxico griego-castellano*: www.tiching.com/684267

Relaciona

16. ¿Cuál es la distinción que establece Kant entre el uso teórico y el uso práctico de la razón? ¿A cuál de estos dos usos corresponde cada una de las ramas de la filosofía que hemos estudiado en este tema? Responde la pregunta completando la siguiente tabla:

	Uso teórico de la razón	Uso práctico de la razón
¿A qué se dedica?	...	...
¿Qué ramas de la filosofía le corresponden?	...	...
¿Qué tipo de preguntas trata de contestar?	...	...

17. ¿Qué diferencia existe entre la antropología filosófica y la antropología cultural? Explica tu respuesta completando la siguiente tabla:

	Antropología filosófica	Antropología cultural
¿Qué es lo que estudia?	...	...
¿Es una ciencia empírica?	...	...
¿Es una rama de la filosofía?	...	...
¿Qué tipo de preguntas trata de contestar? Pon al menos dos ejemplos	...	...

18. ¿Qué es lo que estudia la ciencia política? ¿Y la filosofía política? ¿En qué se parecen y en qué se diferencian estas dos disciplinas? Explica tu respuesta completando la siguiente tabla:

	Ciencia política	Filosofía política
¿Qué es lo que estudia?	...	...
¿Es una ciencia empírica?	...	...
¿Es una rama de la filosofía?	...	...
¿Qué tipo de preguntas trata de contestar? Pon al menos dos ejemplos distintos	...	...

II. La filosofía y su historia

11. El pensamiento a lo largo del tiempo

11.1. El carácter histórico de la filosofía

La filosofía, como ya sabes, nació en las costas de Grecia en el siglo VI a.C. A partir de ese momento, la **razón** sustituyó a las leyendas míticas y los filósofos trataron de ofrecer respuestas racionales para nuestros grandes interrogantes. Desde entonces, a lo largo de toda la historia, la filosofía siempre ha sido un **elemento fundamental de la cultura y de la forma de vida en Occidente**, si bien en otras civilizaciones también se dieron tradiciones con contenido filosófico.

En este extenso período de más de 2500 años, la filosofía ha ido cambiando y desarrollándose. Las inquietudes y preocupaciones de los filósofos no siempre han sido exactamente las mismas.

Algunas grandes preguntas filosóficas se han mantenido casi invariables desde los inicios del pensamiento racional. Otras, sin embargo, han ido modificándose a lo largo del tiempo.

En cada momento histórico pueden identificarse una serie de cuestiones centrales a las que la filosofía ha prestado una mayor atención. A lo largo del tiempo, la actividad filosófica ha experimentado la influencia de las **cambiantes circunstancias sociales, económicas y culturales**. Y también ha ocurrido el proceso inverso, puesto que las ideas filosóficas han influido profundamente en la evolución histórica, política, social y cultural.

El acontecer histórico y la filosofía han mantenido una rica y compleja relación con el paso de los años. **El pensamiento cambia a lo largo del tiempo**, influido por el contexto y por la situación social y cultural.

¿PARA QUÉ SIRVE LA HISTORIA DE LA FILOSOFÍA?

Incluso si todas las filosofías del pasado hubieran sido no solo discutidas (lo cual es obvio), sino además refutadas (lo cual no es en absoluto la misma cosa), todavía sigue siendo cierto que "los errores siempre son instructivos", asumiendo, desde luego, que la filosofía es una ciencia posible y no una quimera en sí misma. [...] Especialmente para quien no pretende aprender un determinado sistema de filosofía, sino que aspira a filosofar como si dijéramos desde el comienzo, el estudio de la historia de la filosofía es indispensable, pues de otro modo correría el riesgo de internarse por callejones sin salida y de repetir los errores de sus predecesores, algo de lo cual quizá podría haberle salvado un estudio serio del pensamiento del pasado.

Frederick COPLESTON: *Historia de la filosofía*.

9. Según el autor, ¿para qué sirve conocer la historia de la filosofía?

10. ¿Qué es lo que puede suceder si un filósofo ignora la historia de su disciplina?

11.2. La filosofía a través de la historia

Entender un período histórico facilita la interpretación de las ideas filosóficas características de la época. Del mismo modo, saber lo que los filósofos han pensado nos ayuda a comprender el tiempo en el que vivieron.

De hecho, la filosofía ha desempeñado un importante papel en el desarrollo de los acontecimientos históricos, influyendo en las creencias, las perspectivas y las esperanzas de las personas a lo largo del tiempo.

Un ejemplo de ello es la Revolución francesa, en cuyo desarrollo influyeron decisivamente las ideas de los filósofos ilustrados del siglo XVIII. Los grandes acontecimientos del siglo XX también son una muestra del modo en que las ideas pueden influir en la historia. Esto puede apreciarse en acontecimientos como la Revolución rusa, el auge del fascismo o el triunfo de la democracia liberal tras la Segunda Guerra Mundial.

Si queremos entender la historia, tenemos también que conocer cuáles han sido las principales ideas filosóficas que han formado parte del pensamiento de cada época.

Igualmente, si pretendemos comprender las ideas que la filosofía ha ido proponiendo con el paso de los años, necesitamos disponer de una perspectiva histórica adecuada.

Para elaborar nuestro propio pensamiento es fundamental entender las ideas que otras personas han propuesto anteriormente. Por eso es tan importante conocer, aunque solo sea esquemáticamente, las **grandes etapas de la historia de la filosofía occidental**.

▲ La Revolución francesa es un ejemplo del modo en que los acontecimientos históricos están estrechamente relacionados con las ideas filosóficas. Jean-Pierre HOUËL: *La toma de la Bastilla* (1789).

El pensamiento filosófico occidental nació en el siglo VI a.C. en Grecia. Templo dórico de Segesta (Sicilia).

12. La filosofía antigua

12.1. Las preguntas acerca de la naturaleza

La **filosofía antigua** comienza con el inicio del pensamiento racional en Grecia, y se extiende hasta la caída de Roma y el triunfo del cristianismo. Entre los filósofos de la Antigüedad se encuentran algunos de los más grandes pensadores de la historia, como los griegos **Platón** y **Aristóteles**. También pertenecen a esta etapa filósofos romanos como **Cicerón**, **Séneca** o **Lucrecio**.

Como ya sabes, la filosofía occidental tuvo su origen cuando los filósofos trataron de averiguar los principios de las leyes naturales mediante la indagación racional. Esto sucedió en las costas de las colonias griegas de Asia Menor, hacia el siglo VI a.C. Estos primeros pensadores trataron de responder a las preguntas que se planteaban mediante la razón, rechazando las explicaciones basadas en las historias míticas y en las tradiciones.

Los primeros filósofos griegos estaban interesados sobre todo por la naturaleza. A estos pensadores, que vivieron antes de Sócrates, se les denomina **presocráticos**. Entre los más célebres filósofos presocráticos se cuentan figuras como **Pitágoras**, **Parménides**, **Heráclito**, **Anaximandro** o **Demócrito**.

Para los filósofos presocráticos, la realidad natural resultaba asombrosa porque, aunque está en permanente cambio, sigue siempre unas regularidades fijas.

Los presocráticos aspiraban a aclarar el fundamento del orden cósmico. Según creían, la naturaleza sigue un orden prefijado porque todo lo que conocemos proviene de un mismo origen y obedece a unas leyes determinadas que la razón humana puede comprender.

12.2. El giro antropológico en la filosofía

En el siglo V a.C. se produjo un importante cambio en la filosofía, cuando aparecieron nuevas preguntas que tenían que ver con el ser humano y no con la naturaleza.

El primero que empezó a plantearse cuestiones de este tipo fue **Sócrates**. Sócrates se hacía preguntas acerca de cómo debemos comportarnos o por qué debemos obedecer las leyes. A este cambio en las preocupaciones de la filosofía se le denomina el **giro antropológico** del siglo V a.C., porque está más interesado en la ética y la política que en la naturaleza.

EL INICIO DEL PENSAMIENTO RACIONAL

El pensamiento racional tiene una ficha civil; se conoce su fecha y lugar de nacimiento. Es en el siglo VI antes de nuestra era, en las ciudades griegas del Asia Menor, donde surge una nueva forma de reflexión, totalmente positiva, sobre la naturaleza. Burnet menciona la opinión corriente cuando señala a este respecto: "Los filósofos jonios han franqueado la vía que la ciencia, a partir de este momento, no ha tenido más que seguir". El nacimiento de la filosofía, en Grecia, determinaría, en consecuencia, los inicios del pensamiento científico; se podría decir: del pensamiento sin más. En la escuela de Mileto, por primera vez, el logos se habría liberado del mito de igual modo que las escamas se desprenden de los ojos del ciego. Más que de un cambio de actitud intelectual, de una mutación mental, se trataría de una revelación decisiva y definitiva: el descubrimiento de la razón.

Jean-Pierre VERNANT:
Mito y pensamiento en la Grecia Antigua.

11. ¿Por qué dice el autor que el pensamiento racional tiene "fecha y lugar de nacimiento"? ¿Dónde y cuándo surgió la razón en oposición a las explicaciones míticas?

12. En el texto se menciona a los "filósofos jonios" y la ciudad de Mileto. ¿Sabes dónde están Jonia y Mileto? ¿Qué pensaban los filósofos jonios? Busca información en:

- *Jonia:* www.tiching.com/684275
- *Filosofía jónica:* www.tiching.com/684276
- *Escuela de Mileto:* www.tiching.com/684277

Aunque Sócrates fue un gran filósofo, lo cierto es que no escribió ningún libro. Él creía que la forma más adecuada de hacer filosofía era mediante el **diálogo**. Sin embargo, sus discípulos y seguidores sí escribieron importantes obras filosóficas.

Después de Sócrates, su discípulo **Platón** elaboró un completo sistema filosófico que abordaba cuestiones acerca del mundo y la naturaleza, pero también acerca del hombre y la sociedad.

Lo mismo hizo **Aristóteles**, discípulo de Platón, cuyas obras constituyen una síntesis de todos los saberes de la Antigüedad.

12.3. Las ideas clave del pensamiento griego

Existen importantes diferencias entre las propuestas filosóficas de los distintos pensadores griegos. Sin embargo, todos ellos **comparten una serie de ideas**, típicas del pensamiento griego, que debes recordar:

- La **naturaleza es ordenada**, regular y previsible, y su funcionamiento puede ser investigado racionalmente.
- El **universo ha existido desde siempre** dentro de un orden temporal que, como los ciclos de la naturaleza, es regular y se repite periódicamente.
- **El ser humano es parte de la naturaleza**, por lo que para comprenderlo es necesario analizar sus tendencias naturales.
- **La ética está encaminada a orientarnos** para alcanzar una vida buena y feliz. Para ello debemos emplear la razón, que nos orienta en la elección de nuestro comportamiento.
- **La felicidad solo puede conseguirse en sociedad**, por lo que la ética y la política están íntimamente unidas y no pueden separarse.
- **Vivir en sociedad forma parte de la naturaleza humana**, ya que los seres humanos solo pueden desarrollarse y vivir en plenitud conviviendo con los demás.

La etapa final de la filosofía antigua se desarrolla tras la muerte de Alejandro Magno (a finales del siglo IV a.C.). Esta es la época del **helenismo***, donde la principal preocupación de la filosofía era la ética individual.

En este período se desarrollaron diversas corrientes de pensamiento interesadas en ofrecer un camino adecuado para encontrar la felicidad personal. Algunas de las escuelas filosóficas más destacadas de esta época fueron el **epicureísmo** y el **estoicismo**.

LA FILOSOFÍA GRIEGA SE PREGUNTA...

- ¿Por qué la naturaleza muestra un orden regular?
- ¿Cómo podemos explicar los cambios que se producen a nuestro alrededor? ¿Responden a algún orden comprensible?
- ¿De qué está hecho todo lo que existe?
- ¿Cómo debemos actuar para alcanzar la felicidad?
- ¿De qué forma debe organizarse la sociedad?
- ¿En qué consiste la justicia? ¿Y el bien? ¿Y la belleza? ¿Estos conceptos significan lo mismo para todas las personas?

***Helenismo:** es la época histórica posterior a la muerte de Alejandro Magno. Se trata de un período caracterizado por el dominio de los reyes, que supuso el final de la experiencia democrática en Grecia. La filosofía helenística se prolongó hasta el Imperio romano.

Para el pensamiento griego la felicidad solo puede alcanzarse participando activamente en la vida política y social. Ágora de Atenas y, al fondo, la Acrópolis.

13. La filosofía medieval

13.1. Una filosofía cristiana

La filosofía medieval comienza en el siglo V de nuestra era y finaliza en el siglo XV. El inicio de la Edad Media se corresponde con el fin del Imperio romano de Occidente, cuando Europa quedó dividida en distintos reinos de religión cristiana.

Durante los casi mil años que duró la Edad Media, el mundo occidental estuvo marcado por la **importancia del cristianismo** en todos los ámbitos de la vida. Dios se convirtió en el centro de todas las preocupaciones e intereses, por lo que suele afirmarse que el **teocentrismo** es el rasgo fundamental de esta época.

La religión cristiana apareció en el siglo I en Palestina, que era entonces parte del Imperio romano. Pese a que Roma al principio persiguió el cristianismo, la nueva religión se extendió con rapidez por todo el Mediterráneo.

Hacia el final de la época antigua, el cristianismo se había convertido en la religión dominante en Europa.

La influencia del cristianismo fue enorme, ya que introdujo ideas nuevas que modificaron profundamente no solo el pensamiento sino también la forma de vida en Occidente.

Para el cristianismo, Dios es un ser **omnipotente***, **omnisciente*** e infinitamente bueno que ha creado el universo con todo lo que contiene a partir de la nada. Esta idea en particular resultaba extraordinariamente novedosa en el pensamiento occidental.

Los filósofos griegos jamás habían imaginado algo así, puesto que los griegos creían que "nada puede salir de la nada". Sin embargo, el cristianismo afirma que Dios es un ser **trascendente**, que está fuera del tiempo y del espacio, y que puede, con su infinito poder, crear el cosmos a partir de la nada.

Para aclarar la enorme diferencia que separa a Dios del resto de los seres, los filósofos cristianos recurrieron a la distinción entre **necesidad** y **contingencia**. Todos los seres creados por Dios son contingentes. Esto quiere decir que, aunque existen, podrían no existir. De hecho, deben su ser a la bondad divina, gracias a la cual existen en el mundo.

Dios es el único ser absolutamente necesario, porque no puede no existir. Esta es, precisamente, la principal característica divina, tal y como se recoge en la Biblia, donde Dios dice a Moisés "Yo soy el que soy".

El cristianismo también introduce una **nueva visión del ser humano**. Para los antiguos griegos el ser humano pertenece a la naturaleza, por lo que para comprenderlo hay que estudiar sus tendencias naturales.

Los cristianos, sin embargo, afirman que además de su dimensión natural, en el ser humano existe una parte espiritual, creada por Dios, que aspira a la **salvación eterna**. Esta salvación, no obstante, depende del comportamiento humano, ya que las personas somos libres para elegir cómo comportarnos y, por lo tanto, responsables de nuestros actos.

Para el cristianismo cometemos un pecado cuando conocemos la diferencia entre el bien y el mal y, a pesar de ello, nos decantamos por el segundo. Esto puede suceder porque actuar correctamente depende de nuestra voluntad, y no de la razón. En este aspecto, la ética cristiana también se diferencia notablemente de la ética griega.

El cristianismo introdujo en el pensamiento occidental la idea de un Dios todopoderoso que creó el universo a partir de la nada. Mosaico de la Catedral de Santa María de la Asunción de Torcello, Venecia.

***Omnipotente:** todopoderoso. Dios es omnipotente porque lo puede todo.

***Omnisciente:** que todo lo sabe. Dios es omnisciente porque conoce todas las cosas.

Según la Biblia, Dios le habló a Moisés desde un arbusto ardiente. Sebastien BOURDON: *Moisés y el arbusto ardiente* (1642-1645).

13.2. Razón y fe

En la época medieval, el cristianismo también planteó el novedoso problema de las relaciones entre la **fe** y la **razón**. ¿Qué debe hacer un cristiano cuando la fe y la razón afirman cosas diferentes? ¿Son necesariamente contradictorias la razón y la fe? ¿Es posible conciliar estas dos formas de saber?

Sobre estas cuestiones los filósofos cristianos han mantenido posturas muy diversas.

Agustín de Hipona pensaba que la fe y la razón están unidas, porque ambas nos conducen hacia Dios. Como la verdad es única, estos dos caminos no pueden ser contradictorios. Sin embargo, la fe tiene **prioridad** ante la razón.

Para Agustín, la fe nos indica cuáles son las verdades últimas. Después, la razón puede ayudarnos a comprenderlas. La visión de Agustín sobre este tema se resume en su célebre frase "Creo para comprender".

Tomás de Aquino, en cambio, creía que la fe y la razón son independientes, aunque no son incompatibles, sino **complementarias**.

Hay ciertas verdades a las que solo podemos llegar racionalmente, y otras a las que únicamente puede accederse mediante la fe. Sin embargo, existen algunas verdades fundamentales que pueden conocerse a través de ambas. Tomás de Aquino creía que la existencia de Dios era una de estas verdades, que además de mediante la fe puede ser demostrada con la razón.

Pero no todos los autores comparten la visión de Tomás de Aquino.

Para **Guillermo de Ockham** las verdades acerca de Dios pertenecen únicamente al **ámbito de la fe**.

De acuerdo con esta interpretación, la razón no nos puede ayudar a conocer ninguna verdad sobre la religión. Según Guillermo de Ockham, Dios es todopoderoso, por lo que está en su mano hacer cualquier cosa que no sea contradictoria. Por eso nuestra limitada razón no puede llegar a comprender por qué Dios ha actuado del modo en que lo ha hecho. Para estos temas únicamente podemos recurrir a la fe y a las Escrituras.

13.3. La Patrística y la Escolástica

La historia de la filosofía medieval suele dividirse en dos grandes etapas. La primera etapa es la **Patrística**, que se desarrolla desde el siglo V hasta el X.

La Patrística

La Patrística consistió básicamente en la defensa de la fe cristiana frente a los ataques que esta nueva religión sufrió en sus inicios.

Sus principales autores (que posteriormente fueron llamados "Padres de la Iglesia") trataron de rebatir los argumentos con los que las distintas escuelas filosóficas de la época criticaban el cristianismo.

También tuvieron que hacer frente a los ataques de otras religiones que se estaban desarrollando en la misma etapa, así como a las disidencias y rivalidades que produjeron en el seno del cristianismo las diferentes **herejías*** que se manifestaron en los primeros siglos de nuestra era.

Agustín de Hipona (ss. IV-V) destacó entre los filósofos de la Patrística por la síntesis que realizó entre la filosofía platónica y la religión cristiana.

LA NECESIDAD DE LOS ESCRITOS SAGRADOS

¿Qué es y qué comprende la doctrina sagrada?

Para la salvación humana fue necesario que, además de las materias filosóficas, cuyo campo analiza la razón humana, hubiera alguna ciencia cuyo criterio fuera lo divino. Y esto es así porque Dios, como fin al que se dirige el hombre, excede la comprensión a la que puede llegar solo la razón. Dice Is 64, 4: *¡Dios! Nadie ha visto lo que tienes preparado para los que te aman. Solo Tú.*

El fin tiene que ser conocido por el hombre para que hacia Él pueda dirigir su pensar y su obrar. Por eso fue necesario que el hombre, para su salvación, conociera por revelación divina lo que no podía alcanzar por su exclusiva razón humana. Más aún, lo que de Dios puede comprender la sola razón humana, también precisa la revelación divina, ya que, con la sola razón humana, la verdad de Dios sería conocida por pocos, después de mucho análisis y con resultados plagados de errores. Y, sin embargo, del exacto conocimiento de la verdad de Dios depende la total salvación del hombre, pues en Dios está la salvación.

Así, pues, para que la salvación llegara a los hombres de forma más fácil y segura, fue necesario que los hombres fueran instruidos, acerca de lo divino, por revelación divina. Por todo ello se deduce la necesidad de que, además de las materias filosóficas, resultado de la razón, hubiera una doctrina sagrada, resultado de la revelación.

TOMÁS DE AQUINO: *Suma teológica.*

13. Según el texto, ¿podría conocerse la verdad acerca de Dios solo mediante la razón?

14. ¿Por qué es necesaria la doctrina sagrada?

***Herejía:** doctrina religiosa desviada. Las herejías se oponen a la interpretación de la religión que se considera correcta y que se denomina ortodoxia.

LA FILOSOFÍA MEDIEVAL SE PREGUNTA...

- ¿Podemos demostrar la existencia de Dios con argumentos racionales?
- Suponiendo que Dios es infinitamente bueno, ¿cómo se explica la existencia del mal?
- ¿Qué relación hay entre la razón y la fe? ¿Pueden entrar alguna vez en conflicto? ¿Qué debemos hacer si lo que indican es contradictorio?
- ¿Qué relación debe haber entre la Iglesia y el Estado? ¿Cómo han de resolverse los posibles problemas que surjan entre ambos?
- ¿Es posible combinar las ideas filosóficas con los dogmas de la religión cristiana?

La Escolástica

La etapa más característica del pensamiento medieval tiene lugar entre los siglos XI y XIV. En este período la actividad de los filósofos se desarrollaba en las escuelas monásticas, por lo que la filosofía de esta época se denomina **Escolástica**.

La Escolástica es la filosofía cristiana que se desarrolla en las escuelas medievales entre los siglos XI y XV.

El más destacado representante de la Escolástica es **Tomás de Aquino**, que consiguió sintetizar la filosofía de Aristóteles con la religión cristiana.

La Escolástica es una forma de filosofía que se desarrolló en las escuelas religiosas de la Edad Media.

14. La filosofía moderna

14.1. La mentalidad renacentista

La Edad Moderna comienza en el siglo XV, en la época del Renacimiento, y se extiende hasta finales del siglo XVIII. Durante esta etapa, surgirá un renovado interés por la cultura clásica grecorromana y aparecerá una nueva mentalidad en Europa.

La importancia del Renacimiento hace que algunos autores consideren que esta es una época específica en la historia de la filosofía que debe estudiarse independientemente.

Tras la larga etapa medieval, en la que Dios había sido el centro de todo, los filósofos renacentistas afirmarán la importancia del ser humano. A esta nueva actitud, que defiende el valor central del ser humano, se le denomina **antropocentrismo**.

14.2. El desarrollo de la ciencia moderna

Durante la Edad Moderna se produjo la revolución científica, uno de los hechos más relevantes en la historia del pensamiento occidental.

A partir del siglo XVII se desarrolló un nuevo método de investigación basado en la realización de experimentos y en la formulación de leyes matemáticas. El trabajo de autores como **Kepler**, **Galileo** o **Newton** sentó las bases de una nueva forma de estudiar la naturaleza.

La mentalidad renacentista hace hincapié en la importancia del ser humano. Sandro BOTTICELLI: *El nacimiento de Venus* (1485).

EL VALOR DEL SER HUMANO

Estableció por lo tanto el óptimo artífice que aquel a quien no podía dotar de nada propio le fuese común todo cuanto le había sido dado separadamente a los otros. Tomó por consiguiente al hombre que así fue construido, obra de naturaleza indefinida y, habiéndolo puesto en el centro del mundo, le habló de esta manera:

—Oh Adán, no te he dado ni un lugar determinado, ni un aspecto propio, ni una prerrogativa peculiar con el fin de que poseas el lugar, el aspecto y la prerrogativa que conscientemente elijas y que, de acuerdo con tu intención, obtengas y conserves. La naturaleza definida de los otros seres está constreñida por las precisas leyes por mí prescritas. Tú, en cambio, no constreñido por estrechez alguna, te la determinarás según el arbitrio a cuyo poder te he consignado. Te he puesto en el centro del mundo para que más cómodamente observes cuanto en él existe. No te he hecho ni celeste ni terreno, ni mortal ni inmortal, con el fin de que tú, como árbitro y soberano artífice de ti mismo, te informases y plasmases en la obra que prefirieses. Podrás degenerar en los seres inferiores que son las bestias, podrás regenerarte, según tu ánimo, en las realidades superiores que son divinas.

¡Oh suma libertad de Dios padre, oh suma y admirable suerte del hombre al cual le ha sido concedido el obtener lo que desee, ser lo que quiera!

Giovanni PICO DELLA MIRANDOLA: *Discurso sobre la dignidad del hombre.*

15. En este texto, Dios se dirige a Adán después de haberlo creado para recordarle que el ser humano es una "obra de naturaleza indefinida". ¿Qué significan estas palabras?

16. ¿En qué pueden convertirse los seres humanos según el texto? ¿De qué depende que lleguen a ser una cosa u otra? ¿Valora el autor positivamente esta posibilidad?

La utilización del método científico permitió convertir la astronomía y la física en ciencias empíricas. Así, estas dos disciplinas quedaron separadas de la filosofía y pasaron a ser campos científicos. Lo mismo sucedió posteriormente con la química, la biología, la geología y otras muchas ramas del saber.

El extraordinario avance de las ciencias que se produjo a partir de este momento resultó espectacular. Los conocimientos científicos y técnicos se desarrollaron rápidamente y mostraron en la práctica el indudable éxito del método experimental.

Este hecho impresionó a los filósofos de la Edad Moderna, que comenzaron a hacerse preguntas relacionadas con el conocimiento y la ciencia.

LA FILOSOFÍA MODERNA SE PREGUNTA...

- ¿En qué se fundamenta el conocimiento humano? ¿Cómo podemos alcanzar conocimientos seguros y fiables?
- ¿Puede la razón humana conocerlo todo o existen límites en lo que podemos conocer?
- Si la convivencia social surgió de un pacto, ¿cuáles son los términos de ese acuerdo?
- ¿Cuándo podemos decir que una forma de gobierno es justa y legítima?
- ¿Cómo era la naturaleza humana antes de que existiera la sociedad? En estado natural, ¿son los seres humanos buenos o malos?
- ¿Qué diferencia hay entre las ciencias y la filosofía? ¿Es posible conseguir que la filosofía se convierta en una ciencia?
- ¿Cuál es el papel del sujeto en el pensamiento? ¿Existe alguna manera de acceder a las cosas en sí mismas, independientemente del sujeto que las piensa?

14.3. Racionalismo y empirismo

La filosofía moderna se propuso aclarar el fundamento, la estructura y los límites del conocimiento humano, prestando gran atención a las cuestiones epistemológicas.

Para intentar aclarar el origen y la fundamentación del conocimiento humano, durante la Edad Moderna se desarrollaron dos corrientes filosóficas distintas llamadas **racionalismo** y **empirismo**.

Algunos autores, conocidos como **racionalistas**, creían que para obtener conocimientos seguros y fiables debemos confiar en la razón. **Descartes**, **Leibniz** y **Spinoza** fueron filósofos racionalistas que vivieron en el siglo XVII.

Otros filósofos, denominados **empiristas**, pensaban que el único conocimiento válido es el que parte de la experiencia. **Locke**, **Berkeley** y **Hume** fueron destacados representantes del empirismo de los siglos XVII y XVIII. Posteriormente, el filósofo **Immanuel Kant** trató de sintetizar ambas corrientes en su pensamiento.

El desarrollo científico de la época moderna promovió una creciente confianza en el papel de la razón. El movimiento cultural de la **Ilustración** afirmará la importancia de confiar en la razón para permitir el desarrollo de la educación, la cultura y el progreso.

Para la filosofía ilustrada, el pensamiento racional debe estar por encima de las creencias religiosas, las tradiciones y las opiniones infundadas. Esta reivindicación de la autonomía e independencia de la razón es una de las características más significativas e importantes de la modernidad.

14.4. La filosofía política en la modernidad

Separación de ética y política

A comienzos de la Edad Moderna surgieron los primeros Estados nacionales, constituidos en torno al creciente poder del rey. Estos cambios suscitaron un renovado interés de los filósofos por las cuestiones sociales y políticas.

Es importante señalar que, a diferencia de lo que sucedía en la antigua Grecia, la filosofía moderna **separó claramente la ética de la política**. En gran medida, ello se debe a la obra de **Maquiavelo**, quien señaló en el siglo XVI que la filosofía política debe estudiarse de forma independiente, distinguiéndola de las cuestiones morales.

La filosofía política moderna prestó gran atención al tema del **origen de la sociedad**. Esta cuestión es muy importante, porque está íntimamente ligada al problema de la legitimidad del poder político.

Frente a la visión heredada del mundo griego, el pensamiento de Maquiavelo separa la reflexión ética del ámbito político. Santi di TITO: *Retrato de Maquiavelo* (s. XVI).

Thomas Jefferson y Benjamin Franklin presentan al Congreso el documento que establece la Declaración de Independencia de los Estados Unidos (1776), en presencia de otros padres fundadores de la nación y del primer presidente de los EE.UU., George Washington. John TRUMBULL: *Declaración de Independencia* (1819).

Teoría del contrato social

La mayor parte de los filósofos de esta época apoyaron la **teoría del contrato social**.

Según este planteamiento, la sociedad surgió de un acuerdo que las personas establecieron libremente y por el cual decidieron convivir respetando una serie de reglas. La sociedad es por tanto **artificial**, ya que se trata de una construcción humana.

Esta teoría contrasta con la interpretación de los antiguos griegos, según la cual la sociedad es algo natural.

Entre los filósofos que apoyaron la idea del contrato social están **Hobbes**, **Locke**, **Rousseau** y **Kant**. También otros filósofos ilustrados del siglo XVIII se interesaron por la política, criticando los abusos del poder absoluto y proponiendo reformas para que la sociedad respondiese a un orden justo y racional. Las ideas de estos filósofos tuvieron una enorme repercusión, influyendo de manera decisiva en algunos hechos históricos fundamentales como la Revolución inglesa, la independencia de los Estados Unidos de América o la Revolución francesa.

@ **Para ampliar en la Red...**

Las teorías del contrato social:
www.tiching.com/684279

Un cambio de perspectiva

Pero la principal característica de la filosofía de la Edad Moderna fue el significativo cambio de perspectiva filosófica que tuvo importantes repercusiones en el pensamiento posterior.

Desde el siglo XVII, a partir de la obra de **René Descartes**, los filósofos comienzan a prestar una especial atención al papel desempeñado por el **sujeto** en el pensamiento.

En épocas anteriores, la filosofía se había preocupado por estudiar la realidad como si fuera posible acceder a las cosas en sí mismas. Los filósofos modernos serán los primeros en advertir el importante papel del sujeto que conoce la realidad. La realidad siempre es una realidad para alguien que la conoce o que la piensa. Por eso, para hacer filosofía con rigor, no podemos partir de las cosas, sino que debemos comenzar por reflexionar sobre el sujeto.

El destacado papel del **sujeto**, que se convierte así en protagonista del pensamiento, es una característica fundamental de toda la filosofía moderna y contemporánea.

Declaración de los Derechos del Hombre y del Ciudadano, aprobada por la Asamblea Nacional Constituyente francesa el 26 de agosto de 1789.

15. La filosofía contemporánea

15.1. Un mundo en transformación

La Edad Contemporánea se extiende desde finales del siglo XVIII hasta la actualidad. En este período relativamente breve, que abarca poco más de dos siglos, se han producido enormes cambios tanto en la sociedad como en la filosofía.

La ciencia y la técnica han avanzado de una manera extraordinaria, modificando por completo nuestro conocimiento del mundo y de la realidad que nos rodea.

La economía y la industria se han desarrollado, cambiando radicalmente nuestra forma de vida. El mundo ha conocido sangrientas revoluciones y guerras devastadoras que han dejado millones de muertos.

Todos estos cambios han influido decisivamente en muchos ámbitos, y por supuesto también en la filosofía, que en nuestra época se ha desarrollado con gran vitalidad y riqueza.

15.2. La filosofía en el siglo XIX

La revolución industrial

Los determinantes **avances de la ciencia y de la revolución industrial** marcaron decisivamente el panorama histórico durante el siglo XIX. Así, el desarrollo de las fábricas, la tecnificación de la sociedad y el crecimiento de las ciudades cambiaron radicalmente las costumbres y las formas de vida existentes hasta entonces.

Todos estos cambios se reflejaron en los problemas y las cuestiones que suscitaron el interés de los filósofos contemporáneos.

Filosofía y marxismo

Durante el siglo XIX, la situación en que vivía la clase obrera no se correspondía con los ideales de libertad, igualdad y fraternidad que había defendido la Revolución francesa. Esto produjo numerosos conflictos sociales, a los que trató de responder la **filosofía socialista de Karl Marx**.

LA FILOSOFÍA CONTEMPORÁNEA SE PREGUNTA...

- ¿Puede hoy en día saberse de qué está hecho todo lo que conocemos? ¿Sigue vigente la primera pregunta que se hicieron los filósofos presocráticos? ¿Es capaz la ciencia de responderla en la actualidad? ¿Podemos considerar que esa respuesta es definitiva?
- ¿Es posible organizar la sociedad de una forma justa y satisfactoria para todos? ¿Qué tendríamos que hacer para conseguirlo?
- ¿Es adecuado y satisfactorio nuestro actual sistema democrático? ¿Cómo podríamos mejorarlo?
- ¿Tenemos alguna obligación moral con las personas que viven en situaciones difíciles y no tienen lo necesario para vivir? ¿Cómo deberíamos actuar en relación con esta cuestión?
- ¿Puede haber normas y leyes válidas para todos los seres humanos? ¿Tenemos derecho a intervenir en los países que no respetan esas normas para obligarles a cumplirlas?
- ¿Debería la ciencia realizar en la práctica todo lo que técnicamente es posible hacer? ¿Cómo podemos decidir si un avance científico es conveniente o inadecuado?
- ¿Cómo debemos actuar en los difíciles casos que se presentan en la medicina? Este tema es particularmente importante, porque incluye situaciones como la reproducción asistida, la atención a personas dependientes, las decisiones sobre mantener con vida o dejar morir a pacientes en estado de coma irreversible...
- Teniendo en cuenta los enormes avances desarrollados por la biología y la neurociencia, ¿podemos seguir pensando que las personas somos verdaderamente libres? ¿No está nuestra conducta programada en los genes y condicionada por nuestra educación?

La reflexión filosófica contemporánea refleja las inquietudes propias de una sociedad compleja en continua transformación. Ford MADOX BROWN: *Work* (1852-1863).

Marx analizó en detalle el funcionamiento de la economía y defendió la necesidad de organizar a los trabajadores para superar el capitalismo de forma revolucionaria.

Según Marx, la filosofía tenía que desarrollar un papel fundamental en este proceso, ayudando a los obreros a comprender su situación para cambiar la injusta realidad en la que vivían.

En sus obras, Marx criticó con dureza a los pensadores que se limitaban a ofrecer elaboradas descripciones del mundo, y afirmó que la filosofía tenía que estar al servicio de la transformación revolucionaria de la sociedad.

El pensamiento marxista tuvo una enorme influencia posterior, ya que inspiró procesos históricos cruciales en todo el mundo. La Revolución de 1917, que instauró un **régimen comunista** en Rusia, pretendía llevar a la práctica las ideas filosóficas de Marx.

El positivismo

El desarrollo científico y técnico también inspiró el movimiento filosófico del **positivismo**. Los positivistas como **Comte** creían que las ciencias ofrecían un camino seguro para el progreso de la humanidad.

Comte estaba convencido de que los avances científicos permitirían superar las confusiones de la religión y de la metafísica. Según Comte, la fe en la ciencia ofrecía garantías para alcanzar un futuro mejor para la humanidad.

Las filosofías de la vida

En esta época también surgieron distintos pensadores interesados por el papel irrepetible del individuo. El **vitalismo** es un movimiento filosófico que defiende el valor y la importancia de la vida singular e irrepetible de cada persona.

En una época de masificación progresiva, donde los avances técnicos e industriales estaban uniformizando las costumbres de la población, las **filosofías de la vida** insistieron en el carácter único y central de la vida individual.

Entre los pensadores vitalistas más relevantes podemos mencionar a **Henri Bergson** en Francia, **Friedrich Nietzsche** en Alemania o a **José Ortega y Gasset** en España.

Para estos autores, el punto de partida de la filosofía debe ser la vida individual, ya que el pensamiento siempre se produce a partir de la vida específica de cada cual.

15.3. La filosofía en el siglo XX

Entre las múltiples innovaciones que se produjeron en la filosofía durante el siglo XX, podríamos destacar especialmente la aparición de tres corrientes de pensamiento de gran importancia. Estos tres movimientos filosóficos son el **existencialismo**, la **filosofía analítica** y la **hermenéutica**.

El existencialismo

El existencialismo presta especial atención al tema de la existencia humana. Entre los filósofos existencialistas más conocidos podemos citar a **Heidegger**, **Sartre** o **Camus**.

Muy influidos por el vitalismo, los autores existencialistas consideraban que la existencia personal constituía el principal problema filosófico.

LA FILOSOFÍA DEBE OCUPARSE DE TRANSFORMAR LA REALIDAD

Tesis II. El problema de si al pensamiento humano se le puede atribuir una verdad objetiva no es un problema teórico, sino un problema práctico. Es en la práctica donde el hombre tiene que demostrar la verdad, es decir, la realidad y el poderío, la terrenalidad de su pensamiento. El litigio sobre la realidad o irrealidad de un pensamiento que se aísla de la práctica es un problema puramente escolástico. [...]

Tesis XI. Los filósofos no han hecho más que interpretar de diversos modos el mundo, pero de lo que se trata es de transformarlo.

Karl MARX: *Tesis sobre Feuerbach*.

17. ¿Qué pretende decir el autor cuando afirma que la cuestión de la verdad es un problema práctico y no teórico?

18. ¿A qué se refiere Marx cuando escribe que "los filósofos no han hecho más que interpretar de diversos modos el mundo"?

19. De acuerdo con este texto, ¿cuál debería ser la tarea principal a la que debería dedicarse la filosofía? ¿Estás de acuerdo con esta opinión? Explica tu respuesta.

Protagonistas de la filosofía

FRIEDRICH NIETZSCHE (1844-1900)

La filosofía vitalista de Friedrich Nietzsche supone una afirmación del valor singular e irrepetible del individuo.

Nietzsche era un gran admirador de la antigua cultura griega. En ella identificó dos principios contrapuestos, a los que denominó "lo apolíneo" y "lo dionisíaco". El elemento apolíneo hace referencia al orden y el equilibrio, mientras que el factor dionisíaco se relaciona con lo irracional e instintivo.

Según Nietzsche, los antiguos griegos supieron armonizar estos dos principios magistralmente. La cultura occidental, en cambio, ha rechazado lo dionisíaco condenando todo lo pasional y admitiendo únicamente el predominio de la razón.

Esta interpretación condujo a Nietzsche a criticar radicalmente la filosofía y la ciencia de Occidente, que, en su opinión, impiden el pleno desarrollo de la vitalidad humana.

La tarea del pensamiento consiste en aclarar el valor de nuestra existencia individual en un mundo que no parece ofrecernos ningún sentido.

En medio de esta desorientación, el ser humano sufre una angustia radical que forma parte esencial de nuestra realidad. El existencialismo nos invita a reconocer esta situación y a superarla, creando nosotros mismos un sentido personal para nuestra vida.

La filosofía analítica

La **filosofía analítica** se caracteriza por la importancia dada a la claridad en el lenguaje y la argumentación.

Este interés por las cuestiones lingüísticas arranca con el trabajo de **Ludwig Wittgenstein**, que en su obra filosófica prestó gran atención a este tema.

Los filósofos analíticos estudian los usos que las personas hacemos del lenguaje para aclarar cuáles son sus posibilidades y sus limitaciones.

El reconocimiento de la importancia del lenguaje para expresar el pensamiento y para estructurar nuestra visión del mundo ha influido decisivamente en el curso de la filosofía posterior. Por eso a veces se habla del "giro lingüístico" en la filosofía, para hacer referencia a esta nueva orientación del pensamiento contemporáneo.

La filosofía hermenéutica

La **filosofía hermenéutica** se ocupa principalmente de encontrar formas adecuadas de explicación e interpretación.

Esta tarea es muy importante para la filosofía, que se nutre de los discursos y textos elaborados por diversos autores a lo largo del tiempo.

Al interpretar las obras filosóficas con ojos de hoy, construimos un nuevo pensamiento que ilumina nuestro presente.

Uno de los más célebres representantes de esta corriente es el filósofo **Hans-Georg Gadamer**.

La filosofía hermenéutica ha insistido en la importancia de reconocer el carácter histórico y temporal de toda posible interpretación. Cuando leemos un texto y tratamos de explicarlo, nuestra comprensión del discurso está influida por nuestros aprendizajes previos, por nuestra visión del mundo y por las ideas filosóficas de las que partimos.

Esto no significa que podamos hacer cualquier interpretación, ni que sea posible leer los textos de cualquier manera. Lo que la hermenéutica nos explica es que toda interpretación es en el fondo un diálogo entre el autor del texto y el lector que trata de comprenderlo.

Entender esta relación entre el autor de un texto y su intérprete resulta fundamental para que podamos hacer una lectura provechosa y significativa de los textos filosóficos.

15.4. Grandes temas de la filosofía actual

La filosofía, que tiene ya más de 25 siglos de historia, sigue hoy en día ayudándonos a responder preguntas complejas e importantes. Algunos de los temas que aborda la filosofía del siglo XXI siguen siendo muy parecidos a los que preocuparon a los primeros filósofos griegos. Otras cuestiones, sin embargo, son mucho más recientes y tienen que ver con el extraordinario desarrollo actual de la ciencia, la técnica, la economía y la sociedad.

Tras más de 2500 años de historia, la filosofía sigue hoy en día planteándonos preguntas fundamentales sobre el mundo en que vivimos. George GROSZ: *Metrópolis* (1916-1917).

En la actualidad, la filosofía aborda también cuestiones relevantes de nuestro mundo.

Párate a pensar

Recapitula

1. ¿Cuáles eran las preguntas que preocupaban a los filósofos presocráticos? ¿En qué se diferencian de las cuestiones que interesaron a Sócrates? ¿Por cuáles de estos temas se interesaron Platón y Aristóteles?

2. ¿Cuáles son las cuestiones principales de las que se ocuparon los filósofos de la época moderna? ¿Recuerdas el nombre de los filósofos modernos más relevantes?

3. Identifica en la siguiente tabla cuáles son las corrientes filosóficas características de la época contemporánea:

Corriente filosófica	Época de desarrollo	Preocupaciones	Principales autores
...	Siglo XIX	Crítica del capitalismo, propuesta revolucionaria	Karl Marx
Positivismo	...	...	...
...	Siglo XIX	...	Friedrich Nietzsche
Existencialismo	...	Existencia humana	...
...	Siglo XX	Estudio del lenguaje	Wittgenstein

4. ¿Cuáles son las principales cuestiones de las que se ocupa la filosofía actual? ¿Se corresponde alguna de ellas con preguntas filosóficas presentes en otras épocas históricas? Ejemplifica tu respuesta con algún ejemplo aclaratorio.

Construye el concepto

5. Define los siguientes términos filosóficos con los diccionarios propuestos (p. 1). A continuación, escribe una frase con cada uno de ellos en la que se aprecie su significado.

- vitalismo
- existencialismo
- hermenéutica
- filosofía analítica

Trabaja con textos

6. Lee atentamente el siguiente texto y contesta las preguntas:

En los "físicos", la positividad ha invadido de un golpe la totalidad del ser, comprendido allí el hombre y los dioses. No existe realidad alguna que no sea naturaleza. Y esta naturaleza, cortada de su pasado mítico, deviene ella misma problema, objeto de una discusión racional. Naturaleza, *physis*, es poder de vida y de movimiento. [...] Entre los jonios, los elementos naturales, advenidos abstractos, ya no pueden vincularse por matrimonio a la manera de los hombres. La cosmología, por ello, no solamente modifica su lenguaje, cambia de contenido. En lugar de narrar los nacimientos sucesivos, define los primeros principios constitutivos del ser. De relato histórico, se transforma en un sistema que expone la estructura profunda de lo real. El problema del génesis, del devenir, se transmite en una búsqueda, por encima del cambio, de lo estable, de lo permanente, de lo idéntico.

Jean-Pierre VERNANT: *Mito y pensamiento en la Grecia Antigua.*

a) ¿A quiénes se refiere el autor del texto cuando habla de los "físicos"?

b) ¿Qué características tiene el discurso sobre la naturaleza que ofrecen estos filósofos? ¿En qué se distingue de las explicaciones míticas previas?

7. Lee el siguiente texto y contesta las preguntas:

La Ilustración es la salida del hombre de su minoría de edad. Él mismo es culpable de ella. La minoría de edad estriba en la incapacidad de servirse del propio entendimiento, sin la dirección de otro. Uno mismo es culpable de esta minoría de edad cuando la causa de ella no yace en un defecto del entendimiento, sino en la falta de decisión y ánimo para servirse con independencia de él, sin la conducción de otro. *Sapere aude*! ¡Ten valor de servirte de tu propio entendimiento! He aquí la divisa de la Ilustración.

Immanuel KANT: *Respuesta a la pregunta: ¿qué es Ilustración?*

a) Según el autor de este fragmento, ¿en qué consiste la Ilustración?

b) ¿Por qué cree Kant que el ser humano es el culpable de permanecer en su "minoría de edad"?

c) ¿Qué es lo que nos anima a hacer la "divisa" de la Ilustración? ¿De qué forma cambiaría nuestra vida si pusiéramos en práctica este consejo?

Relaciona

8. El pensamiento de la Edad Media presenta algunas diferencias muy importanes con el de la antigua Grecia. Completa la siguiente tabla para mostrar en qué se parecen y en qué se distinguen el pensamiento griego y el medieval:

	Filosofía griega	Filosofía medieval
Concepto de la divinidad	...	...
Concepto del tiempo	...	...
Concepto del ser humano	...	...

Amplía

9. ¿Cuáles fueron los principales protagonistas de la revolución científica? ¿En qué consistió la aportación de cada uno de ellos? Busca información sobre este tema en los siguientes enlaces:

- *La revolución científica*: www.tiching.com/684281
- *¿Qué sabes de la revolución científica?*: www.tiching.com/684283

10. La filosofía actual sigue siendo un interesante ámbito de discusión e investigación. Algunos de sus más destacados protagonistas son autores como Jürgen Habermas, Slavoj Zizek, Peter Sloterdijk, Michel Onfray, Eugenio Trías, Richard Rorty. Busca información sobre la vida y la obra de estos pensadores. ¿Mantienen todos ellos opiniones similares sobre los temas que les preocupan? ¿Qué influencia han tenido sus ideas en el debate social contemporáneo?

Comentario de texto

Texto 1

Concebir lo que es, es la tarea de la filosofía, pues lo que es, es la razón. En lo que respecta al individuo, cada uno es desde luego hijo de su tiempo; así también la filosofía es su tiempo captado en pensamientos. Tan insensato es figurarse que alguna filosofía vaya más allá de su mundo presente como que un individuo salte por encima de su tiempo.

[...] Digamos de todos modos que la filosofía siempre llega tarde. En cuanto pensamiento del mundo, aparece en el tiempo tan solo después de que la realidad ha completado y terminado su proceso de formación.

Esto, que el concepto enseña, asimismo lo muestra necesariamente la historia: que solo en la madurez de la realidad efectiva lo ideal aparece frente a lo real y que lo ideal se construye el mismo mundo, aprehendido en su sustancia, en la figura de un reino intelectual.

Cuando la filosofía pinta su gris sobre gris, es que una figura de la vida ha envejecido y con gris sobre gris no se puede rejuvenecer, sino solo conocer; la lechuza de Minerva tan solo emprende su vuelo cuando comienza a anochecer.

G. F. W. HEGEL:
Prólogo a las *Líneas fundamentales de la filosofía del derecho*.

Texto 2

Que [la filosofía] no es una ciencia productiva resulta evidente ya desde los primeros que filosofaron: en efecto, los hombres —ahora y desde el principio— comenzaron a filosofar al quedarse maravillados ante algo, maravillándose en un primer momento ante lo que comúnmente causa extrañeza y después, al progresar poco a poco, sintiéndose perplejos también ante cosas de mayor importancia, por ejemplo, ante las peculiaridades del sol y los astros, y ante el origen del Todo. Ahora bien, el que se siente perplejo y maravillado reconoce que no sabe (de ahí que el amante del mito sea, a su modo, "amante de la sabiduría": y es que el mito se compone de maravillas). Así, pues, si filosofaron por huir de la ignorancia, es obvio que perseguían el saber por afán de conocimiento y no por utilidad alguna. Por otra parte, así lo atestigua el modo en que sucedió: y es que un conocimiento tal comenzó a buscarse cuando ya existían todos los conocimientos necesarios, y también los relativos al placer y al pasarlo bien. Es obvio, pues, que no lo buscamos por ninguna utilidad, sino que, al igual que un hombre libre es, decimos, aquel cuyo fin es el mismo y no otro, así también consideramos que esta es la única ciencia libre: solamente ella es, en efecto, su propio fin.

ARISTÓTELES: *Metafísica*.

Disertación filosófica

Las preguntas de la filosofía a lo largo del tiempo

La filosofía se ocupa de analizar grandes interrogantes que preocupan a los seres humanos.

- ¿Podemos considerar estas preguntas como eternas e intemporales?
- ¿Forman parte de la naturaleza humana y por eso son inmutables a lo largo del tiempo?
- ¿O son cambiantes y van variando según la época?
- ¿Hay alguna pregunta que permanezca inalterable?

Debate filosófico

¿Es posible aprender filosofía sin estudiar su historia?

Busca información acerca de la importancia de conocer la historia de la filosofía. Encuentra argumentos a favor y en contra de esta posición. La investigación previa te permitirá argumentar tus opiniones con datos, hechos y razonamientos válidos.

- ¿Es necesario conocer la historia de la filosofía para poder filosofar?
- ¿Por qué hay que conocer los planteamientos de autores antiguos si están alejados de nuestros intereses y problemas?
- ¿Qué ventajas e inconvenientes tiene enfocar el estudio de la filosofía desde una perspectiva histórica?
- ¿Qué autores o aspectos de la filosofía del pasado convendría estudiar?

Una obra para comentar

Historia de la filosofía sin temor ni temblor

Fernando Savater introduce a los autores más importantes del pensamiento occidental. Desde la antigua Grecia hasta la actualidad, se repasan la vida y las ideas de grandes filósofos, como Platón, Aristóteles, Tomás de Aquino, Kant, Nietzsche, etc.

Conexiones filosóficas

Filosofía y vida humana

Todos los aspectos de la vida humana tienen interés filosófico, desde el conocimiento hasta el arte, y desde la organización social hasta el lenguaje. Para abordar esta diversidad de temas, la filosofía se ha dividido en diversas ramas. Cada una de ellas está relacionada con un ámbito específico de la vida y de la cultura.

Te proponemos que intentes aclarar el modo en que las diferentes ramas filosóficas se relacionan con las distintas dimensiones de la vida humana. Puedes elaborar un diagrama en el que se muestren las múltiples conexiones que hay entre la filosofía y los distintos elementos de la cultura humana.

Trabajo en equipo

Las grandes preguntas en la historia de la filosofía

Os proponemos identificar las principales preguntas que la filosofía se ha planteado en cada época. Para realizar la actividad la clase se dividirá en grupos. Cada grupo se dedicará a estudiar una etapa concreta de la historia de la filosofía: Edad Antigua, Edad Media, Edad Moderna y Edad Contemporánea. Si la clase es muy numerosa, puede hacerse un quinto grupo para estudiar específicamente la filosofía del Renacimiento, e incluso un sexto grupo para analizar en detalle la filosofía actual.

El objetivo del grupo será elaborar una presentación en la que se muestren el contexto histórico, la vida, la obra y las principales preguntas tratadas por los filósofos más destacados de cada época.

En cada grupo se repartirán las siguientes tareas entre los distintos alumnos:

- Especialista en historia de la filosofía.
- Especialista en contexto histórico y científico.
- Especialista en la vida de los autores.
- Especialista en la obra de los autores.
- Especialista en las preguntas filosóficas del autor.
- Especialista en imágenes.

a) El especialista en historia de la filosofía tendrá que identificar a los principales autores de la época para que los demás miembros del grupo puedan realizar sus tareas. También tendrá que decidir el espacio otorgado a cada autor.

b) El especialista en el contexto histórico buscará información sobre las características más importantes de la sociedad, la cultura y la política de la época en cuestión. Prestará especial atención a los avances científicos y técnicos del momento.

c) El especialista en la vida de los autores deberá redactar una breve reseña biográfica sobre cada uno de los autores elegidos.

d) El especialista en la obra de los autores deberá recoger el título de los libros más importantes de cada personaje.

e) El especialista en las preguntas filosóficas deberá buscar información sobre los temas que más preocuparon a cada una de las figuras estudiadas. Estas cuestiones deberán formularse en forma de preguntas filosóficas.

f) El especialista en imágenes deberá buscar retratos de los autores, así como ilustraciones que ayuden a comprender mejor la etapa histórica considerada.

g) Una vez finalizada la presentación, se mostrará al resto de los alumnos de la clase.

Bibliografía

Jostein GAARDER: ***El mundo de Sofía.***

Fernando SAVATER: ***Historia de la filosofía sin temor ni temblor.***

Fernando SAVATER: ***La aventura de pensar.***

Julián MARÍAS: ***Biografía de la filosofía.***

Bertrand RUSSELL: ***Los problemas de la filosofía.***

William IRWIN: ***Los Simpson y la filosofía.***

Filmografía

La aventura del pensamiento. Serie presentada por Fernando Savater que explica de forma clara la vida y la obra de algunas de las figuras más importantes en la historia de la filosofía.

Filosofía aquí y ahora. Serie de televisión de carácter educativo emitida por el canal Encuentro de la República Argentina. Desde la página web del canal podrás ver y descargar todos los programas.

Pienso, luego existo. Serie de Televisión Española que presentó, con un formato entre la entrevista y el documental, la vida y la obra de algunas de las figuras más relevantes del panorama filosófico español en la actualidad.

Mapa conceptual

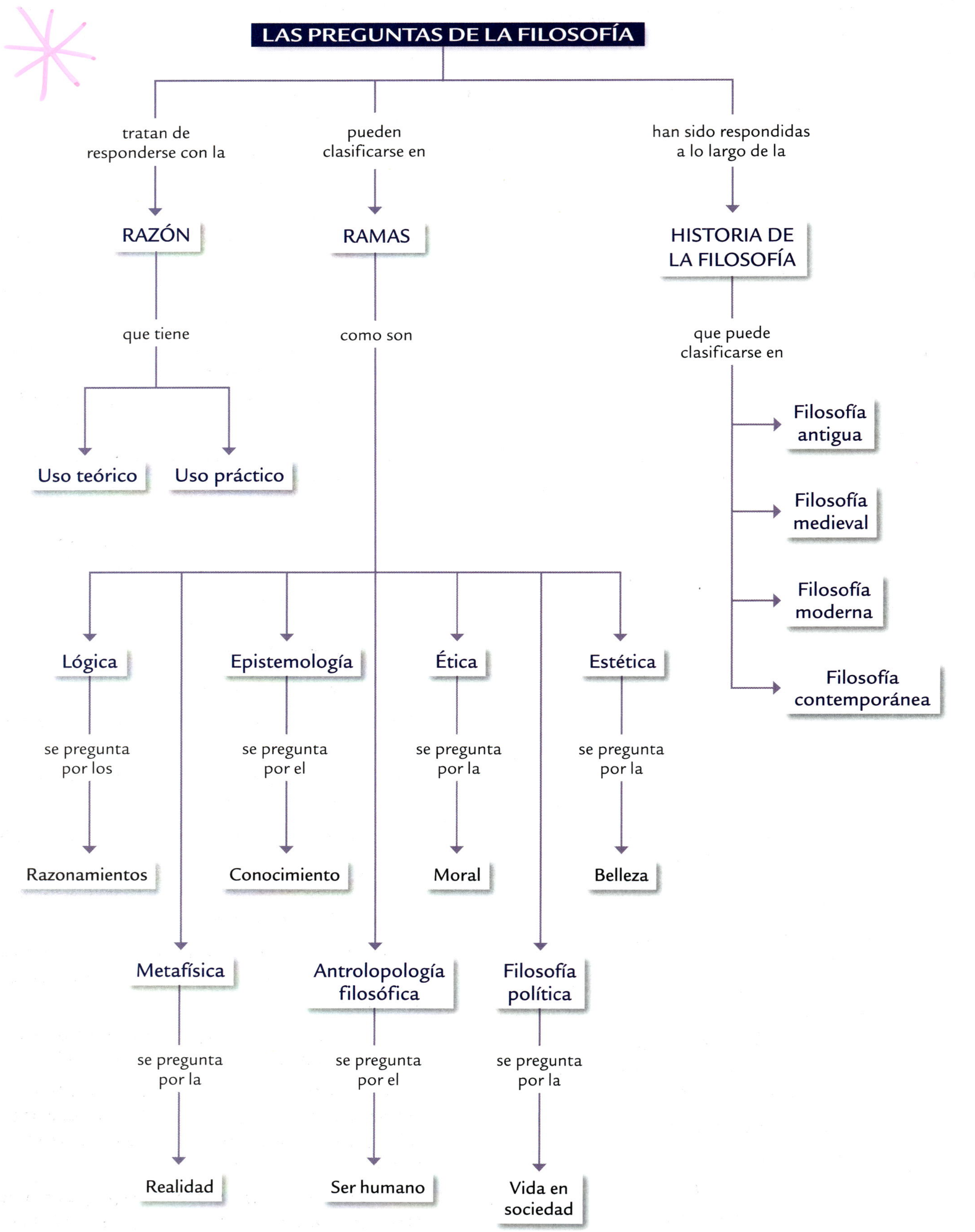

Evaluación

Elige la respuesta correcta para cada una de las siguientes preguntas. Recuerda que de todas las opciones solo una es válida.

1. **¿Cuáles son los dos usos de la razón que distinguió el filósofo Immanuel Kant?**
   a) El racional y el religioso.
   b) El teórico y el práctico.
   c) El ético y el político.
   d) El científico y el filosófico.

2. **¿Qué es lo que estudia la metafísica?**
   a) Los problemas filosóficos que están relacionados con la ciencia.
   b) Los problemas filosóficos relacionados con los razonamientos.
   c) Los problemas filosóficos relacionados con los fenómenos extraordinarios.
   d) Los problemas filosóficos relacionados con la realidad.

3. **¿Cuál es el nombre que recibe la rama de la filosofía que estudia el conocimiento?**
   a) Gnoseología.
   b) Lógica.
   c) Metafísica.
   d) Estética.

4. **¿Qué diferencia hay entre la antropología filosófica y la antropología cultural?**
   a) No hay ninguna diferencia entre ambas. La antropología filosófica y la antropología cultural se ocupan de estudiar lo mismo.
   b) La antropología filosófica se plantea preguntas sobre el ser humano que no pueden contestarse científicamente. En cambio, la antropología cultural se considera una ciencia porque se basa en la observación empírica.
   c) La antropología cultural se plantea preguntas sobre el ser humano que no pueden contestarse científicamente. En cambio, la antropología filosófica es una ciencia porque se basa en la observación empírica.
   d) La antropología filosófica se pregunta por la parte espiritual del ser humano, mientras que la antropología cultural estudia la parte material del ser humano.

5. **¿Qué es lo que estudia la estética?**
   a) La belleza y el arte.
   b) La manera en la que percibimos.
   c) La forma en la que nos relacionamos.
   d) La moda y su relación con la sociedad.

6. **¿Cuáles de los siguientes filósofos vivieron en la Edad Antigua?**
   a) Sartre y Camus.
   b) Descartes y Kant.
   c) Platón y Aristóteles.
   d) Agustín de Hipona y Tomás de Aquino.

7. **¿Qué es la Escolástica?**
   a) Es la filosofía que se ocupaba de la defensa de la fe cristiana frente a los ataques que esta religión sufrió en sus comienzos.
   b) Es la filosofía que se desarrolló en las escuelas medievales en los siglos XIV y XV.
   c) Es la filosofía característica de la escuela fundada por Platón en Atenas, llamada Academia.
   d) Es la filosofía propia de la escuela existencialista fundada por Sartre en Francia.

8. **¿Cuál es la característica que distingue a la filosofía moderna del pensamiento propio de épocas anteriores?**
   a) El interés por la ética y la política.
   b) La base científica de los planteamientos filosóficos.
   c) La importancia otorgada al sujeto como punto de partida para la filosofía.
   d) El papel fundamental que se concede a la vida individual en el pensamiento.

Contesta por escrito las cuestiones siguientes:

9. **¿Puede considerarse que la cosmología es actualmente una rama de la filosofía?**

   ¿Era la cosmología una rama de la filosofía en la antigüedad? Explica tus respuestas.

10. **¿Cuál crees que es el principal tema de interés para la filosofía analítica?**

    ¿Por qué se llama "analítica" a esta rama de la filosofía actual? Justifica tus respuestas.

11. **¿Cuál crees que debería ser el enfoque de una asignatura de filosofía destinada a alumnos que nunca han visto esta materia?**

    ¿Es mejor tratar primero los grandes problemas filosóficos abordando las distintas ramas de la filosofía?

    ¿O crees que sería más conveniente hacer una presentación histórica de la forma en que se han ido respondiendo las grandes preguntas de la filosofía a lo largo del tiempo?

    Si tú fueras el encargado de elaborar el programa de estudios de bachillerato, ¿cuál sería tu propuesta? ¿Cómo la justificarías?

3 La metafísica

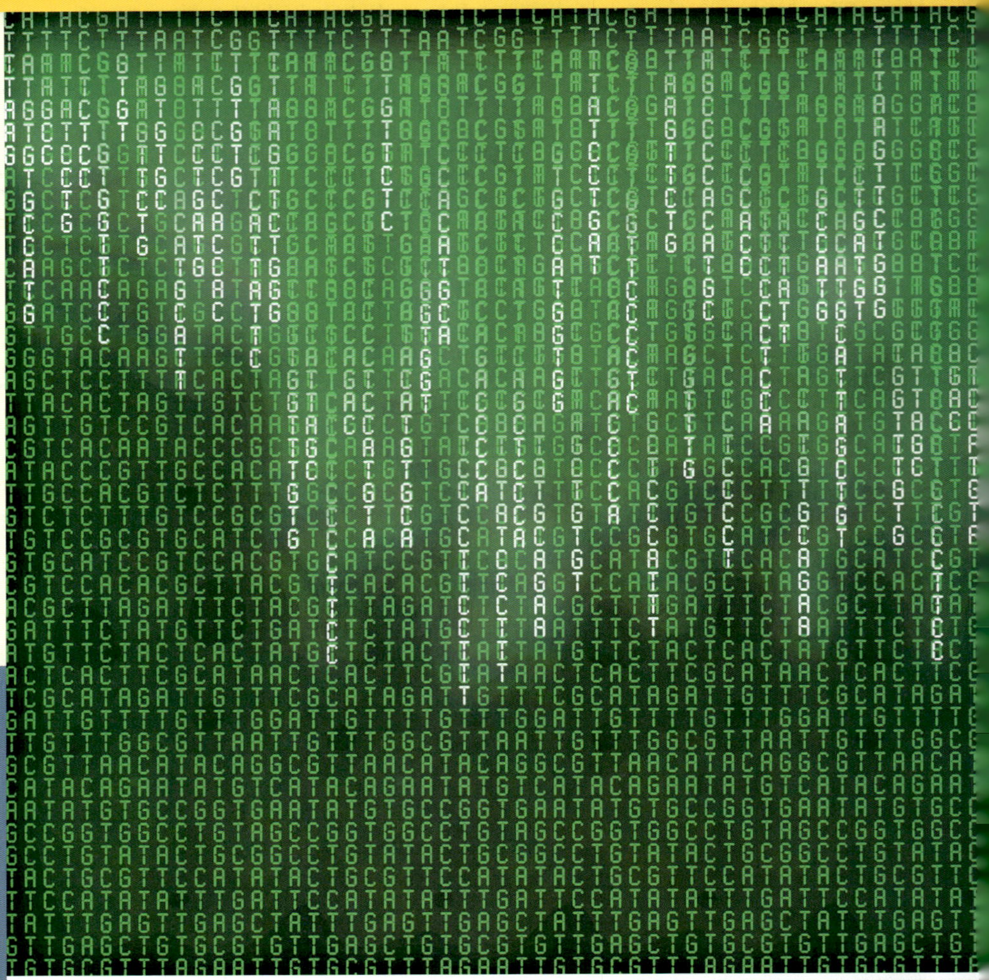

- ¿Cómo podemos distinguir la apariencia de la verdadera realidad?
- ¿De qué está hecho todo lo que hay a nuestro alrededor?
- ¿Es posible diferenciar lo que percibimos en un sueño de lo que vemos cuando estamos despiertos?
- ¿Qué son realmente las cosas que nos rodean?
- ¿En qué consiste verdaderamente la realidad?
- El mundo que percibimos es cambiante. ¿Existe algo permanente?

Objetivos

> Comprender de qué se ocupa la metafísica, analizando algunas de las preguntas fundamentales que se plantea esta disciplina.

> Distinguir las metafísicas monistas, dualistas y pluralistas, ofreciendo ejemplos concretos de la visión que mantiene cada una de ellas.

> Diferenciar los enfoques metafísicos materialistas y espiritualistas, haciendo referencia a autores representativos.

> Apreciar la diferencia entre las visiones estáticas y dinámicas de la realidad.

> Valorar la relevancia histórica de la metafísica y conocer las principales críticas que ha recibido desde diferentes ámbitos del pensamiento.

Contenidos

La pregunta por la realidad

- La metafísica es la parte de la filosofía que se plantea cuestiones acerca de la realidad.
- El origen de la metafísica se atribuye a los filósofos presocráticos, que buscaban el *arjé* o principio originario de todo lo que existe.
- Las preguntas de la metafísica han ido variando según las distintas épocas históricas, pero siempre han estado relacionadas con determinar qué es lo que verdaderamente existe.
- La crisis de la metafísica en la Edad Contemporánea ha conducido a algunos filósofos a afirmar que esta forma de pensamiento ya no es posible en la actualidad. Sin embargo, eso no quiere decir que las preguntas sobre la realidad hayan perdido vigencia ni interés.

Monismo y pluralismo

- Existen diferentes enfoques de la metafísica, dependiendo del número de realidades últimas que se acepten.
- Los monistas creen que la realidad está formada por un único principio fundamental.
- Frente a esta teoría, los pluralistas creen que la realidad última está compuesta por varios principios distintos.

Materialismo y espiritualismo

- En filosofía, las palabras *materialismo* y *espiritualismo* se refieren a concepciones sobre qué compone la realidad en última instancia.
- Los filósofos materialistas creen que la realidad última es material. Empédocles, Demócrito y Marx son filósofos materialistas.
- En cambio, los filósofos idealistas piensan que la verdadera realidad es espiritual e inmaterial. Platón y Hegel son ejemplos de filósofos idealistas.

El problema del cambio

- Algunos pensadores, como Parménides, creen que la auténtica realidad es permanente, eterna y estática, porque no cambia nunca. Para estos filósofos, el cambio es solo aparente.
- Otros autores, como Heráclito, creen que la verdadera realidad está continuamente cambiando y que consiste en un continuo devenir.
- El debate entre estas posiciones pervive en la actualidad.

I. En busca de lo real

1. ¿Es real la realidad? La duda de Descartes

¿Te has preguntado alguna vez si es real la realidad? Esta pregunta, que parece tan extraña, tiene un profundo significado filosófico.

En el siglo XVII, el pensador francés **René Descartes** se tomó esta cuestión muy en serio. Según Descartes, las cosas que vemos y sentimos pueden ser engañosas, ya que a veces incluso confundimos el sueño con la realidad.

La duda de Descartes sobre la realidad ha intrigado a muchos otros filósofos a lo largo de la historia.

Todos sabemos que a veces los sentidos nos engañan, por lo que no siempre resulta fácil distinguir la auténtica **realidad** de la mera **apariencia**. El objetivo de la metafísica consiste precisamente en tratar de aclarar esta cuestión para encontrar qué es verdaderamente real.

La **metafísica** es la rama de la filosofía que se plantea preguntas acerca de la realidad.

2. Realidad y apariencia

2.1. Las cosas no siempre son como parecen

Desde los comienzos de la filosofía en Grecia, los pensadores advirtieron sobre la gran diferencia que existe entre lo que las cosas parecen y lo que realmente son.

Por ejemplo, el hielo, la nieve, la niebla y el agua parecen cosas muy distintas, aunque sabemos que en realidad son lo mismo. En este caso, las distintas cosas que vemos y tocamos parecen ser muy diferentes. Sin embargo, cuando usamos la razón nos damos cuenta de que, a pesar de las apariencias, todas esas cosas son manifestaciones variadas de una misma realidad.

La viveza de un reflejo puede hacernos confundirlo con la realidad. Salvador DALÍ: *Cisnes que se reflejan como elefantes* (1937).

¿ES LA REALIDAD UN SUEÑO?

Todo lo que he admitido hasta el presente como más seguro y verdadero lo he aprendido de los sentidos o por los sentidos; ahora bien, he experimentado a veces que tales sentidos me engañaban, y es prudente no fiarse nunca por entero de quienes nos han engañado una vez.

Pero, aun dado que los sentidos nos engañan a veces, tocante a cosas mal perceptibles o muy remotas, acaso hallemos otras muchas de las que no podamos razonablemente dudar, aunque las conozcamos por su medio; como, por ejemplo, que estoy aquí, sentado junto al fuego, con una bata puesta y este papel en mis manos, o cosas por el estilo. Y ¿cómo negar que estas manos y este cuerpo sean míos, si no es poniéndome a la altura de esos insensatos, cuyo cerebro está tan turbio y ofuscado por los negros vapores de la bilis, que aseguran constantemente ser reyes siendo muy pobres, ir vestidos de oro y púrpura estando desnudos, o que se imaginan ser cacharros o tener el cuerpo de vidrio? Mas los tales son locos, y yo no lo sería menos si me rigiera por su ejemplo.

Con todo, debo considerar aquí que soy hombre y, por consiguiente, que tengo costumbre de dormir y de representarme en sueños las mismas cosas, y a veces cosas menos verosímiles, que esos insensatos cuando están despiertos. ¡Cuántas veces no me habrá ocurrido soñar, por la noche, que estaba aquí mismo, vestido, junto al fuego, estando en realidad desnudo y en la cama! En este momento, estoy seguro de que yo miro este papel con los ojos de la vigilia, de que esta cabeza que muevo no está soñolienta, de que alargo esta mano y la siento de propósito y con plena conciencia: lo que acaece en sueños no me resulta tan claro y distinto como todo esto. Pero, pensándolo mejor, recuerdo haber sido engañado, mientras dormía, por ilusiones semejantes. Y fijándome en este pensamiento, veo de un modo tan manifiesto que no hay indicios concluyentes ni señales que basten a distinguir con claridad el sueño de la vigilia, que acabo atónito, y mi estupor es tal que casi puede persuadirme de que estoy durmiendo.

René DESCARTES: *Meditaciones metafísicas.*

1. ¿Por qué desconfía Descartes de lo que se percibe mediante los sentidos? ¿Crees que está justificada esta desconfianza?

2. ¿Por qué duda de que sea posible distinguir el sueño de la realidad? ¿Piensas tú que hay alguna manera concluyente de saber si estás dormido o despierto?

Del mismo modo, hay ocasiones en que cosas diferentes nos parecen iguales. ¿Cómo podríamos saber lo que es verdaderamente real? ¿Hay algún modo de distinguir la realidad de la apariencia?

Para no dejarse engañar por las apariencias, los filósofos griegos querían descubrir lo que las cosas verdaderamente son. Los filósofos antiguos estaban convencidos de que la **auténtica realidad** solo puede captarse mediante la **razón**.

Como sabes, el término griego para referirse a la razón es ***logos***, que también significa 'palabra'. Así pues, para los antiguos griegos, **el orden de la realidad coincide con el orden del pensamiento**, porque la razón puede aclararnos lo que las cosas verdaderamente son.

2.2. En busca del principio de lo real

En su investigación, los filósofos presocráticos trataron de encontrar el fundamento que explicase todo lo que existe. Ellos estaban convencidos de que la enorme variedad de cosas que nos rodean no podía ser la realidad última.

Según creían, todo lo que hay tiene que provenir de algún **principio** más sencillo. Confiaban en que usando la razón podrían descubrir cuál era la verdadera raíz de la que todo estaba hecho.

Los presocráticos denominaron ***arjé*** al principio del que procede todo lo que existe.

El *arjé* era para estos pensadores el inicio y el fundamento común de todo lo que vemos. Para ellos esta realidad primordial era lo primero que había existido, pero además era el origen a partir del cual se habían desarrollado todas las demás cosas que hay a nuestro alrededor.

Estos primeros pensadores no lograron ponerse de acuerdo sobre cuál era el verdadero *arjé* que daba razón de todo lo que existe. Sin embargo, todos ellos estaban de acuerdo en una cosa. La verdadera realidad no es lo que percibimos con los sentidos, con su multiplicidad y su cambio constante. Lo que es de verdad real tiene que ser algún tipo de principio más sencillo, al que solo podemos llegar mediante la razón.

Esta distinción entre apariencia y realidad, presente en el nacimiento de la filosofía griega, ha seguido orientando el pensamiento desde entonces. Así, desde los presocráticos la metafísica siempre ha procurado investigar qué es lo que verdaderamente existe.

3. La metafísica a través de la historia

3.1. Las preguntas de la metafísica antigua

Hemos afirmado que la metafísica se plantea preguntas acerca de la realidad. Sin embargo, la orientación concreta de esta rama de la filosofía ha experimentado importantes cambios a lo largo del tiempo. En cada etapa histórica, la metafísica se ha preocupado de un determinado tipo de cuestiones relacionadas con el problema de lo real.

En la antigua Grecia, como hemos visto, el pensamiento racional comenzó por preguntarse cuál es el *arjé* o **principio primordial** del que todo proviene: ¿De qué está hecho todo lo que vemos? ¿Es posible explicar la multiplicidad de lo que existe a partir de algún principio más sencillo?

TODAS LAS COSAS OBEDECEN A LA RAZÓN

Siempre se quedan los hombres sin comprender que el Logos es así como yo lo describo, lo mismo antes de haberlo oído que una vez lo han oído; pues, aunque todas las cosas acontecen según este Logos, se parecen los hombres a gentes sin experiencia, incluso cuando experimentan palabras y acciones tales cuales son las que explico, cuando distingo cada cosa según su constitución y digo cómo es; al resto de los hombres les pasan desapercibidas cuantas cosas hacen despiertos, del mismo modo que se olvidan de lo que hacen cuando duermen.

HERÁCLITO DE ÉFESO: *Fragmentos*.

3. ¿Qué quiere decir Heráclito cuando afirma que "todas las cosas acontecen según este Logos"?

4. ¿Según este autor, son todas las personas capaces de comprender esta gran verdad?

Ya los filósofos presocráticos señalaron la diferencia existente entre lo que las cosas parecen y lo que son en realidad. René MAGRITTE: *La condición humana* (1935).

Los griegos también se plantearon numerosas preguntas acerca de los **cambios** y las transformaciones naturales: ¿El cambio es real o solo es aparente? ¿Hay alguna manera de explicar por qué las cosas cambian y cómo lo hacen? ¿Hay algo que permanezca cuando se produce un cambio?

Platón y Aristóteles, dos grandes pensadores griegos de la Antigüedad, trataron acerca de estas cuestiones en sus obras.

Platón amplió el campo de estudio de la metafísica planteando nuevas e importantes preguntas: ¿Hay alguna realidad que permanezca siempre idéntica y no cambie nunca? ¿Qué relación tienen esas realidades eternas e inmutables con las cosas que vemos y tocamos?

Aristóteles, por su parte, fue el primero que expuso de forma sistemática todas estas preocupaciones filosóficas. Él fue el primer autor que escribió un tratado sistemático sobre metafísica.

En su obra, Aristóteles recoge todas las preocupaciones de los filósofos griegos, dándoles una formulación rigurosa. Para exponer su pensamiento, Aristóteles creó muchas precisiones conceptuales que han sido de gran importancia en la filosofía posterior.

Los filósofos griegos trataron de encontrar la razón que explica los cambios de la naturaleza.

3.2. La metafísica en la época medieval

La difusión del cristianismo, con su decisiva influencia en todos los ámbitos, introdujo nuevos temas en la metafísica medieval. En esa época las preguntas acerca de **Dios** tuvieron una importancia destacada: ¿Es posible demostrar racionalmente la existencia de Dios? ¿Qué relación debe haber entre las creencias de la fe y las verdades racionales? ¿Cómo es posible que Dios permita el mal, si es todopoderoso e infinitamente bueno?

Para elaborar su pensamiento, los autores cristianos no solo se basaron en las Sagradas Escrituras, sino que también se inspiraron en las ideas de los grandes filósofos griegos.

En el siglo V, **Agustín de Hipona** logró sintetizar la metafísica de Platón con el cristianismo.

El pensamiento de Agustín de Hipona se convirtió de este modo en la interpretación filosófica más importante durante los primeros siglos de la Edad Media.

Más tarde, en el siglo XIII, **Tomás de Aquino** elaboró una nueva síntesis filosófica a partir del pensamiento de Aristóteles y los dogmas cristianos.

La filosofía tomista tuvo una enorme influencia y con el tiempo se convirtió en la doctrina oficial de la Iglesia católica.

Durante la Edad Media, las preguntas filosóficas más relevantes estaban relacionadas con la teología. Jaume HUGUET: *La consagración de san Agustín* (1460). Fresco sobre madera que formaba parte del altar mayor del convento de Sant Agustí Vell de Barcelona.

3.3. Las preguntas de la metafísica en la modernidad

En la filosofía moderna volvieron a surgir las preguntas metafísicas orientadas a descubrir en qué consiste verdaderamente la realidad: ¿Qué es lo que de verdad existe? ¿Por qué hay algo cuando podría no haber nada en absoluto? ¿Cuál es la diferencia que hay entre la materia y el pensamiento? ¿Se trata de dos realidades diferentes, o más bien son dos aspectos de una única realidad?

Los filósofos modernos también se plantearon interesantes preguntas acerca de otros temas como la **causalidad** o la **libertad**: ¿Está justificado creer que existen causas que producen efectos? ¿Existe verdaderamente la libertad o solo es una ilusión? Asimismo, se preguntaron acerca del tiempo y del espacio: ¿Existen por sí mismos o son producto del modo en que los seres humanos percibimos la realidad?

También en esta época aparecieron los primeros **cuestionamientos acerca de la metafísica**: ¿Es posible dar una respuesta a los interrogantes sobre la realidad? Kant, por ejemplo, afirmó que las preguntas metafísicas estaban más allá de lo que la razón humana podía conocer.

Sin embargo, según Kant, existe en los seres humanos una tendencia inevitable a plantear ese tipo de preguntas, aunque no seamos capaces de conocer las respuestas.

Entre otros temas, la metafísica de la Edad Moderna se cuestionó lo que son el tiempo y el espacio.

3.4. La Edad Contemporánea y la crisis de la metafísica

El desarrollo científico y técnico contribuyó a profundizar la **crisis de la metafísica** en la época contemporánea.

El espectacular **progreso de las ciencias** parecía capaz de ofrecer respuestas certeras y fiables para muchos interrogantes. Frente a los continuos avances científico-técnicos, los filósofos continuaban enzarzados en eternas discusiones sin ser capaces de llegar a ningún acuerdo:

¿Tienen realmente sentido las preguntas que se plantea la metafísica? ¿Qué relación hay entre la lógica, el lenguaje y la metafísica? ¿No habrán estado los filósofos discutiendo durante siglos sobre palabras que no significan nada? ¿No sería mejor confiar en la ciencia y prescindir totalmente de la filosofía?

Estos cuestionamientos explican la **profunda crisis** de la metafísica en la Edad Contemporánea. Sin embargo, a pesar de las críticas recibidas, la metafísica ha contado con importantes figuras en la época contemporánea.

En el siglo XX, el filósofo alemán **Martin Heidegger** planteó de nuevo la antigua pregunta por el ser con la que comenzó la filosofía en Grecia. **Jean-Paul Sartre**, en Francia, afirmó que la realidad última está íntimamente ligada a la existencia humana, fundando así la filosofía existencialista. En España, **José Ortega y Gasset** propuso una metafísica basada en la vida humana como realidad radical, y **Xavier Zubiri** hizo importantes contribuciones al estudio de la realidad.

Fíjate

LA DIFERENCIA ONTOLÓGICA

La metafísica de Martin Heidegger es un intento de responder, en pleno siglo XX, a una vieja pregunta que ya se plantearon los primeros filósofos griegos: ¿qué es el ser? Según Heidegger, la tradición filosófica occidental ha respondido a esta cuestión afirmando que el ser se manifiesta en la esencia de las cosas que existen (en la esencia de los entes). Sin embargo, Heidegger considera que esta identificación entre el ser y el ente es un grave error, porque hay una diferencia muy importante entre lo que las cosas son (la esencia de los entes) y el hecho de que existan (el ser). A partir de esta distinción, que Heidegger denomina "diferencia ontológica", es preciso desarrollar una metafísica nueva, que supere el "olvido del ser" al que ha estado sometida la filosofía occidental desde tiempos de Platón.

El extraordinario avance de las ciencias en la época contemporánea ha contribuido a profundizar la crisis de la metafísica clásica. Radiotelescopio del Observatorio de la Montaña Púrpura, en China.

Párate a pensar

Recapitula

1. ¿De qué tipo de preguntas se ocupa la metafísica? ¿Qué es lo que estudia esta rama de la filosofía?

2. ¿Cuáles fueron las principales preguntas metafísicas que se plantearon los filósofos de la Edad Antigua? ¿Crees que en nuestros días hemos logrado responder todas estas preguntas satisfactoriamente?

3. ¿En qué se distinguen las cuestiones metafísicas que preocupaban a los filósofos medievales de las que interesaban a los antiguos griegos?

4. Menciona al menos cuatro grandes problemas metafísicos característicos de la Edad Moderna.

5. ¿Por qué crees que entró en crisis la metafísica en la Edad Contemporánea? ¿Ha habido filósofos interesados en la metafísica durante nuestra época?

Construye el concepto

6. ¿A qué se referían los antiguos filósofos griegos cuando utilizaban la palabra *arjé*? ¿Qué es lo que pretendían explicar con este concepto? Busca información en:

- *Webdianoia*: www.tiching.com/684285
- *Wikipedia*: www.tiching.com/684286
- *Proyecto filosófico*: www.tiching.com/684288

Trabaja con textos

7. En el siguiente texto, se plantean extrañas cuestiones sobre la realidad.

> La película *Matrix* nos presenta un mundo futurista en el que las personas creen vivir una "vida normal", cuando en realidad todo lo que perciben es solo una ilusión.
>
> En el mundo recreado por esta película, los seres humanos están dormidos. Sus cerebros están conectados a un ordenador llamado Matrix, que genera una realidad virtual para ellos. El programa informático es tan perfecto que resulta casi imposible distinguir la auténtica realidad de esta simulación. Sin embargo, algunos como Neo, el protagonista, se han dado cuenta de lo que ocurre. Cuando Neo despierta, esto es lo que Morfeo le explica sobre su mundo:
>
> MORFEO: ¿Qué es *real*? ¿De qué modo definirías *real*? Si te refieres a lo que puedes sentir, a lo que puedes oler, a lo que puedes saborear y ver, entonces el término *real* son señales eléctricas interpretadas por tu cerebro. Este es el mundo que tú conoces. El mundo tal y como era a finales del siglo veinte. Ahora solo existe como parte de una simulación interactiva neural que llamamos Matrix. Has vivido en un mundo imaginario, Neo. Este es el mundo como es en la actualidad. Bienvenido al "desierto de lo real".
>
> Larry y Andy WACHOVSKI: *The Matrix.*

a) ¿Qué es para ti lo real? ¿Es algo más que "lo que puedes sentir, oler, saborear y ver"?

b) ¿Cómo podemos saber si hay algo en realidad aparte de las "señales eléctricas interpretadas por tu cerebro"?

c) ¿Hay algún modo de descubrir si nuestro mundo es real o imaginario? ¿Estás verdaderamente seguro de que no estás conectado ahora mismo a Matrix?

8. En el siguiente texto, Heidegger explica lo que significa para él la metafísica:

> El ir más allá de lo que existe ocurre en la esencia del *Dasein*. Pero es que este ir más allá es la propia metafísica. Es eso lo que explica y determina que la metafísica forme parte de la "naturaleza del hombre". No es ni una disciplina de la filosofía académica ni el ámbito de ocurrencias arbitrarias. La metafísica es el acontecimiento fundamental del *Dasein*. Es el *Dasein* mismo.
>
> Martin HEIDEGGER: *¿Qué es metafísica?*

a) *Dasein* es la palabra que utiliza Heidegger para referirse al ser humano. En alemán esta expresión significa 'ser-ahí'. Vuelve a formular la primera frase del fragmento con otras palabras.

b) ¿En qué consiste la metafísica según este fragmento?

c) ¿Por qué cree Heidegger que la metafísica forma parte de la naturaleza humana?

9. En este fragmento, el filósofo español José Ortega y Gasset ofrece su visión acerca de lo que es la metafísica. Lee el texto con atención y contesta las preguntas:

> Decimos que la metafísica consiste en que el hombre busca una orientación radical en su situación. Pero esto supone que la situación del hombre —esto es, su vida— consiste en una radical desorientación. No, pues, que el hombre, dentro de su vida, se encuentre desorientado parcialmente en este o el otro orden, en sus negocios o en su caminar por un paisaje, o en la política. El que se desorienta en el campo busca un plano o la brújula, o pregunta a un traseúnte y esto le basta para orientarse. Pero nuestra definición presupone una desorientación total, radical; es decir, no que al hombre le acontezca desorientarse, perderse en su vida, sino que, por lo visto, la situación del hombre, la vida, es desorientación, es estar perdido —y por eso existe la metafísica.
>
> José ORTEGA Y GASSET: *Unas lecciones de metafísica.*

a) De acuerdo con el autor, ¿en qué consiste la metafísica? ¿Por qué existe esta disciplina filosófica?

b) ¿Por qué se afirma en el texto que la situación del ser humano "es desorientación, es estar perdido"? ¿Qué es lo que significa esta frase?

c) ¿Qué relación crees que existe entre la definición de metafísica que ofrece Ortega y la que hemos visto en el texto de la unidad?

10. Lee el siguiente texto y contesta las preguntas:

> Para saber a qué atenerse y así poder vivir, el hombre necesita una certidumbre radical. [...] La certidumbre radical, para el que no la tiene, es una falta o privación y un quehacer; es decir, algo sin lo cual no puede vivir y que, como no le es dado, tiene que hacer. A ese quehacer a que el hombre, en determinadas situaciones, se ve forzado, le llamamos hacer metafísica; y metafísica es, por tanto, lo que en ese quehacer se hace: a saber, una certidumbre radical y última que el hombre tiene que hacer porque no se encuentra en ella y la necesita para vivir.
>
> Julián MARÍAS: *Introducción a la filosofía.*

a) De acuerdo con este fragmento, ¿en qué consiste la metafísica?

b) ¿Por qué afirma el autor que el ser humano "se ve forzado" a hacer metafísica? ¿Estás de acuerdo con esta opinión?

II. Los distintos enfoques de la metafísica

4. ¿Una realidad o muchas?

4.1. El monismo metafísico

A lo largo del tiempo los filósofos han propuesto enfoques muy diversos para aclarar el problema de la realidad. Para comprender estas diferentes perspectivas conviene tener en cuenta las preguntas que los pensadores tratan de contestar. Una de las más importantes podría plantearse así: ¿Es la realidad única o existen múltiples realidades?

Todos aquellos filósofos que afirman que la realidad es **única** se denominan **monistas**.

Para estos pensadores, la asombrosa variedad y multiplicidad de lo que existe es solo una apariencia. Aunque a nuestro alrededor percibimos una gran diversidad de seres, en el fondo todo lo que existe es una única realidad. Cuando llegamos a comprender qué es lo que de verdad hay, nos damos cuenta de que lo que realmente existe es único.

Los filósofos han mantenido profundas discrepancias acerca de si la realidad es única o múltiple. Kazimir MALÉVICH: *Retrato del artista Mikhail Matyushin* (1913).

4.2. Los monistas presocráticos

Entre los filósofos presocráticos podemos encontrar varios monistas. Como sabes, estos pensadores se preguntaban por el principio o *arjé* a partir del cual todo está hecho. Algunos presocráticos creían que el *arjé* es único, porque todo cuanto existe procede de un único principio. Estos filósofos son monistas, puesto que afirman que todo es, en el fondo, una única realidad.

Tales de Mileto, que es el primer filósofo del que tenemos noticia, creía que todo lo que percibimos está en realidad formado por **agua**. En cambio, **Anaxímenes** pensaba que el *arjé* fundamental del cual todo está hecho era el **aire**. Las demás cosas que existen no son más que diversas manifestaciones del aire. Según Anaxímenes, al expandirse el aire se convierte en fuego. Por el contrario, al comprimirlo se obtiene agua. Y al comprimir el agua se obtiene tierra. Así, las distintas realidades que forman todo lo que existe no son más que diversas manifestaciones de un único principio elemental.

Para **Anaximandro**, que también era un filósofo monista, el *arjé* es único pero no se corresponde con ninguna de las realidades que podemos ver y tocar. El principio del que todo está hecho tiene que ser algo distinto, algo indefinido que origina todo lo que existe. A este "algo" Anaximandro lo llamó *ápeiron*, que en griego significa '**lo indeterminado**'.

La teoría de **Pitágoras**, que además de filósofo era matemático, es bastante más abstracta. Al estudiar los principios físicos de la música, Pitágoras descubrió que la armonía musical está relacionada con las proporciones matemáticas. Imagina un arpa en la que hay dos cuerdas, una con doble longitud que la otra. Estas dos cuerdas producen la misma nota con una diferencia de una octava. Si, en cambio, una cuerda tiene una longitud que es 2/3 de la otra, las notas que producen están a una quinta de distancia.

La relación entre la música y las matemáticas impresionó mucho a Pitágoras. Extendiendo esta idea, imaginó que todo lo que existe en el universo está sujeto a proporciones matemáticas similares. Pitágoras creía que los planetas se mueven siguiendo proporciones matemáticas, y que todo lo que vemos no es en realidad nada más que el resultado de equilibrios y armonías entre números. Por eso a veces se afirma que Pitágoras es un filósofo monista, puesto que para él el *arjé* o principio del cual todo está hecho es el **número**.

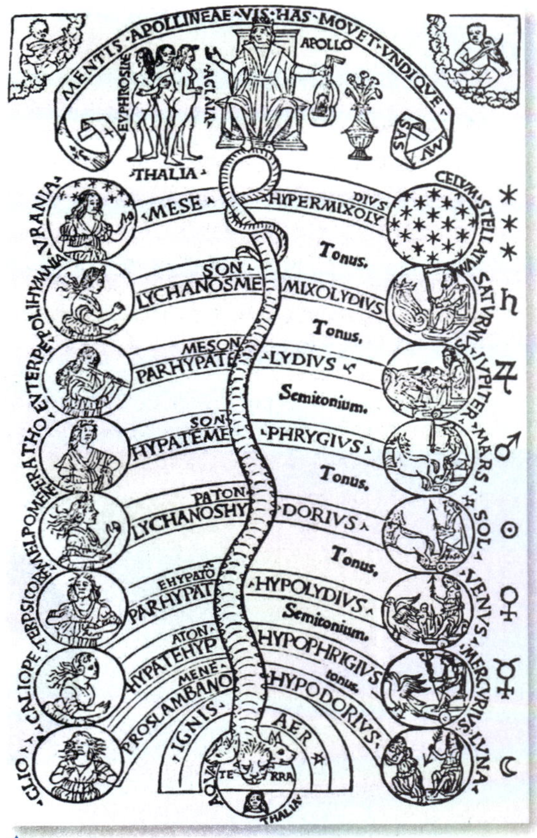

Según la teoría de Pitágoras, existe una armonía cósmica que puede descubrirse mediante proporciones matemáticas. *La música de las esferas*, grabado renacentista de autor desconocido.

4.3. El pluralismo metafísico

Los filósofos **pluralistas** sostienen que la realidad es múltiple.

Para ellos, lo real está formado por varios principios elementales distintos que se combinan entre sí.

Entre los presocráticos también encontramos algunos filósofos pluralistas, para quienes el *arjé* es múltiple. **Empédocles**, por ejemplo, creía que todo estaba compuesto por cuatro elementos básicos: el **fuego**, el **aire**, el **agua** y la **tierra**. Todo lo que existe, según Empédocles, está formado por una mezcla de estos cuatro elementos combinados entre sí en diferentes proporciones, gracias a la interacción de dos fuerzas cósmicas a las que él denomina **amor** y **odio**.

Algunos filósofos pluralistas creen que la realidad está formada por infinitos principios distintos. **Anaxágoras** sostenía que el *arjé* es una especie de semillas diminutas que forman toda la realidad. Hay infinitos tipos de semillas distintas, que se combinan para producir los distintos objetos que podemos ver y tocar.

Los presocráticos pluralistas más conocidos son los atomistas **Leucipo** y **Demócrito**. Defendieron la idea de que todo está formado por unas partículas elementales a las que llamaron **átomos**. Estas partículas son **indivisibles** (*a-tomos* en griego significa 'indivisible'). Los átomos pueden moverse y combinarse entre sí para formar todo lo existente.

Para Empédocles, todo lo que existe procede de los 4 elementos fundamentales (tierra, agua, aire y fuego). *Los cuatro elementos, las estaciones y el Zodiaco*, miniatura de un manuscrito medieval de autor desconocido.

5. ¿Materia o espíritu?

¿La realidad última es material o espiritual? Los filósofos tampoco se han puesto de acuerdo a la hora de responder a esta cuestión.

Los **materialistas** afirman que, en el fondo, **todo lo que existe es material**.

Entre los filósofos materialistas podríamos incluir a buena parte de los presocráticos. **Tales**, para quien el *arjé* es el agua, y **Anaxímenes**, que creía que todo estaba hecho de aire, son **materialistas**. También los atomistas son materialistas, puesto que para ellos todo lo que existe (incluyendo el alma humana) puede explicarse mediante los átomos.

La respuesta que demos al problema de la constitución de la realidad, ya sea materialista o idealista, tiene repercusiones no solo en la concepción de la naturaleza, sino también en la visión de la historia y de la composición del ser humano.

La posición contraria al materialismo se denomina **idealismo**. Los filósofos idealistas consideran que el mundo material que percibimos a nuestro alrededor tiene solo una realidad aparente. De acuerdo con esta teoría, la auténtica realidad no está compuesta de cosas tangibles, sino de ideas, que son inmateriales.

Los filósofos **idealistas** creen que la realidad última es espiritual y **está formada por ideas**.

Platón es un filósofo **idealista**. Según su teoría de las Ideas, que estudiaremos en la próxima unidad, todas las cosas materiales que vemos son solo una copia de las esencias eternas e inmutables. Las cosas proceden de las Ideas, por lo que la verdadera realidad es inmaterial.

Hegel también es un filósofo **idealista**. Su sistema filosófico, elaborado a comienzos del siglo XIX, es la culminación del idealismo alemán. Para Hegel la verdadera realidad es inmaterial y está formada por lo que él denominó "el Espíritu". En el sistema hegeliano, el Espíritu es el verdadero protagonista de la realidad y de la historia. Todo lo que sucede a lo largo del tiempo no es más que un "despliegue" del Espíritu, que se manifiesta en ámbitos como la legislación, el arte, la religión o la filosofía. El pensamiento de Hegel es un intento de exponer el modo en que el Espíritu evoluciona y se desenvuelve con el paso del tiempo.

La filosofía idealista de Hegel encontró pronto adversarios que defendían el materialismo.

El filósofo alemán **Karl Marx**, por ejemplo, sostuvo posiciones claramente **materialistas**. Marx atacó duramente a quienes, como Hegel, pensaban que la realidad está constituida por el Espíritu. Según Marx, la historia no puede explicarse mediante las ideas. Si queremos entenderla, debemos empezar por aclarar cómo las personas obtienen lo que necesitan materialmente para vivir. Para Marx la verdadera realidad no es espiritual, sino que se fundamenta en las condiciones materiales de vida de los seres humanos en cada momento histórico.

▲ Los filósofos idealistas consideran que la verdadera realidad consiste en ideas inmateriales. Paul KLEE: *Composición cósmica* (1919).

EL ATOMISMO DE LEUCIPO

En el mundo de Leucipo no hay otra cosa que átomos, el vacío y movimientos de los primeros en el segundo. Nada más. Esta única fórmula contiene todo el radicalismo de un pensamiento que, o bien despide a los dioses, desprovistos de potencialidades espirituales, impide las pretensiones etéreas e inmortales de las almas —disueltas— y hace imposible la existencia de otros mundos más allá de este, junto a él o en otros sitios, o bien transforma a los dioses, las almas y los otros mundos en realidades tangibles, perceptibles, concretas y nada menos que inmanentes. Con esta única opción, simple, clara y neta, Leucipo reduce a los hombres a la realidad inmanente y a su única dimensión material. Esta fecha de nacimiento de la filosofía coincide con la expulsión de los mitos, las fábulas y las religiones.

▲ Michel Onfray (1959).

Los átomos se disponen de una manera determinada y producen simulacros. Los hay en cantidad infinita y, en asociaciones relativas a su forma, su orden y su distribución, constituyen la materia y la sustancia de toda realidad, sin excepción. El conjunto se mueve en el vacío, que los atomistas llaman No-Ser, pues en la plenitud del ser el movimiento sería imposible. Por tanto, entre ellos está el No-Ser, que coincide con el vacío. En este orden de ideas, la necesidad se identifica con el destino, reductible él mismo a las fuerzas que constituyen la materia. Este equipo físico no varía durante siglos: partículas indivisibles, su movimiento en el vacío, su agregación como causa y condición de la realidad (y los hallazgos más recientes de la física nuclear no han invalidado las intuiciones de estos filósofos).

Michel ONFRAY: *Las sabidurías de la antigüedad. Contrahistoria de la filosofía 1.*

5. ¿En qué consiste la propuesta metafísica de Leucipo?

6. ¿Se trata de una filosofía espiritualista o materialista?

7. ¿Por qué relaciona el autor el atomismo con "la expulsión de los mitos, las fábulas y las religiones"?

8. ¿Por qué creen los atomistas que debe existir el vacío, al que llaman No-Ser?

9. ¿Cuál es la conexión que existe entre las ideas de Leucipo y las de la física moderna?

6. ¿Realidad estática o dinámica?

6.1. El problema del cambio

¿La realidad última es permanente o cambia con el tiempo? Esta es una de las cuestiones más importantes que debe responder cualquier teoría sobre la realidad.

Dependiendo de la contestación que se ofrezca a la pregunta anterior, tendremos una metafísica estática o dinámica. Sobre este tema hay una profunda división entre los pensadores desde los mismos orígenes de la filosofía en la antigua Grecia.

Quienes defienden una **metafísica estática** afirman que la realidad es en el fondo **inmutable**. los cambios son malos por que nos degradan

Según esta concepción, los cambios son solo aparentes, porque la verdadera realidad es eterna e inalterable. En su filosofía, estos autores se ven obligados a ofrecer alguna explicación para aclarar por qué todo parece estar cambiando cuando la auténtica realidad es permanente.

Sus teorías también deben explicar cómo podemos captar la verdadera realidad inmutable, ya que lo que percibimos con los sentidos es siempre cambiante y según ellos no se corresponde con la auténtica realidad.

Por el contrario, los partidarios de una **metafísica dinámica** creen que el **cambio** forma parte esencial de la realidad. son buenos por que nos llevan a la perfección

Para entender el mundo que nos rodea, opinan que debemos reconocer que todo cuanto existe se modifica con el tiempo, cambia y acaba por desaparecer.

Quienes adoptan esta posición metafísica tienen que explicar en su filosofía cómo es posible que haya cosas que aparentemente no cambian nunca. Esto es lo que sucede, por ejemplo, con las verdades de las matemáticas, que parecen eternas e inmutables.

6.2. Parménides y la filosofía del Ser

El pensamiento de **Parménides** ofrece una clara y rotunda afirmación de la metafísica estática. Aunque solo conservamos algunos fragmentos de la obra de este autor presocrático, sus ideas han tenido una influencia decisiva en la historia de la filosofía.

Parménides establece una distinción fundamental entre las cosas que existen y las que no existen. Lo que existe es el Ser, y está formado por todo cuanto hay. En cambio, lo que no existe es el No-Ser. El Ser, que es la verdadera realidad, es permanente, eterno e inmutable. No puede cambiar, ni nacer ni morir, por lo que siempre permanece inalterable.

La metafísica de Parménides propone una **filosofía del Ser**.

La idea básica de Parménides puede resumirse en una célebre y enigmática frase: "El Ser es, el No-Ser no es". ¿Qué significan estas palabras?

Para Parménides únicamente existe el Ser, que incluye todo lo que hay. Como el No-Ser no existe, de él no puede salir nada. Esto quiere decir que ninguna realidad nueva puede aparecer, porque eso supondría admitir que hay algo que pasa del No-Ser al Ser. Del mismo modo, no hay nada que pueda desaparecer, porque eso significaría que hay cosas que pasan del Ser al No-Ser.

EL MUNDO DE PARMÉNIDES

En un destello, Parménides no solo vio que la realidad era una esfera de materia densa [...] sino que además vio que podía probarlo. Y además, que el movimiento era realmente imposible.

La prueba (más o menos simplificada) era como sigue:

1. Solo el Ser es (solo lo que es, es)
2. La nada, el No-Ser, no puede ser.
3. El No-Ser sería la ausencia de ser: sería el vacío.
4. No puede haber vacío.
5. El mundo está lleno, es un bloque.
6. El movimiento es imposible.

O, citando [el poema] de Parménides [...]:

"¡Escucha y propaga mi mensaje cuando lo hayas entendido!

Repara las dos únicas vías de investigación concebibles:

Una es la vía que es, y de que No-Ser no puede ser.

Se trata de la senda de la Persuasión, acompañante de la verdad; ahora la otra vía.

Esta senda es la de que no es y de que ha de no ser.

Esta senda, créeme, es una senda en la que no se puede pensar.

Pues lo que no es no se puede saber, no se puede hacer ni se puede decir."

Karl POPPER: *El mundo de Parménides.*

10. ¿Cuáles son las "dos vías" para investigar la verdad de la que habla Parménides?

11. ¿Por qué solo es posible seguir una de estas vías?

12. ¿Qué características tiene la realidad según Parménides?

13. ¿Puede experimentar el Ser algún cambio o modificación? ¿Por qué?

▲
La imagen de un río en perpetuo movimiento sirvió a Heráclito para explicar su filosofía del devenir.

Así que, para Parménides, nada puede pasar del No-Ser al Ser, ni del Ser al No-Ser. Pero eso significa que nada puede nacer, ni morir, ni modificarse. El pensamiento de Parménides nos dice que ningún cambio es posible. Por lo tanto, las transformaciones que vemos a nuestro alrededor no son reales, sino solo aparentes. Lo que sucede es que para comprender esa realidad debemos prescindir del testimonio de los sentidos y atender solo a la razón. Y la razón insiste en recordarnos una única verdad: lo que existe es únicamente el Ser.

6.3. Heráclito y la filosofía del devenir

La perspectiva de **Heráclito** es radicalmente opuesta a la de su coetáneo Parménides. Heráclito creía que la realidad consiste en una transformación continua. Lo que existe está siempre cambiando. La realidad es **devenir**, **cambio**, modificación interminable.

El pensamiento de Heráclito es una filosofía del **devenir**.

Para explicar esto, Heráclito utilizaba una metáfora muy ilustrativa. La realidad es como un río, que está continuamente cambiando. El "ser" del río consiste en fluir y en cambiar. Si el agua del río no fluyese ya no tendríamos un río (sino que sería otra cosa: un lago de aguas inmóviles).

Según Heráclito, la realidad también se puede comparar con el fuego, cuya esencia consiste asimismo en estar siempre modificándose. Todo cuanto existe se asemeja al río o al fuego, porque el ser de lo real consiste en el continuo cambio de lo que hay. Sin embargo, ese cambio no se produce desordenadamente, sino que está sujeto a una ley cósmica.

Los cambios son producto de una tensión entre contrarios, que puede compararse con una guerra inacabable. No obstante, existe un orden en esa lucha de contrarios que explica la regularidad y la armonía del universo.

Las visiones contrapuestas de Heráclito y Parménides sobre la realidad han influido decisivamente en toda la metafísica posterior. Su pensamiento ha obligado a los filósofos a reflexionar sobre el problema del cambio. ¿Son los cambios reales o son solo aparentes? ¿En qué consiste la verdadera realidad? ¿Es lo real eterno e inmutable o está sujeto al devenir?

LA REALIDAD ES COMO UN RÍO

Heráclito dice en alguna parte que todas las cosas se mueven y nada está quieto, y comparando las cosas existentes con la corriente de un río dice que no te podrías sumergir dos veces en el mismo río.

PLATÓN: *Crátilo*.

14. ¿Por qué compara Heráclito la realidad con la corriente de un río?

15. ¿Qué crees que pretende decir Heráclito cuando afirma que "no te podrías sumergir dos veces en el mismo río"?

LA REALIDAD ES COMO EL FUEGO

Este cosmos, el mismo de todos, no lo hizo ningún dios ni ningún hombre, sino que siempre fue, es y será fuego eterno, que se enciende según medida y se extingue según medida.

Todas las cosas se cambian recíprocamente con el fuego y el fuego, a su vez, con todas las cosas, como las mercancías con el oro y el oro con las mercancías.

Conviene saber que la guerra es común a todas las cosas y que la justicia es discordia y que todas las cosas sobrevienen por la discordia y la necesidad.

HERÁCLITO DE ÉFESO: *Fragmentos*.

16. ¿Por qué compara Heráclito la realidad con el fuego?

17. ¿Qué pretende explicarnos cuando dice que ese fuego cósmico "se enciende según medida y se extingue según medida"?

18. ¿Por qué afirma Heráclito que "la justicia es discordia"?

6.4. El problema del cambio en Aristóteles

En su libro sobre metafísica, Aristóteles ofrece su propia explicación sobre el problema del cambio. Comienza por explicarnos la diferencia que hay entre el **ser en potencia** y el **ser en acto**. Un ser en acto es algo que ya ha alcanzado totalmente su desarrollo porque existe en plenitud. En cambio, el ser en potencia es algo que puede llegar a ser pero que todavía no es. El ser en potencia contiene la posibilidad de convertirse en algo, aunque todavía está lejos de lo que puede llegar a ser.

Una bellota, por ejemplo, no es lo mismo que un roble. Un roble ya es un árbol en acto, porque ha alcanzado la plenitud de su ser. Sin embargo, una bellota, que en acto es una bellota, podría llegar a convertirse en un roble si se dan las condiciones adecuadas. Por eso Aristóteles dice que una bellota es un árbol en potencia, aunque no lo sea en acto.

Esta distinción permite a Aristóteles explicar por qué la realidad está continuamente transformándose.

Para Aristóteles, el **cambio** se produce cuando **un ser en potencia** se modifica y **pasa a** convertirse en **un ser en acto**.

Cuando la bellota germina y crece una planta, el árbol en potencia está empezando a actualizarse, es decir, a transformarse en un árbol en acto.

Sin embargo, para que lo que es en potencia pueda transformarse y convertirse en ser en acto hace falta que reciba un impulso exterior que lo ponga en movimiento. Según Aristóteles, ese "empujón" solo puede proporcionarlo algo que ya sea en acto y que de ese modo pueda suscitar el cambio en lo que solo está aún en potencia.

Piensa por ejemplo en lo que sucede cuando una oruga se transforma en mariposa. Una oruga es una mariposa en potencia, pero no en acto. Sin embargo, para que la oruga llegue a convertirse verdaderamente en mariposa, hace falta que primero exista en acto de alguna manera. La existencia de la oruga como ser en acto hace posible su transformación para desarrollar al máximo todas sus potencialidades.

El problema del movimiento y el cambio fue una de las principales preocupaciones de la metafísica griega. En la imagen, escultura móvil de Alexander CALDER, en la Fundación Beyeler de Basilea.

Protagonistas de la filosofía

ARISTÓTELES (384 a.C.-322 a.C.)

Aunque gran parte de su vida transcurrió en Atenas, Aristóteles no era ateniense de nacimiento, ya que procedía de una ciudad del norte de Grecia llamada Estagira. En su juventud fue discípulo de Platón, cuyo pensamiento influyó decisivamente en su formación intelectual. Sin embargo, en su madurez Aristóteles rechazó la teoría de las Ideas y elaboró una filosofía realista centrada en el estudio de los individuos particulares del mundo sensible.

Las obras filosóficas de Aristóteles abarcan una enorme variedad de temas, desde la metafísica y la lógica hasta la ética y la política. Pero además de un genial filósofo, Aristóteles también fue un gran científico. Su gran interés por la biología se manifiesta con claridad en la teleología que orienta todo su pensamiento. Para Aristóteles todo cuanto existe persigue de manera natural alcanzar el propósito que le corresponde. Esta teoría le permitió ofrecer una explicación para los fenómenos naturales, y también está presente en sus reflexiones acerca de la felicidad y de la vida en sociedad del ser humano.

Su fama como filósofo hizo que el rey de Macedonia lo solicitara para encargarse de la educación de su hijo. Así Aristóteles se convirtió en preceptor de Alejandro, un personaje que se convertiría en el gran conquistador de un inmenso imperio.

PRIORIDAD DEL ACTO SOBRE LA POTENCIA

Está claro que el acto es anterior a la potencia [...]. En cuanto al tiempo, es anterior así: lo que, siendo en acto es específicamente idéntico, es anterior [...]. Y digo esto porque la materia, la semilla y lo que puede ver, que en potencia son un hombre, trigo y algo que ve, pero en acto aún no, son temporalmente anteriores a este hombre ya existente en acto, al trigo y a lo que ve; pero temporalmente anteriores a aquellas potencias son otras cosas existentes en acto, de las cuales se generaron aquellas; pues siempre, desde lo existente en potencia, es generado lo existente en acto por obra de algo existente en acto, por ejemplo un hombre por otro hombre, un músico por otro músico, habiendo siempre algo que produce el inicio del movimiento.

ARISTÓTELES: *Metafísica*.

19. ¿Qué ejemplos aparecen en este fragmento de seres en potencia y en acto?

20. ¿Cómo se produce el paso de la potencia al acto en estos seres?

21. ¿Por qué sostiene Aristóteles que el acto es temporalmente anterior a la potencia?

6.5. El cambio dialéctico

La dialéctica hegeliana

En el siglo XIX, la concepción dinámica de la realidad recibió una especial atención en la filosofía de Hegel. Para este autor, todo cuanto existe está sometido a un proceso de cambio y transformación continua que se basa en el contraste entre elementos opuestos.

Esta lucha entre contrarios crea una tensión que, al resolverse, hace que la realidad evolucione en un movimiento permanente. Hegel utilizaba el término *dialéctica* para describir este proceso de cambio a partir de la lucha entre contrarios.

La filosofía de Hegel denomina **dialéctica** al cambio continuo de la realidad provocado por un enfrentamiento entre elementos contrarios.

La palabra *dialéctica* describía en la Antigüedad el arte de conversar y discutir, que consiste en defender nuestras ideas combatiendo los puntos de vista contrarios. En este proceso de diálogo, si los interlocutores están dispuestos a escuchar y revisar críticamente sus puntos de vista, las posiciones iniciales pueden modificarse durante el curso de la conversación. Finalmente, puede ocurrir que los dos contrincantes acaben por ponerse de acuerdo alcanzando un consenso sobre el tema que se estaba discutiendo.

Al igual que sucede en una conversación, Hegel creía que la realidad y la historia evolucionan mediante el enfrentamiento de elementos contrapuestos. Hegel denominaba **tesis** a la primera posición, a la cual se enfrenta una posición opuesta, llamada **antítesis**. De la lucha entre la tesis y la antítesis puede surgir una nueva situación, conocida como **síntesis**, que incluye elementos procedentes de ambas, pero que logra superarlas resolviendo la tensión que había entre ellas.

Hegel pensaba que toda la historia de la humanidad avanza dialécticamente, en un proceso imparable impulsado por la lucha entre una tesis y una antítesis que se superan después en la síntesis final. Sin embargo, la reconciliación entre opuestos dura poco tiempo, porque cuando la síntesis triunfa y se impone, ella misma se convierte en una nueva tesis, que genera enseguida la antítesis correspondiente. De este modo, el proceso se reanu-

Giuseppe Pellizza da Volpedo: *El cuarto estado* (1901), cuadro que representa a un grupo de proletarios en huelga.

Fíjate

Tal vez un ejemplo pueda servirte para comprender mejor lo que Hegel pretendía explicar con su interpretación de la dialéctica. Imagina la situación en la que se encuentra un alumno de bachillerato que, por alguna razón, se encuentra desmotivado y sin ganas de estudiar. Aunque va al instituto a diario, no siente interés por las clases ni hace las tareas, y siente que lo que le cuentan en el aula no tiene ningún valor para él. Esta posición de partida sería la **tesis**.

Supongamos ahora que, harto de su situación, el alumno decide dar un cambio radical a su vida. Deja de acudir a clase, abandona los estudios y busca una ocupación. Finalmente, encuentra un trabajo como cajero en un supermercado. Esto, que sería todo lo contrario de la situación inicial, sería la **antítesis**.

Pero resulta que el trabajo que ha encontrado nuestro alumno no es tan satisfactorio como él se había imaginado. El jefe exige que los trabajadores dediquen muchas horas a cambio de un salario muy bajo. Además, las perspectivas no son buenas, porque no hay garantías de que el contrato se pueda renovar en el futuro. Parece que solo los empleados con título universitario tienen posibilidades de promoción.

Así que nuestro alumno se lo piensa dos veces y decide retomar de nuevo sus estudios. Abandona su puesto laboral y vuelve a las aulas. Parece así que ha vuelto a la situación de la que partió. Sin embargo, la posición ya no es la misma. Este alumno sabe lo que se siente al dejar de estudiar y al vivir en primera persona lo que es el mundo del trabajo. Aunque vuelva a la misma clase de antes, él ya no es el mismo y su actitud ante el estudio ha cambiado radicalmente. Ahora comprende para qué puede servir estudiar y por qué tiene sentido obtener una cualificación académica. Esta nueva situación sería la **síntesis**. Aunque la síntesis puede verse como una vuelta al punto de partida, lo cierto es que ahora las dos posiciones opuestas aparecen reconciliadas y superadas en una realidad nueva.

da en una espiral sin fin. Sin embargo, este proceso no es circular, sino que avanza hacia algo mejor. La evolución dialéctica se encamina hacia el progreso, que Hegel interpretaba como la creciente identificación de la realidad con lo racional.

La dialéctica en el pensamiento de Marx

La filosofía de Marx está muy influida por el pensamiento hegeliano. Marx también creía que la realidad avanza mediante la contradicción entre elementos contrarios. Sin embargo, criticaba duramente a Hegel por su carácter idealista. Según Marx, la visión del cambio dialéctico que propone Hegel considera que la realidad evoluciona por el contraste de ideas contrarias.

Efectivamente, Hegel era un filósofo idealista. Para él, la verdadera realidad, a la que denominaba el Espíritu, es inmaterial. Frente a esta opinión, Marx defendía el materialismo filosófico. Según Marx, la realidad es un proceso dinámico de cambio continuo que se basa en la contradicción entre elementos materiales. La historia, por ejemplo, avanza porque existe una tensión entre clases sociales enfrentadas. Según esta interpretación, si queremos comprender la evolución dialéctica de la realidad, debemos analizar las condiciones materiales de vida que explican la situación en la que se encuentran los seres humanos que hacen la historia.

¿EN QUÉ CONSISTE LA DIALÉCTICA HEGELIANA?

En resumen, hay tres elementos que, de acuerdo con Hegel, puede decirse que constituyen la esencia de la dialéctica. Primero: el pensar es pensar de algo en sí mismo, para sí mismo. Segundo: en cuanto tal es por necesidad pensamiento conjunto de determinaciones contradictorias. Tercero: la unidad de las determinaciones contradictorias, en cuanto estas son superadas en una unidad, tiene la naturaleza propia del sí mismo. Hegel cree reconocer estos tres elementos en la dialéctica de los antiguos.

Hans-Georg GADAMER: *La dialéctica de Hegel*.

22. ¿Cuáles son los tres elementos que caracterizan la dialéctica de Hegel?

23. ¿Qué relación tienen estos tres elementos con la tesis, la antítesis y la síntesis?

24. ¿A qué se refiere el autor cuando habla de la "dialéctica de los antiguos"? ¿Por qué reconoce Hegel los elementos de la transformación dinámica de la realidad en la dialéctica de la Edad Antigua?

◀ Marx se propuso dotar de base filosófica las luchas obreras de su época. Robert KOEHLER: *La huelga* (1886).

LA DIFERENCIA ENTRE LA DIALÉCTICA DE MARX Y LA DE HEGEL

Mi método dialéctico no solo es en su base distinto del método de Hegel, sino que es directamente su reverso. Para Hegel, el proceso del pensamiento, al que él convierte incluso, bajo el nombre de idea, en sujeto con vida propia, es el demiurgo de lo real, y lo real su simple apariencia. Para mí, por el contrario, lo ideal no es más que lo material transpuesto y traducido en la cabeza del hombre.

Yo he criticado el aspecto mistificador de la dialéctica hegeliana hace cerca de 30 años, cuando todavía estaba de moda. [...] La mistificación sufrida por la dialéctica en las manos de Hegel no quita nada al hecho de que él haya sido el primero en exponer, en toda su amplitud y con toda conciencia, las formas generales de su movimiento. En Hegel la dialéctica anda cabeza abajo. Es preciso ponerla sobre sus pies para descubrir el grano racional encubierto bajo la corteza mística.

En su forma mistificada, la dialéctica se puso de moda en Alemania porque parecía glorificar lo existente. Su aspecto racional es un escándalo y una abominación para la burguesía y sus portavoces doctrinarios, porque en la concepción positiva de lo existente incluye la concepción de su negación, de su aniquilamiento necesario; porque, concibiendo cada forma llegada a ser en el fluir del movimiento, enfoca también su aspecto transitorio; no se deja imponer por nada; es esencialmente crítica y revolucionaria.

Karl MARX: Palabras finales a la segunda edición alemana del primer libro de *El Capital*.

25. ¿Qué diferencias existen entre la visión de la dialéctica que tienen Hegel y Marx?

26. ¿A qué se refiere el autor cuando critica "el aspecto mistificador de la dialéctica hegeliana"?

27. ¿Qué pretende decir Marx cuando afirma que "en Hegel la dialéctica anda cabeza abajo. Es preciso ponerla sobre sus pies"?

28. Por qué afirma Marx que, en su versión hegeliana, la dialéctica "parecía glorificar lo existente"?

Párate a pensar

Recapitula

1. Completa esta tabla en la que se comparan las propuestas metafísicas de los presocráticos monistas y pluralistas:

	¿Es monista o pluralista?	¿En qué consiste el *arjé*?
Tales	...	...
Anaximandro	...	...
Anaxímenes	...	...
Empédocles	...	...
Anaxágoras	...	...
Demócrito	...	...
Pitágoras	...	...

2. ¿Cuál es la diferencia que hay entre una metafísica materialista y otra espiritualista? ¿Sabrías mencionar a dos filósofos cuyo pensamiento corresponda a cada una de estas dos corrientes?

3. ¿Qué es lo que distingue la filosofía de Parménides y la de Heráclito? ¿Cómo interpretan estos dos autores los cambios que podemos observar a nuestro alrededor?

4. ¿Cuál es la interpretación filosófica que ofrece Aristóteles acerca del problema del cambio? Explica tu respuesta con algún ejemplo diferente al presentado en el texto de la unidad.

5. ¿Qué es la dialéctica? ¿En qué están de acuerdo y en qué discrepan Hegel y Marx?

Construye el concepto

6. Define los siguientes términos filosóficos con los diccionarios propuestos (p. 1). A continuación, escribe una frase con cada uno de ellos en la que se aprecie su significado.

- monismo
- devenir
- pluralismo
- ser en acto
- dualismo
- ser en potencia
- materialismo
- dialéctica

Monismo: Teoría según la cual todo lo que existe está constituido por una única realidad primaria.

"La filosofía de Anaxímenes es monista, porque considera que toda la realidad está constituida por aire."

7. ¿Qué significa el prefijo *monos* (**μόνος**)? ¿Por qué se llama monistas a los filósofos que creen que la realidad es única? Busca información en los siguientes enlaces:

- *Diccionario didacterion*: www.tiching.com/684292
- *Diccionario griego-español*: www.tiching.com/684267

Trabaja con textos

8. Lee el texto y contesta las preguntas:

Tratándose de los alemanes, situados al margen de toda premisa, debemos comenzar señalando que la primera premisa de toda existencia humana y también, por tanto, de toda historia, es que los hombres se hallen para "hacer historia", en condiciones de poder vivir. Ahora bien, para vivir hace falta comer, beber, alojarse bajo un techo, vestirse y algunas cosas más. El primer hecho histórico es, por consiguiente, la producción de los medios indispensables para la satisfacción de estas necesidades, es decir, la producción de la vida material misma, y no cabe duda de que es este un hecho histórico, una condición fundamental de toda historia, que lo mismo hoy que hace miles de años, necesita cumplirse todos los días y a todas horas, simplemente para asegurar la vida de los hombres. Y aun cuando la vida de los sentidos se reduzca al mínimo, a lo más elemental [...] este mínimo presupondrá siempre, necesariamente, la actividad de la producción. Por consiguiente, lo primero, en toda concepción histórica, es observar este hecho fundamental en toda su significación y en todo su alcance y colocarlo en el lugar que le corresponde.

Karl Marx: *La ideología alemana*.

a) Según el autor, ¿cuál es el requisito necesario para que los hombres puedan "hacer historia"?

b) ¿Cuál debe ser el punto de partida para que podamos entender la historia de la humanidad? ¿Se trata de una posición materialista o espiritualista?

c) Al comienzo del texto se afirma que los filósofos alemanes se sitúan "al margen de toda premisa". ¿Qué crees que quiere decir el autor con esta frase?

9. En el siguiente fragmento se explica la teoría aristotélica del cambio como paso del ser en potencia al ser en acto. Lee el texto con atención y contesta las preguntas:

Al reto brusco de Parménides, "Es o no es", Aristóteles opone el suyo. [...] En la forma excesivamente simple en que Parménides plantea la cuestión no era posible una respuesta, pero el concepto de ser no era simple, sino doble. Una cosa podía tener la potencialidad de estar en un estado determinado, o la actualidad, y el devenir y el cambio eran solo la aparición en un ser real de una materia que tenía ya en sí la potencialidad de aquello en lo que devenía. La materia que cambia debe tener la potencialidad de ambos estados. Dado que el ser es doble de este modo, todo lo que experimenta cambio pasa de ser potencialmente a ser en acto, por ejemplo, de la blancura potencial a la blancura real, y lo mismo sucede con el crecimiento y la disminución, de manera que no solo es posible que algo se origine de lo que no es [...] sino que también es cierto que todo se origina de lo que es, es decir, de lo que es en potencia, aunque no en acto.

W. K. C. Guthrie: *Historia de la filosofía griega*.

a) ¿A qué se refiere el texto cuando habla del "reto brusco de Parménides"? ¿Cuál era la teoría de Parménides sobre la realidad?

b) ¿Por qué se afirma en este fragmento que, según Aristóteles, el ser es "doble"? ¿Qué significado crees que tiene esta expresión?

c) ¿Cómo explica Aristóteles la posibilidad de que las cosas cambien y se modifiquen?

Pregúntate

10. ¿En qué posición filosófica crees que te situarías tú, materialista o idealista?

11. ¿Hay alguna relación entre la filosofía de Heráclito y las de Hegel y Marx?

III. ¿Ha muerto la metafísica?

7. La crisis de la metafísica

7.1. La metafísica parece incapaz de progresar

Desde que Parménides planteó en el siglo VI a.C. su teoría sobre el Ser, en la filosofía se han sucedido todo tipo de interpretaciones metafísicas acerca de la realidad. Para algunos autores la realidad es permanente, y para otros es cambiante. Unos mantienen que la realidad es única y otros que es múltiple. Hay teorías que afirman que lo real es material y otras que defienden que lo real es espiritual.

Está claro que no se dejará nunca de discutir acerca de la metafísica. Esto contrasta con lo que sucede en la ciencia, donde la mayoría de los científicos están de acuerdo. La ciencia avanza espectacularmente de forma sólida y firme. En cambio, la metafísica sigue debatiendo los mismos problemas que preocupaban a Platón y a Aristóteles sin encontrar nunca respuestas definitivas. ¿Qué es lo que impide progresar a la metafísica? ¿No sería posible convertir la metafísica en una ciencia para salir de esta lamentable situación?

7.2. Kant y los límites de la metafísica

En su libro *Crítica de la razón pura*, publicado en 1781, **Immanuel Kant** abordó este difícil problema. Kant se proponía estudiar cuáles son los límites de la razón humana, para poder así señalar hasta dónde podemos conocer. Una de las cuestiones que le preocupaba era la situación de la metafísica, que parecía incapaz de progresar como lo hacían las ciencias de su tiempo.

En su estudio sobre la razón humana, Kant señaló que efectivamente **existe un límite** para lo que podemos conocer. En la *Crítica de la razón pura* se afirma que el límite de nuestro conocimiento es la experiencia.

Según Kant, el ser humano **no puede conocer nada que esté más allá de la experiencia**.

Por eso las ciencias han logrado avanzar, porque ellas se basan en la experiencia. ¿Y qué sucede con la metafísica? La metafísica se ocupa de temas como la existencia de Dios, la libertad del alma humana o el origen del universo. Pero estas cuestiones están más allá de la experiencia, así que exceden lo que las personas podemos realmente conocer.

La metafísica, por lo tanto, **no puede** nunca llegar a convertirse en una ciencia.

Sin embargo, Kant cree que la metafísica es una **tendencia inevitable** de los seres humanos. Las personas tendemos de forma natural a hacernos grandes preguntas sobre la realidad. Aunque el estudio de la razón nos muestra que nunca podremos llegar a una respuesta, eso no impide que continuemos planteándonos esas cuestiones.

7.3. El positivismo de Comte

Contrariamente a Kant, el francés **Auguste Comte** no creía que la metafísica fuera una tendencia esencial en la naturaleza humana. Para Comte, el interés por cuestiones metafísicas es solo una etapa en el desarrollo de la humanidad. Comte, que vivió en el siglo XIX, creía que la ciencia puede proporcionar un conocimiento mucho más firme y útil para la humanidad.

LA METAFÍSICA NO HA LOGRADO CONVERTIRSE EN CIENCIA

La metafísica, conocimiento especulativo de la razón, enteramente aislado, que se alza por encima de las enseñanzas de la experiencia, mediante meros conceptos (no como la matemática mediante aplicación de los mismos a la intuición), y en donde por tanto la razón debe ser su propio discípulo, no ha tenido hasta ahora la fortuna de emprender la marcha segura de una ciencia; a pesar de ser más vieja que todas las demás y a pesar de que subsistiría aunque todas las demás tuvieran que desaparecer enteramente, sumidas en el abismo de una barbarie destructora. Pues en ella tropieza la razón continuamente, incluso cuando quiere conocer *a priori** (según pretende) aquellas leyes que la experiencia más ordinaria confirma. En ella hay que deshacer mil veces el camino, porque se encuentra que no conduce a donde se quiere; y en lo que se refiere a la unanimidad de sus partidarios, tan lejos está aún de ella, que más bien es un terreno que parece propiamente destinado a que ellos ejerciten sus fuerzas en un torneo, en donde ningún campeón ha podido nunca hacer la más mínima conquista y fundar sobre su victoria una duradera posesión. No hay pues duda alguna de que su método, hasta aquí, ha sido un mero tanteo y, lo que es peor, un tanteo entre meros conceptos.

Immanuel KANT:
Prólogo a la *Crítica de la razón pura*.

29. ¿Qué es para Kant la metafísica? ¿En qué se diferencia, según él, de las matemáticas?

30. ¿Por qué dice Kant que la metafísica "no ha tenido hasta ahora la fortuna de emprender la marcha segura de una ciencia"?

****A priori*:** sin recurrir a la experiencia.

@ Para ampliar en la Red...

La metafísica en la actualidad:
www.tiching.com/684293

Los seres humanos siempre se han planteado preguntas sobre el mundo que les rodea. Los cambios, los peligros y las incertidumbres de la vida nos han impulsado a buscar respuestas para nuestras inquietudes. Pero, según Comte, la forma en la que las personas han tratado de responder estas preguntas ha ido variando a lo largo del tiempo. El modo en que han ido cambiando estas respuestas puede describirse con la **ley de los tres estados**.

Para responder a estas inquietudes, en un primer momento se parte de la creencia en dioses y seres sobrenaturales. Este es el **estado teológico**, que corresponde al primer paso en la evolución espiritual de los seres humanos.

En una segunda etapa, las personas abandonan la creencia en los dioses y tratan de explicarse la realidad mediante razonamientos abstractos. Este es el **estado metafísico**, en el que la humanidad ha vivido desde los comienzos de la filosofía en Grecia hasta la modernidad.

Sin embargo, el estado superior y más evolucionado es el tercero. En esta última etapa, la ciencia es capaz de ofrecer respuestas claras y eficaces a nuestras preguntas. Cuando conocemos las leyes de la naturaleza, podemos utilizarlas para mejorar nuestras condiciones de vida. Comte denomina **estado positivo** a este tercer momento. Al llamarlo "positivo" pretende recalcar que se basa en un conocimiento real, útil, efectivo, provechoso y constructivo, en contraste con lo que sucedía en los estados anteriores.

La filosofía de Comte se denomina **positivismo** porque hace hincapié en la importancia de superar las etapas anteriores y alcanzar este último estado positivo. El positivismo afirma la **fe en la ciencia**, y confía en que una vez alcanzado este tercer estado la humanidad podrá progresar hacia un creciente bienestar social.

7.4. Nietzsche y su crítica a la metafísica

El alemán **Friedrich Nietzsche**, que vivió en el siglo XIX, era un filósofo **vitalista**. Nietzsche defendía la importancia de desarrollar una **vida plena** e intensa. Esto contrasta con lo que los principales filósofos han propuesto como norma de conducta. La filosofía ha condenado como pecaminoso todo lo que afirmaba la vida, proponiendo la desconfianza en el cuerpo y la postergación de los deseos. Durante siglos los seres humanos han vivido sujetos a los mandamientos de Dios y al rechazo de la vida terrenal. Por eso Nietzsche cree que **la metafísica ha contribuido a negar el valor de la vida**.

Para Nietzsche, la metafísica ha cometido el gran error de identificar la verdadera realidad con lo permanente. Los metafísicos han creado un mundo ficticio de esencias, dioses y verdades, que ha servido para despreciar el mundo real en el que vivimos. De este modo, las personas han menospreciado todo lo sensible, terrenal y corpóreo. Desde Parménides, la metafísica solo ha dado valor a lo eterno e inmutable. Por eso, para afirmar la plenitud vital, debemos rechazar toda la metafísica anterior.

7.5. ¿Tiene sentido el lenguaje de la metafísica?

A comienzos del siglo XX, las ideas del filósofo de origen austriaco **Ludwig Wittgenstein** contribuyeron decisivamente a agudizar la crisis de la metafísica. Wittgenstein estaba muy interesado por el **lenguaje**. Su investigación sobre este tema le llevó a pensar que la mayor parte de los problemas filosóficos no eran más que sinsentidos causados por un mal uso del lenguaje.

Wittgenstein trató de analizar los límites de lo que tiene sentido decir en un influyente libro titulado *Tractatus logico-philosophicus*.

Protagonistas de la filosofía

AUGUSTE COMTE (1798-1857)

En su juventud, Auguste Comte trabajó como secretario del conde de Saint-Simon, un destacado intelectual y activista dedicado al estudio de la sociedad moderna. Comte también estaba muy interesado en los fenómenos sociales, así como en los notables avances de la ciencia y de la técnica.

Comte pensaba que el desarrollo intelectual de la humanidad podía comprenderse científicamente. La evolución de las sociedades puede explicarse mediante leyes rigurosas, en las que debemos basarnos para mejorar la organización de la convivencia. Para aclarar el contenido de estas leyes era preciso desarrollar una nueva ciencia, que se dedicase específicamente al estudio de los fenómenos sociales. Por este motivo Comte es considerado el padre de la sociología.

Según Comte, las ciencias estaban jerarquizadas. En la base se encontraban las matemáticas, la física y la química. Estas ciencias ofrecían un marco para el desarrollo de disciplinas más complejas, como la biología. La ciencia superior y más compleja era la sociología o ciencia de la sociedad. Comte creía que la sociología científica permitiría configurar un nuevo modelo de sociedad, capaz de solucionar los problemas de la humanidad.

Los avances de la ciencia y de la técnica llevaron a los neopositivistas a rechazar la metafísica por completo.

La teoría del lenguaje del *Tractatus*

La teoría del lenguaje del *Tractatus* sostiene que una **proposición*** solo tiene sentido cuando se refiere a un hecho. Las proposiciones que se refieren a hechos son las de la ciencia. Dichas afirmaciones pueden verificarse para determinar si son verdaderas o falsas.

Según el *Tractatus*, como las proposiciones de la metafísica no se corresponden con hechos, estas frases **no tienen sentido**. No es que las grandes teorías filosóficas sean falsas. Lo que sucede es que no significan nada.

Las ideas del *Tractatus* condujeron a un grupo de pensadores a desarrollar la filosofía neopositivista. Para el **neopositivismo**, el único conocimiento válido es el de la ciencia. Como la metafísica carece de sentido, lo mejor sería abandonarla y confiar únicamente en el saber científico.

Sin embargo, Wittgenstein señalaba que había un ámbito de gran importancia que estaba al margen de lo que se puede decir. La religión, la ética o la estética eran para Wittgenstein campos de gran valor, aunque en ellos no pudiera decirse nada con sentido. Para Wittgenstein existe "**lo místico**", a pesar de que no pueda expresarse mediante el lenguaje.

¿TIENE SENTIDO EL *TRACTATUS*?

Mis proposiciones son esclarecedoras de este modo; que quien me comprende acaba por reconocer que carecen de sentido, siempre que el que comprenda haya salido a través de ellas fuera de ellas. (Debe, pues, por así decirlo, tirar la escalera después de haber subido.) Debe superar estas proposiciones; entonces tiene la justa visión del mundo.

De lo que no se puede hablar, mejor es callarse.

Ludwig WITTGENSTEIN: *Tractatus logico-philosophicus.*

31. Las afirmaciones de la filosofía, según Wittgenstein, carecen de sentido. Según el autor, ¿cómo deben tomarse las afirmaciones de este libro? ¿Tienen sentido o no? ¿Cómo hay que interpretarlas?

32. Wittgenstein afirma en el *Tractatus* que existen campos que están más allá de los límites del lenguaje. Es lo que sucede con el ámbito de "lo místico". Según la última frase del *Tractatus*, ¿cuál debe ser nuestra actitud en relación con estos ámbitos?

*__Proposición:__ en lógica se denomina proposición a cualquier frase que afirma o niega algo.

8. ¿Una realidad postmetafísica?

8.1. Más allá de la metafísica

Durante siglos la metafísica ha desempeñado un papel esencial en el pensamiento occidental. Los conceptos fundamentales de la metafísica forman parte de la visión del mundo que nos han transmitido innumerables pensadores, escritores y artistas. Sin embargo, la metafísica ha experimentado una profunda crisis desde la crítica a la que fue sometida por Kant en el siglo XVIII. Los numerosos ataques recibidos han hecho que muchos filósofos se cuestionen si el pensamiento metafísico sigue siendo aún viable.

¿Está viva la metafísica hoy en día? ¿Tiene sentido hacer metafísica en el siglo XXI? ¿O se trata solo de una forma de pensar que pertenece a épocas pasadas? Tal vez nuestra época, como señalan algunos autores, sea un **período postmetafísico**. Esto querría decir que hoy en día la filosofía está más allá de la metafísica, porque los planteamientos y las respuestas tradicionales actualmente han dejado de servirnos. Sin embargo, el hecho de que las grandes preguntas sobre la realidad sigan suscitando interés nos indica que, pese a todo, la metafísica sigue siendo importante para nosotros.

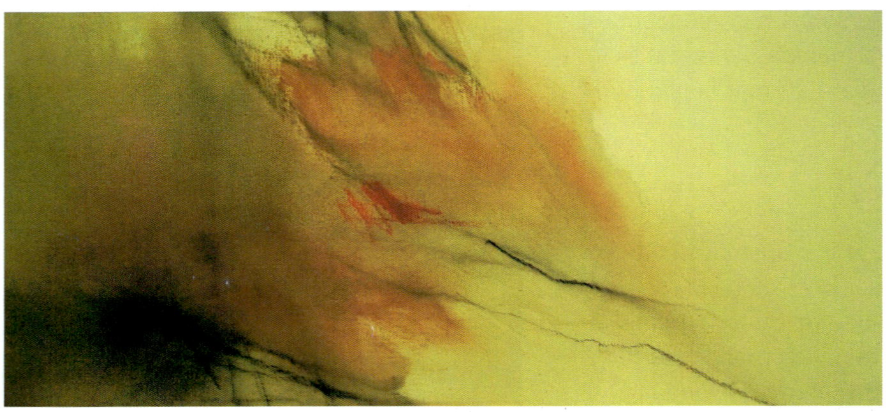

¿Crees tú que la metafísica está muerta? ¿Tiene sentido hoy en día plantearse estas preguntas sobre la realidad? Fernando ZÓBEL: Detalle de *Hocinos otoño VI* (1983).

LA METAFÍSICA PERTENECE AL PASADO

Sentimos, pues, la metafísica como un tipo de discurso que comienza con Platón y termina con Hegel (aunque sea, desde luego, prologado por los pensadores presocráticos y prolongado por los herederos dialécticos, positivistas y hermenéuticos de la descomposición del sistema de Hegel). Si podemos adjudicar una cierta –problemática– unidad a ese discurso, a pesar de las enormes distancias impuestas por la variación histórica, es, claro está, porque le atribuimos, como habla, una cierta lengua, un código cuyas reglas definen en lo esencial a la "época de la metafísica". Estas reglas, como es manifiesto, solo pueden establecerse desde afuera, y desde el momento en que la metafísica es tenida por una –noble– lengua muerta. Tal parece que ya no resulta posible hacer metafísica con nuestros discursos, sino solo hacer discursos acerca de una metafísica que yace ante nosotros como un hecho (de discurso) absolutamente innegable pero en el que ya no participamos: solo podemos intentar re-hacerlo o des-hacerlo.

José Luis PARDO: *La metafísica. Preguntas sin respuesta y problemas sin solución.*

33. ¿Por qué la metafísica es una "lengua muerta"?

34. ¿Qué es lo único que cabe hacer con la metafísica?

Párate a pensar

Recapitula

1. ¿Cuál es la diferencia que existe, según Kant, entre las ciencias y la metafísica? ¿Por qué cree este autor que las personas continúan haciéndose preguntas metafísicas?
2. Kant creía que la metafísica está más allá de los límites de lo que podemos conocer. También pensaba que los seres humanos tendemos de manera inevitable a plantearnos preguntas metafísicas. ¿Estaba Comte de acuerdo con esta afirmación? ¿Qué es lo que pensaba Comte acerca de la metafísica?
3. ¿En qué consiste la "ley de los tres estados"? ¿Qué es lo que caracteriza a cada uno de estos tres estados según Comte? ¿Cuál de ellos es el estado superior y definitivo?
4. ¿En qué se basa la crítica de Nietzsche a la metafísica? ¿Por qué considera Nietzsche que la metafísica es una "negación de la vida"?
5. Los filósofos neopositivistas se inspiraron en la filosofía del lenguaje propuesta por Wittgenstein en el *Tractatus*. Sin embargo, Wittgenstein se distinguía de los neopositivistas por su respeto ante "lo místico". ¿A qué se refería Wittgenstein con esta expresión? ¿Qué opinaban los neopositivas acerca de este ámbito de la realidad?

Construye el concepto

6. Algunos filósofos afirman que actualmente vivimos en una "era postmetafísica". Define esta expresión con los diccionarios filosóficos propuestos (p. 1).

Trabaja con textos

7. Lee el texto y contesta las preguntas:

La metafísica por consiguiente comete la falla esencial de querer conocer lo incognoscible. Es, pues, una disciplina imposible. A la pregunta: ¿es posible la metafísica? Kant, después de unos estudios muy detenidos, contesta diciendo radicalmente: no es posible.

Como ustedes ven, toda la *Crítica de la razón pura* [...] nos conduce a la conclusión de que la metafísica es imposible. Pero la metafísica es imposible como conocimiento científico; nada más que como conocimiento científico. Todo razonamiento que tenga la pretensión de ser a un mismo tiempo conocimiento científico y llegar a captar cosas "en sí", es necesariamente inválido, imposible; y la metafísica, que desde Parménides viene teniendo la pretensión de ser, en efecto, un conocimiento científico, racional, teorético, de las cosas "en sí", es, como conocimiento científico, racional, teorético, completamente imposible. Pugna con las condiciones de la posibilidad del conocimiento; repugna a esas condiciones de la posibilidad del conocimiento.

Manuel GARCÍA MORENTE: *Lecciones preliminares de filosofía*.

a) Según Kant, ¿es posible convertir la metafísica en una ciencia?

b) De acuerdo con el texto, ¿cuál ha sido la pretensión de la metafísica desde tiempos de Parménides?

c) ¿Por qué se afirma que la metafísica "pugna con las condiciones de la posibilidad del conocimiento"? ¿Cuáles son los límites del conocimiento según Kant?

8. Lee el texto y contesta las preguntas:

Nuestra declaración de que las proposiciones de la metafísica carecen completamente de sentido, de que no afirman nada, dejará, aun entre aquellos que concuerden intelectualmente con nuestros resultados, un penoso sentimiento de disgusto: ¿cómo es posible que tantos hombres pertenecientes a los pueblos y épocas más diversos, e incluyendo mentalidades eminentes entre ellos, hubieran derrochado con tan genuino fervor tanta energía en la metafísica para que ella finalmente no consistiera sino en meras sucesiones verbales sin sentido? y ¿cómo sería comprensible que estas obras ejerzan hasta el día de hoy una influencia tan fuerte sobre lectores y oyentes si no solo contienen ya no digamos errores, sino que son totalmente vacuas?

Estas dudas están justificadas, ya que la metafísica posee un contenido —solo que este no es teorético. Las (pseudo)proposiciones de la metafísica no sirven para la descripción de relaciones objetivas, ni existentes (caso en el cual serían proposiciones verdaderas), ni inexistentes (caso en el cual —por lo menos— serían proposiciones falsas); ellas sirven para la expresión de una actitud emotiva ante la vida.

Rudolf CARNAP: *La superación de la metafísica mediante el análisis lógico del lenguaje*.

a) ¿Por qué afirma el autor que la metafísica está compuesta por "(pseudo)proposiciones"?

b) Las afirmaciones de la metafísica, ¿son verdaderas o son falsas?

9. Lee el texto y contesta las preguntas:

Se me estará agradecido si condenso un conocimiento tan esencial, tan nuevo, en cuatro tesis: así facilito la comprensión, así provoco la contradicción. **Primera tesis**. Las razones por las que "este" mundo ha sido calificado de aparente fundamentan, antes bien, su realidad —otra especie distinta de realidad es absolutamente indemostrable. **Segunda tesis**. Los signos distintivos que han sido asignados al "ser verdadero" de las cosas son los signos distintivos del noser, de la nada —a base de ponerlo en contradicción con el mundo real es como se ha construido el "mundo verdadero": un mundo aparente de hecho, en cuanto es meramente una ilusión *óptico-moral*. **Tercera tesis**. Inventar fábulas acerca de "otro" mundo distinto de este no tiene sentido, presuponiendo que no domine en nosotros un instinto de calumnia, de empequeñecimiento, de recelo frente a la vida: en este último caso tomamos venganza de la vida con la fantasmagoría de "otra" vida distinta de esta, "mejor" que esta. **Cuarta tesis**. Dividir el mundo en un mundo "verdadero" y en un mundo "aparente", ya sea al modo del cristianismo, ya sea al modo de Kant (en última instancia, un cristiano *alevoso*), es únicamente una sugestión de la *décadence* —un síntoma de vida *descendente*... El hecho de que el artista estime más la apariencia que la realidad no constituye una objeción contra esta tesis. Pues "la apariencia" significa aquí, *una vez más*, la realidad, solo que seleccionada, reforzada, corregida... El artista trágico no es un pesimista —dice precisamente sí incluso a todo lo problemático y terrible, es dionisíaco...

Friedrich NIETZSCHE: *El crepúsculo de los ídolos*.

a) ¿A qué se refiere Nietzsche cuando habla del "ser verdadero" que está en "otro mundo"?

b) ¿Por qué critica la separación entre un "mundo verdadero" y otro "aparente"?

c) ¿Qué quiere decir cuando afirma que la creencia en "otro mundo" proviene de un "recelo frente a la vida"?

Comentario de texto

Texto 1

El nombre *metafísica* proviene del griego *metà tà physiká*. Este curioso título fue interpretado más tarde como designación para el preguntar que sobresale *metà* ('trans'), 'más allá' de lo ente como tal.

La metafísica es el preguntar más allá de lo ente a fin de volver a recuperarlo en cuanto tal y en su totalidad para el concepto.

En la pregunta por la nada ocurre tal sobrepasamiento más allá de lo ente como ente en su totalidad. De este modo se muestra como una pregunta "metafísica".

Martin HEIDEGGER: *¿Qué es metafísica?*

Texto 2

Si tomamos un objeto cualquiera, de la clase que suponemos conocer por los sentidos, lo que los sentidos nos dicen inmediatamente no es la verdad acerca del objeto tal como es aparte de nosotros, sino solamente la verdad sobre ciertos datos de los sentidos, que, por lo que podemos juzgar, dependen de las relaciones entre nosotros y el objeto. Así, lo que vemos y tocamos directamente es simplemente una "apariencia", que creemos ser el signo de una "realidad" que está tras ella.

Pero si la realidad no es lo que aparenta, ¿tenemos algún medio de conocer si en efecto existe una realidad? Y en caso afirmativo, ¿tenemos algún medio para descubrir en qué consiste? Tales preguntas son desconcertantes, y es difícil saber si no son ciertas aun las más raras hipótesis. Así, nuestra mesa familiar, que generalmente solo había despertado en nosotros ideas insignificantes, aparece ahora como un problema lleno de posibilidades sorprendentes. Lo único que sabemos de ella es que no es lo que aparenta. Más allá de este modesto resultado, tenemos la más completa libertad conjetural. Leibniz afirma que es una comunidad de almas; Berkeley dice que es una idea en el espíritu de Dios; la grave ciencia, no menos maravillosa, nos dice que es una colección de cargas eléctricas en violenta agitación.

Entre estas sorprendentes posibilidades, la duda sugiere que acaso no existe en absoluto mesa alguna. La filosofía, si no puede responder a todas las preguntas que deseamos, es apta por lo menos para proponer problemas que acrecen el interés del mundo y ponen de manifiesto lo raro y admirable que justamente bajo la superficie se oculta, aun en las cosas más corrientes de la vida cotidiana.

Bertrand RUSSELL: *Los problemas de la filosofía.*

Disertación filosófica

¿Ha acabado la ciencia con la metafísica?

Con sus últimos descubrimientos sobre los constituyentes de la materia, ¿ha hallado la ciencia moderna en qué consiste la verdadera realidad? ¿Crees que la física de partículas ha sustituido hoy en día a la metafísica? ¿Lo que hacen estos físicos es ciencia o, por el contrario, es más bien filosofía acerca de la realidad?

Debate filosófico

¿Tienen sentido hoy en día las preguntas de la metafísica?

Algunos autores consideran que la metafísica está asociada a una forma de enfrentarse a la realidad que está superada en el mundo actual.

- ¿Es la actitud metafísica una característica del pasado o se trata de una tendencia natural e inevitable en las personas?
- ¿Tienen algún valor las reflexiones que han hecho los filósofos del pasado sobre la metafísica?
- ¿Sería mejor, entonces, prescindir de la metafísica?
- ¿Cómo podríamos plantearnos el problema de la realidad desde una postura que vaya más allá de la metafísica?

Una obra para comentar

Matrix

La película *Matrix* es un excelente punto de partida para reflexionar acerca del problema de la realidad. Se ambienta en un futuro en el que las máquinas han tomado el control y han sometido a los seres humanos, y donde las personas viven en un estado de letargo mientras en sus cerebros se proyectan vivencias virtuales tan perfectas que es casi imposible distinguirlas de la auténtica realidad. Este escenario remite a las meditaciones de Descartes, en las que se plantea la dificultad de distinguir los sueños de la realidad. También se asocia al mito de la caverna de Platón, que estudiaremos en la siguiente unidad didáctica. Consulta los diálogos en inglés en:

- *The Matrix Movies Scripts and Transcripts*: www.tiching.com/684294

Conexiones filosóficas

Metafísica y literatura

El problema de la realidad no solo ha sido tratado por los filósofos, sino que también ha servido de inspiración en la literatura. La dificultad para distinguir ficción y realidad es un tema central de algunas obras emblemáticas, desde *El Quijote* hasta los cuentos de Jorge Luis Borges, pasando por las obras teatrales de Calderón de la Barca o de William Shakespeare.

- ¿Qué relación crees que podemos encontrar entre la literatura y la metafísica?
- ¿Por qué ha interesado tanto a poetas, dramaturgos y novelistas el problema de la realidad?
- ¿Qué camino crees que es más adecuado para explorar lo que es real: la filosofía o la creación literaria? Razona tu respuesta.
- ¿Existen aspectos de la realidad que escapan a la investigación filosófica y solo pueden comprenderse desde un punto de vista literario?

Trabajo en equipo

Una aproximación a los grandes sistemas metafísicos

Para desarrollar esta actividad la clase se distribuirá en grupos de 4 personas. Cada grupo elegirá un autor relevante en la historia de la filosofía para estudiar el contenido de su metafísica.

Una vez seleccionado el autor con el que vais a trabajar, deberéis buscar información sobre su particular interpretación de la realidad. Cada uno de los miembros del equipo deberá tratar de responder una pregunta concreta:

a) ¿En qué consiste para este autor la verdadera realidad? ¿Su metafísica es idealista o materialista? ¿Su metafísica es monista o pluralista? ¿Defiende este autor una visión estática o dinámica de la realidad?

b) A la hora de analizar estas cuestiones, debéis tener en cuenta que las respuestas pueden requerir una explicación adicional o una interpretación detallada que vaya más allá de las alternativas simplificadas que se proponen en las preguntas.

c) Cuando hayáis logrado contestar las 4 preguntas, el equipo trabajará conjuntamente para elaborar una presentación esquemática de la propuesta metafísica del autor. Esta presentación será mostrada al resto de los alumnos de la clase, que así podrán tener una panorámica sobre algunas de las teorías de la realidad más importantes que encontramos en la historia de la filosofía.

Bibliografía

René DESCARTES: ***Meditaciones metafísicas.***

Brian GARRETT: ***¿Qué es eso llamado metafísica?***

Jean GRONDIN: ***Introducción a la metafísica.***

José Luis PARDO: ***La metafísica. Preguntas sin respuesta y problemas sin solución.***

Martin HEIDEGGER: ***¿Qué es metafísica?***

Filmografía

Abre los ojos. Alejandro AMENÁBAR. Historia en la que se confunden la realidad, los sueños, la verdad y la simulación. ¿Cómo podemos saber quiénes somos en realidad? ¿Es posible saber en qué consiste la realidad? ¿De qué forma se pueden distinguir los sueños de la realidad?

El show de Truman. Peter WEIR. Historia de una persona que desde su nacimiento ha vivido, sin saberlo, en un enorme plató de televisión. Toda su existencia se retransmite en directo, durante las 24 horas del día, a través de un canal de televisión. La película plantea interesantes preguntas acerca de la realidad y las apariencias. También sirve para tratar cuestiones éticas que están relacionadas con los límites de lo que podemos hacer cuando nuestras decisiones afectan a la vida de otras personas.

Origen. Christopher NOLAN. Aborda el tema de los sueños y la dificultad que a veces tenemos para distinguirlos de la realidad en la que vivimos. En la película, aparece un equipo de profesionales que se propone entrar en el sueño de un importante hombre de negocios para, de ese modo, influir en sus decisiones. Sin embargo, con el desarrollo de la trama llegará un momento en el que se hará difícil trazar los límites entre lo real y lo soñado.

Mapa conceptual

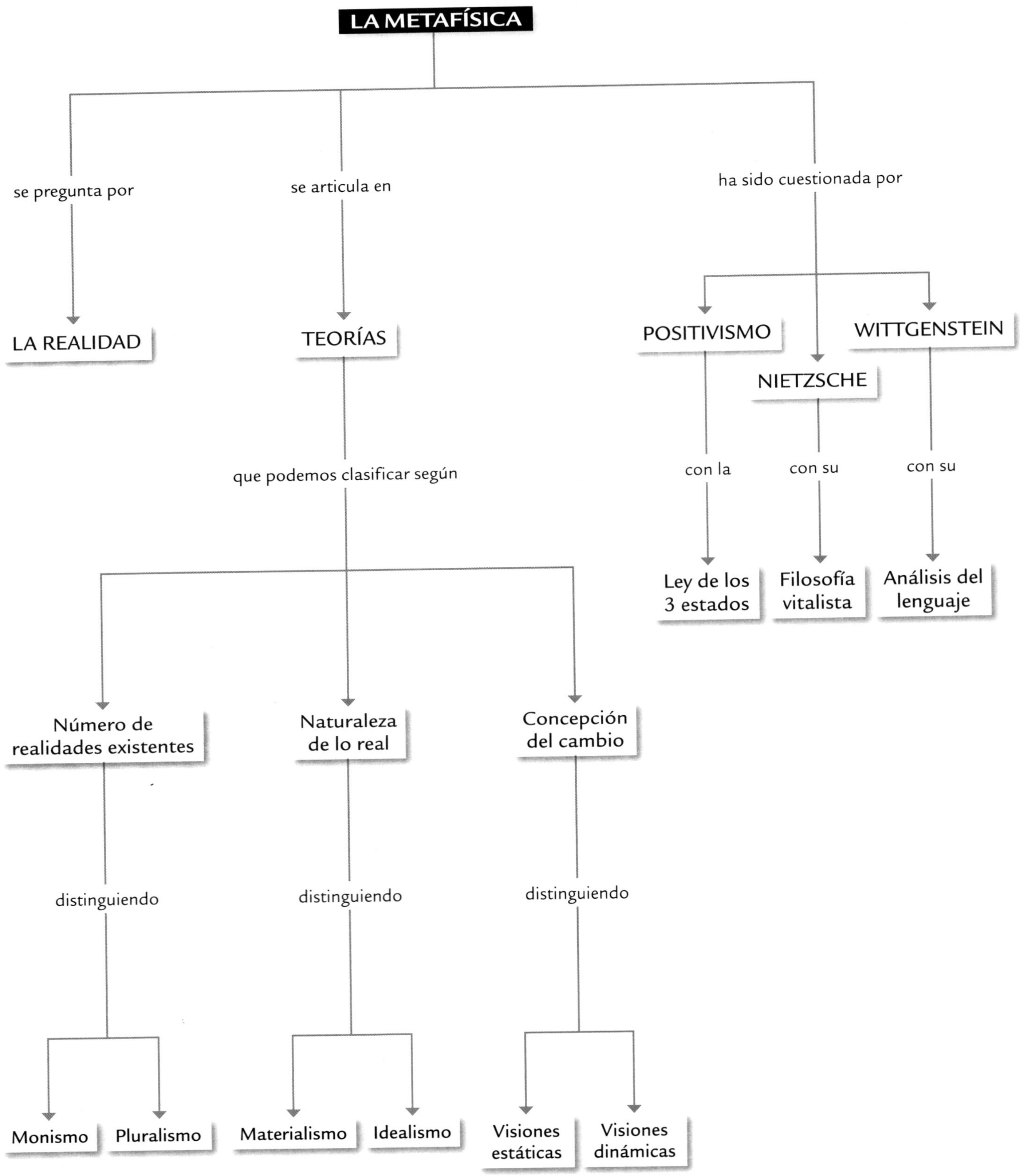

Evaluación

Elige la respuesta correcta para cada una de las siguientes preguntas. Recuerda que de todas las opciones solo una es válida.

1. **¿A qué se referían los filósofos presocráticos cuando utilizaban el término *arjé*?**
   a) Al principio originario de todo lo que existe.
   b) Al carácter dinámico y cambiante de la realidad.
   c) A la razón y la palabra.
   d) A la naturaleza única y eterna de lo real.

2. **¿Cuál fue la principal contribución de Tomás de Aquino en el campo de la metafísica?**
   a) Sintetizó en su pensamiento las ideas de Platón con el cristianismo.
   b) Sintetizó los avances de la revolución científica con el cristianismo.
   c) Sintetizó en su pensamiento las ideas de Aristóteles con el cristianismo.
   d) Sintetizó el monismo con el pluralismo.

3. **¿Qué es lo que opinaba el filósofo Immanuel Kant sobre la metafísica?**
   a) Creía que la metafísica no puede convertirse en una ciencia porque está más allá de la experiencia.
   b) Creía que la metafísica es una ciencia porque se basa en la experiencia.
   c) Creía que la metafísica puede convertirse en una ciencia si los filósofos usan el método adecuado.
   d) Creía que la metafísica no puede convertirse en una ciencia porque se basa en la fe y no en la razón.

4. **¿Qué diferencia hay entre el monismo y el pluralismo?**
   a) Los filósofos monistas creen que la realidad es múltiple, mientras que los pluralistas creen que procede de un único principio.
   b) Los filósofos monistas creen que la realidad es única, mientras que los filósofos pluralistas sostienen que la realidad es múltiple.
   c) Los filósofos monistas creen que la realidad es estática, mientras que los pluralistas creen que está en continuo cambio.
   d) Los filósofos monistas creen que la realidad es dinámica, mientras que los pluralistas creen que es estática.

5. **¿En qué consiste la filosofía del devenir que defendía Heráclito?**
   a) En afirmar que la auténtica realidad es permanente, fija e inmutable.
   b) En sostener que todo lo que vemos procede de un único principio originario.
   c) En defender que la realidad está en permanente transformación.
   d) En argumentar que el cambio es el paso de la potencia al acto.

6. **¿Cómo explicaba Aristóteles los cambios que se presentan en la realidad?**
   a) Como un paso del idealismo al realismo.
   b) Como un paso del monismo al pluralismo.
   c) Como un paso de lo estático a lo dinámico.
   d) Como un paso de la potencia al acto.

7. **¿Qué es lo que defiende el positivismo de Comte?**
   a) Que la ciencia puede ofrecernos conocimientos válidos y útiles, frente a la oscuridad de la metafísica.
   b) Que la metafísica puede ofrecernos conocimientos válidos y útiles, frente a la oscuridad de la religión.
   c) Que la religión puede ofrecernos conocimientos válidos y útiles, frente a la oscuridad de la metafísica.
   d) Que la historia puede ofrecernos conocimientos válidos y útiles, frente a la oscuridad de la metafísica y de la religión.

8. **¿A qué se refieren Hegel y Marx cuando hablan de la "dialéctica"?**
   a) Al contraste de ideas opuestas en una conversación.
   b) Al choque verbal entre dos interlocutores que no están de acuerdo.
   c) Al proceso dinámico de oposición entre contrarios que explica el cambio de la realidad.
   d) Al carácter permanente, fijo e inmutable que tiene la realidad.

Contesta por escrito las cuestiones siguientes:

9. **¿Es la metafísica de Platón una propuesta materialista o idealista? Explica tu respuesta adecuadamente.**

10. **¿Era Karl Marx partidario del materialismo filosófico o del idealismo? Justifica tu respuesta con argumentos.**

11. **Todas las personas tenemos una metafísica, aunque no seamos conscientes de ello. Para poder manejarnos en el mundo, asumimos unos presupuestos metafísicos fundamentales. Piensa en la visión que la ciencia nos ofrece acerca del mundo que nos rodea. ¿Cuál crees que puede ser la metafísica implícita en esa interpretación de la realidad? ¿Es una visión materialista o espiritualista? ¿Se trata de una metafísica monista o pluralista? ¿Cuál piensas que es la posición metafísica que mantienen los científicos respecto al problema del cambio? Desarrolla tu respuesta tratando de ofrecer argumentos adecuados para apoyar tus puntos de vista.**

4 Visiones sobre la realidad

- ¿Es posible encontrar algo que tengan en común todas las cosas que existen?
- ¿Qué es lo que define a una cosa y hace de ella eso que es en concreto?
- ¿En qué consiste la realidad última de todo lo que existe?
- ¿Qué aportaciones de la ciencia debemos incluir en la cosmología contemporánea?

Objetivos

> Apreciar la importancia filosófica de la pregunta sobre el ser y valorar su influencia en la historia del pensamiento.

> Entender el significado de los conceptos de ente, esencia y sustancia valorando la importancia que han tenido en la filosofía occidental.

> Comprender el planteamiento de la teoría de las Ideas de Platón y sus implicaciones metafísicas.

> Conocer los elementos básicos del realismo metafísico aristotélico, contrastándolo con el idealismo platónico.

> Examinar los hitos del desarrollo de la concepción actual del universo.

Contenidos

El problema del ser

- La ontología es la parte de la metafísica que estudia los seres que existen.
- El problema del ser constituye uno de los temas metafísicos más profundos e importantes.
- Para analizarlo, los filósofos han introducido, entre otros, los conceptos de ente, esencia, existencia, accidente y sustancia.

Las teorías metafísicas de Platón y Aristóteles

- La metafísica de Platón distingue entre las cosas del mundo sensible y las Ideas del mundo inteligible.
- Según Platón, las Ideas son eternas e inmutables, y tienen una existencia que es independiente de nosotros. Los objetos del mundo sensible proceden de las Ideas, de las cuales participan por imitación.
- La filosofía de Aristóteles afirma que lo que realmente existe son los individuos particulares del mundo sensible.
- El pensamiento de Aristóteles es teleológico, porque afirma que todo cuanto existe aspira a alcanzar un propósito determinado.

La sustancia

- En la Edad Moderna, Descartes, Spinoza y Leibniz ofrecieron distintas teorías acerca de la sustancia.
- La filosofía moderna se caracteriza por abordar la metafísica partiendo del sujeto del conocimiento, en lugar de centrarse en las cosas que conocemos como habían hecho los filósofos antiguos.
- La concepción monista de la sustancia expuesta por Spinoza contrasta con las pluralistas de Descartes y de Leibniz.

Cosmovisiones científicas

- Las cosmovisiones científicas han ido cambiando a lo largo del tiempo.
- La cosmovisión aristotélica, que estuvo en vigor veinte siglos, fue sustituida por el mecanicismo propio de la Edad Moderna.
- A su vez, esta visión de la realidad se superó a comienzos del siglo XX con la cosmovisión de la física contemporánea.

I. La ontología

1. El problema del ser

1.1. Una investigación sobre todo lo que existe

En sus libros, Aristóteles explica que la filosofía se diferencia de las demás ciencias porque se plantea preguntas generales acerca de la totalidad. Mientras que cada una de las ciencias abarca un aspecto concreto de la realidad, la filosofía se interroga globalmente acerca de **todo cuanto existe**.

¿Pero cómo pueden plantearse preguntas sobre la totalidad de lo real? Las cosas que existen son enormemente variadas y diferentes entre sí. ¿Existe algo que tengan en común todas las cosas y sobre lo cual podamos preguntar de manera general? Aristóteles pensaba que sí, pues consideraba que el objeto de la filosofía ha de ser necesariamente universal.

Es cierto que la realidad es múltiple y diversa, pero todas las cosas que existen tienen algo en común. Una piedra, un árbol, un río o una persona son diferentes entre sí, pero se parecen en el hecho de que son algo en sí mismos. Todas las cosas reales son de algún modo, todas ellas comparten el ser. Por eso Aristóteles dice que la principal cuestión filosófica es la **pregunta sobre el ser**.

1.2. El significado del ser

¿Qué queremos decir cuando afirmamos que todas las cosas "son"? ¿Cuál es el significado de *ser* en esta frase? Aristóteles insiste en su libro en que el ser "se dice de muchas maneras". Por ejemplo, podemos decir de alguien que es alto, que es músico, que es inteligente... Pero también podemos decir, simplemente, que es un ser humano.

Para Aristóteles, la primera y principal tarea de la metafísica consistirá precisamente en aclarar cuál es **el significado de *ser*** en todas las oraciones anteriores.

La filosofía griega se refiere a todo cuanto existe con la expresión *ta onta* (que significa, literalmente, 'las cosas que son'). Cuando se emplea el neutro *to on*, el significado más bien corresponde a 'lo que es'. De esta expresión en griego procede la palabra *ontología*.

En la Edad Media, cuando los autores cristianos consultaron las obras de los filósofos griegos, tradujeron el verbo *ser* empleando el verbo latino *esse*. La palabra **ente** proviene de *ens, entis*, que es el participio de presente del verbo *esse*.

Para que comprendas lo que esto quiere decir, piensa por ejemplo en el verbo *dormir*. De este verbo proviene el término español *durmiente*, que significa 'el que duerme'. Lo mismo sucede cuando decimos que Don Quijote es un "caballero andante", queriendo decir que es alguien que anda.

La palabra *ente* significa en filosofía '**algo que es**'.

Durante toda su historia, la ontología se ha preguntado por el ser y por los entes.

La **ontología** es la parte de la metafísica que estudia en qué consisten verdaderamente las cosas que son.

LA PREGUNTA POR EL SER

[Según Aristóteles] El objeto de la ciencia filosófica ha de ser, ante todo, estrictamente universal; pero universal no solo en el sentido de los conceptos, sino en el sentido de abarcar la totalidad de las cosas, y, por tanto, saber de cada una según ese momento de totalidad. Esto no había acontecido, en rigor, antes de Aristóteles. Todos los saberes hasta entonces existentes, en lugar de tomar el todo, han acotado una parte de él y han hecho de ella objeto de saber. [...] Así nacieron la física, la matemática, la lógica, la dialéctica, la ética, la política, la retórica, etc. Pero la totalidad de las cosas no fue objeto de ninguna ciencia; la llamada filosofía era un conglomerado de saberes que cubren el ámbito de todos los objetos, pero que no recaían sobre la totalidad del ámbito en su carácter mismo de totalidad. Aristóteles pretende que la filosofía recaiga sobre este todo, y que ninguna cosa sea sabida por sí misma en cuanto distinta de las demás, sino según el todo en que está. [...] Y aquello en que coincide todo cuanto hay es justamente en "ser".

Xavier ZUBIRI: *Cinco lecciones de filosofía.*

1. ¿Qué diferencia existe entre la filosofía y otros saberes como la física o la matemática?

2. ¿De qué se tiene que ocupar la filosofía, según Aristóteles?

3. ¿Por qué se afirma en este texto que la filosofía debe ser "estrictamente universal"?

Fíjate

En ocasiones los filósofos distinguen entre la **metafísica** y la **ontología**, aunque no siempre resulta fácil diferenciar estos dos términos. Para aclarar esta cuestión podríamos decir que la metafísica es una disciplina que estudia el problema de la realidad. La ontología, en cambio, estudia los seres que existen. La palabra *ontología* proviene del griego y significa 'estudio del ser'. Así pues, la ontología es la parte de la filosofía que se dedica a estudiar los seres existentes.

2. La esencia

2.1. ¿Qué es la esencia?

Para tratar de explicar lo que una cosa verdaderamente es, en filosofía empleamos el concepto de **esencia**. Cuando preguntamos por la esencia de algo, queremos conocer qué es lo que le hace ser eso que es.

La **esencia** hace referencia a las características que una cosa tiene por sí misma, y que hace que sea lo que es y no algo diferente.

Aclaremos esto con un ejemplo, tratando de identificar en qué consiste tu esencia. ¿Qué es lo que tú eres? Para responder tal vez se te ocurra mencionar algunos rasgos que te caracterizan, como el color de tus ojos, tu edad, tu carácter, tu interés por los estudios o por el deporte...

Pero ninguna de esas cosas corresponde a tu esencia. Tú seguirías siendo tú aunque tuvieras otro color de ojos, otra edad o unos intereses distintos. Estas características nos dicen ***cómo* eres tú**, pero no ***lo que* tú *esencialmente* eres**. La **esencia** es algo que ni te puede faltar ni puede ser distinto de como es, porque entonces dejarías de ser tú.

Entonces, ¿cuál es tu esencia? ¿Qué es lo que esencialmente eres tú? Tu esencia consiste en ser una persona. Eso es lo que te define y lo que constituye tu verdadero ser. Tú seguirías siendo tú aunque tuvieras otra edad, distintas aficiones o diferente aspecto. Pero si dejases de ser una persona, dejarías de ser tú.

El concepto de esencia desempeña un papel fundamental en la metafísica. La ontología, que es una investigación acerca del ser, trata de aclarar cuál es la verdadera esencia de las cosas. Sin embargo, no todos los filósofos han interpretado la esencia del mismo modo. Por eso resulta fundamental aclarar las variadas interpretaciones acerca de la esencia que los diferentes pensadores han ofrecido a lo largo de la historia.

La esencia es el conjunto de características fundamentales que hacen que algo sea lo que es. Juan GRIS: *Violín y guitarra* (1913).

2.2. Esencia y existencia

El concepto de esencia ha tenido una enorme importancia en la historia de la filosofía y ha ocasionado interminables controversias. Una de las cuestiones más disputadas entre los filósofos tiene que ver con la relación entre

La esencia es lo que todos estos caballos individuales tienen en común.

LA ESENCIA

La esencia de cada cosa es lo que de cada cosa se dice que es por sí misma. Desde luego, aquello en que consiste lo que tú eres no es aquello en que consiste "ser músico", ya que no eres, por ti mismo, músico. Así pues, tu esencia es lo que, por ti mismo, eres.

ARISTÓTELES: *Metafísica*.

4. ¿Por qué tu esencia no equivale a "ser músico"?

5. ¿Cómo crees que se podría definir tu esencia?

la esencia y la existencia, que en Tomás de Aquino llegó a adquirir implicaciones teológicas. Como hemos visto, la esencia hace referencia al conjunto de elementos característicos que hacen de algún ser eso que es. Pero esto suscita numerosas cuestiones problemáticas. ¿Es posible que haya esencias de seres que no existen en la realidad? ¿O solo pueden tener esencia las cosas que verdaderamente existen? ¿Es la esencia algo independiente de la existencia? ¿Qué es lo que tiene prioridad, la esencia o la existencia?

Los filósofos que consideran que la esencia tiene prioridad sobre la existencia se denominan **esencialistas**. Para estos autores, las esencias tienen realidad objetiva y separada de la existencia. Platón o Agustín de Hipona son ejemplos de filósofos esencialistas, porque insisten en la realidad independiente y objetiva de las esencias, que pertenecen a un ámbito específico distinto del mundo que podemos ver y tocar.

Para los filósofos esencialistas, las esencias existen por sí mismas, incluso si no se manifiestan en la existencia real de un ser. Piensa, por ejemplo, en un unicornio. Un filósofo esencialista aseguraría que el unicornio tiene una esencia propia. Es un ser con cuerpo de caballo y un cuerno en la frente. Sin embargo, esa esencia no se ha materializado en la realidad porque le falta la existencia. Para que podamos ver en el mundo real un ser concreto hace falta que su esencia haya recibido también la existencia. De acuerdo con esta interpretación, todos los seres que nos rodean están compuestos de esencia y existencia, que combinadas hacen posible la realidad.

Frente a esta opinión, los pensadores **existencialistas** creen que la existencia tiene prioridad sobre la esencia. Entre los más destacados autores existencialistas podemos mencionar a los franceses Jean-Paul Sartre o Albert Camus, así como al alemán Martin Heidegger.

Los filósofos existencialistas prestaron una especial atención a la existencia humana. Según creían, el ser humano no tiene una esencia fija ni definida, porque las personas vamos creando lo que somos con nuestras acciones y omisiones a lo largo de la vida. Por eso insistían en que, al menos en el caso de los seres humanos, la existencia es anterior a la esencia. La existencia es lo primero con lo que se encuentra el ser humano, que después se ve forzado a inventarse a sí mismo construyendo su esencia con sus elecciones personales. Según esta visión, la esencia de las personas sería, en todo caso, el resultado de nuestra personal forma de vivir y de comportarnos, lo cual siempre es posterior al hecho de existir.

El existencialismo sostiene que en el ser humano la esencia aparece cuando su existencia se ha completado.

LA EXISTENCIA PRECEDE A LA ESENCIA

Si Dios no existe, hay por lo menos un ser en el que la existencia precede a la esencia, un ser que existe antes de poder ser definido por ningún concepto, y este ser es el hombre, o como dice Heidegger, la realidad humana. ¿Qué significa aquí que la existencia precede a la esencia? Significa que el hombre empieza por existir, se encuentra, surge en el mundo, y que después se define.

El hombre es el único que no solo es tal como él se concibe, sino tal como él se quiere y como se concibe después de la existencia, como se quiere después de este impulso hacia la existencia; el hombre no es otra cosa que lo que él se hace. Este es el primer principio del existencialismo. Es también lo que se llama la subjetividad, que se nos echa en cara bajo ese nombre. Pero ¿qué queremos decir con esto sino que el hombre tiene una dignidad mayor que la piedra o la mesa? Pues queremos decir que el hombre empieza por existir, es decir, que empieza por ser algo que se lanza hacia un porvenir, y que es consciente de proyectarse hacia el porvenir.

El hombre es ante todo un proyecto que se vive subjetivamente, en lugar de ser un musgo, una podredumbre o una coliflor; nada existe previamente a este proyecto; nada hay en el cielo inteligible, y el hombre será, ante todo, lo que habrá proyectado ser. No lo que querrá ser. Pues lo que entendemos ordinariamente por querer es una decisión consciente, que para la mayoría de nosotros es posterior a lo que el hombre ha hecho de sí mismo. Yo puedo querer adherirme a un partido, escribir un libro, casarme; todo esto no es más que la manifestación de una elección más original, más espontánea que lo que se llama voluntad. Pero si verdaderamente la existencia precede a la esencia, el hombre es responsable de lo que es.

Jean-Paul SARTRE: *El existencialismo es un humanismo*.

6. ¿Cuál es el primer principio del existencialismo?

7. ¿Te parece adecuada la imagen del ser humano como un proyectil lanzado hacia el futuro?

8. ¿Qué significa "un proyecto que se vive subjetivamente"?

9. ¿En qué momento de la vida humana podríamos decir que nos hemos definido completamente?

3. La metafísica de Platón

3.1. La teoría de las Ideas

El filósofo ateniense Platón estaba convencido de que **las esencias existen** por sí mismas **independientemente** de nosotros. Las esencias, según Platón, son **trascendentes**, ya que están más allá de la realidad que podemos percibir con los sentidos. Estas esencias son eternas, perfectas e inmutables. Las cosas que vemos y tocamos, en cambio, son imperfectas, cambiantes y perecederas. Por eso, Platón afirmaba que, si queríamos conocer las esencias, teníamos que desconfiar de los sentidos y emplear únicamente nuestra razón.

Piensa, por ejemplo, en una circunferencia. Una circunferencia perfecta está formada por puntos que están todos a la misma distancia exacta del centro. Aunque somos capaces de imaginarnos una figura así, la verdad es que no podemos encontrar ninguna circunferencia perfecta a nuestro alrededor. Cualquier figura redonda que veas o que dibujes siempre tendrá alguna imperfección. Sin embargo, si en lugar de usar los sentidos empleamos la razón, sí que podremos captar lo que es una circunferencia perfecta.

A estas realidades perfectas, que nunca cambian y que siempre permanecen idénticas, Platón las llamaba Ideas (del griego *eidos*, que significa 'forma' o 'figura').

Platón creía que las esencias o **Ideas** son perfectas, no cambian nunca y existen independientemente de nosotros.

Según Platón, las Ideas solo pueden captarse mediante la razón. Las Ideas son eternas, perfectas e inmutables, a diferencia de las cosas del **mundo sensible***. Esto plantea un gran interrogante, ya que si nunca hemos visto una Idea perfecta, no resulta fácil explicar cómo podemos imaginarnos algo así.

Para aclarar este enigma Platón propuso su **teoría de las Ideas**. Según esta teoría, la verdadera y auténtica realidad está formada por Ideas, que son esencias perfectas y eternas. Platón afirma que las Ideas existen independientemente de nosotros, en un espacio propio al que llama el **mundo inteligible*** o mundo de las Ideas. Todas las cosas que percibimos con los sentidos no son más que copias imperfectas de esas Ideas. Las cosas están

Esta obra pertenece a las llamadas "pinturas metafísicas". Giorgio de CHIRICO: *Las musas inquietantes* (1917).

***Mundo sensible:** según Platón, el mundo sensible es el ámbito formado por las cosas que podemos ver y tocar. Platón cree que se trata del espacio al que pertenece todo lo que podemos captar mediante los sentidos.

***Mundo inteligible:** en la filosofía de Platón, el mundo inteligible está integrado por las esencias o Ideas. Se llama así porque es un ámbito de la realidad que solo puede captarse mediante la razón.

Protagonistas de la filosofía

PLATÓN (427 a.C.-347 a.C.)

La vida de Platón está estrechamente unida a Atenas, ciudad en la que nació. Fue discípulo de Sócrates, de quien aprendió la importancia del diálogo en la filosofía. Las obras de Platón están escritas, precisamente, en forma de diálogos, en muchos de los cuales Sócrates aparece como el interlocutor principal. Platón también recoge la influencia de Sócrates al afirmar el valor universal de algunos conceptos como la Justicia, el Bien o la Belleza. La filosofía platónica también se inspira en los autores presocráticos, así como en las doctrinas órficas y pitagóricas que creían en la reencarnación del alma humana.

En el pensamiento de Platón tuvo también una enorme influencia el juicio en el que Sócrates fue condenado a muerte. Esta injusta condena resultaba aún más difícil de aceptar por haber sido dictada en un tribunal popular de una ciudad democrática. En su diálogo *La República*, que es una de sus obras más importantes, Platón propone reorganizar la sociedad de acuerdo con un modelo ideal para evitar en el futuro estos terribles errores.

El interés de Platón por la política le llevó a intentar llevar a la práctica su modelo ideal de sociedad. Llamado como consejero por el tirano que gobernaba Siracusa, Platón trató en tres ocasiones distintas de convertir en realidad su proyecto de ciudad perfecta. Ante el estrepitoso fracaso de estos intentos, Platón decidió retirarse a Atenas y dedicarse al estudio y la enseñanza. En su ciudad natal fundó una escuela, la Academia, en la que estudió Aristóteles, entre otros alumnos. Al parecer, sobre la puerta de la Academia Platón mandó colocar una inscripción en la que se podía leer: "Nadie entre aquí si no sabe geometría".

El célebre mito de la caverna de Platón explica mediante una alegoría la diferencia entre el mundo sensible y el mundo inteligible.

hechas a partir de las Ideas, y reciben su aspecto y sus propiedades porque participan de la Idea de la cual proceden.

Según Platón, todos los objetos redondos que podemos ver y tocar son circulares porque de alguna manera incompleta e imperfecta participan de la Idea de circunferencia. Las cosas imitan la esencia de la cual provienen y de la cual reciben su ser. Por eso una moneda es redonda, porque en realidad su aspecto no es más que una copia, aunque imperfecta, de la Idea de circunferencia.

3.2. Las cosas imitan a las Ideas

La teoría de las Ideas de Platón es una propuesta metafísica, porque trata de explicarnos en qué consiste la verdadera realidad. Platón afirma que las Ideas son más reales que las cosas, ya que las cosas solo son lo que son porque copian a la Idea que imitan. Las Ideas son anteriores a los objetos, ya que existen de un modo más pleno y auténtico.

Así pues, la auténtica realidad, que son las Ideas, permanece siempre idéntica e inmutable. Ciertamente las cosas cambian, envejecen y desaparecen, pero ese cambio que observamos a nuestro alrededor es solo aparente. Los **sentidos nos engañan**, por lo que no podemos confiar en ellos. Si queremos llegar a conocer las Ideas, tendremos que seguir otro camino más adecuado.

3.3. El dualismo platónico

En metafísica, el dualismo se enfrenta al monismo y al pluralismo. Como ya sabes, el monismo afirma que la realidad última es única, mientras que el pluralismo defiende que la verdadera realidad es múltiple. Para el dualismo, en cambio, lo que existe está formado por dos realidades distintas.

La filosofía de Platón es **dualista**, porque afirma la existencia de **dos realidades diferentes**, el mundo sensible y el mundo de las Ideas. Para Platón la verdadera realidad es dual, al estar compuesta por las cosas y por las Ideas.

Fíjate

LA CRÍTICA DE ARISTÓTELES A LA TEORÍA DE LAS IDEAS: EL ARGUMENTO DEL TERCER HOMBRE

Aristóteles, que fue discípulo de Platón en su juventud, rechazó tajantemente la división que su maestro había establecido entre las cosas y las Ideas. Entre otros, Aristóteles ofreció el siguiente razonamiento en contra de la existencia de las Ideas. Según Platón, las cosas que pertenecen a un mismo género o especie comparten una misma esencia porque todas ellas participan de una misma Idea. Así, podemos decir de varias personas distintas que son hombres porque todos ellos participan de la Idea de hombre. Sin embargo, para poder hacer esta afirmación, es preciso que podamos comparar a estos individuos concretos con la Idea correspondiente. Pero para confirmar que estas personas y esa Idea tienen algo en común hace falta, a su vez, que podamos contrastarlas con otro modelo distinto, que sería una nueva Idea diferente de rango superior, a la que Aristóteles llama "el tercer hombre". Y, a su vez, para garantizar que los individuos, la idea y el modelo común se corresponden haría falta una cuarta idea... Como puede verse, este razonamiento nos conduce a un proceso infinito que no tiene sentido, lo cual muestra que la teoría de las Ideas y el concepto de participación son contradictorios e insostenibles.

3.4. El conocimiento de las Ideas

Cuando dos personas discuten sobre si algo es justo o no, ambas saben muy bien a qué se están refiriendo. Tal vez no les resulte fácil ofrecer una definición exacta de la justicia, pero si pueden entenderse es porque de algún modo ambas comprenden el significado de esta palabra. ¿Cómo es eso posible? Si lo pensamos despacio, la verdad es que nunca hemos visto ninguna acción que se corresponda perfectamente con la justicia. La justicia es más bien una especie de patrón o de referencia con la que comparamos las cosas que suceden. Cuanto más se acercan las situaciones a ese patrón ideal, más justas nos parecen.

Lo mismo sucede con otras Ideas, como la belleza, el bien o la virtud. Piensa en lo que sucede cuando comparas a dos personas y dices que una es más bella que otra. Si puedes hacer frases como esa es porque, de alguna manera, dispones de un patrón que te sirve para comparar. Ese patrón permite contrastar a una persona cualquiera con el ideal de belleza perfecta. Cuanto más se acerca alguien a esa belleza completa, más hermosa nos parece la persona, porque está más próxima al patrón ideal. Pero ¿de dónde hemos sacado ese patrón?

Según Platón, las personas conocemos las **Ideas** porque las tenemos en nuestro interior.

Platón creía que todos hemos nacido con el conocimiento de las Ideas, aunque se nos ha olvidado. Así pues, cuando aprendemos algo en realidad, no estamos haciendo nada más que recordar lo que ya sabíamos previamente. Todo nuestro aprendizaje no es más que una **reminiscencia***.

***Reminiscencia:** según Platón, la reminiscencia es el recuerdo de las Ideas que nuestra alma una vez conoció, pero que ha olvidado. Por esta razón, para la filosofía platónica conocer equivale a recordar.

4. La metafísica aristotélica

4.1. Una filosofía realista

Aunque Aristóteles fue discípulo de Platón, no estaba de acuerdo con la teoría de las Ideas elaborada por su maestro. Aristóteles no creía que las esencias existieran de forma independiente en un mundo separado.

Para Aristóteles, la **verdadera realidad** está constituida por los individuos particulares del mundo sensible.

Lo que de verdad existe son las cosas que vemos y tocamos, los objetos que percibimos a nuestro alrededor. Por eso decimos que la filosofía aristotélica es **realista**, ya que para él lo que tiene existencia auténtica es el mundo que podemos percibir con los sentidos.

Al contrario de lo que pensaba Platón, Aristóteles cree que las esencias no son trascendentes, sino que son **inmanentes**. Forman parte de nuestro mundo, porque están dentro de las cosas que nos rodean.

4.2. Sustancia y accidentes

Aristóteles creía que para encontrar la verdadera esencia de las cosas era necesario distinguir la sustancia de los accidentes.

La **sustancia**, según Aristóteles, es lo que existe por sí mismo. Los **accidentes**, en cambio, no existen por sí mismos, sino que solo existen en otro.

LA SUSTANCIA Y LOS ACCIDENTES

La expresión "algo que es" se dice en muchos sentidos [...]. De una parte, en efecto, significa el qué-es y algo determinado y, de otra parte, la cualidad, la cantidad o cualquier otra de las cosas que se predican de ese modo. Pues bien, si "lo que es" se dice en todos estos sentidos, es evidente que lo que es primero de todos ellos es el qué-es referido a la sustancia [...] mientras que las demás se denominan "cosas que son" porque son cantidades, o cualidades, o afecciones o alguna otra determinación de lo que es en el sentido señalado. Por eso cabe considerar la aporía de si "pasear", "sanar" y "estar sentado" son, respectivamente, algo que es o algo que no es, y lo mismo acerca de cualesquiera cosas semejantes. Y es que ninguna de estas cosas es existente por sí ni capaz de existir separada de la sustancia, sino que, con más razón y en todo caso, entre las cosas que son se contarán el que pasea, el que está sentado y el que sana. Estas determinaciones parecen cosas que son, más bien, porque tienen un sujeto determinado (o sea, la sustancia individual), el cual se patentiza en tal forma de expresión; en efecto, si se prescinde de él, no es posible hablar de "lo bueno" y "lo que está sentado". Es, pues, evidente que en virtud de aquella es cada una de estas determinaciones, de modo que lo que primeramente es, lo que no es en algún aspecto, sino simplemente, será la sustancia.

ARISTÓTELES: *Metafísica.*

10. ¿Qué diferencia existe, según Aristóteles, entre las cosas que son algo determinado y las cantidades o cualidades?

11. ¿Cuál de estas dos realidades se corresponde con la sustancia? ¿Cuál con los accidentes?

12. ¿Qué quiere decir Aristóteles cuando afirma que la sustancia "no es en algún aspecto, sino simplemente"?

13. Busca en el diccionario filosófico que te proponemos el significado de la palabra *aporía*: www.tiching.com/684285

14. En el texto se dice que saber si pasear "es algo que es o algo que no es" resulta una aporía. ¿Qué quiere decir Aristóteles con esta frase?

Los accidentes son modificaciones o atributos de la sustancia.

Esta distinción puede comprenderse pensando en una frase como "Esta manzana roja es muy dulce". En este ejemplo, lo que existe por sí mismo es la manzana, que tiene realidad propia. El color rojo o el dulzor no existen por sí mismos. Solo existen como propiedades de alguna otra cosa. En este caso, son características de la manzana. La sustancia existe realmente por sí misma. Los accidentes solo existen aplicados a alguna sustancia.

El concepto de sustancia ha tenido una importancia enorme en la historia de la filosofía. De hecho, forma parte de nuestro pensamiento ordinario aunque no nos demos cuenta de ello. Por ejemplo, cuando estudiamos una lengua, llamamos *sustantivos* a las palabras que describen aquello que existe por sí mismo. Los sustantivos actúan gramaticalmente como sujeto de la oración. De los sustantivos, que son sustancias, podemos afirmar que tienen atributos o accidentes.

4.3. Las cuatro causas

Para conocer la verdadera realidad, compuesta por sustancias, Aristóteles creía que hacía falta explicar sus **causas**. Según Aristóteles, estas causas son cuatro: **material**, **formal**, **eficiente** y **final**. Si queremos conocer a fondo algo, deberemos ser capaces de responder a cuatro preguntas distintas, que corresponden a sus cuatro causas:

- **Causa material**: ¿De qué está hecho? Aquello de lo que una sustancia está hecha se denomina **materia**.
- **Causa formal**: ¿Cómo está hecho? La **forma** es la manera concreta en que la materia se estructura y organiza para dar lugar a esa sustancia.
- **Causa eficiente**: ¿Qué o quién lo ha hecho? Se trata del **agente** que ha producido esa sustancia.
- **Causa final**: ¿Para qué se ha hecho? Aristóteles creía que todo cuanto existe está hecho con un propósito o **finalidad**. La causa final aclara cuál es ese propósito.

Pensemos en una sustancia concreta, como por ejemplo una copa metálica. La materia es, en este caso, el metal del que está hecha. La forma es la

LAS CUATRO CAUSAS

Se llama causa, en un primer sentido, la materia inmanente de la que algo se hace; por ejemplo, el bronce es causa de la estatua, y la plata, de la copa, y también los géneros de estas cosas. En otro sentido, es causa la especie y el modelo; y este es el enunciado de la esencia y sus géneros (por ejemplo, de la octava musical, la relación de dos a uno, y, en suma, el número) y las partes que hay en el enunciado. Además, aquello de donde procede el principio primero del cambio o de la quietud; por ejemplo, el que aconsejó es causa de la acción, y el padre es causa del hijo, y, en suma, el agente, de lo que es hecho, y lo que produce el cambio, de lo que lo sufre. Además, lo que es como el fin; y esto es aquello para lo que algo se hace, por ejemplo, del pasear es causa la salud. ¿Por qué, en efecto, se pasea? Decimos: para estar sano. Y, habiendo dicho así, creemos haber dado la causa. Y cuantas cosas, siendo otro el motor, se hacen entre el comienzo y el fin; por ejemplo, de la salud es causa el adelgazamiento, o la purga, o las medicinas, o los instrumentos del médico. Pues todas estas cosas son por causa del fin, y se diferencian entre sí porque unas son instrumentos, y otras, obras.

ARISTÓTELES: *Metafísica*.

15. ¿Cuáles son las cuatro causas de las que habla Aristóteles en este fragmento?

16. ¿Qué tipo de causa es el bronce del que está hecha una estatua?

17. ¿Qué tipo de causa es la relación 2 a 1 que explica la armonía de una octava musical?

18. ¿Qué tipo de causa es el padre en relación a su hijo?

19. ¿Qué tipo de causa sería la salud, que es el objetivo que pretendemos alcanzar cuando hacemos ejercicio o tomamos medicinas?

De acuerdo con Aristóteles, la verdadera realidad está constituida por los individuos particulares que podemos captar con nuestros sentidos. Willem CLAESZ: *Naturaleza muerta con pastel de moras* (1631).

manera en que ese metal ha sido modelado para producir una copa. La causa eficiente sería el artesano que ha fabricado este objeto. La finalidad de la copa es servir de recipiente para almacenar líquidos.

Esta aclaración ya nos permite comprender en qué consiste la esencia para Aristóteles. La esencia de la copa será aquello que hace que este objeto sea precisamente una copa y no otra cosa distinta. ¿Por qué esto es una copa y no es, por ejemplo, un plato ni una cuchara? Según Aristóteles la respuesta es clara. Se trata de una copa porque el metal del que está hecha tiene una forma cóncava específica que la convierte en una copa. Para Aristóteles **la esencia coincide con la forma**.

La filosofía aristotélica es teleológica, porque afirma que todo lo que existe tiene un propósito específico. Alberto DURERO: *Ala de carraca* (1512).

4.4. Una filosofía teleológica

En la teoría de las cuatro causas el concepto de causa final desempeña un papel fundamental. Aristóteles pensaba que todas las cosas, tanto las naturales como las artificiales, persiguen un propósito. A esta teoría se le llama **teleología** (a partir del término griego *telos*, que significa 'finalidad' o 'meta').

La teleología parece evidente en el caso de objetos fabricados por el ser humano. Pero Aristóteles creía que también los objetos inanimados y los seres vivos actuaban persiguiendo una meta. Veamos un ejemplo para aclarar este asunto. Imagina que levantas una piedra del suelo y después la sueltas. ¿Por qué cae de nuevo en dirección vertical? Según Aristóteles, si una piedra cae hacia abajo es para cumplir su finalidad, que consiste en alcanzar su "lugar natural". La piedra estaba en el suelo, que es el lugar que le corresponde. Si la soltamos desde lo alto, tenderá a regresar a su sitio porque en ella está esa tendencia natural.

En la metafísica de Aristóteles, todas las cosas tienden espontáneamente a cumplir un **propósito**.

Este propósito es **inmanente**, porque está en el interior de las cosas y forma parte de su naturaleza. Por eso decimos que la filosofía de Aristóteles es teleológica.

4.5. El problema de los universales

La concepción metafísica de Aristóteles nos permite comprender la respuesta que este filósofo propuso para el **problema de los universales**. Esta cuestión, que ha sido una de las más discutidas en la historia del pensamiento, surge cuando reflexionamos sobre lo que tienen en común diversos individuos de un mismo tipo. Piensa, por ejemplo, en lo que queremos decir cuando afirmamos que Ana, Pedro, Juan y Elena son seres humanos. ¿Qué sentido tiene exactamente esta frase? ¿Se puede suponer que existe algo así como "el ser humano" en sí mismo, independientemente de los individuos como Ana, Pedro, Juan o Elena?

Quienes han estudiado esta cuestión denominan **universales** a aquellas entidades a las que nos referimos cuando hablamos de términos generales, como pueden ser "los seres humanos", "los caballos", "los árboles" o "el color amarillo". Algunos filósofos, como Platón en su teoría de las Ideas, creen que los universales existen de forma independiente y objetiva, en un espacio propio que está separado del mundo que podemos percibir con los sentidos. De este modo, cuando afirmamos que Juan o que Ana son seres humanos, lo que en realidad queremos decir es que el universal "ser humano"

Fíjate

El problema de los universales adquirió especial relevancia durante la Edad Media. En esa época se produjeron numerosas disputas filosóficas tratando de aclarar qué clase de realidad corresponde a conceptos abstractos como "perro", "flor" o "ser humano". ¿Existen estas entidades por sí mismas? ¿O son solo términos que empleamos para generalizar rasgos comunes a varios individuos particulares que se parecen entre sí?

Algunos filósofos medievales respondieron a estas cuestiones afirmando que esos conceptos generales no son más que nombres. Esta doctrina, que se denomina nominalismo, afirma que los universales no existen en la realidad, sino únicamente como palabras de nuestro lenguaje. El representante más destacado del nominalismo fue Guillermo de Ockham, que vivió en el siglo XIV.

se hace presente en estos individuos concretos. Lo que Ana, Juan, Pedro y Elena tienen en común es que todos ellos participan de un mismo universal, del cual son una manifestación particular.

En contraste con esta postura, también hay filósofos que niegan la existencia independiente de los universales. Para estos pensadores, lo único que existe en realidad son los individuos particulares del mundo sensible. El **nominalismo** es una versión extrema de este punto de vista que surgió durante la Edad Media. Los filósofos nominalistas afirman que los universales no son más que el nombre que empleamos para designar con una sola palabra a diversos individuos distintos que tienen algún aspecto en común. Desde esta perspectiva, diríamos que Ana, Juan, Pedro y Elena son individuos diferentes a los que decidimos llamar "seres humanos" porque comparten algunas características comunes, como su parecido externo o su capacidad de razonar. Para los filósofos nominalistas, los universales son solo palabras, que no tienen existencia propia más allá del lenguaje.

La posición de Aristóteles sobre este tema queda bastante clara en su metafísica. Aristóteles pensaba que lo que realmente existe son únicamente los individuos particulares del mundo sensible. Es cierto que algunos individuos comparten características comunes, como sucede con todos los seres humanos. Esto sucede cuando estos individuos comparten una misma esencia o forma, pero eso no quiere decir que exista un universal separado de los individuos. Para Aristóteles, la forma, que corresponde a lo que llamamos el universal, es algo inmanente, que junto con la materia forma parte inseparable del individuo.

El problema de los universales trata de aclarar si existen en la realidad los términos que sirven de referente para describir lo que varios individuos tienen en común. Algunos filósofos creen que los universales existen por sí mismos, mientras que otros piensan que se trata solo de nombres que no existen más allá del lenguaje.

▲ Además de estas sillas, ¿existe la silla perfecta?

4.6. Las categorías

Como parte de sus estudios sobre metafísica, Aristóteles también trató de clasificar todo lo que existe diferenciando las distintas "maneras de ser" que podemos encontrarnos. La forma de existir que tiene una piedra o una silla es muy diferente de la manera de existir característica de una acción como estudiar, comer o dormir. Sin embargo, tanto las cosas como las acciones existen, aunque lo hagan de diferente modo.

Aristóteles denominó **categorías** a estas diferentes dimensiones de la realidad, que se corresponden con distintas maneras de ser. En su libro sobre este tema, identificó varias categorías diferentes, que se corresponden con otras tantas realidades que existen de un modo peculiar. Según su clasificación, la categoría más importante es la de sustancia, pero además existen otras dimensiones o maneras de ser, como son la cantidad, la cualidad, la relación, la acción o la pasión, que son otras tantas categorías de la realidad.

Para Aristóteles las categorías son diferentes dimensiones de la realidad, que se corresponden con distintas **maneras de ser**. Entre las categorías que identificó este autor destacan la sustancia, la cantidad, la cualidad, la relación, la acción...

LAS CATEGORÍAS SEGÚN ARISTÓTELES

Las expresiones que no son compuestas significan sustancia, cantidad, cualidad, relación, lugar, tiempo, posición, estado, acción o pasión. Para aclarar lo que esto quiere decir, *hombre* o *caballo* son ejemplos de sustancia, términos como *dos* o *tres* varas lo son de cantidad, atributos como *blanco* o *gramatical* lo son de cualidad. *Doble*, *mitad*, *mayor* se incluyen en la categoría de relación; *en el mercado o en el Liceo*, en la de lugar; *ayer o el año pasado*, en la de tiempo. *Tumbado* o *sentado* indican posición; *calzado*, *armado* indican estado; *cortar* o *cauterizar* indican acción, *ser cortado* o *ser cauterizado* indican pasión.

ARISTÓTELES: *Categorías*.

20. En este texto Aristóteles presenta su propuesta de clasificación para las categorías. ¿Por qué crees que se refiere a ellas llamándolas "las expresiones que no son compuestas"?

21. ¿Cuántas categorías identifica Aristóteles en este texto? ¿Cuáles son?

22. Si tú tuvieras que hacer una lista de categorías, ¿cuántas incluirías? ¿En qué criterios te basarías para hacer esa clasificación? ¿Coincidirían tus categorías con las que identificó Aristóteles?

5. La sustancia en la metafísica moderna

5.1. Descartes y la duda metódica

Se suele considerar que la filosofía moderna comienza en el siglo XVII con **René Descartes**.

Descartes pretendía construir un nuevo sistema filosófico y para ello buscaba **verdades indudables**. Para hallarlas aplicó un método radical que consistía en poner en duda absolutamente todo.

A este procedimiento se le denomina la **duda metódica cartesiana**.

Descartes estaba decidido a no dar por bueno nada que no fuera totalmente seguro. La duda metódica le llevó a dudar de lo que percibía por los sentidos, porque estos a veces nos engañan. Tampoco los razonamientos son muy fiables, porque a menudo cometemos errores cuando razonamos. Descartes pensaba que no podemos estar seguros ni siquiera de que sea verdadero todo lo que vemos y tocamos. Cuando dormimos, a menudo, los sueños nos parecen muy reales. ¿Cómo podemos estar absolutamente seguros de que ahora mismo no estamos soñando?

5.2. La primera verdad indudable

Quizá el procedimiento de dudar de todo te parezca un poco exagerado. Para comprender lo que pretende Descartes debes recordar cuál es su objetivo. Lo que desea es hallar alguna verdad que sea absolutamente indudable. Por eso lleva la duda hasta el extremo. Pero ¿hay alguna verdad tan firme que pueda sostenerse en estas condiciones?

Descartes creía que sí. Según él, hay una verdad absolutamente indudable. Esta verdad es cierta aunque me engañen los sentidos y la razón me confunda, e incluso aunque todo lo que me rodea no sea más que un sueño. Esa verdad es muy simple. Si yo pienso y dudo, si me estoy planteando estas extrañas preguntas, entonces por fuerza yo tengo que existir.

Según Descartes, mi existencia como sujeto pensante es la **primera verdad**. Es tan cierta que nada me puede hacer dudar de ella.

EL *COGITO* CARTESIANO

Tiempo ha que había advertido que, en lo tocante a las costumbres, es a veces necesario seguir opiniones que sabemos muy inciertas, como si fueran indudables, y esto se ha dicho ya en la parte anterior; pero deseando yo en esta ocasión ocuparme tan solo de indagar la verdad, pensé que debía hacer lo contrario y rechazar como absolutamente falso todo aquello en que pudiera imaginar la menor duda, con el fin de ver si, después de hecho esto, no quedaría en mi creencia algo que fuera enteramente indudable. Así, puesto que los sentidos nos engañan, a las veces, quise suponer que no hay cosa alguna que sea tal y como ellos nos la presentan en la imaginación; y puesto que hay hombres que yerran al razonar, aun acerca de los más simples asuntos de geometría, y cometen paralogismos, juzgué que yo estaba tan expuesto al error como otro cualquiera, y rechacé como falsas todas las razones que anteriormente había tenido por demostrativas; y, en fin, considerando que todos los pensamientos que nos vienen estando despiertos pueden también ocurrírsenos durante el sueño, sin que ninguno entonces sea verdadero, resolví fingir que todas las cosas que hasta entonces habían entrado en mi espíritu no eran más verdaderas que las ilusiones de mis sueños. Pero advertí luego que, queriendo yo pensar, de esa suerte, que todo es falso, era necesario que yo, que lo pensaba, fuese alguna cosa; y observando que esta verdad: "yo pienso, luego soy", era tan firme y segura que las más extravagantes suposiciones de los escépticos no son capaces de conmoverla, juzgué que podía recibirla, sin escrúpulo, como el primer principio de la filosofía que andaba buscando.

René DESCARTES: *Discurso del método*.

23. ¿Por qué pone en duda Descartes el testimonio de los sentidos?

24. ¿Por qué sospecha Descartes de la validez de los razonamientos?

25. ¿Qué razón ofrece para dudar de "todas las cosas que hasta entonces habían entrado en mi espíritu"?

26. Busca en un diccionario filosófico el significado de la palabra *paralogismo*. Puedes consultar uno en: www.tiching.com/684285

27. ¿Por qué "yo pienso, luego soy" es una verdad firme y segura?

A veces resulta muy difícil distinguir el sueño de la realidad. Pedro CABRERA: *Paisaje onírico* (2005).

Esta evidencia indudable se ha hecho famosa en la historia de la filosofía. Descartes la expresó en latín con la frase ***Cogito ergo sum***, que significa 'Pienso y por lo tanto existo'. Por eso a esta primera verdad absolutamente segura se la denomina también el ***cogito* cartesiano**.

Así pues, yo indudablemente existo porque estoy pensando. ¿Y yo qué soy? Pues está claro: yo soy algo que piensa y que duda. Según Descartes, yo soy una cosa pensante. Lo que me caracteriza es el pensamiento, la conciencia. Esta es la primera realidad de la que hay evidencia indudable. Toda la filosofía de Descartes se elabora a partir de esta primera verdad.

La Edad Moderna propugna que cada cual busque la verdad por sí mismo. Auguste RODIN: *El pensador* (1880-1900).

5.3. El papel del sujeto en la filosofía moderna

Si te das cuenta, con Descartes se ha producido un cambio muy importante en la orientación de la metafísica. Desde la antigua Grecia, todos los pensadores se habían puesto a pensar en la realidad **partiendo de las cosas** que nos rodean.

Es lo que hacen Platón y Aristóteles, por ejemplo, cuando se preguntan por lo que las cosas verdaderamente son. La metafísica siempre se había construido estudiando el ser de los objetos.

Descartes, en cambio, adopta un punto de vista diferente. Para él si queremos encontrar una realidad indudable, debemos fijarnos en el sujeto que piensa. Esta novedad cambia por completo la orientación del pensamiento y tiene importantes repercusiones filosóficas.

En la filosofía moderna, el papel del **sujeto** es fundamental.

5.4. Las tres sustancias cartesianas

La sustancia, como sabes, es uno de los conceptos fundamentales de la metafísica. Para Descartes, una sustancia es aquello que existe por sí mismo y no necesita de nada más para existir. La primera sustancia según Descartes es el yo, mi conciencia mental. Yo soy una **sustancia pensante**, porque indudablemente existo por mí mismo.

Pero Descartes cree que, además del yo, existen otras realidades. Las cosas materiales son una sustancia extensa. Su característica fundamental consiste en ocupar un lugar en el espacio.

De esta manera, la **sustancia extensa** se diferencia por completo de la sustancia pensante. El pensamiento es inmaterial y no ocupa ningún espacio, mientras que el atributo fundamental de la materia consiste precisamente en su extensión.

Para Descartes también Dios es una sustancia, puesto que existe por sí mismo de manera independiente. Dios es un ser infinitamente perfecto, bondadoso, sabio y poderoso. Por eso, según Descartes, Dios es una **sustancia infinita**.

5.5. La sustancia en el racionalismo

Descartes, además de ser el primer filósofo verdaderamente moderno, también es un claro ejemplo de pensador racionalista. El racionalismo es una corriente filosófica que afirma el papel de la razón para alcanzar un conocimiento cierto. Además de Descartes, **Leibniz** y **Spinoza** son otros importantes filósofos racionalistas del siglo XVII.

EL DESCUBRIMIENTO DEL SUJETO

La mayor preocupación intelectual de Descartes fue buscar la certeza en el conocimiento. ¿Cómo podemos alcanzar una seguridad en todos los saberes semejante a la que tenemos en matemáticas? Pero su originalidad fue centrarse en elementos biográficos para indicar el camino —en griego *método*— a seguir: antes de dictar normas para todos, contó en primera persona su propia aventura intelectual. Cuenta Descartes que cierta noche estaba sentado junto a una estufa en su campamento militar y de pronto comenzó a dudar de todo lo que había aprendido hasta la fecha. ¿Y si todo lo que sabía fuera erróneo? ¿Podía estar seguro de algo? [...]

Lo seguro es la duda misma: "¡Caramba, seguro que estoy dudando de todo! Y si dudo es porque estoy pensando: dudo de lo que pienso, pero al menos es imposible dudar que pienso puesto que dudo. Y si pienso, eso demuestra que existo: soy una cosa que piensa y duda... pero seguro que soy".

Fernando SAVATER:
Historia de la Filosofía sin temor ni temblor.

28. ¿Cuál era la cuestión filosófica que preocupaba a Descartes?

29. ¿Por qué resulta tan singular e importante el método que siguió Descartes para abordar esta cuestión?

30. ¿De qué modo logró Descartes alcanzar una verdad certera y absolutamente indudable?

La sustancia, entendida como aquello que existe por sí mismo, fue una de las cuestiones centrales para la metafísica de la Edad Moderna.

Todos los filósofos racionalistas estaban preocupados por aclarar el problema de la sustancia. Para ellos estaba claro que todo estaba compuesto por sustancias, es decir, por realidades existentes en sí mismas. Sin embargo, tenían diferentes puntos de vista sobre el número de sustancias existentes y sobre su naturaleza.

Descartes, como hemos visto, creía que había tres sustancias: Dios, la conciencia mental y la materia. Dios es una sustancia infinita, el yo es una sustancia pensante y la materia es una sustancia extensa. Para Descartes estas tres sustancias eran completamente distintas entre sí.

Pensaba, por ejemplo, que todo lo que es material obedece inevitablemente las leyes de la ciencia. Por eso podemos calcular sin equivocarnos los movimientos de una máquina o la trayectoria de los planetas. En cambio, la conciencia es una sustancia diferente. Por eso no podemos calcular ni predecir nuestros pensamientos, que son libres.

El filósofo alemán Wilhelm Leibniz creía que había **infinitas** sustancias.

Para él, la realidad estaba compuesta por una infinidad de sustancias elementales a las que llamó **mónadas**. Leibniz pensaba que las mónadas eran puntos de fuerza que, al combinarse entre sí, formaban todo cuanto existe.

Spinoza, en cambio, creía que solo existía una **única** sustancia, que se corresponde con la totalidad de lo real.

Para Spinoza, todo lo que existe es una realidad única. Esta sustancia puede identificarse con el universo entero y también con Dios. Según Spinoza, lo que sucede es que esta sustancia única tiene muchos atributos o aspectos diferentes.

Los seres humanos, sin embargo, solo somos capaces de apreciar dos de ellos, que son la extensión y el pensamiento. Por eso nos parece que la materia y la conciencia son dos cosas distintas. Pero, en realidad, no son más que dos de las infinitas caras de una única realidad.

¿QUÉ SON LAS MÓNADAS?

1. La Mónada de que hablaremos aquí no es otra cosa que una sustancia simple, que forma parte de los compuestos; simple, es decir, sin partes.
2. Es necesario que haya sustancias simples, puesto que hay compuestas; porque lo compuesto no es otra cosa que un montón o agregado de simples.
3. Allí donde no hay partes no hay, por consecuencia, ni extensión, ni figura, ni divisibilidad posibles. Y estas Mónadas son los verdaderos Átomos de la Naturaleza y, en una palabra, los Elementos de las cosas.
4. No hay que temer en ningún caso la disolución, y no es concebible ninguna manera mediante la cual una sustancia simple pueda perecer naturalmente.
5. Por la misma razón no hay tampoco ninguna mediante la cual una sustancia simple pueda comenzar naturalmente, puesto que no podría ser formada por composición.
6. Por tanto, se puede decir que las Mónadas no podrían comenzar ni terminar de una vez, es decir, no podrían comenzar más que por creación, y terminar más que por aniquilación; por el contrario, aquello que está compuesto comienza y termina por partes.

Gottfried Wilhelm LEIBNIZ: *Monadología*.

31. ¿A qué se refiere Leibniz cuando habla de las "Mónadas"?

32. ¿Qué quiere decir el autor cuando afirma que las Mónadas son "sustancias simples"?

33. Según el autor, ¿pueden las Mónadas descomponerse o destruirse? ¿Por qué?

Párate a pensar

Recapitula

1. ¿Qué diferencia hay entre una visión esencialista y otra existencialista de la realidad? ¿Sabrías mencionar el nombre de algún filósofo esencialista? ¿Y existencialista?

2. ¿A qué se refiere Platón cuando habla de las Ideas? Trata de responder incluyendo al menos dos ejemplos que aclaren en qué se diferencian las Ideas de las cosas que podemos ver y tocar.

3. Platón distinguió el mundo sensible del mundo inteligible. Completa la siguiente tabla indicando cuáles son las características de cada uno de ellos:

	Mundo sensible	Mundo inteligible
¿Qué tipo de realidades pertenecen a cada ámbito?	...	...
¿Está sujeto al cambio y a la modificación?	...	...
¿Cómo podemos conocer cada uno de esos mundos?	...	...
¿Cuál de estos espacios incluye los "modelos" de lo real y cuál las "copias"?	...	...
¿A cuál de los dos mundos corresponde la auténtica realidad originaria?	...	...

4. ¿Por qué afirma Platón que conocer consiste en recordar? ¿Qué nombre recibe esta teoría platónica?

5. ¿Acepta Aristóteles la teoría de las Ideas de su maestro Platón? ¿En qué consiste la verdadera realidad para Aristóteles?

6. ¿Qué diferencia establece Aristóteles entre la sustancia y los accidentes? Explica tu respuesta poniendo al menos dos ejemplos concretos.

7. En su metafísica, Aristóteles distinguió cuatro causas distintas. Completa la siguiente tabla explicando en qué consisten las distintas causas para cada uno de los casos propuestos:

	Causa material	Causa formal	Causa eficiente	Causa final
Una copa	Una copa puede estar hecha de metal, por ejemplo	Diseño cóncavo, en forma de recipiente	El artesano que fabricó la copa	La finalidad de la copa es almacenar líquidos
Una estatua	...	...	...	...
Un templo	...	...	...	...
Una manzana	...	...	...	...

8. ¿En qué consiste el "problema de los universales"? ¿Cuáles han sido las diferentes posturas que se han sostenido sobre esta cuestión a lo largo del tiempo?

9. ¿En qué consisten las categorías de Aristóteles? ¿Cuántas identificó? Menciona alguna de ellas.

10. ¿Cuál es la innovación fundamental que introdujo la filosofía de Descartes y qué le diferencia de toda la metafísica anterior?

11. Completa la tabla en la que se comparan las concepciones sobre la sustancia de Descartes, Leibniz y Spinoza:

	Descartes	Leibniz	Spinoza
¿Cuántas sustancias distintas existen?	...	...	...
¿Cómo se denomina a las distintas sustancias que hay?	...	...	...
¿Qué características definen a cada tipo de sustancia?	...	...	...

Construye el concepto

12. Define los siguientes términos filosóficos con los diccionarios propuestos (p. 1). A continuación, escribe una frase con cada uno de ellos en la que se aprecie su significado.

- ente
- esencia
- nominalismo
- sustancia
- accidentes
- teleología
- universales
- *cogito*
- categorías

Ontología: Parte de la metafísica que se plantea cuestiones acerca de los seres que existen.

"La ontología estudia el problema filosófico del ser."

Trabaja con textos

13. Lee el texto y contesta las preguntas:

Supongamos que caes al mundo desde el espacio y que jamás has visto una pastelería. De repente, te topas con una de aspecto tentador, y ves, sobre un mostrador, cincuenta pastas idénticas. Supongo que te habrías roto la cabeza, preguntándote cómo era posible que fueran todas idénticas. Sin embargo, puede ser que alguna de ellas careciera de algo que tuvieran las demás. Si eran figuras, puede que a una le faltara un brazo y a otra un trozo de cabeza, y que una tercera tuviera, a lo mejor, un bulto en la tripa. Tras pensarlo detenidamente, llegarías, no obstante, a la conclusión de que todas las pastas tenían un denominador común. Aunque ninguna fuera totalmente perfecta, se te ocurriría pensar que deben de tener un *origen común*.

Te darías cuenta de que todas las pastas están hechas con el mismo molde. Y hay más, Sofía, hay algo más: ahora tendrás un fuerte deseo de *ver* ese molde. Esto quiere decir que, para Platón, lo eterno y lo inmutable no es una "materia primaria" física. Lo que es eterno e inmutable son los modelos espirituales o abstractos, a cuya imagen todo está moldeado.

Jostein GAARDER: *El mundo de Sofía.*

a) ¿Por qué se parecen las cincuenta pastas a pesar de sus imperfecciones?

b) ¿Con qué está comparando el autor las Ideas platónicas en este texto?

c) Explica qué significa la última frase del fragmento.

II. Cosmovisiones científicas

6. La cosmovisión aristotélica

6.1. El universo según Aristóteles

Para comprender la **cosmovisión aristotélica**, conviene recordar que en la antigua Grecia aún no se conocía la ciencia experimental moderna. En esta época no se distinguía la ciencia de la filosofía, porque todavía no se había desarrollado el método científico. Por este motivo, las teorías de Aristóteles sobre la Tierra, el Sol y los planetas están íntimamente ligadas a su filosofía teleológica y a su metafísica.

Tal vez hoy en día la interpretación aristotélica del cosmos pueda parecernos ingenua o infantil. Pero no sería justo juzgar una cosmovisión distinta de la nuestra a partir de lo que sabemos actualmente. Hay que recordar que en tiempos de Aristóteles no existían telescopios, ni ordenadores, ni naves espaciales.

En realidad, la cosmovisión aristotélica era capaz de ofrecer una descripción coherente y bastante acertada de los fenómenos que se conocían en la Antigüedad. De hecho, su éxito fue tan grande que estuvo en vigor durante casi dos mil años, hasta la época de la revolución científica.

Decimos que la cosmovisión aristotélica es **teleológica** porque en ella todo lo que existe persigue una finalidad. Todas las cosas, incluso las inanimadas, tienden a alcanzar su propósito natural.

En el modelo de Aristóteles el universo puede compararse a un enorme ser viviente formado por innumerables partes que tratan de alcanzar sus propias metas. Para Aristóteles solo es posible entender el universo si comprendemos la causa final que persiguen todas las cosas.

6.2. Un universo geocéntrico y heterogéneo

Aristóteles, como la mayor parte de los filósofos antiguos, creía que el universo era **geocéntrico**. De acuerdo con este modelo, la Tierra está en el centro del cosmos y a su alrededor giran la Luna, el Sol y los demás planetas, así como las estrellas. Para Aristóteles, como para todos los filósofos griegos, el universo siempre ha existido, por lo que es **eterno en el tiempo**.

EL UNIVERSO GEOCÉNTRICO

El cosmos de Aristóteles era una esfera vasta, pero finita, con su centro en la Tierra y limitada por la esfera de las estrellas fijas, que era también el "primer motor" [...], la fuente original de todos los movimientos en el universo. En el centro del universo estaba la Tierra esférica, y rodeándola concéntricamente estaban las distintas esferas, dispuestas como las pieles de una cebolla. En primer lugar venían las envolturas esféricas de los otros tres elementos terrestres, agua, aire y fuego, respectivamente. Rodeando a la esfera del fuego estaban las esferas cristalinas, en alas que se encontraban insertas, y eran transportadas por ellas, la Luna, Mercurio, Venus, el Sol, Marte, Júpiter y Saturno, que eran los "siete planetas". Más allá de la esfera del último planeta venía la de las estrellas fijas, y tras esta última, nada.

C. A. CROMBIE: *Historia de la ciencia de San Agustín a Galileo.*

34. Enumera ordenadamente, de abajo arriba, las distintas esferas que forman el universo en la cosmovisión de Aristóteles.

35. ¿En qué consiste el "primer motor" que se menciona en el texto? ¿Por qué introduce Aristóteles este motor en su modelo cosmológico?

36. ¿Qué hay, según Aristóteles, más allá de la esfera de las estrellas? Explica tu respuesta.

Las fases de la Luna. Andreas CELLARIUS: *Harmonia Macrocósmica*, lámina 1 (1661).

@ Para ampliar en la Red...

Las cosmovisiones: www.tiching.com/684296

Para explicar el movimiento de los astros, Aristóteles supuso que cada uno de ellos estaba engarzado a una esfera cristalina que giraba alrededor de la Tierra. La primera esfera es la de la Luna. A continuación están las esferas del Sol y de los planetas. La última esfera contiene a las estrellas, y marca el límite del cosmos. Según Aristóteles, el universo tiene un límite en el espacio, por lo que es finito. Más allá de la esfera de las estrellas no hay nada, ni siquiera espacio vacío.

Aristóteles creía que el universo era **heterogéneo***, porque pensaba que estaba dividido en dos regiones bien diferenciadas. Por debajo de la esfera de la Luna se encontraba el mundo sublunar, que incluía a la Tierra. Esta zona, según Aristóteles, está sujeta al cambio, a la generación y a la corrupción, ya que es una región imperfecta.

De acuerdo con la cosmovisión aristotélica el universo es geocéntrico, limitado en el espacio, eterno en el tiempo, heterogéneo y teleológico.

EL UNIVERSO ARISTOTÉLICO

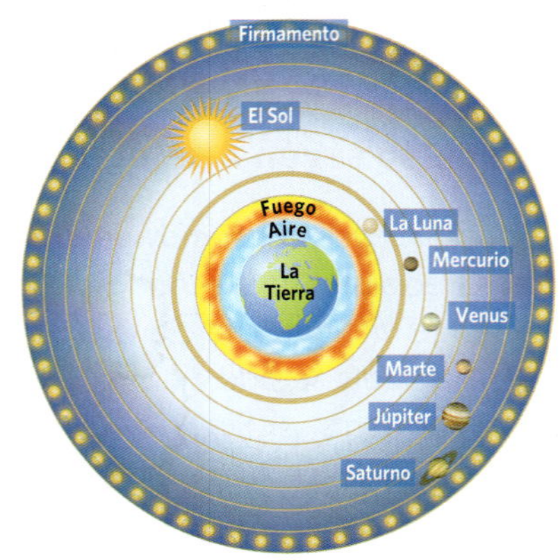

El modelo del cosmos que propuso Aristóteles era geocéntrico, heterogéneo y teleológico.

*Heterogéneo: que tiene diferentes propiedades en diferentes lugares.

6.3. Las esferas sublunar y supralunar

La **esfera sublunar** está formada por los cuatro elementos de Empédocles (fuego, aire, agua y tierra), que se colocan ordenadamente en distintas capas según su peso. Cada elemento tiene su **lugar natural**, al que tiende a regresar espontáneamente. A la tierra le corresponde estar debajo, porque es el elemento más pesado. Sobre ella se coloca el agua, sobre el agua el aire y sobre el aire el fuego. Por eso si levantamos una piedra, esta tiende a bajar al suelo, que es su lugar natural. Esta teoría también explica por qué el fuego asciende hacia arriba, o por qué las burbujas en un líquido tienden a subir verticalmente.

Por encima de la Luna se encuentra el **mundo supralunar**, formado por el Sol, los planetas y las estrellas. En el modelo aristotélico, los astros son divinos, por lo que solo se mueven en círculos, siguiendo la figura más perfecta que existe. Como la zona supralunar es perfecta, en ella no puede haber cambios, por lo que todos los astros de esta región son inmutables y eternos.

En la filosofía de Aristóteles el **movimiento** se explica como un **paso del ser en potencia al ser en acto**. Este paso requiere de algo que ya esté en acto y que pueda proporcionar el impulso inicial necesario. Aristóteles creía que el movimiento de las esferas celestes se transmitía de unas a otras, desde la esfera de las estrellas hasta la de la Luna. Este proceso necesita de un **primer motor**, que es el que empuja a la primera esfera y actúa como origen de toda la dinámica del cosmos.

7. El universo mecánico

7.1. El modelo heliocéntrico

La aparición de la ciencia experimental en el siglo XVII produjo un cambio crucial en la mentalidad europea. Los descubrimientos realizados con ayuda del telescopio mostraron que Aristóteles estaba equivocado. El modelo geocéntrico, vigente durante dos milenios, fue sustituido por un nuevo paradigma.

El trabajo de científicos como **Kepler**, **Galileo** o **Newton** permitió desarrollar en muy poco tiempo una nueva visión del cosmos, completamente distinta de la aristotélica. Enfrentándose a una creencia que había durado siglos, **Copérnico** propuso un modelo heliocéntrico según el cual la Tierra gira alrededor del Sol.

El uso del **telescopio** permitió también descubrir nuevas regiones del universo muy alejadas de la Tierra. Los científicos entendieron que el uni-

EL UNIVERSO ES COMO UN RELOJ

Estoy muy atareado en la investigación de las causas físicas. Mi propósito es demostrar que la máquina celeste ha de ser comparada no a un organismo divino, sino más bien a un mecanismo de relojería [...] en la medida en que casi todos los múltiples movimientos se realizan gracias a una única fuerza magnética muy sencilla, como en el caso de una maquinaria de relojería todos los movimientos [son causados] por un simple peso. Además, demuestro cómo esta concepción física ha de ser presentada por medio del cálculo y la geometría.

Johannes KEPLER: Carta a Herwart von Hohenburg fechada en 1605.

37. ¿Por qué cree Kepler que el universo no es como un organismo sino como una máquina?

38. ¿Cuál piensa el autor que puede ser la fuerza responsable del movimiento cósmico?

39. ¿Cuál es el papel que tienen las matemáticas en el modelo del universo kepleriano?

verso probablemente era **ilimitado en el espacio**. Por otra parte, frente a lo que creía Aristóteles, los científicos modernos pensaban que el cosmos había sido creado por Dios, por lo que no era eterno, sino **finito en el tiempo**.

7.2. Un universo determinista y homogéneo

Los científicos modernos no compartían la visión teleológica aristotélica del universo. En la cosmovisión moderna no se presta atención a la causa final. El cosmos no persigue ningún propósito. La única causa que interesa es la **causa eficiente**, que se puede describir mediante las **leyes de la física**.

Con el descubrimiento de la ley de la gravedad, Newton identificó la causa eficiente de las trayectorias de los planetas. La fuerza gravitatoria le permitió explicar distintos fenómenos, como las mareas, la caída de objetos en la superficie terrestre o el movimiento de los astros. El universo newtoniano es **homogéneo***, porque está gobernado por las mismas leyes en todas partes.

En la cosmovisión de la **física clásica*** la naturaleza está formada por **materia inerte** que está sujeta a **leyes matemáticas**.

El movimiento de los planetas se describe mediante fórmulas matemáticas que permiten calcular la posición de los astros con gran precisión. Por este motivo, en esta época el universo fue a menudo comparado con un reloj. La cosmovisión de la física clásica, además de **mecanicista**, es **determinista**, porque establece que el cosmos está sujeto a movimientos que se pueden predecir con exactitud.

La física clásica asume que la naturaleza es regular y ordenada, por lo que resulta posible desentrañar sus misterios y describir su comportamiento mediante leyes matemáticas. La búsqueda de estas leyes se guía por la suposición de que, a pesar de los cambios y las transformaciones que vemos continuamente, en la naturaleza existen ciertas propiedades fundamentales que se mantienen constantes y nunca cambian.

Esto es lo que describen los **principios de conservación** de la física, que desempeñaron un papel esencial en el desarrollo científico de los siglos XVIII y XIX. Las investigaciones llevadas a cabo en esta época establecieron que existen muchas magnitudes que permanecen invariables a lo largo del tiempo. Entre ellas están algunas enormemente importantes, como la masa, la energía, la carga eléctrica, el momento lineal o el momento angular.

▲ Las estaciones son ejemplo de la regularidad de la naturaleza.

EL ESPANTO ANTE LA INMENSIDAD

Cuando considero la pequeña duración de mi vida, absorbida en la eternidad que le precede y que le sigue, el pequeño espacio que lleno y aun el que veo, abismado en la infinita inmensidad de los espacios que ignoro y que me ignoran, me espanto y me asombro de verme aquí y no ahí, pues no hay razón para que yo esté aquí y no ahí, ahora y no entonces. ¿Quién me ha puesto? ¿Por orden y conducta de quién este lugar y este tiempo ha sido destinado para mí? [...]

El silencio eterno de estos espacios infinitos me espanta.

Blaise PASCAL: Pensamientos.

40. ¿Por qué se sentía Pascal espantado ante la inmensidad del cosmos?

41. ¿Qué tipo de modelo cosmológico crees que tiene Pascal en mente?

***Homogéneo:** que tiene las mismas propiedades en todos los lugares.

***Física clásica:** es el paradigma científico que comienza en la Edad Moderna y que se basa en las leyes del movimiento de Newton.

Protagonistas de la filosofía

ISAAC NEWTON (1643-1727)

Newton cursó estudios en la universidad de Cambridge, donde entró en contacto con la obra de los científicos más destacados de su tiempo. Sus primeros trabajos se centraron en las matemáticas. A él se deben el desarrollo del binomio y los fundamentos del cálculo diferencial e integral (que descubrió al mismo tiempo que Leibniz, aunque de forma independiente). Posteriormente se interesó por el estudio de la luz, que describió mediante un modelo corpuscular con el que trató de explicar la reflexión, la refracción y la dispersión óptica. Sin embargo, la gran aportación de Newton fue su obra sobre los *Principios matemáticos de la filosofía natural* que muchos consideran el libro científico más importante de todos los tiempos. En esta obra se encuentra la célebre ley de gravitación universal, con la que fue capaz de explicar mediante una única fórmula matemática tanto los fenómenos físicos terrestres como los celestes. También se encuentran en este libro las tres leyes de la dinámica con las que Newton sentó las bases de la física moderna.

Aunque hoy en día es conocido sobre todo por su labor como físico y matemático, Isaac Newton también fue inventor, filósofo, teólogo y alquimista.

8. La física contemporánea

8.1. Una nueva interpretación del tiempo y el espacio

La cosmovisión mecanicista surgida tras la revolución científica fue generalmente aceptada desde su aparición en el siglo XVII hasta finales del siglo XIX. Sin embargo, este paradigma científico entró en crisis en los primeros años del siglo XX, cuando diversos experimentos mostraron resultados que no concordaban con las predicciones de la física clásica.

Para resolver las anomalías que se iban encontrando, varios científicos se vieron obligados a adoptar nuevos puntos de vista en sus investigaciones. El desarrollo de estas novedosas perspectivas condujo a la aparición de la **teoría de la relatividad** y de la **mecánica cuántica**.

El físico **Albert Einstein** propuso la teoría de la relatividad en el año 1905. Basándose en diversos experimentos, Einstein afirmó que la velocidad de la luz debía tener el mismo valor para todos los observadores. Pero eso significaba asumir que **tanto el espacio como el tiempo son relativos**, porque su magnitud depende del observador que los mide.

8.2. La teoría de la relatividad

La física clásica siempre había supuesto la existencia de un tiempo y de un espacio absolutos. Newton, por ejemplo, en su gran obra *Principios matemáticos de la filosofía natural*, había escrito: "El tiempo absoluto, verdadero y matemático, en sí y por su propia naturaleza sin relación a nada externo fluye uniformemente, y se dice con otro nombre: duración".

Sin embargo, la teoría de la relatividad afirma que las mediciones espaciales y temporales pueden ser distintas para distintas personas. La relatividad otorga un importante papel al **observador** que describe la realidad. Para la física contemporánea, no existe una realidad espacial y temporal en sí misma. Solo podemos hablar del tiempo y del espacio relacionándolos con el punto de vista de quien los mide.

La teoría de la relatividad indica que **la masa y la energía** son dos manifestaciones de una misma realidad, por lo que pueden **transformarse** la una en la otra.

Aunque esto puede parecer extraño, las predicciones de la teoría de la relatividad han sido confirmadas por innumerables experimentos de gran precisión. La validez de la teoría de la relatividad se demuestra a diario con el funcionamiento de los aceleradores de partículas o de los reactores nucleares.

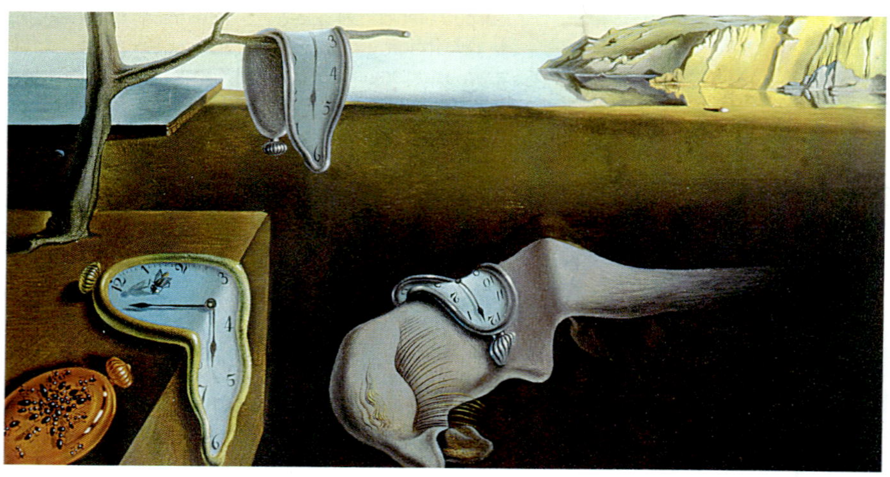

Según la teoría de la relatividad, el tiempo y el espacio son magnitudes relativas. Salvador DALÍ: *Persistencia de la memoria* (1931).

LA TEORÍA DE LA RELATIVIDAD

La teoría de la relatividad (especial) ha nacido de la electrodinámica y de la óptica. En estos campos no ha modificado mucho los enunciados de la teoría, pero ha simplificado notablemente el edificio teórico, es decir, la derivación de las leyes, y, lo que es incomparablemente más importante, ha reducido mucho el número de hipótesis independientes sobre las que descansa la teoría. [...]

La mecánica clásica precisaba de una modificación antes de poder armonizar con el requisito de la teoría de la relatividad especial. Pero esta modificación afecta únicamente, en esencia, a las leyes para movimientos rápidos en los que las velocidades v de la materia no sean demasiado pequeñas frente a la de la luz. [...]

El resultado más importante de índole general al que ha conducido la teoría de la relatividad especial concierne al concepto de masa. La física prerrelativista conoce dos principios de conservación de importancia fundamental, el de la conservación de la energía y el de la conservación de la masa; estos dos principios fundamentales aparecen completamente independientes uno de otro. La teoría de la relatividad los funde en uno solo. [...]

Cabe por tanto decir: si un cuerpo absorbe la energía E0, su masa inercial crece en E0 / c2. La masa inercial de un cuerpo no es una constante, sino variable según la modificación de su energía. La masa inercial de un sistema de cuerpos cabe contemplarla precisamente como una medida de su energía. El postulado de la conservación de la masa de un sistema coincide con el de la conservación de la energía y solo es válido en la medida en que el sistema no absorbe ni emite energía.

Albert EINSTEIN: *Sobre la teoría de la relatividad especial y general.*

42. ¿De qué forma la teoría de la relatividad ha alterado las leyes de la mecánica clásica?

43. ¿Cuáles son los principios de conservación fundamentales de la física clásica? ¿En qué sentido se han visto modificados por la teoría relativista?

44. En el marco de la teoría de la relatividad, ¿podemos afirmar que la masa de un cuerpo es una constante que siempre se conserva? Explica tu respuesta.

EL EXPERIMENTO DE LA DOBLE RENDIJA

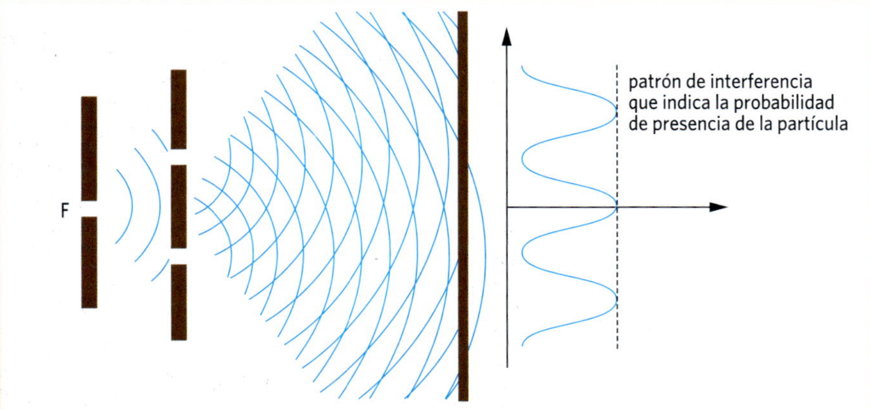

El experimento de la doble rendija muestra el carácter dual de las partículas subatómicas, que se comportan como ondas y también como corpúsculos.

8.3. La mecánica cuántica

La segunda gran revolución en la física también se produjo a comienzos del siglo XX. Los científicos que estaban estudiando las propiedades de la radiación y de los átomos se vieron obligados a introducir un nuevo modelo explicativo, muy diferente de la mecánica newtoniana.

La idea de que las magnitudes naturales son continuas había sido una de las suposiciones fundamentales de la física clásica. Así lo indicó Leibniz, que además de filósofo fue un destacado científico, cuando afirmó que la naturaleza no da saltos y nada sucede de golpe. Esto significa que, para la física clásica, tanto la materia como la energía son continuas. Dentro del paradigma clásico no hay ningún límite a la cantidad de materia o de energía que puede aparecer en un proceso físico.

La **mecánica cuántica** surgió cuando los científicos se vieron obligados a revisar esta suposición básica. Desde esta nueva forma de ver las cosas, la naturaleza sí que da saltos. Para poder explicar los fenómenos que estaban estudiando, los físicos tuvieron que suponer que **la energía no es continua**, sino que solo puede intercambiarse en forma de "paquetes". Esos "paquetes de energía" recibieron el nombre de **cuantos**. Por eso el nuevo paradigma de la física se denominó "mecánica cuántica".

Fíjate

Los trabajos de científicos como **Planck**, **Heisenberg**, **Schrödinger** o **Bohr** permitieron desarrollar en muy pocos años la mecánica cuántica, una nueva y extraña interpretación de la realidad. De acuerdo con esta, la materia de la que estamos hechos tiene algunas propiedades tan sorprendentes que casi parecen increíbles. Sin embargo, a pesar de su extrañeza, las predicciones de la mecánica cuántica han sido plenamente corroboradas experimentalmente.

8.4. El principio de indeterminación

La mecánica cuántica establece que es imposible conocer al mismo tiempo y con total certeza la posición y la velocidad de una partícula. Esta afirmación, que se conoce como el "**principio de indeterminación**", resulta especialmente significativa cuando nos ocupamos de partículas muy pequeñas.

Por ejemplo, cuando se estudian las propiedades de un electrón, resulta imposible determinar a la vez dónde está la partícula y cómo se mueve. La consecuencia es que no podemos conocer la **trayectoria*** del electrón. El concepto de trayectoria, que es básico para la mecánica clásica, no puede ser empleado en la mecánica cuántica.

Pero el principio de indeterminación no es la novedad más sorprendente de este nuevo paradigma. La mecánica cuántica también afirma que las partículas participan de un **comportamiento ondulatorio**. Por eso no resulta correcto imaginar que un electrón es una especie de bolita muy pequeña que se mueve a gran velocidad. Así que, ¿cuál es la imagen que tiene la mecánica cuántica del electrón?

***Trayectoria:** camino seguido por un móvil en su desplazamiento. La física clásica cosechó grandes éxitos cuando pudo calcular la trayectoria de los planetas con ayuda de la ley de la gravedad.

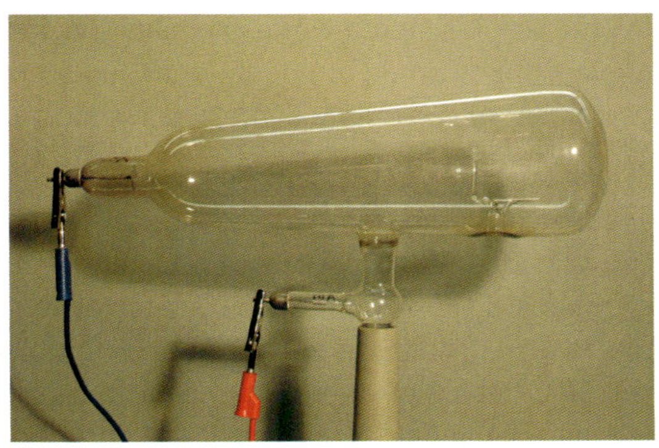

Las propiedades de los electrones solo pueden explicarse adecuadamente en el marco de la mecánica cuántica. En la imagen el tubo de Crookes, que sirvió para descubrir la presencia de electrones en los átomos.

8.5. El azar y el observador

Los físicos cuánticos describen el electrón mediante una función de onda. Esta función nos permite calcular la probabilidad de encontrar el electrón en un determinado punto del espacio. Recordemos que la mecánica cuántica solo nos permite determinar la probabilidad de que el electrón esté en un cierto lugar, con lo que se introduce la idea del **azar** en nuestra interpretación de la realidad. Además, si hacemos un experimento para localizarlo, estaremos afectando la función de onda y alterando sus propiedades de manera inevitable.

Las consecuencias de estos planteamientos son casi increíbles. Resulta que la física es incapaz de decirnos con seguridad cuál es el estado en que se encuentra la realidad. Todo lo que puede hacer es darnos una **probabilidad**. Además, la **intervención del observador** produce efectos en la realidad que no podemos evitar. Es imposible medir un fenómeno sin afectarlo de manera decisiva. Esto significa que no podemos conocer la realidad en sí misma, porque la actuación del observador modifica el mundo cuando lo estudia.

Como puedes apreciar, la mecánica cuántica tiene importantes repercusiones filosóficas. La ciencia contemporánea ya no cree que el universo sea mecánico ni determinista. Tampoco cree que sea posible estudiar la realidad sin afectarla radicalmente. El azar y la probabilidad tienen un papel destacado en la naturaleza, y el papel del experimentador resulta crucial porque modifica la realidad cuando la observa.

▲ Según la hipótesis de Gaia de James Lovelock, el planeta Tierra es un sistema autorregulado en el que todos los elementos —incluida la presencia de la vida— contribuyen a un equilibrio que se mantiene a sí mismo a lo largo del tiempo.

8.6. La teoría del caos

La teoría del caos es una de las disciplinas científicas que más interés ha suscitado en los últimos años. La teoría del caos surgió dentro de una rama de las matemáticas y de la física interesada por estudiar los sistemas dinámicos. Los científicos denominan "sistemas dinámicos" a las configuraciones de objetos que cambian con el tiempo. El sistema solar, que está formado por el Sol, los planetas y sus correspondientes satélites, es un ejemplo de sistema dinámico.

¿Cómo evolucionan con el tiempo los sistemas dinámicos? ¿Podemos saber con total seguridad cómo se van a comportar en el futuro? En principio, los científicos de la modernidad habrían contestado afirmativamente a esta pregunta. Como hemos visto, en la Edad Moderna los físicos estaban convencidos de que el universo respondía a leyes deterministas que permitían conocer con total seguridad todos los detalles referidos al comportamiento de un sistema. Por eso creían que, si conociéramos cuál es el estado de un sistema en un momento dado, podríamos aplicar las leyes de la física para saber exactamente cómo va a evolucionar en el futuro.

Sin embargo, esta pretensión se reveló inexacta cuando los matemáticos y los físicos comenzaron a prestar atención a ciertos sistemas especialmente complicados. El comportamiento de ciertos casos complejos, como por ejemplo el sistema de la atmósfera terrestre, del cual depende el tiempo meteorológico, resultaron muy difíciles de calcular con precisión. Estos sistemas parecían depender de forma crítica de las condiciones iniciales, de manera que una pequeña alteración en las condiciones de partida podía conducir a enormes cambios en la situación final. Esto es lo que se conoce como el **"efecto mariposa"**, aludiendo al hecho de que, si una mariposa bate las alas en un determinado momento, puede cambiar la situación inicial del sistema del tiempo meteorológico y causar resultados imprevisibles a largo plazo.

Fíjate

La teoría del caos estudia el comportamiento de ciertos sistemas complejos cuya evolución depende de manera crítica de la situación inicial de partida.

Aunque en rigor estos sistemas son deterministas, porque su comportamiento obedece rigurosamente las leyes de la física, en la práctica su evolución no puede describirse con precisión porque resulta imposible conocer con total exactitud las condiciones de partida. Esto hace que siempre haya un margen de error en las predicciones elaboradas para estos sistemas, lo cual explica por qué resulta tan difícil hacer un pronóstico meteorológico acertado para dentro de una semana.

▲ El efecto mariposa señala que una pequeña perturbación inicial puede generar un gran efecto.

Párate a pensar

Recapitula

1. ¿Sabrías explicar lo que es una cosmovisión científica? ¿Qué elementos crees que suelen formar parte de una cosmovisión? Explica tu respuesta incluyendo algún ejemplo concreto de los que se han explicado en la unidad.

2. Completa la siguiente tabla en la que se comparan la cosmovisión aristotélica y la cosmovisión del mecanicismo moderno:

	Cosmovisión aristotélica	Cosmovisión mecanicista
Esta cosmovisión surgió en el...	Siglo IV a.C.	Siglo XVII
Principales personajes asociados a esta cosmovisión	Aristóteles	Kepler, Galileo, Newton
¿Es el cosmos eterno en el tiempo o no?	...	...
¿Es el cosmos homogéneo o heterogéneo?	...	...
¿Cuál es el tipo de causa que permite explicar la realidad?	...	...
El universo puede compararse con...	...	...

3. La teoría de la relatividad, que surgió a principios del siglo XX, ofrece una interpretación del mundo físico muy distinta a la de la cosmovisión mecanicista. Completa la siguiente tabla indicando a cuál de estas dos cosmovisiones corresponde cada una de las ideas propuestas:

	Cosmovisión mecanicista	Teoría de la relatividad
El espacio y el tiempo son absolutos y tienen el mismo valor para todos	✘	...
Las mediciones espaciales y temporales dependen del punto de vista del observador	...	...
La masa y la energía son dos cosas distintas	...	...
La masa y la energía son dos manifestaciones distintas de una misma realidad, por lo que se pueden transformar la una en la otra	...	...

4. Indica, para cada una de las afirmaciones propuestas en la siguiente tabla, si se trata de ideas propias de la interpretación clásica o cuántica de la realidad.

	Mecánica clásica	Mecánica cuántica
Las magnitudes físicas son continuas y nunca muestran saltos	✘	...
Las magnitudes físicas son discontinuas, porque solo se presentan en paquetes de un valor determinado	...	...
La ciencia permite calcular la trayectoria de los objetos en movimiento	...	...
La ciencia no puede decirnos cuál es la trayectoria de los objetos, porque es imposible conocer a la vez y con total seguridad la posición y la velocidad de una partícula	...	...
La naturaleza es determinista, porque las leyes naturales nos permiten calcular con precisión los fenómenos que sucederán en el futuro	...	...
La naturaleza es indeterminista, porque las leyes naturales solo nos permiten calcular la probabilidad de que suceda un fenómeno	...	...
La observación de un fenómeno modifica sus propiedades, por lo que el papel del experimentador inevitablemente altera la realidad	...	...
La observación de un fenómeno no altera la realidad	...	...

Trabaja con textos

5. Lee el siguiente texto y contesta las preguntas:

Para Descartes el universo material era una máquina y nada más que una máquina. No había propósito, vida o espiritualidad en la materia, la naturaleza funcionaba de acuerdo a leyes mecánicas, y cualquier cosa en el mundo material podría explicarse en términos del arreglo y movimiento de sus partes. Esta descripción mecánica de la naturaleza se convirtió en el paradigma dominante de la ciencia en el período posterior a Descartes. Guió toda la observación científica y la formulación de todas las teorías de los fenómenos naturales hasta cuando la física del siglo veinte produjo un cambio radical. La elaboración total de la ciencia mecanicista de los siglos diecisiete y dieciocho, incluyendo la gran síntesis de Newton, fue el desarrollo de la idea cartesiana. Descartes dio al pensamiento científico su marco general —la visión de la naturaleza como una máquina perfecta, gobernada por leyes matemáticas exactas.

Fritjof CAPRA: *El punto crucial.*

a) ¿Por qué compara Descartes el universo con una máquina?

b) ¿Compartía Newton la visión mecanicista de Descartes?

c) ¿En qué momento surgió la interpretación mecanicista del cosmos? ¿Durante cuánto tiempo estuvo en vigor?

Comentario de texto

Texto 1

Todos los acontecimientos, incluso aquellos que por su pequeñez parece que escapan a las grandes leyes naturales, forman un encadenamiento tan necesario como las revoluciones del Sol. En ignorancia de las relaciones que guardan con el sistema total del universo, se los ha supeditado a causas finales o al azar, según ocurrieran o se repitieran con regularidad o sin orden aparente; pero esas causas imaginarias han cedido poco a poco ante nuestros conocimientos y desaparecen frente a la sana filosofía que las considera como la expresión de nuestra ignorancia de las causas verdaderas.

Los acontecimientos actuales se vinculan a los precedentes en virtud del principio evidente de que nada puede comenzar a ser sin una causa que lo produzca. Este axioma, conocido con el nombre de principio de razón suficiente, vale también para las acciones que se consideran indiferentes. No hay voluntad por más libre que sea, que pueda originarlas sin un motivo determinante, pues, al ser absolutamente semejantes las circunstancias de dos situaciones, si obrara en una con preferencia a la otra, la elección sería un efecto sin causa, sería —dice Leibniz— el ciego azar de los epicúreos. Lo contrario es una ilusión del espíritu que, al perder de vista las razones transitorias de la elección de la voluntad en las cosas indiferentes, se convence de que se ha determinado a sí misma y sin motivos.

Hay, pues, que considerar el estado actual del universo como efecto de su estado precedente y como causa del que lo sucederá. Una inteligencia que en un determinado instante pudiera conocer todas las fuerzas que impulsan la naturaleza y la respectiva posición de los seres que la componen y que, además tuviera la suficiente amplitud para someter esos datos al análisis, incluiría en una sola fórmula los movimientos de los mayores cuerpos del universo y los más ínfimos átomos; nada le escaparía y tanto el pasado como el futuro estarían en su presencia. El espíritu humano brinda un atisbo de tal inteligencia que se manifiesta en la perfección a la que ha sabido llevar la astronomía. Y puede, merced a sus descubrimientos en mecánica y en geometría, unidos al de la gravitación universal, comprender en las mismas expresiones analíticas, los estados pasados y futuros del sistema universal. Al aplicar idéntico procedimiento a otros objetos de su conocimiento alcanzó a concretar en leyes generales los fenómenos observados y predecir los que acaecerán en determinadas circunstancias. Todos sus esfuerzos en pos de la verdad lo aproximarán continuamente a esa inteligencia que acabamos de describir aunque sin entrar nunca en su contacto.

Pierre Simon de LAPLACE: *Ensayo filosófico sobre las probabilidades.*

Texto 2

La teoría de los cuantos obliga a formular toda ley precisamente como una ley estadística, y por ende abandonar ya en principio el determinismo. [...] Por una parte, la desviación respecto a la Física precedente puede simbolizarse en las llamadas relaciones de indeterminación. Se demostró que no es posible determinar a la vez la posición y la velocidad de una partícula atómica con un grado de precisión arbitrariamente fijado. Puede señalarse muy precisamente la posición, pero entonces la influencia del instrumento de observación imposibilita hasta cierto grado el conocimiento de la velocidad; e inversamente, se desvanece el conocimiento de la posición al medir precisamente la velocidad. [...] Una segunda formulación ha sido forjada por Niels Bohr, al introducir el concepto de complementariedad. Dicho concepto significa que diferentes imágenes intuitivas destinadas a describir los sistemas atómicos pueden ser todas perfectamente adecuadas a determinados experimentos, a pesar de que se excluyan mutuamente. Una de ellas, por ejemplo, es la que describe al átomo de Bohr como un pequeño sistema planetario: un núcleo atómico en el centro, y una corteza de electrones que dan vueltas alrededor del núcleo. Pero para otros experimentos puede resultar conveniente imaginar que el núcleo atómico se halla rodeado por un sistema de ondas estacionarias, siendo la frecuencia de las ondas determinante de la radiación emitida por el átomo. Finalmente, el átomo puede ser considerado como un objeto de la Química, calculando su calor de reacción al combinarse con otros átomos, pero renunciando a saber al propio tiempo algo del movimiento de los electrones. De modo que dichas distintas imágenes son verdaderas en cuanto se las utiliza en el momento apropiado, pero son incompatibles unas con otras; por lo cual se las llama recíprocamente complementarias. La indeterminación intrínseca a cada una de tales imágenes [...] basta para evitar que el conflicto de las distintas imágenes implique contradicción lógica. Estas indicaciones permiten, incluso sin ahondar en la matemática de la teoría cuántica, comprender que el conocimiento incompleto de un sistema es parte esencial de toda formulación de la teoría cuántica. Las leyes de la teoría de los cuantos han de tener carácter estadístico.

Werner HEISENBERG:
La imagen de la naturaleza en la física actual.

Una obra para comentar

Ordet ('*La palabra*')

La película del cineasta danés Dreyer muestra de forma magistral el poder que puede llegar a tener la fe para los creyentes. La profunda religiosidad de los protagonistas influye de manera decisiva en sus vidas y en su manera de entender la realidad. Esta intensa fe religiosa puede en ocasiones entrar en contradicción con una versión científica y racional del mundo. El conflicto entre razón y fe se manifiesta con toda su fuerza en la escena final de la película. ¿Qué crees que simboliza? ¿Cuál es el significado que tiene en el marco de la película? ¿Cuál es tu interpretación personal de lo que sucede?

Debate filosófico

El papel del sujeto en la filosofía

La filosofía moderna se diferencia del pensamiento griego por el importante papel que concede al sujeto.

El sujeto es el ser consciente y libre que conoce y además dirige la acción, tanto en el ámbito moral como en el político.

- ¿Por qué insiste tanto la filosofía de la modernidad en el sujeto?
- ¿Es necesario partir del sujeto para poder filosofar?
- ¿Cuál es la razón que explica este interés que está ausente en la filosofía de Platón o de Aristóteles?
- ¿Qué problema hay en comenzar a pensar a partir de la realidad en lugar de empezar por el sujeto?
- El papel del sujeto para el pensamiento, ¿crees que sigue siendo igual de importante hoy en día, en pleno siglo XXI?

Trabajo en equipo

Un debate entre gigantes

Este trabajo en grupo consistirá en la preparación y la realización de un debate entre las posiciones metafísicas de Platón por una parte y de Aristóteles, por otra.

a) La clase se dividirá en grupos de cuatro o cinco miembros, de manera que el número total de equipos sea par. Vuestro grupo tendrá que recopilar información sobre estos dos filósofos, prestando especial atención al modo en que fundamentaban sus opiniones acerca de la realidad. Debéis tener en cuenta que, en un debate, es tan importante saber sostener con argumentos la propia opinión como poder cuestionar razonadamente la del adversario.

b) Después de la fase de preparación, se elegirá mediante un sorteo a cuál de estos dos pensadores debéis representar en el debate. Finalmente, tendréis que escenificar en clase el diálogo que estos dos grandes pensadores podrían haber mantenido al discutir sobre la metafísica. Durante el desarrollo del debate todos los miembros del equipo deberán intervenir, representando por turnos el papel del filósofo que os haya correspondido.

c) El debate deberá repetirse para que todos los grupos puedan participar. Después se realizará una puesta en común con toda la clase donde se valorarán las intervenciones realizadas y las conclusiones.

Bibliografía

PLATÓN: ***La República.***

ARISTÓTELES: ***Metafísica.***

René DESCARTES: ***Meditaciones metafísicas.***

José SARAMAGO: ***La caverna.***

Roberto CASATI: ***12 accidentes metafísicos.***

Thomas S. KUHN: ***La revolución copernicana.***

James LOVELOCK: ***Las edades de Gaia.***

Steven WEINBERG: ***Los tres primeros minutos del universo.***

Stephen HAWKING: ***Brevísima historia del tiempo.***

John GRIBBIN: ***Biografía del universo.***

Filmografía

Alejandro Magno. Oliver STONE. Centrada en la vida del famoso conquistador griego, recoge en algunas escenas la presencia del filósofo Aristóteles. Como preceptor del joven Alejandro, Aristóteles transmitió a su discípulo el interés por el estudio de la naturaleza, así como los principios de su filosofía realista.

El nombre de la rosa. Jean-Jacques ANNAUD. Es una adaptación cinematográfica de la novela de Umberto Eco. El protagonista de la película, Guillermo de Baskerville, está inspirado en la figura de Guillermo de Ockham. Los diálogos recogen algunas de las complejas disputas filosóficas y teológicas características del final de la Edad Media.

Cartesius. Roberto ROSSELLINI. Presenta una aproximación biográfica a la figura de René Descartes. El padre de la filosofía moderna basó toda su filosofía en el intento de encontrar certezas indudables que nos permitieran escapar del escepticismo. Pero además de filósofo, también fue un destacado científico, aunque sus investigaciones estuvieron condicionadas por las difíciles circunstancias del tiempo que le tocó vivir.

Mapa conceptual

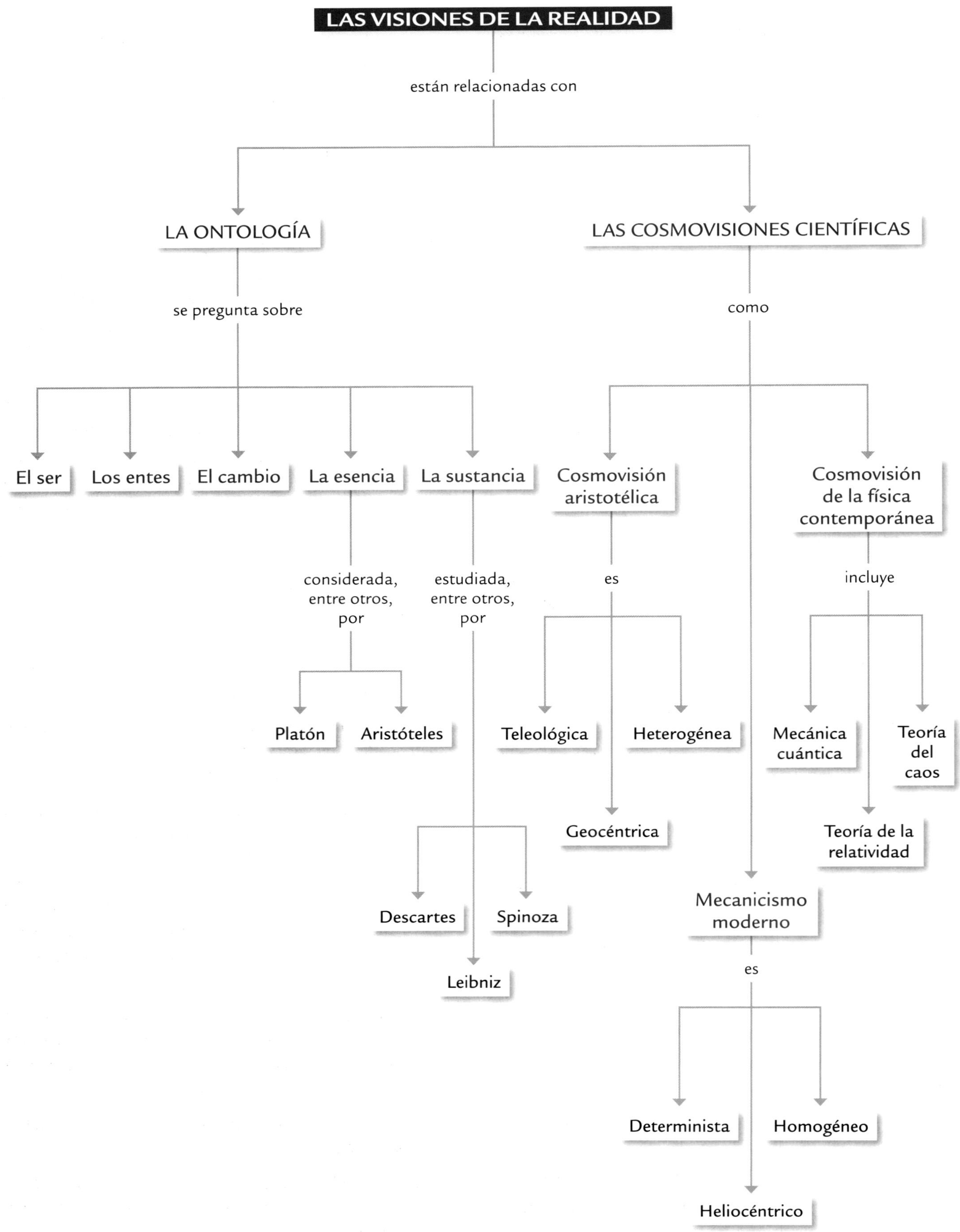

Evaluación

Elige la respuesta correcta para cada una de las siguientes preguntas. Recuerda que de todas las opciones solo una es válida.

1. **¿Qué es la ontología?**
   a) Es la rama de la filosofía que estudia el conocimiento.
   b) Es la rama de la filosofía que se plantea preguntas sobre el universo.
   c) Es la rama de la filosofía que se ocupa de Dios.
   d) Es la rama de la filosofía que analiza los seres que existen.

2. **¿A qué crees que se refieren los filósofos cuando hablan de un "ente"?**
   a) La palabra *ente* es un sinónimo de *sustancia*.
   b) Un ente es un ser que existe.
   c) La palabra *ente* es un sinónimo de *esencia*.
   d) Los filósofos llaman ente a cualquier afirmación verdadera sobre la realidad.

3. **¿Qué es lo que afirman los filósofos existencialistas?**
   a) Que la esencia es previa y anterior a la existencia.
   b) Que nunca puede darse la existencia separada de la esencia.
   c) Que la existencia tiene prioridad sobre la esencia.
   d) Que en los seres humanos la esencia coincide con la existencia.

4. **¿En qué consisten las Ideas de las que habla Platón en su metafísica?**
   a) Para Platón las Ideas son esencias trascendentes, eternas y permanentes.
   b) Platón llama Ideas a los entes.
   c) Según Platón, las Ideas son las esencias inmanentes de todo lo que existe.
   d) Platón denomina Ideas a nuestra representación mental de las cosas que percibimos.

5. **¿Cuántas son las sustancias que existen según la filosofía de Spinoza?**
   a) Una.
   b) Dos.
   c) Tres.
   d) Infinitas.

6. **¿Por qué decimos que la cosmovisión de Aristóteles es teleológica?**
   a) Porque según Aristóteles todo tiende hacia Dios.
   b) Porque la filosofía aristotélica supone que todas las cosas persiguen un propósito.
   c) Porque Aristóteles rechazaba la metafísica de Platón.
   d) Porque Aristóteles creía que había esencias trascendentes.

7. **La cosmovisión mecanicista moderna afirma que el universo es...**
   a) geocéntrico, heterogéneo y teleológico.
   b) geocéntrico, homogéneo y limitado en el espacio.
   c) heliocéntrico, homogéneo y determinista.
   d) heliocéntrico, heterogéneo y determinista.

8. **¿Cuál de las siguientes afirmaciones corresponde a la teoría de la relatividad formulada por Einstein?**
   a) No es posible conocer con absoluta certeza y al mismo tiempo la velocidad y la posición de una misma partícula.
   b) La energía no puede intercambiarse de manera continua, sino únicamente en forma de "paquetes".
   c) Algunos fenómenos físicos, como el clima, dependen de forma crítica de la situación inicial de partida, por lo que puede saberse con total seguridad cómo se van a comportar en el futuro.
   d) La masa y la energía son en el fondo lo mismo, así que pueden transformarse la una en la otra.

Contesta por escrito las cuestiones siguientes:

9. **¿Es Jean-Paul Sartre un filósofo esencialista o existencialista? ¿Por qué? Explica tu respuesta.**

10. **¿Qué es lo que piensan los nominalistas sobre el problema de los universales? Trata de aclarar tu respuesta ofreciendo algunos ejemplos concretos.**

11. **Al estudiar las distintas cosmovisiones que se han sucedido a lo largo del tiempo, resulta muy chocante comprobar que las ideas que tienen los científicos sobre la realidad a veces están muy alejadas de lo que nos dice el sentido común. Lo cierto es que, para la mayoría de las personas, la cosmovisión aristotélica parece mucho más intuitiva y razonable que otras visiones del universo.**

    Imagina, por ejemplo, que estás hablando con un niño sobre astronomía. ¿Qué argumentos podrías ofrecer para convencerle de que, aunque parezca mentira, el Sol en realidad no se mueve alrededor de la Tierra?

    ¿Qué objeciones crees que podría poner él a tus afirmaciones anteriores?

    ¿Cómo podrías contestarle si él insiste en decir que la Tierra no se mueve, sino que es el Sol el que sale y se pone todos los días?

5 El conocimiento

- ¿Qué es la verdad?
- ¿Cómo podemos conocerla?
- ¿Es la verdad igual para todas las personas en todas partes?
- ¿Hay alguna forma de estar completamente seguros de que aquello que conocemos es verdadero?

Objetivos

> Describir las diferentes concepciones acerca de la verdad desde un punto de vista tanto histórico como gnoseológico.

> Conocer algunos de los criterios de verdad más importantes que han sido aceptados a lo largo del tiempo.

> Exponer las diferentes teorías filosóficas existentes acerca del valor de la verdad.

> Diferenciar las teorías racionalistas y empiristas, apreciando su importancia en la historia del pensamiento.

> Valorar la relevancia de la crítica kantiana, considerando el papel que juega el sujeto en el conocimiento.

Contenidos

Criterios de verdad

- Desde su origen, la filosofía ha debatido sobre qué criterio seguir para distinguir entre lo verdadero y lo falso.
- Hay dos criterios que no pueden sostenerse racionalmente, que son el de autoridad y el de la tradición.
- El criterio de verdad como correspondencia sostiene que una afirmación es verdadera cuando lo que se afirma se corresponde con la realidad. El criterio de verdad como evidencia consiste en tomar como verdadero todo aquello que concebimos de manera evidente.
- El criterio de verdad como coherencia defiende que una afirmación es verdadera cuando encaja con otras verdades, mientras que según el criterio pragmático lo importante son las consecuencias de la afirmación.

Actitudes ante la verdad

- Los pensadores dogmáticos creen que es posible alcanzar con seguridad algunas verdades fundamentales que pueden servir de base para el conocimiento.
- El escepticismo niega la posibilidad de alcanzar la verdad absoluta, porque todo lo que conocemos es dudoso e incierto.
- La posición relativista afirma que la verdad depende en gran medida de factores sociales y culturales.
- Los autores subjetivistas insisten en la importancia que tienen los factores individuales en nuestra visión de la verdad.
- El perspectivismo presta especial atención al punto de vista desde el cual se contempla la realidad.

El problema del conocimiento

- Platón distinguió dos formas distintas de conocimiento: La *doxa* ('opinión') y la *episteme* ('ciencia').
- Según Aristóteles, el conocimiento se alcanza mediante un proceso de abstracción inductiva que nos permite captar la esencia compartida por varios individuos de la misma especie.
- Los filósofos de la Edad Moderna prestaron gran atención al tema del conocimiento en dos grandes corrientes gnoseológicas, denominadas racionalismo y empirismo.
- En su filosofía crítica, el pensador y filósofo Immanuel Kant investigó los límites del conocimiento humano.

I. ¿Qué es la verdad?

1. Criterios de verdad

1.1. Lo verdadero y lo falso

¿Te has preguntado alguna vez cómo podemos distinguir lo verdadero de lo falso? Si lo piensas, el problema resulta bastante más difícil de lo que parece.

En ciertas sociedades suele considerarse que la verdad se basa en el **criterio de autoridad***. También se aceptan como verdaderas aquellas creencias que han perdurado por **tradición** a lo largo de los años y que siempre se han transmitido de generación en generación.

Esta interpretación tradicional de la verdad no admite críticas ni cuestionamientos racionales. En cambio, la filosofía, que se caracteriza por emplear la razón, ha tratado de encontrar otras formas de aproximarse a la verdad.

Por eso el término griego que traducimos por 'verdad' era *alétheia*, que originariamente significaba 'desvelamiento', que subraya la necesidad de profundizar, de ir más allá de lo oculto por el velo de las apariencias (*pheydos*, 'error', se refería al encubrimiento). A ello se añade el sentido de la palabra latina *veritas*, que proviene de *verum*, 'exacto', 'completo'.

*__Criterio de autoridad:__ procedimiento que basa la veracidad de una afirmación en el prestigio de quien la propuso.

*__Criterio de verdad:__ procedimiento que permite juzgar si una afirmación es verdadera o falsa.

1.2. La verdad como correspondencia

Si queremos diferenciar lo verdadero de lo falso, necesitamos aplicar algún modo de juzgar que nos permita determinar qué es la verdad. En la historia del pensamiento se han propuesto diferentes procedimientos para determinar qué es verdadero y qué es falso. A estos procedimientos los llamamos **criterios de verdad***. Un ejemplo podría ser el criterio de verdad que ofrece Aristóteles en su *Metafísica*, donde afirma: "Decir de lo que es que no es, o de lo que no es que es, es falso, mientras que decir de lo que es que es, y de lo que no es que no es, es verdadero."

Tal vez esta frase de Aristóteles resulte algo confusa. Sin embargo, el criterio de verdad que propone el filósofo coincide con la opinión común de muchas personas. Aristóteles defiende el criterio de la verdad como correspondencia.

El criterio de verdad como **correspondencia** sostiene que una afirmación es verdadera cuando lo que dice se corresponde con la realidad.

El criterio de verdad como correspondencia fue adoptado posteriormente por los filósofos medievales. Con el tiempo, la definición de verdad basada en este criterio se hizo famosa: "la verdad es la adecuación entre el entendimiento y las cosas".

LA ADECUACIÓN ENTRE EL OBJETO Y EL ENTENDIMIENTO

La verdad puede ser definida de varias maneras. Pues Agustín, en el libro *De Vera Religione*, dice: "La verdad es aquello con lo que se pone al descubierto lo que algo es". E Hilario dice: "Verdadero es el ser que desvela, que deja en evidencia". Todo eso se refiere a la verdad en cuanto que está en el entendimiento. A la verdad de algo en cuanto relacionado con el entendimiento pertenece la definición que Agustín da en el libro *De vera religione*: "La verdad es la semejanza total con el principio; en ella no hay ninguna disimilitud". Y aquella definición que da Anselmo: "Verdad es la coherencia solo perceptible por la mente; pues coherencia es lo que concuerda con el principio". También la definición que da Avicena: "La verdad de una cosa es la propiedad del ser que está afincado en ella". Cuando se dice: "Verdad es la adecuación entre objeto y entendimiento", esto incluye los dos aspectos indicados.

TOMÁS DE AQUINO: *Suma teológica.*

1. Tomás de Aquino revisa diferentes definiciones de la verdad para ofrecer al final su propia versión. ¿Cómo define el autor la verdad?

2. ¿Comparte Tomás de Aquino el criterio de verdad como correspondencia? ¿Por qué?

1.3. El criterio de la evidencia

El filósofo francés René Descartes desconfiaba del criterio de verdad como correspondencia. Recordemos que Descartes aspiraba a alcanzar una certeza absoluta. Eso le llevó a aplicar un método radical, la **duda metódica**, que consistía en poner en cuestión todo aquello de lo que no estuviera completamente seguro.

La duda metódica condujo a Descartes a dudar hasta de la existencia real de lo que le rodeaba. ¿Y si las cosas que veía y tocaba eran producto de un sueño? Lo mejor, para estar completamente seguro, sería buscar una verdad absolutamente cierta e indudable, algo para lo cual no bastaba el cri-

◀ El criterio de verdad permite distinguir lo verdadero de lo falso. Alfred STEVENS: *La verdad y la falsedad* (1857-1866).

◀ ¿Cómo podemos estar seguros de que algo es realmente verdadero? Trampantojo pintado en el muro lateral de una casa en la localidad francesa de Saint Marcel l'Éclairé.

terio de verdad como correspondencia. Pero ¿cómo hallar una verdad semejante? ¿Qué criterio habría que aplicar para encontrarla?

Para Descartes, el criterio de verdad adecuado es el de la evidencia. Descartes pensaba que la verdad debe ser **evidente e indudable**. Para Descartes, algo es indiscutiblemente verdadero cuando lo captamos mediante la intuición intelectual. La intuición nos permite alcanzar ciertas verdades fundamentales de forma clara y distinta.

Una de estas verdades absolutamente indudables es el hecho de que, como estoy pensando, necesariamente tengo que existir. Aunque todo lo que me rodea no sea real, lo que es indiscutible es que, si yo estoy pensando y dudando, entonces yo existo. Esta primera verdad indudable es el célebre ***cogito*** cartesiano, "pienso, luego existo".

El criterio de verdad como **evidencia** afirma que algo es verdadero cuando resulta absolutamente imposible dudar de ello.

LA VERDAD COMO EVIDENCIA

Sé con certeza que soy una cosa que piensa; pero ¿no sé también lo que se requiere para estar cierto de algo? En ese mi primer conocimiento, no hay nada más que una percepción clara y distinta de lo que conozco, la cual no bastaría a asegurarme de su verdad si fuese posible que una cosa concebida tan clara y distintamente resultase falsa. Y por ello me parece poder establecer desde ahora, como regla general, que son verdaderas todas las cosas que concebimos muy clara y distintamente.

René DESCARTES: *Meditaciones metafísicas.*

3. ¿Qué es lo que hace falta, según el autor, para "estar cierto de algo"?

4. ¿Sabrías explicar en qué consiste una percepción "clara y distinta"?

5. ¿Cuál es el criterio de verdad que defiende Descartes en este fragmento?

1.4. La verdad como coherencia

En algunos ámbitos, como por ejemplo en matemáticas, se emplea a menudo un criterio de verdad diferente: el de la coherencia. De acuerdo con este criterio, una afirmación es verdadera cuando **no es contradictoria** y cuando puede encajar adecuadamente con el resto de afirmaciones que consideramos válidas.

El criterio de la verdad como **coherencia** defiende que una afirmación es verdadera cuando no es contradictoria y cuando encaja con otras verdades.

Un ejemplo tal vez pueda ayudarte a entenderlo con más claridad. Tomemos una afirmación matemática, por ejemplo "el número 17 es primo". ¿Cómo podemos saber si esta proposición es verdadera o falsa? Tendríamos que ver si lo que afirma contradice algunas de las cosas que ya sabemos sobre los números primos o si, por el contrario, resulta coherente con nuestro conocimiento previo. Nosotros sabemos que los números primos son aquellos que solo son divisibles por 1 y por ellos mismos. Como el número 17 cumple esta condición, resulta que esta afirmación es coherente con nuestro saber matemático. Por eso decimos que es verdadera.

LO VERDADERO ES EL TODO

Lo verdadero es el todo. Pero el todo es solamente la esencia que se completa mediante su desarrollo. De lo absoluto hay que decir que es esencialmente resultado, que solo al final es lo que es en verdad, y en ello precisamente estriba su naturaleza, que es la de ser real, sujeto o devenir de sí mismo.

▲ G. F. W. Hegel (1770-1831)

G. F. W. HEGEL: *Fenomenología del espíritu.*

6. ¿Qué quiere decir el autor cuando afirma que "lo verdadero es el todo"?

7. ¿Qué relación tiene este texto con la interpretación de la verdad como coherencia?

El criterio de la verdad como coherencia también ha sido adoptado más allá de las matemáticas por algunos filósofos. **Hegel**, por ejemplo, creía que la realidad consistía en una totalidad compleja en continuo desarrollo. Para Hegel, nuestras afirmaciones se refieren a aspectos concretos de esa totalidad dinámica. Por eso, lo que decimos será válido si resulta coherente con el todo, que es lo realmente verdadero.

La potencia calorífica y luminosa del arco eléctrico se conocía en la práctica mucho antes de hallar la explicación del fenómeno.

1.5. La verdad pragmática

A finales del siglo XIX surgió en Estados Unidos una corriente filosófica denominada **pragmatismo**, que alcanzó gran relevancia por su particular interpretación de la verdad.

Para los filósofos pragmatistas, como William James, el criterio de verdad es la **utilidad**. Para saber si algo es verdadero, debemos fijarnos en sus consecuencias prácticas. Si los resultados derivados de aceptar una afirmación son útiles, provechosos y eficaces, entonces consideraremos que esa afirmación es verdadera. De hecho, la palabra *pragmatismo* proviene del término griego *pragma*, que significa 'hecho' o 'acción'.

¿Cómo enfoca el tema de la verdad un filósofo pragmatista? Imaginemos, por ejemplo, que queremos saber si una teoría es verdadera o falsa. Un pragmatista se fijaría en las consecuencias prácticas que se derivan de esta teoría y trataría de comprobar si se verifican en la realidad. Si es así, la teoría puede considerarse verdadera. Si no lo es, debemos afirmar que es falsa.

El criterio **pragmático** de verdad atiende a las consecuencias prácticas que tiene aceptar una afirmación como cierta.

1.6. La verdad como consenso

La teoría consensual de la verdad está asociada a los filósofos Jürgen Habermas y Karl-Otto Apel. Según estos autores, el fundamento para afirmar que algo es verdadero está en el **acuerdo** resultante de un proceso de diálogo desarrollado en condiciones adecuadas.

Un ejemplo podría ser el de las verdades científicas. De acuerdo con esta visión, las afirmaciones que hoy consideramos científicamente válidas han sido establecidas mediante el debate, la crítica y la revisión de expertos dentro de la comunidad científica. Lo que los científicos consideran verdadero es aquello sobre lo cual han logrado ponerse de acuerdo mediante el **diálogo** y el consenso.

Según la teoría **consensual** de la verdad, lo que consideramos verdadero es el producto de un acuerdo obtenido tras un proceso de diálogo.

Los dos filósofos alemanes, Habermas y Apel, insisten en que, para que este proceso de diálogo sea válido, hace falta que se cumplan una serie de requisitos básicos. El diálogo debe estar abierto a la participación de todos los interesados, que han de tener la posibilidad de expresar su opinión con libertad y sin ningún tipo de coacciones. Además, todos los participantes deben esforzarse por justificar adecuadamente sus opiniones, y deben estar dispuestos a cambiar de posición cuando los argumentos ofrecidos por otras personas resulten convincentes.

Únicamente en esta **comunidad ideal de diálogo** se dan las condiciones para que todos los interlocutores puedan ponerse de acuerdo en una posición común y alcanzar el consenso.

LA TEORÍA DE LA VERDAD COMO CONSENSO

Desde la teoría consensual de la verdad, un predicado puede atribuirse a un objeto si, y solo si, cualquier otro que pudiera dialogar conmigo pudiera atribuir el mismo predicado al mismo objeto. De ahí que la condición de verdad en un enunciado consista en el consentimiento potencial de los dialogantes potenciales, es decir, en la expectativa de alcanzar un consenso racional. El sentido de la verdad consiste en que siempre que entramos en un discurso pensamos que puede alcanzarse un consenso fundamentado, pero las condiciones de tal consenso racional no dependerán ya a su vez de un consenso, sino de las propiedades formales de un discurso, investigadas por la lógica del discurso, que suponen el bosquejo de una situación ideal de habla o de argumentación, diseñada en condiciones de racionalidad, de modo que no venza sino la fuerza del mejor argumento.

Adela CORTINA: "La ética discursiva", en Victoria CAMPS (coordinadora y editora): *Historia de la ética*.

8. Según la teoría del consenso, ¿cuándo podemos decir que una afirmación es verdadera?

9. ¿En qué consiste la "situación ideal de habla" a la que se refiere este texto? ¿Qué condiciones deben cumplirse para que pueda darse esta situación en un diálogo?

2. Actitudes filosóficas ante la verdad

2.1. Dogmatismo y escepticismo

Como acabamos de ver, los criterios de verdad nos permiten determinar qué es lo que distingue lo verdadero de lo falso. Sin embargo, más allá de esta cuestión, los filósofos también se han planteado si es posible conocer la verdad con certeza. ¿Somos los seres humanos capaces de alcanzar la verdad?

El **dogmatismo** cree que es **posible** conocer la verdad con total seguridad.

Un **dogma** es un principio firme y cierto sobre el que se puede construir el conocimiento. Los partidarios del dogmatismo afirman que hay algunos principios elementales que podemos alcanzar con total seguridad y que pueden servir como una sólida base para el saber. Algunos filósofos dogmáticos en este sentido son Descartes, Leibniz o Wolff.

Los pensadores escépticos, en cambio, tienen una opinión contraria.

El **escepticismo** es una posición filosófica que **niega la posibilidad** de conocer la verdad.

Para un escéptico, la verdad absoluta es algo inalcanzable. Lo máximo que podemos conocer son afirmaciones probables o verosímiles, pero nunca podemos tener la completa seguridad de estar en posesión de la verdad. Entre los filósofos escépticos más conocidos están Gorgias, Pirrón de Elis, Sexto Empírico, Montaigne o David Hume.

Como los **escépticos** niegan la posibilidad de alcanzar la verdad última, también se ven obligados a reconocer las inevitables limitaciones del conocimiento humano. Sin embargo, el escepticismo también tiene otra consecuencia relevante para nuestro trato con los demás. Si no existe ninguna manera de alcanzar la verdad absoluta, lo más prudente será adoptar una **actitud tolerante y abierta** ante las ideas ajenas.

De acuerdo con los escépticos, todos podemos equivocarnos porque todas las cosas son inciertas. Deberíamos desconfiar de quienes están demasiado seguros de sus afirmaciones, puesto que pueden estar equivocados. Por esa misma razón, conviene tomar nuestras creencias con cierta distancia, ya que pueden ser erróneas. Y, sobre todo, debemos aprender a respetar las opiniones ajenas, que tal vez sean más acertadas que las nuestras.

Para los escépticos, la verdad absoluta resulta imposible. Salvador DALÍ: Detalle de *El enigma sin fin* (1938).

ESCEPTICISMO Y SERENIDAD

Con razón decimos que el fundamento del escepticismo es la esperanza de conservar la serenidad de espíritu. En efecto, los hombres mejor nacidos, angustiados por la confusión existente en las cosas y dudando de con cuál hay que estar más de acuerdo, dieron en investigar qué es la verdad en las cosas y qué la falsedad; como si por la solución de esas cuestiones se mantuviera la serenidad de espíritu. Por el contrario, el fundamento de la construcción escéptica es ante todo que a cada proposición se le opone otra proposición de igual validez. A partir de eso, en efecto, esperamos llegar a no dogmatizar.

SEXTO EMPÍRICO: *Esbozos pirrónicos.*

10. ¿Cuál es el objetivo último del escepticismo?

11. ¿Por qué buscar la verdad genera confusión?

12. ¿De qué forma tratan los escépticos de evitar el dogmatismo?

La actitud escéptica desconfía de la posibilidad de encontrar verdades absolutas e indudables. CARAVAGGIO: *La incredulidad de santo Tomás* (1601-1602).

UN ARGUMENTO CONTRA EL ESCEPTICISMO

Contra los escépticos se esgrime un argumento aplastante: "Quien afirma que la verdad no existe, pretende que eso sea verdad, incurriendo en palmaria contradicción". Sin embargo, este argumento irrefutable no ha convencido, seguramente, a ningún escéptico. Porque la gracia del escéptico consiste en que los argumentos no le convencen. Tampoco pretende él convencer a nadie.

Antonio MACHADO: *Juan de Mairena.*

13. ¿Qué razonamiento contra el escepticismo recoge este fragmento?

14. ¿Por qué cree el autor que esta argumentación no resulta convincente para los escépticos?

2.2. Relativismo y subjetivismo

Tratando de buscar la verdad, quizá te hayas sentido desconcertado ante la enorme variedad y diferencia de opiniones existentes. Las conductas que en algunos lugares están prohibidas se permiten, en cambio, en otros sitios. Lo que para algunos es digno de elogio resulta para otros vergonzoso y rechazable. Las creencias religiosas son diferentes en distintos lugares, de manera que cada pueblo parece adorar a sus propios dioses. Las valoraciones sobre la belleza o la fealdad de una obra de arte varían enormemente dependiendo de las personas...

Resulta evidente que podemos encontrar todo tipo de opiniones, a menudo incluso contradictorias, sobre casi cualquier tema. Ante esta situación resulta muy difícil tratar de encontrar una verdad única y común para todos. ¿Acaso la verdad absoluta no existe?

Llamamos **relativismo** a la teoría según la cual **no existe ninguna verdad universal** y absoluta.

Los defensores del relativismo creen que lo que consideramos verdadero o falso es relativo, porque depende del punto de vista, así como del momento y del lugar en el que nos situamos. Por eso no podemos afirmar que haya una única verdad para todo el mundo. Según los relativistas, cada cual tiene su propia verdad, que es tan válida como la de cualquier otro.

El sofista **Protágoras** es uno de los primeros relativistas de los que tenemos noticia. Creía que las propiedades que atribuimos a las cosas no están en ellas mismas, sino que son producto de nuestra valoración. Una misma bebida, por ejemplo, puede parecerle a unos amarga y a otros dulce, a unos fría y a otros caliente. Por eso Protágoras decía que el hombre es la medida de todas las cosas, ya que en su opinión todo lo que afirmamos sobre la realidad depende de nuestro particular punto de vista.

Los relativistas suelen considerar que la interpretación de la verdad depende de la cultura, las costumbres, la educación y las creencias generalmente aceptadas en un tiempo y un lugar determinado.

Para los subjetivistas, cada uno de nosotros tiene su propia verdad personal, por lo que resulta imposible encontrar verdades eternas y universales.

El **subjetivismo** afirma que lo que a una persona le parece verdadero o falso depende únicamente de **factores individuales**.

De acuerdo con el relativismo, la verdad absoluta no existe. Todas las verdades dependen del punto de vista y de las circunstancias. Tanques estadounidenses y soviéticos en el paso fronterizo entre el Berlín occidental y el Berlín oriental (1961).

EL HOMBRE ES LA MEDIDA DE TODAS LAS COSAS

SÓCRATES: Realmente, me parece que has encontrado una razón nada despreciable para enjuiciar la ciencia, razón que, desde luego, ya formulaba Protágoras. Él dijo lo mismo que dices tú, aunque con otras palabras. Pues afirmaba que el hombre es la medida de todas las cosas; de las que son como medida de su ser y de las que no son como medida de su no ser. ¿Sin duda, habrás leído esto?

TEETETO: Sí, lo he leído muchas veces.

SÓCRATES: ¿No dice en verdad que las cosas son para mí tal como se me aparecen, y para ti también tal como se te aparecen?

TEETETO: Desde luego, eso es lo que él afirma.

SÓCRATES: Es natural, sin embargo, que un hombre sabio no lance afirmaciones gratuitas. Sigámosle, por tanto, en su desarrollo. ¿No ocurre a veces que el mismo soplo de viento hace a uno tiritar de frío y a otro no, y que a uno le acaricia ligeramente y a otro de manera violenta?

TEETETO: Efectivamente.

SÓCRATES: ¿Qué será entonces el viento en sí mismo? ¿Diremos que es frío o que no es frío? ¿O daremos la razón a Protágoras, afirmando que es frío para aquel que tirita y que no lo es para el otro?

TEETETO: Parece natural.

SÓCRATES: ¿No se mostrará de este modo a cada uno de ellos?

TEETETO: Lógicamente.

SÓCRATES: ¿Y en esa apariencia consistirá la ciencia?

TEETETO: Claro que sí.

PLATÓN: *Teeteto.*

15. En este texto se recoge una célebre afirmación de Protágoras: "el hombre es la medida de todas las cosas; de las que son como medida de su ser y de las que no son como medida de su no ser". ¿Sabrías explicar lo que significa esta frase?

16. Para aclarar lo que Protágoras pretende decir, Sócrates utiliza el ejemplo del viento. ¿Se puede decir que el viento es frío en sí mismo? ¿Qué es lo que piensa Protágoras sobre este asunto?

17. La teoría de Protágoras conduce a identificar el saber con la apariencia. ¿Tú crees que el verdadero saber equivale a lo que las cosas parecen para cada uno de nosotros? Explica tu respuesta.

A menudo el escepticismo suele estar ligado al relativismo. Sin embargo, es importante que aprendas a distinguir estos dos conceptos. El escepticismo considera que la mejor actitud ante el conocimiento es la duda, ya que nunca podemos estar seguros de haber alcanzado la verdad.

Para un **escéptico**, lo más recomendable es **suspender el juicio**, absteniéndonos de hacer afirmaciones rotundas y limitándonos a ofrecer nuestra propia opinión, que puede estar equivocada. Según los escépticos, esta es la mejor actitud si queremos conservar la tranquilidad de espíritu.

Los relativistas, en cambio, afirman que las cosas que consideramos verdaderas o falsas dependen de las creencias y opiniones extendidas en nuestro entorno. El **relativismo** considera que **la verdad depende** del momento y del lugar, por lo que algunas cosas que para nosotros son verdad podrían ser mentira para otras personas en otro tiempo o lugar.

Desde el tiempo en que los sofistas defendieron el relativismo en la antigua Grecia, esta teoría ha sido duramente criticada en numerosas ocasiones. Muchos filósofos consideran que las posiciones relativistas son inadmisibles y peligrosas, ya que parecen justificar todas las opiniones con el argumento de que no existe ninguna verdad absoluta.

Si aceptamos el relativismo y además somos consecuentes con esta teoría, no nos resultará fácil fundamentar las críticas hacia lo que piensan o hacen los demás.

¿Cómo soy: como me veo o como me ven? Norman ROCKWELL: *Girl at Mirror* (1954).

2.3. ¿Todas las opiniones son válidas?

El **problema del relativismo** en su aspecto **moral** resulta muy relevante actualmente. En la actualidad, la interconexión global y la difusión de la información nos permiten conocer cómo las personas viven y actúan en cualquier rincón de la Tierra.

Hoy en día, por ejemplo, hay lugares en los que no se respetan los derechos humanos. En ciertas regiones las mujeres son discriminadas o maltratadas. Hay diversos territorios en los que no se respeta la libertad ideológica o religiosa y donde las minorías son perseguidas. En algunos países del mundo se aplica la pena de muerte, en otros se castiga a los homosexuales con penas de cárcel, o se condena duramente a los que protestan contra las injusticias...

¿Qué deberíamos pensar acerca de estas situaciones? Para un relativista coherente, los pueblos que discriminan a las mujeres están convencidos de que su actuación es correcta. Ellos tienen su verdad, que es distinta de la nuestra. ¿Tenemos algún derecho a imponerles nuestro particular punto de vista? ¿No deberíamos respetar todas las opiniones y actitudes, siempre que los demás pueblos también respeten nuestra forma de vida?

Para la mayor parte de los filósofos actuales, una interpretación relativista como esta resulta totalmente inaceptable. Aunque es importante aprender a respetar las opiniones de los demás, existe un límite que indica lo que no resulta tolerable en ningún caso.

Pensar así equivale a poner un límite al relativismo y afirmar que no todas las opiniones merecen nuestra consideración. De acuerdo con este punto de vista, la forma de vida de los demás solo es válida cuando se respetan los derechos humanos.

Para muchos pensadores, el marco de lo que podemos aceptar moralmente está definido por el **respeto a los derechos humanos**.

LA INCERTIDUMBRE DE NUESTRO JUICIO

Acostumbramos a decir con razón sobrada que los acontecimientos y el desenlace de los mismos dependen, en las cosas de la guerra, principalmente de la fortuna, la cual se opone a plegarse a nuestra prudencia y a nuestras reflexiones, como dicen los versos siguientes:

Montaigne (1533-1592)

A veces la imprudencia triunfa y la mesura nos engaña; con frecuencia la fortuna no brinda con sus favores a los más dignos; diosa inconstante revolotea aquí y allá a tenor de sus caprichos. La causa de ello es que existe un poder superior que nos domina, del cual dependen todas las criaturas.

Y bien mirado, se diría que nuestras deliberaciones y consejos dependen igualmente de la fortuna, la cual con su fuerza e incertidumbre arrastra también nuestro juicio. Razonamos temeraria y casualmente, dice Timeo en un diálogo de Platón, porque, como nosotros, nuestros razonamientos participan grandemente en el azar.

Michel de MONTAIGNE: "De la incertidumbre de nuestro juicio", en sus *Ensayos*.

18. ¿En qué se basa el autor para decir que los acontecimientos de la guerra dependen de la fortuna más que de nuestras reflexiones?

19. ¿Por qué afirma Montaigne que también "nuestros razonamientos participan grandemente en el azar"?

20. ¿Refleja este texto una visión escéptica? ¿Por qué?

2.4. El perspectivismo

Las dificultades asociadas al dogmatismo y al relativismo condujeron a algunos filósofos a proponer una visión perspectivista sobre la verdad.

De acuerdo con el **perspectivismo**, la verdad solo se puede captar desde un **punto de vista** determinado.

Por eso la verdad presenta un aspecto variable según las personas, los momentos y los lugares. Sin embargo, esto no quiere decir que la verdad no exista, ni que cada uno tenga la suya. Para un filósofo perspectivista sí que existe una verdad, pero esta solo puede contemplarse desde una perspectiva concreta, que condiciona la forma en que la percibimos.

El filósofo español José Ortega y Gasset defendía que solo es posible captar la realidad desde nuestra peculiar **circunstancia**. Con este término Ortega se refería al punto de vista desde el que contemplamos la verdad, que está influido por el momento y el lugar en que vivimos.

2.5. La hermenéutica y la importancia del prejuicio

El problema de la verdad ha sido analizado con especial atención por la filosofía hermenéutica, representada por el alemán Hans-Georg Gadamer. La hermenéutica está principalmente centrada en la **interpretación** de textos, una tarea que tiene gran importancia para la filosofía.

La visión que Gadamer tiene sobre la interpretación otorga un papel muy destacado al lector que se acerca al texto. Según Gadamer, el significado que atribuimos a lo que leemos está condicionado por nuestra peculiar manera de ver el mundo, por lo que ya sabemos o creemos sobre el autor y por lo que otras personas previamente han comentado o sugerido sobre ese mismo texto.

Por lo general, siempre que nos acercamos a un texto lo hacemos a partir de un determinado prejuicio. Con esto Gadamer no pretende referirse a una actitud cerrada o dogmática ante el pasado, sino que únicamente trata de describir la situación del lector, que **no puede nunca aproximarse al texto de manera neutra**.

Los prejuicios son inevitables, porque no podemos nunca desprendernos de nuestra carga cultural y personal. De hecho, los prejuicios conscientes son la base para poder interpretar un texto, porque orientan nuestra forma de leer y entender a un autor.

En realidad, la lectura de un texto es un proceso en el que el lector desempeña un papel muy importante. Para Gadamer, leer es un proceso de diálogo en el que, más que descifrar lo que el autor realmente pretendió decir, lo que hacemos es tratar de elaborar una interpretación del fragmento a la luz de nuestra situación actual.

Los **prejuicios** orientan nuestra forma de entender una obra.

Desde este punto de vista, no resulta fácil determinar cuál es el verdadero significado de un texto. En lugar de buscar la verdad exacta de lo que el fragmento quiere decir, deberíamos centrarnos en elaborar interpretaciones sensatas y significativas que iluminen aquellos aspectos de la obra que puedan tener sentido para nosotros, teniendo en cuenta nuestro punto de vista social, cultural y personal.

LA VERDAD ES PERSPECTIVA

Desde distintos puntos de vista, dos hombres miran el mismo paisaje. Sin embargo, no ven lo mismo. La distinta situación hace que el paisaje se organice ante ambos de distinta manera. Lo que para uno ocupa el primer término y acusa con vigor todos sus detalles, para el otro se halla en el último y queda oscuro y borroso. Además, como las cosas puestas una detrás de otra se ocultan en todo o en parte, cada uno de ellos percibirá porciones del paisaje que al otro no llegan. ¿Tendría sentido que cada cual declarase falso el paisaje ajeno?

Evidentemente, no; tan real es uno como el otro. Pero tampoco tendría sentido que puestos de acuerdo, en vista de no coincidir sus paisajes, los juzgasen ilusorios. Esto supondría que hay un tercer paisaje auténtico, el cual no se halla sometido a las mismas condiciones que los otros dos. Ahora bien, ese paisaje arquetipo no existe ni puede existir. La realidad cósmica es tal que solo puede ser vista bajo una determinada perspectiva. La perspectiva es uno de los componentes de la realidad. Lejos de ser su deformación, es su organización. Una realidad que vista desde cualquier punto resultase siempre idéntica es un concepto absurdo.

Lo que acontece con la visión corpórea se completa igualmente en todo lo demás. Todo conocimiento lo es desde un punto de vista determinado.

José ORTEGA Y GASSET: *El tema de nuestro tiempo.*

21. ¿Con qué compara este texto el conocimiento de la realidad? ¿Por qué crees que el autor utiliza esta metáfora?

22. ¿Qué quiere decir Ortega cuando afirma que "la perspectiva es uno de los componentes de la realidad"?

23. ¿Sería correcto decir que este texto defiende el relativismo? ¿Por qué?

Párate a pensar

Recapitula

1. ¿En qué consiste el criterio de verdad como correspondencia? ¿Por qué existen autores, como Descartes, que desconfían de esta visión acerca de la verdad?

2. Completa la siguiente tabla con la información correspondiente a los diferentes criterios de verdad:

Criterio de verdad	La verdad es...	Ejemplo	Filósofos que la defienden
Correspondencia	La adecuación entre el objeto y el intelecto	...	...
...	...	El *cogito*: "Yo pienso, por lo tanto yo existo"	Descartes
...	...	Las verdades de las matemáticas	Hegel
Pragmático	...	...	...
Consenso			Habermas, Apel

3. ¿Qué es lo que propone la teoría consensual de la verdad? ¿Qué autores defienden este punto de vista?

4. ¿En qué consiste la actitud dogmática acerca de la verdad? ¿En qué se diferencia de la actitud escéptica? ¿Cuál de estas dos formas de entender la verdad crees que favorece más la tolerancia hacia las opiniones ajenas?

5. ¿Cuál es la diferencia que existe entre el relativismo y el subjetivismo? Pon un ejemplo de cada una de estas dos doctrinas filosóficas para aclarar tu respuesta.

6. ¿Cuál es la visión que tiene la filosofía hermenéutica sobre la verdad de un texto? ¿Por qué insiste tanto la hermenéutica en la importancia de los prejuicios a la hora de interpretar lo que leemos?

7. ¿Sabrías identificar cuál es el criterio de verdad en que se basan las siguientes afirmaciones?

a) Andrés y Laura tienen una aventura, porque ayer los vi besándose en el parque.

b) Si "x" es el doble que "y", entonces "y" tendrá que ser la mitad de "x".

Construye el concepto

8. Define los siguientes términos filosóficos con los diccionarios propuestos (p. 1). A continuación, escribe una frase con cada uno de ellos en la que se aprecie su significado:

- evidencia
- pragmatismo
- dogmatismo
- escepticismo
- relativismo
- perspectivismo

Trabaja con textos

9. El filósofo alemán Friedrich Nietzsche está considerado como un relativista que sostiene que no existe una verdad universal pues ninguna corresponde a la realidad más que en apariencia. El siguiente texto recoge las ideas fundamentales de su visión acerca de la verdad. Lee el fragmento y contesta las preguntas:

¿Qué es entonces la verdad? Una hueste en movimiento de metáforas, metonimias, antropomorfismos, en resumidas cuentas, una suma de relaciones humanas que han sido realzadas, extrapoladas y adornadas poética y retóricamente y que, después de un prolongado uso, un pueblo considera firmes, canónicas y vinculantes; las verdades son ilusiones de las que se ha olvidado que lo son; metáforas que se han vuelto gastadas y sin fuerza sensible, monedas que han perdido su troquelado y no son ahora ya consideradas como monedas, sino como metal.

Friedrich NIETZSCHE: *Sobre verdad y mentira en sentido extramoral.*

a) ¿Qué es, según este texto, la verdad? De acuerdo con el autor, ¿cuál es el origen de las verdades?

b) En este fragmento Nietzsche relaciona la verdad con la creatividad poética y retórica. ¿Tú crees que la verdad tiene alguna relación con la poesía? ¿Qué consecuencias puede tener adoptar la postura de este filósofo?

10. Lee el texto y contesta las preguntas:

Gorgias de Leontini pertenecía al mismo grupo que aquellos que han eliminado el criterio [de verdad] [...]. En efecto, en el libro titulado *Sobre lo que no es o la naturaleza* desarrolla tres argumentos sucesivos. El primero es que nada existe; el segundo, que, aun en el caso de que algo exista, es inaprensible para el hombre; y el tercero, que, aun cuando fuera cognoscible, no puede ser comunicado ni explicado a otros.

SEXTO EMPÍRICO: *Contra los matemáticos.*

a) Gorgias fue uno de los sofistas más famosos de la antigua Grecia. ¿Recuerdas quiénes eran los sofistas y a qué se dedicaban?

b) ¿Cuáles son los tres argumentos que ofrece Gorgias para defender su posición escéptica?

11. Lee el texto y contesta las preguntas:

En primer lugar [el método pragmático], es un método para apaciguar las disputas metafísicas que de otro modo serían interminables. ¿Es el mundo uno o múltiple? ¿Libre o determinado? ¿Material o espiritual? He aquí unas cuantas nociones, cada una de las cuales puede o no adaptarse al mundo, y las discusiones sobre estas nociones son interminables. El método pragmático en tales casos trata de interpretar cada noción, trazando sus respectivas consecuencias prácticas. ¿Qué diferencia de orden práctico supondría para cualquiera que fuera cierta tal noción en vez de su contraria? Si no puede trazarse cualquier diferencia práctica, entonces las alternativas significan prácticamente la misma cosa y toda disputa es vana. Cuando la discusión sea seria, debemos ser capaces de mostrar la diferencia práctica que implica el que tenga razón una u otra parte.

William JAMES: *Pragmatismo.*

c) ¿En qué consiste el "método pragmático" que propone el autor? ¿Para qué puede servir, de acuerdo con este fragmento?

d) Según William James, ¿cómo podemos decidir quién tiene razón en una disputa?

II. La filosofía del conocimiento

3. El conocimiento en la antigua Grecia

3.1. La diferencia entre saber y opinión

¿A dónde sueles recurrir cuando necesitas información sobre un tema que desconoces? Es posible que en esos casos trates de preguntar a los demás lo que piensan acerca de esa cuestión. Sin embargo, no todas las opiniones tienen el mismo valor. Si quisieras saber, por ejemplo, si una seta que has encontrado es comestible, ¿a quién pedirías opinión? Sabiendo que algunas setas pueden ser venenosas, ¿te fiarías en este tema de la opinión de cualquiera?

Este caso puede ayudarte a comprender la gran diferencia que existe entre el saber y la opinión. Los filósofos siempre han mostrado un gran interés por aclarar esta distinción. ¿Cómo puede alcanzarse el saber verdadero? ¿Cómo podemos distinguirlo de las opiniones cambiantes y poco fiables? ¿De qué forma se puede obtener un conocimiento seguro? La **gnoseología** es la parte de la filosofía que trata de responder preguntas como estas.

La gnoseología es la rama de la filosofía que se plantea preguntas acerca del **conocimiento**.

3.2. La gnoseología de Platón

Ya en la antigua Grecia, Platón diferenciaba la ***doxa*** ('opinión') de la ***episteme*** ('ciencia' o 'saber verdadero'). Platón creía que esta distinción tenía una importancia crucial, porque solo el saber verdadero es auténticamente fiable. Las opiniones, por el contrario, son variables y cambiantes.

La gnoseología de Platón distingue entre la **opinión** (*doxa*) y el **saber** verdadero (*episteme*).

Para explicar la diferencia entre saber verdadero y opinión, Platón utilizaba una comparación. El conocimiento, según este símil, es como una línea que podemos dividir en dos partes. La primera parte corresponde al conocimiento sensible, que se capta con los sentidos y genera la opinión. La segunda parte, en cambio, representa el conocimiento inteligible, que se alcanza mediante la razón y que es el único que constituye un saber auténtico y valioso.

El saber verdadero se caracteriza, según Platón, por ser una **opinión verdadera** que además somos capaces de **justificar** adecuadamente.

En el pensamiento de Platón, la filosofía del conocimiento está íntimamente unida a la teoría de las Ideas. Como recordarás, la metafísica platónica partía de la distinción entre el mundo sensible y el mundo inteligible.

El conocimiento del mundo sensible, que se realiza a través de los sentidos, es solo imperfecto y engañoso. Por eso se denomina opinión (*doxa*). En cambio, el verdadero conocimiento consiste en captar las Ideas mediante la razón. Este es el auténtico saber, al que podemos llamar ciencia (*episteme*).

Para Platón, la ciencia o saber verdadero es mucho más valiosa que la opinión. Por eso resulta fundamental aclarar cómo podemos alcanzar ese saber superior, distinguiéndolo de las meras opiniones. Platón creía que los seres humanos podemos captar las Ideas porque, aunque las hayamos olvidado, estas se encuentran en nuestro interior.

Platón llamaba **reminiscencia** al proceso mediante el cual podemos captar las Ideas con ayuda del diálogo filosófico.

EL SABER ES LA OPINIÓN VERDADERA JUSTIFICADA

—Pues bien, según parece, si a uno se le preguntara qué es el saber, tendría que contestar que es la recta opinión acompañada del conocimiento de la diferencia, ya que, al añadir el término explicación, de acuerdo con aquella definición, es esto lo que estaría diciendo.

—Así parece.

—Si investigamos qué es el saber, es completamente estúpido decir que es la recta opinión acompañada del conocimiento, ya sea de la diferencia o de cualquier otra cosa. Por tanto, Teeteto, resulta que el saber no sería ni percepción, ni opinión verdadera, ni explicación acompañada de la opinión verdadera.

PLATÓN: *Teeteto*.

24. En este fragmento Platón trata de aclarar la diferencia que existe entre la ciencia y la opinión. ¿Cuáles son las palabras exactas con las que define el saber?

25. ¿Por qué se afirma en el texto que el saber no es la percepción? ¿Por qué tampoco es una opinión verdadera? ¿Qué es lo que faltaría en esta última frase para que la definición fuera correcta?

Platón distingue en su gnoseología el conocimiento aparente (*doxa*) del verdadero (*episteme*). Nicolas-Bernard LÉPICIÉ: *Narciso mutando a flor* (1771).

EL SÍMIL DE LA LÍNEA DE PLATÓN

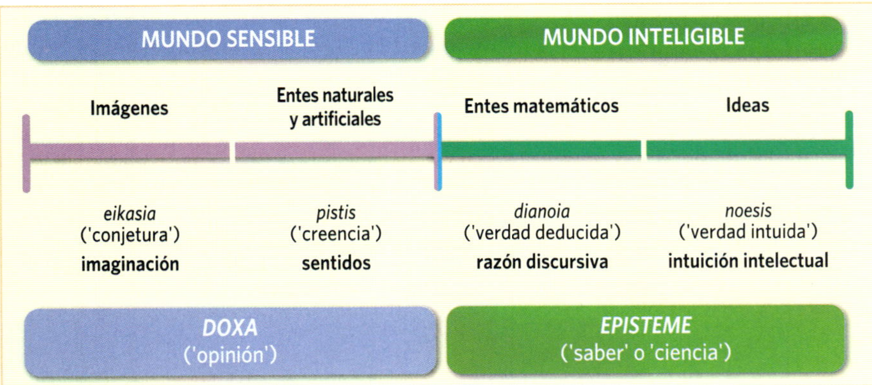

Con el "símil de la línea", incluido en su libro *La República*, Platón ofrece una representación alegórica de su teoría dualista sobre el conocimiento.

3.3. El problema del conocimiento en la filosofía aristotélica

Como vimos, Aristóteles no compartía la teoría de las Ideas de su maestro Platón. Según Aristóteles, la verdadera realidad está constituida por los seres del mundo sensible que podemos percibir. Por eso rechazaba la teoría de la reminiscencia de Platón, ya que no creía en la existencia de un mundo inteligible de esencias puras e independientes.

Aristóteles pensaba que el conocimiento debe partir de los individuos particulares que captamos con los sentidos. Sin embargo, el conocimiento que tenemos de las cosas particulares es limitado e imperfecto.

Según Aristóteles, el conocimiento verdaderamente valioso consiste en **conocer lo universal** y **no lo particular**.

Un ejemplo puede ser útil para aclarar esta distinción. Piensa, por ejemplo, en el tipo de conocimientos que debe tener un médico. ¿Qué clase de cosas debería conocer para poder ejercer correctamente su profesión? Aristóteles cree que no basta con conocer los detalles particulares del cuerpo de un paciente individual. El conocimiento de la anatomía que tiene un buen médico no se refiere a ningún cuerpo en concreto. Lo verdaderamente importante es conocer las características corporales generales que todas las personas tenemos en común. A esto es a lo que se refiere Aristóteles cuando habla de la importancia del conocimiento universal por encima del particular.

Fíjate

Según Aristóteles, los seres humanos comparten con los demás animales la capacidad de captar la realidad a través de los sentidos. Sin embargo, únicamente los seres humanos disponen de un sexto sentido, al que Aristóteles denomina "sentido común", que nos permite organizar las sensaciones para darles un significado concreto. Esta capacidad específicamente humana hace posible la percepción, que consiste en la posibilidad de organizar nuestras sensaciones e interpretar adecuadamente el mundo que nos rodea.

3.4. El proceso de abstracción

En su filosofía, Aristóteles emplea el concepto de **forma** para referirse a las características generales que comparten todos los seres de una misma especie o conjunto. Para Aristóteles, el verdadero conocimiento consiste en ir más allá de lo particular para captar lo universal, que es la forma o esencia compartida por todos los individuos de una misma especie.

¿Pero cómo se alcanza este conocimiento universal? Para el pensamiento aristotélico, lo único que existe son los individuos particulares del mundo que nos rodea. Por eso el conocimiento comienza cuando percibimos estos individuos a través de los **sentidos**. Posteriormente esas percepciones se almacenan en la **memoria**, y pueden ser evocadas gracias a la **imaginación**. Finalmente el **entendimiento** nos permite contrastar percepciones similares y obtener de ellas los rasgos que tienen en común.

Para captar la esencia compartida por varios individuos particulares, nuestro entendimiento comienza por compararlos. El proceso crucial consiste en prescindir de sus rasgos secundarios y particulares. El entendimiento debe únicamente quedarse con lo que estos individuos tienen en común, que es

De acuerdo con la teoría aristotélica, podemos conocer la esencia de lo humano mediante un proceso de abstracción inductiva que parte de los sentidos para extraer la forma que los individuos tienen en común.

una misma forma compartida. Conocer consiste, por lo tanto, en extraer la forma inmanente que varios individuos particulares tienen en común, prescindiendo de sus rasgos concretos y particulares. Este es un proceso de **abstracción inductiva***. Se llama así porque se basa en extraer la forma compartida mediante la comparación de una serie de individuos particulares, a partir de los cuales se puede obtener un conocimiento universal por generalización.

Para Aristóteles el conocimiento es posible gracias a un proceso de abstracción que extrae la **esencia común** a los individuos, prescindiendo de sus características particulares.

***Abstracción inductiva:** proceso que permite extraer la esencia o forma compartida por varios individuos particulares de la misma especie. Según Aristóteles, esto es posible porque nuestro entendimiento compara los individuos particulares, prescindiendo de sus rasgos concretos y extrayendo la esencia que tienen en común. De este modo se puede obtener un conocimiento universal mediante generalización.

4. El conocimiento en la filosofía moderna

4.1. Ciencia y filosofía

Las teorías filosóficas de Platón y Aristóteles tuvieron una enorme influencia en el pensamiento posterior. Durante la Edad Media, las ideas de estos dos autores fueron utilizadas en combinación con elementos propios del cristianismo. Por eso, la gnoseología medieval se inspira en ideas platónicas y aristotélicas, a las que los autores medievales añadieron elementos religiosos.

Fue en la Edad Moderna cuando la filosofía volvió a interesarse directamente por el conocimiento. El desarrollo de la ciencia tras la revolución científica del siglo XVII hizo que los filósofos de esa época prestasen gran atención a los problemas gnoseológicos.

A partir del siglo XVII, el tema del conocimiento se convirtió en una de las preocupaciones centrales para la filosofía.

El problema que preocupaba a los pensadores de esta época era el del **origen**, la **validez** y los **límites** del conocimiento humano. Ciertamente, la ciencia había demostrado su éxito y su eficacia, pero aún había muchas preguntas que la filosofía trataba de contestar. ¿En qué se basan los grandes avances de la ciencia? ¿Por qué la física progresa de manera tan espectacular mientras la filosofía no consigue hacerlo? ¿Podemos fiarnos completamente de los conocimientos científicos? ¿Cuál debe ser el punto de partida para lograr conocimientos fiables?

4.2. Grandes corrientes de la gnoseología moderna

En general, la mayor parte de los filósofos de la Edad Moderna se pueden situar en dos grandes corrientes, a las que se denomina **racionalismo** y **empirismo**.

El tema del conocimiento interesaba por igual a los racionalistas y a los empiristas. Además, ambas tendencias compartían una visión parecida sobre el contenido de lo que conocemos. Conocer, para estos pensadores, consiste en tener **contenidos mentales**. De acuerdo con esta visión, las ideas que tenemos en la conciencia son representaciones mentales de la realidad.

Las diferencias entre los racionalistas y los empiristas surgen al tratar de aclarar cómo obtenemos estas ideas. ¿De dónde proceden nuestras representaciones mentales? ¿Cómo es posible obtener ideas que sean válidas y fiables? Los racionalistas consideran que para alcanzar un conocimiento seguro debe partirse de la **razón**. En cambio, los empiristas piensan que la única manera de conseguir conocimientos válidos es a partir de la **experiencia**.

Fíjate

La diferencia que existe entre la gnoseología de Platón y la de Aristóteles es más fácil de apreciar mediante un ejemplo concreto. Veamos cómo estas dos visiones tan distintas interpretan un mismo caso. ¿Cómo pueden explicar nuestro conocimiento de lo que es un ser humano?

La respuesta de Platón está basada en su teoría de las Ideas y en la reminiscencia. Cuando ves a María, a Pedro y a Isabel, tan solo estás captando la copia imperfecta de una esencia eterna e inmutable. María, Pedro e Isabel son seres humanos porque participan —aunque de manera imperfecta— de la Idea de ser humano. Esa Idea está en tu interior, aunque tú no seas consciente de ello. Ver a estas personas con tus propios ojos puede ayudarte a recordar la Idea de ser humano que hay en tu interior. Pero esto solo será posible si estás dispuesto a fiarte únicamente de la razón, rechazando el testimonio engañoso de los sentidos. El conocimiento de las Ideas requiere la ayuda de la filosofía, y únicamente puede alcanzarse después de un largo proceso de aprendizaje.

La respuesta de Aristóteles, en cambio, se apoya en su teoría de la abstracción. Cuando ves a María, a Pedro y a Isabel, estás conociendo a través de los sentidos a tres individuos particulares del mundo sensible. María, Pedro e Isabel son seres humanos porque los tres tienen una misma forma o esencia. Esta esencia común es lo que les hace ser personas y no cualquier otra cosa. Tú eres capaz de captar esa esencia comparando las imágenes de tus tres amigos. Al hacerlo, te das cuenta de que unas personas son altas y otras bajas, unas son morenas y otras rubias, unas son jóvenes y otras viejas... Sin embargo, tu entendimiento puede prescindir de estos rasgos particulares y variables, para quedarse solo con lo que todas las personas tienen en común. Más allá de sus diferencias, las personas comparten una misma forma o esencia, que es común en todas ellas.

5. El racionalismo

5.1. La confianza en la razón

El **racionalismo** es una corriente filosófica según la cual la **razón** debe ser el punto de partida para alcanzar conocimientos seguros.

La mayor parte de los filósofos racionalistas vivieron en el continente europeo durante los siglos XVII y XVIII. Algunos destacados racionalistas son **Descartes**, **Leibniz** y **Spinoza**.

Los filósofos racionalistas creen, en general, que los sentidos no son fiables porque pueden engañarnos. La razón, en cambio, sí que puede proporcionarnos conocimientos fiables, porque existen algunas **verdades innatas** que todos tenemos desde nuestro nacimiento y que son absolutamente seguras.

Descartes, como vimos, sostenía que una idea innata muy importante era el ***cogito***: si yo pienso, eso significa que yo tengo que existir. Esta verdad fundamental no proviene de la experiencia, sino que, según Descartes, se capta de forma inmediata mediante la intuición.

5.2. Un pensamiento inspirado por las matemáticas

El modelo de conocimiento en el que se inspiran los racionalistas son las matemáticas. En matemáticas el conocimiento se fundamenta en unas pocas verdades que se consideran incuestionables y que se denominan **axiomas**. A partir de los axiomas, los matemáticos obtienen otras verdades mediante un proceso de **deducción***.

El objetivo de los racionalistas era extender este procedimiento deductivo a todo el campo del conocimiento humano. Creían que era posible construir un saber completo partiendo de las verdades evidentes e innatas de la razón. Para lograrlo era imprescindible seguir un método adecuado, un camino que permitiese descubrir la verdad y evitar el error.

De acuerdo con el planteamiento anterior, tanto Descartes como Leibniz aspiraban a sentar las bases de una "**ciencia universal**". Esta ciencia debería fundarse en la razón y podría incluir todos los campos del saber a partir de unos pocos principios evidentes y universales.

Para los racionalistas las matemáticas constituyen un modelo de conocimiento. En la imagen, Descartes presenta sus teorías a la reina Cristina de Suecia.
P.L. DUMESNIL: Detalle de *La reina Cristina de Suecia y su corte* (s. XVIII).

Protagonistas de la filosofía

DESCARTES (1596-1650)

Se puede decir que René Descartes es el primer pensador de la Edad Moderna por su ruptura con la Escolástica, así como por la importancia que otorga al papel del sujeto en la filosofía. Pero, además de filósofo, Descartes fue también un destacado científico. Como matemático fue el creador de la geometría analítica, y como físico investigó temas como las leyes de reflexión y refracción de la luz.

Aunque francés de nacimiento, Descartes prefirió residir en Holanda durante una gran parte de su vida. El clima intelectual de tolerancia que existía en los Países Bajos le permitió desarrollar sus investigaciones con tranquilidad. Sin embargo, Descartes era muy consciente de que las ideas innovadoras no siempre son bien recibidas. En 1633, cuando estaba a punto de concluir el libro en que desarrollaba su visión mecanicista del mundo, supo que las doctrinas de Galileo habían sido condenadas por la Iglesia. Este hecho le hizo mantener en secreto sus ideas sobre el universo y el ser humano, que solo se publicaron después de su muerte.

Las obras filosóficas más conocidas de Descartes son el *Discurso del método* y las *Meditaciones metafísicas*. En ellas propone partir de la duda metódica para poder alcanzar certezas indudables. Descartes encuentra el modo de superar esta duda universal con su célebre afirmación *cogito ergo sum* ('pienso, y por lo tanto existo'). La existencia del sujeto pensante es, por tanto, la primera verdad absolutamente cierta, que se convierte así en un punto de partida firme y seguro para la filosofía.

La fama adquirida por Descartes hizo que la reina Cristina de Suecia, muy interesada por la ciencia y la cultura, le invitase a su corte de Estocolmo. Descartes se trasladó a Suecia, donde tuvo ocasión de enseñar a la reina. Pero el riguroso clima del norte de Europa no sentó bien al filósofo, que enfermó gravemente y falleció poco tiempo después.

***Deducción:** procedimiento que permite pasar de unas verdades generales a otras particulares. Las matemáticas utilizan procedimientos deductivos cuando demuestran un teorema a partir de ciertos axiomas.

6. El empirismo

6.1. El valor de la experiencia

Mientras en el continente europeo se desarrollaba el racionalismo, en las islas Británicas surgió una corriente filosófica muy diferente denominada **empirismo**. Los principales filósofos empiristas son **Hobbes**, **Locke**, **Berkeley** y **Hume**. A todos ellos les interesaba el tema del conocimiento, aunque su enfoque sobre esta cuestión era radicalmente opuesto al de los racionalistas.

Para los empiristas la única fuente de conocimiento válida es la **experiencia**.

Todo lo que conocemos proviene de lo que percibimos mediante los sentidos. A partir de esas experiencias elaboramos nuestras ideas y todo cuanto sabemos. De acuerdo con esta concepción, los empiristas negaban la existencia de ideas innatas. Al nacer no tenemos ninguna idea, porque todas las ideas sin excepción provienen de la experiencia.

De acuerdo con los empiristas la experiencia es el origen y el límite de todo nuestro conocimiento.

6.2. El recurso a la inducción

El modelo de conocimiento en el que se inspiran los empiristas es el de las ciencias naturales, como la física o la química. Estas ciencias se basan en la experimentación y, según los empiristas, elaboran sus leyes mediante la **inducción***. Son, por tanto, muy distintas de las matemáticas, donde el procedimiento fundamental es la deducción. Los filósofos empiristas confían en el método inductivo para construir el conocimiento.

La experiencia es el origen, pero también el **límite** del conocimiento. Por eso los empiristas cuestionaron que se pueda conocer aquello de lo que no tenemos experiencia: la vida tras la muerte, Dios, o bien, cualquier hecho futuro.

***Inducción:** procedimiento que parte de verdades particulares para obtener resultados universales mediante un proceso de generalización.

7. La crítica kantiana

7.1. ¿Qué podemos conocer?

En su libro *Crítica de la razón pura*, el filósofo alemán **Immanuel Kant** intentó aclarar cuáles son las **posibilidades** del conocimiento humano. Impresionado por los avances científicos de su tiempo, Kant trató de investigar el fundamento que hacía posible la ciencia. ¿Qué es lo que permite a las matemáticas o a la física progresar de forma tan exitosa? ¿Tiene algo que ver con la forma en que la mente humana conoce la realidad?

Kant recogió en su filosofía la influencia de los racionalistas y de los empiristas. Creía que los empiristas acertaban al insistir en la importancia de la experiencia para el conocimiento, pero pensaba que la razón humana también tenía un papel importante, como afirmaban los racionalistas.

Kant mantiene que la **experiencia** nos proporciona el contenido o materia de nuestros conocimientos, pero nuestra razón es la que organiza esos contenidos dándoles **forma**.

Por eso Kant afirmaba que el conocimiento empieza con la experiencia, pero no todo él proviene de ella. Existen algunos elementos del conocimiento que son **anteriores** a la experiencia, o, como dice Kant, que son ***a priori***. Estos elementos son muy importantes, porque permiten establecer algunas grandes verdades universales que constituyen el fundamento de las ciencias.

LA MENTE ES COMO UN PAPEL EN BLANCO

Supongamos, entonces, que la mente sea, como se dice, un papel en blanco, limpio de toda inscripción, sin ninguna idea. ¿Cómo llega a tenerlas? ¿De dónde se hace la mente con ese prodigioso cúmulo, que la activa e ilimitada imaginación del hombre ha pintado en ella, en una variedad casi infinita? ¿De dónde saca todo ese material de la razón y del conocimiento? A esto contesto con una sola palabra: de la experiencia; he allí el fundamento de todo nuestro conocimiento, y de allí es de donde en última instancia se deriva. Las observaciones que hacemos acerca de los objetos sensibles externos o acerca de las operaciones internas de nuestra mente, que percibimos, y sobre las cuales reflexionamos nosotros mismos, es lo que provee a nuestro entendimiento de todos los materiales del pensar. Estas son las dos fuentes del conocimiento de donde dimanan todas las ideas que tenemos o que podamos naturalmente tener.

John LOCKE: *Ensayo sobre el entendimiento humano.*

26. ¿Por qué compara Locke la mente humana con un papel en blanco?

27. De acuerdo con este texto, ¿de qué dos fuentes proceden las ideas de nuestro entendimiento? ¿Crees que este autor defiende la existencia de ideas innatas?

7.2. La sensibilidad

Para encontrar cuáles son los elementos *a priori* del conocimiento, Kant realizó un exhaustivo estudio de la forma en que los seres humanos conocemos la realidad. Según Kant, el conocimiento hace uso de **tres facultades** diferentes, que él denominó sensibilidad, entendimiento y razón.

La **sensibilidad** es la facultad que nos permite captar impresiones mediante los **sentidos**.

Para Kant era importante señalar que nuestras percepciones sensoriales se producen siempre en algún momento y en algún lugar. Lo que captamos con los sentidos está asociado a un marco espacio-temporal. El espacio y el tiempo, según Kant, constituyen la forma de nuestras percepciones sensibles. Esto quiere decir que ni el espacio ni el tiempo son propiedades de la realidad.

Para Kant, es el sujeto quien introduce el **espacio** y el **tiempo** en las percepciones sensibles.

Se trata de elementos *a priori* de la sensibilidad, que nosotros utilizamos para organizar los datos de los sentidos.

La existencia de formas *a priori* en la sensibilidad permite a Kant explicar qué posibilita que las **matemáticas** sean una **ciencia**. Las matemáticas, según Kant, se ocupan de los números y de las figuras. Pero las figuras se refieren al espacio, y los números, al tiempo (ya que para hacer una serie numérica tenemos que ordenar temporalmente las distintas unidades). Así pues, los fundamentos últimos de las matemáticas son el espacio y el tiempo. Como estos elementos son *a priori*, podemos asegurar que el conocimiento matemático es universal y verdaderamente científico.

7.3. El entendimiento y las categorías

Una vez captados los datos sensibles, el **entendimiento** se encarga de elaborarlos para producir conceptos a partir de ellos. Por ejemplo, tras percibir un color rojo, un sabor dulce y una textura crujiente, mi entendimiento procesa esos datos para indicarme que lo que tengo ante mí es una manzana. El concepto de manzana ha sido elaborado por el entendimiento a partir de los datos de la sensibilidad.

¿Cómo surgen los conceptos del entendimiento? Kant creía que en el proceso intervienen dos elementos. El contenido de los conceptos son los datos de la sensibilidad. En cambio, la forma que permite organizar esos datos y darles sentido no procede de la experiencia, sino que la aporta mi propia mente.

Según Kant, el entendimiento posee una serie de elementos a *priori* llamados **categorías**, que sirven para dar forma a los datos sensibles.

Protagonistas de la filosofía

IMMANUEL KANT (1724-1804)

Aunque prácticamente no salió nunca de Königsberg, su ciudad natal, Immanuel Kant fue un filósofo cosmopolita, de amplia cultura y con intereses universales. Su formación estuvo marcada por la influencia del racionalismo de Wolff, cuyo dogmatismo Kant se esforzó por superar. Según él mismo afirmó, fue la lectura de Hume lo que le hizo "despertar del sueño dogmático" y darse cuenta de la importancia crucial de la experiencia en el conocimiento humano.

Kant consideraba que todo su pensamiento era un intento de contestar a tres preguntas: ¿Qué puedo conocer? ¿Qué debo hacer? ¿Qué me cabe esperar?

La primera cuestión queda respondida en la *Crítica de la razón pura*, uno de los libros más influyentes en la historia de la filosofía. En él Kant trata de averiguar cuáles son los límites del conocimiento humano estudiando en detalle el funcionamiento de tres facultades: la sensibilidad, el entendimiento y la razón. Según Kant, la experiencia es necesaria, porque nos aporta los contenidos materiales del conocimiento. Pero no todo proviene de la experiencia, porque es el sujeto quien organiza los datos de la experiencia dotándolos de forma y estructura.

La segunda pregunta kantiana hace referencia a la ética. Esta cuestión se aborda en la *Crítica de la razón práctica*, donde Kant ofrece las claves de una ética formal basada en el cumplimiento del deber.

La tercera pregunta tiene relación con las expectativas de los seres humanos. ¿Tenemos un alma inmortal? ¿Podemos confiar en que hay algo que nos espera tras la muerte? Kant creía que estas preguntas no pueden responderse de forma científica, aunque sí podemos acercarnos a ellas mediante la razón práctica. Según Kant, si queremos creer que el esfuerzo por cumplir nuestro deber va a ser recompensado adecuadamente, tenemos que aceptar la inmortalidad del alma y la existencia de un Dios que garantice una vida eterna tras la muerte.

Con su *Crítica de la razón pura* Kant se propuso analizar los límites del conocimiento humano. Jan BRUEGHEL y Peter Paul RUBENS: Detalle de *El Jardín del Edén con la Caída del Hombre* (1615).

Kant creía que ciertos conceptos fundamentales, tales como el de **sustancia** o el de **causalidad**, eran categorías del entendimiento. Esto quiere decir que para Kant la causa o la sustancia no forman parte de la realidad externa, sino que son elementos aportados por el sujeto para dar sentido a lo que percibimos.

La existencia de categorías permite a Kant explicar por qué la **física** es una **ciencia**. Según Kant, todas las leyes de la física se basan en el principio de causalidad. Cuando los científicos elaboran una ley están tratando de explicar los motivos que causan un fenómeno. Pero la idea de causalidad, de acuerdo con Kant, no procede de la experiencia, sino que es un elemento *a priori* de nuestro entendimiento. Como el fundamento último de la física es la categoría *a priori* de causa, podemos afirmar que las leyes de la física son universales y necesarias, y por eso es auténticamente científica.

7.4. ¿Puede la metafísica convertirse en una ciencia?

La tercera facultad que estudia Kant es la **razón**. La razón aspira a obtener conocimientos generales partiendo de los conceptos elaborados por el entendimiento. Según Kant, los seres humanos tenemos la tendencia natural a buscar grandes explicaciones para todo lo que sucede. Por eso nuestra razón tiende a sintetizar los conceptos del entendimiento, englobando todo lo que existe con tres ideas: **Dios**, el **alma** y el **mundo**. De estos temas se ocupa la metafísica.

Sin embargo, la **metafísica no puede considerarse una ciencia**, ya que no podemos tener experiencia de ninguno de sus tres objetos.

7.5. Los límites de nuestro conocimiento

El estudio realizado en la *Crítica de la razón pura* permitió a Kant establecer qué es lo que podemos conocer. Según Kant, existe un límite para el conocimiento.

Los seres humanos **no podemos conocer lo que está más allá de la experiencia**.

Solo podemos captar la realidad tal y como se nos muestra, de acuerdo con la forma en que funcionan nuestros sentidos y nuestra mente. En la *Crítica de la razón pura*, Kant llama **fenómeno** a esta realidad que aparece ante nosotros. La filosofía de la ciencia kantiana insiste en que no podemos alcanzar la realidad en sí misma, porque solo podemos captar los fenómenos. Así pues, el conocimiento siempre será limitado.

Además, Kant mostró en su epistemología que el sujeto tiene un papel muy relevante en el conocimiento. La realidad nos ofrece el contenido de lo que conocemos, pero somos nosotros quienes aportamos el espacio, el tiempo y las categorías, que incluyen la de la sustancia o de causa.

El cambio de perspectiva inaugurado por Kant tuvo una gran repercusión en la filosofía posterior. Los filósofos anteriores habían considerado que nuestro conocimiento dependía enteramente de los objetos que percibimos. Kant, en cambio, consideró que la clave para comprender cómo conocemos está en el propio sujeto y en los elementos que nuestra mente aporta al conocimiento. El propio Kant señaló la importancia de este radical cambio de perspectiva, comparando su propia teoría con la forma en que Copérnico había cambiado el punto de vista en la astronomía.

LA REVOLUCIÓN COPERNICANA EN EL CONOCIMIENTO

Hasta ahora se admitía que todo nuestro conocimiento tenía que regirse por los objetos; pero todos los ensayos, para decidir *a priori* algo sobre estos, mediante conceptos, por donde sería extendido nuestro conocimiento, se aniquilaban en esa suposición. Ensáyese pues una vez si no adelantaremos más en los problemas de la metafísica, admitiendo que los objetos tienen que regirse por nuestro conocimiento, lo cual concuerda ya mejor con la deseada posibilidad de un conocimiento *a priori* de dichos objetos, que establezca algo sobre ellos antes de que nos sean dados. Ocurre con esto como con el primer pensamiento de Copérnico quien, no consiguiendo explicar bien los movimientos celestes si admitía que la masa toda de las estrellas daba vueltas alrededor del espectador, ensayó si no tendría mayor éxito haciendo al espectador dar vueltas y dejando en cambio las estrellas inmóviles. En la metafísica se puede hacer un ensayo semejante, por lo que se refiere a la intuición de los objetos.

Immanuel KANT: *Crítica de la razón pura*.

28. De acuerdo con el texto, ¿cuál era la base del conocimiento para los filósofos anteriores a Kant?

29. ¿Cuál es el problema que tenía esa antigua perspectiva?

30. ¿En qué consiste el cambio de punto de vista que propone Kant en este fragmento?

31. ¿Por qué compara el autor su propuesta con el pensamiento de Copérnico?

La gnoseología de Kant afirma que la experiencia marca el límite de lo que las personas podemos conocer.

Párate a pensar

Recapitula

1. Completa la siguiente tabla en la que se recogen las características que diferencian, según Platón, la *doxa* de la *episteme*. Para realizar esta actividad puede resultarte útil recordar lo que plantea Platón en el "símil de la línea" que hemos visto en la unidad didáctica.

	Doxa	*Episteme*
¿Qué significa el término griego?	...	...
¿Es un conocimiento sensible o inteligible?	...	...
¿Es un conocimiento de objetos o de ideas?	...	...
¿Se trata de un conocimiento fiable?	...	...

2. ¿Comparte Aristóteles el planteamiento gnoseológico de Platón? ¿En qué consiste conocer, según Aristóteles? ¿Cómo podemos alcanzar conocimientos universales de acuerdo con su teoría?

3. ¿En qué consiste el racionalismo? ¿Y el empirismo? ¿Cuál es el tema que preocupaba principalmente a estos dos grupos de filósofos? ¿En qué se diferencian sus perspectivas sobre esta cuestión?

4. Completa la siguiente tabla en la que se comparan las ideas principales del racionalismo y del empirismo:

	Racionalismo	Empirismo
¿En qué época surge?	...	...
¿Cuál es el espacio geográfico en el que se desarrolla?	...	...
¿Cuáles son sus principales figuras?	...	...
¿De dónde procede el conocimiento válido?	...	...
¿Se apoya en el método deductivo o inductivo?	...	...
¿Qué ciencia se adopta como modelo del saber verdadero?	...	...
¿Acepta la existencia de verdades innatas?	...	...

5. ¿Qué es lo que estudia Kant en su libro *Crítica de la razón pura*? ¿Cuáles son, según Kant, las tres facultades que usamos las personas para conocer?

6. ¿A qué se refiere Kant cuando habla de los elementos *a priori* del conocimiento? ¿Cuáles son estos elementos de acuerdo con la *Crítica de la razón pura*?

7. ¿En qué consiste "la revolución copernicana" que propuso Kant en el tema del conocimiento humano? Explica tu respuesta.

Construye el concepto

8. Define los siguientes términos filosóficos con los diccionarios propuestos (p. 1). A continuación, escribe una frase con cada uno de ellos en la que se aprecie su significado.

- *doxa*
- *episteme*
- reminiscencia
- abstracción inductiva
- racionalismo
- empirismo
- axioma
- verdades innatas
- intuición

9. El siguiente rompecabezas filosófico es una versión simplificada del "problema de Gettier", en el que se cuestiona la definición del saber como opinión verdadera justificada. Lee atentamente el texto y contesta las preguntas:

Smith y Jones se presentan como candidatos para un puesto de trabajo. Smith está convencido de que Jones va a conseguir el trabajo, porque el presidente de la compañía le ha dicho que Jones será el candidato elegido. Además, el trabajo requiere relacionarse con gente muy rica, y Jones tiene mucho dinero, mientras que Smith es pobre. Por eso, la opinión de Smith es que el hombre que consiga el trabajo tiene que ser rico.

A primera vista parece que la opinión de Smith es un conocimiento verdadero y justificado. Pero lo que Smith no sabe es que esa misma mañana le ha tocado la lotería y ahora es una persona muy rica. Además, tampoco sabe que el jefe ya ha decidido que el trabajo va a ser para él y no para Jones. Así que, después de todo, la opinión de Smith es correcta, porque el candidato elegido será un hombre rico, aunque la persona elegida no es la que él creía.

a) Fíjate bien en la opinión de Smith: "el hombre que consiga el trabajo tiene que ser rico". ¿Es esta opinión verdadera? ¿Dispone Smith de una buena justificación para sostener esta opinión?

b) ¿Es correcta la justificación que Smith ofrece para apoyar su opinión?

c) Teniendo en cuenta este ejemplo, ¿crees que habría que revisar la definición de origen platónico del saber como opinión verdadera justificada?

Trabaja con textos

10. Lee el texto y contesta las preguntas:

Empirismo [...] describe solo vagamente una actitud muy genérica y poco precisa que quizá podría caracterizarse así: insistencia en los hechos y en la utilización de estos como algo a oponer a teorías utópicas, a fantasías o ilusiones voluntaristas, a la fe "bajo palabra" o simplemente poco abonada por la realidad, a los apriorismos o a las construcciones interpretativas generalizadoras. *Empirismo como actitud* querría decir, pues, inclinación personal a los hechos directamente comprobables y a desconfiar tanto de los meros deseos como de teóricas "exigencias racionales" no garantizadas por la experiencia; una inclinación que correspondería al interés por la posible utilización práctica del conocimiento.

J. C. GARCÍA-BORRÓN: *Empirismo e ilustración inglesa: de Hobbes a Hume*

a) ¿En qué consiste exactamente la actitud empirista? ¿Qué filósofos de entre los que conoces podrían clasificarse como empiristas?

b) ¿Qué relación existe entre la actitud empirista y el interés por las aplicaciones prácticas del conocimiento? Explica tu respuesta.

Comentario de texto

Texto 1

Son bien conocidos los sentidos primariamente adscritos a las palabras que significan 'verdad' en las tres lenguas que han influido más enérgicamente en la formación de la mente europea, es decir, en griego, latín y hebreo: *alétheia, veritas, emunah*. [...]

El término griego *aletheia* ha sido entendido por los propios griegos e interpretado tradicionalmente como una voz derivada del verbo lanthano, con la partícula privativa *á-*. Significa, pues, 'lo que no está oculto o escondido', 'lo que está patente, manifiesto, descubierto o desvelado'; *aletheia* viene a ser, por tanto, 'patencia', o 'descubrimiento'.

La falsedad, el *pheydos*, es, por el contrario, el encubrimiento. Y repárese en que tanto el descubrimiento como el encubrimiento presuponen un previo estado *neutral*, que pudiéramos llamar el estar *cubierto*, es decir, lo latente, que podría ser descubierto como lo que es —verdad— o como lo que no es, es decir, suplantado por otra cosa que se superpondría a ello y lo encubriría —falsedad—. Verdad es, pues, en griego patencia o descubrimiento de las cosas, es decir, desvelamiento o manifestación de lo que son; aparece, por tanto, referida primariamente a las cosas mismas, y al decir, al logos, solo secundariamente, en la medida en que el decir —decir la verdad— pone de manifiesto o enuncia —*apophansis*— el ser de las cosas, que así queda mostrado y puesto en la luz.

Veritas apunta, más bien, a la exactitud y el rigor en el decir; *verum* es lo que es fiel y exacto, completo, sin omisiones; por ejemplo, un relato en que se narra con puntualidad e integridad lo que algo fue. *Veritas* envuelve una referencia directa al decir, y más que al decir enunciativo o apofántico, al decir narrativo; es el matiz que tiene la palabra castellana *veracidad*.

Por último, el hebreo *emunah* —de la misma raíz que *amén*—, encierra una referencia personal: se trata de la verdad en el sentido de la confianza; el Dios verdadero es, ante todo, el que cumple lo que promete, como el amigo verdadero es aquel con quien se puede contar; un amigo falso, por el contrario, no es, naturalmente, un amigo "inexistente", sino un amigo que falla, en quien no se puede confiar. La voz *emunah* remite, pues, a un cumplimiento, a algo que se espera y que será..

Julián MARÍAS: *Introducción a la filosofía*.

Texto 2

Todos los objetos de la razón e investigación humana pueden, naturalmente, dividirse en dos grupos, a saber: relaciones de ideas y cuestiones de hecho; a la primera clase pertenecen las ciencias de la Geometría, Algebra y Aritmética y, en resumen, toda afirmación que es intuitiva o demostrativamente cierta. Que "el cuadrado de la hipotenusa es igual al cuadrado de los dos lados" es una proposición que expresa la relación entre estas partes del triángulo. Que "tres veces cinco es igual a la mitad de treinta" expresa una relación entre estos números. Las proposiciones de esta clase pueden descubrirse por la mera operación del pensamiento, independientemente de lo que pueda existir en cualquier parte del universo. Aunque jamás hubiera habido un círculo o un triángulo en la naturaleza, las verdades demostradas por Euclides conservarían siempre su certeza y evidencia.

No son averiguadas de la misma manera las cuestiones de hecho, los segundos objetos de la razón humana; ni nuestra evidencia de su verdad, por muy grande que sea, es de la misma naturaleza que la precedente. Lo contrario de cualquier cuestión de hecho es, en cualquier caso, posible, porque jamás puede implicar una contradicción, y es concebido por la mente con la misma facilidad y distinción que si fuera totalmente ajustado a la realidad. Que "el sol no saldrá mañana" no es una proposición menos inteligible ni implica mayor contradicción que la afirmación "saldrá mañana". [...]

Todos nuestros razonamientos acerca de cuestiones de hecho parecen fundarse en la relación de causa y efecto. Tan solo por medio de esta relación podemos ir más allá de la evidencia de nuestra memoria y sentidos.[...]

Me permitiré afirmar, como proposición general que no admite excepción, que el conocimiento de esta relación en ningún caso se alcanza por razonamientos *a priori*, sino que surge enteramente de la experiencia, cuando encontramos que objetos particulares cualesquiera están constantemente unidos entre sí. Preséntese un objeto a un hombre muy bien dotado de razón y luces naturales. Si este objeto le fuera enteramente nuevo, no sería capaz, ni por el más meticuloso estudio de sus cualidades sensibles, de descubrir cualquiera de sus causas o efectos.

David HUME: *Investigación sobre el entendimiento humano*.

Disertación filosófica

¿Es posible alcanzar alguna verdad absoluta?

En el transcurso de la historia, los filósofos han mantenido un encendido debate acerca de la posibilidad de conocer la verdad.

- ¿Existen verdades universales, comunes a todas las personas en todas las épocas y todos los lugares?
- Y en el caso de que sí existan esas verdades, ¿cómo pueden llegar a conocerse?
- ¿Dependen las verdades en las que creemos de la sociedad en la que vivimos?
- ¿Está justificado mantener una actitud escéptica?
- ¿No es el escepticismo un punto de vista peligroso y paralizante? ¿Es posible combinar la creencia en la verdad con el respeto a las opiniones distintas a la nuestra?

Debate filosófico

¿Existen las ideas innatas?

La cuestión de las verdades innatas es uno de los puntos de controversia más relevantes en el debate entre racionalistas y empiristas.

Los racionalistas creían en la existencia de algunas verdades indudables que todas las personas conocemos de manera natural desde el nacimiento. Los empiristas, en cambio, negaban la existencia de estas ideas innatas, porque para ellos todo nuestro conocimiento, sin excepción, proviene de la experiencia.

- ¿Crees que hay algunas ideas comunes y universales que todos los seres humanos compartan? ¿Son las verdades matemáticas, como creían los racionalistas, un ejemplo de ideas innatas?
- ¿O provienen todas las ideas de la experiencia, como creían los empiristas?
- ¿Proceden también de la experiencia los conceptos fundamentales de la aritmética y la geometría? ¿Existe en nuestra común naturaleza humana alguna base para sostener la creencia en ideas innatas?
- O, por el contrario, ¿son la sociedad y la cultura las que nos transmiten las ideas en las que creemos?

Una obra para comentar

La vida de Galileo

Se trata de una obra de teatro de Bertolt Brecht, centrada en la figura del célebre físico y matemático florentino. La obra muestra magníficamente el modo en que Galileo se enfrentó a la visión tradicional del cosmos, sustentada en el criterio de autoridad. Con el descubrimiento del telescopio y el desarrollo de la experimentación, Galileo contribuyó decisivamente a consolidar un nuevo criterio de verdad científica. Existe, además, una adaptación cinematográfica de Joseph Losey.

Trabajo en equipo

¿Por qué creemos en las verdades que aceptamos?

La clase se dividirá en grupos de 5 personas. Cada grupo tendrá que recopilar al menos 20 afirmaciones que consideremos verdaderas. Puede tratarse de verdades que aceptamos porque siempre hemos creído en ellas, porque las hemos oído en nuestra familia, porque las hemos aprendido en la escuela, porque nos las ha transmitido alguien en quien confiamos, porque las hemos comprobado mediante la experiencia...

Nombraremos especialistas dentro de cada grupo. Cada uno de los cinco miembros se encargará de analizar las afirmaciones aplicando un criterio de verdad específico. La distribución de tareas será la siguiente:

- Experto en el criterio de autoridad.
- Experto en el criterio de correspondencia.
- Experto en el criterio de evidencia.
- Experto en el criterio de coherencia.
- Experto en el criterio pragmático.

a) Cada experto analizará de forma separada las 20 verdades aplicando el criterio que le ha correspondido. ¿Es este criterio el que se aplica para aceptar como válida esta verdad? ¿Por qué?

b) Una vez completado el trabajo individual, cada equipo se reunirá para elaborar en común la información obtenida.

- ¿Hay alguna verdad que pueda justificarse aplicando dos o más criterios distintos?
- ¿Hay alguna verdad que no haya podido justificarse con ninguno de los cinco criterios que hemos aplicado?

Bibliografía

Bertolt BRECHT: ***La vida de Galileo.***

PLATÓN: ***La República.***

René DESCARTES: ***Discurso del método.***

David HUME: ***Investigación sobre el conocimiento humano.***

Simon BLACKBURN: ***La verdad: guía de perplejos.***

John LOCKE: ***Ensayo sobre el entendimiento humano.***

Filmografía

Rashomon. Akira KUROSAWA. La película muestra un mismo acontecimiento narrado de varias maneras. ¿Cuál es la versión "verdadera"? ¿Existe alguna posibilidad de saber lo que sucedió en realidad?

Los amantes del círculo polar. Julio MEDEM. Narra una historia de amor desde dos puntos de vista, el de ella y el de él. ¿Dónde está la verdad?

Mapa conceptual

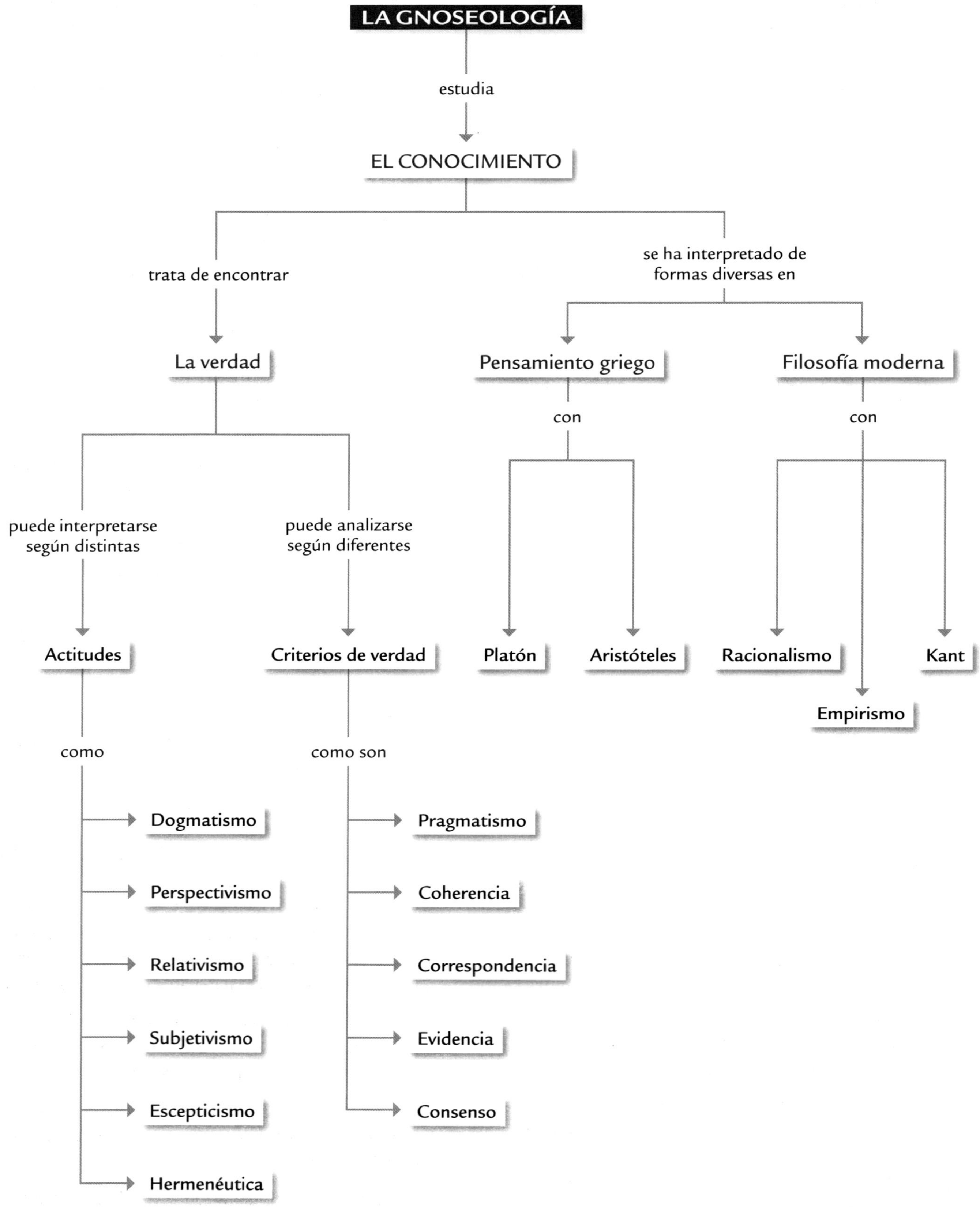

Evaluación

Elige la respuesta correcta para cada una de las siguientes preguntas. Recuerda que de todas las opciones solo una es válida.

1. **¿Cuál es el criterio de verdad que Descartes consideraba más adecuado?**
   a) El criterio de correspondencia.
   b) El criterio de evidencia.
   c) El criterio de coherencia.
   d) El criterio del consenso.

2. **¿Qué es lo que nos propone el criterio pragmático de la verdad?**
   a) Fijarnos en si lo que decimos se corresponde con la realidad.
   b) Prestar atención al modo en que lo que decimos encaja con otras verdades.
   c) Considerar las consecuencias que tiene asumir que lo que decimos es verdad.
   d) Aceptar que la verdad es el resultado de un acuerdo obtenido mediante el diálogo.

3. **¿Qué es lo que propone el escepticismo filosófico?**
   a) Que siguiendo el método adecuado es posible alcanzar la verdad absoluta.
   b) Que si queremos conocer la verdad debemos aplicar el criterio pertinente para cada caso.
   c) Que la mejor actitud con respecto a la verdad es el dogmatismo.
   d) Que es imposible conocer la verdad de una forma totalmente segura.

4. **¿Qué es lo que afirman los filósofos relativistas?**
   a) Que existe una verdad única y absoluta que es igual para todos.
   b) Que aunque tengamos opiniones distintas siempre deben respetarse los derechos de las personas.
   c) Que no hay ninguna verdad universal ni absoluta.
   d) Que lo verdadero o lo falso solo dependen de factores individuales.

5. **¿Qué es lo que opina el filósofo hermenéutico Hans-Georg Gadamer sobre los prejuicios?**
   a) Que afectan negativamente a nuestra comprensión de los textos que leemos, porque distorsionan el mensaje del autor.
   b) Que no son buenos, pero que son inevitables a la hora de acercarse a las obras que leemos.
   c) Que solo si nos libramos de ellos podremos comprender el verdadero mensaje de los textos que tratamos de analizar.
   d) Que son inevitables y no son necesariamente negativos, ya que sirven para orientar nuestra comprensión de una obra desde nuestro particular punto de vista.

6. **¿Cuáles son las dos formas de conocimiento que distinguía Platón en su gnoseología?**
   a) La *doxa* y la *episteme*.
   b) El mundo sensible y el mundo de las Ideas.
   c) Lo universal y lo particular.
   d) La filosofía y la ciencia.

7. **¿Cuáles de los siguientes filósofos eran partidarios del racionalismo?**
   a) Hobbes, Berkeley y Locke.
   b) Platón y Aristóteles.
   c) Descartes, Leibniz y Spinoza.
   d) Descartes, Hume y Kant.

8. **¿Cuál de las siguientes afirmaciones refleja mejor el pensamiento de Kant sobre el conocimiento humano?**
   a) La razón debe ser nuestro punto de partida si queremos obtener conocimientos seguros.
   b) El conocimiento válido debe fundamentarse en la experiencia.
   c) El conocimiento debe interpretarse de un modo perspectivista, porque la verdad solo se puede captar desde un punto de vista determinado.
   d) La experiencia nos proporciona la materia del conocimiento, pero es el sujeto quien da forma a esos contenidos para que tengan sentido.

Contesta por escrito las cuestiones siguientes:

9. **¿Era David Hume un filósofo racionalista o empirista? ¿Por qué?**

10. **¿En qué época surgió la ciencia moderna? ¿Puede hablarse de ciencia en sentido moderno antes de esa fecha? ¿Eran científicas las explicaciones sobre el cosmos que ofrecían Platón o Aristóteles? Explica tu respuesta.**

11. **Por lo general, los filósofos racionalistas solían otorgar gran importancia a las matemáticas como un ejemplo de conocimiento absolutamente indudable.**

    ¿Crees que existe algún otro campo del saber que pueda proporcionarnos un modelo de conocimiento firme y evidente?

    ¿Crees tú que las matemáticas son realmente una forma segura e infalible de conocimiento?

    ¿Qué argumentos emplearías para defender tu posición sobre este tema?

6 La ciencia

- ¿Qué es lo que distingue a la ciencia de otras formas de saber?
- ¿Cómo elaboran los científicos sus teorías?
- ¿Son los descubrimientos de la ciencia completamente seguros e indudables?
- ¿Qué diferencia hay entre la ciencia y la técnica? ¿Qué relaciones existen entre ellas?
- ¿Pueden la ciencia y la técnica crear un mundo mejor para la humanidad?

Objetivos

> Describir los rasgos que caracterizan los diversos tipos de ciencias que existen.

> Conocer el modo en que se estructura el conocimiento científico.

> Distinguir las diferentes interpretaciones de la ciencia ofrecidas por el inductivismo, el falsacionismo y la teoría de los paradigmas.

> Valorar el poder transformador de la ciencia y de la técnica.

Contenidos

El conocimiento científico

- La ciencia moderna como tal surgió en el siglo XVII a partir de la revolución científica que se produjo, en primer lugar, en la astronomía y en la física.
- Desde entonces, su imparable avance ha modificado radicalmente la forma de vida y el pensamiento de nuestras sociedades.
- La ciencia construye conocimiento basándose en la observación y la experimentación.
- Las distintas ciencias pueden clasificarse atendiendo a los procedimientos que emplean (empíricas y formales) y al tema que estudian (naturales y humanas).
- El conocimiento científico tiene una estructura articulada en hechos, leyes, teorías y paradigmas.

La filosofía de la ciencia

- La epistemología es la parte de la filosofía que trata sobre el funcionamiento de la ciencia, sus métodos, su fundamento y su valor.
- Existen diversas teorías para explicar el modo en que funciona la ciencia, como son el inductivismo, el falsacionismo o la teoría de los paradigmas.
- El inductivismo sostiene que las leyes científicas son generalizaciones realizadas a partir de la observación.
- El falsacionismo critica el inductivismo acentuando el aspecto hipotético-deductivo de la contrastación empírica.
- La teoría de los paradigmas subraya los aspectos sociales e históricos de la ciencia.

Ciencia y técnica

- La técnica es una actividad transformadora que pretende satisfacer algún deseo o necesidad.
- Actualmente, la ciencia y la técnica están íntimamente ligadas y tienen una gran influencia en nuestra vida cotidiana.
- Algunas corrientes filosóficas creen que la ciencia y la técnica tienen un potencial positivo y liberador que impulsa el progreso de la humanidad hacia lo mejor.
- Otras corrientes, en cambio, son más críticas, y perciben que rara vez incluyen una reflexión sobre los fines últimos que deberían perseguir las personas.

I. El conocimiento científico

1. ¿Qué es la ciencia?

La ciencia moderna, tal y como la conocemos hoy en día, comenzó a desarrollarse en el siglo XVII, tras la **revolución científica**. En esa época surgió una nueva forma de estudiar la naturaleza, basada en la experiencia y en la utilización de las matemáticas. Los científicos modernos rechazaban los argumentos de autoridad que habían sido aceptados durante siglos. Para ellos, el conocimiento debía basarse en la observación y la medición.

La **ciencia** es una actividad investigadora que se basa en la **observación** y en la **experiencia** para producir conocimiento.

El objetivo de la nueva ciencia era hallar las **leyes matemáticas** que marcan el funcionamiento de la naturaleza.

Galileo Galilei fue uno de los protagonistas más destacados de la revolucion científica. Luigi SABATELLI: *Galileo en presencia del Dux* (1841).

2. Clasificación de las ciencias

2.1. Ciencias formales y ciencias empíricas

Las ciencias pueden clasificarse en distintos grupos teniendo en cuenta el tema del que se ocupan y también el método que emplean. Una primera distinción es la que separa las ciencias formales de las ciencias empíricas.

Las **ciencias formales** se ocupan de **objetos abstractos**, que no existen en la realidad natural.

Las **matemáticas**, por ejemplo, tratan acerca de números, ecuaciones, conjuntos, figuras geométricas... Ninguna de estas entidades pertenece al mundo físico. Todos estos objetos son ideales: existen en la mente de quienes los piensan, pero no en la naturaleza. Lo mismo sucede con la **lógica**, que es también una ciencia formal de gran relevancia para la filosofía.

Las **ciencias empíricas**, por el contrario, se ocupan de **hechos** que podemos conocer mediante la experiencia.

Estas ciencias tratan acerca de realidades que pueden observarse y cuyas propiedades podemos conocer empíricamente*. La mayor parte de las ciencias que conoces y que has estudiado son empíricas. Por ejemplo, la **física**, la **química** y la **biología** son ciencias empíricas, como también lo son la **historia**, la **sociología** o la **psicología**.

***Empíricamente:** mediante la experiencia. La palabra griega *empeiría* significa 'experiencia'.

2.2. Ciencias naturales y ciencias humanas

Teniendo en cuenta la gran diversidad y variedad de ciencias empíricas existentes, resulta conveniente dividirlas en dos grandes grupos.

Las **ciencias naturales** se ocupan de objetos presentes en el **mundo físico** que se pueden investigar experimentalmente.

La física o la geología son ejemplos de ciencias de la naturaleza.

Las **ciencias humanas** tratan acerca del **ser humano** y de la **sociedad** desde diferentes perspectivas.

Por eso, a las ciencias humanas se las denomina también ciencias sociales. La **historia** o la **antropología cultural** son ejemplos de ciencias humanas.

LA NATURALEZA ESTÁ ESCRITA EN LENGUAJE MATEMÁTICO

La filosofía está escrita en ese grandísimo libro que tenemos abierto ante los ojos, quiero decir, el universo, pero no se puede entender si antes no se aprende a entender la lengua, a conocer los caracteres en que está escrito. Está escrito en lengua matemática y sus caracteres son triángulos, círculos y otras figuras geométricas, sin las cuales es imposible entender ni una palabra. Prescindir de estos caracteres es como girar vanamente en un oscuro laberinto.

GALILEO Galilei: *El ensayador.*

1. ¿Por qué compara Galileo el universo con un libro? ¿Qué significado tiene esa comparación?

2. ¿Qué es lo que hace falta, según Galileo, para leer adecuadamente el libro de la naturaleza?

3. ¿Qué relación encuentras entre este texto y la aparición de la ciencia moderna?

2.3. La explicación en las ciencias naturales

Además de ocuparse de temas diferentes, las ciencias naturales y las ciencias humanas también se distinguen por el método que emplean. El método característico de las ciencias de la naturaleza es la experimentación. Los científicos naturales realizan mediciones cuidadosas tratando de encontrar regularidades que puedan expresarse mediante leyes matemáticas.

Por eso decimos que el conocimiento en las **ciencias naturales** se basa en la **explicación**.

La explicación pretende conectar fenómenos mediante **leyes causales**.

Estas leyes generalmente nos permiten predecir con precisión los acontecimientos futuros mediante el uso de fórmulas matemáticas.

Piensa, por ejemplo, en el pronóstico del tiempo que hará mañana. Los meteorólogos (que son científicos naturales) se basan en su conocimiento de los factores que son responsables de la lluvia, el viento, la presión atmosférica... Gracias a sus modelos y fórmulas matemáticas, son capaces de predecir con gran acierto cuáles serán las condiciones meteorológicas dentro de 24 horas.

Las ciencias humanas, en cambio, pueden recurrir pocas veces a la experimentación. Un historiador, por ejemplo, no puede reproducir las condiciones del pasado en un laboratorio para realizar experimentos. Por el mismo motivo, las ciencias humanas habitualmente no nos ofrecen fórmulas matemáticas o leyes causales precisas. Cuando estudiamos historia, nuestro objetivo no es predecir con exactitud lo que va a suceder dentro de unos años. El historiador más bien trata de captar el sentido de los acontecimientos del pasado, así como su relevancia para quienes los vivieron en primera persona.

2.4. La comprensión en las ciencias humanas

Lo que pretenden las **ciencias humanas** no es explicar, sino **comprender**.

El objetivo de la **comprensión** es conocer las **motivaciones** y el **significado** de las realidades humanas y sociales.

La comprensión emplea el método **hermenéutico**, que consiste en la **interpretación** de los hechos. Las ciencias humanas aspiran a comprender el significado que los acontecimientos tienen para las personas, tratando de entender la realidad desde el punto de vista de los actores implicados.

Las ciencias naturales ofrecen explicaciones causales, mientras que las ciencias humanas aspiran a comprender e interpretar. Carl ZIERMANN: *El botánico* (s. XIX).

EXPLICACIÓN Y COMPRENSIÓN

[En las ciencias del espíritu predominan] la descripción (el relato), el análisis y los métodos comparados, que en las ciencias de la naturaleza retroceden cada vez más ante la inducción, el experimento y la teoría matemática. Además [hay otra diferencia] que se basa en la transferencia del propio yo a algo exterior y la transformación consiguiente de este yo en el proceso de comprender. [...]

De la naturaleza de la experiencia interna, de la transposición del propio yo a lo exterior y a la correspondiente transformación de este yo en el proceso de comprender, de las propiedades de los hechos espirituales y de la conexión espiritual, se desprenden estas propiedades comunes de este campo de las ciencias del espíritu y provocan así sus diferencias radicales con las ciencias de la naturaleza.

Wilhelm DILTHEY: *Obras Completas*, VI *(Psicología y teoría del conocimiento)*.

4. Según este fragmento, ¿en qué se distinguen estos dos tipos de ciencias?

5. ¿A qué se refiere Dilthey cuando dice que en el proceso de comprender hay una "transposición del propio yo a lo exterior"?

Fíjate

Hay aspectos de las realidades humanas que son susceptibles de ser tratados mediante la explicación, y que por tanto acercan las ciencias humanas a las naturales. De hecho, a partir del siglo XX hemos asistido a un extraordinario desarrollo del enfoque explicativo en Psicología, Sociología, Economía, Geografía, etcétera. Sin embargo, la distinción que hizo Dilthey y las cuestiones que examinó siguen vigentes.

3. ¿Cómo se hace la ciencia?

3.1. La ciencia y el método

La ciencia moderna, que surgió tras la revolución científica, tuvo un rápido y espectacular desarrollo. Los éxitos científicos desde el siglo XVII se debieron a la utilización de un nuevo método, enormemente eficaz en las ciencias naturales. Mediante el **método científico**, el investigador aspira a encontrar una ley matemática que le permita explicar causalmente el comportamiento de la naturaleza.

Este método, inicialmente propuesto por Galileo, está basado en la elaboración de hipótesis que después se contrastan experimentalmente para comprobar si son ciertas o falsas. Por esta razón también se puede llamar **método hipotético-deductivo**. La aplicación del método científico se puede sintetizar en cuatro grandes fases:

- **Definición del problema**. Es necesario determinar con precisión cuál es la pregunta que se pretende responder.
- **Planteamiento de hipótesis***. Basándose en lo que ya se conoce sobre el problema, se elaboran una serie de conjeturas que, en caso de ser verdaderas, serían la respuesta a la pregunta que nos interesa.
- **Contrastación de las hipótesis mediante experimentos**. Las hipótesis se ponen a prueba experimentalmente para comprobar si son verdaderas o falsas. En este paso se deben comparar los resultados del experimento realizado con las consecuencias que habrían de darse si las hipótesis fuesen ciertas.
- **Obtención de conclusiones**. Si el experimento muestra resultados diferentes de las predicciones que se derivan de nuestras hipótesis, hay que revisar esas hipótesis y tratar de elaborar otras nuevas. Si, por el contrario, el experimento ha confirmado las hipótesis, estas pueden ser aceptadas (al menos de momento). En esta etapa, se pueden intentar generalizar las conclusiones en busca de una ley matemática que permita explicar el fenómeno estudiado.

La aplicación del método científico ha permitido realizar enormes progresos en las ciencias de la naturaleza. Este método, sin embargo, no puede utilizarse del mismo modo en las ciencias humanas. Por lo general, en el campo de las ciencias humanas no resulta posible realizar experimentos para contrastar las hipótesis. Por este motivo, las ciencias humanas aplican métodos de investigación diferentes. Los métodos en las ciencias humanas prestan atención al significado de los fenómenos y a su interpretación, por lo que tienen un carácter más **cualitativo** y centrado en la comprensión.

3.2. La estructura de la ciencia

En el campo de las ciencias naturales, el método científico ha permitido organizar nuestros conocimientos de forma ordenada. Las ciencias de la naturaleza nos ofrecen modelos explicativos integrados por leyes, teorías y paradigmas. Teniendo en cuenta su gran relevancia, es importante que aprendas a distinguir estos términos.

La ciencia se ocupa de estudiar **hechos**. Un hecho es un acontecimiento que podemos observar y registrar.

En el campo de las ciencias naturales, los hechos además pueden medirse cuantitativamente. Los científicos tratan de explicar los hechos buscando

▲
Los avances de la ciencia moderna han sido posibles gracias a la experimentación.

***Hipótesis:** suposición o conjetura. Aplicando el método científico, los investigadores plantean hipótesis que posteriormente deben someterse a contraste experimental.

EL MÉTODO CIENTÍFICO

Podemos distinguir los estadios principales del camino de la investigación científica, esto es, los pasos principales de la aplicación del método científico. Distinguimos, efectivamente, la siguiente serie ordenada de operaciones:

1. Enunciar preguntas bien formuladas y verosímilmente fecundas.
2. Arbitrar conjeturas, fundadas y contrastables con la experiencia, para contestar a las preguntas.
3. Derivar consecuencias lógicas de las conjeturas.
4. Arbitrar técnicas para someter las conjeturas a contrastación.
5. Someter a su vez a contrastación esas técnicas para comprobar su relevancia y la fe que merecen.
6. Llevar a cabo la contrastación e interpretar sus resultados.
7. Estimar la pretensión de verdad de las conjeturas y la fidelidad de las técnicas.
8. Determinar los dominios en los cuales valen las conjeturas y las técnicas, y formular los nuevos problemas originados por la investigación.

Mario BUNGE: *La investigación científica*.

6. Según este texto, ¿cuáles son los pasos del método científico?

7. ¿A cuáles de estos 8 pasos correspondería cada una de las cuatro fases del método científico que hemos estudiado?

regularidades y patrones fijos en la naturaleza. Por ejemplo, si yo observo que los objetos que suelto caen verticalmente hacia el suelo, me encontraría ante un hecho.

Una **ley científica** es la expresión de una regularidad en los acontecimientos naturales.

Las leyes relacionan varios hechos o fenómenos entre sí, a menudo mediante fórmulas matemáticas. Un ejemplo podría ser la ley de la gravedad, que permite explicar por qué cerca de la superficie terrestre los objetos caen verticalmente hacia el suelo.

Una **teoría científica** articula diferentes leyes, hechos y observaciones registradas en un ámbito concreto de la naturaleza.

Las teorías científicas ofrecen visiones generales y coherentes sobre un campo determinado. Un ejemplo de teoría científica sería la mecánica newtoniana, que incluye de forma coherente diversas leyes, como la ley de la gravitación o las tres leyes del movimiento de Newton. La mecánica newtoniana permite explicar con gran precisión tanto el movimiento de una piedra en la superficie terrestre como las trayectorias de la Luna y los planetas.

Un **paradigma científico** es un conjunto de diversas teorías relacionadas entre sí que permiten **explicar globalmente la realidad**.

Los paradigmas son **sistemas integrados** de conocimientos, creencias, interpretaciones y métodos de trabajo, dentro de los cuales se desarrolla el trabajo de los científicos en una época determinada. La mecánica newtoniana es una teoría que forma parte del paradigma de la física clásica. Además de la mecánica de Newton, la física clásica incluye otras teorías, como las que explican los fenómenos eléctricos y magnéticos.

Los paradigmas científicos actúan como un marco explicativo de la realidad. Cada paradigma está asociado a una **cosmovisión** o **interpretación del mundo** característica. Con el paso del tiempo un paradigma puede ser sustituido por otro, lo cual implica un cambio completo en la visión de la realidad y en la forma de hacer ciencia. Por eso es posible distinguir diferentes cosmovisiones, que se corresponden con los distintos paradigmas que se han ido sucediendo a lo largo de la historia, como vimos en la unidad 4.

La mecánica de Newton permite explicar el movimiento planetario y las mareas con una única fórmula matemática.

LA ESTRUCTURA DE LA CIENCIA

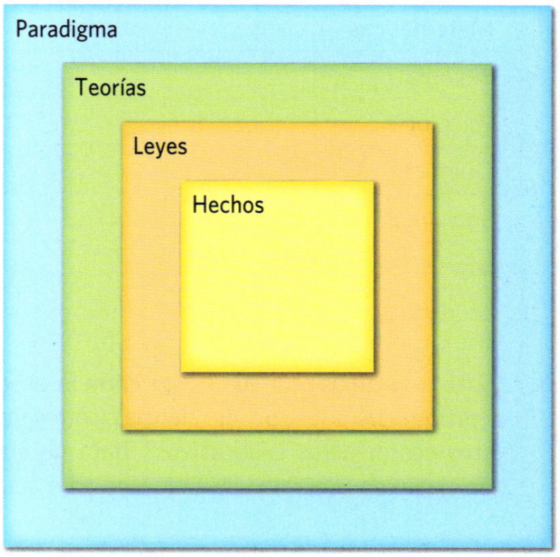

Los hechos se consideran como tales hechos en función del paradigma predominante.

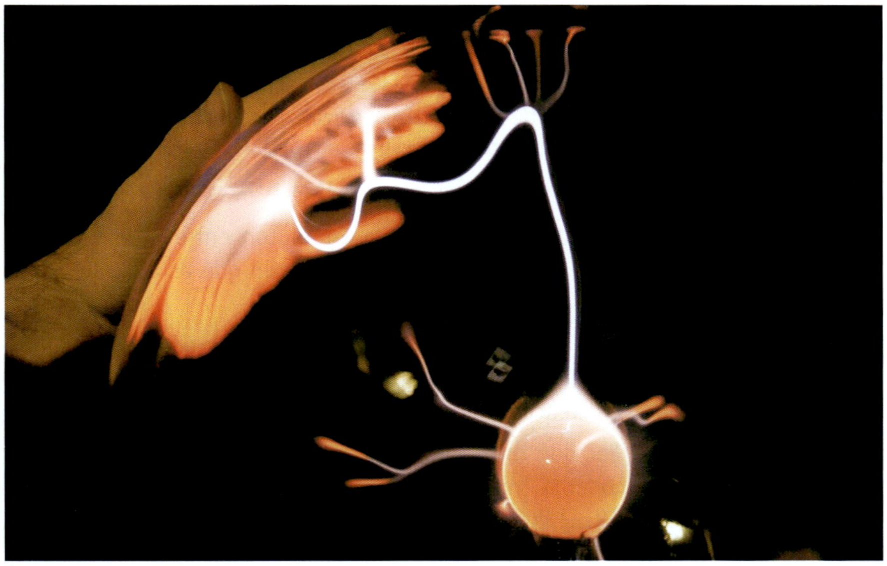

Los fenómenos eléctricos y magnéticos pueden ser explicados dentro del marco de la física clásica.

Párate a pensar

Recapitula

1. ¿Cuál es la diferencia que existe entre las ciencias formales y las ciencias empíricas? ¿Qué es lo que distingue a las ciencias naturales de las ciencias humanas?

2. ¿En qué consiste el método científico? ¿Cuáles son los pasos que sigue? ¿Hasta qué punto es posible aplicar este procedimiento con todas las ciencias? Explica tu respuesta.

3. ¿Cuál es la diferencia que existe entre un hecho científico, una ley, una teoría y un paradigma? Busca algún ejemplo procedente de las ciencias naturales que sirva para aclarar tu respuesta.

4. Completa la siguiente tabla, indicando en qué grupo debería clasificarse cada una de estas ciencias:

	Ciencias formales	Ciencias naturales	Ciencias humanas
Física	...	✘	...
Historia	...	...	...
Matemáticas	...	...	...
Biología	...	...	...
Psicología	...	...	...
Química	...	...	...
Sociología	...	...	...
Lógica	...	...	...
Economía	...	...	...

5. ¿Cuál es la diferencia que existe entre la explicación y la comprensión? ¿A qué tipo de ciencias corresponde cada uno de estos dos modelos explicativos? Trata de encontrar al menos dos ejemplos concretos de cada tipo para aclarar tu respuesta.

Trabaja con textos

6. Lee el texto y contesta las preguntas:

Dicho brevemente: las opiniones científicas son racionales y objetivas como las del sano sentido común, pero mucho más que ellas. ¿Y qué es entonces —si algo hay— lo que da a la ciencia su superioridad sobre el conocimiento común? No ciertamente la sustancia o tema, puesto que un mismo objeto puede ser considerado de modo no científico, o hasta anticientífico, y según el espíritu de la ciencia. La hipnosis, por ejemplo, puede estudiarse de un modo acientífico, como ocurre cuando se describen casos sin la ayuda de la teoría ni del experimento. También puede considerarse como un hecho supernormal o hasta sobrenatural, que no implica ni a los órganos de los sentidos ni al sistema nervioso, o sea, como resultado de una acción directa de mente a mente. Por último, puede plantearse el estudio de la hipnosis científicamente, esto es, construyendo conjeturas acerca del mecanismo fisiológico subyacente al comportamiento hipnótico y controlando o contrastando dichas hipótesis en el laboratorio.

En principio, pues, el objeto o tema no es lo que distingue a la ciencia de la no-ciencia, aunque algunos problemas determinados —por ejemplo, el de la estructura de la materia— difícilmente puedan formularse fuera de un contexto científico. Si la "sustancia" (objeto) no puede ser lo distintivo de toda ciencia, entonces tienen que serlo la "forma" (el procedimiento) y el objetivo: la peculiaridad de la ciencia tiene que consistir en el modo como opera para alcanzar algún objetivo determinado, o sea, en el método científico y en la finalidad para la cual se aplica dicho método. (Prevención: "método científico" no debe construirse como nombre de un conjunto de instrucciones mecánicas e infalibles que capacitaran al científico para prescindir de la imaginación; no debe interpretarse tampoco como una técnica especial para el manejo de problemas de cierto tipo). El planteamiento científico, pues, está constituido por el método científico y por el objetivo de la ciencia.

Mario BUNGE: *La investigación científica.*

a) ¿Qué distingue la ciencia de la no-ciencia?

b) ¿Contra qué nos previene el autor al final del texto?

7. Este fragmento contiene un ejemplo de la diferencia entre la visión científica de las cosas y la ordinaria. Léelo y contesta las preguntas:

Las ciencias naturales han alcanzado su nivel de comprensión más profundo y más amplio descendiendo por debajo del nivel de los fenómenos empíricos familiares y no puede sorprender, por tanto, que algunos pensadores consideren que las estructuras, fuerzas y procesos subyacentes aceptados por teorías bien establecidas son los únicos componentes efectivos del mundo. Esta es la opinión expresada por Eddington en la provocativa introducción a su libro *La naturaleza del mundo físico*. Eddington empieza diciendo a sus lectores que, al ponerse a escribir su libro, acercó sus dos sillas a sus dos mesas; y pasa a exponer las diferencias entre las mesas:

"Con una de ellas estoy familiarizado desde mis primeros años. Tiene extensión; es relativamente permanente; tiene color; fundamentalmente es sustancial. La mesa número 2 es mi mesa científica. Ella es, más que nada, vacío. Diseminadas aquí y allá en ese vacío hay numerosas cargas eléctricas precipitándose a gran velocidad; pero todo su volumen representa menos de una billonésima del volumen de la mesa misma. Sin embargo, la mesa sostiene el papel en que escribo de un modo tan satisfactorio como la mesa número 1; porque cuando dejo el papel sobre ella, las pequeñas partículas eléctricas, con su temeraria velocidad, siguen actuando por debajo, de tal modo que el papel se mantiene como suspendido en el aire a un nivel casi constante... Hay una enorme diferencia entre que el papel que tengo delante esté posado como sobre un enjambre de moscas, y que se sostenga porque bajo él haya una sustancia, dado que la naturaleza intrínseca de la sustancia es ocupar espacio con exclusión de cualquier otra sustancia. Ni que decir tiene que la física moderna me ha asegurado, con pruebas exquisitas y con una lógica despiadada, que mi segunda mesa, la mesa científica, es la única que en realidad está allí. Ni que decir tiene, por otra parte, que la física moderna no conseguirá nunca exorcizar esa primera mesa —extraño compuesto de naturaleza externa, imaginería mental y prejuicio heredado— cuando se presenta visible a mis ojos y tangible a mis manos".

Carl G. HEMPEL: *Filosofía de la ciencia natural.*

a) ¿Qué diferencias destaca Eddington entre la visión cotidiana y familiar que tenemos de lo que es una mesa y la que posee la ciencia?

b) Entre estas dos visiones tan diferentes que se proponen, ¿cuál es para Eddington la que describe con exactitud la verdad acerca de la mesa?

c) ¿Por qué dice Eddington que a pesar de todo la ciencia moderna "no conseguirá nunca exorcizar esa primera mesa [...] cuando se presenta visible a mis ojos y tangible a mis manos"?

II. Filosofía de la ciencia

4. El inductivismo

4.1. La ciencia y la inducción

Los filósofos siempre han mostrado un gran interés por las cuestiones relacionadas con el saber. Como sabes, la rama de la filosofía que estudia el conocimiento se denomina gnoseología, mientras que la parte de la filosofía que analiza la ciencia se llama **epistemología**.

A partir de la revolución científica de los siglos XVI y XVII, la epistemología se convirtió en una parte central de la investigación filosófica. En esa época, los extraordinarios avances logrados por las ciencias fueron a menudo interpretados con un enfoque inductivista.

El **inductivismo** afirma que la ciencia se construye mediante razonamientos que, partiendo de los casos particulares dados por la experiencia, tratan de obtener conclusiones aplicando la **generalización**.

El inductivismo ha tenido muchos partidarios desde los inicios de la ciencia moderna. Uno de los más influyentes fue **Francis Bacon**, a comienzos del siglo XVII. En el siglo XIX, el filósofo **John Stuart Mill** defendió también el inductivismo como procedimiento básico para el avance de las ciencias.

Los inductivistas, al igual que los empiristas, creen que la ciencia comienza con la experiencia. La observación experimental nos permite elaborar enunciados particulares sobre los hechos que percibimos.

Tratemos de aclarar esto con un ejemplo. Para estudiar cómo se mueven los objetos en la superficie terrestre, un inductivista comenzaría por realizar observaciones. Dejando caer distintos objetos en distintas circunstancias se pueden hacer afirmaciones **particulares** sobre los fenómenos observados. Una de estas afirmaciones podría ser: "Al soltar una piedra de dos kilos, hemos observado que desciende con una aceleración constante". Luego, al repetir la experiencia con una bola metálica más pesada, podríamos afirmar: "Al soltar una esfera metálica de diez kilos, observamos que cae con una aceleración constante".

Un buen inductivista repetiría el mismo experimento con muchos tipos de objetos, de diferentes formas, tamaños y masas, para ver qué es lo que ocurre en cada caso. Finalmente, después de llevar a cabo la experiencia muchas veces y comprobar que el resultado siempre es el mismo, el inductivista pasaría a **generalizar** sus conclusiones. El enunciado universal obtenido por generalización sería: "Todos los objetos que se sueltan en la superficie terrestre caen con la misma aceleración".

EL EXTRAÑO CASO DEL PAVO INDUCTIVISTA

La inducción no se puede justificar sobre bases estrictamente lógicas.

Un ejemplo de la cuestión [...] lo constituye la explicación de la historia del pavo inductivista por Bertrand Russell. Este pavo descubrió que, en su primera mañana en la granja avícola, comía a las 9 de la mañana. Sin embargo, siendo como era un buen inductivista, no sacó conclusiones precipitadas. Esperó hasta que recogió una gran cantidad de observaciones del hecho de que comía a las 9 de la mañana e hizo estas observaciones en una gran variedad de circunstancias, en miércoles y en jueves, en días fríos y calurosos, en días lluviosos y en días soleados. Cada día añadía un nuevo enunciado observacional a su lista. Por último, su conciencia inductivista se sintió satisfecha y efectuó una inferencia inductiva para concluir: "Siempre como a las 9 de la mañana". Pero ¡ay!, se demostró de manera indudable que esta conclusión era falsa cuando, la víspera de Navidad, en vez de darle la comida, le cortaron el cuello. Una inferencia inductiva con premisas verdaderas ha llevado a una conclusión falsa.

Alan CHALMERS: *¿Qué es esa cosa llamada ciencia?*

8. ¿Se comporta el pavo de esta historia como un buen inductivista? ¿Por qué?

9. ¿Cuál es la generalización que obtiene el pavo después de repetir su observación un buen número de veces?

10. ¿Es correcta la generalización obtenida mediante inducción?

11. ¿Qué es lo que muestra esta historia acerca del inductivismo?

MODOS DE RAZONAR

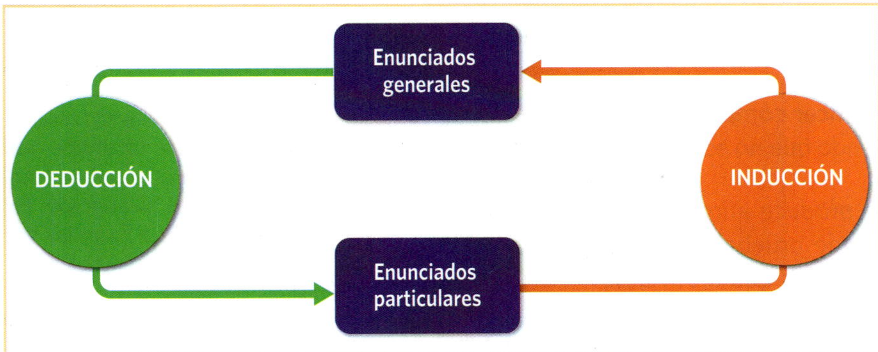

El inductivismo sostiene que las leyes científicas se obtienen por inducción.

4.2. Las críticas al inductivismo

¿Es el inductivismo una descripción satisfactoria del modo en que funciona la ciencia? Muchos filósofos creen que no. Aunque su planteamiento básico resulta fácil de comprender, resulta muy difícil justificar adecuadamente el proceso de generalización.

¿Cuántas veces habría que repetir el experimento para que las conclusiones sean verdaderamente universales? ¿Diez? ¿Cien? ¿Mil? Desde luego, no podemos repetirlo infinitamente, en algún momento debemos detener el proceso. ¿Pero podemos estar seguros de que no nos hemos olvidado justamente del caso que es la excepción a la regla?

Esta dificultad, que se conoce como "el **problema de la inducción**", ha impulsado a muchos filósofos a buscar interpretaciones alternativas para explicar cómo funciona la ciencia. El caso del pavo inductivista, que has leído en la página anterior, permite entender de forma clara y amena en qué consiste el problema de la inducción.

La posibilidad de que aparezcan fenómenos desconocidos e inesperados plantea graves problemas para los defensores del inductivismo.

5. El falsacionismo

5.1. Una forma de delimitar qué es ciencia

El **falsacionismo** es una teoría epistemológica propuesta por **Karl Popper** a mediados del siglo XX. Antes de Popper, se creía que la ciencia avanzaba cuando conseguía verificar alguna afirmación, convirtiéndola en una ley. Sin embargo, Popper rechazó con contundencia esta interpretación inductivista.

Según Popper, nunca podemos estar seguros de que una generalización es completamente cierta, porque abarca un número infinito de casos.

Durante muchos años se creyó que los cisnes solo podían ser blancos, porque todos los cisnes que se habían observado a lo largo de la historia tenían ese color. La afirmación "todos los cisnes son blancos" parecía claramente verificada. Sin embargo, a finales del siglo XVII una expedición holandesa descubrió que en Australia existían cisnes negros. Esto demuestra, según Popper, que las afirmaciones de la ciencia jamás pueden verificarse por completo.

Si la ciencia no avanza mediante la verificación, ¿cómo consigue elaborar sus leyes? Popper creía que los enunciados científicos solo tienen una **validez provisional**. Una ley científica hace afirmaciones que podemos aceptar temporalmente mientras no hayan sido contradichas por la experiencia. Desde este punto de vista, la frase "todos los cisnes son blancos" resultó ser válida durante un tiempo, pero dejó de serlo cuando se descubrieron cisnes negros en un remoto lugar del planeta.

5.2. Los experimentos y la falsación

El planteamiento de Popper permite establecer un criterio para decidir si una afirmación es científica o no. La ciencia propone enunciados que pueden ser sometidos a experimentos.

Según Popper, los experimentos **no pueden nunca verificar completamente** una afirmación, pero sí que la pueden **falsar** demostrando que no es cierta.

Un cierto campo del saber es una ciencia cuando produce afirmaciones falsables, es decir, que pueden someterse a este tipo de prueba. Las ciencias más fiables son las que contienen muchas afirmaciones que todavía no han podido ser falsadas, a pesar de haberlas sometido numerosas veces a la prueba experimental.

Protagonistas de la filosofía

KARL POPPER (1902-1994)

Aunque nació en Austria, gran parte de la vida de Karl Popper transcurrió en Londres, donde fue profesor universitario durante muchos años.

Tras realizar sus estudios universitarios, Popper entró en contacto con el Círculo de Viena y desarrolló un creciente interés por la filosofía de la ciencia. Sin embargo, la principal contribución teórica de Popper, recogida en su libro *La lógica de la investigación científica*, se aparta del neopositivismo del círculo vienés. Según Popper, la clave para entender el progreso de la ciencia no es la verificación, sino la falsación. Una teoría científica es falsable cuando puede ser puesta a prueba experimentalmente. Solo las teorías falsables son verdaderamente científicas, porque solo ellas pueden someterse a contraste empírico. La ciencia, según Popper, avanza cuando una teoría falsable es capaz de superar con éxito (siempre de manera transitoria) las pruebas a las que es sometida.

Pero además de sus trabajos epistemológicos, Popper también se interesó por temas sociales y políticos. Por ejemplo, en su libro *La sociedad abierta y sus enemigos* analiza el fenómeno totalitario que amenazaba la forma de vida liberal y democrática con la que él se sentía plenamente identificado. En esta obra Popper extiende su crítica a todos los sistemas políticos autoritarios, desde la ciudad ideal diseñada en *La República* de Platón hasta el nazismo o el estalinismo.

6. La teoría de los paradigmas

6.1. Las limitaciones del falsacionismo

Aunque el falsacionismo resuelve muchos de los problemas del inductivismo, sus críticos afirman que la ciencia en realidad no funciona de acuerdo con el modelo de Popper. Se pueden encontrar muchos ejemplos en la historia de la ciencia de afirmaciones científicas que siguen siendo aceptadas después de que un experimento las haya falsado.

Por ejemplo, al realizar mediciones precisas sobre el movimiento de los planetas, los astrónomos comprobaron a finales del siglo XIX que había discrepancias entre las predicciones de la física newtoniana y los datos observacionales. Al parecer, el planeta Mercurio no se comportaba como indicaban las leyes de la física clásica que eran generalmente aceptadas en esa época.

De acuerdo con el falsacionismo, este hecho debería haber obligado a los físicos a revisar las leyes de Newton. Sin embargo, los grandes éxitos de la ciencia newtoniana resultaban difíciles de cuestionar, así que los científicos no prestaron demasiada atención a estas **anomalías**. Por esta razón, parece que la interpretación popperiana de la ciencia no se ajusta a la realidad histórica. De hecho, las anomalías del movimiento de Mercurio solo pudieron ser explicadas años después, en el marco de una cosmovisión nueva y con ayuda de la teoría de la relatividad.

6.2. El concepto de paradigma

La propuesta epistemológica de **Kuhn** trata de tener en cuenta el modo en que la ciencia ha ido evolucionando en la historia. Según Kuhn, el falsacionismo es incapaz de explicar los grandes cambios que se han producido en las ciencias a lo largo del tiempo.

Kuhn elaboró una teoría alternativa al falsacionismo, introduciendo el concepto de **paradigma científico**.

Según Kuhn, los científicos que trabajan en un determinado momento histórico comparten una misma visión del mundo. Esta visión incluye una perspectiva sobre los **problemas** que hay que investigar, los **métodos** que pueden emplearse para hacerlo y las **ideas fundamentales** de las que se debe partir. Esto es lo que Kuhn denomina un paradigma científico.

MOVIMIENTO ORBITAL DE MERCURIO SEGÚN NEWTON Y EINSTEIN

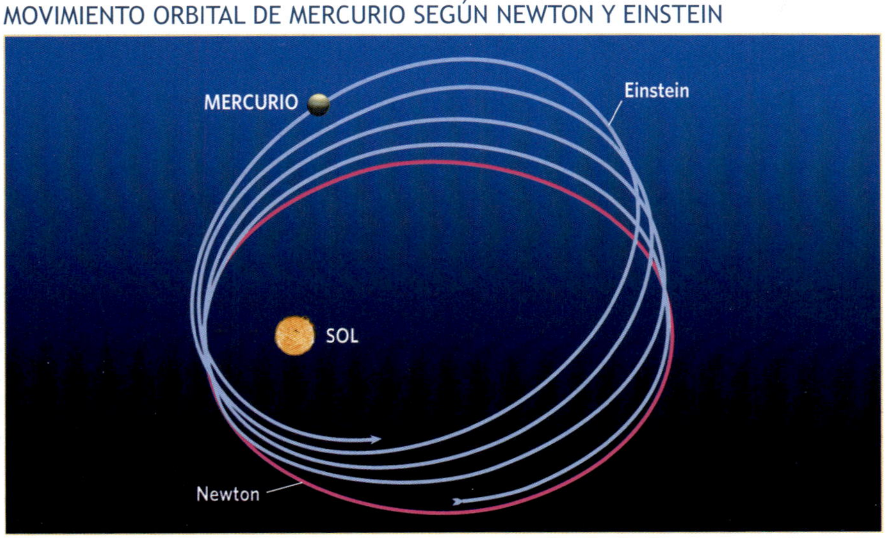

Las anomalías detectadas en el movimiento del planeta Mercurio solo pudieron ser adecuadamente explicadas dentro del paradigma de la teoría de la relatividad.

¿QUÉ ES EL FALSACIONISMO?

Con ayuda de otros enunciados anteriormente aceptados, se deducen de la teoría a contrastar ciertos enunciados singulares –que podremos denominar "predicciones"–; en especial, predicciones que sean fácilmente contrastables o aplicables. Se eligen entre estos enunciados los que no sean deducibles de la teoría vigente y, más en particular, los que se encuentren en contradicción con ella. A continuación, tratamos de decidir en lo que se refiere a estos enunciados deducidos (y a otros), comparándolos con los resultados de las aplicaciones prácticas y de experimentos. Si la decisión es positiva, esto es, si las conclusiones singulares resultan ser aceptables, o verificadas, la teoría a que nos referimos ha pasado con éxito las contrastaciones (por esta vez): no hemos encontrado razones para desecharla. Pero si la decisión es negativa, o sea, si las conclusiones han sido falsadas, esta falsación revela que la teoría de la que se han deducido lógicamente es también falsa.

Conviene observar que una decisión positiva puede apoyar a la teoría examinada solo temporalmente, pues otras decisiones negativas subsiguientes pueden siempre derrocarla. Durante el tiempo en que una teoría resiste contrastaciones exigentes y minuciosas, y en que no la deja anticuada otra teoría en la evolución del progreso científico, podemos decir que ha "demostrado su temple" o que está "corroborada" por la experiencia.

Karl POPPER: *La lógica de la investigación científica*.

12. Según el texto, ¿en qué consisten las "predicciones" de una teoría?

13. ¿Qué sucede si las predicciones concuerdan con los experimentos? ¿Y si no concuerdan?

14. ¿Puede el falsacionismo garantizar con seguridad que una teoría científica es verdadera? Explica tu respuesta.

6.3. Ciencia normal y ciencia revolucionaria

Kuhn cree que la mayor parte del tiempo los científicos se dedican a producir conocimiento mientras trabajan en un paradigma compartido. Estas son las etapas de **ciencia normal**.

Sin embargo, a veces se dan anomalías cuya solución no es fácil de encontrar dentro del marco teórico del paradigma establecido. En esos casos pueden aparecer científicos originales y atrevidos, que intentan vencer las dificultades saliéndose del paradigma tradicional. Esos son los momentos de **ciencia revolucionaria**, en los que las antiguas teorías son rechazadas porque aparecen ideas nuevas que desafían las creencias anteriores.

El ejemplo de la cosmovisión aristotélica puede servirnos para ilustrar en qué consiste un paradigma. Como vimos en la unidad 4, Aristóteles propuso en su filosofía una visión geocéntrica, heterogénea y teleológica del universo. Esta interpretación estuvo en vigor durante casi dos mil años. No en vano, el paradigma aristotélico ofrecía una explicación consistente de la realidad y permitía calcular con bastante precisión algunos fenómenos astronómicos como los eclipses. Los investigadores que aceptaban la cosmovisión aristotélica para desarrollar su trabajo estaban realizando lo que Kuhn denomina ciencia normal.

Con el paso del tiempo el paradigma geocéntrico empezó a tener problemas. Los cálculos para determinar la posición de los planetas mostraban errores. Las predicciones astronómicas no eran precisas. La invención del telescopio mostró que el universo no era como Aristóteles había imaginado.

Entonces algunos científicos propusieron una teoría alternativa, basada en el heliocentrismo. Ese fue el comienzo de una revolución científica, que marcó el cambio de paradigma hacia la ciencia moderna.

Según Kuhn, la ciencia revolucionaria aparece cuando algunos científicos se separan del paradigma establecido y proponen una visión diferente, novedosa e **incompatible** con la cosmovisión anterior.

La diferencia que existe entre el paradigma antiguo y el nuevo hace que ambas visiones de la realidad se excluyan mutuamente. La mayoría de los partidarios del viejo paradigma son incapaces de entender las propuestas del nuevo, porque estas dos interpretaciones del mundo son inconmensurables.

Durante los siglos XVI y XVII, se vivió un período de ciencia revolucionaria que puso en cuestión el paradigma aristotélico y lo sustituyó por una teoría completamente distinta. Jean-Leon HUENS: *Galileo explicando la topografía lunar a dos cardenales* (1974).

LA ESTRUCTURA DE LAS REVOLUCIONES CIENTÍFICAS

Se puede resumir la imagen que tiene Kuhn de cómo progresa una ciencia mediante el siguiente esquema abierto: preciencia-ciencia normal-crisis-revolución-nueva ciencia normal-nueva crisis.

La desorganizada y diversa actividad que precede a la formación de una ciencia se estructura y dirige finalmente cuando una comunidad científica se adhiere a un solo *paradigma*. Un paradigma está constituido por los supuestos teóricos generales, las leyes y las técnicas para su aplicación que adoptan los miembros de una determinada comunidad científica. Los que trabajan dentro de un paradigma, ya sea la mecánica newtoniana, la óptica ondulatoria, la química analítica o cualquier otro, practican lo que Kuhn denomina *ciencia normal*. La ciencia normal articulará y desarrollará el paradigma en su intento por explicar y acomodar el comportamiento de algunos aspectos importantes del mundo real, tal y como se revelan a través de los resultados de la experimentación. Al hacerlo experimentarán inevitablemente dificultades y se encontrarán con aparentes falsaciones. Si las dificultades de ese tipo se escapan de las manos, se desarrolla un estado de *crisis*. La crisis se resuelve cuando surge un paradigma completamente nuevo que se gana la adhesión de un número de científicos cada vez mayor, hasta que finalmente se abandona el paradigma original, acosado por problemas. El cambio discontinuo constituye una *revolución científica*. El nuevo paradigma, lleno de promesas y no abrumado por dificultades en apariencia insuperables, guía entonces la nueva actividad científica normal hasta que choca con serios problemas y aparece una nueva crisis seguida de una nueva revolución.

Alan CHALMERS: *¿Qué es esa cosa llamada ciencia?*

15. ¿Cómo describe Kuhn el avance de las ciencias en su desarrollo histórico?

16. ¿Por qué en ocasiones los científicos se deciden a abandonar el paradigma establecido?

17. ¿En qué consisten las revoluciones científicas a las que se refiere Kuhn en su teoría?

Párate a pensar

Recapitula

1. ¿En qué se basan las críticas planteadas al inductivismo? ¿Cuáles son los problemas que aparecen si tratamos de basar la ciencia en el principio de inducción? Trata de aclarar tu respuesta con algún ejemplo concreto, diferente de los que aparecen en la unidad.
2. Según la teoría falsacionista, ¿es posible verificar con seguridad que una afirmación científica es verdadera? ¿Se puede confirmar que una afirmación científica es falsa? Explica tu respuesta poniendo un ejemplo de cada caso.
3. ¿Cuáles son las críticas que se han propuesto contra la teoría falsacionista? ¿Podrías aclarar tu respuesta con algún ejemplo concreto?
4. ¿En qué consiste la teoría de los paradigmas científicos de Kuhn? ¿Cuál es la diferencia que establece este autor entre ciencia normal y ciencia revolucionaria? ¿Cómo explica esta teoría los cambios que se han ido produciendo en la ciencia a lo largo del tiempo?

Construye el concepto

5. Define los siguientes términos filosóficos con los diccionarios propuestos (p. 1). A continuación, escribe una frase con cada uno de ellos en la que se aprecie su significado.
   - inducción
   - paradigma científico
   - falsar una teoría
   - ciencia normal
   - falsacionismo
   - ciencia revolucionaria

   Inductivismo: Teoría filosófica según la cual la ciencia se basa en la recopilación de observaciones que permiten elaborar leyes mediante generalización.

   "El inductivismo sostiene que las leyes científicas pueden obtenerse generalizando observaciones que hemos repetido muchas veces."

6. El concepto de falsabilidad. A continuación te proponemos una lista en la que se incluyen diez afirmaciones distintas para que identifiques cuáles de ellas son falsables y cuáles no lo son. ¿Con qué observaciones o experimentos podríamos contrastar aquellas afirmaciones de esta lista que sí son falsables?
   a) La nieve es blanca.
   b) Todos los jueves llueve.
   c) El SIDA está provocado por un virus.
   d) El calor dilata los metales.
   e) El alma sigue existiendo después de la muerte.
   f) El período de un péndulo depende de su masa.
   g) Nuestro comportamiento responde a motivaciones inconscientes.
   h) Los imanes atraen el hierro.
   i) Los seres humanos procedemos de seres extraterrestres.
   j) El dinero da la felicidad.

7. La demarcación entre ciencia y pseudociencia. De acuerdo con el falsacionismo, las ciencias se caracterizan por proponer afirmaciones que son falsables, porque pueden someterse a una prueba experimental. Teniendo en cuenta este criterio, completa la siguiente tabla indicando qué actividades podrían considerarse científicas y cuáles no.

	Es una ciencia*	No es una ciencia**
Astronomía	...	...
Predicción del futuro con el horóscopo	...	...
Meteorología	...	...
Interpretación de los sueños	...	...
Teoría de la evolución de las especies	...	...
Teoría de la reencarnación	...	...
Teoría de la relatividad	...	...
Teoría del psicoanálisis de Freud***	...	...
Quiromancia	...	...
Tectónica de placas	...	...

*Propone afirmaciones falsables mediante contrastación experimental.

**Sus afirmaciones no son falsables porque no se pueden contrastar experimentalmente.

***Si necesitas información sobre la teoría psicoanalítica de Freud, puedes consultar el apartado 8 del tema 8 de este libro.

Amplía

8. Además de las teorías epistemológicas que hemos presentado en esta unidad, existen también interesantes visiones alternativas acerca del modo en que se hace la ciencia. Busca información acerca de las siguientes teorías y redacta un breve resumen explicando en qué consiste su propuesta:
   a) La teoría de los programas de investigación, de Imre Lakatos.
   b) El anarquismo metodológico, propuesto en el libro *Contra el método*, de Paul Feyerabend.
   c) La teoría del actor-red, de Bruno Latour.

   Para realizar esta actividad puedes consultar los siguientes enlaces:
   - *Lakatos*: www.tiching.com/685331
   - *El anarquismo epistemológico*: www.tiching.com/685332
   - *La teoría del actor-red*: www.tiching.com/685333

III. La técnica

7. Ciencia y técnica

Existe una importante distinción entre ciencia y técnica que conviene detallar con claridad. Aunque a menudo aparecen estrechamente relacionadas entre sí, se trata de dos actividades diferentes, ya que se ocupan de cuestiones distintas y cada una de ellas emplea en su desarrollo su propio enfoque.

La **ciencia** tiene como objetivo la **producción de conocimiento** válido.

Como hemos visto en la unidad, algunas ciencias son capaces de ofrecer modelos explicativos de la naturaleza, mientras que otras tratan más bien de comprender e interpretar la realidad. Las ciencias naturales emplean el método científico que hemos estudiado en esta unidad. Las ciencias humanas, en cambio, emplean métodos interpretativos y comparativos. Sin embargo, todas las ciencias comparten un mismo enfoque teórico, ya que aspiran a describir cómo es la realidad.

El propósito de la **técnica**, en cambio, es fundamentalmente **práctico**.

El principal objetivo de la técnica no es conocer, sino más bien intervenir en la realidad para modificarla de acuerdo con nuestros intereses. La técnica es una **actividad transformadora** que permite crear artefactos o diseñar procedimientos para satisfacer nuestros deseos y necesidades.

Para evitar confusiones, conviene además que distingas la técnica de la tecnología. Aunque a menudo se utilizan como si fueran sinónimos, en realidad se trata de conceptos diferentes. La técnica, como hemos visto, es una actividad que se ocupa de crear dispositivos o de inventar métodos para lograr nuestros propósitos. La **tecnología**, en cambio, es una reflexión o un saber acerca de la técnica.

Para recordar esta distinción puede ser útil recurrir a la etimología de la palabra *tecnología*. Este término se forma uniendo la palabra *técnica* con el término griego *logos*, que como recordarás significa 'razón', 'palabra' o 'discurso'. Así pues, *tecnología* significa 'discurso' o 'saber acerca de la técnica'. Al tratarse de un saber, la tecnología tiene carácter teórico, mientras que la técnica es principalmente práctica.

8. La técnica como acción transformadora

8.1. La intervención humana modifica el entorno

La técnica ha formado parte de las actividades humanas desde los orígenes de nuestra especie. Los seres humanos siempre nos hemos servido de la técnica para sobrevivir y para mejorar nuestras condiciones de vida. Al mismo tiempo, la creación de artefactos ha permitido a la humanidad modificar el entorno y adaptarlo a nuestras necesidades.

Por los restos que hemos descubierto, sabemos que nuestros más antiguos antepasados ya fabricaban armas, herramientas y utensilios. De hecho, los artefactos que hemos encontrado son la única fuente de información que tenemos acerca del largo período en el que los seres humanos aún no conocían la escritura.

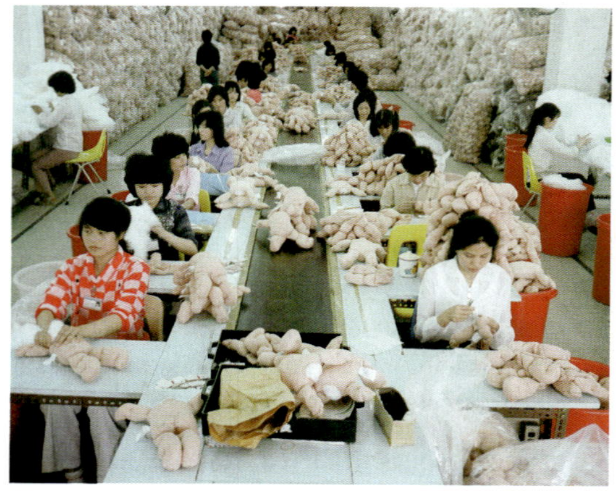

Además de artefactos, la técnica incluye procesos, desde la obtención de queso o vino hasta la organización de una cadena de montaje o la dinámica de grupos.

EL ORIGEN DEL TÉRMINO *TÉCNICA*

Los griegos usaban el término *téchne* (con frecuencia traducido por *ars*, 'arte', y que es la raíz etimológica de *técnica*), para designar una habilidad mediante la cual se hace algo –generalmente, se transforma una realidad natural en una realidad "artificial". La *téchne* no es, sin embargo, cualquier habilidad, sino una que sigue ciertas reglas. Por eso *téchne* significa también 'oficio'. En general, *téchne* es toda serie de reglas por medio de las cuales se consigue algo. Por eso hay una *téchne* de la navegación ('arte de la navegación'), una *téchne* de la caza ('arte de la caza'), una *téchne* del gobierno ('el arte de gobernar'), etc.

José FERRATER MORA: *Diccionario de filosofía.*

18. ¿Cuál es el significado de la palabra griega *téch-ne*? ¿Qué relación tiene con nuestro actual concepto de técnica?

19. ¿Puede considerarse que cualquier habilidad es una *téchne*? ¿Qué es lo que caracteriza y distingue a la *téchne* de otras actividades?

20. ¿Cómo suele traducirse en latín el término griego *téchne*? ¿Es equivalente a nuestro concepto actual de arte?

◀ La técnica es una acción práctica que nos permite intervenir en el mundo natural para transformarlo.

Las distintas técnicas empleadas por nuestros antepasados son tan relevantes que nos permiten dividir la prehistoria en distintas etapas según el tipo de materiales utilizados.

En los orígenes de la humanidad, las primeras herramientas estaban hechas de **piedra**. Esto nos permite distinguir la edad de la piedra tallada (**Paleolítico**) de la edad de la piedra pulimentada (**Neolítico**). Posteriormente, los seres humanos aprendieron a fundir y utilizar los **metales**. El uso del metal nos permite diferenciar nuevas etapas en el desarrollo de la humanidad, como son la Edad del Cobre, la Edad del Bronce y la Edad del Hierro.

Fíjate

LA REVOLUCIÓN NEOLÍTICA

El período Neolítico recibe este nombre por el uso de instrumentos de piedra pulimentada que caracteriza esta época. Sin embargo, más allá del empleo de estas herramientas, durante el Neolítico se produjeron innovaciones técnicas cruciales para el desarrollo de la humanidad. La más importante de todas fue la adopción de la agricultura y la ganadería, que permitió establecer comunidades sedentarias y modificar de forma radical la forma de vida de los seres humanos. La aparición de los cultivos y de la cría de animales proporcionó seguridad en el abastecimiento de alimentos, favoreció una mejora de las condiciones de vida e hizo posible la aparición de las primeras ciudades. Así pues, la "revolución agrícola" del Neolítico es un magnífico ejemplo del modo en que los avances técnicos pueden cambiar por completo la vida de los seres humanos.

8.2. La técnica forma parte de nuestras vidas

Como puedes ver, la invención técnica ha estado siempre presente en la vida humana, incluso desde antes de que apareciesen las ciencias. Durante muchos siglos, el desarrollo de la técnica fue independiente de la investigación científica. Incluso en el siglo XVIII, durante la época de la Revolución Industrial, muchas innovaciones técnicas fueron propuestas por personas que desconocían los avances científicos del momento.

En la actualidad, sin embargo, la ciencia y la técnica están íntimamente relacionadas. La innovación técnica en campos como la electrónica, la informática, las comunicaciones o la aeronáutica solo puede llevarse a cabo partiendo del conocimiento científico disponible. La interconexión entre ciencia y técnica es tan estrecha que algunos filósofos hablan de una única realidad, a la que denominan **tecnociencia**.

Asimismo, los grandes centros de investigación son una muestra de la estrecha unión que existe hoy en día entre ciencia y técnica. Algunos ejemplos de esta nueva realidad tecnocientífica son los grandes aceleradores de partículas, los modernos y enormes telescopios, los laboratorios de biotecnología o los centros de control de naves espaciales.

Actualmente muchas grandes empresas disponen también de sus propios centros de investigación. En ellos tratan de aplicar los avances científicos y técnicos para crear nuevos productos y servicios que posteriormente serán lanzados al mercado.

Muchos de estos dispositivos forman ya parte de nuestra realidad ordinaria. La radio, la televisión, los aviones, los medicamentos, los ordenadores o Internet son solo algunos ejemplos concretos del modo en que la técnica forma parte esencial de nuestra vida cotidiana.

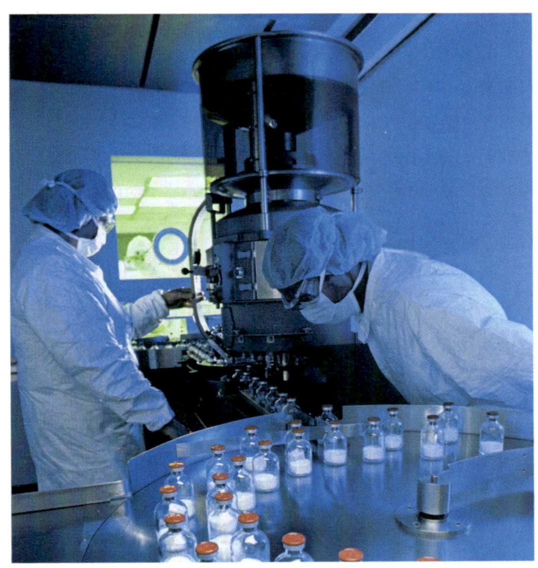

▲ Actualmente, la ciencia y la técnica se encuentran estrechamente unidas.

9. ¿Liberación o esclavitud?

Los espectaculares avances técnicos de la modernidad han influido decisivamente en la vida de millones de personas. Hoy en día nos resultaría difícil imaginar un mundo en el que, por ejemplo, no existieran la electricidad, la anestesia o los teléfonos móviles. Estos y otros muchos desarrollos técnicos hacen que nuestra vida sea más fácil, cómoda y agradable.

El indudable poder transformador de la técnica ha hecho pensar a algunas personas que puede convertirse en un medio para resolver los grandes problemas de la humanidad. Los filósofos **positivistas**, por ejemplo, creían que los avances científicos y técnicos serían la base para construir en el futuro una **sociedad nueva**, más plena y feliz.

Sin embargo, muchos otros filósofos creen que el optimismo de los positivistas no está justificado.

Aunque es cierto que la técnica proporciona herramientas útiles y poderosas, también hay que tener en cuenta que sus repercusiones no siempre han sido positivas.

La técnica, que nos ha dotado de avances en la medicina, también es la que ha permitido construir armas devastadoras capaces de matar a millones de personas. Por otra parte, algunos avances técnicos que parecen en principio útiles y beneficiosos con el tiempo muestran una cara menos amable.

Piensa en lo que sucede con los automóviles, por ejemplo. Cuando se inventó, el automóvil parecía un avance indudable, porque facilitaba la movilidad y convertía el transporte de personas en algo cómodo y accesible. Sin embargo, cuando el número de automóviles se multiplica aparecen problemas inesperados: la contaminación, los atascos, el agotamiento de los recursos petrolíferos, el calentamiento global...

La aparición de problemas como estos ha llevado a algunos filósofos a criticar con dureza el imparable desarrollo científico y técnico propio de nuestra época. Según estas críticas, la ciencia nos ofrece conocimientos y la técnica instrumentos, pero ninguna de las dos puede aclararnos el **sentido** de nuestras acciones. En el mundo actual, repleto de aparatos y de innovaciones, las personas se han olvidado de buscar la finalidad última de lo que hacen.

La tecnociencia actual solo se preocupa de crear los medios necesarios para alcanzar un propósito. Los científicos y los técnicos no suelen cuestionarse si ese propósito es beneficioso o perjudicial. Si a un ingeniero le encargan el desarrollo de un nuevo misil de combate, su tarea consiste en diseñar el mejor aparato posible. Nadie espera que el ingeniero cuestione el uso que se va a hacer de su trabajo, que en este caso está destinado a matar de la forma más eficaz posible.

Por este motivo, los filósofos más críticos como Max **Horkheimer** afirman que la ciencia y la técnica solo se basan en la **razón instrumental***. Esto significa que, para lograr sus avances, los investigadores solo se preocupan por encontrar el *cómo* sin pararse a pensar en el *para qué*.

Ni la ciencia ni la técnica se plantean la finalidad última de lo que hacen. Por eso la ciencia y la técnica son incapaces, por sí solas, de ofrecernos la felicidad. Frente a esta situación, lo que verdaderamente necesita la humanidad es una **racionalidad orientada a los fines***. Para los críticos de la técnica, antes de desarrollar nuevos inventos, debemos plantearnos si nos van a ayudar a lograr el tipo de vida que realmente queremos vivir.

La técnica ha mejorado nuestras condiciones de vida, pero también tiene consecuencias negativas y preocupantes.

MÁS ALLÁ DE LA RAZÓN INSTRUMENTAL

Cuando se concibió la idea de razón, esta había de cumplir mucho más que una mera regulación de la relación entre medios y fines; se la consideraba como el instrumento destinado a comprender los fines, a determinarlos. Sócrates murió por el hecho de subordinar las ideas más sagradas y familiares de su comunidad y de su tierra a la crítica del *daimon* o pensamiento dialéctico, como lo llamaba Platón. Con ello luchó tanto contra el conservadurismo ideológico como contra el relativismo que se disfrazaba de progreso, pero que en verdad se subordinaba a intereses personales y de clase. Dicho con otras palabras: luchaba contra la razón subjetiva, formalista, en cuyo nombre hablaban los demás sofistas. Sócrates socavó la sagrada tradición de Grecia, el estilo de vivir ateniense, y preparó así el terreno para formas radicalmente distintas de la vida individual y social. Sócrates tenía por cierto que la razón, entendida como comprensión universal, debía determinar las convicciones y regular las relaciones entre los hombres y entre el hombre y la naturaleza.

Max HORKHEIMER: *Crítica de la razón instrumental.*

21. En este texto, el autor diferencia dos funciones distintas de la razón. ¿Sabrías identificar cuáles son?

22. Según este fragmento, ¿cuál fue la verdadera causa de la muerte de Sócrates?

23. De acuerdo con Horkheimer, ¿cuál es la visión que tenía Sócrates sobre el uso la razón humana?

***Razón instrumental:** uso de la razón para determinar los medios que son necesarios con vistas a un fin determinado. La razón instrumental permite encontrar los medios, pero no reflexiona sobre la finalidad a la que se orientan.

***Razón orientada a fines:** uso de la razón para reflexionar acerca de la finalidad que queremos lograr con nuestras acciones.

Párate a pensar

Recapitula

1. Completa la siguiente tabla, en la que se distinguen los conceptos de ciencia y técnica:

	Ciencia	Técnica
¿Qué es lo que produce?	Conocimientos	Artefactos y conocimientos
¿Se dedica a hacer o se dedica a conocer?	...	...
¿Tiene que ver con la práctica o con la teoría?	...	...
¿Transforma nuestra visión de la realidad o el entorno en el que vivimos?	...	...

2. Explica si la técnica y la tecnología son lo mismo.

3. ¿Por qué creían los filósofos positivistas que la ciencia traería el progreso y la felicidad? ¿Estás de acuerdo con ellos?

4. ¿Cuál es la diferencia que existe entre la razón instrumental y la razón orientada a fines? Explica tu respuesta con ejemplos.

Trabaja con textos

5. Lee el siguiente texto y contesta las preguntas:

Cualquiera que haya viajado por las carreteras de Estados Unidos y se haya acostumbrado a la altura normal de los pasos elevados es posible que encuentre algo un poco raro con respecto a los puentes sobre las autopistas paisajísticas de Long Island en Nueva York. Muchos de los pasos elevados son extraordinariamente bajos, tienen un arco de apenas tres metros de altura libre. Incluso aquellos que hayan reparado por casualidad en esta peculiaridad estructural no estarían inclinados a darle ningún significado especial. Según nuestra manera de observar cosas tales como carreteras y puentes, consideramos los detalles de forma inocuos, y rara vez nos detenemos a pensar en ellos.

Sin embargo, resulta que alrededor de doscientos pasos elevados de baja altura en Long Island están allí por una razón. Fueron diseñados y construidos a propósito de esa manera por alguien que quería lograr un efecto social en particular. Robert Moses, el maestro constructor de caminos, parques, puentes y demás obras públicas desde 1920 hasta 1970 en Nueva York, construyó estos pasos superiores según especificaciones que desalentarían la presencia de autobuses en las autopistas paisajísticas. De acuerdo con la evidencia proporcionada por el biógrafo de Moses, Robert A. Caro, las razones reflejan la inclinación clasista y el prejuicio racial de Moses. Los blancos poseedores de automóviles pertenecientes a las clases "alta" y "media acomodada", como él las llamaba, serían libres de utilizar los paseos para su esparcimiento y para ir a trabajar. En cambio, a los pobres y a los negros, quienes por lo general utilizaban el transporte público, se les mantenía fuera de esas carreteras debido a que los autobuses de cuatro metros de alto no podían atravesar los pasos elevados. Una de las consecuencias fue limitar el acceso de las minorías raciales y de los grupos de escasos recursos a Jones Beach, el muy aclamado parque público de Moses, quien se aseguró doblemente de este resultado al vetar una propuesta de extensión del ferrocarril de Long Island hasta Jones Beach.

Langdon WINNER: *La ballena y el reactor.*

a) Según el autor del texto ¿cuál es la característica peculiar de los pasos elevados que llevan a las playas de Long Island?

b) ¿Con qué intención fueron diseñados de esa forma estos pasos elevados?

c) En el texto podemos leer que "según nuestra manera de observar cosas tales como carreteras y puentes, consideramos los detalles de forma inocuos". ¿Son verdaderamente neutrales e inocuos los detalles del diseño técnico? ¿Por qué?

Amplía

6. ¿Cuáles son, en tu opinión, los diez desarrollos técnicos más importantes en la historia de la humanidad? Completa con ellos la tabla que aparece a continuación, en la que hemos incluido la primera fila como ejemplo:

Desarrollo técnico	Inventor	Año o época	Repercusiones
1 Imprenta	Gutenberg	Mediados del siglo XV	Permitió difundir el conocimiento y hacer que la cultura fuera accesible para muchas personas
2 ...	...	...	...
3 ...	...	...	...
4 ...	...	...	...
5 ...	...	...	...
6 ...	...	...	...
7 ...	...	...	...
8 ...	...	...	...
9 ...	...	...	...
10 ...	...	...	...

7. La preocupación por las consecuencias negativas de la técnica es un tema que ha sido tratado frecuentemente en la literatura y en el cine. Muchas novelas y películas reflejan el miedo ante un futuro en el que las personas sean dominadas por las máquinas. Estas descripciones de un futuro sombrío y amenazador se denominan *distopías*. Busca información sobre algunas célebres distopías. ¿Cuál es el panorama futuro que describen? ¿Crees que está justificado este temor ante el desarrollo técnico?

Para facilitar tu búsqueda, puedes comenzar por las siguientes obras:

- *La máquina del tiempo*, novela de H. G. Wells.
- *Un mundo feliz*, novela de Aldous Huxley.
- *Blade Runner*, película dirigida por Ridley Scott.
- *Metrópolis*, película dirigida por Fritz Lang.
- *Brazil*, película dirigida por Terry Gilliam.

Comentario de texto

Texto 1

Busco el pasaje entre la ciencia exacta y las ciencias humanas. O, rayano a la lengua, o, rayano al control, entre nosotros y el mundo.

El camino no es tan sencillo como lo deja prever la clasificación del saber. Lo creo tan penoso como el famoso paso del noroeste.

El paso del noroeste hace comunicar el océano Atlántico con el Pacífico, por los fríos parajes del gran norte canadiense. Se abre, se cierra, se tuerce a través del inmenso archipiélago ártico fractal, a lo largo de un dédalo alocadamente complicado de golfos y canales, cuencas y estrechos, entre la Tierra de Baffin y la Tierra de Banks. [...]

Eso se soñaba desde hace cuatrocientos años. Yo todavía lo sueño, por el lado del saber.

Navego, desde hace treinta años, en estas aguas. Están casi desiertas, olvidadas, como prohibidas.

Se yuxtaponen dos culturas, dos grupos, dos colectividades hablan dos familias de lenguas. Aquellos que, desde la infancia, fueron formados para las ciencias, suelen excluir de su pensamiento, de su vida, de sus acciones comunes, lo que puede parecerse a la historia y a las artes, a las obras de lengua, a las obras del tiempo. Instruidos incultos, se les forma para olvidar a los hombres, sus relaciones, sus sufrimientos, la mortalidad. Aquellos que, desde la infancia, fueron formados para las letras, son arrojados en lo que suele llamarse ciencias humanas, donde pierden para siempre el mundo: obras sin árbol ni mar, sin nube ni tierra, salvo en los sueños o en los diccionarios. Cultos ignorantes, se dedican a las rencillas sin objeto, nunca conocieron más que apuestas, fetiches o mercancías. Mucho me temo que estos dos grupos no pugnen más que por posesiones hace tiempo hurtadas por un tercero, parásito, ignorante e inculto a la vez, que las ordena y las gestiona, que goza de su división y la alimenta.

Tuve mucha suerte en quedarme solo durante treinta años y trabajar en este pasaje en medio de la indiferencia y el silencio. Me sitúo en la intersección vacía entre ambos grupos así distribuidos, en este espacio cuya cartografía intento contar. [...]

No estoy seguro de encontrarme en la desembocadura del pasaje, pero veo alzarse algunos terceros instruidos, algunos jóvenes de doble cultura, que ayudan a pensar, a construir o a reconocer un nuevo archipiélago.

Lo que importa aquí es decir que el pasaje es raro y angosto. No está garantizado en su parte más ancha como por un mar llano y sin escollos, o un estrecho corriente. De las ciencias humanas a las ciencias exactas, o a la inversa, el camino no atraviesa un espacio homogéneo y vacío. La metáfora de este archipiélago extraordinariamente complicado del gran norte canadiense, casi siempre estorbado por bancos de hielo, es exacta. Casi siempre el pasaje está cerrado, ora por tierras, ora por hielos, o también porque uno se pierde. Y si el pasaje está abierto, es a lo largo de un camino difícil de prever. Y casi siempre, singular.

Michel SERRES: *El paso del noroeste.*

Texto 2

Nacida de su preocupación por la producción masiva está la tendencia de la máquina en centrar el esfuerzo exclusivamente en la producción de bienes materiales. Existe un énfasis desproporcionado en los medios físicos de vida: la gente sacrifica tiempo y disfrutes presentes con el fin de conseguir una abundancia mayor de medios físicos, pues se supone que existe una estrecha relación entre el bienestar y el número de bañeras, autos y otros productos análogos de la máquina que uno pueda poseer. [...]

Puede definirse este aspecto de la máquina como "materialismo sin objetivo". Su defecto particular es que proyecta una sombra de reproche sobre todos los intereses y ocupaciones no materiales de la humanidad: especialmente, condena la estética liberal y los intereses individuales porque "no sirven a ningún objetivo útil". [...]

Este penetrante instrumentalismo pone un obstáculo a las reacciones vitales que no pueden ser estrechamente unidas a la máquina, y amplifica la importancia de los bienes físicos como símbolos —símbolos de inteligencia y de habilidad y de perspicacia— incluso si tiende a caracterizar su ausencia como un signo de estupidez o de fracaso. Y en la medida en que este materialismo no tiene objetivo, resulta final: los medios se convierten luego en un fin. Si los bienes materiales necesitan alguna otra justificación, la tienen en el hecho de que el esfuerzo para consumirlos mantiene las máquinas funcionando.

Lewis MUMFORD: *Técnica y civilización.*

Disertación filosófica

¿Hay razones para temer el desarrollo de la ciencia y de la técnica?

Tanto en la filosofía como en la literatura es posible encontrar ejemplos de autores que han mostrado temor ante los imparables avances de la tecnociencia contemporánea.

- ¿Crees que es posible que la ciencia y la técnica acaben por esclavizarnos?
- ¿Está la investigación científica bajo control o puede llegar a convertirse en una amenaza para nosotros?
- ¿Podemos confiar en los científicos?
- ¿Sabe la ciencia hacia dónde se dirige?
- ¿Debería la sociedad supervisar los temas que se investigan y los aparatos que se construyen?
- ¿Deberíamos poner límites a la investigación científica y técnica?
- ¿O es un atentado contra la libertad y el conocimiento?

Debate filosófico

¿Son las ciencias humanas verdaderamente científicas?

La distinción entre ciencias de la naturaleza y ciencias humanas resalta una diferencia crucial entre ambas. Las ciencias naturales contrastan sus teorías mediante la experimentación y son capaces de ofrecer explicaciones causales mediante leyes matemáticas. Las ciencias humanas, en cambio, no pueden realizar experimentos y rara vez son capaces de formular matemáticamente sus descubrimientos.

- ¿Merecen las ciencias humanas ser consideradas como ciencias rigurosas? ¿Podemos decir que es verdaderamente científico lo que hacen los historiadores, los lingüistas, los antropólogos o los sociólogos?
- ¿No sería más exacto reservar el concepto de ciencia para referirnos a actividades como la física, la química o la biología?
- ¿En qué sentido son científicas las ciencias humanas?
- ¿Será posible que con el tiempo las disciplinas humanas acaben por convertirse en ciencias rigurosas y experimentales?

Una obra para comentar

Frankenstein

En su célebre novela, Mary W. Shelley dio forma a los temores e incertidumbres que puede provocar el imparable avance de la ciencia. La inspiración original de la historia procede del mito de Prometeo, que robó el fuego de los dioses para entregárselo a los seres humanos. La autora sugiere que, del mismo modo que Prometeo, el doctor Frankenstein ha traspasado un límite sagrado que no deberíamos cruzar nunca. Al atreverse a dar vida a un ser humano, el protagonista de la novela desencadena una trágica cadena de sucesos que muestran los peligros a los que puede exponernos una investigación científica fuera de control.

Conexiones filosóficas

Física y filosofía

La física contemporánea ha realizado sorprendentes descubrimientos que tienen una importante dimensión filosófica. Las imágenes que hoy tenemos acerca del espacio, del tiempo y de la causalidad están profundamente influidas por la teoría de la relatividad y por la física cuántica.

- ¿Cómo han afectado estos desarrollos científicos a las teorías filosóficas sobre la realidad?
- ¿Han admitido los filósofos esta nueva visión del mundo?
- ¿Hace falta estudiar física para poder elaborar una filosofía rigurosa en el siglo XXI?
- ¿Deberían los físicos aprender filosofía para desarrollar su trabajo?
- ¿Existen aún preguntas filosóficas que la física contemporánea no sea capaz de responder?

Bibliografía

Alan CHALMERS: ***¿Qué es esa cosa llamada ciencia?***

Karl R. POPPER: ***Búsqueda sin término.***

Thomas S. KUHN: ***La estructura de las revoluciones científicas.***

Arthur KOESTLER: ***Los sonámbulos.***

Herbert George WELLS: ***La máquina del tiempo.***

Aldous HUXLEY: ***Un mundo feliz.***

Philip K. DICK: ***¿Sueñan los androides con ovejas eléctricas?***

Rachel CARSON: ***Primavera silenciosa.***

Filmografía

Capítulo 3 de la serie ***Cosmos***, de Carl SAGAN. En él se presenta de forma clara y amena la vida y la obra del astrónomo alemán Johannes Kepler, en relación con la nueva visión del mundo que emergió de la revolución científica en los siglos XVI y XVII.

Gattaca. Andrew NICCOL. Reflexiona sobre el avance de la técnica y sus repercusiones no siempre positivas. Presenta una sociedad futura en la que la reproducción humana está seleccionada genéticamente y se pueden conocer las enfermedades que se desarrollarán.

Mapa conceptual

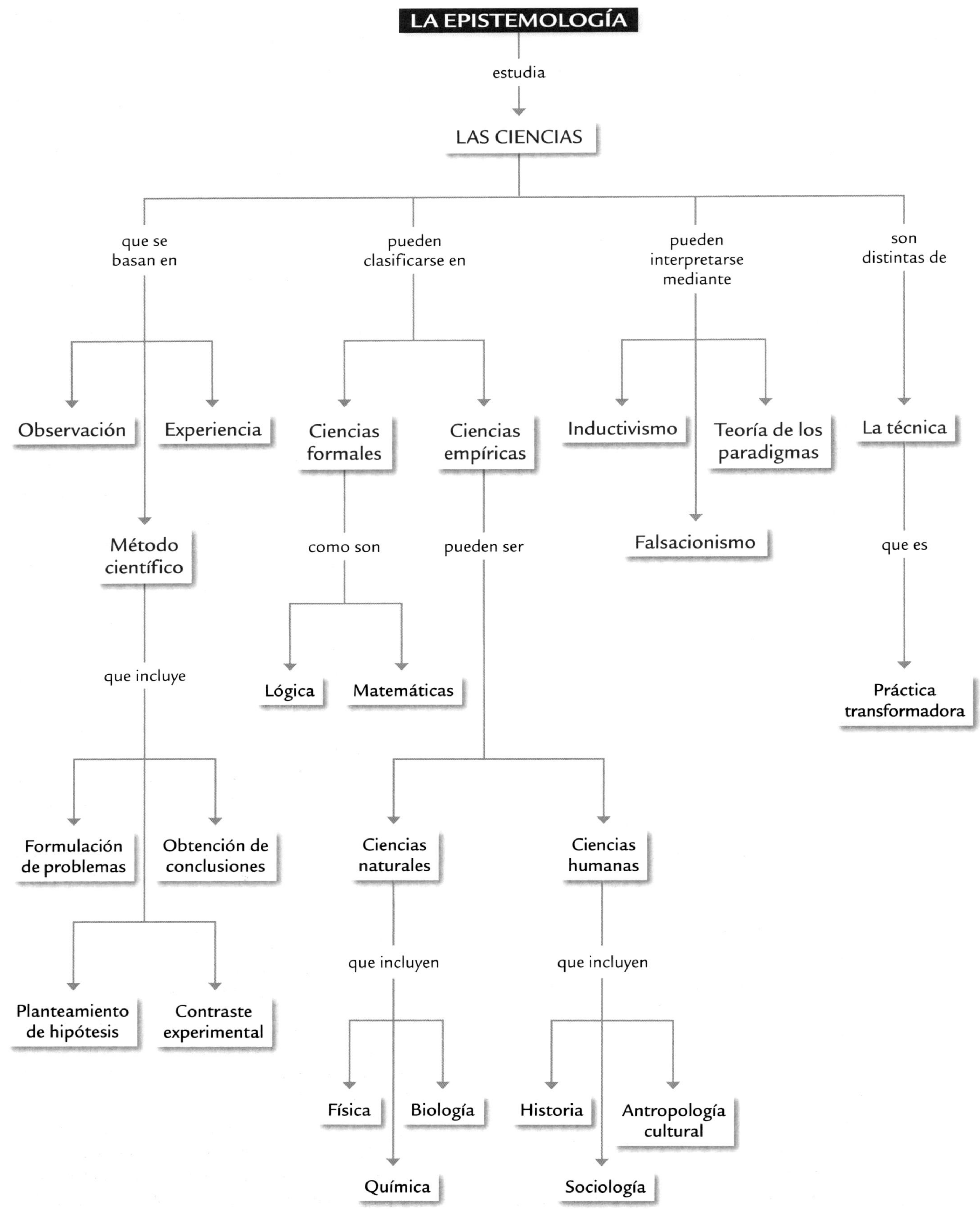

Evaluación

Elige la respuesta correcta para cada una de las siguientes preguntas. Recuerda que de todas las opciones solo una es válida.

1. **¿Qué tipo de disciplinas podemos decir que son las matemáticas y la lógica?**
   a) Ciencias empíricas.
   b) Ciencias humanas.
   c) Ciencias formales.
   d) Ciencias naturales.

2. **¿Qué diferencia resaltó Dilthey entre las ciencias naturales y las ciencias humanas?**
   a) Las ciencias naturales se basan en la comprensión y las ciencias humanas se basan en la explicación.
   b) Las ciencias naturales se basan en la explicación y las ciencias humanas se basan en la comprensión.
   c) Las ciencias naturales se basan en la razón y las ciencias humanas se basan en la intuición.
   d) Las ciencias naturales se basan en la interpretación y las ciencias humanas en la realización de experimentos.

3. **¿Qué descripción se ajusta mejor a la estructura que tienen las ciencias respecto a los hechos naturales?**
   a) La ciencia propone teorías que incluyen paradigmas, que a su vez incluyen leyes para explicar los hechos.
   b) La ciencia propone leyes que incluyen paradigmas, que a su vez incluyen teorías para explicar los hechos.
   c) La ciencia propone paradigmas que incluyen teorías, que a su vez incluyen leyes para explicar los hechos.
   d) La ciencia propone leyes que incluyen teorías, que a su vez incluyen paradigmas para explicar los hechos.

4. **¿Qué diferencia hay entre la inducción y la deducción?**
   a) La inducción va de lo particular a lo general, mientras que la deducción va de lo general a lo particular.
   b) La inducción va de lo general a lo particular, mientras que la deducción va de lo particular a lo general.
   c) La inducción consiste en emplear la intuición, mientras que la deducción consiste en basarse en el razonamiento lógico.
   d) La inducción se aplica en las ciencias naturales, mientras que la deducción es el método característico de las ciencias humanas.

5. **¿Cuál de las siguientes afirmaciones se corresponde con las propuestas del falsacionismo?**
   a) La ciencia se basa en la inducción.
   b) Las leyes científicas son válidas cuando pueden confirmarse mediante experimentos.
   c) La ciencia se desarrolla siempre dentro del marco de un paradigma influido por el contexto histórico y social.
   d) Las leyes científicas solo son afirmaciones provisionalmente válidas que podemos aceptar mientras no se demuestre experimentalmente que son erróneas.

6. **¿Qué es un paradigma científico?**
   a) Es el conjunto de experimentos que se emplea para confirmar una teoría.
   b) Es el conjunto de problemas, métodos e ideas básicas que guían la investigación científica en un momento histórico determinado.
   c) Es el resultado de la falsación experimental de una teoría.
   d) Es el conjunto de leyes y teorías científicas obtenidas mediante la inducción experimental.

7. **¿Qué diferencia la ciencia, la técnica y la tecnología?**
   a) La ciencia busca el conocimiento. La técnica y la tecnología son lo mismo: tienen el objetivo de elaborar objetos y procedimientos que sean útiles en la práctica.
   b) La ciencia, la técnica y la tecnología son básicamente lo mismo. Por eso actualmente se habla de la tecnociencia.
   c) La ciencia busca aplicaciones prácticas. La técnica las pone en marcha y la tecnología busca el conocimiento.
   d) La ciencia busca el conocimiento. La técnica se interesa por cuestiones prácticas. La tecnología es una reflexión teórica sobre la técnica.

8. **¿Qué opinión tenían los filósofos positivistas sobre los avances científicos y técnicos?**
   a) Creían que iban a impulsar una mejora de la sociedad para hacernos más plenos y felices.
   b) Creían que eran perjudiciales porque nos convertían en esclavos de nuestras propias máquinas.
   c) Creían que debían regularse adecuadamente para que no perdiéramos de vista el tipo de fines que queríamos lograr con ellas.
   d) Creían que podrían acabar por convertirse en una amenaza porque únicamente se preocupaban por la razón instrumental.

Contesta por escrito las cuestiones siguientes:

9. **¿Es Karl Popper un filósofo inductivista, falsacionista o partidario de la teoría de los paradigmas?**

10. **¿Qué diferencia encontraba Horkheimer entre la razón instrumental y la razón orientada a fines? Aclara en qué se distinguen estos dos conceptos presentando algunos ejemplos concretos.**

11. **¿Crees tú que las distintas cosmovisiones que se han sucedido a lo largo del tiempo son inconmensurables, tal y como creía Kuhn? ¿Serían capaces de entenderse un astrónomo partidario del sistema aristotélico y otro defensor del modelo copernicano? Explica tu respuesta.**

7 El ser humano entre la naturaleza y la cultura

- ¿Qué características definen a los seres humanos?
- ¿Podemos reducir el ser humano a una sola dimensión?
- ¿Cómo influyen los factores biológicos y sociales en la realidad humana?

Objetivos

> Explicar el origen de la especie humana.
> Examinar la importancia de la dimensión psicológica en los seres humanos.
> Comprender la compleja relación que existe entre la dimensión natural y la cultural.
> Constatar las limitaciones de la visión etnocéntrica, así como la de una interpretación extrema del relativismo cultural.
> Valorar la importancia de la dimensión personal humana, reconociendo en ella el fundamento de nuestra dignidad y nuestros derechos.

Contenidos

Las múltiples dimensiones de la especie humana

- Desde el punto de vista biológico, los seres humanos somos miembros de la especie *Homo sapiens*, perteneciente al orden de los primates.
- Las especies evolucionan a lo largo del tiempo. Como mostró Charles Darwin, la evolución se basa en la variabilidad de la descendencia y en la selección natural.
- Los cambios que han dado origen a los seres humanos actuales son de dos tipos: la hominización, que consiste en el proceso de evolución biológica, y la humanización, que abarca las transformaciones de tipo cultural.

Psicología, cultura y sociedad

- Los seres humanos tenemos una dimensión psicológica asociada a nuestros procesos mentales y a nuestra conducta.
- La vida en sociedad es esencial para nosotros. Nadie puede llegar a convertirse en un ser plenamente humano si vive siempre apartado de los demás. Vivir en sociedad nos permite aprender un lenguaje e interiorizar una forma de vida específica.
- Existe una gran variedad de formas de vida distintas. Cada grupo social tiene su propia cultura diferente de las demás. En nuestro mundo actual las diversas culturas del planeta están interrelacionadas, por lo que es importante aprender a respetar y valorar su riqueza y multiplicidad.

El ser humano y su dimensión personal

- Además de las dimensiones biológica, psicológica y cultural, en los seres humanos también existe una dimensión personal.

- Una persona es un ser inteligente y libre, consciente de su propia existencia y capaz de dar un sentido a su vida.
- La dimensión personal humana es el fundamento de la dignidad. Así llamamos al valor único e irrepetible que tenemos cada uno de nosotros y que debemos respetar.

I. ¿Qué es el ser humano?

1. Una realidad compleja

¿Cómo describirías tú lo que es un ser humano? Ciertamente, los seres humanos somos **seres vivos** y compartimos muchas características con los demás animales. Pero si queremos entender lo que nos caracteriza como humanos, debemos tener en cuenta otras facetas de nuestra realidad.

Existe en nosotros una dimensión psicológica, porque somos capaces de sentir, pensar, recordar y emocionarnos. También somos seres sociales, porque para sobrevivir necesitamos relacionarnos y convivir con los demás. Los seres humanos vivimos en sociedad formando parte de una cultura determinada.

Pero, además, hay en nosotros una dimensión personal que nos convierte en seres muy especiales. Los seres humanos somos personas porque, además de pensar, sentir y decidir, también somos conscientes de nuestros pensamientos, nuestros sentimientos y nuestras decisiones. Esta capacidad de conciencia reflexiva nos permite apreciar el valor único e irrepetible que posee cada existencia humana.

Los seres humanos tenemos una dimensión **biológica**, una dimensión **psicológica**, una dimensión **social** y una dimensión **personal**.

Fíjate

La nomenclatura con la que se clasifican los seres vivos fue inventada en el siglo XVIII por el científico sueco Carl Linneo. De acuerdo con este sistema, cada especie viva se nombra mediante dos términos en latín. El primero hace referencia al género al que pertenece, mientras que el segundo identifica la especie. El ser humano forma parte del género *Homo* y se corresponde con la especie *Homo sapiens*.

@ Para ampliar en la Red...

Charles Darwin: www.tiching.com/684828

2. La dimensión biológica del ser humano

Los seres humanos somos seres vivientes. Igual que sucede con los demás organismos, también nosotros desarrollamos las funciones vitales que nos permiten nutrirnos, relacionarnos y reproducirnos. Nuestro cuerpo está constituido por las mismas moléculas que forman los demás seres vivos en nuestro planeta. Como ellos, estamos hechos de células y nuestra información genética está codificada en nuestro ADN.

Los científicos han desarrollado una nomenclatura para distinguir las diferentes especies vivas que existen sobre la Tierra. De acuerdo con esta clasificación, los seres humanos somos individuos de la especie ***Homo sapiens***. Nuestra especie pertenece a la familia de los homínidos, que a su vez forma parte de un grupo más amplio llamado el orden de los **primates**. Al orden de los primates también pertenecen otros animales estrechamente emparentados con nuestra especie, como los chimpancés, los bonobos, los gorilas y los orangutanes.

Fíjate

LA ESPECIE HUMANA

La taxonomía es la parte de la biología que clasifica a los seres vivos según sus características. Esta clasificación agrupa a los individuos en diferentes grupos que, a su vez, se consideran parte de grupos más generales. De menor a mayor generalidad estos grupos son las especies, los géneros, las familias, los órdenes, las clases, los tipos y los reinos.

Como todos los demás animales, también los seres humanos pueden clasificarse de acuerdo con la taxonomía del siguiente modo:

Reino: Animales

Tipo: Cordados

Subtipo: Vertebrados

Clase: Mamíferos

Orden: Primates

Familia: Homínidos

Género: *Homo*

Especie: *Homo sapiens*

3. Fijismo y evolucionismo

3.1. ¿Cambian las especies a lo largo del tiempo?

Durante mucho tiempo predominó la creencia de que las características de los seres vivos eran algo permanente y fijo en el tiempo. Esta teoría, denominada **fijismo**, afirma que los seres vivos siempre se han mantenido iguales, transmitiendo fielmente sus características de generación en generación.

El fijismo está ligado a la explicación creacionista, basada en el relato de la Creación que se recoge en la Biblia. De acuerdo con el **creacionismo**, las especies vivas fueron creadas por Dios al comienzo de los tiempos. Desde entonces, las especies vivas permanecen eternamente fijas e inalterables.

La interpretación fijista concuerda a primera vista con la experiencia que tenemos sobre los seres vivos. Aunque observemos distintas generaciones de caballos, todos ellos parecen muy similares. Los testimonios que tenemos de épocas históricas anteriores (en forma de esculturas o pinturas, por ejemplo) nos muestran que los caballos eran entonces iguales a los de ahora. ¿Acaso hay motivo para pensar que las especies cambian a lo largo del tiempo?

3.2. La evolución de las especies

El descubrimiento de fósiles de seres vivos muy antiguos ofrece una buena razón para pensar que las especies cambian con el tiempo. Al estudiar estos fósiles, podemos comprobar que los animales y las plantas que existían en el pasado no eran iguales a los que conocemos hoy. Sin embargo, no apreciamos a simple vista estos cambios porque para producirse requieren de un largo período de tiempo. Para explicar estas modificaciones surgió el **evolucionismo**, según el cual las especies vivas cambian con el tiempo.

La teoría de la evolución causó mucha controversia desde el momento de su aparición porque cuestionaba antiguas creencias de raíz religiosa. Sin embargo, hoy en día la ciencia dispone de numerosas y sólidas pruebas que demuestran que la evolución es un hecho. No cabe duda de que las especies vivas van cambiando a lo largo del tiempo. ¿Pero por qué se producen esos cambios y cuál es su mecanismo?

3.3. El lamarckismo

El primer científico que propuso una teoría de la evolución fue **Jean-Baptiste Lamarck** (1744-1829). De acuerdo con su interpretación, denominada **lamarckismo**, las transformaciones que experimentan las especies vivas pueden entenderse mediante dos leyes básicas:

- El uso frecuente y repetido de un órgano produce cambios en su estructura. "La función hace al órgano".
- Las modificaciones de un órgano se transmiten de generación en generación. "Los caracteres adquiridos se heredan".

En su obra, publicada a comienzos del siglo XIX, Lamarck ilustraba el efecto de estas leyes en el caso concreto de las jirafas. ¿Por qué tienen las jirafas el cuello tan largo? Según Lamarck, la escasez de alimento en su medio natural hizo que las jirafas tuvieran que realizar un gran esfuerzo para alargar el cuello en busca de las ramas más altas y verdes de los árboles. Este esfuerzo, con el tiempo, provocó un pequeño alargamiento del cuello de las jirafas. Este pequeño alargamiento, a su vez, se transmitió a los miembros de la siguiente generación, que nacieron con el cuello un poco más largo que sus padres. Si este proceso se repite a lo largo de varias generaciones, podemos explicar el cambio anatómico que muestran los fósiles y que conduce al larguísimo cuello de las jirafas actuales.

3.4. El darwinismo

Aunque la teoría de Lamarck parece bastante convincente, su explicación no se corresponde con los datos disponibles. Hoy sabemos que los caracteres adquiridos no se pueden heredar; así que, aunque una jirafa se esfuerce durante años en alargar su cuello, ese rasgo no será transmitido a su descendencia.

Entonces, ¿cómo podemos explicar el mecanismo de la evolución? La explicación correcta del proceso evolutivo fue ofrecida por **Charles Darwin** a mediados del siglo XIX. El **darwinismo** se apoya en dos ideas básicas: la variabilidad de la descendencia y el proceso de selección natural.

Los gorilas, como los humanos, pertenecen a la línea evolutiva de los primates.

Fíjate

¿Sabes lo que es una especie biológica? Seguramente sabes que un león y un tigre pertenecen a especies diferentes, mientras que un pastor alemán y un chihuahua pertenecen a la misma especie. ¿Por qué animales parecidos se clasifican en especies diferentes, mientras que perros distintos se consideran de la misma especie?

El criterio científico para definir lo que es una especie tiene que ver con la posibilidad de que dos individuos puedan tener descendencia. Todas las razas de perros pertenecen a la misma especie porque pueden cruzarse entre sí y dar lugar a descendientes fértiles. En cambio, los leones y los tigres no pueden tener descendencia fértil, por lo que se considera que pertenecen a especies distintas.

La teoría darwinista explica mejor que el lamarckismo por qué las jirafas tienen un cuello tan característico.

- **Variabilidad de la descendencia**. Al estudiar la reproducción de los seres vivos, Darwin se dio cuenta de que no todos los descendientes son exactamente iguales. Aunque las características básicas de una especie se transmiten de generación en generación, existen pequeñas variaciones entre los individuos. Por eso no todos los hijos son idénticos entre sí, y por eso tampoco son exactamente iguales a sus padres.
- **Selección natural**. Darwin observó que las variaciones existentes entre distintos individuos podían tener mucha importancia para sobrevivir. Algunas de esas pequeñas modificaciones pueden ser beneficiosas, mientras que otras pueden resultar perjudiciales. Los seres vivos que estén mejor adaptados tendrán más probabilidades de sobrevivir y reproducirse, mientras que los peor adaptados morirán sin descendencia.

Este es el proceso de selección natural, que favorece a los seres vivos más **aptos**. Estos individuos tendrán más éxito reproductivo y podrán transmitir sus rasgos a su descendencia. De esta manera esos rasgos adaptativos se manifestarán en las generaciones sucesivas. Por el contrario, los rasgos desfavorables desaparecerán porque los individuos peor adaptados tendrán más dificultades para sobrevivir y reproducirse.

¿Cómo puede explicar la teoría darwinista el largo cuello de las jirafas? Según Darwin, existe una cierta variabilidad en las jirafas. Algunas nacen con el cuello un poco más largo y otras con el cuello un poco más corto. Cuando escasea la comida, únicamente las jirafas con el cuello más largo pueden alimentarse, sobrevivir y reproducirse. De este modo tiene lugar un proceso de selección natural que favorece a las jirafas con el cuello largo. Estos individuos podrán reproducirse y transmitir sus rasgos a sus descendientes.

Darwin demostró que la **variabilidad de la descendencia** y el proceso de **selección natural** permiten explicar la evolución de las especies.

3.5. La teoría sintética de la evolución

Si bien el darwinismo explica cómo se produce la evolución de las especies, esta teoría resulta incompleta en dos aspectos importantes. En primer lugar, Darwin fue incapaz de aclarar el **mecanismo de la herencia** que permite a los padres transmitir sus rasgos a los hijos. Y, en segundo lugar, tampoco supo explicar por qué, aunque los hijos se parecen a los padres, existe una cierta **variabilidad** entre los descendientes.

Para explicar estas dos cuestiones hace falta recurrir a la **genética***, una ciencia que aún no existía en tiempos de Darwin. Las investigaciones de

Protagonistas de la filosofía

CHARLES DARWIN (1809-1882)

No era filósofo, sino naturalista. Sin embargo, el enorme impacto que tuvo su teoría evolucionista justifica que se le considere como una figura clave en la configuración del pensamiento contemporáneo. Las ideas de Darwin influyeron de forma decisiva en la filosofía de su tiempo, y pueden rastrearse en la obra de autores tan diversos como Herbert Spencer o Friedrich Nietzsche.

Charles Darwin descubrió la explicación correcta del modo en que evolucionan las especies vivas.

En su juventud, Darwin trabajó como geólogo y naturalista a bordo del Beagle en una expedición científica alrededor del mundo. Comparando los seres vivos que encontró en el viaje, así como los fósiles que fue recogiendo, Darwin comenzó a dar forma a una teoría evolucionista basada en el mecanismo de la selección natural.

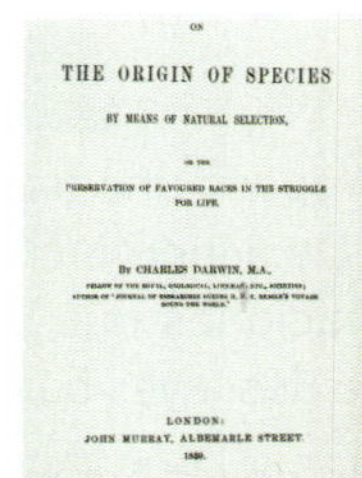

Consciente de que su teoría podría causar una gran controversia, Darwin no quiso hacerla pública hasta tener suficientes pruebas para apoyarla. Finalmente, animado por Alfred Russel Wallace, se decidió a publicar *El origen de las especies* en 1859. Posteriormente, Darwin aplicó estas mismas ideas al proceso de evolución humana en su libro *El origen del hombre*.

Pese al encendido debate que causaron inicialmente, las ideas de Darwin han sido ampliamente confirmadas por numerosas pruebas científicas. El darwinismo, combinado con los hallazgos de la genética que se produjeron posteriormente, forma parte de la teoría sintética de la evolución que ofrece el actual marco explicativo sobre el origen y el desarrollo de los seres vivos en nuestro planeta.

***Genética:** ciencia que estudia las leyes biológicas de la herencia y el modo en que las características de los individuos se transmiten de una generación a la siguiente.

La visita de Darwin a las islas Galápagos fue decisiva porque sirvió para confirmarle su teoría.

Gregor Mendel (1822-1884) sobre las leyes de la herencia y el posterior descubrimiento del ADN permitieron aclarar cómo se transmiten los rasgos de generación en generación.

La actual **teoría sintética de la evolución** integra las aportaciones del darwinismo y los descubrimientos de la genética. Hoy en día sabemos que la información sobre las características de un ser vivo está codificada en el ADN de sus células. El ADN se transmite de una generación a otra, lo cual permite explicar por qué los hijos se parecen a los padres. Sin embargo, no todos los descendientes son exactamente iguales, debido tanto a las diversas combinaciones de los genes de los progenitores como a mutaciones en el ADN.

4. Los orígenes de la especie humana

4.1. Evolución biológica y evolución cultural

La especie humana, como cualquier otra, es producto de un largo proceso evolutivo. El *Homo sapiens* no ha existido siempre, sino que surgió a partir de otras especies de homínidos hace aproximadamente 200 000 años.

Para entender cómo surgieron los seres humanos a partir de nuestros ancestros, conviene distinguir dos procesos diferentes, que se denominan hominización y humanización.

La **hominización** hace referencia al proceso de **evolución biológica** mediante el cual surgió nuestra especie.

Al estudiar la hominización, debemos tener en cuenta cómo la selección natural fue modificando las características anatómicas y fisiológicas de nuestros antepasados. Con el tiempo, unas especies de homínidos dieron lugar a otras distintas y mejor adaptadas al entorno. Durante algunos períodos existieron varias especies de homínidos distintas, aunque solo el actual *Homo sapiens* ha logrado sobrevivir hasta la actualidad.

La **humanización** es un proceso de **evolución cultural** que va más allá de lo puramente biológico.

La humanización fue posible por la aparición del lenguaje, de la vida en sociedad y de la técnica. La cultura es el rasgo que nos distingue más claramente del resto de animales, ya que gracias a ella somos capaces de utilizar símbolos y de emplearlos para elaborar un pensamiento complejo.

4.2. El proceso de hominización

La línea evolutiva de la que procede el *Homo sapiens* se separó de la que conduce a los actuales chimpancés hace unos 4,5 millones de años. A partir de ese momento, se considera que nuestros ancestros pertenecen al grupo de los **homínidos**, en el que también se incluye nuestra propia especie.

Los homínidos de los que procedemos experimentaron una evolución biológica que los diferenció radicalmente del resto de los primates. Este proceso se denomina **hominización**, y está marcado por cambios cruciales como la bipedestación, la liberación de la mano y el aumento del cerebro.

Los homínidos son primates que se desplazan erguidos y caminan sobre el suelo apoyándose en sus dos extremidades posteriores. La **bipedestación*** diferencia claramente a los homínidos del resto de los primates, que viven en los árboles y se desplazan usando para ello sus cuatro extremidades.

LA HIPÓTESIS DEL GEN EGOÍSTA

El planteamiento del presente libro es que nosotros, al igual que todos los demás animales, somos máquinas creadas por nuestros genes. De la misma manera que los prósperos gánsters de Chicago, nuestros genes han sobrevivido, en algunos casos durante millones de años, en un mundo altamente competitivo. Esto nos autoriza a suponer ciertas cualidades en nuestros genes.

Argumentaré que una cualidad predominante que podemos esperar que se encuentre en un gen próspero será el egoísmo despiadado. Esta cualidad egoísta del gen dará, normalmente, origen al egoísmo en el comportamiento humano. Sin embargo, como podremos apreciar, hay circunstancias especiales en las cuales los genes pueden alcanzar mejor sus objetivos egoístas fomentando una forma limitada de altruismo a nivel de los animales individuales. [...]

Defenderé la tesis de que la unidad fundamental de selección, y por tanto del egoísmo, no es la especie ni el grupo, ni siquiera, estrictamente hablando, el individuo. Es el gen, la unidad de la herencia. A algunos biólogos este planteamiento les podrá parecer, al principio, una posición extrema.

Espero que cuando aprecien en qué sentido lo afirmo, estén de acuerdo en que es una posición, en esencia, ortodoxa, aun cuando esté expresada de una manera insólita.

Richard DAWKINS: *El gen egoísta*.

1. ¿En qué consiste la teoría del "gen egoísta"?
2. ¿Afirma el autor que las personas somos siempre egoístas? ¿Quién se presenta dominado por un "egoísmo despiadado"?
3. ¿Es compatible la hipótesis de Dawkins con la teoría de la evolución de Darwin?

Nuestra especie proviene de la evolución de los homínidos, que con el tiempo se transformaron en los seres humanos actuales. En la ilustración, reconstrucciones de *Homo erectus*.

***Bipedestación:** capacidad de desplazarse en posición erguida apoyándose sobre las extremidades posteriores.

Nuestros primeros ancestros

La aparición de los primeros homínidos que caminaban erguidos coincidió con una época de cambio climático que se produjo hace unos 5 o 6 millones de años. En esa etapa, nuestro planeta experimentó una fase de enfriamiento que cambió radicalmente el paisaje de África oriental, donde vivían nuestros ancestros. Este territorio, originalmente cubierto de espesos bosques, se volvió más seco y árido, transformándose en una sabana.

En un paisaje abierto y con grandes claros, los homínidos capaces de desplazarse erguidos tenían muchas ventajas adaptativas. Por esta razón los homínidos pudieron sobrevivir y reproducirse con éxito, dando lugar a numerosas especies entre las que se encuentran las de nuestros antepasados.

Los cambios en la anatomía de los homínidos

La bipedestación fue posible gracias a la aparición de importantes cambios anatómicos. Estos cambios, que también están presentes en nuestro cuerpo, nos diferencian del resto de los primates con los que estamos emparentados. La pelvis cambió, acortándose mucho para poder absorber las tensiones derivadas de la marcha bípeda. Los músculos abductores se desarrollaron para estabilizar la marcha a dos patas. La columna vertebral adoptó una posición vertical, cambiando la orientación con la que se une al cráneo.

Estos cambios en el esqueleto no solo aportaron ventajas, sino que también trajeron algunos inconvenientes para nuestros antepasados. La pelvis, por ejemplo, se estrechó y cambió de forma para permitir andar erguidos, lo cual produjo mayores dificultades en el momento del parto. En los demás primates el parto es rápido y sencillo, pero en los homínidos suele ser complicado y requiere la ayuda de los demás para poder realizarse con éxito. Además, las crías de los homínidos nacen inmaduras y necesitan un largo período de cuidado y atención para poder sobrevivir.

Una de las consecuencias importantes del cambio en el esqueleto de nuestros ancestros fue la **modificación de las manos**. Al adoptar la posición bípeda, los homínidos pudieron disponer de sus manos para manejar utensilios con una **pinza de precisión**, usando el pulgar junto con el índice. Esto permite manipular objetos a la vez con fuerza y con delicadeza, lo cual es imprescindible para poder fabricar herramientas.

Pero tal vez el cambio más significativo de todos fue el **aumento del tamaño del cerebro**. Este cambio fue posible gracias a la posición bípeda y a la modificación de la mandíbula, que se redujo permitiendo así el crecimiento del cráneo. En los distintos fósiles de homínidos que se han encontrado, se registra un continuo incremento del tamaño craneal, que podemos asociar a un incremento de la inteligencia.

Fíjate

LA EVOLUCIÓN HUMANA

Los primeros homínidos surgieron en África oriental hace unos 5 o 6 millones de años. Su aparición coincidió con una etapa fría que produjo un cambio en el paisaje y favoreció a las especies bípedas. Los fósiles de esta época corresponden a la especie *Ardipithecus ramidus*, que probablemente ya podía caminar erguido. Algo posteriores, los *Australophitecus* (que vivieron hace unos 4 millones de años) ya eran bípedos con toda seguridad.

Los primeros representantes del género *Homo*, al que pertenecemos los seres humanos, surgieron hace unos 2,5 millones de años. Entre los más antiguos fósiles de este tipo están los del *Homo habilis*, que ya era capaz de fabricar herramientas de piedra. Posteriormente aparecieron otras especies, como el *Homo ergaster*, el *Homo erectus* o el *Homo antecessor*.

Nuestra especie, el *Homo sapiens sapiens*, surgió probablemente en África oriental hace unos 200 000 años. Durante largo tiempo los seres humanos convivieron con otras especies del género *Homo*, como el Hombre de Neandertal (*Homo sapiens neanderthalensis*), que se extinguió hace unos 30 000 años. A partir de entonces, los seres humanos actuales somos los únicos representantes vivos del género *Homo*.

@ Para ampliar en la Red...

La evolución humana: www.tiching.com/684829

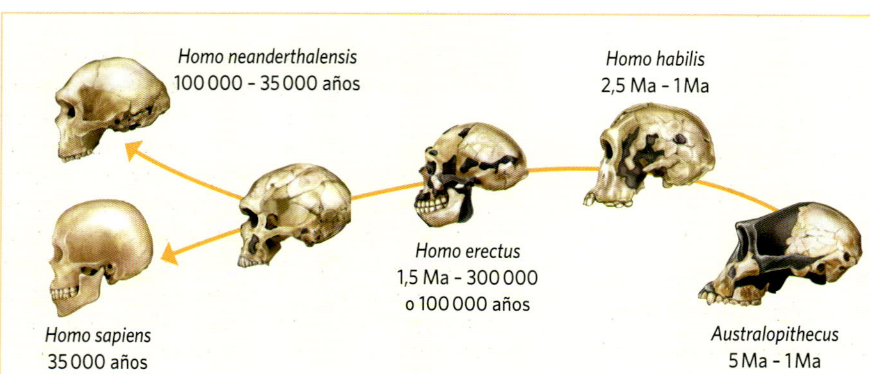

Evolución del cráneo desde los *Australopithecus* hasta nuestra especie.

4.3. La evolución cultural

La aparición de la especie humana no puede entenderse solo desde el punto de vista biológico. Para comprender cómo a partir de nuestros ancestros hemos llegado a convertirnos en seres humanos, debemos tener en cuenta el proceso de evolución cultural que denominamos **humanización**.

El concepto de cultura tiene una importancia crucial en ciencias sociales y en filosofía.

La **cultura** hace referencia a la forma de vida característica de una sociedad.

La cultura es posible porque los seres humanos somos capaces de usar símbolos para representar la realidad y para comunicarnos. El lenguaje es un sistema simbólico de especial importancia porque permite expresar creencias, normas, tradiciones, expectativas... Todas estas cosas forman parte de la cultura, como el arte, la religión o la técnica. Cuando hablamos de la cultura, estamos refiriéndonos a todas estas realidades que definen conjuntamente cómo es la forma de vida de un grupo social concreto.

UNA DEFINICIÓN DE LA CULTURA

[La cultura es] un todo complejo que incluye el conocimiento, las creencias, el arte, la moral, el derecho, las costumbres, y cualesquiera otros hábitos y capacidades adquiridos por el hombre. La situación de la cultura en las diversas sociedades de la especie humana, en la medida en que puede ser investigada según principios generales, es un objeto apto para el estudio de las leyes del pensamiento y la acción del hombre.

Edward TYLOR: *La cultura primitiva*.

4. ¿Cómo define el autor lo que es la cultura?

5. ¿Se corresponde esta definición con la que hemos ofrecido en el texto de la unidad?

4.4. El proceso de humanización

La aparición del **lenguaje** fue la conquista más importante en la evolución cultural, pues condujo a la humanidad actual. Aunque hay otros animales que viven en sociedad y que son capaces de comunicarse, solo el lenguaje humano es articulado. Esto quiere decir que nuestro lenguaje parte de unas unidades mínimas que no tienen significado (los fonemas y las sílabas), pero que podemos articular sin límite para crear todo tipo de combinaciones significativas. Por eso nuestro lenguaje es único, por su infinita capacidad para crear unidades con sentido a partir de elementos simples.

Disponer de un lenguaje articulado facilita la interacción en **sociedad**. Esto se debe a que el lenguaje permite transmitir información eficazmente, coordinarse con los demás y pensar de forma compleja. Sin duda todas estas capacidades resultaron muy útiles para favorecer la supervivencia de nuestros antepasados. El éxito de los homínidos no se debe solo a los cambios biológicos que les permitieron adaptarse al entorno. También se basa en las enormes ventajas que les proporcionó la cultura desde la aparición del lenguaje y que les ayudaron a sobrevivir.

El dominio del lenguaje también hace posible que nos relacionemos con el entorno de una forma distinta a como lo hacen el resto de animales. Los seres humanos interpretamos el mundo que nos rodea como **realidad**. Esto quiere decir que percibimos todo lo que hay a nuestro alrededor como entidades reales que existen independientemente de nosotros. A eso se refería el filósofo Xavier Zubiri cuando decía que el ser humano es un "animal de realidades".

Además del lenguaje, nuestros ancestros también aprendieron muy pronto a desarrollar la **técnica**. Dos importantes ejemplos son el uso del **fuego** y la fabricación de **herramientas**. El dominio del fuego proporcionaba calor y ahuyentaba a las fieras. La producción de herramientas hizo posible la caza y permitió fabricar refugios, prendas de abrigo y utensilios. Como puedes comprobar con estos ejemplos, el dominio de la técnica fue decisivo para facilitar la supervivencia de nuestros antepasados.

La **capacidad de pensamiento abstracto** es otro importante rasgo característico del proceso de humanización. Pensar de forma abstracta significa ser capaces de representarse situaciones o acontecimientos que no están presentes en este momento.

▲ El lenguaje es un elemento fundamental en el proceso de humanización.

Fíjate

¿Sabes cuál es el animal que tiene el cerebro más grande? Tal vez hayas pensado que se trata del ser humano, pero en realidad hay animales con el cerebro mucho mayor. Piensa, por ejemplo, en los elefantes. En realidad, el mayor cerebro lo tiene la ballena azul, que es el animal más grande que ha existido jamás en nuestro planeta.

¿Por qué decimos entonces que el ser humano es el animal más inteligente? Para responder a esta pregunta no solo hay que fijarse en el tamaño del cerebro. Más bien lo que hay que hacer es comparar el peso real que tiene el cerebro con el peso que en teoría le correspondería tener a un animal de su tamaño. Al hacer este cálculo obtenemos un coeficiente llamado índice de encefalización. El ser humano es el animal con mayor índice de encefalización, con un valor superior a 7. Nos siguen los delfines, cuyo índice es de aproximadamente 4.

El pensamiento abstracto está relacionado con la capacidad de recordar el pasado y de imaginar el futuro. También está asociado con la posibilidad de generalizar y de elaborar razonamientos. Entre otras cosas, el pensamiento abstracto permite ser conscientes de la propia existencia, percatarse de la temporalidad y apreciar el significado de la muerte. Sabemos que nuestros antepasados enterraban a sus muertos con atención y cuidado, lo cual indica que tenían conciencia de la muerte y, por consiguiente, que eran capaces de pensar de forma abstracta.

5. Las bases biológicas de nuestra conducta

La especie humana, como hemos visto, es el producto de una larga evolución biológica y cultural. Los procesos de hominización y humanización han hecho de nosotros los seres que somos en la actualidad. Por eso, para entender la compleja realidad humana, es preciso tener en cuenta ambas dimensiones.

¿Cómo influye la dimensión biológica de los seres humanos en nuestra forma de actuar? Aunque hubo un tiempo en el que algunos investigadores negaban que los seres humanos tuviéramos instintos, en realidad nuestra herencia biológica influye claramente en nuestra conducta.

Como todos los demás seres vivos, los seres humanos tenemos codificada en el ADN la información genética que nos describe.

Nuestra dimensión biológica está formada por una acumulación de adaptaciones que sirvieron a nuestros antepasados para sobrevivir y que hemos recibido de ellos. Esta herencia forma parte de nuestra naturaleza y, en cierto modo, orienta nuestras tendencias y nuestro comportamiento.

Pero nuestra conducta **no está determinada** por la biología. Tratar de hacer algo así sería intentar reducir la rica complejidad de lo humano a una sola de sus dimensiones, cayendo en un **reduccionismo*** biológico. Los seres humanos también somos **inteligentes**, **conscientes y libres**, de modo que podemos regular nuestras tendencias y decidir cómo queremos actuar. La biología, aunque importante, es solo una dimensión de la compleja realidad humana. En nuestra conducta también influyen decisivamente las ideas, creencias, normas y valores. Por eso, para entender cómo actuamos, también es muy importante tener en cuenta nuestra dimensión personal, social y cultural.

Fíjate

Cuando hablamos de los factores que influyen en la conducta humana, es preciso distinguir entre los conceptos de **orientación** y **determinación**.

Si afirmamos que cierto factor **orienta** nuestra conducta, lo que queremos decir es que esa conducta es **más probable** cuando aparece ese factor. La presencia de ese factor orienta la conducta porque su presencia crea una **tendencia** o **predisposición** para que se produzca ese comportamiento.

En cambio, si afirmamos que un factor **determina** la conducta, estamos diciendo que la aparición del factor provoca **siempre y con total seguridad** el comportamiento esperado.

Tal vez un ejemplo sirva para aclarar un poco mejor esta diferencia. Imagina una calle en cuesta con una señal de tráfico indicando que la dirección obligatoria es hacia abajo. Cuando un conductor llega a esa calle, la señal **orienta** su conducta. Lo más probable es que el conductor obedezca la indicación, porque la señal crea en él una tendencia o predisposición a hacerlo. Sin embargo, existe la posibilidad de que el conductor desobedezca la señal. Por ejemplo, si necesita de atención médica y el hospital está siguiendo la cuesta hacia arriba, tal vez decida conducir en dirección opuesta a la señalada.

Imagina ahora que se pone a llover en esa calle. El agua de lluvia comenzará a fluir cuesta abajo, obedeciendo la ley de la gravedad. En este caso no hay ninguna posibilidad de que el agua pueda "desobedecer" fluyendo cuesta arriba. La ley de la gravedad **determina** el sentido del movimiento del agua, ya que esta inevitablemente siempre fluye hacia abajo.

***Reduccionismo:** posición epistémica que considera que las realidades complejas deben siempre explicarse recurriendo a realidades más simples. Así, la realidad humana se reduce a realidades biológicas, estas a su vez a realidades químicas y estas finalmente a realidades físicas.

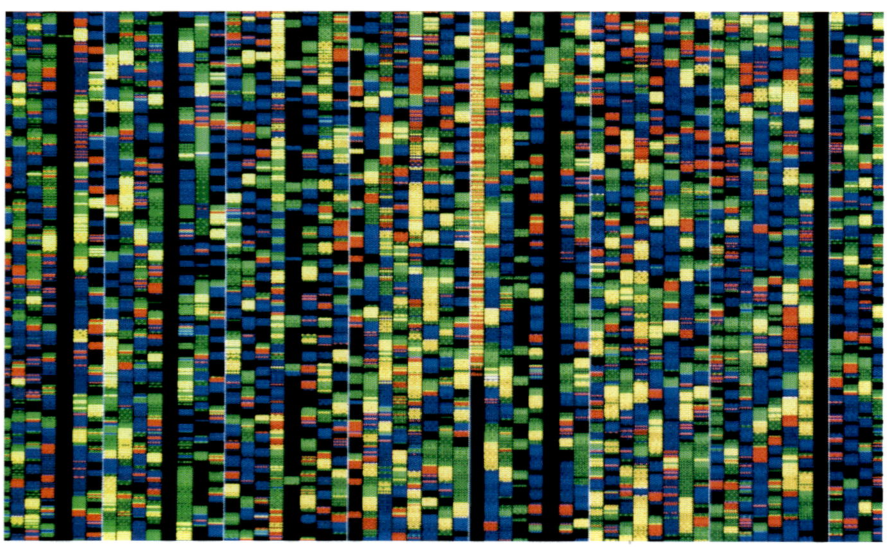

Fragmento de la secuenciación del genoma humano.

Párate a pensar

Recapitula

1. ¿Cuál es la especie biológica a la que pertenecemos los seres humanos? ¿Sabrías identificar la familia y el género?
2. ¿Sabrías nombrar alguna otra especie que haya pertenecido al mismo género que los seres humanos? ¿Cuántas especies existen actualmente dentro de nuestro género?
3. ¿Cuál es la diferencia entre el fijismo y el evolucionismo? ¿Con qué argumentos se defendían estas teorías? ¿Cuál crees que responde a la realidad? Razona tu respuesta.
4. Completa la tabla con la información que falta:

	Lamarckismo	Darwinismo
¿Cambian las especies con el tiempo?	...	...
¿En qué se basa el proceso evolutivo?	...	...
¿De qué forma puede explicarse el largo cuello de las jirafas?	...	...
¿En qué sentido esta teoría es inexacta o incompleta?	...	...

5. ¿Qué es lo que distingue la hominización de la humanización? Explica tu respuesta explicando los rasgos más destacados de cada uno de estos procesos.

Construye el concepto

6. Define los siguientes términos con los diccionarios propuestos (p. 1):
   - especie biológica
   - homínido
   - fijismo
   - lamarckismo
   - darwinismo
   - teoría sintética de la evolución
   - hominización
   - humanización
7. Busca información sobre las pruebas que confirman la evolución en los siguientes enlaces:
   - *Proyecto Biosfera*: www.tiching.com/684830
   - *Ecociencia*: www.tiching.com/684831
   - *Evolutionibus*: www.tiching.com/684832

Trabaja con textos

8. Lee el texto y contesta las preguntas:

El esquema multipolar que hemos delineado nos permite comprender, no solo el proceso de humanización, sino todo aquello que es humano. Entre otras muchas cosas, esta proposición general significa que toda unidad de comportamiento humano (*práxica*) es a un mismo tiempo genética-cerebral-social-cultural-ecosistémica (lo que no impide, según las necesidades de cada estudio particularizado, despreciar tal o tal otro aspecto por hallarse implicado de forma escasamente acusada). Significa asimismo que el fundamento de la ciencia del hombre es policéntrico; el hombre no tiene una esencia particular estrictamente genética o cultural, no es una superposición cuasi-geológica del estrato cultural sobre el estrato biológico. Su naturaleza cabe buscarla en la interrelación, la interacción y la interferencia que comporta dicho policentrismo.

Por otra parte, un esquema como el expuesto implica otro tipo de policentrismo, este bien conocido, entre la especie, la sociedad y el individuo. Han podido separarse estos tres términos, remitir la especie al campo de la biología, el individuo al de la psicología y la sociedad al de la sociología; y proclamar, ya sea que la verdadera realidad del hombre es específica, ya sea que esta mora en el individuo, ya sea que se encuentra en la sociedad.

Lo que se hace necesario es comprender que se halla, no solo en cada uno de estos tres campos, sino en sus mutuas interrelaciones. Igualmente es necesario darse cuenta de que esta relación no es solo complementaria y antagónica, sino también *incierta*.

Para todo ser viviente la relación entre individuo y especie comporta una incógnita axiomática. ¿Dónde se encuentra la esencia de la vida, en el gen (DNA), es decir, en el sistema reproductor que se perpetúa a través del tiempo (la especie), o en la proteína, es decir, en la actividad metabólica del individuo? ¿Pertenece al cambiante y perecedero universo de la vida fenoménica o al invariante y perdurable universo del principio generativo? ¿El "sueño" de la vida (Jacob, 1970) es autorreproducirse (sobrevivir) o metabolizar, es decir, "gozar" (vivir)? ¿Se vive para sobrevivir o se sobrevive para vivir? ¿Dónde se halla la "verdad", en aquello que perdura a través del tiempo o en lo que se consume con su paso? ¿En lo que es la forma o en lo que es lo concreto? No puede existir una respuesta para esta serie de preguntas, pues sobrevivir y vivir, gozar y perpetuarse, el metabolismo y la reproducción, lo fenoménico y lo generativo, son recíprocamente fin y medio uno de los otros, y no hay nada que permita sobrepasar esta ambigüedad decisoria que recubre el enigma de la complejidad.

Edgar MORIN: *El paradigma perdido*.

a) ¿Cree el autor que el ser humano puede describirse a partir de una única esencia fija y determinada? ¿Por qué?

b) ¿A qué dos tipos de "policentrismo" se refiere este texto cuando analiza al ser humano?

c) ¿Por qué afirma el autor que la interrelación entre los diversos elementos que forman parte del ser humano es "incierta"? ¿Estás de acuerdo con este punto de vista?

9. Lee el texto y contesta las preguntas:

En yacimientos con dataciones superiores a los 100 000 años se conocen formas arcaicas del *Homo sapiens*. [...] Estos individuos fueron los primeros en dibujar, grabar o pintar figuras animales, humanas y formas geométricas, sin duda cargadas de considerable significado simbólico, en las paredes de las cuevas. [...] En los enterramientos, los cuerpos aparecen tanto en posición flexionada como extendida, acompañados con mucha frecuencia por adornos y recubiertos de ocre rojo.

Jean CHAVAILLON: "Los homínidos", en la obra colectiva *La prehistoria en el mundo*, dirigida por André LEROI-GOURHAN.

a) ¿Qué crees que significa el hecho de que hallemos figuras y que los enterramientos aparezcan cubiertos de color y acompañados de adornos? ¿Nos dan información sobre la capacidad intelectual y simbólica de nuestros ancestros?

II. La dimensión psicológica del ser humano

6. Actuamos, sentimos y pensamos

6.1. El ser humano y su realidad psíquica

La palabra ***psique*** proviene del griego y significa '**alma**' o 'espíritu'. El término hace referencia a una importante dimensión de la realidad humana asociada a nuestros **pensamientos**, **sentimientos** y **acciones**. La dimensión psicológica de los seres humanos está relacionada con nuestros **procesos mentales** y con la **conducta** que desarrollamos.

Aunque el interés por la mente y el comportamiento humano es muy antiguo, la psicología científica es una disciplina bastante reciente. Los primeros experimentos científicos relacionados con la psicología humana se iniciaron a finales del siglo XIX. Posteriormente, la psicología se desarrolló en diversas direcciones, prestando atención a temas como la percepción, el aprendizaje, la motivación, la memoria, la inteligencia, las enfermedades mentales, etc.

6.2. El conductismo y los procesos mentales

A mediados del siglo XX el **conductismo** se convirtió en la principal corriente de la psicología. El conductismo pretendía desarrollar una psicología rigurosamente científica. Para lograrlo se centró en estudiar únicamente el comportamiento, sin prestar atención a los procesos mentales. Los conductistas afirmaban que los procesos mentales no pueden registrarse de forma objetiva porque no son observables, pues el único que puede acceder a los procesos mentales es el sujeto que los experimenta. Por eso el conductismo se centró en analizar los estímulos que influyen en la conducta, puesto que tanto los estímulos como la conducta son públicamente observables.

Sin embargo, con el paso del tiempo aparecieron nuevas perspectivas teóricas que reconocieron la importancia de los procesos mentales en la psicología humana.

Actualmente, la psicología presta atención tanto a la **conducta** como a los **pensamientos**, la **percepción**, las **emociones** o la **motivación**.

EL CONDUCTISMO

Por lo tanto, nos ocupamos de las causas de la conducta humana. Queremos saber por qué los hombres se comportan como lo hacen. Debe tomarse en cuenta cualquier condición o acontecimiento que se pueda demostrar que tiene un efecto sobre la conducta. Mediante el descubrimiento y el análisis de estas causas podemos predecir la conducta; en la medida en que podamos manipularlas, podremos controlar la conducta.

B. F. SKINNER: *Ciencia y conducta humana*.

6. Según este texto, ¿de qué se ocupa el conductismo?

7. ¿Cuál es el objetivo que persigue la psicología conductista?

8. ¿Tú crees que cuando hayamos descubierto las causas del comportamiento humano podremos algún día llegar a "controlar la conducta"? ¿Te parece que sería bueno o deseable hacerlo? Explica tu respuesta.

7. La memoria

La memoria es la capacidad que tiene nuestra mente de almacenar y recuperar información. Aunque en general nos referimos a ella como si se tratase de una única realidad global, lo cierto es que existen varios tipos. Los investigadores han diferenciado al menos **tres tipos de memoria** distintos:

La memoria **sensorial** es la que permite a nuestros sentidos retener los datos que captan durante un breve espacio de tiempo (de 1 s a 2 s).

Estos datos pueden pasar a la memoria **a corto plazo**, que es capaz de almacenarlos durante un tiempo algo superior (de 15 s a 20 s). Los demás datos de la memoria sensorial desaparecen sin dejar rastro.

La memoria **a largo plazo** es capaz de guardar información de manera definitiva. Para que un dato pueda retenerse indefinidamente es necesario que pase de la memoria a corto plazo a la memoria a largo plazo. La capacidad de este almacén parece no tener límite, pero la eficacia del almacenamiento y la posterior recuperación de los datos depende de cómo hayamos organizado la información que contiene.

Skinner fue un famoso representante del conductismo. Parte de sus investigaciones sobre el aprendizaje los realizó con palomas.

Estos tres tipos de memoria están relacionados con diferentes áreas del cerebro. Por esta razón, en ocasiones, puede darse el caso de que un accidente cerebral afecte a una de ellas sin alterar las otras dos.

8. La emoción

Los seres humanos somos seres emocionales. Nuestra relación con el mundo y con las demás personas genera en nosotros reacciones afectivas de muy diverso tipo y grado. Lo que nos sucede puede producirnos amor, alegría, temor, entusiasmo, ira, odio, desprecio, repugnancia...

No todos estos estados anímicos son igualmente intensos o duraderos. Para clasificarlos puede distinguirse entre sentimientos y emociones.

Una **emoción** es un estado de ánimo de **gran intensidad**, pero que por lo general es de **corta duración**. Los **sentimientos**, en cambio, son estados de ánimo **menos intensos** pero que pueden **prolongarse** mucho más en el tiempo.

La ira o el terror son dos ejemplos de emociones, mientras que el amor o el odio son ejemplos de sentimientos.

Al igual que en todos los demás procesos psíquicos, las emociones y los sentimientos están íntimamente relacionados con nuestra **dimensión biológica**. Las reacciones anímicas se desencadenan mediante la liberación de sustancias químicas que alteran el funcionamiento de nuestro organismo. Por eso al emocionarnos podemos palidecer o ruborizarnos, experimentar un aumento de la presión sanguínea y del ritmo cardíaco, temblar, llorar, etc.

¿Cuál es la función de nuestras emociones? ¿Por qué somos seres emocionales? Algunos autores creen que la capacidad para sentir emociones ha sido un elemento crucial en la evolución hacia la especie humana. Las emociones actúan como una fuente de información que nos indica en qué situación nos encontramos y cómo conviene que actuemos. Cuando sentimos miedo, tendemos a escapar o a buscar protección y, de ese modo, nos alejamos del peligro. Por el contrario, cuando sentimos una intensa atracción hacia otra persona, nos vemos impulsados a acercarnos a ella para entablar una relación.

Las emociones y los sentimientos **orientan nuestra conducta** generando en nosotros ciertas **tendencias** e inclinaciones concretas. Sin embargo, conviene recordar que los estados anímicos no determinan el comportamiento humano. Como ya hemos visto anteriormente, la inteligencia consciente nos convierte en seres libres capaces de decidir cómo actuar en cada caso. Por eso somos capaces de controlar nuestras emociones y de elegir cómo reaccionar ante ellas.

9. La inteligencia

9.1. ¿En qué consiste la inteligencia?

Tal vez la característica más singular del ser humano sea su inteligencia, muy superior a la del resto de los animales. Pero ¿qué es lo que queremos decir cuando afirmamos que los humanos son inteligentes?

La **inteligencia** puede definirse como la capacidad de **conocer, analizar, comprender y resolver problemas de forma creativa**.

Las emociones y los sentimientos constituyen una dimensión fundamental de los seres humanos. Gustav KLIMT: *El beso* (1907-1908).

LA FUNCIÓN DE NUESTROS SENTIMIENTOS

Los sentimientos son un balance de nuestra situación. Son un balance continuo. Son un balance continuo, pero realizado a varios niveles de profundidad. Son un balance continuo, realizado a varios niveles de profundidad y que incluye un mensaje cifrado. Para terminar esta primera descubierta del tema añadiré una última tesis. Los sentimientos son punto de llegada y punto de partida. Son resumen y propensión. Resultan de la acción pasada y preparan la acción futura. Los sentimientos inician una nueva tendencia. Disponen para la acción o para la inacción, que es también un modo de comportarse.

José Antonio MARINA: *El laberinto sentimental*.

9. ¿Qué son los sentimientos, según el autor del texto?

10. De acuerdo con este texto, ¿qué relación existe entre los sentimientos y las acciones?

Cuando nos enfrentamos a situaciones inesperadas que nos plantean dificultades, nos vemos obligados a imaginar maneras novedosas de enfrentarnos al reto. En estos casos no basta con actuar siguiendo nuestras rutinas habituales ni aplicando mecánicamente los procedimientos que hemos aprendido. La inteligencia se pone de manifiesto cuando tenemos que afrontar una problemática que va más allá de lo que ya conocemos y sabemos manejar.

Actuamos de forma inteligente cuando somos capaces de utilizar nuestros conocimientos y nuestras habilidades para resolver situaciones nuevas de manera exitosa. Los seres humanos tenemos una inteligencia muy desarrollada porque podemos pensar de forma abstracta. El uso del lenguaje nos permite representarnos objetos y situaciones complejas que no están presentes ante nosotros. Esta **capacidad de abstracción** nos ayuda a diseñar soluciones innovadoras cuando se nos presentan problemas imprevistos.

@ **Para ampliar en la Red...**

Test de cociente intelectual:
www.tiching.com/684833

¿Es posible medir la inteligencia de una forma rigurosa y objetiva? Los psicólogos han desarrollado diversas herramientas destinadas a medir la capacidad intelectual. Los tests de inteligencia suelen consistir en una batería de preguntas que permiten calcular el **cociente intelectual** del individuo. Un cociente intelectual igual a 100 corresponde a la inteligencia media de la población. Los cocientes superiores a 100 indican una inteligencia superior a la media, mientras que los inferiores a 100 son indicio de una inteligencia inferior a la media.

9.2. Distintos tipos de inteligencia

A pesar de su extendido uso, las pruebas de inteligencia han recibido numerosas críticas. Algunos psicólogos consideran que el tipo de capacidades que miden los tests es muy restringido. La mayor parte de las preguntas en un test de este tipo tienen relación con la percepción espacial, el lenguaje y las matemáticas. Por este motivo, las personas que no destacan en ninguno de estos campos pueden obtener puntuaciones muy bajas, aunque tal vez se trate de individuos muy inteligentes en otros ámbitos.

▲ La teoría de las inteligencias múltiples propuesta por Howard Gardner afirma que hay muchos tipos distintos de inteligencia en las personas, entre ellos, la inteligencia cinestésica.

Además, el psicólogo **Howard Gardner**, insatisfecho con esta visión restringida de la inteligencia, propuso la **teoría de las inteligencias múltiples**. Según su teoría, la inteligencia es una realidad compleja en la que intervienen múltiples factores interrelacionados.

De acuerdo con Gardner, no existe una única inteligencia, sino al menos **ocho tipos distintos** relacionados con otros tantos campos diferentes:

- **Inteligencia lingüística**, asociada al uso de la lengua.
- **Inteligencia lógico-matemática**, conectada con las operaciones matemáticas y el razonamiento lógico.
- **Inteligencia espacial**, relacionada con la percepción del entorno tridimensional.
- **Inteligencia musical**, conectada con la apreciación y habilidad musical.
- **Inteligencia cinestésica**, relacionada con el movimiento y la expresión corporal.
- **Inteligencia intrapersonal**, conectada con la capacidad de conocerse a uno mismo y analizar los estados de ánimo que nos afectan.
- **Inteligencia interpersonal**, asociada a la capacidad de conocer a los demás, captar cómo se sienten y relacionarse con ellos.
- **Inteligencia naturalista**, relacionada con la observación y apreciación de la naturaleza.

DESTREZAS PARA LA VIDA

Permítanme ahora destacar tres facetas diferentes de la inteligencia emocional: la capacidad de expresar las quejas en forma de críticas positivas, la creación de un clima que valore la diversidad y no la convierta en una fuente de fricción, y el hecho de saber establecer redes eficaces.

Daniel GOLEMAN: *Inteligencia emocional*.

11. ¿Crees que estas tres capacidades están presentes en tu vida? ¿Qué podrías hacer para desarrollarlas de acuerdo con lo que nos propone Goleman?

Además, el psicólogo **Daniel Goleman** ha insistido en la importancia de la **inteligencia emocional** de las personas. Goleman la define como la capacidad de reconocer nuestros sentimientos y emociones, así como los de los demás. La inteligencia emocional se corresponde con las que Gardner denomina inteligencias intrapersonal e interpersonal. Esta dimensión emocional de la inteligencia está relacionada con la **empatía**, que es la capacidad de ponerse en la situación de los demás e imaginar cómo se sienten.

9.3. La inteligencia y la creatividad

Las múltiples dimensiones de la inteligencia humana están íntimamente relacionadas con nuestra capacidad para resolver situaciones complejas de forma original. Por eso decimos que la creatividad que somos capaces de desarrollar es una de las más claras manifestaciones de nuestra inteligencia.

A pesar de su enorme importancia, la creatividad es un rasgo difícil de estudiar porque no se presenta de manera regular ni sistemática, sino que surge principalmente en situaciones inesperadas que requieren de una actuación innovadora.

A diferencia de lo que sucede con otros animales, que responden siempre del mismo modo ante los mismos estímulos, las personas podemos reaccionar ante las situaciones que se nos presentan de maneras insospechadas y originales. La creatividad consiste justamente en esta capacidad. Esta flexibilidad a la hora de responder a los estímulos tuvo una extraordinaria importancia como mecanismo de adaptación y supervivencia para nuestros ancestros, por lo que ha desempeñado un papel clave en el proceso de la evolución humana.

La **creatividad humana** hace referencia a nuestra capacidad de innovar e imaginar soluciones nuevas ante situaciones inesperadas.

Todos los seres humanos somos creativos, aunque ciertamente algunas personas destacan por su extraordinaria capacidad para desarrollar ideas, conductas y procedimientos novedosos. En general, la creatividad resulta especialmente importante en la actividad que llevan a cabo los artistas, los científicos, los escritores o los músicos. Por eso son tan interesantes las reflexiones que algunos de ellos han hecho sobre el modo en que funciona la creatividad.

¿ES LA EMPATÍA ALGO ÚNICAMENTE HUMANO?

La prueba más atractiva de la fuerza de la empatía en los monos la encontramos en [las investigaciones realizadas por] Wechkin y Masserman. Descubrieron que los monos *rhesus* se niegan a tirar de una cadena que les trae comida si con ello causan una descarga a un compañero. Un mono dejó de tirar durante cinco días y otro durante doce después de ver que uno de sus compañeros sufría una descarga. Estos monos estaban, literalmente, muriéndose de hambre con tal de evitar hacerse daño mutuamente. Un sacrificio semejante guarda relación con el estrecho sistema social y la vinculación emocional existentes entre estos macacos, como se evidencia en el hecho de que la inhibición para no dañar al otro era más pronunciada entre individuos que se conocían entre sí que entre desconocidos.

filosofaralos16.webnode.es

12. ¿En qué consistieron las investigaciones llevadas a cabo por Wechkin y Masserman? ¿Qué es lo que descubrieron?

13. De acuerdo con este texto, ¿se puede afirmar que la empatía es una emoción exclusivamente humana?

14. ¿Qué consecuencias crees que tiene este descubrimiento desde el punto de vista ético? ¿Debería impulsarnos a modificar la manera en que nos relacionamos con animales como los monos *rhesus*?

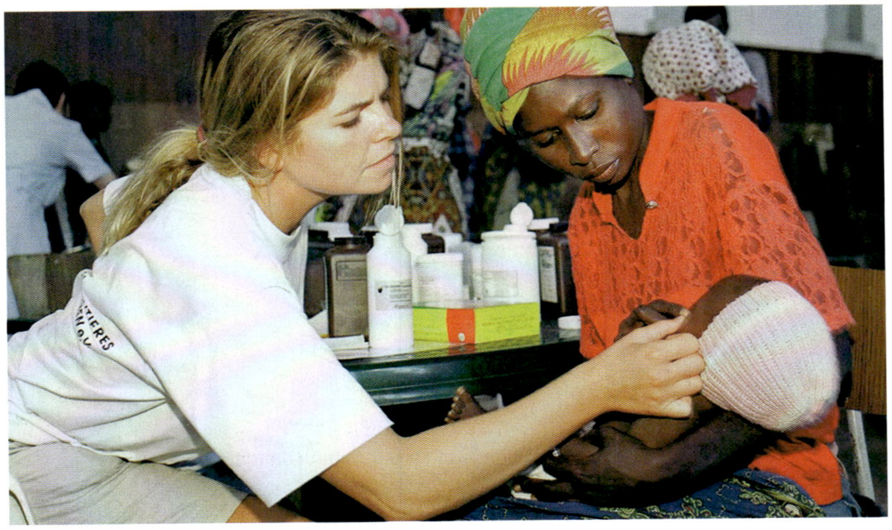

Ponerse en el lugar de la otra persona es imprescindible para comprenderla.

Una de las teorías más notables en este sentido es la que propuso el científico y pensador francés Henri Poincaré. Basándose en su propia experiencia como matemático, Poincaré sugirió que la capacidad para desarrollar ideas nuevas y originales funciona en dos fases bien diferenciadas. Por una parte está el proceso de trabajo consciente, en el que la persona tiene en cuenta diferentes ideas que trata de relacionar entre sí. Sin embargo, también existe una etapa de **incubación** o desarrollo inconsciente de las ideas, en las que nuestra mente trabaja combinando todas esas ideas entre sí sin que nos percatemos de ello. Poincaré ilustra esta teoría comentando su propia experiencia personal. Tras haber buscado infructuosamente durante horas la solución a un problema difícil, dejó de lado sus investigaciones para hacer otras tareas diferentes. Entonces, en un momento inesperado, surgió de repente la idea que había estado buscando durante tanto tiempo.

De acuerdo con Poincaré, la **creatividad** necesita de un período de incubación en el que nuestra mente procesa de forma inconsciente la información que hemos ido acumulando, hasta que en un momento inesperado surge la idea original que habíamos estado buscando.

La teoría de Poincaré ha sido posteriormente desarrollada por el estadounidense Graham Wallas, que propuso un modelo con cuatro etapas para explicar la aparición de ideas originales. Según Wallas, estas cuatro etapas son las siguientes:

1. **Preparación**: En esta fase trabajamos de forma consciente con el problema que queremos resolver, recogiendo información relevante sobre el tema, analizándola y combinando diferentes ideas para tratar la cuestión.
2. **Incubación**: Esta es la etapa inconsciente, en la que nuestra mente sigue trabajando sobre el problema aunque nosotros hayamos dejado de prestarle una atención directa.
3. **Iluminación**: Cuando el proceso de incubación ha logrado generar una idea nueva, esta se nos presenta de forma súbita y repentina, como si fuera un fogonazo que alumbra nuestro pensamiento consciente. Esto suele ser sorprendente e inesperado, ya que la iluminación suele asaltarnos cuando nuestra atención no está dirigida directamente hacia el problema que queríamos solucionar.
4. **Verificación**: La última etapa es una etapa consciente en la que debemos comprobar la pertinencia y la validez de la idea que hemos creado.

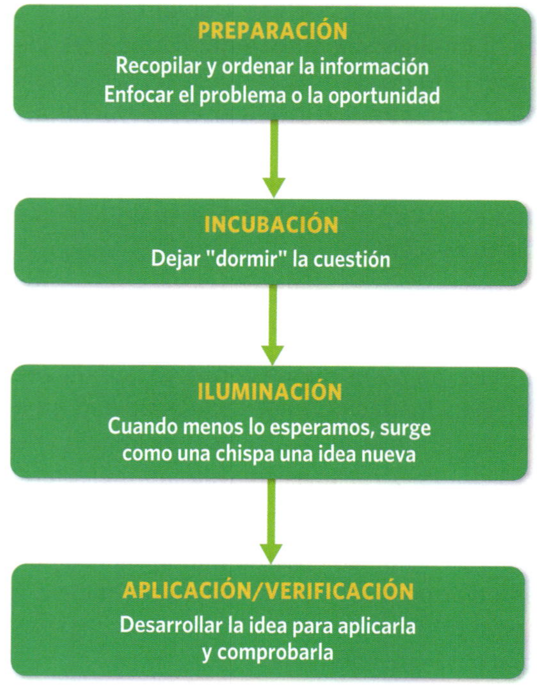

El proceso creativo.

El Parnaso es la montaña donde Apolo y las musas, diosas de la inspiración, tenían su morada. Anton Raphael MENGS: *El monte Parnaso* (1761).

Párate a pensar

Recapitula

1. ¿Cuáles son los aspectos de la realidad humana de los que se ocupa la psicología?

2. Según el conductismo, ¿qué es lo que debe dedicarse a estudiar la psicología? ¿Por qué defendían los conductistas esta opinión? ¿Estás de acuerdo con ella?

3. Completa la tabla con la información que falta:

	Memoria sensorial	Memoria a corto plazo	Memoria a largo plazo
¿Cuánto tiempo es capaz de retener la información?	...	...	...
¿De dónde procede la información que contiene?	...	...	...
¿A dónde envía sus datos?	...	...	...
¿Es capaz de retener información indefinidamente?	...	...	...

4. ¿Qué diferencia existe entre los sentimientos y las emociones? Pon al menos dos ejemplos de cada uno de estos estados anímicos para aclarar tu respuesta.

5. Completa la tabla con la información que falta:

Tipo de inteligencia	Asociada a...	Personajes que poseen esta inteligencia concreta
Lingüística	Uso del lenguaje	Federico García Lorca, Virginia Woolf, Miguel de Cervantes...
Lógico-matemática	...	...
Espacial	...	...
Musical	...	...
Cinestésica	...	...
Intrapersonal	...	...
Interpersonal	...	...
Naturalista	...	...

6. Haz un diagrama que exprese gráficamente las diversas etapas del proceso creativo según Wallas.

Construye el concepto

7. ¿En qué consiste la inteligencia emocional? ¿Crees que se trata de una capacidad útil e importante? ¿Te parece que esta habilidad pudo tener algún valor adaptativo en el proceso evolutivo que condujo a la aparición de nuestra especie? Explica tu respuesta.

Trabaja con textos

8. Lee el texto y contesta las preguntas:

Los hombres no somos seres carentes de instintos, como se ha afirmado. Sabemos que un conjunto de adaptaciones filogenéticas orienta la estructura básica de nuestro comportamiento social de una manera nada despreciable a nivel grupal, inclinación al territorio, formación de escalas de rango y jerarquías, formación de pareja y diferenciación de roles según el género. Ahora bien, no debemos entender esto como un intento de justificar algunos comportamientos alegando determinación de los impulsos. Comportamiento innato no quiere decir necesariamente determinación y, por tanto, falta de libertad. Las adaptaciones filogenéticas nos orientan en determinadas situaciones a comportarnos previsiblemente. Gracias a la corticalización del cerebro, el hombre es capaz de controlar la esfera de sus emociones e instintos por medio de su conciencia. Por ello, la libertad es la característica principal de la humanización de la vida.

Francisco GINER ABATI:
Raíces biológicas del comportamiento humano y de la cultura (incluido en Conrad Phillip KOTTAK: *Antropología*).

a) Según el autor, ¿tienen instintos los seres humanos?

b) De acuerdo con este texto, ¿cuál es la función de los instintos en el ser humano? ¿Determinan la conducta o solo la orientan? Explica tu respuesta.

c) ¿Qué rasgos de nuestro comportamiento social están influidos por nuestra herencia biológica según este texto?

d) ¿A qué se refiere el autor cuando habla de nuestras "adaptaciones filogenéticas"? Puedes buscar información sobre el significado del término *filogenia* en los siguientes enlaces:

- *Wikipedia*: www.tiching.com/685134
- *DRAE*: www.tiching.com/685135

Amplía

9. La motivación es un aspecto psicológico de gran importancia en nuestras vidas, ya que hace referencia a aspectos como el hambre, la sed, la ambición, etc., que nos empujan a orientar nuestra conducta hacia un determinado objetivo.

Existen diferentes teorías sobre la motivación que tratan de aclarar por qué las personas se sienten motivadas a realizar determinadas acciones, mientras que carecen de incentivos para llevar a cabo otras. Puedes encontrar información sobre estas teorías en los siguientes enlaces:

- *Motivación*: www.tiching.com/684834
- *Efecto Pigmalión*: www.tiching.com/684835
- *Pensamiento Imaginactivo*: www.tiching.com/684836

a) ¿Cómo se define en la psicología actual el concepto de motivación?

b) ¿Cuáles son las teorías más influyentes en la psicología de la motivación? ¿Cuál de ellas te parece más convincente? Explica por qué consideras más adecuadas unas teorías que otras.

c) ¿En qué consiste el "efecto Pigmalión"? ¿Qué relación puede tener con el tema de la motivación?

III. La dimensión cultural y social del ser humano

10. Somos seres sociales

Los seres humanos somos **animales sociales**. Desde que nacemos necesitamos relacionarnos con los demás para poder sobrevivir.

De hecho, la vida en grupo es tan importante para nosotros que sin ella no podríamos llegar a ser verdaderamente humanos.

El dominio del lenguaje, por ejemplo, solo puede lograrse cuando se aprende de otros seres humanos. Como recordarás, el lenguaje es la herramienta que nos permite desarrollar el pensamiento abstracto. Así pues, parece que la capacidad de pensar de forma compleja, que es una de las características que nos distinguen como humanos, solo se puede lograr cuando vivimos en sociedad.

11. Lo innato y lo adquirido

La importancia de la sociedad para los seres humanos es tan grande que a veces resulta difícil distinguir en nosotros lo adquirido de lo innato.

Los rasgos **innatos** proceden de nuestra **herencia biológica**, y se llaman así porque forman parte de nuestra vida desde que nacemos.

El color de la piel, el grupo sanguíneo o los rasgos de la cara son algunos de nuestros rasgos innatos.

Los rasgos **adquiridos**, en cambio, los vamos incorporando con el tiempo mediante el **aprendizaje** en sociedad.

La lengua que hablamos, las normas que seguimos o nuestra forma de vestir son ejemplos de rasgos adquiridos.

A pesar de esta distinción, existen muchos rasgos en los que **confluyen** elementos innatos y adquiridos. En muchas de nuestras características personales hay un factor biológico y otro cultural.

La inteligencia es un ejemplo muy claro. Nuestra inteligencia depende del cerebro con el que hemos nacido, pero también en gran medida de los aprendizajes que vayamos realizando a lo largo de la vida. Del mismo modo, existen otros muchos factores en los que la herencia biológica condiciona nuestras tendencias o capacidades generales, mientras que el aprendizaje cultural nos permite desarrollar con el tiempo esas características.

La diferencia entre los rasgos innatos y los adquiridos puede apreciarse en todos los ámbitos de nuestra vida. Pensemos, por ejemplo, en las características que distinguen a las mujeres de los hombres. Existen rasgos anatómicos que nos diferencian y que son innatos porque proceden de nuestra herencia biológica. La **diferencia de sexo** hace referencia a estos **rasgos biológicos** que distinguen a hombres y mujeres.

Pero mujeres y hombres no solo nos distinguimos por el aspecto corporal, sino también por nuestra forma de comportarnos. Por ejemplo, hombres y mujeres se visten de manera diferente, hablan de formas distintas y se relacionan con sus amigos y sus parejas siguiendo pautas también distintas. Estas formas de actuar son culturales y aprendidas, por lo que se trata de rasgos adquiridos. Llamamos **diferencia de género** a los **rasgos adquiridos** que distinguen a los hombres de las mujeres.

EL NIÑO SALVAJE DE AVEYRON

El pequeño salvaje (1970), película de François TRUFFAUT basada en la historia de Víctor de Aveyron.

El 9 de enero de 1800 una extraña criatura surgió de los bosques cercanos al pueblo de Saint-Serin, en el sur de Francia. A pesar de andar en posición erecta se asemejaba más a un animal que a un humano, pero pronto fue identificado como un niño de unos once o doce años. Únicamente emitía estridentes e incomprensibles chillidos y parecía carecer del sentido de la higiene personal y evacuaba donde y cuando le parecía. Fue conducido a la policía local y, más tarde, a un orfanato cercano. Al principio se escapaba constantemente y era difícil volver a capturarlo. Se negaba a vestirse y rasgaba las ropas en cuanto se las ponían. Nunca hubo padres que lo reclamaran.

El niño fue sometido a un minucioso examen médico en el que no se encontró ninguna anormalidad importante.

Posteriormente, el niño fue trasladado a París, donde se llevó a cabo un intento sistemático para transformarle "de bestia en humano". El esfuerzo resultó solo parcialmente satisfactorio. Aprendió a utilizar el cuarto de baño, accedió a llevar ropa y aprendió a vestirse solo. Sin embargo, no le interesaban los juguetes ni otros juegos y nunca fue capaz de articular más que un reducido número de palabras. Hasta donde sabemos por las detalladas descripciones de su comportamiento y sus reacciones, la cuestión no estaba en que fuese retrasado mental. Parecía que o no deseaba dominar totalmente el habla humana o que era incapaz de ello. Con el tiempo hizo escasos progresos y murió en 1828, cuando tenía unos cuarenta años.

Anthony GIDDENS: *Sociología*.

15. Este caso de niño salvaje, ¿qué crees que puede ilustrar sobre la dimensión cultural y social humana?

12. Cultura y sociedad

12.1. El proceso de socialización

Para que un individuo pueda integrarse en la sociedad es preciso que interiorice la forma de vida característica del grupo al que pertenece. Este proceso se denomina **socialización**, y es especialmente importante en las primeras etapas de la vida.

Mediante la socialización los seres humanos se convierten en miembros de una cultura específica.

Como recordarás, el concepto de cultura hace referencia a las creencias, normas, valores, expectativas y tradiciones propias de una sociedad. La incorporación de los aprendizajes culturales nos convierte en seres plenamente humanos, porque nos permite relacionarnos con los demás y formar parte activa de nuestro grupo social.

La familia es una importante institución socializadora.

12.2. Los elementos de la cultura

La cultura que compartimos con los demás integrantes de nuestra sociedad está formada por los siguientes elementos:

- **Ideas**: Es el conjunto de conocimientos, opiniones y visiones del mundo globalmente compartidas por los miembros del grupo social. Algunos ejemplos son los conocimientos médicos o agrícolas, las creencias religiosas o las interpretaciones acerca de quién debe gobernar y cómo debe hacerlo.
- **Normas**: Son las reglas que organizan la vida en sociedad. Las normas pueden ser leyes escritas, mandamientos de carácter religioso o bien costumbres que la gente respeta de manera tradicional.
- **Instituciones**: Una institución es una práctica social establecida que se mantiene vigente a lo largo del tiempo. El funcionamiento de las instituciones está sujeto a sus propias reglas, y es independiente de las personas concretas implicadas. De acuerdo con esta definición, una escuela o un hospital son ejemplos de instituciones, pero también lo son el matrimonio o el duelo por los muertos.
- **Objetos**: Los objetos producidos por un grupo humano también forman parte de su riqueza cultural. Al conjunto de artefactos realizados en una sociedad concreta se le denomina "cultura material". Esta incluye elementos como los vestidos, las herramientas o las armas, así como las producciones artísticas y los objetos empleados con fines mágicos o religiosos.
- **Técnicas**: Son los procedimientos que un grupo social utiliza para intervenir en la naturaleza y satisfacer sus deseos y necesidades materiales. Las formas de cocinar los alimentos o las formas en que se construyen las viviendas son dos ejemplos de técnicas presentes en todas las sociedades.

Los elementos que integran la cultura son las ideas, las normas, las instituciones, los objetos y las técnicas.

12.3. Universales culturales

Los rasgos adquiridos se caracterizan por ser variables y dependientes de la cultura en que vivimos. Las lenguas que se hablan, las normas que se siguen y las formas de vestir son distintas en diferentes sociedades. Sin embargo, existen algunas características culturales que son muy similares en todos los pueblos conocidos. Estos rasgos adquiridos que sin embargo son compartidos por todas las sociedades se llaman **universales culturales**.

LOS UNIVERSALES CULTURALES

Anthony Giddens (1938).

Dentro de la diversidad del comportamiento humano existen ciertos rasgos comunes. Cuando estos se encuentran en todas, o prácticamente todas, las sociedades reciben el nombre de universales culturales. No existe ninguna cultura conocida sin una lengua gramaticalmente compleja. Todas las culturas poseen alguna forma reconocible de sistema familiar, en el cual existen valores y normas asociados al cuidado de los niños. La institución del matrimonio es un universal cultural, así como también lo son los rituales religiosos y los derechos de propiedad. Además, todas las culturas tienen alguna forma de prohibición del incesto –la proscripción de relaciones sexuales entre parientes cercanos como padre e hija, madre e hijo o hermano y hermana. Los antropólogos han identificado toda una variedad de universales culturales –incluyendo la existencia del arte, la danza, el adorno corporal, los juegos, el regalo, la diversión y las normas de higiene.

Anthony GIDDENS: *Sociología*.

16. ¿Cuáles son los rasgos culturales comunes que podemos encontrar en las sociedades conocidas?

17. ¿Por qué crees que estas características son universales y aparecen en todos los pueblos de la Tierra? ¿Qué crees que sucedería en una sociedad que no compartiese estos rasgos?

13. La variedad de las culturas

13.1. Un mosaico de pueblos y culturas

Aunque todos los seres humanos compartimos una misma herencia biológica, la existencia de distintas culturas hace que cada sociedad viva de una manera diferente.

Llamamos **etnia** al conjunto de personas que comparten una misma cultura y forma de vida.

Aparte de unos pocos universales culturales, los grupos humanos nos diferenciamos enormemente por las ideas en que creemos, las normas que seguimos, las instituciones que estructuran nuestra sociedad, los objetos que producimos y las técnicas que utilizamos.

La **antropología cultural**, que se dedica a estudiar las culturas, ha registrado la asombrosa **riqueza** y **variedad** de las formas de vida humana.

Durante el siglo XIX se extendió el interés por conocer culturas distintas a la europea. Los antropólogos descubrieron que, en sociedades lejanas, las formas de vida podían llegar a ser muy diferentes de las occidentales. Muchos investigadores reaccionaron con asombro ante las extrañas costumbres de estos grupos humanos. En esta época se consideraba que estos pueblos eran "salvajes" o "primitivos" por su forma de vida. Los europeos estaban convencidos de que la cultura occidental era superior a la de estos pueblos, por lo que a menudo ocuparon sus tierras y les impusieron la forma de vida europea.

13.2. La actitud etnocéntrica

Esta visión, según la cual la cultura propia es superior a las demás, se denomina **etnocentrismo***.

La visión etnocéntrica juzga los rasgos y costumbres de las otras sociedades desde el punto de vista de la cultura propia. Sin embargo, todas las culturas son sociales y aprendidas, por lo que ninguna de ellas puede considerarse "natural".

Los atropellos y abusos a los que condujo el etnocentrismo han desprestigiado mucho esta visión. Por esta razón, la antropología cultural actual trata de estudiar las formas de vida de las distintas sociedades humanas sin juzgarlas ni criticarlas.

El etnocentrismo puede llevarnos a rechazar las culturas y formas de vida que son distintas a la nuestra. *Comienza la escuela*, caricatura publicada en la revista estadounidense de humor y sátira política *Puck* (1899).

NUESTRA CULTURA VISTA CON OTROS OJOS

Hacia 1920, Erich Scheurmann publicó la descripción que un nativo de Polinesia hizo de la cultura europea. En ella, Tuiavii de Tiavea denomina *Papalagi* a los hombres blancos.

Los Papalagi [...] también sienten pasión por algo que no podéis comprender, pero que a pesar de esto existe: el tiempo. Lo toman muy en serio y cuentan toda clase de tonterías sobre él. Aunque nunca habrá más tiempo entre el amanecer y el ocaso, esto no es suficiente para ellos.

Los Papalagi nunca están satisfechos con su tiempo y culpan al Gran Espíritu por no darles más. Sí, difaman a Dios y a su gran sabiduría dividiendo cada nuevo día en un complejo patrón, cortándolo en piezas, del mismo modo que nosotros cortamos el interior de un coco con nuestro machete.[...]

Hombres, mujeres y hasta niños demasiado pequeños para andar llevan una máquina pequeña, plana y redonda, dentro de sus taparrabos, atada a una cadena de metal pesado, colgando alrededor de la garganta o alrededor de la muñeca; una máquina que les dice la hora. Leerla no es fácil. Se les enseña a los niños arrimándolos a sus orejas, para despertar su curiosidad.

[...] Cuando en una ciudad europea ha pasado cierta parte del tiempo, estalla un espantoso y clamoroso estrépito.

Al sonar este ruido del tiempo, los Papalagi se lamentan: "¡terrible, otra hora esfumada!". Y entonces, como una norma, ponen el rostro sombrío de alguien que tiene que vivir una gran tragedia. Asombroso, pues inmediatamente después empieza una nueva hora.

TUIAVII DE TIAVEA: *Los Papalagi*.

18. ¿Qué sorprende al autor de nuestra cultura?

19. ¿Es "natural" nuestra forma de relacionarnos con el tiempo? Explica tu respuesta.

20. ¿Tiene el autor una visión etnocéntrica? ¿Se puede describir otra cultura sin ser etnocéntrico?

***Etnocentrismo:** consiste en creer que la etnia propia es la buena y natural, mientras que las demás se consideran extrañas, primitivas o absurdas.

El rechazo del etnocentrismo ha conducido a algunos autores a defender una visión radicalmente opuesta, denominada **relativismo cultural**.

El relativismo cultural sostiene que todas las culturas son igualmente buenas y que **no es posible juzgar** ningún rasgo cultural si no es en relación a la cultura en que se encuentra.

Sin embargo, cuando se lleva al extremo, el relativismo cultural es una postura difícil de defender. A lo largo del tiempo han existido culturas en las que se consideraba natural la esclavitud, la tortura, el maltrato a las mujeres o la intolerancia religiosa. Hoy en día siguen existiendo lugares donde no se respetan los derechos humanos más elementales. De acuerdo con esta visión, no sería posible criticar estas situaciones, ni sería justo intervenir para cambiarlas. Sin embargo, parece difícil aceptar que en el mundo actual sigan existiendo la esclavitud, los matrimonios forzosos o las torturas.

Por esta razón, hay filósofos que defienden la existencia de unos **criterios básicos** que todas las culturas deben respetar, independientemente de sus peculiaridades. Estos criterios elementales se corresponden con el respeto de los derechos de las personas, que están basados en nuestra común naturaleza humana. Todos los seres humanos compartimos unos mismos rasgos biológicos. Todos somos seres racionales, libres y autónomos. Como veremos enseguida, esto supone que existe en nosotros una **dimensión personal** que es el fundamento de nuestra dignidad. Por eso todas las culturas deberían respetar los **derechos** y la **dignidad** de las personas.

13.3. Multiculturalismo e interculturalismo

Nuestro mundo actual es una **sociedad interconectada**. A diferencia de lo que sucedía en el pasado, en nuestros días las distintas culturas del planeta se interrelacionan y se mezclan entre sí. En las grandes ciudades conviven personas con tradiciones, creencias, religiones y costumbres muy distintas. Esta diversidad enriquece nuestras vidas, pero también nos enfrenta a retos y desafíos nuevos.

¿Cómo deberían tratar las sociedades modernas a las personas de otras culturas que conviven con nosotros? Durante un tiempo se pensó que lo más conveniente era ayudar a estas personas a integrarse en la cultura mayoritaria. Esta postura, denominada **asimilacionismo**, considera que para poder prosperar en una sociedad es necesario **adoptar la lengua y las costumbres mayoritarias**.

Los defensores de las culturas minoritarias están en contra del asimilacionismo. Para ellos, todas las culturas deben ser respetadas y tienen derecho a practicar sus costumbres, su lengua y su religión con libertad. Esta postura, denominada **multiculturalismo**, defiende el valor de la convivencia pacífica entre distintas comunidades culturales. Los multiculturalistas creen que las **culturas** deben tener derecho a **desarrollarse de forma separada**, para que de este modo se pueda conservar su forma de vida tradicional.

Aunque el multiculturalismo es muy respetuoso con la diversidad cultural, algunos autores han criticado su insistencia en la convivencia de comunidades separadas. Una alternativa a esta postura es el **interculturalismo**, que defiende una mayor interrelación entre las distintas culturas que conviven en un mismo territorio. El interculturalismo respeta el valor de la diversidad cultural, pero también insiste en la importancia de establecer cauces de comunicación que relacionen unas culturas con otras. La interculturalidad aspira a convertir la variedad de formas de vida en un valor común del que todos podamos enriquecernos.

▲ El relativismo cultural plantea el problema de los universales morales.

EL MATERIALISMO CULTURAL

Yo creo que en el dominio de los fenómenos socioculturales el *analogum* de la estrategia darwiniana es el principio del determinismo tecnoecológico y tecnoeconómico. Este principio sostiene que tecnologías similares aplicadas a medios similares tienden a producir una organización del trabajo similar, tanto en la producción como en la distribución, y esta a su vez agrupamientos sociales de tipo similar, que justifican y coordinan sus actividades recurriendo a sistemas similares de valores y de creencias. Cuando se traslada a la estrategia de la investigación, el principio del determinismo tecnoecológico y tecnoeconómico concede prioridad al estudio de las condiciones materiales de la vida sociocultural, del mismo modo que el principio de la selección natural da prioridad al estudio de las diferencias de eficacia reproductora. Al lector sensibilizado la estrategia esbozada le parecerá una forma de materialismo y, efectivamente, yo me referiré a ella a lo largo de todo este libro llamándola la estrategia del "materialismo cultural".

Marvin HARRIS: *El desarrollo de la teoría antropológica*.

21. ¿Cuál debería ser el principal foco de atención para un antropólogo?

22. ¿Crees que esta teoría podría explicar por qué pueblos muy distantes en el espacio y en el tiempo a veces tienen costumbres y creencias similares?

23. ¿De qué forma denomina Marvin Harris a este enfoque de los estudios antropológicos?

▲ El común denominador de la diversidad cultural deben ser los derechos y deberes fundamentales.

Párate a pensar

Recapitula

1. Señala en la siguiente tabla si los rasgos indicados son innatos o adquiridos. Ten en cuenta que algunos de ellos pueden tener una parte innata y otra adquirida, como sucede con la inteligencia.

	Innato	Adquirido
La inteligencia	✘	✘
El color de la piel	···	···
El color de los ojos	···	···
El idioma	···	···
La religión	···	···
Los rasgos de la cara	···	···
Las creencias políticas	···	···
La alergia	···	···
La estatura	···	···

2. ¿Qué diferencia hay entre los conceptos de sexo y género? Explica tu respuesta.
3. ¿En qué consiste la socialización? ¿Sabrías poner algún ejemplo para aclarar tu respuesta?
4. Aunque las culturas humanas son muy variadas y diversas, existen ciertos rasgos comunes compartidos por todas las sociedades conocidas. ¿Recuerdas cómo se llaman estos rasgos? Trata de enumerar al menos tres de ellos.
5. ¿Qué diferencia hay entre la actitud asimilacionista, el multiculturalismo y el interculturalismo?

Construye el concepto

6. Define los siguientes términos filosóficos con los diccionarios propuestos (p. 1):
   - rasgos innatos
   - rasgos adquiridos
   - socialización
   - universales culturales
   - etnocentrismo
   - asimilacionismo
   - multiculturalismo
   - interculturalismo

Trabaja con textos

7. Lee el texto y contesta las preguntas:

   El verbo latino *colere* significa originariamente 'cultivar'. Así, *agrum colere* significa 'cultivar el campo' y *vitem colere* quiere decir 'cultivar la vid'. La forma de supino de *colere* es *cultum*, y de ella proviene la palabra *cultura*, que en latín significa primariamente 'agricultura'. Así, *agriculturae* son las diversas formas de cultivar el campo, y *cultura vitium* es el cultivo de las viñas. De ahí proceden palabras castellanas como *viticultura*, *silvicultura*, *piscicultura*, etc.

   El adjetivo latino *cultus* indica la propiedad de un campo de estar cultivado. Todavía ahora llamamos incultos a los campos sin cultivar. Originariamente, pues, *cultura* quería decir 'agricultura', y *culto*, 'cultivado'. Y esta es la primera acepción que atribuye a esas palabras el *Diccionario de la Real Academia Española*.

   Quien cultiva un campo, lo cuida constantemente. De ahí que el sustantivo *cultus* adquiriese también el sentido de 'cuidado', y se aplicase a las acciones con que los sacerdotes cuidaban a los dioses, es decir, al culto que les rendían. Con esa acepción pasó al castellano como *culto* religioso.

   Posteriormente se abrió paso la metáfora que compara el espíritu de un hombre rudo con un campo sin cultivar, y su educación con el cultivo de ese campo, y se empezó a hablar de *cultura animi*, 'cultivo del alma'.

   Jesús MOSTERÍN: *Filosofía de la cultura*.

   a) ¿De dónde procede la palabra *cultura*? ¿Qué significaba este término originalmente?

   b) ¿Cuál es la definición de *cultura* que vimos anteriormente en esta misma unidad? ¿Qué relación crees que tiene esa acepción con lo que explica este texto?

8. Lee el texto y contesta las preguntas:

   El concepto de cultura que yo sostengo no tiene múltiples acepciones ni, por lo que se me alcanza, ninguna ambigüedad especial: la cultura denota un esquema históricamente transmitido de significaciones representadas en símbolos, un sistema de concepciones heredadas y expresadas en formas simbólicas por medios con los cuales los hombres comunican, perpetúan y desarrollan su conocimiento y sus actitudes frente a la vida.

   Clifford GEERTZ: *La interpretación de las culturas*.

   a) ¿Cuáles son los rasgos de la cultura que destaca el autor en su definición?

   b) ¿Se corresponde esta definición con la que hemos visto en la unidad? ¿Qué relación crees que tiene esa acepción con la definición que presenta este texto? Razona tu respuesta.

9. En el primer párrafo de su libro *El segundo sexo*, la pensadora Simone de Beauvoir expone con elocuentes palabras la diferencia que hay entre el sexo y el género.

   Lee el texto con atención y contesta las preguntas:

   No se nace mujer: se llega a serlo. Ningún destino biológico, psíquico o económico define la figura que reviste en el seno de la sociedad la hembra humana; es el conjunto de la civilización el que elabora ese producto intermedio entre el macho y el castrado al que se califica de femenino. Únicamente la mediación de otro puede constituir a un individuo como un Otro.

   SIMONE DE BEAUVOIR: *El segundo sexo*.

   a) ¿Por qué afirma la autora que "no se nace mujer" sino que "se llega a serlo"?

   b) Según este texto, ¿qué es lo que conforma la figura de la mujer en la sociedad? ¿Es la condición femenina una consecuencia directa de la herencia biológica? Explícalo de manera razonada.

   c) ¿Cuál es el significado de la frase "únicamente la mediación de otro puede constituir a un individuo como un Otro"? ¿Estás de acuerdo con ella? Razona tu respuesta.

   d) ¿Qué relación tiene este texto con la distinción que hemos estudiado en la unidad entre los conceptos de sexo y género? Explica tu respuesta.

IV. La dimensión personal del ser humano

14. Somos personas

14.1. ¿Qué es una persona?

Para entender la realidad humana no basta con estudiar biología, psicología o sociología. Más allá de los aspectos biológicos, psicológicos y culturales, los humanos somos también seres racionales y libres. Esto nos permite elegir cómo comportarnos y nos abre la posibilidad de dar un **sentido** a nuestras vidas. A esto es a lo que nos referimos cuando hablamos de la dimensión personal humana.

Una **persona** es un ser **inteligente**, **consciente** de su propia existencia, **libre** y **racional**. Esto hace que cada persona sea consciente de su **singularidad individual** como ser humano único e irrepetible.

Además, una característica muy importante de nuestra dimensión personal es la **autonomía*** o capacidad para elegir libremente nuestras propias normas.

***Autonomía:** capacidad de una persona para ponerse a sí misma sus propias normas. El término proviene del griego: *auto* hace referencia a 'algo propio' o 'relacionado con uno mismo', mientras que *nomos* significa 'ley' o 'norma'. Lo contrario de la autonomía es la heteronomía, que se produce cuando nuestras normas no las elegimos nosotros mismos, sino que vienen de otros.

14.2. La pregunta por el sentido

Los seres humanos somos los únicos animales capaces de preguntarse por el sentido de su propia existencia. En todos los tiempos y lugares las personas se han cuestionado el significado que tiene la vida humana. ¿Por qué razón estamos vivos? ¿Tiene algún objetivo o propósito nuestra existencia? ¿Hay algo después de la muerte?

En la mayor parte de las sociedades tradicionales, estas preguntas han obtenido algún tipo de respuesta mediante los mitos, las creencias tradicionales o la religión. La filosofía también se ha ocupado de ellas, tratando de contestarlas con ayuda de la razón. En general, los filósofos han ofrecido tres planteamientos distintos ante la cuestión del sentido de la existencia: el **nihilismo**, la respuesta **inmanente** y el reconocimiento de la **trascendencia**.

Los filósofos **nihilistas** no creen que la vida tenga ningún sentido especial. No hay ninguna razón por la que estemos vivos, simplemente hemos surgido como producto de una serie de procesos biológicos. De acuerdo con el nihilismo, los humanos solo somos especiales porque somos inteligentes y podemos hacernos preguntas. Sin embargo, eso no quiere decir que nuestra existencia tenga ningún significado o propósito. Nuestra vida, que surgió como fruto del azar, terminará con la muerte, después de la cual no hay nada. Para los nihilistas, cualquier intento de buscar un sentido superior a la realidad humana es una fantasía ingenua e inútil.

¿QUÉ ES UNA PERSONA?

El francés Emmanuel Mounier fue uno de los más destacados representantes de la corriente filosófica personalista. En este fragmento, Mounier explica el significado que tiene para él el concepto de persona.

Una persona es un ser espiritual constituido como tal por una forma de subsistencia y de independencia en su ser; mantiene esta subsistencia mediante su adhesión a una jerarquía de valores libremente adoptados, asimilados y vividos en un compromiso responsable y en una constante conversión; unifica así toda su actividad en la libertad y desarrolla, por añadidura, a impulsos de actos creadores, la singularidad de su vocación.

Emmanuel MOUNIER:
Manifiesto al servicio del personalismo.

24. ¿Cuáles son los rasgos que definen, según Mounier, a una persona?

25. ¿Qué papel tiene la libertad, de acuerdo con el autor, en la dimensión personal del ser humano?

La dimensión personal de los seres humanos está asociada a las preguntas que nos hacemos sobre el significado y el sentido de nuestra vida.

Frente a la actitud nihilista, también es posible afirmar que la vida humana sí que tiene un sentido. Los filósofos que defienden esta posición pueden dividirse, a su vez, en dos grupos.

Unos creen que el sentido de la existencia debe buscarse **en la propia vida** humana, ofreciendo una respuesta inmanente a esta pregunta. En cambio, otros consideran que solo es posible explicar el sentido de nuestra existencia en una realidad trascendente que está **más allá** de nuestro mundo. Para estos últimos, la dimensión personal del ser humano está íntimamente unida a la aspiración que todos sentimos a superar las limitaciones del tiempo y de la finitud humana.

15. La dignidad de la persona

El concepto de persona introduce un matiz muy especial para describir lo que somos. Decir que los humanos somos animales racionales y sociales, o seres vivos con una dimensión psicológica y cultural, resulta sin duda correcto, pero también incompleto.

Una persona es algo más que todo esto. La dimensión personal tiene en cuenta que, además, somos seres conscientes de nuestra libertad, de nuestra singularidad y de nuestro valor irrepetible. Por eso el término *persona* describe lo que somos con más precisión y exactitud que la expresión *ser humano*.

Tal vez el aspecto más relevante de la dimensión personal sea la relación que tiene con nuestra **dignidad** como seres humanos.

La dignidad hace referencia a la importancia y al **valor único** e **irrepetible** de cada persona.

La libertad, la consciencia y el carácter singular de cada uno de nosotros determinan que cada ser humano sea portador de un valor intrínseco al que llamamos habitualmente dignidad. Este valor está asociado al simple hecho de pertenecer al género humano, así que no depende de dónde vivamos o del tipo de vida que llevemos.

Las personas somos portadoras de **derechos** porque tenemos dignidad.

Los derechos humanos se fundamentan en el valor individual que tiene cada uno de nosotros por el simple hecho de ser una persona. Por eso se afirma que los derechos humanos son **universales***, ya que desde que nacemos todos poseemos unos derechos que deben ser respetados a lo largo de nuestra vida.

Los derechos humanos se fundamentan en la dignidad de la persona, que es el valor que tenemos como seres únicos y diferentes de todos los demás.

EL VALOR DE LA DIGNIDAD HUMANA

La humanidad, por distintos y convergentes caminos, ha descubierto que el modo más seguro y eficaz de conseguir la felicidad y la justicia es afirmando el valor intrínseco de cada ser humano. Tanteó primero otros caminos, que aún son preferidos por algunas sociedades. Por ejemplo, la afirmación de la preeminencia del grupo, de la nación, de la raza o de Dios sobre el individuo. Pero el estudio de la historia nos enseña que la evolución moral de la humanidad lleva –no sabemos si de una manera definitiva– a la defensa del valor intrínseco de cada ser humano, como supremo valor a proteger, como fundamento de toda convivencia noble y pacífica. En los últimos siglos, este valor ha sido designado con el término *dignidad*, que en la actualidad figura en muchas constituciones políticas.

José Antonio MARINA y María de la VÁLGOMA: *La lucha por la dignidad.*

26. De acuerdo con este texto, ¿cuáles son los diferentes medios que las distintas sociedades han intentado para lograr la felicidad y la justicia?

27. ¿Cuál ha demostrado ser, a juicio de los autores, el mejor de todos estos caminos?

28. Según este fragmento, ¿en qué consiste la dignidad humana? ¿Por qué es tan importante este concepto?

***Universal:** válido con carácter general para todas las personas, en todos los lugares y en todos los momentos.

Párate a pensar

Recapitula

1. ¿A qué nos referimos cuando hablamos de la "dimensión personal" del ser humano? ¿Cuáles son las características que nos convierten en personas? Explica tu respuesta.
2. ¿Son exactamente iguales los conceptos de persona y de ser humano? ¿Crees que podría haber personas que no fueran humanas? Pon ejemplos concretos para aclarar tu respuesta.
3. ¿Sabrías explicar la relación que existe entre el concepto de dignidad humana y los derechos que todos tenemos simplemente por ser personas?

Construye el concepto

4. No todos los filósofos están de acuerdo a la hora de responder a la pregunta sobre el sentido de la vida humana. El siguiente cuadro recoge las diferentes actitudes que se han propuesto acerca de este tema. Completa la tabla con la información que falta.

	Nihilismo	Sentido inmanente	Sentido trascendente
¿Tiene la vida algún sentido?	...	...	Sí
¿Dónde se puede encontrar el sentido de la vida humana?	En ninguna parte	...	...
Ejemplos de afirmaciones asociadas a esta visión	...	El único sentido que tiene nuestra vida es el que nosotros queramos darle	...
Ejemplos de filósofos que apoyan esta interpretación	...	...	Agustín de Hipona, Tomás de Aquino, Emmanuel Mounier

5. La identidad personal. ¿Es posible que ocurra el siguiente caso?: Un día, aparece una persona en la puerta de tu casa. Al mirarla, exclamas: ¡soy yo!. Explica tu respuesta.

Trabaja con textos

6. En este conocido fragmento, Kant explica la diferencia que hay entre el precio que tienen las cosas y la dignidad que caracteriza a las personas. Lee el texto con atención y contesta las preguntas:

En el reino de los fines todo tiene un precio o una dignidad. Aquello que tiene precio puede ser sustituido por algo equivalente; en cambio, lo que se halla por encima de todo precio y, por tanto, no admite nada equivalente, eso tiene una dignidad.

Lo que se refiere a las inclinaciones y necesidades del hombre tiene un precio comercial; lo que, sin suponer una necesidad, se adecua a cierto gusto, es decir, a una satisfacción producida por el simple juego de nuestras facultades sin fin alguno, tiene un precio de afecto; pero aquello que constituye la condición para que algo sea un fin en sí mismo no tiene un valor meramente relativo o precio, sino que tiene un valor interno, es decir, dignidad.

La moralidad es aquella condición bajo la cual un ser racional puede ser un fin en sí mismo, puesto que solo por ella es posible ser miembro legislador en un reino de los fines. Así pues, la moralidad y la humanidad en cuanto que es capaz de moralidad son lo único que posee dignidad. La habilidad y la ambición en el trabajo tienen un precio comercial; la gracia, la imaginación viva, el ingenio, tienen un precio de afecto; en cambio, la fidelidad en las promesas, la benevolencia por principios (no por instinto), tienen un valor interior.

Immanuel KANT:
Fundamentación de la metafísica de las costumbres.

a) ¿Qué diferencia hay, según este texto, entre el precio de las cosas y la dignidad de las personas?
b) ¿Cómo define Kant lo que es la dignidad humana?
c) ¿A qué crees que se refiere el autor cuando dice que un ser racional es "un fin en sí mismo"?
d) ¿Qué relación encuentra el autor entre la dignidad y la moralidad?

7. El filósofo australiano Peter Singer ha destacado, entre otros campos, por su defensa de los animales. En este fragmento intenta deslindar el concepto de persona del de miembro de la especie *Homo sapiens*. Lee el texto con atención y contesta las preguntas:

La palabra *persona* tiene su origen en el término latino que designa a la máscara que llevaban los actores en el drama clásico. Al ponerse sus máscaras los actores querían indicar que estaban representando un papel. Más adelante, el término *persona* llegó a significar 'alguien que interpreta un papel en la vida', 'un agente'. Según el *Oxford Dictionary*, uno de los significados actuales del término es el de 'ser consciente de sí mismo o racional'. Este sentido tiene unos precedentes filosóficos impecables. John Locke define persona como 'un ser pensante inteligente que tiene razón y reflexión y puede considerarse a sí mismo como sí mismo, la misma cosa pensante, en diferentes tiempos y lugares'.

Esta definición [...] selecciona dos características cruciales —racionalidad y conciencia de sí mismo— como núcleo del concepto. [...] En cualquier caso, yo propongo utilizar el término *persona* en el sentido de 'ser racional y consciente de sí mismo', para englobar los elementos del sentido popular de ser humano que no entran dentro de la expresión miembro de la especie *Homo sapiens*.

Peter SINGER: *Ética práctica*.

a) ¿Cuál es el origen de la palabra *persona*?
b) ¿Cómo definía el filósofo inglés John Locke lo que es una persona?
c) ¿Qué dos rasgos considera el autor que caracterizan esencialmente el concepto de persona?
d) ¿Es lo mismo una "persona" que un "miembro de la especie *Homo sapiens*"? ¿Puede haber humanos que no sean personas? ¿Y personas que no sean humanos? Explica tu respuesta.

Comentario de texto

Texto 1

Metafóricamente puede decirse que la selección natural está buscando cada día y cada hora por todo el mundo las más ligeras variaciones; rechazando las que son malas; conservando y sumando todas las que son buenas; trabajando silenciosa e insensiblemente, cuandoquiera y dondequiera que se ofrece la oportunidad, por el perfeccionamiento de cada ser orgánico en relación con sus condiciones orgánicas e inorgánicas de vida. Nada vemos de estos cambios lentos y progresivos hasta que la mano del tiempo ha marcado el transcurso de las edades; y entonces, tan imperfecta es nuestra visión de las remotas edades geológicas, que vemos solo que las formas orgánicas son ahora diferentes de lo que fueron en otro tiempo.

Para que en una especie se efectúe alguna modificación grande, una variedad ya formada tuvo que variar de nuevo —quizá después de un gran intervalo de tiempo—, o tuvo que presentar diferencias individuales de igual naturaleza que antes, y estas tuvieron que ser de nuevo conservadas, y así, progresivamente, paso a paso. Viendo que diferencias individuales de la misma clase vuelven a presentarse siempre de nuevo, difícilmente puede considerarse esto como una suposición injustificada. Pero el que sea cierta o no solo podemos juzgarlo viendo hasta qué punto la hipótesis explica y concuerda con los fenómenos generales de la naturaleza.

Charles DARWIN: *El origen de las especies.*

Texto 2

La octava gran transición [en la historia de la vida] tuvo lugar hace muy poco tiempo, y consistió en el paso de las sociedades de primates a las sociedades humanas, con la aparición del lenguaje articulado como un sistema único, revolucionario y potentísimo de transmisión de información (que entre otras cosas ha hecho posible escribir este libro con un alfabeto de veintiocho letras). Tanta espera había, después de todo, merecido la pena. Aunque en el aspecto genético somos unos primates muy próximos a los chimpancés y un producto de la evolución, constituimos un tipo de organismo radicalmente diferente de todos los demás. Somos los únicos seres que se preguntan por el significado de su propia existencia.

Juan Luis ARSUAGA e Ignacio MARTÍNEZ: *La especie elegida.*

Disertación filosófica

¿Qué dimensión predomina en los seres humanos?

- Las personas somos al mismo tiempo seres naturales y culturales. Pero ¿cuál de estas dos facetas es más importante para explicar lo que somos?
- ¿Está nuestra vida regulada por nuestros genes, es decir, por la herencia biológica?
- ¿O bien nuestro comportamiento solo puede comprenderse teniendo en cuenta el medio, es decir, la sociedad en la que vivimos y la cultura que hemos incorporado?
- ¿Qué datos relevantes aporta la ciencia para defender una posición u otra?

Debate filosófico

¿Existe una naturaleza humana?

A lo largo de toda la historia se ha polemizado acerca de si hay una naturaleza humana común a todas las personas.

Algunas corrientes han sostenido que es una realidad innegable que origina las normas éticas básicas, la convivencia social e incluso el gusto estético. Otras corrientes, en cambio, han dudado de la existencia de esta naturaleza, afirmando que las personas nos caracterizamos por construir nuestro propio ser de forma abierta y libre.

- ¿En qué sentido afirmamos que somos iguales, cuando existen tantas diferencias entre nosotros?
- ¿Qué queremos decir exactamente cuando nos referimos a "la naturaleza humana"?
- ¿Existe una esencia común e inmutable que caracteriza a los humanos o podemos crear nuestra propia esencia?

Una obra para comentar

Greystoke, la leyenda de Tarzán

Adaptación cinematográfica de la célebre novela *Tarzán de los monos*, de Edgar Rice Burroughs. Su visión de una persona que hubiera crecido lejos de la cultura y sin educación difiere de los casos reales de "niños salvajes".

- ¿En qué consisten las diferencias?
- ¿Puede el personaje de Tarzán ayudarnos a distinguir lo que hay de biológico y de cultural en los seres humanos?

Conexiones filosóficas

Filosofía y paleontología

En esta unidad hemos analizado las distintas dimensiones que están presentes en el ser humano. En nosotros confluyen elementos biológicos, psicológicos, culturales y personales que interactúan entre sí haciendo de nosotros esa realidad compleja que somos. Conocer estas distintas dimensiones resulta fundamental para poder abordar con el adecuado rigor cualquier cuestión relacionada con la antropología filosófica. Por eso en filosofía es tan importante conocer la visión que nos ofrecen las ciencias acerca de los seres humanos.

En especial, los filósofos han prestado una gran atención a los descubrimientos realizados por la paleontología. Los paleontólogos estudian los orígenes de la especie humana analizando los restos fósiles de nuestros antepasados.

- ¿Cuáles son los interrogantes que trata de contestar la paleontología?
- ¿Qué métodos emplea para hacerlo?
- ¿De qué modo puede esta ciencia contribuir a aclarar el debate filosófico acerca del ser humano?
- ¿Qué relación hay entre los hallazgos paleontológicos y las grandes preguntas de la antropología filosófica?

Trabajo en equipo

El rico mosaico de las culturas humanas

Te invitamos a realizar un pequeño trabajo de investigación acerca de la rica variedad de formas culturales que caracterizan a los distintos pueblos de la Tierra.

Para desarrollar la tarea la clase se dividirá en diez grupos diferentes, cada uno de los cuales se centrará en estudiar la forma de vida específica de una sociedad concreta de acuerdo con el siguiente cuadro:

a) Los cinco primeros grupos estudiarán una **sociedad del pasado** a su elección, perteneciente a los siguientes territorios. Grupo 1: Europa; Grupo 2: África; Grupo 3: Asia; Grupo 4: América; Grupo 5: Oceanía. Los cinco últimos grupos elegirán una **sociedad actual** situada en los siguientes continentes: Grupo 6: Europa; Grupo 7: África; Grupo 8: Asia; Grupo 9: América; Grupo 10: Oceanía.

b) Dentro del tiempo y el espacio asignados, cada equipo será libre de escoger el grupo humano que prefiera. Una vez elegida la sociedad que se va a estudiar, los miembros del grupo deberán buscar la información necesaria para describir su cultura. Para ello será preciso describir los siguientes aspectos de su forma de vida: a) Ideas, b) Normas, c) Instituciones, d) Objetos materiales, e) Tecnología.

c) Una vez finalizado el trabajo, cada grupo presentará en clase el resultado de su investigación. Así podréis comparar las distintas culturas que habéis elegido, abriendo un debate sobre el tema.

- ¿Existe algún elemento común entre ellas?
- ¿Aparecen en estas culturas los universales culturales que hemos mencionado en la unidad?
- ¿Hay grandes diferencias en sus formas de vida?
- ¿Creéis que la cultura específica de estos grupos les ha permitido adaptarse al entorno en el que viven?
- ¿Respetan todas estas culturas los derechos de las personas?

Bibliografía

Jesús MOSTERÍN: ***La naturaleza humana.***

Juan Luis ARSUAGA e Ignacio MARTÍNEZ: ***La especie elegida.***

Charles DARWIN: ***El origen de las especies.***

Marvin HARRIS: ***Vacas, cerdos, guerras y brujas.***

Jesús MOSTERÍN: ***Filosofía de la cultura.***

Richard David PRECHT: ***¿Quién soy y... cuántos?***

Filmografía

Cosmos, capítulo II. Carl SAGAN. En él se explican los orígenes de la vida en nuestro planeta desde una perspectiva amena y rigurosa.

En busca del fuego. Jean-Jacques ANNAUD. Recrea la convivencia que se produjo durante varios miles de años entre dos especies diferentes de homínidos: los neandertales y los seres humanos como nosotros.

La aventura de la especie. Serie documental de Televisión Española que recrea la evolución humana en varios episodios de ficción.

Mapa conceptual

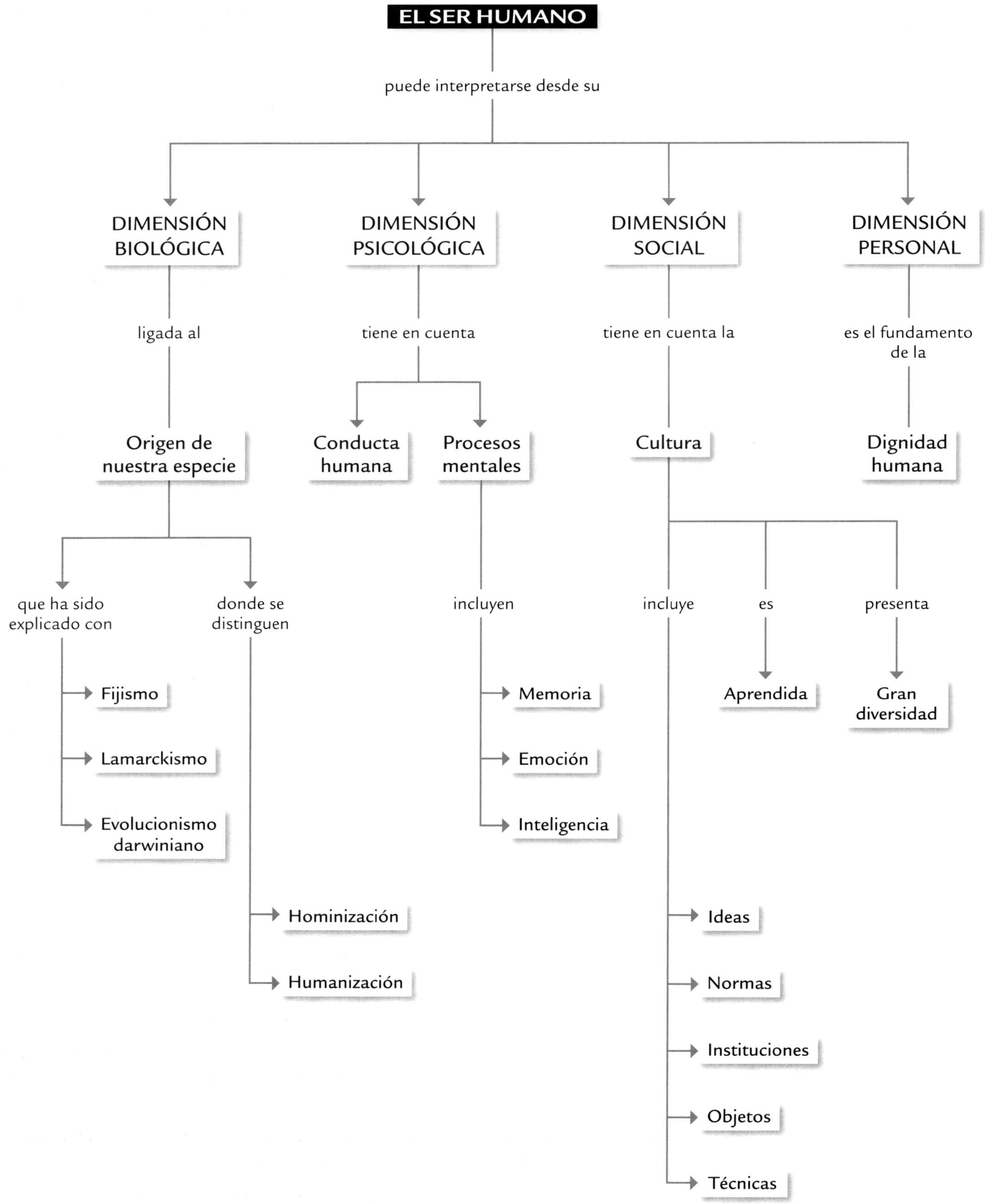

Evaluación

Elige la respuesta correcta para cada una de las siguientes preguntas. Recuerda que de todas las opciones solo una es válida.

1. **¿Cuáles de las siguientes dimensiones forman parte de la realidad humana?**
   a) Una dimensión biológica y otra psicológica.
   b) Una dimensión biológica, una psicológica y otra sociocultural.
   c) Una dimensión biológica, una sociocultural y otra personal.
   d) Una dimensión biológica, una psicólogica, una sociocultural y otra personal.

2. **¿En qué consistía la teoría sobre los seres vivos que propuso Lamarck?**
   a) Afirmaba que las especies no cambian nunca con el tiempo, sino que se mantienen fijas e invariables.
   b) Afirmaba que hay una evolución de las especies basada en la variabilidad de la descendencia y en la selección natural.
   c) Afirmaba que los seres vivos fueron creados por Dios tal y como describe la Biblia.
   d) Afirmaba que los seres vivos se transforman porque la función modifica los órganos y esos cambios pueden transmitirse a la descendencia.

3. **¿Cuál es la teoría actualmente admitida por los científicos acerca de la evolución de los seres vivos?**
   a) El lamarckismo.
   b) El darwinismo tal y como fue originalmente presentado por Darwin.
   c) La teoría sintética de la evolución, que incluye el evolucionismo darwiniano y las aportaciones de la genética.
   d) El creacionismo combinado con las aportaciones de la genética.

4. **¿Qué diferencia crees que existe entre la hominización y la humanización?**
   a) La hominización es un proceso de evolución biológica, mientras que la humanización es un proceso de evolución cultural.
   b) La hominización es un proceso de evolución cultural, mientras que la humanización es un proceso de evolución biológica.
   c) La hominización es un proceso de evolución darwiniano, mientras que la humanización es un proceso de evolución lamarckista.
   d) La hominización es un proceso de evolución cultural, mientras que la humanización es un proceso de evolución psicológica.

5. **¿Cuáles fueron los cambios más importantes que marcaron el proceso de humanización?**
   a) La bipedestación y los cambios en la forma de la pelvis.
   b) La bipedestación, la modificación de las manos y el aumento del tamaño del cerebro.
   c) La aparición de las herramientas.
   d) La aparición del lenguaje, el desarrollo de la técnica y la capacidad de pensamiento abstracto.

6. **¿Cuál de las siguientes afirmaciones acerca de la inteligencia humana es más acertada?**
   a) La inteligencia humana puede medirse de forma precisa y rigurosa mediante tests que son generalmente aceptados como válidos por todos los expertos.
   b) Existen diversas clases de inteligencia que están relacionadas con distintos aspectos de la vida humana.
   c) La inteligencia es básicamente una medida de la capacidad lingüística y matemática del individuo.
   d) La inteligencia es un factor independiente de las emociones, con las que no tiene nada que ver.

7. **¿Cuáles son las cuatro fases que, según Poincaré, regulan el proceso de la creatividad?**
   a) Las fases de introducción, planteamiento, desarrollo y conclusión.
   b) Las fases de preparación, inducción, deducción y conclusión.
   c) Las fases de preparación, incubación, iluminación y verificación.
   d) Las fases de definición del problema, diseño de hipótesis, contrastación experimental y obtención de conclusiones.

8. **¿Cuáles son los rasgos que configuran la cultura?**
   a) Las ideas y las opiniones.
   b) Lo innato y lo adquirido.
   c) El etnocentrismo, el asimilacionismo y la interculturalidad.
   d) Las ideas, las normas, las instituciones, los objetos y las técnicas.

Contesta por escrito las cuestiones siguientes:

9. **¿Cómo sería más correcto llamar a la diferencia que existe entre hombres y mujeres: diferencia sexual o diferencia de género? Explica tu respuesta.**

10. **¿Es el multiculturalismo lo mismo que el interculturalismo? Aclara tu respuesta con ejemplos.**

11. **¿Por qué afirmamos hoy en día que el etnocentrismo es una actitud errónea e injusta? ¿Qué argumentos podrías dar a alguien que fuese partidario de una postura etnocéntrica?**

8 El ser humano a la luz de la filosofía

- ¿Tenemos las personas un alma inmortal o solo somos un cuerpo que desaparecerá con la muerte?
- ¿Somos los seres humanos libres verdaderamente o la sensación de libertad es tan solo una ilusión?
- ¿Hay elementos que condicionan nuestra conducta pero de los que no somos conscientes?

Objetivos

> Identificar los elementos de la antropología griega: la racionalidad, la moralidad y la sociabilidad humana.

> Conocer las diferentes posturas filosóficas en relación a la dimensión espiritual e histórica del ser humano.

> Comprender las distintas interpretaciones que se han ofrecido sobre el tema de la libertad humana.

> Señalar lo que, a juicio de Marx, hace del trabajo una actividad esencial de los seres humanos, pero que puede conducir a la alienación.

> Apreciar la importancia de la vida como elemento central en la filosofía de Nietzsche.

> Conocer el modo en que Freud interpreta la influencia del inconsciente en nuestros pensamientos y en nuestra conducta.

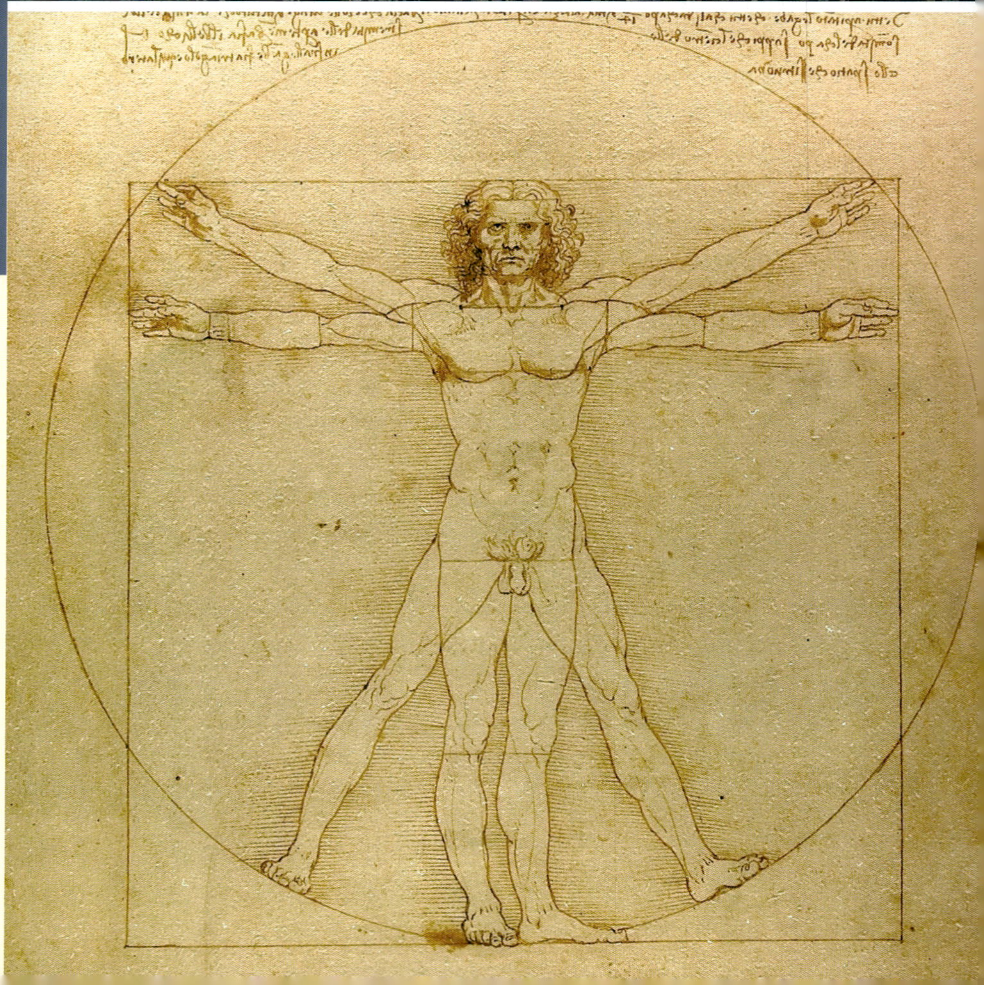

Contenidos

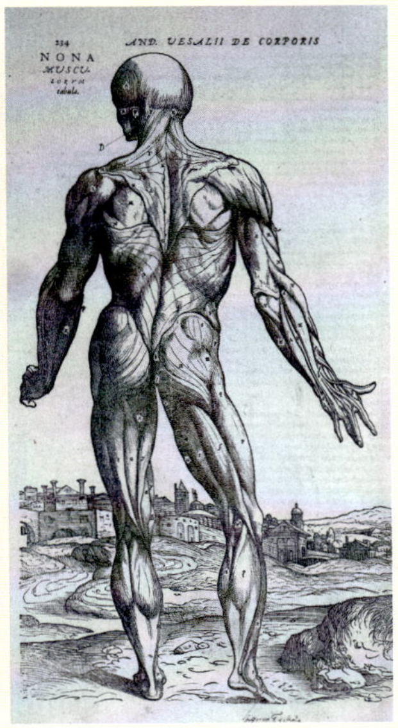

La esencia de lo humano

- Para el pensamiento griego, lo esencial de los seres humanos es la racionalidad, unida al lenguaje. Al disponer de palabra y razón, las personas podemos convertirnos en seres morales y sociales.
- Modernamente destacan tres concepciones: el dualismo, el monismo materialista y el emergentismo, una posición intermedia entre las dos anteriores.
- Las diversas filosofías de la historia enriquecen la caracterización del ser humano.
- Frente al problema de la libertad, los autores que niegan su existencia se llaman deterministas, mientras que los que creen que somos auténticamente libres se conocen como indeterministas.

Los maestros de la sospecha

- La filosofía contemporánea ha puesto en cuestión la visión tradicional del ser humano que ofrecía la antropología filosófica.
- Sobresalen los llamados "maestros de la sospecha", porque prestaron atención a los elementos ocultos que influyen en la realidad humana y de los que no nos damos cuenta a primera vista.
- Marx denunció la alienación en el trabajo; Nietzsche afirmó que la racionalidad negaba la vida; y Freud evidenció la importancia decisiva de lo inconsciente en la acción humana.

Una reflexión abierta

- Existen otras teorías sobre el ser humano como las que señalan que somos los únicos animales que ríen, o las que identifican el arte como la característica esencialmente humana, o las que afirman que es el juego lo que nos diferencia de los animales...
- La antropología filosófica es una disciplina viva y en continuo desarrollo. En cada época conviven diferentes visiones sobre qué es el ser humano. Incluso puede llegarse a cuestionar, como hace Foucault, si ha existido siempre el concepto mismo de ser humano.

I. Los grandes temas de la antropología filosófica

1. ¿Qué nos hace humanos?

1.1. La antropología filosófica

En la unidad anterior hemos visto que el ser humano es una realidad compleja en la que coexisten elementos biológicos, psicológicos, culturales y personales. Allí tuvimos ocasión de explorar lo que las ciencias biológicas, la psicología, la antropología o la sociología pueden decirnos sobre las personas.

Pero aunque conozcamos toda esta información, todavía quedan interrogantes acerca de lo humano que la investigación científica no es capaz de responder. Algunas de estas preguntas son especialmente importantes y significativas: ¿Nos espera algo después de la muerte? ¿Tenemos las personas un alma inmortal? ¿O somos solo un cuerpo que desaparecerá cuando acabe nuestra vida? ¿Somos los seres humanos realmente libres de elegir lo que hacemos?

Estas preguntas no pueden ser contestadas científicamente, porque no es posible contrastarlas de manera empírica. A pesar de ello, se trata de cuestiones fundamentales que todos nos hemos planteado alguna vez, y para las que necesitamos encontrar alguna respuesta. Las preguntas como estas pertenecen al campo de la filosofía.

La **antropología filosófica** es la rama de la filosofía que se interroga sobre el ser humano.

La antropología filosófica trata de responder preguntas acerca de la realidad humana. Retratos de momias de El Fayum, Egipto. Tenían que ser realistas para que los difuntos fuesen reconocidos después de la muerte en su tránsito al más allá.

1.2. La singularidad de lo humano

Uno de los temas más importantes de los que se ocupa la antropología filosófica consiste en determinar lo que caracteriza específicamente a los seres humanos. ¿Qué rasgos son los que nos diferencian del resto de animales? ¿Existe una esencia humana específica? Si la hay, ¿en qué consiste? Y si no la hay, ¿qué es lo que nos hace humanos?

Para aclarar la singularidad de lo humano, los filósofos han propuesto teorías muy diversas a lo largo del tiempo.

Para la filosofía griega, la característica determinante de los seres humanos es la **racionalidad**, que está asociada a la capacidad de utilizar el **lenguaje**. Además, para el pensamiento griego el uso de la razón es inseparable de la vida moral y social.

@ **Para ampliar en la Red...**

La antropología filosófica: www.tiching.com/684297

¿Qué es lo que nos hace humanos y nos distingue del resto de seres vivos?

El cristianismo considera que lo que distingue a los seres humanos es el **alma inmortal**, creada por Dios. Los seres humanos son criaturas especiales, ya que han sido hechas a imagen y semejanza de Dios. Por eso existe en nosotros un elemento trascendente que va más allá de lo material y que es el fundamento de nuestra dimensión personal y de nuestra dignidad.

Según el existencialismo, la **libertad** es la dimensión esencialmente humana que nos distingue del resto de los seres. Las piedras, los árboles o los pájaros se definen por una serie de rasgos fijos que los caracterizan. Pero las personas no tenemos estos rasgos fijos, porque podemos usar la libertad para construir nuestro propio ser. Los seres humanos somos aquello en lo que nos convertimos usando nuestra libertad.

Para la filosofía de Karl Marx, el rasgo distintivo de lo humano es el **trabajo**. Aunque los animales también realizan tareas, ninguno de ellos es capaz de imaginar el fruto de su esfuerzo. Solo los seres humanos somos capaces de usar la razón imaginativamente para transformar el mundo que nos rodea de manera creativa. Esa posibilidad es lo que nos diferencia de los animales y lo que nos hace verdaderamente humanos.

Para los filósofos vitalistas, como Friedrich Nietzsche o José Ortega y Gasset, la conciencia de nuestra **vida individual** es lo que nos hace humanos. Ningún otro animal es capaz de apreciar que la vida es el punto de partida desde el cual cobra sentido todo lo que hacemos y pensamos.

También existen pensadores que destacan la importancia en los seres humanos de una **dimensión inconsciente**, de la que no nos percatamos, pero que dirige secretamente nuestra conducta. De acuerdo con la teoría de Sigmund Freud, gran parte de lo que hacemos o decimos procede de impulsos ocultos que orientan nuestra vida sin que nos demos cuenta de ello.

Esta sorprendente variedad de teorías distintas no agota las explicaciones que los filósofos han ofrecido acerca de la singularidad humana. A la hora de definir lo humano, otros pensadores han insistido en la importancia que tienen elementos tan variados como el arte, el juego, la risa... ¿Cuál de todos estos rasgos crees tú que es más relevante para explicar lo que somos?

La capacidad de utilizar el lenguaje para hablar y razonar es, según la filosofía griega, la característica esencial de los seres humanos.

2. El animal racional

2.1. La racionalidad humana en el pensamiento aristotélico

En su *Política*, Aristóteles nos ha transmitido con gran claridad la concepción del ser humano como animal **racional**. Para el filósofo, el dominio que tienen las personas del lenguaje y del pensamiento está al servicio de un propósito muy especial. La capacidad de hablar y de pensar nos sirve para poder distinguir el bien y el mal, y para poder de este modo vivir en sociedad.

Esta visión se corresponde con la interpretación teleológica de la realidad que inspira toda la filosofía aristotélica. Aristóteles creía que todo cuanto existe aspira a alcanzar sus propias metas. Por eso el dominio humano del logos no es casual, sino que está al servicio de una finalidad concreta. Los humanos tenemos razón y palabra para poder de este modo convertirnos en seres morales y sociales. De este modo las personas podremos alcanzar la felicidad a la que tendemos de manera natural.

Para Aristóteles, **la razón y la palabra** son el fundamento de la moralidad y de la sociabilidad humanas.

LA PALABRA, FUNDAMENTO DE LA MORAL Y DE LA SOCIEDAD

La razón por la cual el hombre es un animal social, más que cualquier abeja y que cualquier animal gregario, es evidente: la naturaleza, como decimos, no hace nada en vano, y el hombre es el único animal que tiene palabra. Pues la voz es signo del dolor y del placer, y por eso la poseen también los demás animales, porque su naturaleza llega hasta tener sensación de dolor y de placer e indicársela unos a otros. Pero la palabra es para manifestar lo conveniente y lo perjudicial, así como lo justo y lo injusto. Y esto es lo propio del hombre frente a los demás animales: poseer, él solo, el sentido del bien y del mal, de lo justo y de lo injusto, y de los demás valores, y la participación comunitaria de estas cosas constituye la casa y la ciudad.

ARISTÓTELES: *Política*.

1. ¿Qué diferencia existe, según Aristóteles, entre la voz y la palabra?

2. Según el texto, ¿por qué los seres humanos son los únicos animales que tienen palabra?

3. ¿Para qué sirve la palabra a los seres humanos? ¿Cuál es el propósito o finalidad del logos?

2.2. La dimensión racional del ser humano en Kant

Muchos siglos más tarde, la filosofía de Kant volvería a insistir en la importancia de la razón como rasgo esencial de los seres humanos.

Como sabes, Kant distinguía dos usos de la razón. La razón teórica nos permite conocer, mientras que la razón práctica nos ayuda a decidir cómo actuar. Para Kant, esta doble dimensión de la racionalidad hace de los seres humanos unas criaturas muy especiales.

Solo los seres racionales son libres de elegir cómo comportarse, de manera que la racionalidad hace posible la vida moral. Asimismo, la razón es también el fundamento de la dignidad humana. Los seres humanos tenemos dignidad porque nuestra condición de seres racionales, conscientes y capaces de decidir nos hace únicos. Por eso cada uno de nosotros tiene un valor singular e irrepetible al que llamamos dignidad.

Para Kant, la **razón** es la característica fundamental de los seres humanos, porque es el fundamento de la **capacidad moral** y de la **dignidad** de las personas.

3. Cuerpo y alma

3.1. ¿Qué es el alma?

En muchas culturas se considera que todas las cosas tienen un alma o principio vital. De acuerdo con esta visión de la realidad, denominada **animismo**, los animales, los árboles, las piedras, el agua o el fuego tienen alma.

Sin embargo, muchos pueblos han destacado el carácter singular de los seres humanos, atribuyendo la diferencia a un elemento espiritual único en el alma humana.

A lo largo de la historia de la filosofía se han propuesto interpretaciones muy diferentes acerca del alma humana y del modo en que esta se relaciona con nuestro cuerpo.

3.2. El dualismo antropológico

La visión platónica sobre el ser humano

Los autores que defienden la existencia en el ser humano del cuerpo y el alma como dos elementos claramente distinguibles se denominan **dualistas**. Para estos filósofos, el ser humano está formado por dos realidades distintas: una de ellas es material y la otra, espiritual. En general, estos pensadores consideran que la dimensión espiritual del ser humano es la sede de la racionalidad, por lo que constituye la parte más valiosa de las personas.

El **dualismo antropológico** afirma la existencia del cuerpo y el alma como dos realidades distintas.

La visión de Platón sobre el ser humano, que está inspirada en su teoría de las Ideas, establece una completa separación entre el alma y el cuerpo. Según Platón, el cuerpo es material, por lo que pertenece al mundo sensible. Como todas las cosas materiales, el cuerpo es imperfecto y cambiante. Además, es **finito*** porque es mortal. El alma, en cambio, es la parte **inmortal y espiritual** del ser humano.

Platón valoraba el alma muy por encima del cuerpo. Para explicar la diferencia entre lo material y lo espiritual, afirmaba que el alma era prisionera del cuerpo como si estuviera dentro de una cárcel.

LA ETIMOLOGÍA DE *ALMA*

Las palabras acuñadas por las lenguas indoeuropeas para designar el alma implican desde el principio la metáfora del aliento o la respiración. El ánima del animal se concebía como aquello que diferenciaba a un animal vivo de un cadáver. Esta diferencia parecía estribar en la respiración; el animal vivo respira, mientras que el muerto no lo hace. En griego el alma se llama *psykhé*, que originalmente significa 'soplo' o 'aliento', y que procede del verbo *psýkho* ('soplar', 'exhalar', 'respirar'). En latín el alma se llama *ánima*, que originalmente significaba 'aire', 'soplo', 'viento', 'aliento' o 'respiración', y que procede del verbo *animare* ('soplar', 'dar aire'). En sánscrito el alma se llama *átman*, palabra emparentada etimológicamente con el verbo alemán *atmen*, que significa 'respirar'.

Jesús MOSTERÍN: *La naturaleza humana.*

4. ¿De dónde procede la palabra *alma*? ¿Qué significado tiene este término en otras lenguas?

5. ¿Por qué motivo las palabras que hacen referencia al espíritu están relacionadas con la respiración y el aliento?

6. ¿Conoces alguna palabra que proceda de la raíz griega *psykhé*? ¿Tienen relación con el concepto de alma?

***Finito:** en filosofía, la palabra *finito* se opone a infinito. Algo es finito cuando tiene límites. El ser humano es finito porque su vida está limitada y finaliza con la muerte.

▲ La roca sagrada de Uluru (Ayers Rock) es un elemento geográfico que tiene su propia alma, según la religión animista de los aborígenes australianos.

El dualismo antropológico cree en dos principios diferenciados en el ser humano: el cuerpo y el alma. William BLAKE: *Elohim creando a Adán* (1795-1805).

Platón creía en la reencarnación, y pensaba que nuestra alma racional había estado en contacto con el mundo de las Ideas antes del nacimiento. Por eso las conocemos, aunque al nacer las hayamos olvidado. Esto es lo que hace posible el proceso de **reminiscencia**, aunque esto solo está al alcance de quienes se esfuerzan por aprender filosofía.

El alma humana en el cristianismo

La antropología cristiana se inspira en el dualismo platónico, pero rechaza la reencarnación. Según el cristianismo, nuestra alma inmortal no existe con anterioridad al cuerpo, sino que es creada por Dios para cada persona.

Para los cristianos, el alma está asociada a la **dimensión trascendente** que hay en las personas, ya que aspira a la **salvación** que nos espera después de esta vida. El destino del alma dependerá de nuestro comportamiento, porque el hombre es libre de seguir los mandamientos de Dios o de desobedecerlos cayendo en el pecado.

El ser humano en la filosofía de Descartes

La antropología de Descartes también es dualista. Descartes creía que el cuerpo y el alma corresponden a dos realidades completamente distintas.

El cuerpo, al que llama **sustancia extensa**, es material. Como todas las cosas materiales, el cuerpo ocupa un lugar en el espacio y está sujeto al **determinismo**. Lo que ocurre en el cuerpo se puede explicar mediante las leyes de la física. Para Descartes, el cuerpo humano se comporta como una **máquina**, por lo que su funcionamiento se puede predecir científicamente.

El alma, en cambio, es espiritual. No ocupa ningún lugar espacial, porque lo que la caracteriza es el pensamiento. El alma es una **sustancia pensante**. Al no tratarse de algo material, el alma no está sujeta al determinismo. Nuestros pensamientos, deseos y decisiones no están sometidos a las leyes de la ciencia. Por eso el alma humana es **libre** e **inmortal**

Para Descartes, el cuerpo es una sustancia material sujeta al determinismo. El alma, en cambio, es una sustancia pensante espiritual, libre e inmortal.

Descartes pensaba que el alma actúa como guía del cuerpo. De acuerdo con su teoría, se podría comparar el cuerpo con un barco y el alma con el capitán que lo dirige. Sin embargo, esta radical división entre cuerpo y alma también plantea algunos problemas difíciles de resolver. Si el cuerpo y el alma son tan distintos, ¿cómo pueden comunicarse entre sí? ¿Cómo puede el alma, que es espiritual, manejar al cuerpo, que es material? ¿De qué forma están relacionadas estas dos dimensiones humanas?

Fíjate

LAS TRES DIMENSIONES DEL ALMA SEGÚN PLATÓN

Platón creía que en el alma humana coexisten tres dimensiones distintas. En cada tipo de persona predomina una de ellas, por lo que no todos los seres humanos tienen los mismos intereses ni se comportan de la misma manera.

El **alma concupiscible** está localizada en el vientre y es la sede de los deseos. Las personas en las que predomina este tipo de alma muestran especial interés por satisfacer sus necesidades materiales (comer, beber, dormir...).

El **alma irascible** se sitúa en el pecho, y a ella le corresponden las pasiones, como la valentía, la ira y el honor. A este tipo de personas les atrae la vida militar y aventurera.

El **alma racional** reside en la cabeza, y es el ámbito de la inteligencia y la razón. El alma racional es inmortal, y está sujeta a la reencarnación. Las personas en las que está desarrollada el alma racional se interesan por el aprendizaje. Solo ellas están verdaderamente capacitadas para conocer la Verdad mediante el estudio de la filosofía.

Para alcanzar una vida justa y adecuada, debemos esforzarnos en desarrollar el alma racional. Las personas sabias y nobles consiguen orientar racionalmente su conducta, dominando las pasiones del alma irascible y los deseos del alma concupiscible.

La antropología cartesiana considera que el alma guía al cuerpo como un capitán controla su nave. Américo GOMES: *Homem do Leme* (1934), en Oporto.

3.3. El monismo materialista

La influencia del dualismo en la filosofía ha sido enorme. Esta fue la teoría antropológica dominante durante siglos, primero en su versión platónica y después de acuerdo con la interpretación cristiana. El predominio de esta forma de pensar fue tan grande que solo comenzó a ser cuestionada a partir del siglo XVIII.

En ese momento, que corresponde a la época de la Ilustración, algunos pensadores reaccionaron contra el dualismo proponiendo una teoría alternativa basada en el **materialismo**. Inspirado por la mentalidad científica que comenzaba a extenderse por Europa, el monismo antropológico afirmaba que el ser humano está formado únicamente por su cuerpo material.

El **monismo antropológico** considera que el ser humano está constituido por una única realidad, que es el cuerpo.

Según los monistas, nosotros somos nuestro cuerpo. Eso que llamamos alma no es más que un efecto producido por el funcionamiento de nuestros órganos. Como es material, el cuerpo obedece las leyes naturales, de modo que su comportamiento se puede predecir con ayuda de la física, la química y la biología. La única diferencia que hay entre las personas y las máquinas es el grado de complejidad.

Además, como rechazan la existencia de una parte espiritual en el ser humano, los monistas creen que no existe nada después de la muerte. Cuando morimos, nuestro cuerpo deja de funcionar y nosotros, simplemente, cesamos de existir.

Julien Offray de La Mettrie (1709-1751) fue uno de los más célebres monistas antropológicos. Para La Mettrie, el ser humano es una especie de robot muy sofisticado, cuya complejidad es tan grande que a veces nos hace pensar en la existencia de una parte inmaterial llamada alma. Sin embargo, el alma no existe, porque tan solo somos materia.

En la época contemporánea muchos autores han apoyado alguna versión del monismo antropológico. Estos pensadores consideran que se trata de la teoría más consecuente con la moderna visión científica del mundo, según la cual todo lo que existe está constituido por materia. De acuerdo con esta interpretación, el ser humano también está formado por átomos, al igual que las plantas o los animales. Lo que somos puede explicarse científicamente: estamos hechos de células, que a su vez están hechas de moléculas.

Sin embargo, el monismo antropológico también deja muchas preguntas sin resolver. Si el ser humano solo está hecho de materia, ¿cómo podemos explicar la aparición del pensamiento y de la conciencia? ¿De dónde vienen los sentimientos? ¿Es posible ofrecer una explicación materialista de lo que sucede cuando nos enamoramos o cuando nos emocionamos al leer un poema?

3.4. Una unión inseparable

Al menos desde el siglo XVIII la antropología filosófica ha estado dividida entre los partidarios del dualismo y los defensores del monismo materialista. El encendido debate entre ambas teorías continúa aún, aunque también se han propuesto visiones alternativas que tratan de armonizar las dos posturas.

El **emergentismo**, por ejemplo, se basa en la interpretación materialista del ser humano, pero también tiene muy en cuenta nuestra dimensión psicológica y espiritual. **Mario Bunge** o **Karl Popper** se encuentran entre los defensores del emergentismo antropológico.

EL HOMBRE MÁQUINA

El alma solo es un término vago del que no se tiene la menor idea, y del que un espíritu culto únicamente debe servirse para nombrar nuestra parte pensante. Establecido el menor principio de movimiento, los cuerpos animados tendrán todo lo que necesitan para moverse, sentir, pensar, arrepentirse y, por último, para actuar en lo físico y en lo moral que depende de este. [...] El hombre no es más que un animal o un conjunto de resortes, que se montan unos sobre otros, sin que pueda decirse por qué punto del círculo humano empezó la naturaleza. Si estos resortes difieren entre sí, solo se debe a su situación y a algunos grados de fuerza, y nunca a su naturaleza. Por consiguiente, el alma no es más que un principio de movimiento o una parte material sensible del cerebro, que se puede considerar, sin temor a equivocarse, como el resorte principal de toda la máquina, el cual tiene una influencia visible sobre todos los demás.

Julien Offray de LA METTRIE: *El hombre máquina*.

7. ¿Cómo se puede explicar lo que es el alma, según el autor?

8. ¿Con qué compara este texto al ser humano? ¿Qué relación crees que tiene esta comparación con la interpretación mecanicista de la naturaleza propia de la época?

El monismo materialista de La Mettrie compara al ser humano con una máquina compleja, como puede ser un reloj. En la imagen, el reloj astronómico de Praga (S. XV).

◀ Del mismo modo que el agua tiene propiedades distintas a las de las moléculas que la componen, la mente posee propiedades distintas a las de las neuronas que constituyen su base material, como las de pensar o sentir.

Según la teoría emergentista, las personas estamos constituidas por un cuerpo formado por átomos, pero para explicar lo que somos no podemos simplemente quedarnos con esa realidad material. Hacerlo sería caer en un **reduccionismo** ciego, incapaz de entender la profunda complejidad de lo humano. Por eso hace falta ir más allá de lo material, tratando de encontrar el modo en que el pensamiento, la conciencia y los sentimientos surgen de nuestra realidad material.

El emergentismo sostiene que la dimensión espiritual del ser humano es una propiedad que **emerge** de la materia, pero que se encuentra en un plano superior cualitativamente distinto.

Los últimos avances de las neurociencias parecen ir en esta misma dirección. El estudio del modo en que funciona nuestro cerebro ha mostrado que en los seres humanos lo corporal y lo espiritual o mental están estrechamente unidos. En su libro *El error de Descartes*, **Antonio Damasio** ha insistido en la interrelación entre nuestra dimensión material y nuestra vida psíquica. Según Damasio, Descartes cometió una seria equivocación al separar tajantemente el alma del cuerpo. Solo teniendo en cuenta a la vez ambos aspectos seremos capaces de comprender adecuadamente la realidad humana.

4. ¿Somos libres?

4.1. El problema de la libertad

La cuestión de la libertad humana es uno de los problemas centrales de la antropología filosófica. Todos hemos experimentado la sensación de libertad que aparece cuando decidimos cómo actuar o cuando elegimos entre varias alternativas.

No cabe duda de que los seres humanos vivimos sintiéndonos libres. Pero ¿lo somos realmente? Cuando tomamos una decisión, ¿somos verdaderamente nosotros los que escogemos? ¿No habrá factores ocultos que lo hacen por nosotros? ¿No existirán mecanismos biológicos, psicológicos o culturales que nos empujan a hacer precisamente lo que hacemos, aunque nos parezca que lo hemos decidido libremente? ¿Cómo podemos estar seguros de que somos verdaderamente libres? ¿No seremos las personas como una especie de máquinas que se creen libres pero no lo son? ¿No será la libertad simplemente una ilusión?

Como puedes ver, estas preguntas son verdaderamente difíciles y profundas. Al tratarse de cuestiones acerca del ser humano, forman parte de la

LA ANTROPOLOGÍA FILOSÓFICA ORIENTAL

En general, las filosofías orientales no se interesan mucho en los problemas de la vida después de la muerte. Están muy atareadas con problemas de este mundo. Tanto Buda como Confucio se negaron a contestar preguntas sobre el más allá: el primero explicaba que un médico no tiene tiempo para discusiones metafísicas, y el segundo decía que, si no conocemos la vida, no podemos esperar conocer la muerte. Las filosofías orientales se ocupan primordialmente del hombre.

Este profundo interés por el hombre llevó, en algunas filosofías del Oriente, especialmente en el confucianismo y en el neoconfucianismo, a la posición en que el hombre es el medio adecuado de estudio, no solamente del hombre mismo, sino también del universo. Los confucianos antiguos y modernos afirman unánimemente que cuando se establezca una armonía central en el hombre, se establecerá también en el universo. Esta tendencia la podemos observar, además, en el budismo, y culminó en la doctrina de que uno puede ver su naturaleza y convertirse en Buda viendo directamente en su propio espíritu. El taoísmo opone la naturaleza al hombre. Pero el Tao o Camino del Cielo y de la Tierra deberá descubrirse en el sabio y prudente u "hombre puro", aun cuando Tao existe en todas partes, hasta en las cosas tan bajas como la hormiga o la cizaña.

WING-TSIT Chan: *El espíritu de la filosofía oriental* (recogido en WING-TSIT Chan y otros autores: Filosofía del Oriente).

9. ¿Qué corrientes filosóficas se citan en el fragmento anterior?

10. ¿Cuál es principal interés de las filosofías orientales?

11. ¿Qué relación establecen entre la concepción del ser humano y la del universo?

antropología filosófica. Pero también podría afirmarse que son cuestiones metafísicas, ya que están relacionadas con el tema de la realidad. Lo que en el fondo plantean estos interrogantes podría resumirse en una sola pregunta: ¿es real la libertad?

4.2. La libertad como ilusión

Algunos filósofos sostienen que la libertad humana no es más que una ilusión.

El **determinismo** afirma que todo cuanto hacemos está prefijado y sucede de un modo inevitable. La sensación de libertad proviene de la **ignorancia**.

La mayoría de la gente no se da cuenta de los factores que nos empujan a pensar, hablar y actuar del modo en que lo hacemos. Por eso nos creemos libres, cuando en realidad no lo somos.

La filosofía de **Spinoza** puede tomarse como ejemplo de esta visión determinista. Spinoza pensaba que todo lo que ocurre está predeterminado. Nuestras acciones no dependen de la voluntad, sino que obedecen a causas que pueden investigarse y descubrirse. Pero como las personas ignoran estas causas, tienen la impresión de que actúan libremente.

Cuando arrojamos una piedra al vacío, esta cae obedeciendo la inexorable ley de la gravedad. ¿Qué sucedería si la piedra pudiera hablar y nos dijera que cae porque quiere? Sin duda pensaríamos que está equivocada, porque desconoce que hay una causa natural que explica su movimiento. Según Spinoza, lo que sucede con los seres humanos no es distinto de lo que ocurre con las piedras. Las personas también estamos dirigidas por causas superiores a nosotros, pero nuestro desconocimiento hace que vivamos la ilusión de la libertad.

El conductismo de **Skinner** constituye otro ejemplo de teoría determinista. De acuerdo con él, la conducta puede modelarse completamente mediante el aprendizaje. Empleando un adecuado sistema de premios y castigos, las personas pueden aprender a comportarse del modo en que queramos. Un entrenamiento adecuado garantiza que podamos predecir la conducta con total seguridad. En estas circunstancias, el comportamiento se convierte en algo predeterminado, sin ningún margen para la libertad.

Skinner creía que la aplicación sistemática y rigurosa de un entrenamiento conductista podría cambiar por completo la sociedad. De este modo sería posible, por ejemplo, eliminar totalmente el crimen o la delincuencia, así como educar a todas las personas para que fueran amables, respetuosas y honestas.

Un títere que de repente adquiriese conciencia quizá pensaría que sus movimientos provienen de su voluntad y no de los invisibles hilos que lo gobiernan.

Protagonistas de la filosofía

BARUCH SPINOZA (1632-1677)

Baruch Spinoza pertenecía a una familia judía de ascendencia portuguesa asentada en los Países Bajos. Influido por las obras de Descartes, desarrolló una peculiar versión de la filosofía racionalista que trató de exponer sistemáticamente, siguiendo el método propio de las matemáticas.

Spinoza considera que existe una única sustancia, a la que identifica con la totalidad del universo y a la que denomina "Dios o la Naturaleza". Las diferentes realidades que los seres humanos distinguimos (como la materia o el pensamiento, por ejemplo) no son más que aspectos o "atributos" de esta única sustancia. Este pensamiento panteísta, junto con su particular interpretación de la religión y sus opiniones heterodoxas, provocaron su expulsión de la comunidad judía a la que pertenecía.

Para sobrevivir, Spinoza se dedicó a pulir lentes, al tiempo que iba elaborando su propio sistema filosófico. Aunque vivía muy modestamente, Spinoza rechazó la cátedra universitaria que le ofrecieron en Heidelberg porque el cargo le habría obligado a "respetar la religión establecida". Enfermo de tuberculosis, murió cuando tenía 44 años de edad, sin haber llegado a publicar sus obras más importantes, que fueron editadas póstumamente por sus amigos.

LA ILUSIÓN DE LA LIBERTAD PROCEDE DE LA IGNORANCIA

Los hombres se equivocan al creerse libres, opinión que obedece al solo hecho de que son conscientes de sus acciones e ignorantes de las causas que las determinan. Y, por tanto, su idea de "libertad" se reduce al desconocimiento de las causas de sus acciones, pues todo eso que dicen de que las acciones humanas dependen de la voluntad son palabras, sin idea alguna que les corresponda. Efectivamente, todos ignoran lo que es la voluntad y cómo mueve el cuerpo, y quienes se jactan de otra cosa e inventan residencias y moradas del alma suelen mover a risa o a asco.

Baruch Spinoza: *Ética*.

12. ¿Por qué afirma Spinoza que los seres humanos "se equivocan al creerse libres"?

13. Según este texto, ¿cuál es la razón que nos hace experimentar la ilusión de la libertad?

Para Jean-Paul Sartre, la libertad es la característica esencial de los seres humanos. Fotograma de *Sartre, años de pasión* (2006), de Claude GORETTA.

4.3. La libertad como esencia de lo humano

Frente a la postura de los filósofos deterministas, también ha habido pensadores que han defendido la existencia real de la libertad humana.

El **existencialismo** considera que la libertad constituye la característica más importante de las personas. Según este punto de vista, la libertad es una realidad fundamental, porque constituye un rasgo único de los seres humanos.

El francés **Jean-Paul Sartre** explicaba esta singularidad humana recurriendo a la distinción entre esencia y existencia. Según Sartre, todas las cosas que vemos a nuestro alrededor tienen una **esencia** prefijada que determina lo que son. La esencia de una piedra, de un árbol o de un caballo define lo que estos seres son.

Las personas, en cambio, no tienen una esencia fija y definida. Con las elecciones que hacemos a lo largo de nuestra **existencia**, las personas nos convertimos en aquello que acabamos siendo. Nuestra libertad nos permite configurar el tipo de persona que queremos ser.

Esta capacidad de elegir libremente es un rasgo único de los seres humanos. De hecho, Sartre distinguía entre dos formas muy distintas de ser, a las que llamaba ser-en-sí y ser-para-sí.

Las cosas son **seres-en-sí**, porque tienen una esencia fija que especifica lo que son. Los seres-en-sí no son capaces de elegir, y aquello en que consisten es algo permanente y determinado.

Las personas, en cambio, son **seres-para-sí**, ya que son libres y conscientes. Los seres humanos no tenemos una esencia prefijada. En las personas la existencia precede a la esencia. Es decir, nuestra libertad nos permite ir construyendo aquello que llegamos a ser.

Apoyándose en esta distinción, Sartre afirmaba que, en rigor, los únicos seres que realmente existen son las personas. **Existir** consiste en construir la propia esencia mediante elecciones libres. Por eso se puede decir que las cosas son, aunque no existen, ya que no pueden elegir. El **existencialismo** recibe su nombre de la importancia que Sartre (y otros autores como **Heidegger** o **Camus**) daban a la existencia como rasgo distintivo de lo humano.

Según Sartre, en las personas la **existencia** es anterior a la esencia. La **libertad** es la característica fundamental que nos identifica como humanos.

NO PODEMOS EVITAR SER LIBRES

Estoy condenado a ser libre. Esto significa que no podrían encontrarse a mi libertad más límites que ella misma o, si se prefiere, que no somos libres de dejar de ser libres. [...] Para la realidad humana ser es *elegirse*; nada le viene de afuera, ni tampoco de adentro, que ella pudiera *recibir* o *aceptar*. Está enteramente abandonada, sin ayuda ninguna, de ninguna especie, a la insostenible necesidad de hacerse ser hasta el mínimo detalle. Así, la libertad no es *un* ser: es el ser del hombre, es decir, su nada de ser. Si se empezara por concebir al hombre como algo pleno, sería absurdo buscar después en él momentos o regiones psíquicas en las que sería libre: ello equivaldría a buscar vacío en un recipiente previamente colmado. El hombre no puede ser unas veces libre y otras esclavo: es enteramente y siempre libre, o no es hombre.

J. P. SARTRE: *El ser y la nada.*

14. ¿Por qué afirma "estoy condenado a ser libre"? ¿Podemos evitar hacer uso de la libertad?

15. ¿Qué quiere decir Sartre cuando escribe que "para la realidad humana, ser es elegirse"?

16. De acuerdo con el autor, ¿cuál es el rasgo fundamental que distingue a las personas de las cosas?

Protagonistas de la filosofía

JEAN-PAUL SARTRE (1905-1980)

Sartre estudió en la École Normale Superieure, una de las instituciones educativas más prestigiosas de Francia. Allí conoció a su compañera, la filósofa Simone de Beauvoir, autora de la obra *El segundo sexo*, uno de los hitos del feminismo del siglo XX.

Cuando servía como soldado en la Segunda Guerra Mundial, Sartre fue capturado por los alemanes y confinado en un campo de prisioneros durante varios meses. Después de ser liberado, se incorporó al movimiento de la resistencia francesa al mismo tiempo que trabajaba en su obra *El ser y la nada*. Posteriormente, Sartre también expuso los principios de su filosofía en novelas, obras de teatro y textos divulgativos. Su labor como escritor obtuvo el máximo reconocimiento en 1964, cuando se le concedió el Premio Nobel de Literatura. Sin embargo, Sartre lo rechazó porque estaba en contra de este tipo de distinciones oficiales.

Durante toda su vida, Sartre mantuvo un compromiso activo con todo tipo de causas políticas y sociales.

5. El sentido de la historia

5.1. ¿Tiene la historia algún sentido?

El problema del sentido ha preocupado a los filósofos durante siglos, sobre todo a partir del momento en que la religión cristiana introdujo en el pensamiento occidental la idea de un tiempo lineal.

A diferencia de lo que se creía en la antigua Grecia, los cristianos afirman que el tiempo tuvo un comienzo y tendrá un final. Para el pensamiento cristiano, el inicio del tiempo se produjo cuando Dios creó el universo, y su consumación coincidirá con el fin del mundo y el Juicio Final.

5.2. El sentido escatológico de la historia en Agustín de Hipona

Para elaborar su filosofía de la historia, Agustín de Hipona se basó en la concepción **lineal** del tiempo propia del cristianismo.

Cuando consideramos los acontecimientos que se suceden a lo largo de los siglos, podemos tener la impresión de que la historia humana no es más que una acumulación de guerras, conquistas, momentos de esplendor seguidos por etapas de decadencia... en una serie que se desarrolla sin ninguna lógica. Sin embargo, Agustín de Hipona cree que esa serie aparentemente caótica en realidad responde a un plan sabiamente trazado por Dios.

Desde ese punto de vista, la historia de la humanidad puede interpretarse como una lucha continua entre dos grupos de personas. El primer grupo, al que Agustín denomina la "**Ciudad celeste**", está formado por quienes siguen a Dios dejando en un segundo plano sus intereses personales. El segundo, la "**Ciudad terrenal**", comprende a quienes anteponen sus intereses materiales y egoístas a los mandamientos divinos. Estas dos "ciudades" se han estado enfrentando a lo largo de toda la historia. Aunque en algunos momentos pueda parecer que la ciudad terrenal se impone sobre la celeste, al final de los tiempos esta última se alzará con la victoria, proclamando el triunfo definitivo de los fieles seguidores de Dios.

Esta interpetación de la historia humana ofrece una esperanza de futuro para los creyentes, algo que es especialmente valioso cuando los tiempos son agitados e inciertos. Se trata de una visión **escatológica*** de la historia, porque interpreta los acontecimientos humanos desde el punto de vista del final de los tiempos, que concluirán con la salvación definitiva de los fieles seguidores de Dios.

Agustín de Hipona creía que la historia de la humanidad tenía un sentido escatológico que culminaría con el triunfo de los **seguidores de Dios**.

5.3. La filosofía de la historia en Hegel

El pensamiento de Hegel incluye una peculiar interpretación de la historia de la humanidad, en estrecha relación con los planteamientos idealistas en los que se basa su filosofía. Hegel creía que la verdadera realidad no era material, sino que estaba constituida por el Espíritu. Todo lo que existe procede del Espíritu, pero este no se manifiesta de manera clara y directa, sino que lo hace mediante un proceso de desarrollo en el tiempo. Además, este despliegue temporal no es lineal, sino que avanza mediante la lucha de elementos contrarios en una dinámica a la que Hegel se refiere con el término de **dialéctica**.

LA VISIÓN DEL HOMBRE Y DE LA HISTORIA EN AGUSTÍN DE HIPONA

Llamamos Ciudad de Dios a aquella de quien nos testifica y acredita la Sagrada Escritura que no por movimientos fortuitos de átomos, sino realmente por disposición de la alta Providencia sobre los escritos de todas las gentes rindió a su obediencia, con la prerrogativa de la autoridad divina, la variedad de todos los ingenios y entendimientos humanos. Porque de ella está escrito: "Cosas admirables y grandiosas están profetizadas de ti, ¡oh Ciudad de Dios!" [...] Por estos y otros testimonios semejantes, que sería demasiado prolijo referir, sabemos que hay una Ciudad de Dios, cuyos ciudadanos deseamos ser con aquella ansia y amor que nos inspiró su divino Autor.

Al Autor y Fundador de esta Ciudad Santa quieren anteponer sus dioses los ciudadanos de la Ciudad terrena, sin advertir que es Dios de los dioses, no de los dioses falsos, esto es, de los impíos y soberbios, que estando desterrados y privados de su inmutable luz, común y extensiva a toda clase de personas, y hallándose por este motivo reducidos a una indigente potestad, pretenden en cierto modo sus particulares señoríos y dominio, y quieren que sus engañados e ilusos súbditos los reverencien con el mismo culto que se debe a Dios, sino que es Dios de los dioses piadosos y santos, que gustan más de sujetarse a sí mismos a un solo Dios que sujetar a muchos a sí propios; adorar y venerar a Dios más que ser adorados y reverenciados por dioses.

Agustín DE HIPONA: *La ciudad de Dios.*

17. ¿Qué es la Ciudad de Dios? ¿Quiénes forman parte de ella?

18. ¿Qué diferencia hay entre la Ciudad de Dios y la Ciudad terrena?

19. ¿Qué papel desempeñan la Ciudad de Dios y la Ciudad terrena en la filosofía de la historia propuesta por Agustín de Hipona?

***Escatológico:** referido a la vida de ultratumba.

El desenvolvimiento dialéctico del Espíritu se manifiesta en el desarrollo de la humanidad, revelando así el sentido profundo que tienen los acontecimientos históricos. Hegel creía que el Espíritu se manifiesta objetivándose en realizaciones concretas como el arte, el derecho o la filosofía. Para Hegel, aunque estas creaciones han sido elaboradas por los seres humanos, en realidad su verdadero autor es el Espíritu, que se sirve de los artistas, los juristas o los filósofos para plasmar su huella en el tiempo.

Este proceso de progresivo despliegue dialéctico se encamina hacia la autorrealización máxima del Espíritu. Esto sucederá cuando la realidad coincida plenamente con la racionalidad. Según Hegel, esta fase final ya puede vislumbrarse con el surgimiento de algunas grandiosas manifestaciones del Espíritu y de la razón, como son el Estado o la propia filosofía hegeliana, que ha sido capaz de desentrañar la verdadera naturaleza de la realidad.

La filosofía de Hegel considera que la historia humana responde al **despliegue dialéctico** del Espíritu en el tiempo.

Se ha acusado a Hegel de identificar el estado prusiano de su tiempo con el grado máximo de evolución de las formas políticas. H.A. DÄHLING: Detalle de *Federico Guillermo III y su familia* (1806).

5.4. El sentido de la historia según Marx

Aunque la filosofía de Karl Marx se presenta como una crítica radical al idealismo de Hegel, lo cierto es que el marxismo está fuertemente influido por el pensamiento hegeliano. Marx elaboró una filosofía materialista, pero recogió la idea del cambio dialéctico propuesta por Hegel.

Según Marx, para entender la historia no debemos fijarnos en el Espíritu, sino en las condiciones materiales de vida en las que se desarrolla la existencia concreta de los individuos. Para analizar el desarrollo histórico, lo primero que debemos comprender es cómo las personas se procuran lo que necesitan para vivir. Así nos daremos cuenta de que no todos los individuos se encuentran en la misma posición social.

En todo momento histórico podemos distinguir grupos privilegiados que oprimen a otros grupos que están sometidos a ellos. Los grupos privilegiados son los que se apropian de los medios de producción, explotando de ese modo al resto de la población. La lucha entre estos grupos, que se denominan **clases sociales**, es la clave que nos permite interpretar cómo ha evolucionado la historia a lo largo del tiempo.

Marx pensaba que Hegel tenía razón en un aspecto. El desarrollo histórico se produce dialécticamente, mediante un contraste de posiciones opuestas. Pero este contraste no tiene nada que ver con las ideas o con el Espíritu, sino que es un enfrentamiento entre clases sociales. A lo largo del tiempo esta **lucha de clases** ha atravesado diversas fases.

La oposición entre amos y esclavos propia de la antigüedad fue sustituida por el enfrentamiento entre señores feudales y siervos en la Edad Media. A esta situación le siguió en la modernidad la lucha entre burgueses y obreros. Como el proceso de avance histórico es imparable, la siguiente etapa comenzará con el triunfo de los obreros sobre los burgueses. El triunfo de los obreros conducirá a una sociedad comunista, en la cual los medios de producción serán socializados. Si los medios de producción son comunes, nadie podrá convertirse en un explotador. De esta manera finalizará la lucha de clases y se alcanzará la etapa final de la historia, con una sociedad más justa y equilibrada.

Marx propuso una concepción materialista y dialéctica del cambio histórico. Según Marx, el motor de la historia es la **lucha de clases**, que conducirá finalmente al triunfo del comunismo.

EL SENTIDO DE LA HISTORIA EN MARX

Toda la historia de la sociedad humana, hasta el día, es una historia de luchas de clases.

Libres y esclavos, patricios y plebeyos, señores y siervos de la gleba, maestros y oficiales; en una palabra, opresores y oprimidos, frente a frente siempre, empeñados en una lucha ininterrumpida, velada unas veces, y otras franca y abierta, en una lucha que conduce en cada etapa a la transformación revolucionaria de todo el régimen social o al exterminio de ambas clases beligerantes.[...]

La moderna sociedad burguesa que se alza sobre las ruinas de la sociedad feudal no ha abolido los antagonismos de clase. Lo que ha hecho ha sido crear nuevas clases, nuevas condiciones de opresión, nuevas modalidades de lucha, que han venido a sustituir a las antiguas.

Sin embargo, nuestra época, la época de la burguesía, se caracteriza por haber simplificado estos antagonismos de clase. Hoy, toda la sociedad tiende a separarse, cada vez más abiertamente, en dos grandes campos enemigos, en dos grandes clases antagónicas: la burguesía y el proletariado.

Karl MARX y Friedrich ENGELS: *Manifiesto del partido comunista.*

20. ¿Por qué se afirma que la historia "es una historia de luchas de clases"?

21. Según Marx, ¿qué caracteriza la época de la burguesía?

Párate a pensar

Construye el concepto

1. Completa la siguiente tabla, donde se comparan las visiones antropológicas del monismo, el dualismo y el emergentismo:

	Monismo	Dualismo	Emergentismo
¿Cuántas realidades distintas constituyen al ser humano?	...	...	...
¿Cómo se explican los pensamientos y la conciencia humana?	...	...	...
Autores que han mantenido esta postura	...	...	...

2. Completa la siguiente tabla, en la que se comparan las visiones antropológicas del determinismo y el indeterminismo:

	Determinismo	Indeterminismo
¿Somos los seres humanos verdaderamente libres?	...	...
¿Cómo se explica la sensación de libertad que experimentamos?	...	...
Autores y corrientes que han mantenido esta postura	...	...

Recapitula

3. ¿Cómo se ha caracterizado la singularidad humana a lo largo de la historia del pensamiento?

4. ¿Qué relación existe entre el dualismo antropológico de Platón y su teoría de las Ideas?

5. ¿Qué diferencia hay, según Descartes, entre nuestro cuerpo y nuestra alma? ¿Cómo denominaba Descartes a cada una de estas dos partes del ser humano?

6. ¿Qué es lo que pensaba La Mettrie acerca de los seres humanos? ¿En qué consiste el alma según esta teoría?

7. ¿Qué respuestas se han dado al problema de la relación entre el alma o la mente y el cuerpo?

8. ¿Por qué creía Spinoza que la libertad humana es solo una ilusión? ¿Estás de acuerdo con su teoría?

9. ¿Qué es lo que opinan los conductistas acerca de la libertad del ser humano? ¿A través de qué argumentos apoyan sus opiniones?

10. ¿Cuál es la diferencia que hay, según Sartre, entre las personas y todos los demás seres? Según el existencialismo de Sartre, ¿somos los seres humanos verdaderamente libres? Explica la respuesta.

11. ¿Qué queremos decir cuando afirmamos que la historia tiene sentido? ¿En qué se diferencian las concepciones de Agustín, Hegel y Marx?

Trabaja con textos

12. Lee el texto y contesta las preguntas:

—Soy un robot; una mujer mecánica; una muñeca mecánica, en realidad. Bueno, es lo que me acaban de decir. Yo pensaba que era como los demás, una persona con pensamientos e imaginación, intenciones y recuerdos, penas y alegría, pero parece que no es así. Algunos filósofos han explicado que hay una inmensa diferencia entre las personas y yo. Las personas tienen experiencias privadas. Yo no. ¿Cómo es posible? Hasta donde yo veo, no me diferencio de ellas en nada sustancial.

—Ah, claro, hasta donde tú ves —contestarán los filósofos con su verbo florido—, pero es que, aunque te han creado para que parezcas una persona, no lo eres en absoluto.

—Bueno, estoy hecha de materia biológica. Mi mecanismo no consiste en rudimentarios engranajes, sino en actividad electroquímica en un sistema neural, lo mismo que el de las personas. [...] Si me pisas, apartaré el pie y, con un gesto de dolor, diré "¡Ay!". Y, sin embargo, según me dicen, no experimento el dolor de forma privada. Todo lo que sucede en mi interior está abierto a los científicos que observan mis cambios neurales y de otro tipo. Y, por mucho que miren en mi interior, no ven pensamientos, imágenes, penas ni alegrías. En cambio tú, lector, tienes sensaciones y pensamientos privados, una conciencia de la que, al parecer, yo carezco. Aunque puedo, igual que cualquier persona normal, distinguir entre frío y calor, luz y oscuridad y fuerte o suave (y actuar en consecuencia), no soy, al parecer, nada más que un complicado termostato, sensor de luz y detector de sonidos, todo en uno; y está claro que ninguno de ellos posee sensaciones de calor o luz, ni experiencias de sonido.

Peter CAVE: *¿Puede ser humano un robot?*

a) ¿Por qué la protagonista de este fragmento no es una persona? ¿Qué diferencia hay entre un robot como esta muñeca mecánica y los seres humanos?

b) ¿En qué consisten las "sensaciones" y los "pensamientos privados"? ¿Tienes tú sensaciones y pensamientos privados?

c) ¿Cómo podemos saber con absoluta seguridad que la muñeca no tiene sensaciones ni pensamientos privados? ¿Pueden registrarse científicamente sus pensamientos o sus emociones?

d) ¿Hay alguna manera de registrar científicamente tus propios pensamientos y emociones? ¿Cómo sabemos los demás que no eres un robot?

e) ¿Podrías estar de acuerdo con una posición filosófica denominada *solipsismo* según la cual lo único que puede afirmarse es que solo existe o solo puede ser conocido uno mismo?

II. La filosofía de la sospecha

6. El trabajo

6.1. Los factores ocultos del comportamiento humano

Las interpretaciones filosóficas del ser humano que hemos visto hasta ahora tienen algo en común: todas ellas confían en el poder de la razón para desentrañar las claves de nuestro comportamiento. Estas teorías suponen que la realidad humana es transparente, porque puede comprenderse de manera inmediata si la estudiamos adecuadamente.

Sin embargo, no todos los autores han compartido esta perspectiva. En el siglo XIX también surgieron interpretaciones antropológicas interesadas en estudiar los factores ocultos que influyen en las personas. De acuerdo con esta visión, la clave para explicar lo que es el ser humano hay que buscarla en elementos poco evidentes, que resulta difícil identificar a primera vista. Marx, Nietzsche y Freud son tres importantes pensadores que adoptaron este enfoque al elaborar sus teorías sobre el ser humano.

El filósofo francés **Paul Ricoeur** (1913-2005) llamó "**maestros de la sospecha**" a estos tres autores. Según Ricoeur, estos pensadores fueron los primeros en "sospechar" que las interpretaciones tradicionales acerca del ser humano eran insuficientes. Para ellos, más allá de los factores manifiestos que pueden conocerse con claridad, también existen elementos ocultos que influyen decisivamente en nuestro comportamiento.

Para Marx, la verdadera esencia de lo humano se expresa en el trabajo.

6.2. El trabajo en la antropología de Marx

La teoría antropológica de **Karl Marx** otorga una importancia crucial al trabajo humano. Según Marx, lo que nos diferencia de los demás animales es fundamentalmente la capacidad humana de transformar la naturaleza de manera creativa.

Desde luego, también hay animales sociales que modifican su entorno, como las abejas, las hormigas o los castores. Pero Marx creía que la forma en que los seres humanos intervenimos en el mundo que nos rodea es única. Solo las personas somos capaces de planificar con antelación el modo en que vamos a transformar la realidad, en lugar de seguir ciegamente nuestros instintos.

En el proceso de trabajo los seres humanos empleamos la imaginación, la razón y la creatividad. De este modo podemos modificar nuestro entorno

@ **Para ampliar en la Red...**

Los maestros de la sospecha:
www.tiching.com/684299

Según Marx, la forma en que se organiza la producción en el capitalismo somete a los trabajadores a un proceso de alienación que los deshumaniza.

para cubrir nuestras necesidades y para satisfacer nuestros deseos materiales. Por eso el trabajo es una actividad liberadora y creativa, en la que se manifiesta nuestra verdadera condición humana.

Según Marx, estas características hacen del trabajo una actividad única y exclusivamente humana. El ser humano es el animal que trabaja. Además, se trata de una actividad social, en la que intervienen elementos fundamentales como el lenguaje, la inteligencia y la capacidad de cooperar con los demás.

Para Marx, la esencia de lo humano se expresa en la realización de un **trabajo creativo** que nos permite transformar la realidad que nos rodea colaborando con los demás.

▲
La alienación de los trabajadores en la industria capitalista fue abrumadoramente caricaturizada por Charles Chaplin en la película *Tiempos modernos* (1936).

6.3. Trabajo y alienación

Marx era muy consciente de que su teoría acerca del trabajo no respondía a la realidad que vivían los obreros en las fábricas. Un trabajador en una cadena de montaje no experimenta su trabajo como una actividad liberadora ni creativa. El obrero industrial se siente más bien sometido al ritmo de las máquinas, que le obligan a realizar una tarea mecánica y repetitiva. ¿Cómo puede explicarse esta situación?

Según Marx, el problema está en la forma específica que han adoptado las relaciones de trabajo en el mundo contemporáneo.

En las sociedades tradicionales, los trabajadores son dueños de los productos que elaboran. Cuando un artesano fabrica un objeto, vuelca en su actividad toda su energía y creatividad, que quedan plasmadas en el producto de su trabajo. El objeto que ha fabricado contiene el fruto de su esfuerzo, que el artesano puede contemplar satisfecho porque le pertenece.

▲
Con frecuencia se olvida que las mujeres ya formaron parte del proletariado desde el inicio de la Revolución Industrial.

Sin embargo, la situación de los trabajadores es muy distinta en la sociedad industrial. Los obreros que trabajan en una fábrica no son dueños de los objetos que elaboran. Aunque vuelcan su energía en el proceso de producción, el resultado de su esfuerzo pertenece a un capitalista que es el propietario de la fábrica.

De este modo, el obrero sufre un curioso malestar. En vez de ser libre, el obrero que trabaja en una sociedad capitalista está esclavizado y tratado como si fuera una máquina, experimentando la **alienación***.

6.4. La ideología

¿Cómo es posible que los obreros acepten calladamente su situación? ¿Por qué se someten a una forma de trabajo alienante y deshumanizadora? ¿Qué es lo que impide que se rebelen para cambiar las cosas?

Marx creía que la explotación de los obreros podía mantenerse mediante el dominio de la **ideología**, que ofrece una interpretación deformada de la realidad y manipula las conciencias de los individuos.

La ideología es una visión distorsionada del mundo que sirve para **justificar** el dominio de los poderosos.

Aunque beneficia a quienes tienen el poder, la ideología se extiende por toda la sociedad influyendo en la vida de todas las personas. Al interiorizar la ideología dominante, las personas acaban por aceptar el orden social y la forma de vida establecida como si fuesen naturales e imposibles de cambiar. En esto consiste la alienación ideológica.

***Alienación:** también llamada **enajenación**, es el proceso de extrañamiento característico del sujeto en la sociedad capitalista. Los obreros están alienados porque vuelcan su fuerza de trabajo en un producto que no les pertenece, desarrollando una tarea mecánica y poco creativa que resulta deshumanizadora. Pero además de este tipo de alienación, también puede existir una alienación religiosa e ideológica cuando las personas se sienten enfrentadas a una realidad que les es ajena y ante la que experimentan un extrañamiento similar.

En la sociedad capitalista, la ideología dominante insiste en la importancia de la libertad. Ya no hay esclavitud ni servidumbre. En teoría, nadie está obligado a hacer lo que no desea. El capitalista es libre para contratar a sus trabajadores, y estos son libres de trabajar en la empresa que elijan. Todo el que quiera puede emprender un negocio, porque hay libertad de empresa.

¿Qué problema puede haber en un planteamiento como este? Aunque este discurso parece justo y razonable, Marx insiste en que se trata de una visión ideológica. Hablar de la libertad resulta muy convincente, pero ¿son los obreros verdaderamente libres? ¿Podría un obrero emprender un negocio libremente? ¿Podría elegir no trabajar?

En el fondo, pese a todo lo que se dice sobre la libertad, los obreros no tienen más remedio que aceptar las condiciones de trabajo que les imponen en la fábrica si quieren sobrevivir. La libertad solo está al alcance de los poderosos, que verdaderamente pueden elegir. Los obreros únicamente pueden someterse a este estado de cosas, aunque lo hagan creyendo que viven en libertad.

El poder de la ideología está en el modo callado y secreto con el que domina las conciencias de la gente. La ideología no es transparente. No resulta fácil darse cuenta del modo en que nos manipula y condiciona. Por eso decimos que Marx es un maestro de la sospecha, ya que insistió en desvelar la carga ideológica que esconde nuestra habitual forma de pensar.

7. La vida

7.1. El vitalismo de Nietzsche

Todo el pensamiento de **Friedrich Nietzsche** es una afirmación del valor irrepetible de la vida individual. Según Nietzsche, el punto de partida para comprender al ser humano debe ser la vida, experimentada en toda su plenitud. Las personas no somos, como habitualmente se ha afirmado, seres esencialmente racionales. También hay en nosotros elementos instintivos e irracionales que tienen una importancia decisiva, y que es preciso reconocer y aceptar.

El vitalismo de Nietzsche afirma la importancia de la **vida**, entendida como una experiencia individual llena de intensidad y plenitud.

7.2. Contra la filosofía occidental

Nietzsche criticó duramente a la filosofía occidental por haberse negado durante siglos a reconocer la importancia de la vida humana. Según él, los filósofos siempre han insistido en el valor de lo **ultramundano**, de los elementos espirituales del ser humano, despreciando lo material que hay en nosotros. Estos pensadores consideran que el alma es la parte noble y valiosa de las personas, mientras que el cuerpo es tratado con desprecio y rechazo.

El miedo de los filósofos a todo lo instintivo, irracional y corporal les condujo a negar la importancia de nuestros impulsos más primarios. Sin embargo, Nietzsche cree que estos impulsos eran fundamentales para nosotros, porque constituyen elementos centrales e innegables de nuestra vida.

Según Nietzsche, Platón es el principal responsable de este nefasto desprecio de la vida. En sus obras, Platón siempre insistió en la prioridad del espíritu sobre la materia, condenando todo lo corporal como inferior y pernicioso. Según Platón, el origen de los defectos, las imperfecciones y las limitaciones de los seres humanos es nuestro cuerpo material. Por eso insis-

¿QUÉ ES LA ALIENACIÓN?

¿En qué consiste, entonces, la enajenación del trabajo?

Primeramente en que el trabajo es externo al trabajador, es decir, no pertenece a su ser; en que en su trabajo, el trabajador no se afirma, sino que se niega; no se siente feliz, sino desgraciado; no desarrolla una libre energía física y espiritual, sino que mortifica su cuerpo y arruina su espíritu. Por eso el trabajador solo se siente en sí fuera del trabajo, y en el trabajo fuera de sí. Está en lo suyo cuando no trabaja y cuando trabaja no está en lo suyo. Su trabajo no es, así, voluntario, sino forzado, trabajo forzado. Por eso no es la satisfacción de una necesidad, sino solamente un medio para satisfacer las necesidades fuera del trabajo. Su carácter extraño se evidencia claramente en el hecho de que tan pronto como no existe una coacción física o de cualquier otro tipo se huye del trabajo como de la peste. El trabajo externo, el trabajo en que el hombre se enajena, es un trabajo de autosacrificio, de ascetismo. En último término, para el trabajador se muestra la exterioridad del trabajo en que este no es suyo, sino de otro, que no le pertenece; en que cuando está en él no se pertenece a sí mismo, sino a otro. Así como en la religión la actividad propia de la fantasía humana, de la mente y del corazón humanos, actúa sobre el individuo independientemente de él, es decir, como una actividad extraña, divina o diabólica, así también la actividad del trabajador no es su propia actividad. Pertenece a otro, es la pérdida de sí mismo.

De esto resulta que el hombre (el trabajador) solo se siente libre en sus funciones animales, en el comer, beber, engendrar, y todo lo más en aquello que toca a la habitación y al atavío, y en cambio en sus funciones humanas se siente como animal. Lo animal se convierte en lo humano y lo humano en lo animal.

Comer, beber y engendrar, etc., son realmente también auténticas funciones humanas. Pero en la abstracción que las separa del ámbito restante de la actividad humana y las convierte en un fin único y último son animales.

Karl MARX: *Manuscritos de economía y filosofía.*

22. A partir del fragmento, confecciona dos listas paralelas con las características que debería tener el trabajo humano y las que efectivamente tiene en la sociedad capitalista.

23. ¿Por qué afirma Marx que, en vez de hacernos humanos, la sociedad capitalista transforma a quien trabaja en un animal?

Por su insistencia en el valor de la vida y en su rechazo de la tradición filosófica, Nietzsche está considerado un "maestro de la sospecha". Fotograma de *El día que Nietzsche lloró* (2007), dirigida por Pinchas Perry y basada en la novela homónima de Irvin D. Yalom.

tía en la importancia de preocuparse por el alma, despreciando el cuerpo. Este **ascetismo** platónico explica, según Nietzsche, por qué la tradición filosófica en general ha condenado al cuerpo como impuro y ha valorado únicamente nuestra dimensión espiritual.

El rechazo de la vida adquirió un nuevo significado con el cristianismo, cuando se introdujo el concepto de **pecado**. Los cristianos insistieron en negar el valor del cuerpo y de los instintos porque, según el cristianismo, lo más importante es salvar el alma inmortal. Esto solo se puede conseguir venciendo la tentación y sobreponiéndose a los deseos e impulsos corporales. Las virtudes exaltadas por el cristianismo son, precisamente, las que ayudan a vencer las tentaciones del cuerpo. Entre estas virtudes están la castidad, la humildad, la resignación o la mansedumbre.

Nietzsche reaccionó airadamente contra esta actitud despreciadora de la vida. Frente al platonismo y al cristianismo, la filosofía nietzscheana resalta lo **mundano**, el valor de la vida y la importancia de todo lo corporal que hay en nosotros. Una vida intensa se caracteriza por rasgos opuestos a los que valoraban los cristianos. Lo auténticamente valioso es la fuerza, la salud, el orgullo, la pasión y todo lo que sirva para desarrollar la plenitud vital.

La interpretación que hace Nietzsche de la racionalidad humana resulta especialmente significativa. Durante toda la historia de la filosofía, la razón ha sido considerada como una de las facultades esenciales del ser humano. Sin embargo, Nietzsche cree que la razón no nos ayuda a comprender la vida.

La razón, para Nietzsche, no es un instrumento para alcanzar la verdad, sino que más bien nos sirve para elaborar mentiras provechosas. Antes que animales racionales, los seres humanos somos vida e instinto. Más allá de la razón, existen en nosotros impulsos irracionales que explican lo que somos. Nietzsche es un maestro de la sospecha por su desconfianza en el poder de la razón, junto con su insistencia en el peso de lo irracional en el ser humano.

8. El inconsciente

8.1. Los orígenes del psicoanálisis

Sigmund Freud, el tercer "maestro de la sospecha", no era filósofo sino médico. Sin embargo, la importancia de su obra y la repercusión de sus teorías lo han convertido en un personaje fundamental para el pensamiento contemporáneo. La filosofía del siglo XX está influida por las ideas de Freud, y sus aportaciones fundamentales siguen marcando la orientación de diversas corrientes psicológicas y filosóficas.

CONTRA LOS DESPRECIADORES DEL CUERPO

A los despreciadores del cuerpo quiero decirles mi palabra. No deben aprender ni enseñar otras doctrinas, sino tan solo decir adiós a su propio cuerpo —y así enmudecer.

"Cuerpo soy yo y alma" —así habla el niño. ¿Y por qué no hablar como los niños?

Pero el despierto, el sapiente, dice: cuerpo soy yo íntegramente, y ninguna otra cosa; y alma es solo una palabra para designar algo en el cuerpo.

El cuerpo es una gran razón, una pluralidad dotada de un único sentido, una guerra y una paz, un rebaño y un pastor.

Instrumento de tu cuerpo es también tu pequeña razón, hermano mío, a la que llamas "espíritu", un pequeño instrumento y un pequeño juguete de tu gran razón.

Dices "yo" y estás orgulloso de esa palabra. Pero esa cosa aún más grande, en la que tú no quieres creer, —tu cuerpo y su gran razón: esa no dice yo, pero hace yo. [...]

¡Hundirse en su ocaso quiere vuestro sí-mismo, y por ello os convertisteis vosotros en despreciadores del cuerpo! Pues ya no sois capaces de crear por encima de vosotros.

Y por eso os enojáis ahora contra la vida y contra la tierra. Una inconsciente envidia hay en la oblicua mirada de vuestro desprecio.

Friedrich NIETZSCHE: *Así habló Zaratustra*.

24. ¿A quiénes se refiere Nietzsche cuando habla de los "despreciadores del cuerpo"? ¿Qué teoría sostienen los "despreciadores del cuerpo" acerca del ser humano? ¿Está Nietzsche de acuerdo con ellos?

25. ¿Cuál es la doctrina sobre el ser humano que aceptan los "despiertos" y los "sapientes"? De acuerdo con esta visión, ¿en qué consiste el alma?

26. ¿Qué visión manifiesta Nietzsche en este texto acerca de la razón humana? ¿Por qué se refiere a ella llamándola "pequeño instrumento" y "pequeño juguete"?

27. ¿Qué quiere decir Nietzsche cuando recrimina a los "despreciadores del cuerpo" afirmando que se enojan "contra la vida y contra la tierra"? ¿Por qué motivo cree Nietzsche que están enojados?

El interés de Freud por la psicología le condujo a desarrollar el **psicoanálisis** como un nuevo método terapéutico. La idea central del psicoanálisis surgió en las conversaciones que Freud mantenía con los pacientes en su consulta, donde los invitaba a hablar libremente sobre lo primero que les viniera a la cabeza y a que le contasen detalladamente sus sueños.

Aunque el discurso de los pacientes pareciera absurdo o irrelevante, con el tiempo Freud descubrió que a menudo estas escenas escondían un significado oculto. La investigación posterior sobre este significado secreto le condujo a elaborar una nueva y revolucionaria teoría acerca del funcionamiento de la mente humana.

8.2. La estructura de los procesos mentales

La teoría psicoanalítica plantea la existencia de elementos ocultos en nuestros procesos psíquicos. Freud denominó **inconsciente** al ámbito de nuestros deseos escondidos, de las pulsiones que reprimimos y de las experiencias olvidadas que marcaron nuestra infancia.

Las personas no tenemos acceso al inconsciente, ya que se trata de un espacio oculto al que nuestra conciencia no puede entrar. Precisamente por su invisibilidad, el inconsciente es el lugar en el que nuestra mente arrincona todo aquello que nos avergüenza y que nos negamos a aceptar racionalmente. Sin embargo, todos estos elementos siguen presentes en nuestro interior, tratando de escapar de su encierro, e influyendo calladamente en lo que pensamos, decimos y hacemos.

En ocasiones, algunos elementos almacenados en el inconsciente tienen ocasión de pasar al **preconsciente**. Aquí se procesa todo lo que proviene del inconsciente, disimulando los rasgos que parecerían inaceptables para nuestra razón. De esta manera, el preconsciente actúa como un lugar intermedio entre lo inconsciente y lo consciente, seleccionando lo que puede mostrarse y lo que debe quedar escondido.

El **consciente** es el espacio mental que podemos conocer directamente. Todos los procesos mentales a los que podemos acceder pertenecen al ámbito consciente. En el consciente están los pensamientos, sentimientos y deseos de los que nos damos cuenta y de los que hablamos habitualmente.

Freud señaló la importancia que tienen en nuestros procesos mentales los deseos y traumas **inconscientes**, de los que no nos damos cuenta.

A pesar de su carácter oculto, Freud pensaba que el inconsciente desempeñaba un papel fundamental en nuestra vida psíquica. Según creía, gran parte de nuestros deseos inconscientes son de tipo sexual. Si se mostrasen tal y como son, resultarían totalmente inaceptables. A pesar de ello, los elementos inconscientes mantienen una lucha continua por salir de su confinamiento y pasar al preconsciente.

En ocasiones, los deseos reprimidos o los sentimientos inconscientes logran manifestarse de alguna manera, por ejemplo apareciendo en nuestros sueños. Pero jamás se muestran de forma clara y directa, porque eso resultaría inaceptable para nuestra parte consciente. Siempre que aparecen se presentan alterados y transformados, surgiendo de manera confusa y difícil de reconocer. Por eso los sueños a veces parecen oscuros y enigmáticos.

Sin embargo, es posible descubrir cuáles son los elementos que se ocultan tras las imágenes y las escenas que soñamos. En eso es en lo que consiste el psicoanálisis, que también puede aplicarse como procedimiento terapéutico para identificar los traumas olvidados causantes de algunos trastornos mentales.

Protagonistas de la filosofía

SIGMUND FREUD (1856-1939)

El médico austriaco Sigmund Freud alcanzó la celebridad a principios del siglo XX cuando hizo públicas sus revolucionarias teorías acerca de la mente humana. Mediante una nueva técnica, a la que denominó psicoanálisis, Freud descubrió la importancia del inconsciente en nuestra vida psíquica.

Según Freud, la sexualidad desempeña un papel muy importante en nuestro inconsciente, incluso desde las primeras etapas de nuestra vida. Esta visión, en la que se enmarca la teoría freudiana del complejo de Edipo, provocó un intenso rechazo en la puritana sociedad vienesa de su tiempo. Sin embargo, pronto las ideas de Freud alcanzaron reconocimiento internacional, dando lugar a toda una corriente terapéutica inspirada en el psicoanálisis.

En los últimos años de su vida, Freud padeció un cáncer provocado por su adicción al tabaco. Tras la anexión de Austria por parte de los nazis Freud, que era de origen judío, se vio obligado a abandonar Viena para refugiarse en Inglaterra, donde falleció poco después.

@ Para ampliar en la Red...

Museo Freud de Londres: www.tiching.com/684300

Freud subrayó la importancia del inconsciente comparando el elemento consciente de la vida mental con la pequeña parte emergida de un iceberg.

Párate a pensar

Recapitula

1. ¿Por qué considera Marx que el trabajo es una característica esencial de los seres humanos? ¿Cómo afecta la alienación que se produce en el capitalismo a esta dimensión fundamental de la vida humana?
2. ¿En qué consiste la ideología? ¿A quién beneficia? ¿De qué manera logra imponerse en la sociedad?
3. ¿Qué tipos de alienación pueden distinguirse?
4. ¿Cuál es la crítica que plantea Nietzsche al dualismo antropológico? ¿Por qué ataca Nietzsche la visión del ser humano que ofrecen Platón y el cristianismo?
5. ¿Qué opinión tiene Nietzsche acerca de la racionalidad humana? Según este filósofo, ¿podemos decir que la razón es la característica esencial que nos define como personas? ¿Qué papel tiene la razón en la vida humana según la interpretación nietzscheana?
6. ¿En qué consiste el inconsciente del que habla Freud en su teoría del psicoanálisis? ¿De qué modo interviene el inconsciente en nuestras vidas?
7. Completa la siguiente tabla en la que se comparan las ideas de los tres "maestros de la sospecha":

	Marx	Nietzsche	Freud
Aspectos del ser humano en los que se centra su pensamiento	...	La vida: importancia de la plenitud e intensidad de la experiencia vital	...
Conceptos clave	Alienación, Ideología	...	...
¿Por qué se le considera un "maestro de la sospecha"?	...	...	...

Construye el concepto

8. Define los siguientes términos filosóficos con los diccionarios propuestos (p. 1). A continuación, escribe una frase con cada uno de ellos en la que aprecies su significado:
   - alienación
   - vitalismo
   - ascetismo
   - ideología
   - inconsciente
   - preconsciente

Trabaja con textos

9. Lee el texto y contesta las preguntas:

   Llamamos *ello* a la más antigua de estas provincias o instancias psíquicas: su contenido es todo lo heredado, lo que se trae con el nacimiento, lo establecido constitucionalmente; en especial, entonces, las pulsiones que provienen de la organización corporal, que aquí [en el *ello*] encuentran una primera expresión psíquica, cuyas formas son desconocidas (no consabidas) para nosotros.

   Bajo el influjo del mundo exterior real-objetivo que nos circunda, una parte del *ello* ha experimentado un desarrollo particular; originariamente un estrato cortical dotado de los órganos para la recepción de estímulos y de los dispositivos para la protección frente a estos, se ha establecido una organización particular que en lo sucesivo media entre el *ello* y el mundo exterior. A este distrito de nuestra vida anímica le damos el nombre de *yo*. [...]

   Como precipitado del largo período de infancia durante el cual el ser humano en crecimiento vive en dependencia de sus padres, se forma dentro del *yo* una particular instancia en la que se prolonga el influjo de estos. Ha recibido el nombre de *superyó*. En la medida en que este *superyó* se separa del *yo* o se contrapone a él, es un tercer poder que el *yo* se ve precisado a tomar en cuenta. [...] Así las cosas, una acción del yo es correcta cuando cumple al mismo tiempo los requerimientos del ello, del superyó y de la realidad objetiva.

   Sigmund FREUD: *Esquema del psicoanálisis.*

   a) ¿Qué es el *ello*? ¿De dónde procede? ¿Qué tipo de elementos psíquicos contiene?

   b) ¿Cómo se ha formado el *yo*? ¿Cuál es su función?

   c) ¿En qué consiste el *superyó*? ¿En qué etapa de la vida se origina?

10. Lee el texto y contesta las preguntas:

   La división del trabajo nos brinda ya el primer ejemplo de cómo, mientras los hombres viven en una sociedad natural, mientras se da, por tanto, una separación entre el interés particular y el interés común, mientras las actividades, por consiguiente, no aparecen divididas voluntariamente, sino por modo natural, los actos propios del hombre se erigen ante él en un poder ajeno y hostil, que lo sojuzga, en vez de ser él quien los domine.

   En efecto, a partir del momento en que comienza a dividirse el trabajo, cada cual se mueve en un determinado círculo exclusivo de actividades, que le es impuesto y del que no puede salirse; el hombre es cazador, pescador, pastor o crítico, y no tiene más remedio que seguirlo siendo, si no quiere verse privado de los medios de vida; al paso que en la sociedad comunista, donde cada individuo no tiene acotado un círculo exclusivo de actividades, sino que puede desarrollar sus aptitudes en la rama que mejor le parezca, la sociedad se encarga de regular la producción general, con lo que hace cabalmente posible que yo pueda dedicarme hoy a esto y mañana a aquello, que pueda por la mañana cazar, por la tarde pescar y por la noche apacentar el ganado, y después de comer, si me place, dedicarme a criticar, sin necesidad de ser exclusivamente cazador, pescador, pastor o crítico, según los casos.

   Karl MARX: *La ideología alemana.*

   a) ¿Qué efectos tiene, según Marx, la división del trabajo en la sociedad?

   b) Según el texto, una de las consecuencias de la división del trabajo consiste en que "los actos propios del hombre se erigen ante él en un poder ajeno y hostil, que lo sojuzga". ¿A qué se está refiriendo Marx con esta expresión?

   c) En este fragmento Marx contrapone la situación social en la que vivían los trabajadores de su tiempo con lo que sucedería en una sociedad comunista ideal. De acuerdo con el texto, ¿cómo se organizaría el trabajo en el comunismo? ¿Qué consecuencias tendría esta forma de repartir las tareas?

III. Otras dimensiones de lo humano

9. Una búsqueda inacabada

9.1. Los múltiples rasgos de lo humano

A pesar de las múltiples teorías que se han propuesto para explicar lo que son los seres humanos, la pregunta fundamental de la antropología filosófica sigue estando abierta. La filosofía aún continúa buscando aquello que nos hace esencialmente humanos.

A lo largo de esta búsqueda, como hemos visto, los pensadores han prestado especial atención a algunos rasgos concretos de las personas. Como hemos visto, entre ellos están el dominio de la palabra, la racionalidad, la moralidad, la sociabilidad, la libertad, la conciencia, el trabajo, la vida y los procesos mentales inconscientes.

La insistencia de los filósofos en estos elementos ha tenido una enorme influencia en la historia del pensamiento. Sin embargo, existen también teorías alternativas que han propuesto otros rasgos distintos para identificar el origen de la singularidad humana.

Algunos filósofos han considerado que lo que nos hace humanos es nuestra **capacidad para crear y disfrutar del arte**. Aun cuando hay animales capaces de elaborar estructuras o de modificar su entorno, existe una diferencia importante entre nosotros y ellos. Las aves, por ejemplo, siempre construyen sus nidos de la misma manera. Los nidos son útiles y prácticos, de modo que la forma de hacerlos sigue unas pautas fijas y repetitivas. Las personas, en cambio, somos capaces de apreciar una dimensión de la realidad que va más allá de lo útil o lo provechoso.

Los seres humanos somos únicos porque valoramos la belleza, la armonía de las formas y la originalidad creativa. Este rasgo, además, está presente en nosotros desde los orígenes de la humanidad. Las primeras manifestaciones artísticas conocidas son las pinturas rupestres con las que nuestros antepasados decoraron algunas cavernas. Los seres humanos somos los únicos animales capaces de emocionarnos estéticamente, y este rasgo parece haber estado presente desde la aparición del *Homo sapiens*. De manera que no es descabellado considerar que la capacidad artística es un rasgo esencial de lo humano.

A la hora de identificar qué es lo que nos hace humanos, también hay pensadores que se han fijado en la **risa**. Otros han señalado la importancia del **juego**, una actividad que se realiza por placer y que aparentemente no

Para algunos autores la exclusiva capacidad de las personas para crear obras artísticas y para disfrutar de ellas es un rasgo esencial de nuestra humanidad.

@ Para ampliar en la Red...

La pintura de los neandertales:
www.tiching.com/684301

La capacidad para disfrutar del juego es, según el filósofo Johan Huizinga, una dimensión fundamental de los seres humanos.

tiene ninguna utilidad práctica. Asimismo, hay autores que han subrayado el hecho de que los seres humanos somos los únicos animales capaces de crear **música** y de disfrutar de ella.

Algunos pensadores han insistido en la capacidad única de los humanos para reconocerse en el rostro de otras personas, identificando en ellas las mismas emociones que nosotros sentimos. De acuerdo con esta interpretación, lo que nos diferencia a los seres humanos es la **empatía**, la capacidad de ponernos en el lugar del otro y de sentir como si fuera algo propio el sufrimiento o el dolor de los demás. Incluso hay quienes han señalado que nuestro rasgo definitorio es el **duelo**, que es la capacidad exclusivamente humana de sentir tristeza y sufrimiento por la pérdida de nuestros seres queridos.

9.2. La disolución del sujeto

Como hemos visto, los pensadores han mostrado a lo largo de la historia un gran interés por aclarar en qué consiste la esencia de lo humano. Esto puede hacernos pensar que el tema del ser humano constituye un motivo de reflexión universal y eterno. Sin embargo, el filósofo francés **Michel Foucault** no está de acuerdo con esta interpretación.

Para Foucault, el interés por el ser humano está ligado a una época y a una cultura muy concretas. Ciertamente, la filosofía se ha ocupado también de los seres humanos en épocas anteriores. Lo que Foucault dice es que las obras de los autores antiguos se interesan por las personas, pero no tratan sobre "el ser humano". Este gran concepto del "ser humano" es una generalización abstracta que solo toma forma en la modernidad y que era desconocida antes del siglo XVI.

El concepto *ser humano* es una generalización que aparece cuando los modernos Estados europeos comienzan a desarrollarse. En ese momento surgen técnicas para gestionar y controlar la sociedad, con las que emergen los conceptos de *sujeto* o *ser humano*.

El sujeto es el individuo que se puede contabilizar en las estadísticas, o que se puede educar en las escuelas, o que se puede encerrar en las cárceles o los hospitales. Solo cuando aparece este concepto es posible desarrollar las "ciencias humanas" o elaborar una filosofía específica sobre el ser humano. Por eso este tema responde a una situación cultural muy concreta, que tal vez pueda modificarse en el futuro.

Protagonistas de la filosofía

MICHEL FOUCAULT (1926-1984)

Michel Foucault era hijo de un célebre cirujano que confiaba en transmitir a su hijo el interés por la medicina. Pero durante sus estudios, el joven Michel se sintió más atraído por la filosofía, lo que le condujo a ingresar en la École Normale Supérieure.

La juventud de Michel Foucault no fue nada fácil. Las dificultades que tuvo para asumir su homosexualidad le causaron una grave depresión. El tratamiento psiquiátrico al que se sometió despertó su interés por la psicología y por el análisis del modo en que la sociedad ha tratado históricamente la locura y la enfermedad mental.

Influido por el estructuralismo, Foucault amplió sus intereses hacia el campo de las ciencias humanas con la publicación de *Las palabras y las cosas*. Este libro, que no tardaría en hacerle famoso, analizaba los cambios en las formas de conocimiento que caracterizan a las distintas épocas históricas. Según Foucault, cada etapa se distingue por permitir unas específicas condiciones de verdad. De acuerdo con esta interpretación, el conocimiento científico no es universal ni absoluto, ya que depende de las circunstancias históricas y de la visión global de la realidad propia del momento en que se desarrolla.

La aplicación de esta visión al campo de las ciencias humanas explica por qué Foucault negaba la existencia del "hombre". Según Foucault, este concepto es una abstracción que solo ha sido posible cuando el poder político ha logrado desarrollar mecanismos de control y sometimiento de la población. Los hospitales, las escuelas, los centros psiquiátricos o las cárceles son algunos ejemplos de estos dispositivos de poder que han servido para disciplinar a los individuos, haciendo que se acomoden a un patrón idealizado al que llamamos "el ser humano", pero que no se corresponde con ninguna persona concreta.

La crítica a este sistema de sometimiento explica que el pensamiento de Foucault siempre estuviera unido a su intenso activismo político. Esta inquietud se relaciona también con el profundo análisis que hizo del poder y del modo en que este se ejerce en todos los ámbitos de la vida, y no solo desde las instituciones o del gobierno.

Según Foucault, el concepto *ser humano* es el resultado de una abstracción que solo sirve para la generalización de prácticas de control y sometimiento de los individuos. Fotograma de *Alguien voló sobre el nido del cuco* (1975), dirigida por Milos Forman.

Párate a pensar

Recapitula

1. ¿Cuáles han sido los rasgos centrales que se han propuesto a lo largo de la historia para identificar lo que nos caracteriza como humanos? Entre todos estos elementos, ¿cuál crees tú que es más importante? ¿Por qué?

2. Algunos filósofos afirman que el rasgo más característico de la humanidad es la capacidad artística. ¿Qué argumentos emplean para apoyar esta opinión? ¿Estás de acuerdo con ellos?

3. ¿A qué se refiere Michel Foucault cuando habla de la "muerte del sujeto"? ¿Crees tú que el final del "ser humano" puede estar próximo?

Trabaja con textos

4. Lee el texto y contesta las preguntas:

> En todo caso, una cosa es cierta: que el hombre no es el problema más antiguo ni el más constante que se haya planteado el saber humano. Al tomar una cronología relativamente breve y un corte geográfico restringido —la cultura europea a partir del siglo XVI— puede estarse seguro de que el hombre es una invención reciente. El saber no ha rondado durante largo tiempo y oscuramente en torno a él y a sus secretos. De hecho, entre todas las mutaciones que han afectado al saber de las cosas y de su orden, el saber de las identidades, las diferencias, los caracteres, los equivalentes, las palabras —en breve, en medio de todos los episodios de esta profunda historia de lo Mismo— una sola, la que se inició hace un siglo y medio y que quizá está en vías de cerrarse, dejó aparecer la figura del hombre. Y no se trató de la liberación de una vieja inquietud, del paso a la conciencia luminosa de una preocupación milenaria, del acceso a la objetividad de lo que desde hacía mucho tiempo permanecía preso en las creencias o en las filosofías: fue el efecto de un cambio en las disposiciones fundamentales del saber. El hombre es una invención cuya fecha reciente muestra con toda facilidad la arqueología de nuestro pensamiento. Y quizá también su próximo fin.
>
> Michel FOUCAULT: *Las palabras y las cosas.*

a) ¿Por qué dice Foucault que "el hombre no es el problema más antiguo"? ¿Qué es lo que significa esta frase?

b) ¿Qué quiere decir Foucault cuando escribe que el interés por el ser humano "fue el efecto de un cambio en las disposiciones fundamentales del saber"?

c) De acuerdo con este texto, ¿es posible que el fin del ser humano esté próximo? ¿Qué pretende afirmar Foucault con esta expresión?

5. Lee el texto y contesta las preguntas:

> Cuando se vio claro que la designación de *Homo sapiens* no convenía tanto a nuestra especie como se había creído en un principio, porque a fin de cuentas no somos tan razonables como gustaba de creer el siglo XVIII en su ingenuo optimismo, se le adjuntó la de *Homo faber*. Pero este nombre es todavía menos adecuado, porque podría aplicarse también a muchos animales el calificativo de *faber*. Ahora bien, lo que ocurre con el fabricar sucede con el jugar: muchos animales juegan. Sin embargo, me parece que el nombre de *Homo ludens*, 'el hombre que juega', expresa una función tan esencial como la de fabricar, y merece, por lo tanto, ocupar un lugar junto al de *Homo faber*.
>
> Johan HUIZINGA: *Homo ludens.*

a) ¿Qué significa la expresión *Homo faber*? ¿Y qué quiere decir *Homo ludens*?

b) ¿Por qué cree el autor que no es correcto considerar al ser humano como *Homo faber*?

c) ¿Tú crees que el juego debería considerarse como un rasgo esencial de lo humano? ¿Por qué?

6. Judith Butler (1956) es una famosa filósofa estadounidense. Lee el texto y contesta las preguntas:

> ¿Qué vidas pueden llorarse? Para ellas estamos constituidos por deseo y vulnerabilidad física, lo que nos hace a la vez asertivos y vulnerables. El duelo no es privado, sino que nos expone a la relación constitutiva de la socialidad del yo, a la base para pensar una comunidad política de orden complejo. El duelo hace que nos deshagamos unos a otros, cuestiona nuestra autonomía y autocontrol. Entiendo el género y la sexualidad de manera parecida, no como posesiones, sino como maneras de ser desposeído, maneras de ser para otro o por otro. Esta ruptura es constitutiva de la identidad misma.
>
> Es a través del cuerpo como el género y la sexualidad se exponen a otros. Ser un cuerpo es ser entregado a otros. El cuerpo implica mortalidad, vulnerabilidad y agencia. Nuestros cuerpos nunca son del todo nuestros. El cuerpo tiene una dimensión pública, constituido como fenómeno social en la esfera pública. El cuerpo es profundamente ambivalente porque es mío y no lo es a la vez.
>
> Judith BUTLER: *Deshacer el género* (adaptación).

a) ¿Por qué motivo crees que la autora afirma que "el duelo no es privado"? ¿Qué significado consideras que tiene esta frase?

b) Según este fragmento, ¿cuál es el papel que tiene el cuerpo en nuestras vidas?

c) ¿Por qué dice la autora que "nuestros cuerpos nunca son del todo nuestros"?

d) En tu opinión, ¿cuáles son las dimensiones de la realidad personal consideradas por Judith Butler como esencialmente humanas?

Amplía

7. ¿Crees que el arte es una característica esencial de los seres humanos? Busca información en los enlaces que encontrarás a continuación acerca del arte prehistórico y contesta las preguntas:

- *El arte rupestre*: www.tiching.com/684302
- *El arte rupestre en la Wikipedia*: www.tiching.com/684303
- *El collar del Neandertal*: www.tiching.com/684304

a) ¿De qué época datan las pinturas rupestres más antiguas? ¿Qué es lo que representan?

b) ¿Se trata de obras primitivas o están ejecutadas con precisión y calidad artística?

c) ¿Cómo sabemos que son obra de nuestros antepasados y no de otros homínidos diferentes?

d) ¿Eran capaces los hombres de Neandertal (que no son antepasados nuestros) de emocionarse artísticamente? ¿Qué significado puede tener este hecho?

Comentario de texto

Texto 1

Con la expresión *vita activa* me propongo designar tres actividades fundamentales: labor, trabajo y acción. Son fundamentales porque cada una corresponde a una de las condiciones básicas bajo las que se ha dado al hombre la vida en la tierra.

Labor es la actividad correspondiente al proceso biológico del cuerpo humano, cuyo espontáneo crecimiento, metabolismo y decadencia final están ligados a las necesidades vitales producidas y alimentadas por la labor en el proceso de la vida. La condición humana de la labor es la misma vida.

Trabajo es la actividad que corresponde a lo no natural de la exigencia del hombre, que no está inmerso en el constantemente repetido ciclo vital de la especie, ni cuya mortalidad queda compensada por dicho ciclo. El trabajo proporciona un "artificial" mundo de cosas, claramente distintas de todas las circunstancias naturales. Dentro de sus límites se alberga cada una de las vidas individuales, mientras que este mundo sobrevive y trasciende a todas ellas. La condición humana del trabajo es la mundanidad.

La acción, única actividad que se da entre los hombres sin la mediación de cosas o materia, corresponde a la condición humana de la pluralidad, al hecho de que los hombres, no el Hombre, vivan en la Tierra y habiten en el mundo. Mientras que todos los aspectos de la condición humana están de algún modo relacionados con la política, esta pluralidad es específicamente la condición —no solo la *conditio sine qua non*, sino la *conditio per quam*— de toda vida política.

Hannah ARENDT: *La condición humana.*

Texto 2

El hombre no es más que una caña, la más débil de la naturaleza, pero una caña que piensa. No es necesario que el universo entero se arme para aplastarlo. Un vapor, una gota de agua son bastante para hacerlo perecer. Pero, aun cuando el universo lo aplastara, el hombre sería más noble que lo que lo mata, porque él sabe que muere. Y la ventaja que el universo tiene sobre él, el universo no la conoce.

Toda nuestra dignidad consiste, pues, en el pensamiento. Esto es lo que puede ensalzarnos, no el espacio y la duración que nosotros no podríamos llenar. Esforcémonos, por consiguiente, en bien pensar; he aquí el principio de la moral.

Blaise PASCAL: *Pensamientos.*

Disertación filosófica

¿Qué es lo que nos hace humanos?

- ¿Qué es lo que nos distingue a los humanos de los demás animales?
- ¿Cuáles son los elementos esenciales de lo humano? ¿Por qué?
- Entre los animales y los humanos, ¿hay un salto cualitativo o hay simplemente una diferencia de grado?
- ¿Qué ocurriría si descubriésemos que los animales también comparten parcialmente algunos de estos rasgos?
- ¿Cómo debemos considerar el hecho de que haya seres humanos que no participan de esos rasgos —por ejemplo, cuando se encuentran muy enfermos, o en coma, o cuando acaban de nacer?

Debate filosófico

¿Algún día los robots llegarán a ser como personas?

Los avances de la robótica y de la cibernética han logrado diseñar máquinas capaces de desarrollar tareas complejas de forma asombrosa.

El ordenador Deep Blue, por ejemplo, logró vencer al campeón del mundo Gary Kasparov jugando al ajedrez. Aunque se trata solo de un campo limitado, este hecho muestra que la capacidad de procesamiento de la información que tienen las máquinas ya ha superado con creces lo que pueden llegar a hacer las personas.

- ¿Podrán en un futuro las máquinas ampliar estas capacidades?
- ¿Llegarán a ser algún día capaces de pensar, sentir o emocionarse? Si eso sucede, ¿se trataría de procesos reales o solo de una simulación?
- ¿Cómo podríamos distinguir a las personas de los robots?
- ¿Tienen las personas algo especial que ninguna máquina será capaz jamás de imitar?

Una obra para comentar

El día que Nietzsche lloró

Es una adaptación fílmica de la novela homónima de Irvin D. Yalom. La película recrea un período concreto de la vida de Nietzsche, imaginando lo que habría podido ocurrir si hubiese sido paciente de Breuer. En ella se presentan algunas de las ideas centrales de la filosofía de Nietzsche, y también algunos planteamientos básicos del psicoanálisis.

Trabajo en equipo

¿Somos libres los seres humanos?

Como sabes, algunos filósofos han afirmado que las personas no somos realmente libres, porque todo lo que existe en el universo (incluyendo a las personas) está sometido a las leyes deterministas de la ciencia. Otros, en cambio, han afirmado que la libertad es un rasgo central de los seres humanos que nos diferencia de todos los demás seres. ¿Con qué argumentos pueden apoyarse estas opiniones? ¿Cuál de estas dos posturas resulta más convincente?

Comenzaremos dividiendo la clase en grupos de 4-5 alumnos. Cada miembro del grupo se centrará en analizar la perspectiva sobre la libertad de un filósofo concreto.

Por su interés y relevancia, te sugerimos escoger entre los siguientes:

- El estoicismo.
- Agustín de Hipona.
- Thomas Hobbes.
- René Descartes.
- Baruch Spinoza.
- Immanuel Kant.
- B. F. Skinner.
- Jean-Paul Sartre.
- Galen Strawson.

a) Para buscar información sobre el autor que te haya correspondido, deberás trabajar conjuntamente con el resto de alumnos de otros grupos que también hayan elegido al mismo personaje. En este "grupo de especialistas" podréis compartir datos, discutir sobre los puntos que no tengáis claros y elaborar un pequeño documento en el que se recoja brevemente cuál es la posición que vuestro autor mantenía acerca del tema de la libertad humana.

b) Cuando hayas terminado esta fase del trabajo, podrás volver a tu grupo. Allí, los miembros del equipo tendréis que presentar el resultado de la investigación que habéis llevado a cabo en el grupo de especialistas. A continuación, deberéis debatir qué posición os parece más convincente y definir colectivamente vuestra posición acerca del problema de la libertad.

c) La última parte de la actividad consistirá en exponer ante el resto de la clase los resultados de vuestro trabajo y la posición de vuestro grupo. Mediante una discusión abierta a la participación de todos los alumnos y alumnas se elaborarán las conclusiones finales.

Bibliografía

Arnold GEHLEN: ***Antropología filosófica.***

Karl MARX: ***Manuscritos de economía y filosofía.***

Ernst CASSIRER: ***Antropología filosófica.***

Friedrich NIETZSCHE: ***Así habló Zaratustra.***

Max SCHELER: ***El puesto del hombre en el cosmos.***

Hannah ARENDT: ***La condición humana.***

Filmografía

Blade Runner. Ridley SCOTT. Presenta el escenario de una sociedad del futuro donde la técnica ha sido capaz de crear artificialmente criaturas similares a los seres humanos. La película muestra algunos de los aspectos oscuros y problemáticos del desarrollo técnico, y nos invita a cuestionarnos en qué consiste realmente ser una persona.

Inteligencia artificial. Steven SPIELBERG. Incluye una interesante reflexión sobre aquello que nos hace humanos y nos distingue de las máquinas.

Eva. Kike MAÍLLO. Aborda el tema de la compleja relación entre las personas y los robots. ¿Cuáles son las similitudes y las diferencias entre un robot inteligente y un ser humano?

Tiempos modernos. Charles CHAPLIN. Película que muestra magníficamente la alienación del obrero en la cadena de montaje de una fábrica moderna. Su crítica, llena de humor y ternura, ha convertido este filme en un verdadero clásico en la historia del cine.

Mapa conceptual

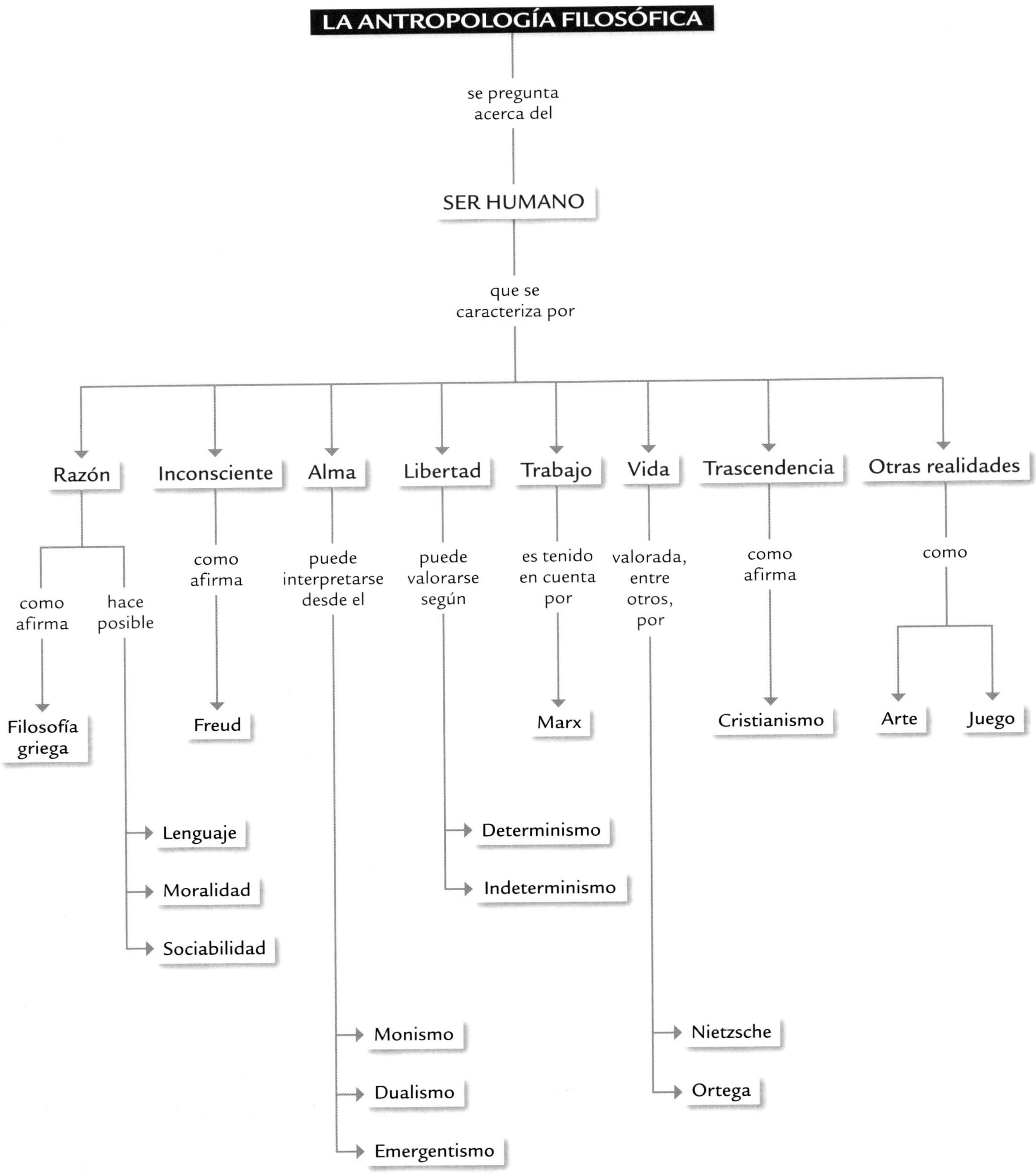

Evaluación

Elige la respuesta correcta para cada una de las siguientes preguntas. Recuerda que de todas las opciones solo una es válida.

1. **¿En qué consiste la antropología filosófica?**
   a) Es la rama de la filosofía que se cuestiona acerca del ser humano.
   b) Es la ciencia que estudia empíricamente la evolución biológica que ha conducido a la aparición de nuestra especie a partir de nuestros ancestros.
   c) Es la ciencia que observa las adaptaciones específicas de los grupos humanos y compara las distintas culturas que existen en el mundo.
   d) Es el estudio de la dimensión inconsciente de los seres humanos.
2. **¿Cuál es el rasgo fundamental que distingue a los seres humanos según Aristóteles?**
   a) La capacidad de transformar creativamente el mundo mediante el trabajo.
   b) La existencia de una dimensión inconsciente en nuestras vidas.
   c) La posibilidad de emplear el lenguaje para razonar y para comunicarnos con los demás.
   d) La existencia de un alma inmortal que aspira a la vida eterna.
3. **¿Cuáles de los siguientes pensadores eran partidarios del dualismo antropológico?**
   a) Kant y Aristóteles.
   b) Sartre y Marx.
   c) Freud y Nietzsche.
   d) Platón y Descartes.
4. **¿Qué es lo que afirma el monismo antropológico con respecto al ser humano?**
   a) Que el ser humano tiene un cuerpo material y un alma espiritual, libre e inmortal.
   b) Que el alma del ser humano aspira a alcanzar la salvación eterna.
   c) Que el ser humano está formado por una única realidad material, que es el cuerpo.
   d) Que el ser humano está formado por sustancia extensa y sustancia pensante.
5. **¿Cuáles de los siguientes autores creía que la libertad humana es una ilusión provocada por la ignorancia de los factores que determinan nuestra conducta?**
   a) Sartre.
   b) Spinoza.
   c) Aristóteles.
   d) Camus.
6. **¿Qué es lo que pensaba Hegel con relación a la historia humana?**
   a) Que tiene un sentido escatológico que culminará con el triunfo de los seguidores de Dios.
   b) Que avanza dialécticamente impulsada por la lucha de clases.
   c) Que no es posible encontrar en ella ningún sentido ni finalidad prefijada.
   d) Que avanza dialécticamente impulsada por el despliegue del Espíritu.
7. **¿Cómo llamaba Marx al sentimiento de malestar y extrañeza que siente el obrero sometido al proceso de producción industrial típico del capitalismo?**
   a) Ideología.
   b) Lucha de clases.
   c) Alienación.
   d) Dialéctica.
8. **¿Qué autores son conocidos como los "maestros de la sospecha"?**
   a) Sócrates, Platón y Aristóteles.
   b) Sartre, Heidegger y Camus.
   c) Marx, Nietzsche y Freud.
   d) Kant, Hegel y Marx.

Contesta por escrito las cuestiones siguientes:

9. **¿Qué opina Nietzsche de la teoría ascética y ultramundana de Platón?**

   ¿Qué argumentos ofrece Nietzsche para sostener su posición? Explica tu respuesta.
10. **¿Cuáles son los tres ámbitos que configuran la estructura del aparato psíquico del ser humano, de acuerdo con la teoría de Freud?**

    ¿Qué relación existe entre ellos?

    ¿Qué repercusión tienen estas tres dimensiones psíquicas en nuestra vida cotidiana?
11. **¿Es la capacidad para emocionarnos una cualidad exclusiva de los seres humanos?**

    ¿Crees que los animales no humanos pueden ser capaces de tener emociones y sentimientos?

    ¿Qué implicaciones éticas y filosóficas podría tener esta cuestión?

9 La lógica

- ¿De qué cuestiones se ocupa la lógica?
- ¿Qué diferencia hay entre la lógica tradicional y la lógica formal?
- ¿Cómo se hace una tabla de verdad?
- ¿En qué consiste el cálculo deductivo?
- ¿Para qué sirve la lógica?

Objetivos

- Saber de qué se ocupa la lógica.
- Distinguir la lógica aristotélica de la lógica simbólica.
- Identificar las proposiciones que forman un razonamiento.
- Diferenciar los conceptos de verdad y de validez.
- Analizar silogismos.
- Formalizar proposiciones y razonamientos sencillos.
- Conocer los conectores lógicos.
- Aplicar el método de las tablas de verdad para comprobar la validez de las leyes lógicas.

Contenidos

La lógica tradicional

- La lógica es la rama de la filosofía que estudia la validez formal de nuestros razonamientos.
- En sus libros sobre lógica, Aristóteles desarrolló un estudio muy completo de los razonamientos más habituales. Sus aportaciones, que se conocen como lógica tradicional, estuvieron en vigor durante muchos siglos.
- La lógica aristotélica se centra en el estudio de los silogismos, que son razonamientos deductivos en los que, a partir de unas premisas, obtenemos una conclusión.

La lógica simbólica

- La lógica simbólica se distingue de la lógica aristotélica porque emplea un lenguaje artificial en lugar de nuestro lenguaje ordinario.
- Para analizar si un razonamiento es formalmente correcto, la lógica simbólica emplea procedimientos como el de las tablas de verdad.
- Además de con tablas de verdad, la validez de los razonamientos también puede estudiarse mediante cálculos deductivos que se basan en las reglas lógicas de inferencia.

La utilidad de la lógica

- La lógica también tiene importantes aplicaciones prácticas, relacionadas con campos como la argumentación, la informática o las matemáticas.
- La rama más elemental de la lógica, que es la que estudiaremos en esta unidad, es la lógica proposicional. Sin embargo, también existen versiones más sofisticadas y completas, como son la lógica cuantificacional o la lógica de clases.
- Además, introducirse en la lógica puede servirnos para aumentar la claridad y precisión de nuestros razonamientos, para despertar nuestra atención ante las contradicciones ocultas y, en definitiva, para mejorar nuestra racionalidad.

I. La lógica tradicional

1. ¿Qué es la lógica?

1.1. El estudio de los razonamientos

La **lógica** es la rama de la filosofía que se ocupa de analizar la estructura de nuestros razonamientos. Para apreciar lo importante que es la lógica, basta con recordar que los razonamientos están presentes en todas las formas del saber científico y filosófico. Por este motivo, la lógica puede considerarse como una herramienta que es preciso conocer para poder razonar correctamente.

Además de una técnica instrumental, la lógica también puede interpretarse como una manifestación de la capacidad simbólica del ser humano. Al igual que en nuestra vida ordinaria usamos el lenguaje natural, los científicos y los filósofos a menudo se expresan mediante el lenguaje de la lógica.

La lógica contemporánea hace uso de un lenguaje simbólico artificial, con sus propias reglas y normas. La principal ventaja de un lenguaje artificial consiste en evitar las imprecisiones, **ambigüedades*** y **anfibologías*** que caracterizan el lenguaje ordinario, ganando así coherencia y exactitud. Por este motivo la lógica también está íntimamente ligada al conocimiento científico, que aspira a ser lo más claro y preciso posible. La informática, por ejemplo, se fundamenta en los principios de la lógica para fabricar dispositivos de procesamiento de datos y para desarrollar lenguajes de programación.

La lógica trata sobre la **validez** de nuestros razonamientos.

***Ambigüedad:** situación en la que un término puede tener varios significados distintos. Es lo que ocurre, por ejemplo, con la expresión "Mi abuelo está en el banco". ¿A qué se refiere aquí la palabra *banco*? ¿Se trata de una oficina bancaria o de un asiento en un parque público?

***Anfibología**: se produce cuando tenemos frases ambiguas, en las que no queda claro el significado preciso de lo que se quiere decir. Un ejemplo sería la oración "Eva entregó a Juan su libro" ¿De quién es aquí el libro, de Eva o de Juan?

1.2. Proposiciones y razonamientos

Las personas podemos emplear el lenguaje para realizar muchas actividades diferentes: explicar un hecho, hacer una promesa, dar una orden, contar un chiste, etc. La lógica se ocupa principalmente de analizar el uso representativo del lenguaje, que nos permite describir cómo es la realidad. En la práctica, para describir cómo son las cosas nos servimos de frases que afirman o niegan algo. Estas oraciones nos sirven para expresar un contenido enunciativo al que llamamos proposición.

Llamamos **proposición** o enunciado al contenido de una frase que afirma o niega algo. Se caracteriza por ser verdadera o falsa.

Así, por ejemplo, estaríamos haciendo un uso representativo del lenguaje al formular la siguiente afirmación: "Tú estudias filosofía". Aunque esta misma idea podríamos expresarla también de otras maneras, por ejemplo empleando otros idiomas. En realidad, las frases "*You study Philosophy*" o "*Vous étudiez la philosophie*" tienen el mismo significado que "Tú estudias filosofía". Estas tres oraciones distintas enuncian una misma proposición de maneras diferentes.

Es conveniente distinguir las proposiciones afirmativas de las negativas, así como las proposiciones particulares de las universales. La frase "Todos los estudiantes aprueban filosofía" enuncia una proposición afirmativa y universal, porque se refiere a la totalidad de los estudiantes. En cambio, la oración "A Pedro no le gusta la paella" enuncia una proposición negativa y singular, puesto que hace referencia a un individuo concreto que es Pedro.

▲ Una misma proposición puede enunciarse de varias maneras distintas (por ejemplo, empleando para ello diferentes lenguas).

La lógica está estrechamente relacionada con el desarrollo de los lenguajes de programación.

Examinemos esta cuestión con más detalle. La **extensión** de un enunciado o proposición se refiere al número de individuos que puede comprender. Si incluye todos los individuos de una clase, por ejemplo "Todas las mesas son muebles" o "todos los argentinos son latinoamericanos", se trata de un enunciado **universal**. Si se refiere a una parte de un conjunto es un enunciado **particular**, como por ejemplo "algunos pájaros no vuelan". Finalmente, si afirmamos o negamos algo acerca de un individuo, se expresa con un enunciado **singular**: "Juan tiene 16 años", "esta guitarra tiene una cuerda rota". A la extensión también se le ha llamado **cantidad**.

Por otra parte, hemos visto que los enunciados o proposiciones pueden afirmar o negar algo, sea de un individuo, de una parte de individuos de una clase, o de una clase entera. A esto le llamamos **intensión** o **cualidad**. Combinando ambas características obtenemos seis tipos de enunciados o proposiciones, que podemos expresar en juicios.

1.3. Contenido lógico y relaciones entre proposiciones

Como hemos visto antes, desde el punto de vista lógico muchas frases del lenguaje natural pueden expresar una misma proposición. Por ejemplo, "todas las plantas tienen clorofila" es universal y tiene el mismo **contenido lógico** que "cada planta tiene clorofila" y que "siempre que me encuentro una planta, tiene clorofila". Además, jugando un poco más con los diversos tipos de enunciados, descubriremos que "todos los argentinos son americanos" tiene el mismo contenido lógico que "ningún argentino es no latinoamericano" y que "ningún no latinoamericano es argentino" e incluso que "todos los no latinoamericanos son no argentinos". Esos cuatro enunciados son **equivalentes**.

Por otra parte, podemos encontrar enunciados que no pueden ser verdaderos a la vez ni falsos a la vez. Esos enunciados se denominan **contradictorios** o inconsistentes. Por ejemplo, "todos los pájaros vuelan" es contradictorio con "algunos pájaros no vuelan", y viceversa. También son contradictorios "ningún ciudadano europeo es ciudadano canadiense" y "algún ciudadano europeo es ciudadano canadiense" (y su equivalente "algún ciudadano canadiense es ciudadano europeo").

El resto de enunciados, es decir, aquellos que no son ni equivalentes ni inconsistentes, son **compatibles**: "los pájaros tienen plumas", "todos aprueban filosofía", "algunos suspenden dibujo", etc. También son compatibles enunciados aparentemente contradictorios, como "el actual rey de Francia es calvo" y "el actual rey de Francia no es calvo", puesto que ambos son falsos, ya que Francia es una república.

Fíjate

En lógica clásica, algunos enunciados se designan mediante letras.

A: universales afirmativos

E: universales negativos

I: particulares afirmativos

O: particulares negativos

Tabla de los enunciados según su extensión y su intensión

	afirmativos	negativos
universales	Todos los S son P	Ningún S es P
particulares	Algunos S son P	Algunos S no son P
singulares	Este S es P	Este S no es P

Fíjate

LAS RELACIONES ENTRE ENUNCIADOS

"Todos los A son B" tiene una relación de equivalencia con:

- "Todos los no B son no A"
- "Ningún no B es A"
- "Ningún A es B"

"Algunos A son no B" es:

- equivalente a "Algunos no B son A"
- contradictorio con "Todos los A son B" y sus equivalentes

¿Te atreves a buscar enunciados que ejemplifiquen estas relaciones?

1.4. Razonamientos válidos e inválidos

Tenemos un **razonamiento** cuando varias proposiciones aparecen encadenadas entre sí, de manera que unas están conectadas con otras. Dependiendo de cómo estén construidos, los razonamientos pueden ser correctos o incorrectos. Decimos que un razonamiento es correcto cuando su estructura formal está bien construida, de manera que la conexión establecida entre las proposiciones que lo componen es válida.

Un razonamiento está formado por una serie de **proposiciones encadenadas** entre sí, donde unas hacen el papel de **premisas** que apoyan a otra, llamada **conclusión**.

Un ejemplo de razonamiento sería el siguiente:

a) Todos los alumnos de bachillerato estudian filosofía.

b) Tú eres un alumno de bachillerato.

c) Por lo tanto, tú estudias filosofía.

Como ves, en este razonamiento aparecen tres proposiciones encadenadas. Este razonamiento es correcto, porque la proposición **c** está contenida en las **a** y **b** y, si estas son verdaderas, entonces la tercera proposición también tiene necesariamente que ser cierta.

¿Qué opinas ahora del siguiente razonamiento?

a) Todos los gatos vuelan.

b) Michi es un gato.

c) Por lo tanto, Michi vuela.

Lo primero que podemos pensar aquí es que la proposición **a** es falsa. Efectivamente, esta premisa no se corresponde con la realidad.

Sin embargo, cuando estudiamos lógica no nos interesamos por la verdad ni por la falsedad de las proposiciones, sino únicamente por la **estructura** del razonamiento.

La lógica puede servirnos para saber si un razonamiento es válido o si es inválido, pero por sí sola no nos puede decir si las proposiciones que manejamos son verdaderas o falsas.

El planteamiento de la lógica es el siguiente: suponiendo que **a** y **b** fueran verdad, ¿de ahí se puede inferir correctamente la proposición **c**? En este caso, sí. Si aceptásemos como cierto que los gatos vuelan y que Michi es un gato, tendríamos que aceptar que Michi vuela. Por eso, este razonamiento es válido, aunque contenga proposiciones falsas.

Veamos otro ejemplo:

a) Todos los estudiantes que estudian aprueban los exámenes.

b) Tú has aprobado los exámenes.

c) Por lo tanto, tú has estudiado.

¿Está bien formulado este razonamiento? A primera vista parece que sí. Ya sabemos que ahora no nos corresponde ver si las proposiciones **a** y **b** son verdaderas o falsas. Para analizar el razonamiento tenemos que suponer que son ciertas, y ver si de ellas puede extraerse correctamente la proposición **c**.

Pero si te fijas, en este razonamiento hay un error. Aunque **a** y **b** sean verdaderas, es posible que **c** sea falsa, porque tal vez tú hayas aprobado sin

LA DIFERENCIA ENTRE UNA ARGUMENTACIÓN Y UNA EXPLICACIÓN

[Para distinguir entre] una argumentación o una explicación, tienes que considerar el estatus de la afirmación que está apoyada mediante razones. Considera la afirmación "X, por lo tanto Y". Si esto es una argumentación, es Y (la conclusión) lo que está en disputa. Si es una explicación, es X (las razones dadas para Y) lo que está en disputa. En una explicación sabemos lo que ocurrió y estamos tratando de determinar las razones que dan cuenta de ello. En una argumentación (al menos si es una buena argumentación), sabemos las razones que citamos y las estamos usando para establecer alguna conclusión adicional que está en duda.

Leo Groarke y Christopher Tindale: *Good reasoning matters!*

1. ¿En qué se distinguen una argumentación y una explicación?

2. Trata de aclarar la diferencia que hay entre argumentar y explicar poniendo dos ejemplos concretos en los que se aprecie claramente esta distinción.

Las computadoras funcionan con un código binario análogo al de la lógica deductiva.

Supongamos que todos los marcianos juegan al fútbol y que tú también juegas al fútbol. ¿Podemos concluir a partir de estos dos hechos que tú eres un marciano? Fotograma de *Mars Attacks*! (1996), de Tim Burton.

estudiar, por ejemplo porque has tenido suerte en el examen y te han preguntado algo que ya te sabías. De **a** y **b** no se puede obtener la proposición **c**. Por eso decimos que este razonamiento es incorrecto, aunque tal vez pueda ser verdadero si es que realmente has estudiado para aprobar. "Todos los que han estudiado, aprueban" no es equivalente a "Todos los que aprueban, han estudiado".

Ahora podemos comprender un poco mejor en qué consiste la lógica. Lo que hace la lógica es analizar la estructura de los razonamientos para saber si están bien o mal construidos.

Así pues, la lógica solo se ocupa de la **forma** de los razonamientos y no de su contenido.

Por sí sola, la lógica es incapaz de determinar si en un razonamiento hay proposiciones verdaderas o falsas. Lo único que la lógica nos puede aclarar es si un razonamiento es correcto o incorrecto.

2. La lógica aristotélica

2.1. Los silogismos

La lógica fue desarrollada por Aristóteles en el siglo IV a.C. Este filósofo estaba convencido de que para poder realizar cualquier tipo de investigación era necesario empezar conociendo los principios de la lógica. Según Aristóteles, la lógica es la herramienta indispensable que todos necesitamos para poder pensar. Esto explica que los libros en los que Aristóteles desarrolla los fundamentos de la lógica se conozcan con el nombre griego de *Organon*, que significa 'instrumento'.

En sus libros, Aristóteles se ocupó de analizar los razonamientos, distinguiendo entre la **deducción** y la **inducción**. Un razonamiento deductivo nos permite ir desde unas afirmaciones generales a otras más particulares. Por el contrario, un razonamiento inductivo realiza el proceso inverso, ya que intenta pasar de las afirmaciones particulares a otras más generales.

Cuando un razonamiento deductivo está bien construido, podemos estar seguros de que su conclusión siempre se extrae de forma válida. La inducción, por el contrario, no siempre conduce a conclusiones correctas. El proceso de inducción consiste en obtener generalizaciones a partir de varios casos particulares, pero a menudo resulta difícil saber cuántos casos concretos debemos estudiar para poder obtener una conclusión general fiable.

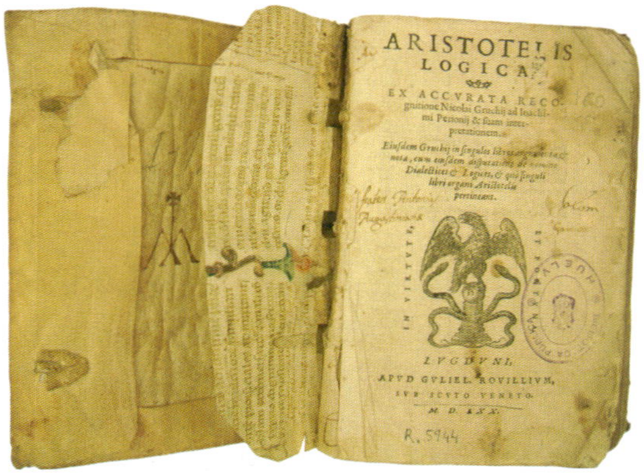

El *Organon* aristotélico fue considerado durante siglos un instrumento fundamental para aprender a razonar correctamente.

Dejando a un lado los problemas de la inducción, Aristóteles prestó especial atención a un tipo concreto de razonamiento deductivo, denominado **silogismo**. Los silogismos están formados por dos proposiciones iniciales que constituyen las premisas, de las cuales podemos extraer una tercera, que es la conclusión. El siguiente ejemplo de silogismo tal vez pueda ayudarte a comprender mejor estos términos:

a) Todos los perros son mortales.

b) Tobi es un perro.

c) Por lo tanto, Tobi es mortal.

Este razonamiento está formado por tres proposiciones. Las proposiciones **a** y **b** son las premisas, que constituyen el punto de partida del razonamiento. Como hemos visto anteriormente, cuando estudiamos lógica siempre suponemos que estas premisas son verdaderas. A la proposición **a** se la conoce como **premisa mayor**, mientras que la proposición **b** es la **premisa menor**. A partir de estas premisas podemos obtener la proposición **c**, que es la conclusión. En este caso concreto se trata de un razonamiento válido, porque está bien formulado. Esto quiere decir que, si las premisas son ciertas, entonces forzosamente la conclusión también debe ser verdadera.

Si España pertenece a Europa y Luis es español, ¿podemos asegurar que Luis también es europeo?

2.2. Las reglas del silogismo

Para estudiar la estructura de los silogismos, Aristóteles se sirvió del lenguaje natural, que es el que empleamos de forma ordinaria para comunicarnos. Como sabes, las frases que usamos para describir la realidad constan de un sujeto y de un predicado. De esta manera, podemos distinguir en los silogismos tres elementos diferentes, a los que se conoce como término mayor, término menor y término medio.

El **término mayor** es el **predicado de la conclusión**, y se suele representar con la letra *P*. El **término menor** es el **sujeto de la conclusión**, que se representa con la letra *S*. Finalmente, el **término medio** *M* es un elemento que se encuentra en ambas premisas pero que no aparece en la conclusión.

Veamos con un ejemplo concreto en qué consisten estos tres términos del silogismo. Aquí tenemos un silogismo típico (que además es válido):

a) Todos los españoles son europeos.

b) Luis es español.

c) Por lo tanto, Luis es europeo.

Podríamos representar este razonamiento de la siguiente manera:

a) Todo M es P.

b) S es M.

c) Por lo tanto, S es P.

En este caso, el término mayor P es "europeo", el término menor S es "Luis", y el término medio M es "español". Como puedes ver, este término medio está presente en las premisas, pero no en la conclusión.

Estudiando el modo en que se relacionan los términos y las proposiciones, Aristóteles fue capaz de identificar las ocho reglas básicas que deben cumplirse para que un silogismo sea correcto. El conocimiento de estas reglas es muy útil, porque los silogismos que respetan estas ocho condiciones siempre son correctos. En la lógica simbólica actual, los silogismos se tratan en lógica de clases.

Fíjate

LAS OCHO REGLAS DE LOS SILOGISMOS

1. Los silogismos tienen tres términos distintos: mayor, menor y medio.
2. Los términos no pueden ser más extensos en la conclusión que en las premisas.
3. El término medio debe estar en las premisas.
4. El término medio no puede estar en la conclusión.
5. Si tenemos dos premisas afirmativas, de ellas no podemos obtener una conclusión negativa.
6. Si tenemos dos premisas negativas, de ellas no se puede obtener ninguna conclusión.
7. Si tenemos dos premisas particulares, de ellas no se puede obtener ninguna conclusión.
8. Si tenemos una premisa negativa, la conclusión será negativa. Si tenemos una premisa particular, la conclusión será particular. Si tenemos una premisa particular y negativa, la conclusión será particular y negativa.

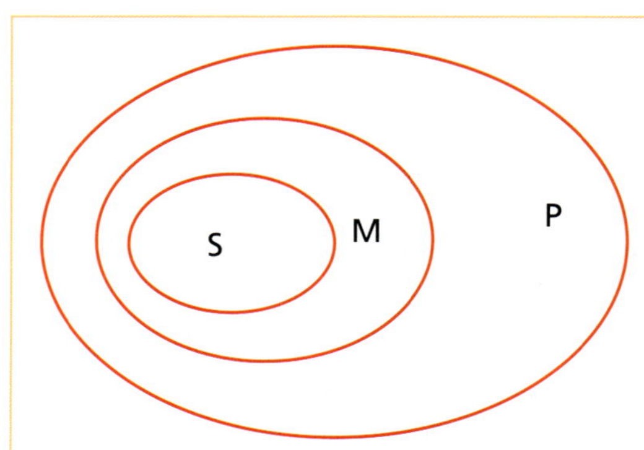

Si S está incluido en M y M está incluido en P, entonces S debe estar incluido en P.

Párate a pensar

Recapitula

1. ¿Sabrías explicar con precisión qué es lo que estudia la lógica? ¿Puede la lógica decirnos si las proposiciones que forman un razonamiento son verdaderas o falsas? Explica tu respuesta.
2. ¿Qué es una proposición o enunciado?
3. ¿Cómo pueden clasificarse los enunciados o proposiciones según su extensión? ¿Y según su intensión?
4. ¿Cuándo dos o más enunciados son equivalentes? Pon dos ejemplos de parejas de enunciados equivalentes.
5. ¿Cuándo decimos que dos enunciados son contradictorios? Pon dos ejemplos de enunciados que sean contradictorios entre sí.
6. ¿Qué son los enunciados compatibles? Haz una lista de cinco enunciados que sean compatibles.
7. ¿Cómo se diferencia una argumentación de una explicación?
8. ¿Qué diferencia existe entre los lenguajes naturales y los artificiales? ¿Por qué los lenguajes naturales no siempre son capaces de asignar significados de forma exacta y precisa?
9. ¿Cómo se diferencia la inducción de la deducción?

Construye el concepto

10. Define los siguientes términos filosóficos con los diccionarios propuestos (p. 1). A continuación, escribe una frase con cada uno de ellos en la que se aprecie su significado.
    - proposición
    - razonamiento
    - explicación
    - contenido lógico
    - premisa
    - conclusión
    - silogismo
    - inconsistencia
    - compatibilidad

Trabaja con textos

11. Lee el siguiente texto y contesta las preguntas:

> Si la elaboración de los conocimientos que pertenecen a la obra de la razón, lleva o no la marcha segura de una ciencia, es cosa que puede pronto juzgarse por el éxito. [...]
>
> Que la lógica ha llevado ya esa marcha segura desde los tiempos más remotos, puede colegirse, por el hecho de que, desde Aristóteles, no ha tenido que dar un paso atrás, a no ser que se cuenten como correcciones la supresión de algunas sutilezas inútiles o la determinación más clara de lo expuesto, cosa empero que pertenece más a la elegancia que a la certeza de la ciencia. Notable es también en ella el que tampoco hasta ahora hoy ha podido dar un paso adelante. Así pues, según toda apariencia, hállase conclusa y perfecta.
>
> Immanuel KANT: Prólogo a la segunda edición de la *Crítica de la razón pura*.

a) ¿Cómo puede saberse, según el autor, si una disciplina es una ciencia?

b) Según Kant, ¿puede decirse que la lógica es una ciencia?

c) Según este fragmento, ¿cuáles son los cambios que ha experimentado la lógica desde los tiempos de Aristóteles?

d) ¿Por qué se dice en el texto que la lógica se halla "conclusa y perfecta"? Teniendo en cuenta que Kant vivió en el siglo XVIII, ¿estás de acuerdo con esta opinión?

Practica

12. Te presentamos una serie de silogismos, entre los cuales hay algunos que son válidos y otros que no lo son. Revísalos detenidamente para comprobar si respetan las reglas de los silogismos o si se trata de razonamientos inválidos, justificando en cada caso tu respuesta.

a) Todos los planetas son astros. Todas las estrellas son astros. Por lo tanto, todos los planetas son estrellas.

b) Todas las plantas hacen la fotosíntesis. Mi perro no hace la fotosíntesis. Por lo tanto, mi perro no es una planta.

c) Algunos perros son blancos. Algunas mascotas son blancas. Por lo tanto, algunas mascotas son perros.

d) Ningún hombre es inmortal. Zeus es inmortal. Por lo tanto, Zeus no es un hombre.

e) Todos los líquidos son fluidos. Algunos alimentos son líquidos. Por lo tanto, algunos alimentos son fluidos.

f) Ningún felino nace de un huevo. Todos los tigres son felinos. Por lo tanto, ningún tigre nace de un huevo.

g) Ningún primate nace de un huevo. Algunos mamíferos (como el ornitorrinco) nacen de un huevo. Por lo tanto, algunos mamíferos no son primates.

h) Algunos artistas son cantantes. Mi amiga Ana es cantante. Por lo tanto, mi amiga Ana es artista.

i) Todos los pintores son artistas. Mi amigo Juan es pintor. Por lo tanto, mi amigo Juan es artista.

j) Todos los filósofos están locos. El autor de este libro está loco. Por lo tanto, el autor de este libro es un filósofo.

13. A continuación encontrarás tanto argumentaciones como explicaciones. Determina, para cada una de ellas si se trata de una explicación o de una argumentación, justificando adecuadamente tu respuesta.

a) Ayer entró un frente frío por el noroeste, así que hoy probablemente tendremos lluvia.

b) Está lloviendo a cántaros, porque debemos tener una borrasca sobre nosotros.

c) Aprobaste el examen, lo cual me hace pensar que estudiaste mucho.

d) Como has estudiado mucho, seguramente aprobarás.

e) La empresa está en pérdidas, así que me temo que despedirán a algunos trabajadores.

f) Andrés se retrasó ayer veinte minutos. Este chico siempre llega tarde a clase.

g) Todos los filósofos que conozco son gente rara. La filosofía, sin duda, trastorna a las personas.

h) Las cárceles deberían suprimirse, porque lo único que conseguimos al encerrar a una persona es convertirla en delincuente profesional.

i) Yo creo que Luis solo respeta las normas de circulación porque quiere evitar las multas.

j) Ana me parece una persona honrada y digna de admiración, porque siempre respeta las normas de circulación.

II. Introducción a la lógica simbólica

3. El lenguaje de la lógica simbólica

3.1. Más allá de la lógica aristotélica

El estudio que Aristóteles realizó sobre la lógica es verdaderamente impresionante. Sus contribuciones fueron tan importantes que durante mucho tiempo se consideró la lógica como una rama perfectamente completa del saber. Sin embargo, desde finales del siglo XIX algunos autores se interesaron de nuevo por la lógica, tratando de ir más allá de lo que había investigado Aristóteles.

Esta nueva orientación de la lógica utiliza un lenguaje artificial en lugar del lenguaje ordinario que empleamos habitualmente. El lenguaje ordinario a menudo es confuso y está lleno de ambigüedades y de dobles sentidos que dificultan la comunicación. La creación de un nuevo lenguaje simbólico permite definir con claridad y precisión el significado de los términos y las reglas que nos permiten combinarlos. Por eso la lógica contemporánea recibe el nombre de lógica simbólica.

3.2. Los símbolos de la lógica

Actualmente, la lógica simbólica es una disciplina muy desarrollada que se divide en varias ramas. Para simplificar nuestro estudio nosotros nos centraremos en presentar la lógica proposicional, que es su parte más sencilla.

La **lógica proposicional** estudia los razonamientos en los que intervienen afirmaciones consideradas como un todo.

Esto quiere decir que en la lógica proposicional no nos detendremos a analizar el contenido interno de cada proposición.

Las proposiciones, que son afirmaciones acerca de la realidad, pueden ser simples o compuestas.

Una **proposición simple o atómica** es aquella que no contiene en su interior otra proposición. En cambio, una **proposición compuesta o molecular** está formada por varias proposiciones relacionadas entre sí.

La proposición "Celia toca el violín y juega al fútbol" es molecular, porque está compuesta por dos proposiciones atómicas distintas: "Celia toca el violín" y "Celia juega al fútbol".

Para representar una proposición atómica, la lógica simbólica emplea letras minúsculas. Por ejemplo, podemos representar la proposición "Celia toca el violín" con la letra **p**, y la proposición "Celia juega al fútbol" con la letra **q**. Para

Protagonistas de la filosofía

BERTRAND RUSSELL (1872-1970)

El filósofo británico Bertrand Russell fue también un gran matemático y un excelente escritor, cuya labor fue reconocida con el premio Nobel de literatura en 1950. Desde muy pequeño mostró un extraordinario interés por las matemáticas y por la lógica. Sus trabajos en este campo culminaron en su gran obra *Principia Mathematica*, escrita en colaboración con Alfred North Whitehead, en la que pretendía demostrar que las matemáticas pueden reducirse a la lógica. Russell también se interesó por el análisis del lenguaje, campo en el que se le considera como uno de los fundadores de la filosofía analítica.

Durante la Primera Guerra Mundial, Russell defendió una postura pacifista y contraria a la resolución violenta de los conflictos internacionales. Su compromiso con la paz le costó una condena de cárcel por sus escritos en contra de la guerra. Sin embargo, durante la Segunda Guerra Mundial Russell apoyó decididamente la lucha de los aliados en contra del nazismo, al que consideraba una amenaza real contra la libertad y la civilización.

Impactado por las consecuencias de la guerra y por el poder destructivo de la bomba atómica, Russell dedicó los últimos años de su vida a defender la paz mediante un activo compromiso político que le condujo de nuevo a prisión cuando tenía 90 años.

Si p es "Celia toca el violín" y q es "Celia juega al fútbol", entonces $\neg p \wedge q$ sería "Celia no toca el violín aunque sí que juega al fútbol". Fotograma de *Quiero ser como Beckham* (2002), de Gurinder Chadha.

representar proposiciones de cualquier tipo, atómicas o moleculares, se usan las letras mayúsculas. De esta manera, la proposición "Celia no toca el violín pero sí que juega al fútbol" podría representarse por ejemplo con la letra A.

El lenguaje de la lógica representa las conexiones entre proposiciones mediante unos símbolos especiales llamados **conectores**. Estos símbolos son los siguientes:

- (¬) **Negación**. Sirve para negar una proposición. En el ejemplo que estamos viendo, ¬p equivale a "Celia no toca el violín", o bien "Es falso que Celia toque el violín".
- (∧) **Conjunción**. Sirve para unir dos proposiciones que están relacionadas mediante la partícula "y". De esta forma, la frase "Celia toca el violín y Celia juega al fúbol" se simbolizaría con la expresión p∧q.
- (∨) **Disyunción**. Nos permite relacionar dos proposiciones que están unidas mediante la partícula "o". La proposición molecular "Celia toca el violín o juega al fútbol" se representa con la expresión p∨q.
- (→) **Implicación**. Se emplea para representar una condición, que suele aparecer en el lenguaje ordinario con expresiones del tipo "si... entonces...". Por ejemplo, la frase "Si Celia toca el violín, entonces juega al fútbol" se representaría mediante símbolos como p→q.
- (↔) **Coimplicación**. Permite simbolizar una situación bicondicional, que puede presentarse en expresiones como "si y solo si ... entonces ...". La proposición molecular "Si y solo si Celia toca el violín, entonces juega al fútbol" se representaría simbólicamente como p↔q.

Además de estos conectores, las expresiones lógicas pueden hacer uso de signos auxiliares, como paréntesis y corchetes. Estos símbolos sirven para indicar el orden de prioridad que existe en una expresión compleja.

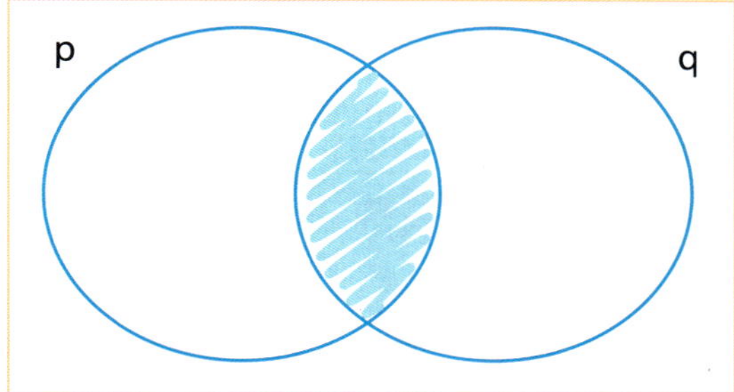

La conjunción (p∧q) expresa los elementos que al mismo tiempo pertenecen al conjunto p y al conjunto q.

comprueba lo que sabes

Considera las siguientes proposiciones atómicas:

p Luis asiste a clase diariamente.

q Luis estudia filosofía.

r Luis tiene buenas notas.

¿Qué interpretación podrías dar a las siguientes expresiones simbólicas?

a) ¬p
b) p∨q
c) p∧r
d) p→r
e) (p∨q)↔r
f) (p∧q)↔r

4. Las reglas de la lógica

4.1. Las fórmulas bien formadas

Una vez que hemos definido los símbolos que emplea la lógica, tenemos que aclarar que no todas las combinaciones de estos signos resultan válidas.

En lógica simbólica llamamos **fórmulas bien formadas** a las expresiones que están correctamente construidas.

Para elaborar fórmulas bien formadas, seguiremos las siguientes reglas:

1) Cualquier letra que represente a una proposición es una fórmula bien formada.

2) Si A es una fórmula bien formada, entonces ¬A también lo es.

3) Si A y B son fórmulas bien formadas, entonces también lo son A∧B, A∨B, A→B y A↔B.

4) Cualquier fórmula elaborada siguiendo los pasos anteriores es una fórmula bien formada.

5) Las fórmulas que no se han elaborado siguiendo los pasos **1** al **3** no están bien formadas.

Algunos ejemplos de fórmulas bien formadas podrían ser, entre otras, por ejemplo las siguientes expresiones: p, ¬q, p∨q, p∧¬q, (A∧B), ¬(p∧r), [(A∨B)∧C]→(p∨q)... En cambio, la expresión p∧→¬qr no es una fórmula bien formada, porque no está correctamente construida, ya que no respeta las reglas de formación que acabamos de ver.

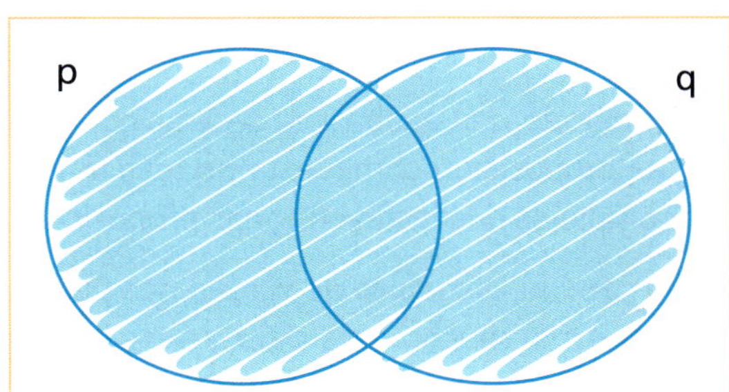

La disyunción (p∨q) puede representarse por los elementos que pertenecen al conjunto p o los que pertenecen al conjunto q.

Ejemplo de argumento analógico. Ilustración de Quino.

4.2. Los valores de verdad

Como sabes, las afirmaciones que hacemos sobre la realidad no siempre son ciertas. Del mismo modo, las proposiciones que manejamos en la lógica pueden ser verdaderas o falsas. Cuando una proposición es **verdadera**, decimos que su valor de verdad es 1. En cambio, cuando es **falsa** consideramos que su valor de verdad es 0.

El **valor de verdad** de una proposición molecular puede calcularse en función del valor de verdad de las proposiciones atómicas que contiene.

Supongamos, por ejemplo, que la proposición p representa la afirmación "Antonio habla francés", y que esta afirmación es verdadera. En ese caso representaríamos el valor de verdad de la proposición p con 1.

Considera ahora la proposición q, "Antonio habla chino". Si esta afirmación es falsa, entonces el valor de verdad de q es 0. ¿Cuál sería, por tanto, el valor de verdad de la proposición "Antonio no habla chino"? Dado que esta proposición es la negación de q, y que el valor de verdad de q es 0, entonces el valor de verdad de su negación $\neg q$ tiene que ser 1, que es lo contrario. Ya habíamos establecido que "Antonio no habla chino" era verdadera.

Podemos complicar algo más el caso siguiendo el mismo ejemplo. Tomemos la proposición "Antonio habla francés aunque no habla chino". Fíjate que esta proposición molecular está formada por la conjunción de otras dos proposiciones, que son p y $\neg q$. De esta manera, podría simbolizarse como $p \wedge \neg q$. Antes hemos visto que el valor de verdad de p es 1 y que el valor de verdad de $\neg q$ también es 1. Luego el valor de verdad de su conjunción también tiene que ser 1. Así es como calculamos en lógica que la frase "Antonio habla francés aunque no habla chino" es efectivamente verdadera.

5. Tablas de verdad

5.1. ¿Qué es una tabla de verdad?

El método que acabamos de emplear para determinar el valor de verdad de una proposición compuesta no resulta muy práctico cuando tenemos casos complejos que incluyen varias proposiciones.

En cambio, las tablas de verdad nos permiten realizar este mismo cálculo de una forma mucho más clara y sencilla, porque es un método puramente formal que no depende del significado concreto de las proposiciones.

Una **tabla de verdad** es un procedimiento para determinar el valor de verdad de una fórmula lógica en función de las proposiciones que la componen.

En las obras de Lewis Carroll, como *Alicia en el país de las maravillas*, se usan muchos juegos lógicos.

5.2. Las tablas de verdad de los conectores

Para entender lo que es una tabla de verdad, tal vez lo más claro sea comenzar estudiando cómo se aplican en el caso de los conectores. Veámoslos uno por uno:

Negación

La tabla de verdad de la negación es muy fácil de elaborar, porque para cualquier proposición p, el valor de verdad de ¬p es **el contrario** del que tenga p.

Lo que esta tabla quiere decir es que, si p es verdadera, entonces ¬p es falsa. En cambio, si p es falsa, entonces ¬p es verdadera. Como ves, la tabla nos permite representar esto mismo de una manera mucho más clara y visual.

Tabla de la negación

p	¬p
1	0
0	1

Conjunción

En el caso de la conjunción, la tabla de verdad tiene que incluir los posibles valores de las dos proposiciones p y q. Por eso necesitamos 4 filas, ya que para cada uno de los dos posibles valores de verdad de p tenemos también dos posibles valores de verdad para q.

Como puedes ver, **la conjunción solo es verdadera si p y q son ambas verdaderas**. En todos los demás casos la conjunción es falsa.

Tabla de la conjunción

p	q	p∧q
1	1	1
1	0	0
0	1	0
0	0	0

Disyunción

La tabla de verdad de la disyunción también tiene 4 filas:

Para que la disyunción sea verdadera, es necesario que **al menos una** de las dos proposiciones sea verdadera. La disyunción solo es falsa cuando tanto p como q son falsas.

Tabla de la disyunción

p	q	p∨q
1	1	1
1	0	1
0	1	1
0	0	0

Implicación

Como puedes apreciar, **la implicación solo es falsa cuando p (el antecedente) es verdadera y q (el consecuente) es falsa**. En todos los demás casos la implicación es verdadera.

Tabla de la implicación

p	q	p→q
1	1	1
1	0	0
0	1	1
0	0	1

5.3. Las tablas de verdad de las proposiciones moleculares

Si has comprendido cómo se hacen las tablas de verdad de los conectores, no te resultará difícil repetir el procedimiento con fórmulas más complejas. Lo primero que debes hacer es fijarte en el número de proposiciones atómicas que hay presentes.

Si solo hay una, tendrás que hacer una tabla con 2 filas. Si tenemos 2 proposiciones atómicas, harán falta 4 filas. Si hay 3 proposiciones atómicas, necesitarás 8 filas. Y, en general, cuando haya n proposiciones atómicas tendrás que hacer una tabla con 2^n filas.

Una vez construida la tabla, deberás dar todos los valores posibles a cada una de las proposiciones atómicas. Para cada uno de estos conjuntos de valores tendrás que calcular el valor de verdad de los conectores que los relacionan en la fórmula.

Al desarrollar este paso es muy importante tener en cuenta el orden, respetando los paréntesis y la prioridad de los distintos conectores posibles.

Siempre debes comenzar por el interior de los paréntesis, dejando para más tarde el cálculo de los conectores que ligan los paréntesis entre sí. Se recomienda numerar el orden de los cálculos que hay que realizar.

comprueba lo que sabes

- Intenta elaborar la tabla de verdad de la coimplicación. Recuerda que p↔q es una situación bicondicional, que se puede expresar diciendo "q es verdadera si y solo si p también es verdadera".

Vamos a ver un ejemplo para aclarar cómo se calculan las tablas de verdad. Consideremos la fórmula (p∨q)∧¬p. En este caso, como tenemos 2 proposiciones moleculares, necesitaremos una tabla con $2^2 = 4$ filas. En primer lugar, tendremos que calcular el valor de verdad de (p∨q), que aparece entre paréntesis. Después, habrá que calcular el valor de verdad de ¬p. Y, por último, tendremos que calcular el valor de verdad de la conjunción de estas dos fórmulas.

El resultado de la tabla nos permite afirmar que la fórmula (p∨q)∧¬p únicamente es verdadera cuando p es falsa y q es verdadera.

Tabla de la expresión (p∨q)∧¬p

p	q	p∨q	¬p	(p∨q)∧¬p
1	1	1	0	0
1	0	1	0	0
0	1	1	1	1
0	0	0	1	0

5.4. Tautologías, contradicciones e indeterminaciones

Al realizar la tabla de verdad de una expresión lógica, lo que estamos calculando es el valor de verdad que tiene la proposición representada por esa fórmula. Este valor de verdad se muestra en la última columna que hemos calculado en la tabla. Y esto nos puede conducir a tres situaciones distintas.

Cuando en la columna correspondiente a la fórmula todos los resultados sean 1, eso querrá decir que la expresión siempre es verdadera sea cual sea el valor de verdad de las proposiciones que la componen. Estas fórmulas se denominan tautologías. En lógica, las tautologías son particularmente importantes para encontrar leyes lógicas y formas válidas de razonamiento.

Una **tautología** es una proposición que siempre es verdadera.

Una tautología es una proposición que siempre es cierta.

Si en la columna de la fórmula todos los resultados son 0, entonces la expresión es siempre falsa. Estas fórmulas se llaman contradicciones.

Una **contradicción** es una proposición que siempre es falsa.

En el caso de que la columna de la fórmula tenga unos y ceros, decimos que la expresión es indeterminada, porque en algunas ocasiones es cierta y en otras es falsa.

Una **indeterminación** es una proposición que puede ser verdadera o falsa según el caso.

Aclaremos estas definiciones con algunos ejemplos. Vamos a comenzar construyendo al margen la tabla de verdad de la expresión p∨¬p. Como aquí solo tenemos una proposición atómica nos bastará con una tabla de 2 filas.

Tabla de la expresión p∨¬p

p	¬p	p∨¬p
1	0	1
0	1	1

En esta tabla la columna final solo contiene unos. Esto quiere decir que p∨¬p es siempre verdadera, tanto si p es verdadera como si p es falsa. Por eso se trata de una tautología. Lo que esto significa es fácil de interpretar. Sea cual sea la afirmación p, siempre tiene que ser cierto que o bien p es verdadera o bien p es falsa.

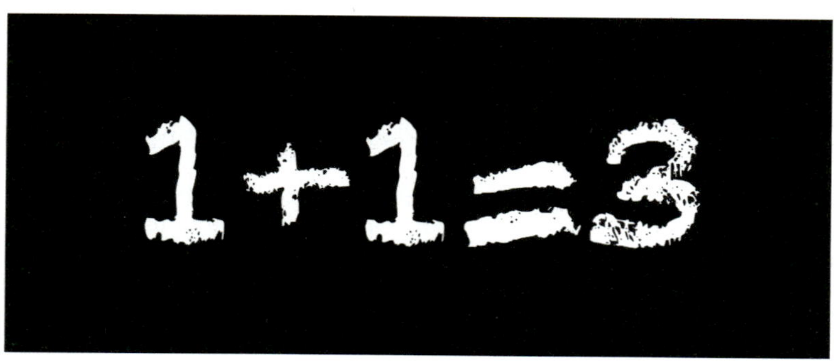

Una proposición que resulta falsa para todos sus valores de verdad es una contradicción.

Veamos ahora lo que ocurre con la fórmula p∧¬p. Al hacer su tabla de verdad, comprobamos que la última columna solo tiene ceros. Eso significa que p∧¬p siempre es falsa, de manera que estamos ante una contradicción. En otras palabras: para cualquier afirmación p resulta imposible que p sea verdadera y falsa al mismo tiempo. En la lógica tradicional, esto se denominaba "principio de no contradicción", y se consideraba una verdad evidente y fundamental para poder razonar.

Por último, fíjate en lo que pasa con la expresión p∧¬q. En este caso concreto necesitamos una tabla con 4 filas, porque hay dos proposiciones atómicas distintas.

Una vez hecha la tabla, constatamos que la última columna tiene ceros y unos. Por lo tanto, p∧¬q es una fórmula indeterminada, que solo es verdadera en algunos casos (concretamente, cuando p es verdadera y q es falsa).

Tabla de la expresión p∧¬p

p	¬p	p∧¬p
1	0	0
0	1	0

Tabla de la expresión p ∧ ¬q

p	q	¬q	p∧¬q
1	1	0	0
1	0	1	1
0	1	0	0
0	0	1	0

6. El cálculo deductivo

6.1. Leyes lógicas

Entre todas las tautologías, las **implicaciones tautológicas** son especialmente importantes porque pueden considerarse leyes lógicas. Estas leyes son muy útiles porque pueden utilizarse para analizar nuestros razonamientos y comprobar si son correctos o no.

Para entender en qué consiste una ley lógica podemos fijarnos en un ejemplo muy característico, representado por la implicación [(p→q)∧p]→q.

Como la columna de la fórmula final solo tiene unos, se trata de una tautología. Esta implicación tautológica es una ley lógica muy conocida que se denomina *modus ponens*. En realidad, lo que viene a decir es fácil de interpretar: si p implica q y p es verdadera, entonces q también tiene que ser verdadera.

Tabla de la expresión [(p→q)∧p]→q

p	q	p→q	(p→q)∧p	(p→q)∧p→q
1	1	1	1	1
1	0	0	0	1
0	1	1	0	1
0	0	1	0	1

6.2. Reglas de inferencia

Las reglas de inferencia son una forma alternativa de presentar las leyes lógicas. Dado que se trata de implicaciones, estas leyes siempre tienen la forma A→B. Como sabes, esta fórmula puede interpretarse como un condicional: "Si A, entonces B". Por este motivo, decimos que A es el antecedente y B el consecuente de la implicación.

También podríamos decir que A representa las premisas y B la conclusión. El paso desde la premisa A hasta la premisa B mediante un razonamiento lógico recibe el nombre de **inferencia**.

Si queremos evitar el uso de las tablas de verdad, también podemos mostrar la implicación de una ley lógica utilizando reglas de inferencia. Lo que debemos hacer en este caso es presentar los antecedentes en distintas líneas, separadas del consecuente mediante una raya horizontal.

Vamos a usar este procedimiento para presentar en el margen el *modus ponens* que hemos examinado más arriba. Como hemos visto, esta ley puede formularse del siguiente modo: [(p→q)∧p]→q.

Esto significa lo siguiente: "Si p, entonces q. Se ha producido p. La conclusión es que debe producirse q". Como puedes observar, el símbolo ⊢ que hemos introducido al final nos sirve para señalar la conclusión del razonamiento.

comprueba lo que sabes

- Considera la fórmula [(p→q)¬q]→¬p y elabora su tabla de verdad.

¿Se trata de una tautología?

¿Estamos ante una ley lógica?

¿Cómo podrías interpretar el resultado de esta tabla de verdad?

Modus ponens expresado como una regla de inferencia

p→q
p
———
⊢q

Existen muchas leyes lógicas. Presentadas en forma de reglas de inferencia son muy útiles, porque pueden emplearse para probar la validez de nuestros razonamientos.

▲ Los circuitos de un microprocesador realizan operaciones lógicas (si, y, o, no).

7. Otras ramas de la lógica

Los sencillos ejemplos que hemos estudiado hasta ahora forman parte de la lógica proposicional. En la lógica proposicional trabajamos con proposiciones atómicas y moleculares, pero no nos paramos a analizar su contenido. Por eso la lógica proposicional también se llama lógica de enunciados, ya que trata las proposiciones sin tener en cuenta su contenido.

A menudo la lógica proposicional es suficiente para estudiar la validez de nuestros razonamientos. Pero hay situaciones en las que puede resultar necesario entrar más a fondo en el contenido de los enunciados. En esos casos es mejor utilizar las herramientas de la **lógica cuantificacional**.

La lógica cuantificacional o de predicados sí que realiza un análisis de las proposiciones que intervienen en los razonamientos. De este modo podemos tener en cuenta las propiedades de los individuos particulares a los que se refieren nuestros enunciados. Así también resulta más fácil estudiar las relaciones que puede haber entre estos elementos. Estos detalles pueden ser muy importantes para determinar si una argumentación es correcta o no. De esta manera, la lógica cuantificacional amplía y mejora las posibilidades del cálculo, permitiéndonos analizar adecuadamente razonamientos muy complejos.

Existen, además, otras ramas de la lógica, como la **lógica de clases** o la **lógica borrosa**. Estos campos han extendido las técnicas de la lógica a situaciones que quedaban fuera del análisis tradicional, pero que tienen muchas aplicaciones de gran importancia. Por ejemplo, la **lógica polivalente** tiene en cuenta aquellas situaciones en las que las proposiciones pueden tener más de dos valores de verdad distintos.

Fíjate en una afirmación como por ejemplo "lloverá mañana". Podríamos limitarnos a decir que esta proposición puede ser verdadera o falsa, como hace la lógica tradicional. Pero también podríamos asignar una probabilidad mayor o menor a esa afirmación. Esto sería muy interesante, porque nos permitiría analizar la validez lógica de las predicciones, presentes en muchos campos. Para manejar estas situaciones hacen falta herramientas más sofisticadas que las de la lógica bivalente, en las que una proposición solo puede tener dos valores de verdad.

◀ La lógica polivalente permite extender el análisis de los razonamientos a situaciones en las que el valor de verdad puede ser distinto de 0 o de 1, como las relaciones con la predicción meteorológica.

Párate a pensar

Recapitula

1. ¿En qué se distingue la lógica simbólica de la lógica aristotélica? ¿Cuál es la ventaja que puede tener la utilización de símbolos en la lógica?

2. Completa la siguiente tabla en la que se recoge el significado de los diferentes signos empleados para formalizar los razonamientos en lógica simbólica:

Símbolo	Interpretación
Letra minúscula p, q, r, s...	Cualquier proposición atómica
Letra mayúscula A, B,C...	
	Negación
	Conjunción (y)
	Disyunción (o)
$\rightarrow$	
$\leftrightarrow$	
Paréntesis	
Corchetes	

3. ¿Qué condiciones debe cumplir una fórmula bien formada? Aclara tu respuesta escribiendo cuatro ejemplos distintos de fórmulas bien formadas y otros cuatro ejemplos de fórmulas mal formadas.

4. ¿Qué es una tabla de verdad? ¿Qué utilidad puede tener elaborar la tabla de verdad de una expresión lógica?

5. ¿Cuándo está permitido decir que una fórmula lógica es una tautología? ¿Cuándo puede afirmarse que una expresión es una contradicción? ¿Y cuándo se puede decir que una fórmula es una indeterminación? ¿Para qué puede servirnos saber si una expresión es tautológica, contradictoria o indeterminada?

6. Completa la siguiente tabla de verdad para la fórmula $(p \wedge \neg q) \rightarrow \neg q$. ¿Se trata de una tautología? ¿En qué basas tu respuesta?

p	q	$\neg p$	$\neg q$	$p \wedge \neg q$	$(p \wedge \neg q) \rightarrow \neg q$
1	1			0	
1	0			1	
0	1	1	0		
0	0	1	1		

7. Elabora las tablas de verdad de las siguientes expresiones lógicas, indicando en cada caso si se trata de tautologías, contradicciones o indeterminaciones.

a) $p \wedge \neg q$
b) $\neg p \vee q$
c) $\neg(p \vee q)$
d) $\neg(p \wedge q)$
e) $\neg p \wedge \neg q$
f) $(p \wedge q) \vee \neg p$
g) $(p \wedge q) \wedge \neg(p \wedge q)$
h) $(p \wedge q) \vee \neg(p \wedge q)$
i) $(p \vee q) \wedge \neg(p \wedge q)$
j) $(p \wedge \neg q) \wedge (\neg p \vee q)$

8. Elabora la tabla de verdad para las siguientes implicaciones, determinando cuáles de ellas representan leyes de la lógica y explicando por qué lo son.

a) $[(p \vee q) \wedge q] \rightarrow q$
b) $[(p \rightarrow q) \wedge q] \rightarrow p$
c) $[(p \rightarrow \neg q) \wedge p] \rightarrow \neg q$
d) $[(\neg p \rightarrow q) \wedge q] \rightarrow \neg p$
e) $\neg(p \wedge q) \rightarrow (\neg p \vee \neg q)$
f) $\neg(p \vee q) \rightarrow (\neg p \wedge \neg q)$
g) $(p \leftrightarrow q) \rightarrow [(p \rightarrow q) \wedge (q \rightarrow p)]$
h) $(p \leftrightarrow \neg q) \rightarrow [(p \rightarrow \neg q) \wedge (\neg q \rightarrow p)]$

9. ¿Qué son las reglas de inferencia? ¿Cuál puede ser la utilidad de las reglas de inferencia en la lógica?

Construye el concepto

10. Define los siguientes términos filosóficos con los diccionarios propuestos (p. 1). A continuación, escribe una frase con cada uno de ellos en la que se aprecie su significado:

- lógica proposicional
- lógica cuantificacional
- proposición simple
- proposición molecular
- conector
- tabla de verdad
- tautología
- contradicción
- indeterminación
- inferencia

Trabaja con textos

11. Lee el texto y contesta las preguntas:

> Presentar la lógica [...] como un sistema de reglas de inferencia significa, entonces, elegir un conjunto de reglas básicas y derivar [...] de él el conjunto —potencialmente infinito— de las restantes. Todo consiste, por tanto, en hacer un cálculo de reglas, en lugar de un cálculo de leyes. Y puesto que al construir un cálculo de este tipo no buscamos otra cosa [...] que poder llevar a cabo un análisis más fiel de la inferencia natural; y puesto que las inferencias de las que [...] se ocupa la lógica son las inferencias deductivas, a nadie puede extrañar que un sistema de este tipo reciba el nombre de "cálculo de la deducción natural". Lo que estamos haciendo, en efecto, no es otra cosa que dar forma de cálculo a la forma natural de deducir.
>
> Alfredo DEAÑO: *Introducción a la lógica formal.*

a) Según este fragmento, ¿cuál crees que és el significado que tiene presentar la lógica como un sistema de reglas de inferencia?

b) ¿Por qué se suele llamar a este sistema "cálculo de la deducción natural"?

Amplía

12. Además de la lógica proposicional, existen otras ramas distintas de la lógica que permiten abarcar campos más amplios y complejos. Trata de poner algún ejemplo de estas otras ramas de la lógica, explicando brevemente de qué se ocupa cada una de ellas.

Puedes encontrar información sobre este tema en el siguiente enlace, donde se presentan brevemente las distintas ramas de la lógica:

- *Ramas de la lógica*: www.tiching.com/685963

Comentario de texto

Texto 1

La distinción entre lenguajes naturales y lenguajes artificiales es a primera vista muy clara. Los lenguajes naturales los heredamos. Los lenguajes artificiales los construimos. Los lenguajes naturales son las lenguas, creadas y recreadas constantemente por la especie en el transcurso de muchos siglos y transmitidas a cada individuo en el transcurso de pocos años. Los lenguajes naturales son los que hablamos todos los días, esos complejos instrumentos de comunicación que solo las gramáticas generativas parecen hoy capaces de describir de modo relativamente adecuado, esos lenguajes que, dicho de manera rudimentaria, se componen, en el fondo de un léxico —finito— y de un conjunto de reglas que permiten combinar hasta el infinito los elementos de ese léxico. Los lenguajes son, según diría Wittgenstein, "una forma de vida". [...]

Pero en rigor —y la metáfora de Wittgenstein apunta verosímilmente a este hecho— los lenguajes naturales han sido también construidos. Solo que construimos a ritmo lento, a lo largo de la secular relación del hombre con su medio: su riqueza, su ambigüedad, su infinitud de matices no son sino el reflejo de la riqueza de esa relación. Y un producto de esa relación —un resultado de la necesidad de controlar científicamente el medio— son también los lenguajes artificiales. Lo que laxamente estamos llamando "lenguajes artificiales" son por lo general lenguajes de precisión, medios artificiosos de expresión construidos por los científicos a fin de poder formular con mayor justeza las relaciones entre los objetos estudiados por sus ciencias respectivas.

Alfredo DEAÑO: *Introducción a la lógica formal.*

Texto 2

Si el argumento es un utensilio al que constantemente se recurre en el discurso de la vida ordinaria, en las controversias políticas y en las pruebas científicas, parece que tiene interés y sentido la tarea de estudiar los diferentes tipos de esquemas o patrones de confección de tales utensilios, o dicho más precisamente, la tarea de llevar a cabo un inventario de formas o figuras abstractas de deducción y proceder al análisis y clasificación de ellas.

Así es como surge la tarea de la lógica formal, y así es como se la plantearon los filósofos griegos desde Aristóteles y los estoicos: como un análisis de formas abstractas que tiene cierta semejanza con el trabajo del geómetra. Pues así como los antiguos geómetras consideraban la forma o figura de los objetos físicos en abstracto, prescindiendo o abstrayendo de la materia en que se compusiesen (por ejemplo: la forma o figura de un objeto esférico, prescindiendo del hecho de que sea de bronce o mármol la materia que lo constituya), así también los lógicos griegos se interesaron por la forma o figura de los argumentos, haciendo abstracción de su materia o contenido. De acuerdo con lo dicho, cabe definir la lógica formal como una ciencia abstracta que tiene por objeto el análisis formal de los argumentos, o también, y más concretamente, como teoría formal de la deducción.

Manuel GARRIDO: *Lógica simbólica.*

Texto 3

Evatlo aprendió de Protágoras cómo ser abogado, gracias a un generoso acuerdo mediante el cual no hacía falta que pagara nada por su educación hasta que, y a menos que, ganase su primer pleito en los tribunales.

Para sorpresa de Protágoras, después de haber dedicado muchas horas de su tiempo a preparar a Evatlo, su pupilo decidió ser músico y desentenderse para siempre de los tribunales. Protágoras exigió a Evatlo que le pagara sus servicios y, cuando el músico se negó, decidió demandarlo ante los tribunales.

Protágoras razonó que si Evatlo perdía el juicio, él ganaría, en cuyo caso recuperaría su dinero, y lo que es más, incluso si perdía, Evatlo ganaría su primer caso, por más que dijera que era músico, y también le tendría que pagar.

Sin embargo, Evatlo argumentaba de forma bien distinta. Si perdía, pensaba, habría perdido su primer caso en los tribunales; por tanto, el acuerdo original le liberaba de pagar los gastos de educación. Pero también, si ganaba, Protágoras perdía el derecho a hacer cumplir el contrato, y por tanto no tendría que pagar nada.

Los dos no pueden tener razón. Por tanto, ¿quién está equivocado?

Martin COHEN: *101 problemas de filosofía.*

Disertación filosófica

¿Sirve la lógica para ayudarnos a pensar?

- ¿Tiene la lógica alguna utilidad práctica o es solo un pasatiempo sin mayor relevancia?
- ¿Aprender lógica nos puede servir para pensar mejor?
- ¿Nos proporciona herramientas para identificar falacias y detectar errores?
- ¿Es más difícil engañar con sofismas a la gente que ha estudiado lógica?
- ¿Existen formas de pensamiento que escapan a la lógica y que quedan fuera de lo que hemos estudiado en esta unidad?

Debate filosófico

¿Responde el mundo que nos rodea a las leyes de la lógica?

En este tema hemos insistido en subrayar el carácter formal que tiene la lógica. Esto significa que a la hora de analizar la validez de los razonamientos solo debemos tener en cuenta la estructura de la argumentación, y no su contenido.

Sin embargo, también ha habido pensadores que han intentado encontrar un reflejo de esta estructura formal en la realidad que nos rodea. Ludwig Wittgenstein afirmó en su *Tractatus* que la lógica del lenguaje se corresponde con la lógica del mundo, y que por ese motivo el lenguaje puede servirnos para describir la realidad.

- ¿Crees tú que los acontecimientos y sucesos que suceden a nuestro alrededor obedecen las leyes de la lógica?
- ¿Se cumplen siempre en la realidad los principios lógicos básicos, como el de no contradicción?
- ¿No será la lógica más bien una creación artificial que tratamos de imponer a todo lo que existe?
- ¿Crees que hay una lógica de la naturaleza que es independiente de la persona que la piensa?

Una obra para comentar

El juego de la lógica

El juego de la lógica es un breve libro escrito por Charles Dodgson, un matemático y escritor inglés que, sin embargo, es mucho más conocido por su seudónimo Lewis Carroll. Este es el nombre literario que aparece en sus célebres obras *Alicia en el País de las Maravillas* y *A través del espejo, y lo que Alicia encontró allí.* Lewis Carrol estaba muy interesado por la lógica, como puede apreciarse en algunos de los delirantes diálogos que aparecen en las aventuras de Alicia. *El juego de la lógica* presenta con gran claridad y numerosos ejemplos lo interesante que puede resultar la lógica para aclarar los sentidos y sinsentidos de nuestros razonamientos.

Trabajo en equipo

Los grandes lógicos y sus aportaciones

Para llevar a cabo la tarea dividiremos la clase en grupos de 4-5 alumnos. Cada equipo se centrará en analizar las aportaciones más significativas realizadas al estudio de la lógica por un personaje en concreto.

a) Entre las figuras que podéis elegir os sugerimos las siguientes: George Boole, Bertrand Russell, Gottlob Frege, David Hilbert, Charles Sanders Peirce, Antoni Lukasiewicz, Augustus De Morgan, Ludwig Wittgenstein, John Venn, Sofia Yanovskaya, Kurt Gödel, Georg Cantor, Alan Turing, Elizabeth Anscombe, Giuseppe Peano, Alfred Tarski, Alfred North Whitehead, Peter Frederick Strawson y Willard Van Orman Quine.

b) Una vez realizada la investigación, cada grupo realizará su presentación ante el resto de la clase. Conviene que la secuencia de las presentaciones siga un orden cronológico, de manera que podáis tener un panorama aproximado del modo en que la lógica ha ido evolucionando y desarrollándose a lo largo del tiempo.

c) Cuando todos los grupos hayan acabado sus presentaciones se puede llevar a cabo un debate. Podéis discutir las perspectivas actuales de las investigaciones lógicas, debatiendo si se trata de una disciplina acabada y completa o si creéis que pueden hacerse nuevos descubrimientos sobre lógica en el futuro.

Bibliografía

Alfredo DEAÑO: ***Introducción a la lógica formal.***

Jesús MOSTERÍN: ***Los lógicos.***

María MANZANO y María Antonia HUERTAS: ***Lógica para principiantes.***

Raymond SMULLYAN: ***¿Cómo se llama este libro? El enigma de Drácula y otros pasatiempos lógicos.***

Dan CRYAN y otros: ***Lógica para todos.***

Filmografía

Los crímenes de Oxford. Álex DE LA IGLESIA. Un joven estudiante y su profesor de lógica tratan de aclarar una serie de misteriosos asesinatos. Utilizando códigos lógicos, encontrarán la pauta regular que sigue el asesino.

Sherlock Holmes. Guy RITCHIE. Inspirada en el personaje del novelista Arthur Conan Doyle. El pensamiento lógico es el instrumento que permite a Sherlock Holmes encontrar la solución de los enigmas más complicados.

Mapa conceptual

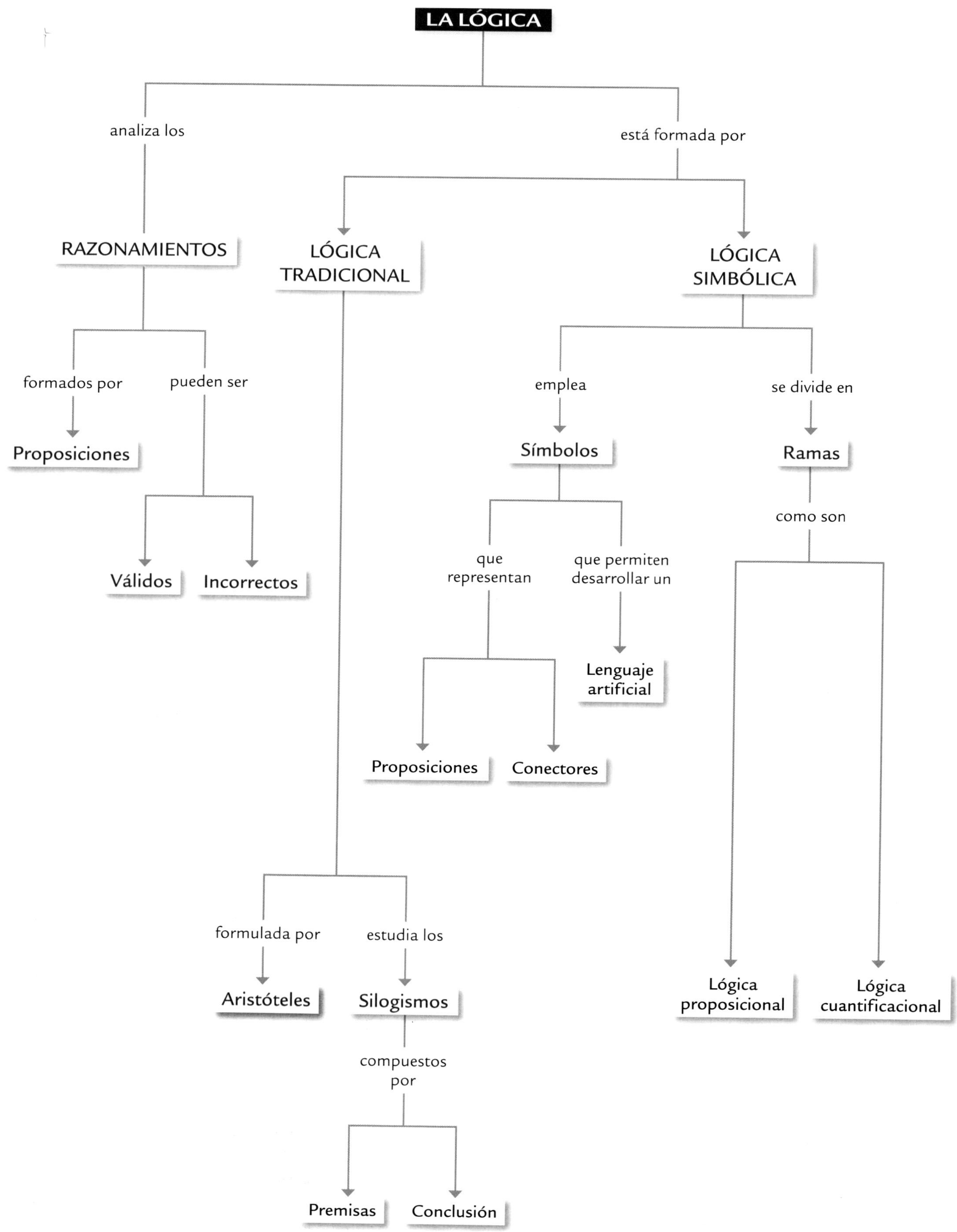

Evaluación

Elige la respuesta correcta para cada una de las siguientes preguntas. Recuerda que de todas las opciones solo una es válida.

1. **¿Qué es lo que estudia la lógica?**
   a) La veracidad o falsedad de nuestras afirmaciones.
   b) La validez o invalidez de nuestras afirmaciones.
   c) La veracidad o falsedad de nuestros razonamientos.
   d) La validez o invalidez de nuestros razonamientos.

2. **¿Qué es una proposición?**
   a) Es una frase cualquiera expresada mediante el lenguaje natural.
   b) Es el contenido lógico de una frase que afirma o niega alguna cosa, independientemente del lenguaje que empleamos en dicha frase.
   c) Es una frase cualquiera expresada mediante un lenguaje formal y simbólico.
   d) Son las palabras de un lenguaje determinado con las que verbalizamos una afirmación concreta.

3. **¿Cuándo decimos que dos enunciados son compatibles?**
   a) Cuando los dos no pueden ser verdaderos o falsos simultáneamente.
   b) Cuando los dos necesariamente son verdaderos o falsos al mismo tiempo.
   c) Cuando son equivalentes.
   d) Cuando no son ni equivalentes ni contradictorios entre sí.

4. **¿Qué diferencia hay entre el proceso de deducción y el de inducción?**
   a) La inducción se utiliza para casos generales mientras que la deducción se emplea en situaciones particulares.
   b) El proceso de deducción va desde lo general hasta lo particular, mientras que la inducción va de lo particular a lo general.
   c) El proceso de inducción va desde lo general hasta lo particular, mientras que la deducción va de lo particular a lo general.
   d) La inducción siempre puede considerarse válida, mientras que la deducción no siempre conduce a conclusiones correctas.

5. **¿Cómo se clasifican los enunciados según su extensión?**
   a) Pueden ser inductivos o deductivos.
   b) Pueden ser afirmativos o negativos.
   c) Pueden ser universales, particulares o singulares.
   d) Pueden ser verdaderos o falsos.

6. **¿En qué consiste un silogismo?**
   a) Es un tipo de razonamiento deductivo que consta de dos premisas a partir de las cuales se extrae una conclusión.
   b) Es un tipo de razonamiento inductivo que consta de dos premisas a partir de las cuales se extrae una conclusión.
   c) Es un tipo de razonamiento deductivo que consta de dos o más enunciados universales.
   d) Es un tipo de razonamiento inductivo que comienza con premisas particulares para obtener una conclusión general.

7. **¿Qué es una tautología?**
   a) Es un tipo de razonamiento que en todos los casos resulta válido.
   b) Es un tipo de proposición que en todos los casos es verdadera.
   c) Es un tipo de razonamiento que en todos los casos es incorrecto.
   d) Es un tipo de proposición que en todos los casos resulta ser falsa.

8. **¿Qué son las leyes lógicas?**
   a) Son silogismos compatibles, válidos y verdaderos.
   b) Son implicaciones tautológicas que pueden servirnos .para analizar la validez de nuestros razonamientos.
   c) Son silogismos probables que sirven como ejemplo para ayudarnos a razonar.
   d) Son tablas de verdad que han sido correctamente elaboradas.

Contesta por escrito las cuestiones siguientes:

9. **¿De qué modo pueden clasificarse los enunciados según su intensión?**
   ¿Coincide esta clasificación con la que se basa en la extensión de las proposiciones?

10. **¿Qué diferencia hay entre la lógica proposicional y la lógica cuantificacional?**
    ¿Podrías poner un ejemplo que aclare el tipo de razonamientos de los que se ocupa cada una de ellas?
    ¿Cuál de las dos te parece más completa?

11. **¿Para qué puede servirnos el estudio de la lógica?**
    ¿Tiene alguna aplicación práctica y útil que pueda ser de interés para un alumno de bachillerato?
    Explica las respuestas posibles a estas preguntas, elige cuál de ellas consideras que es tu tesis y arguméntala convenientemente.

10 Lenguaje, retórica y argumentación

- ¿Qué son los símbolos? ¿Por qué son tan importantes para los seres humanos?
- ¿Qué tipo de conexión hay entre el mundo y las palabras que usamos para describirlo?
- ¿Qué es la retórica? ¿En qué se diferencia de la dialéctica?
- ¿Cuáles son las claves para elaborar una argumentación convincente?
- ¿Cómo podemos detectar una falacia?

Objetivos

> Explicar las características específicas del lenguaje humano que lo distinguen de otros sistemas de comunicación animal.

> Discutir las concepciones del lenguaje más destacadas.

> Conocer las distintas tareas que es preciso realizar para elaborar un discurso convincente, así como las diferentes partes en las que conviene estructurarlo.

> Saber cuáles son las propiedades que caracterizan a un argumento convincente.

> Comprender que el carácter aceptable o falaz de muchos argumentos depende de la situación y las circunstancias.

Contenidos

El animal simbólico

- Los seres humanos somos animales simbólicos, porque vivimos en un mundo de representaciones que están cargadas de significado.
- El lenguaje, el arte, la religión o la ciencia son ejemplos de sistemas simbólicos de gran importancia para nosotros.
- El lenguaje humano es aprendido, convencional y articulado. El pensamiento y el lenguaje están íntimamente relacionados entre sí.
- Durante el siglo XX, Ferdinand de Saussure, por una parte, y Ludwig Wittgenstein, por otra, realizaron importantes contribuciones a nuestra concepción del lenguaje.

La retórica

- La retórica analiza las claves del arte de hablar en público ante un auditorio. En nuestros días se ha reavivado el interés por esta disciplina, que tuvo una gran importancia en la Antigüedad.
- De acuerdo con los antiguos estudiosos de la retórica, existen tres tipos de discursos distintos: los políticos, los judiciales y los de alabanza o crítica de una persona.
- Para pronunciar un buen discurso debemos llevar a cabo cinco tareas distintas, a las que se suele nombrar con su denominación en latín: *inventio*, *dispositio*, *elocutio*, *memoria* y *actio*.

La argumentación

- Argumentar consiste en justificar las posiciones que defendemos mediante razonamientos.
- Para que un argumento resulte convincente debemos asegurarnos de que sea pertinente, aceptable y sólido.
- Existen tres grandes tipos de argumentos: los inductivos, los deductivos y los abductivos, que además pueden estructurarse de diversas maneras.
- Las falacias son razonamientos que parecen correctos pero que contienen algún error. Para resultar convincentes, debemos esforzarnos por evitar el uso de falacias en nuestra argumentación.

I. El lenguaje

1. El animal simbólico

Como seguramente sabes, la comunicación es un proceso en el que se transmite información de un punto a otro. Probablemente también sabes que en todo proceso de comunicación están presentes varios elementos distintos. El emisor transmite un mensaje al receptor empleando para ello un código específico en un contexto determinado. El código de cualquier forma de comunicación está formado por signos.

Los iconos son signos en los que existe una relación de semejanza entre el significante y el significado.

Un **signo** es un elemento que sirve para representar o sustituir a otro.

Un signo establece una relación entre **significante** y **significado**. El significante es el elemento concreto que forma el signo, mientras que el significado es aquello que el signo representa. Por ejemplo, en un semáforo abierto el significante es la luz verde, y el significado es el permiso para avanzar.

En nuestra realidad cotidiana estamos rodeados de signos. Así, asociamos el humo con el fuego, la luz roja con el peligro, una paloma con la paz, o la palabra *manzana* con ese tipo concreto de fruta. Todos ellos son ejemplos de signos. El primer elemento mencionado en cada caso es el significante, mientras que lo que representa cada uno es su significado correspondiente.

Existen distintos tipos de signos. Las **señales**, por ejemplo, son signos naturales en los que la relación entre significante y significado es una conexión entre el efecto y la causa. Por ejemplo, la fiebre es una señal que indica la existencia de una posible enfermedad.

Los signos que no son naturales se denominan **convencionales**, porque en ellos no se da ninguna conexión natural entre significante y significado. Los signos convencionales están basados en un acuerdo. Llamamos **iconos** a los signos en los que se trata de representar mediante analogías el objeto representado. En los iconos existe una relación de **semejanza** entre el significante y el significado. Muchas indicaciones de tráfico son iconos porque se basan en imágenes que representan lo que se quiere indicar mediante una analogía.

Los **símbolos** son signos convencionales no icónicos, en los que la conexión entre significante y significado es completamente **arbitraria***. Las palabras son un ejemplo de símbolos, porque la relación que hay en ellas entre el significante y el significado es puramente convencional.

***Arbitrario:** no determinado por la naturaleza o la ley. La palabra *convencional* tiene un significado muy similar. Cuando afirmamos que algo es arbitrario o convencional, queremos decir que ha sido establecido por los seres humanos mediante una decisión que podría haber sido diferente.

La importancia que tienen los símbolos en nuestras vidas hace posible definir a las personas como seres simbólicos.

La ciencia que estudia los signos se denomina **semiótica**. La semiótica, a su vez, se divide en varias ramas distintas. La **sintaxis** estudia la forma en que se combinan y relacionan los signos para formar secuencias mayores, y la función que desempeñan dentro de estas. La **semántica**, por su parte, se centra en los significados, se preocupa por estudiar las relaciones entre los signos y lo que representan. La **pragmática**, por último, analiza cuáles son los usos de los signos y las relaciones que existen entre ellos y los usuarios de un sistema de comunicación.

Los filósofos otorgan una gran importancia a la capacidad simbólica humana, ya que nuestra capacidad para representar cualquier cosa mediante símbolos es uno de los principales rasgos que nos diferencian del resto de animales. La posibilidad única que tenemos los humanos para recrear el mundo que nos rodea mediante símbolos hace de nosotros unos seres muy especiales.

Además de habitar en el mundo, entre las cosas, los seres humanos también habitamos en un espacio de representaciones, entre los símbolos. Por eso algunos pensadores han definido al ser humano como "el animal simbólico". A menudo estos símbolos aparecen relacionados entre sí, formando sistemas complejos de enorme importancia para nosotros. Algunos de estos sistemas simbólicos son el lenguaje, el arte, la religión o la ciencia.

La capacidad **cultural** humana es posible gracias a la existencia de símbolos.

2. Lenguaje y pensamiento

2.1. El lenguaje humano

Muchos animales son capaces de comunicarse entre sí. Sin embargo, existen importantes diferencias entre la comunicación animal y la comunicación humana. Los animales emplean un sistema de comunicación innato, instintivo y común a toda la especie, con el que pueden referirse únicamente a situaciones concretas que se producen en el momento presente. Los seres humanos, por el contrario, empleamos sistemas de comunicación aprendidos y convencionales, que nos permiten referirnos a realidades abstractas o que están más allá de lo particular.

Sin embargo, la principal diferencia entre el lenguaje humano y el lenguaje animal consiste en que el lenguaje humano es **articulado**.

Esto quiere decir que las personas podemos combinar los signos de muchas formas diferentes para crear nuevas estructuras. La articulación del lenguaje humano hace que nuestras posibilidades comunicativas sean prácticamente ilimitadas, a diferencia de lo que ocurre con los animales. Por eso el lenguaje humano es extraordinariamente rico y complejo.

2.2. La adquisición de la lengua

Cuando hablamos del **lenguaje** nos estamos refiriendo de forma genérica a la capacidad lingüística que tenemos los seres humanos.

En cambio, llamamos **lengua** al sistema concreto de símbolos lingüísticos que emplea una persona para comunicarse.

Existen muchas lenguas distintas (el español, el latín, el inglés, el árabe, el ruso...), pero la capacidad de usar el lenguaje es única y común para todos los seres humanos.

EL SER HUMANO HABITA UN MUNDO DE SÍMBOLOS

El hombre no puede escapar de su propio logro, no le queda más remedio que adoptar las condiciones de su propia vida; ya no vive solamente en un puro universo físico, sino en un *universo simbólico*. El lenguaje, el mito, el arte y la religión constituyen partes de este universo, forman los diversos hilos que tejen la red simbólica, la urdimbre complicada de la experiencia humana. Todo progreso en pensamiento y experiencia afina y refuerza esta red. El hombre no puede enfrentarse ya con la realidad de un modo inmediato; no puede verla, como si dijéramos, cara a cara. La realidad física parece retroceder en la misma proporción que avanza su actividad simbólica. En lugar de tratar con las cosas mismas, en cierto sentido, conversa constantemente consigo mismo. Se ha envuelto en formas lingüísticas, en imágenes artísticas, en símbolos míticos o en ritos religiosos, en tal forma que no puede ver o conocer nada sino a través de la interposición de este medio artificial. Su situación es la misma en la esfera teórica que en la práctica. Tampoco en esta vive en un mundo de crudos hechos o a tenor de sus necesidades y deseos inmediatos. Vive, más bien, en medio de emociones, esperanzas y temores, ilusiones y desilusiones imaginarias, en medio de sus fantasías y de sus sueños.

Ernst CASSIRER: *Antropología filosófica*.

1. ¿Qué quiere decir el autor cuando afirma que el ser humano "ya no vive solamente en un puro universo físico, sino en un universo simbólico"? Explica tu respuesta.

2. ¿Qué ejemplos de sistemas simbólicos aparecen en este fragmento?

3. Según el texto, ¿de qué modo influye la capacidad simbólica en la forma en que experimentamos la vida humana?

Cualquier sistema simbólico tiene una dimensión sintáctica, una semántica y otra pragmática.

En sus primeros años de vida, los niños comienzan a entender su lengua materna y a comunicarse con ella de una forma gradual y espontánea. La naturalidad con la que lo hacen resulta realmente asombrosa si tenemos en cuenta lo complicado que puede ser estudiar una lengua extranjera cuando somos adultos. ¿Cómo es posible que los niños aprendan a hablar tan rápidamente y con tanta facilidad?

Existen diferentes teorías acerca de esta cuestión. Los **conductistas**, por ejemplo, insisten en la importancia del aprendizaje para la adquisición de un idioma.

De acuerdo con la teoría conductista, el lenguaje se puede enseñar mediante un sistema de castigos y recompensas, al igual que cualquier otra conducta.

Al niño le es posible dominar una lengua porque los adultos con los que convive la utilizan y se la enseñan. Sin embargo, muchos autores han criticado el conductismo ya que no puede explicar por qué resulta tan importante que el aprendizaje de la lengua se produzca en los primeros años de vida.

Esto puede entenderse claramente si nos fijamos en los casos de niños abandonados que han logrado sobrevivir alejados de los seres humanos. En todos estos niños, la ausencia de adultos les impidió aprender una lengua cuando eran pequeños. Después, quienes intentaron enseñarles a hablar tropezaron con enormes dificultades. Esto indica que existe una etapa crítica en el desarrollo del niño, en la cual el aprendizaje de una lengua es fácil y natural. Más allá de ese momento parece que la capacidad lingüística que no se ha desarrollado se pierde de forma irreversible.

Para explicar este hecho, **Noam Chomsky** propuso la existencia de una capacidad lingüística innata en las personas. Según Chomsky, la posibilidad de aprender un lenguaje forma parte de nuestra herencia biológica. Todos los seres humanos nacemos con la capacidad de aprender cualquier lengua si se nos enseña en las primeras etapas de nuestra vida. Según Chomsky, esto es posible porque todas las lenguas humanas se basan en unas mismas reglas básicas de combinación de elementos. Chomsky creía que existe una **gramática generativa** que es la base de todas las lenguas del mundo. Aunque nos parece que los idiomas que existen son muy distintos entre sí, Chomsky pensaba que todos ellos funcionan en el fondo de la misma manera.

De acuerdo con esta teoría, las reglas gramaticales elementales son **innatas** y comunes a todos los seres humanos.

2.3. Lenguaje y pensamiento

¿Te has planteado alguna vez si es posible pensar sin palabras? La relación entre el pensamiento y el lenguaje suscita fascinantes preguntas filosóficas que han sido respondidas de muy diversas maneras a lo largo del tiempo.

Platón, por ejemplo, creía que el pensamiento era una conversación callada que mantenemos con nosotros mismos. Según esta interpretación, necesitamos las palabras para poder pensar, porque sin lenguaje no seríamos capaces de llevar a cabo ese diálogo interior con nuestra propia conciencia.

Pero no todos los pensadores están de acuerdo con esta visión. Algunos filósofos creen que existen muchas maneras distintas de pensar. Algunas de ellas requieren el uso de palabras, sobre todo cuando necesitamos expresar conceptos abstractos o mostrar las conexiones que existen entre distintas ideas. Sin embargo, también hay formas de pensar que pueden llevarse a cabo sin la ayuda del lenguaje.

Según Chomsky, la adquisición del lenguaje es posible gracias a nuestra capacidad lingüística innata.

EL PENSAMIENTO ES UN DISCURSO DEL ALMA CONSIGO MISMA

TEETETO: ¿A qué llamas tú pensar?

SÓCRATES: Al discurso que el alma tiene consigo misma sobre las cosas que somete a consideración. Por lo menos esto es lo que yo puedo decirte sin saberlo del todo. A mí, en efecto, me parece que el alma, al pensar, no hace otra cosa que dialogar y plantearse ella misma las preguntas y las respuestas, afirmando unas veces y negando otras. Ahora bien, cuando se decide, su resolución es manifiesta y, aunque esta se produzca con más o menos rapidez, mantiene ya sus afirmaciones y no vacila, de ahí que la consideremos su opinión. En conclusión, al acto de opinar yo lo llamo hablar, y a la opinión un discurso que no se expresa, ciertamente, ante otro ni en voz alta, sino en silencio y para uno mismo.

PLATÓN: *Teeteto.*

4. De acuerdo con este texto, ¿en qué consiste pensar?

5. ¿Compartes tú la opinión expresada en este fragmento?

◀ El comportamiento de un deportista en el campo de juego nos proporciona un ejemplo del modo en que se puede pensar sin palabras.

Es lo que ocurre, por ejemplo, al jugar un partido de fútbol. Un buen futbolista es capaz de analizar los movimientos de sus compañeros y rivales, anticipándose a ellos. También puede modificar su táctica dependiendo de las circunstancias, para aprovechar las ocasiones que se presentan o evitar las situaciones de peligro. Este comportamiento tan complejo requiere procesar información con eficacia para tomar decisiones con rapidez. Desde luego, se trata de una forma muy elaborada de pensamiento, aunque en todo este proceso no intervienen las palabras.

Lo mismo sucede cuando un artesano está trabajando en su taller, cuando un artista está creando su obra o cuando un cocinero elabora una comida. Todos estos son ejemplos de conductas que requieren examinar las circunstancias para ajustar el comportamiento tomando decisiones y evaluando la situación. Para llevar a cabo con éxito tareas como estas es necesario pensar, aunque para ello no necesitemos usar las palabras.

2.4. ¿Condiciona el lenguaje nuestra visión del mundo?

Aunque es posible pensar sin palabras, no cabe duda de que el lenguaje tiene una importancia fundamental para los seres humanos. La posibilidad de expresar con palabras nuestras ideas nos permite articular nuestros pensamientos y comunicárselos a otras personas.

Considerando el destacado papel que el lenguaje desempeña en nuestra vida, los filósofos se han cuestionado si las palabras que usamos pueden modelar nuestra visión del mundo. Algunos autores creen que la lengua que hablamos condiciona decisivamente el modo en que percibimos el mundo que nos rodea. Esta teoría, denominada **relativismo lingüístico**, ha sido defendida, entre otros, por los lingüistas **Edward Sapir** y **Benjamin Lee Whorf**.

Para los relativistas lingüísticos, la realidad en la que vivimos está íntimamente asociada a la lengua que empleamos para describirla. Las cosas que forman parte de nuestro mundo son aquellas que podemos nombrar y clasificar con las palabras. Para entender lo que Sapir y Whorf querían decir, puede ser útil fijarse en el caso de los indios que viven en la selva amazónica. Algunos grupos disponen de un lenguaje con múltiples palabras distintas para describir diferentes tonalidades del color verde. Sapir y Whorf sostenían que la selva en la que vivían los hablantes de estas lenguas era una realidad muy diferente de la selva que percibían los visitantes extranjeros. Al ser capaces de distinguir tantos matices del verde con términos específicos, los nativos viven en una realidad distinta, mucho más rica y compleja que la que nosotros seríamos capaces de captar.

PENSAR NO ES LO MISMO QUE HABLAR

Sin embargo, parece que en muchos casos pensamiento y lenguaje son cosas distintas. Todos tenemos la experiencia de que no hemos dicho lo que queríamos decir, o que no sabemos bien cómo expresar lo que queremos decir, lo cual implica que hay algo que queremos decir y que puede ser distinto de lo que decimos. Cuando escuchamos una conferencia o leemos un artículo o un libro, solemos recordar el sentido general del texto, pero no las palabras que lo componen. También el hecho de que podamos acuñar nuevas palabras y traducir entre lenguas va en la misma dirección. Cuando hacemos tests no verbales de inteligencia, descomponiendo una figura o conectando puntos de cierta manera, no hablamos, pero sí pensamos. Cuando conducimos un automóvil, vamos atentos a la carretera, captamos y esquivamos peligros, obedecemos órdenes del semáforo y otras señales de tráfico, frenamos, aceleramos y cambiamos de dirección de modo razonable y ajustado a las circunstancias, pero en todo este pensamiento no intervienen palabras. También abona la diferencia el hecho de que hay defectos y enfermedades cerebrales que afectan a la capacidad lingüística, pero no al razonamiento, y a la inversa.

Jesús MOSTERÍN: *La naturaleza humana*.

6. ¿Por qué cree el autor que "pensamiento y lenguaje son cosas distintas"? ¿Con qué argumentos apoya esta opinión?

7. ¿Serías capaz de ofrecer algunos ejemplos distintos a los del texto en los que se muestre cómo es posible pensar sin palabras?

▲ De acuerdo con el relativismo lingüístico, la lengua que hablamos condiciona de forma decisiva la manera en que vivimos nuestra realidad.

◀ La posibilidad de traducir un mensaje de una lengua a otra parece contradecir la versión más fuerte de la hipótesis Sapir-Whorf.

Fíjate

Recuerda lo importante que era la distinción entre **condicionar** y **determinar**. La versión "fuerte" de la hipótesis de Sapir-Whorf afirma que el lenguaje **determina** el modo en que interpretamos la realidad.

Desde que Sapir y Whorf propusieron su hipótesis, el relativismo lingüístico ha sido muy discutido y criticado. Las interpretaciones más extremas de esta teoría podrían hacernos pensar que cada lengua refleja una visión del mundo única e intransferible. Si esto fuera cierto, hacer una traducción fiel entre distintos idiomas resultaría algo imposible. Cada grupo humano viviría en un mundo distinto, descrito por un lenguaje diferente, que haría muy difícil una comunicación verdadera entre unos y otros.

Muchos filósofos admiten que las palabras que usamos pueden influir en el modo en que interpretamos la realidad. Sin embargo, la mayoría rechazan la idea de que la realidad en que vivimos esté determinada por el lenguaje. Aunque hay matices que unas lenguas pueden captar mejor que otras, la experiencia nos muestra que los seres humanos pueden comunicarse entre sí aunque hablen distintos idiomas.

3. El lenguaje como estructura

3.1. La lingüística de Saussure

La teoría **estructuralista** del lenguaje está estrechamente ligada a la figura del suizo **Ferdinand de Saussure**. En 1917 se publicó su *Curso de lingüística general*, una obra en la que proponía analizar el lenguaje tratándolo como un sistema. Entre otras cosas, esta obra permitió establecer por primera vez la diferencia entre el significante y el significado en el signo lingüístico.

Durante el siglo XIX y hasta comienzos del siglo XX, los estudios del lenguaje solían interesarse por el modo en que las palabras habían evolucionado a lo largo de la historia. Este enfoque **diacrónico*** de las lenguas puede ser muy útil para analizar las relaciones entre los distintos idiomas o la forma en que los términos van cambiando con el tiempo. Sin embargo, Saussure estaba también interesado en una perspectiva **sincrónica*** del lenguaje. Además de saber cómo las lenguas cambian con el tiempo, Saussure prestó mucha atención al modo en que funciona una lengua en un momento específico.

Según Saussure, una lengua está formada por un conjunto de signos que se relacionan entre sí según ciertas reglas determinadas. Este sistema de elementos y de reglas de combinación es lo que actualmente denominamos estructura de la lengua. Saussure insistió mucho en la importancia que tenían las relaciones entre los signos del sistema. De acuerdo con su teoría, los elementos del sistema lingüístico adquieren sentido gracias a la posición que ocupan en esta estructura. El significado de un signo está asociado a un conjunto de posiciones y relaciones concretas.

EL RELATIVISMO LINGÜÍSTICO

La relatividad lingüística es un hecho bien conocido por los traductores. El problema es su interpretación. Los manuales estadounidenses citan frecuentemente estas pocas líneas de Sapir:

"El hecho es que la *realidad* se construye, en buena medida inconscientemente, a partir de los hábitos lingüísticos del grupo. Dos lenguas nunca son suficientemente similares como para que se considere que representan la misma realidad social. Los mundos en los que viven sociedades diferentes son mundos distintos, no simplemente el mismo mundo con otras reglas de etiqueta."

Esta formulación se hizo famosa bajo el nombre de la hipótesis de Sapir-Whorf; Whorf radicalizó lo que sugería su maestro Sapir:

"Cada lengua es un vasto sistema de estructuras diferentes de las otras, en la cual existe una organización cultural de las formas y de las categorías que no solamente permite al individuo comunicarse, sino que también analiza lo real, destaca o ignora clases de relaciones y fenómenos, canaliza su razonamiento y jalona poco a poco el campo de la conciencia."

Sylvain AUROUX: *La filosofía del lenguaje*.

8. ¿Qué es lo que quiere decir Sapir cuando afirma que "los mundos en los que viven sociedades diferentes son mundos distintos"?

9. ¿Cuáles son los argumentos que ofrece Whorf para apoyar su teoría?

10. ¿Qué opinas tú acerca de la hipótesis de Sapir-Whorf? ¿Estás de acuerdo con esta teoría? ¿Por qué?

***Diacrónico:** un análisis diacrónico se interesa por el modo en que un fenómeno concreto ha ido cambiando a lo largo del tiempo.

***Sincrónico:** un estudio sincrónico analiza un fenómeno específico en un momento de tiempo concreto.

Un ejemplo puede servirnos para aclarar este punto crucial en la teoría de Saussure. Piensa en las palabras que se distinguen solo en una letra. En estos casos identificar esa letra resulta esencial si queremos entender el mensaje. El contraste entre términos distintos que solo se distinguen por un pequeño elemento hace que ese elemento cobre un sentido especialmente significativo. Es lo que nos hace distinguir *pera* de *pero*, *cala* de *cara* o *pasa* de *pesa*.

Sin embargo, estas distinciones no son tan fáciles de identificar para todo el mundo. Algunos idiomas, como el chino o el japonés, no distinguen entre la *r* y la *l*. Esto se debe a que en estas lenguas no existe ninguna oposición que otorgue sentido a estos dos elementos lingüísticos. Solo es posible identificar de forma diferenciada la *r* de la *l* cuando hay una relación significativa que nos permita contrastar la diferencia de estos dos elementos dentro de la estructura del idioma.

Esta es una de las razones por las que resulta difícil aprender un idioma extranjero cuando somos adultos. Al estudiar una lengua que desconocemos, solemos encontrarnos con distinciones muy significativas que a nosotros no nos resulta fácil percibir. El castellano, por ejemplo, diferencia solo cinco vocales distintas, mientras que en otros idiomas puede haber bastantes más. Como hemos visto, esto se debe a que el valor de un signo lingüístico está asociado al sistema de posiciones, relaciones y contrastes que mantiene con los demás elementos de la estructura lingüística.

3.2. El estructuralismo en las ciencias humanas

Algunos años después de la publicación del *Curso de lingüística general*, el enfoque estructuralista que Saussure había aplicado al lenguaje comenzó a emplearse también en otros campos del saber. Entre las figuras más destacadas del estructuralismo podemos destacar a **Claude Lévi-Strauss**, en antropología cultural; a **Jacques Lacan**, que lo empleó en el psicoanálisis; a **Algirdas Greimas** y **Roland Barthes**, que lo utilizaron en la semiótica; y a **Michel Foucault**, que lo tuvo en cuenta en su filosofía.

A mediados del siglo XX, el estructuralismo se convirtió en el enfoque dominante en la mayoría de las ciencias humanas. Más allá de las diferencias existentes entre los distintos autores estructuralistas, todos ellos insistían en la necesidad de estudiar la realidad como un sistema de elementos interrelacionados. Desde este punto de vista, la tarea del investigador consiste en identificar las estructuras que nos permiten comprender e interpretar los fenómenos.

Para el estructuralismo, la verdadera realidad está constituida por estas estructuras, ya que funcionan como un sistema que ordena y articula todas las cosas. Según esta interpretación nuestro lenguaje, nuestras creencias, nuestro inconsciente y nuestras costumbres son el efecto de las estructuras que nos configuran. En cierto sentido, el ser humano es un producto de las estructuras dentro de las que vivimos. Por eso algunos autores llegaron a anunciar el ocaso del ser humano, que habría quedado eclipsado por el desarrollo de las estructuras.

Este ha sido uno de los aspectos más criticados de la teoría estructuralista, a la que se ha acusado de no prestar la debida atención a los individuos concretos. También se ha criticado el estructuralismo por centrarse únicamente en los análisis sincrónicos, descuidando el carácter histórico y temporal de todos los fenómenos. Por estos motivos, el estructuralismo ya no tiene en la actualidad la importancia que adquirió en los años centrales del siglo XX.

EL ESTRUCTURALISMO LINGÜÍSTICO

El estructuralismo lingüístico nació el día en que F. de Saussure mostró que los procesos de la lengua no se reducían a la diacronía y que, por ejemplo, la historia de una palabra está con frecuencia muy lejos de explicar su significado actual. La razón es que, además de la historia, está el "sistema" (Saussure no lo llamaba "estructura"), sistema que consiste esencialmente en leyes de equilibrio que repercuten sobre sus elementos y que, en cada momento de la historia, dependen de la sincronía: en efecto, la relación fundamental que interviene en el lenguaje es una correspondencia entre el signo y el sentido. El conjunto de significados forma naturalmente un sistema basado en distinciones y oposiciones, —ya que estos significados son relativos unos a otros— y un sistema sincrónico, ya que estas relaciones son interdependientes.

Jean PIAGET: *El estructuralismo*.

11. En el texto leemos que Saussure "demostró que los procesos de la lengua no se reducían a la diacronía". ¿Qué significado tiene esta frase? Aparte de la dimensión diacrónica, ¿qué otra perspectiva podemos adoptar para el estudio de una lengua?

12. ¿En qué consiste el sistema o estructura de la lengua? ¿De qué modo obtienen su significado los signos que forman este sistema?

Según la teoría estructuralista, la realidad que nos rodea está construida por sistemas y estructuras que nos condicionan.

4. El lenguaje como representación

4.1. El primer Wittgenstein

Además de la interpretación estructuralista, también se han propuesto otras importantes teorías filosóficas acerca del lenguaje. Entre los más destacados pensadores que se han ocupado de este tema en el siglo XX, destaca por su relevancia el austriaco **Ludwig Wittgenstein**.

En una primera etapa, Wittgenstein publicó un libro muy influyente, el *Tractatus logico-philosophicus*, en el que defendía la idea de que el lenguaje es una especie de imagen de los hechos que se producen en la realidad. Sin embargo, algunos años después, Wittgenstein elaboró una teoría del lenguaje completamente diferente en su obra *Investigaciones filosóficas*. Por este motivo, al analizar las importantes teorías de este filósofo, se suele hacer una distinción entre las ideas del "primer Wittgenstein" y las del "segundo Wittgenstein".

El *Tractatus* se proponía aclarar los límites del pensamiento estableciendo qué cosas se pueden pensar con sentido. Según el primer Wittgenstein, para que una afirmación tenga sentido han de cumplirse dos condiciones: no debe ser contradictoria y tiene que respetar las reglas de la lógica. Una afirmación con sentido será verdadera si lo que describe se da en la realidad, y falsa en caso contrario. Así pues, según el *Tractatus*, solo tienen significado las afirmaciones cuya verdad o falsedad pueda comprobarse.

Conviene señalar que el *Tractatus* establece una distinción entre los hechos y las cosas. Un **hecho** es un estado de cosas, una configuración que relaciona varias cosas entre sí. Una mesa o un libro son **cosas**. En cambio, "el libro está encima de la mesa" es un hecho. Esta distinción sirve a Wittgenstein para afirmar que "el mundo consiste en el conjunto de todos los hechos".

Según el *Tractatus* el **lenguaje** es una figura o imagen de los hechos que sirve para representarlos del mismo modo que un **mapa** sirve como modelo de un territorio.

Para que este proceso de figuración pueda funcionar, debe existir una correspondencia entre el mundo y el lenguaje. Esta relación se basa en el parecido que existe entre la lógica de los hechos y la lógica del lenguaje.

4.2. El lenguaje y la lógica

De acuerdo con el *Tractatus*, el lenguaje está formado por frases que afirman o niegan algo. Las afirmaciones que se refieren a hechos básicos se denominan proposiciones elementales. Esta teoría según la cual existen hechos básicos se llama **atomismo lógico**, y fue adoptada también por el filósofo británico Bertrand Russell. Según el *Tractatus*, las proposiciones elementales son verdaderas si el hecho básico o atómico al que se refieren se da en la realidad, y falsas en caso contrario.

Los hechos atómicos son lógicamente independientes, por lo que solo podemos saber si son verdaderos o falsos mediante la experiencia. Analizando un objeto podemos saber qué hechos atómicos son lógicamente posibles, pero no cuáles son de hecho verdaderos. Por ejemplo, de un avión podríamos decir que es rápido o que es seguro (aunque para saber si esto es verdad habría que comprobarlo empíricamente), pero no podemos decir de ese mismo avión que es bondadoso o sabio porque esas afirmaciones no se corresponden lógicamente con este objeto.

Las proposiciones complejas son combinaciones de proposiciones simples. Serán verdaderas o falsas en función de la verdad o falsedad de las

Ludwig Wittgenstein fue uno de los más importantes filósofos del lenguaje del siglo XX.

LOS LÍMITES DEL LENGUAJE

5.6 Los límites de mi lenguaje significan los límites de mi mundo.

5.61 La lógica llena el mundo; los límites del mundo son también sus límites. Nosotros no podemos, pues, decir en lógica: en el mundo hay esto y lo de más allá; aquello y lo otro, no. Esto parece, aparentemente, presuponer que excluimos ciertas posibilidades, lo que no puede ser, pues, de lo contrario, la lógica saldría de los límites del mundo; esto es, siempre que pudiese considerar igualmente estos límites también desde el otro lado. Lo que no podemos pensar no podemos pensarlo. Tampoco, pues, podemos decir lo que no podemos pensar.

Ludwig WITTGENSTEIN: *Tractatus logico-philosophicus*.

13. ¿Por qué afirma Wittgenstein que "los límites de mi lenguaje significan los límites de mi mundo"? ¿Qué sentido tiene esta frase?

14. ¿Qué es lo que quiere decir Wittgenstein cuando afirma que "la lógica llena el mundo"? ¿Qué relación tiene esta frase con el hecho de que no podamos decir lo que no podemos pensar?

proposiciones elementales que las componen. Además, Wittgenstein señaló la distinción entre proposiciones que son siempre verdaderas (las **tautologías**) y proposiciones que son siempre falsas (las **contradicciones**). Las proposiciones que hablan de la realidad no son tautologías, sino que son lógicamente indecidibles. Para saber si son verdaderas o falsas, tenemos que contrastarlas con la realidad de los hechos.

Según Wittgenstein, estas precisiones lógicas sirven para aclarar qué tipo de cosas pueden decirse con sentido. Esa debe ser precisamente la función de la filosofía, ayudarnos a determinar lo que tiene sentido decir.

El **límite del lenguaje** que podemos usar lógicamente marca el límite de la realidad que podemos expresar.

El resultado de este análisis del lenguaje muestra que las proposiciones de la ciencia tienen sentido y nos informan acerca de los hechos del mundo. Sin embargo, las proposiciones de la metafísica, la ética o la religión no tienen sentido, ya que incurren en errores lógicos al emplear el lenguaje de forma confusa. Ahora bien, que estas proposiciones no tengan sentido no significa que no sean importantes. Lo que sucede es que para acceder a ese ámbito de "lo místico" será necesario utilizar algún otro camino, ya que el lenguaje no basta.

4.3. La influencia del *Tractatus*

La publicación del *Tractatus* tuvo un impacto extraordinario en la filosofía del siglo XX. El *Tractatus* ofrece una teoría semántica del lenguaje, prestando especial atención al significado de las palabras, que se asocia a la correspondencia entre la lógica del lenguaje y la lógica del mundo. Esta conexión que establece Wittgenstein entre el lenguaje y la lógica influyó decisivamente en la orientación del pensamiento contemporáneo.

En concreto, la corriente **neopositivista** se apoyó decidamente en las ideas del *Tractatus*, sobre todo en aquellas que trataban de delimitar lo que tiene sentido decir y lo que carece de significado. El neopositivismo recogió la identificación que hace Wittgenstein entre la ciencia natural y el conjunto de todas las afirmaciones que tienen significado porque pueden contrastarse empíricamente. Llevando esta teoría hasta sus últimas consecuencias, los neopositivistas sostuvieron que las frases de ámbitos como la religión o la filosofía no tenían ningún valor porque carecían de significado. Sin embargo, conviene recordar que Wittgenstein no compartía estas ideas, porque para él estos campos eran muy relevantes, aunque no pudiera emplearse el lenguaje para hablar de ellos.

Protagonistas de la filosofía

LUDWIG WITTGENSTEIN (1889-1951)

Nació en Viena a finales del siglo XIX, en el seno de una familia inmensamente rica. En su infancia recibió una esmerada educación, que se benefició del contacto con algunos de los músicos, artistas y pensadores más destacados de la época.

En su juventud, Ludwig cursó estudios de ingeniería en Inglaterra. Sin embargo, su creciente interés por las matemáticas y la lógica le fue acercando a la filosofía. Con la intención de ampliar sus conocimientos sobre estos temas, entró en contacto con el filósofo Bertrand Russell, con quien mantuvo una compleja relación durante el resto de su vida.

Durante la Primera Guerra Mundial, Ludwig Wittgenstein se alistó como voluntario y combatió en el frente. Durante esta época comenzó a redactar una serie de notas que después se convertirían en el *Tractatus logico-philosophicus*.

Una vez finalizada la guerra, la muerte de su padre le convirtió en heredero de una enorme fortuna. Sin embargo, Ludwig renunció a la parte que le correspondía, que prefirió entregar a sus hermanos. En esa época se trasladó a Cambridge, donde el *Tractatus* había sido recibido con admiración. Sin embargo, la vida académica no le agradaba, por lo que decidió retirarse a vivir aislado en un remoto pueblo de Noruega, en una cabaña al borde del mar que había construido él mismo. Asimismo trabajó como maestro rural en Austria, y también como jardinero en un convento.

De regreso a Cambridge, Wittgenstein obtuvo un puesto de profesor universitario. En esos años sus ideas sobre el lenguaje comenzaron a cambiar, pasando del enfoque semántico propio del *Tractatus* a una orientación más pragmática y centrada en el análisis del uso que hacemos de las palabras. Sin embargo, las notas que fue elaborando sobre estas cuestiones, y que hoy conocemos como *Investigaciones filosóficas*, no fueron publicadas hasta después de su muerte.

En la Segunda Guerra Mundial Wittgenstein trabajó como enfermero. Murió unos años después del fin de la guerra, a causa de un cáncer que prefirió no tratar. Al parecer, las últimas palabras que pronunció, dirigidas al médico que cuidaba de él, fueron: "Dígales que mi vida ha sido maravillosa".

Según el *Tractatus*, existe una semejanza entre el lenguaje y la realidad similar a la que hay entre un mapa y el territorio que representa.

5. El lenguaje como "caja de herramientas"

5.1. El segundo Wittgenstein

En una etapa posterior, Wittgenstein revisó su filosofía del lenguaje haciendo una crítica radical de las ideas expuestas en el *Tractatus*. En sus *Investigaciones filosóficas* Wittgenstein explica cuál es el error fundamental del *Tractatus*. En esa obra se consideraba que el lenguaje tiene una única función, que consiste en representar la realidad. Pero con el lenguaje hacemos mucho más que designar cosas y hablar de los hechos.

Para el segundo Wittgenstein, el lenguaje es un conjunto de actividades con muchos usos distintos. La pregunta que hay que plantear no es qué significan las palabras, sino cómo las usamos. Por ejemplo, las podemos usar para saludar, para suplicar, para agradecer, para rezar, para ordenar, para cantar, para contar historias o chistes, etc.

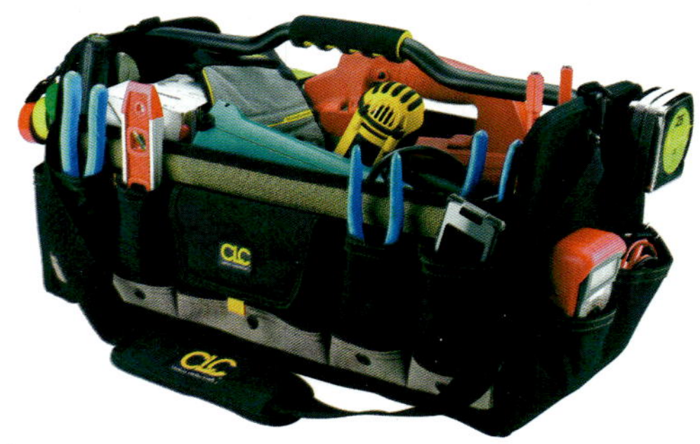

▲ Según el segundo Wittgenstein, el lenguaje funciona como una caja de herramientas que podemos utilizar para realizar muchas actividades distintas.

5.2. Los juegos de lenguaje

Wittgenstein denomina **juegos de lenguaje** a estas distintas actividades. En realidad estos juegos no tienen entre sí ningún elemento común. Como mucho podemos encontrar entre ellos cierta semejanza, como un "aire de familia". Hablar un lenguaje forma parte de nuestra forma de vida, por lo que en la práctica empleamos estos distintos juegos de lenguaje como una "caja de herramientas" que empleamos de una manera u otra según las circunstancias.

La idea básica del segundo Wittgenstein es que el **significado** de las palabras está asociado al **uso** que hacemos de ellas.

Una misma palabra puede significar cosas distintas dependiendo del juego de lenguaje en el que la usemos. Wittgenstein rechazará ahora la teoría atómica del lenguaje. A la luz de este nuevo enfoque no existen hechos atómicos, porque lo que es básico o complejo depende de la situación.

En las *Investigaciones filosóficas* Wittgenstein propone asignar un nuevo papel a la filosofía. Su función ya no será determinar qué es lo que puede o no puede decirse, como se proponía en el *Tractatus*, sino analizar cuáles son los usos del lenguaje. Así podremos señalar los malentendidos que se producen cuando confundimos un juego lingüístico con otro distinto. Esto es lo que sucede tan a menudo en la metafísica, la ética o la religión. Para el segundo Wittgenstein, en estos campos lo que ocurre es que alguien emplea el lenguaje propio de un juego lingüístico para desarrollar otro juego lingüístico completamente distinto. El origen de la confusión que a veces produce la filosofía se debe a los embrollos causados por malos usos lingüísticos, que debemos esforzarnos en detectar y aclarar.

5.3. La influencia del segundo Wittgenstein

Las ideas sobre el lenguaje que Wittgenstein desarrolló en la última etapa de su vida también tuvieron una enorme influencia en la filosofía de su tiempo. Basándose en la teoría del lenguaje expuesta en las *Investigaciones filosóficas*, un grupo de pensadores comenzó a estudiar el lenguaje desde un punto de vista pragmático. De este modo surgió una destacada corriente de pensamiento denominada **filosofía analítica**. Los filósofos analíticos prestan especial atención al modo en que usamos el lenguaje en la práctica. Las aportaciones de la filosofía analítica han sido fundamentales para el desarrollo del pensamiento en la segunda mitad del siglo XX, y todavía hoy en día sigue siendo una corriente muy significativa en el ámbito académico.

¿EN QUÉ CONSISTEN LOS JUEGOS DE LENGUAJE?

¿Qué es un juego de lenguaje? En las *Investigaciones*, el filósofo propone un ejemplo simplificado al extremo. Se trata de un constructor A que habla con su ayudante B. El vocabulario de este juego corresponde a palabras como *baldosa*, *viga*, etcétera. Por ejemplo, A dice *baldosa* y B le trae una baldosa. Un juego de lenguaje es, entonces, uno (o más) elemento(s) lingüístico(s) provisto(s) de condiciones empíricas de utilización. Ningún juego de lenguaje representa la esencia del lenguaje, es solo una de las múltiples prácticas posibles de este; además, solo puede significar por ostensión, es decir, si está dado el contexto extra-lingüístico. La proposición 3.203 del *Tractatus* sostenía que "el nombre significa el objeto", que el objeto es la significación del nombre. Partiendo del juego de lenguaje, no se puede ya sostener la identificación de la significación con la cosa: consiste en la función de reconocimiento de los objetos correspondientes a partir de la percepción de su nombre en el curso de una actividad determinada. Dicho de otro modo, el uso es una dimensión irreducible: lo importante ya no es interrogarse sobre la significación, sino sobre el uso.

Sylvain AUROUX: *La filosofía del lenguaje*.

15. ¿En qué consisten los juegos de lenguaje a los que se refiere el segundo Wittgenstein?

16. De acuerdo con el texto, ¿existe algún juego de lenguaje privilegiado que pueda considerarse "la esencia del lenguaje"? ¿Por qué?

17. ¿Cuál es la teoría de la significación que propone Wittgenstein en el *Tractatus*? ¿Es la misma que la defendida por el segundo Wittgenstein en las *Investigaciones filosóficas*?

Párate a pensar

Recapitula

1. ¿Qué diferencia hay entre los conceptos *signo*, *señal* y *símbolo*? Pon al menos dos ejemplos de cada caso para aclarar tu respuesta.
2. ¿Cuáles son las características del lenguaje humano que lo distinguen de otros sistemas de comunicación animal?
3. En su *Curso de lingüística general*, Saussure estableció una interesante distinción entre lenguaje y lengua. ¿Sabrías explicar en qué se diferencian estos dos conceptos?
4. ¿Qué es lo que afirma la hipótesis de Sapir-Whorf? ¿Cuáles son los argumentos que se han propuesto a favor y en contra de esta teoría?
5. ¿En qué se diferencian las posiciones que defienden el conductismo y Chomsky sobre el aprendizaje de la lengua en la infancia? ¿Cuál de estas dos teorías te parece más convincente? ¿Por qué?
6. ¿Cuáles son los argumentos que emplea el segundo Wittgenstein para criticar las ideas del *Tractatus*? ¿Te parecen adecuados? ¿Estás de acuerdo con ellos?
7. ¿Cuál es el papel que Wittgenstein reserva para la filosofía en el *Tractatus*? ¿Expresa Wittgenstein la misma opinión en las *Investigaciones filosóficas*? Explica tu respuesta.

Construye el concepto

8. Define los siguientes términos filosóficos con los diccionarios propuestos (p. 1). A continuación, escribe una frase con cada uno de ellos en la que se aprecie su significado:
   - sintaxis
   - semántica
   - pragmática
   - juego de lenguaje
   - relativismo lingüístico
   - estructuralismo

Trabaja con textos

9. Lee el siguiente texto y contesta las preguntas:

   Ser significa 'comunicarse'. Pero esto introduce en cada uno de nosotros una dualidad enigmática. Un gran poeta, Rimbaud, dijo *Je est un autre*. 'Yo es otro'. Dentro de mí hay un desconocido que revelo mediante el lenguaje. Forster, el gran novelista autor de *Pasaje a la India*, decía: "¿Y cómo voy a saber lo que pienso si aún no lo he dicho?". En efecto, pensamos con palabras y nos pensamos con palabras. Más aún. Los neurólogos nos dicen que la conciencia —el darnos cuenta de las cosas— está ligada al hemisferio dominante, es decir, al hemisferio lingüístico.

   José Antonio MARINA y María de la VÁLGOMA: *La magia de leer*.

   a) ¿Qué significado tienen las frases de Rimbaud y de Forster que se mencionan en este texto?

   b) ¿Cuál es la interpretación que ofrece este fragmento acerca de las relaciones entre el pensamiento y el lenguaje? ¿Estás de acuerdo con ella?

   a) ¿Qué conexión se menciona en este texto entre la conciencia y el lenguaje? ¿En qué sentido crees tú que nuestra capacidad para darnos cuenta de las cosas puede estar ligada al lenguaje?

10. Lee el siguiente texto y contesta las preguntas:

    Hasta ahora nada ha tenido una fuerza persuasiva más ingenua que el error acerca del ser, tal como fue formulado, por ejemplo, por los eleatas: ¡ese error tiene en favor suyo, en efecto, cada palabra, cada frase que nosotros pronunciamos! También los adversarios de los eleatas sucumbieron a la seducción de su concepto de ser: entre otros Demócrito, cuando inventó su átomo... La "razón" en el lenguaje: ¡oh, qué vieja hembra engañadora! Temo que no vamos a desembarazarnos de Dios porque continuamos creyendo en la gramática...

    Friedrich NIETZSCHE: *Crepúsculo de los ídolos*.

    a) ¿A quiénes se refiere el autor cuando menciona a los "eleatas"? ¿Recuerdas lo que proponían estos filósofos?

    b) ¿Qué relación encuentra Nietzsche entre el ser y el lenguaje? ¿Qué ejemplo ofrece para aclarar esta conexión?

    c) ¿Sabrías explicar lo que significa la última frase de este fragmento? ¿Qué relación crees que puede haber entre Dios y la gramática?

11. Lee el texto y contesta las preguntas:

    4.1. Una proposición representa la existencia y no existencia de los hechos atómicos.

    4.11. La totalidad de las proposiciones verdaderas es la ciencia natural total (o la totalidad de las ciencias naturales).

    4.111. La filosofía no es una de las ciencias naturales (La palabra *filosofía* debe significar algo que esté sobre o bajo, pero no junto a las ciencias naturales).

    4.112. El objeto de la filosofía es la aclaración lógica del pensamiento. Filosofía no es una teoría, sino una actividad. Una obra filosófica consiste esencialmente en elucidaciones. El resultado de la filosofía no son "proposiciones filosóficas", sino el esclarecerse de las proposiciones. La filosofía debe esclarecer y delimitar con precisión los pensamientos que de otro modo serían, por así decirlo, opacos y confusos.

    Ludwig WITTGENSTEIN: *Tractatus logico-philosophicus*.

    a) ¿Cuál es el contenido de la ciencia según este fragmento del *Tractatus*?

    b) Según este texto, ¿podríamos decir que la filosofía es una ciencia?

    c) ¿Cuál debe ser el papel de la filosofía de acuerdo con este texto?

Pregúntate

12. En la unidad hemos revisado algunas de las teorías que tratan de relacionar el pensamiento con el lenguaje. Además de este tema, algunos autores también señalan la importancia que tuvo la aparición de la escritura en el desarrollo de la humanidad. ¿Crees tú que la escritura puede haber influido en la manera que tenemos de hablar, pensar y actuar? En tu opinión, ¿existen diferencias entre el modo de pensar de los pueblos que conocen la escritura y el de los que la ignoran?

II. La retórica

6. El arte de persuadir

6.1. El poder de la palabra

Todos los pueblos han sido conscientes del enorme poder que tiene el lenguaje para influir en los pensamientos y en las acciones de los demás. En muchas culturas se asigna una destacada posición social a las personas que sobresalen por su destreza en el uso de las palabras, como los narradores de historias, los depositarios de la memoria colectiva, los oradores o los consejeros.

La antigua cultura grecorromana también mostró mucho interés por el uso del lenguaje, considerado como un instrumento al servicio de la **persuasión**. Tanto los griegos como los romanos otorgaban gran importancia al arte de convencer mediante las palabras, ya que muchas decisiones se adoptaban tras una deliberación pública en la que la elocuencia y la persuasión resultaban fundamentales. Esto explica que fueran ellos los primeros en elaborar una teoría detallada sobre el arte de pronunciar discursos en público.

La **retórica** es una disciplina teórica que estudia el arte de utilizar el lenguaje para persuadir al público mediante un discurso.

Conviene señalar que los autores antiguos distinguían, por un lado, el estudio teórico del arte de convencer al público y, por otro, el desarrollo práctico de este arte. La retórica se refiere al análisis teórico de la persuasión, mientras que se llama oratoria a la capacidad de ejecutar un discurso elocuente en la práctica.

Los discursos dirigidos al público no son el único ámbito en el que resulta crucial el uso elocuente de la palabra. También es importante saber usar el lenguaje para convencer a nuestro interlocutor en un diálogo. Los antiguos griegos y romanos también prestaron mucha atención a la dialéctica, que es como llamaron al arte de dialogar de manera convincente.

La **dialéctica** estudia el arte de usar el lenguaje para convencer a nuestro interlocutor en una conversación o una controversia.

Para que te hagas una idea de la importancia que han tenido estas disciplinas a lo largo del tiempo, basta con recordar que durante toda la Edad Media la retórica y la dialéctica fueron, junto con la gramática, la base de la educación. Estas tres disciplinas (retórica, dialéctica y gramática) formaban el trívium, que era el comienzo del programa de estudios seguido por los estudiantes europeos durante muchos siglos.

6.2. Los tipos de discursos retóricos

Siguiendo a Aristóteles, los pensadores antiguos distinguieron básicamente tres tipos diferentes de discurso. El primer tipo es el de los **discursos deliberativos o políticos**, que están relacionados con la toma de decisiones en un proceso deliberativo. El segundo tipo es el de los **discursos forenses o judiciales**, en los que tratamos de acusar a alguien o de defendernos ante un tribunal. El tercer tipo es el de los **discursos epidícticos**, en los que el orador hace una exhibición de su habilidad retórica alabando o criticando a alguien.

Fíjate

El término *dialéctica* tiene una larga tradición en el lenguaje filosófico, aunque no todos los pensadores han asignado a esta palabra el mismo significado. Como sabes, Sócrates concedía una gran importancia a la dialéctica, entendida como el arte de dialogar. Para Sócrates el diálogo era la forma más adecuada de investigar en filosofía. Por eso, tanto Sócrates como Platón creían que solo se puede alcanzar la verdad mediante un proceso de indagación dialéctica.

Debes saber que esa palabra también se usa en filosofía con un significado bastante distinto. Muchos siglos después, Hegel –uno de los principales autores del idealismo alemán– volvió a emplear la palabra *dialéctica* como un concepto central en su filosofía. Para Hegel, el concepto *dialéctica* está asociado a la confrontación de posiciones contrarias que suelen aparecer en una conversación. Llevando la analogía más allá de los límites de un diálogo entre dos interlocutores, Hegel propone que toda la realidad es, en el fondo, un proceso inacabable de enfrentamiento entre contrarios. Hegel empleó el término *dialéctica* para describir esta evolución progresiva caracterizada por el enfrentamiento de los opuestos, un proceso que, en su opinión, explicaba el desarrollo en el tiempo de toda la realidad.

Por otra parte, Karl Marx recogió en sus escritos este sentido hegeliano de la palabra *dialéctica* para describir la evolución de la realidad socioeconómica a partir de la lucha de elementos contrarios. La posterior influencia de la filosofía de Marx explica que este significado del sustantivo *dialéctica* haya tenido una presencia muy relevante en el pensamiento contemporáneo hasta nuestros días.

Alegoría medieval de la retórica y la gramática, dos de las tres disciplinas que formaban el trívium.

7. Los elementos de la retórica

7.1. Las tareas necesarias para elaborar un buen discurso

Según los antiguos estudiosos de la retórica, como Aristóteles o Cicerón, para elaborar un discurso convincente debemos tener claro qué es lo que debemos decir, cuál es el orden en que conviene decirlo y cómo es más adecuado expresarlo. Para facilitar esta labor se suelen distinguir cinco tareas distintas en la preparación del discurso.

La **primera tarea** recibe en latín el nombre de ***inventio*** ('invención'). Para crear un buen discurso debemos tener claro de qué vamos a hablar. Por eso debemos empezar por encontrar los medios adecuados para convencer, que serán la base sobre la que construiremos el discurso. Para lograrlo conviene recurrir a ideas y planteamientos que resulten familiares y que cuenten con la aprobación de nuestro público. A estos principios que actúan como recursos para la elaboración del discurso los retóricos griegos y latinos los llamaron **tópicos** o **lugares comunes**.

La **segunda tarea** para crear el discurso se denomina ***dispositio*** ('disposición'). Consiste en distribuir y ordenar los contenidos del discurso para que el efecto global sea el adecuado. Por lo general, un discurso bien organizado suele estructurarse en cuatro partes diferentes.

Conviene comenzar con una introducción (conocida como ***exordio*** en latín) en la que el orador presenta el tema sobre el que va a disertar. La segunda parte, llamada ***narratio*** ('narración'), incluye la descripción de los hechos y los datos sobre los que nos apoyaremos para elaborar nuestro discurso. La **tercera parte**, llamada ***argumentatio*** ('argumentación'), constituye el núcleo más importante del discurso porque en ella se desarrollan los razonamientos que conducen a las afirmaciones principales que queremos transmitir. Algunos autores distinguen aquí dos procesos distintos: por un lado tenemos que saber refutar las opiniones que no compartimos, y por otro lado hay que ofrecer pruebas convincentes que confirmen nuestras propias ideas. Finalmente, conviene finalizar con una conclusión (***peroratio*** en latín) para hacer una recapitulación y cerrar el discurso.

Una vez aclarado de qué vamos a hablar y cómo vamos a ordenar nuestro discurso, tenemos que encontrar la mejor manera de expresar lo que queremos decir, dotando a nuestras palabras de un **estilo** adecuado. Esta tercera tarea es el momento de la ***elocutio*** ('elocución'). De nada sirve haber encontrado excelentes argumentos o haberlos ordenado magníficamente si luego no somos capaces de transmitir nuestras palabras de un modo eficaz. Por eso cuando pronunciemos el discurso debemos prestar mucha atención para no cometer errores gramaticales, para ser claros y comprensibles y para que nuestras palabras resulten atractivas y elegantes.

Una vez elaborado el discurso, conviene aprenderlo de memoria para poder ejecutarlo después con soltura y naturalidad. Esta **cuarta tarea** se llama en latín ***memoria***.

Finalmente, la **quinta tarea**, que los retóricos denominaban ***actio*** ('acción'), consiste en pronunciar nuestro discurso en la práctica. A la hora de la verdad, cuando estamos hablando ante el público, es muy importante expresarse con nitidez y corrección, acompañando nuestras palabras con las inflexiones de voz y los gestos más adecuados para que el discurso llegue al auditorio y resulte convincente.

LOS TIPOS DE DISCURSOS

Las especies de la retórica son tres en número, pues otras tantas resultan ser las de los oyentes de los discursos. Y es que en el discurso se implican tres factores: quién habla, de qué habla y para quién, y es este mismo, es decir, el oyente, quien determina su objetivo. Y el oyente es forzosamente o espectador o juez, y el juez ha de serlo de lo que ya ha ocurrido o de lo que va a ocurrir. Ejemplo de quien juzga sobre lo que va a ocurrir es el participante en la Asamblea, y de quien juzga sobre lo ocurrido, el juez, de modo que por fuerza tendría que haber tres géneros de discursos retóricos: deliberativo, forense y de exhibición. En la deliberación puede haber exhortación o disuasión, y es que siempre tanto los que aconsejan en privado como los que pronuncian un discurso en público hacen una de las dos cosas. En el juicio puede haber acusación o defensa, ya que forzosamente los litigantes han de hacer una de las dos cosas. Y en cuanto al discurso de exhibición, puede haber alabanza o reprobación. Y el tiempo al que se refiere cada uno es, para quien delibera, el futuro (pues se delibera acerca de lo que va a suceder, para exhortar a ello o para disuadir de ello), para quien juzga, el pasado, pues siempre es de hechos ocurridos de los que uno acusa y otro se defiende, y para el que hace una exhibición, el más apropiado es el presente, pues todos alaban o reprueban acontecimientos actuales, aunque recurren muchas veces a recordar lo sucedido y a conjeturar sobre lo venidero. La finalidad de cada uno de ellos es distinta, y hay tres porque son tres los géneros: para el que aconseja, lo que es conveniente y lo perjudicial (pues el que exhorta aconseja algo en la idea de que es mejor, y el que disuade, disuade de algo en la idea de que es peor). Lo demás, lo considera un añadido: si es justo o injusto, honroso o deshonroso. Para el que juzga, lo que es justo e injusto, y también los que lo hacen consideran lo demás como un añadido. Para los que alaban o reprueban, lo que es honroso o deshonroso, y también ellos subordinan a esto lo demás.

ARISTÓTELES: *Retórica*.

18. ¿Cuáles son los factores que tiene en cuenta el autor del texto para clasificar los diferentes tipos de discurso?

19. ¿Cómo denomina Aristóteles a los tres tipos de discurso que existen?

20. ¿Qué relación establece el autor entre el tiempo y cada uno de estos tres tipos de discurso?

21. ¿Cuál es la finalidad que tiene cada uno de los tres tipos de discurso?

Párate a pensar

Recapitula

1. En qué consiste la retórica? ¿Son equivalentes la retórica y la oratoria? ¿Qué diferencia hay entre la retórica y la dialéctica? ¿Qué es lo que distingue a la retórica de la gramática?

2. ¿Cuáles son los tres tipos de discursos que distinguían los antiguos teóricos de la retórica? Responde a esta cuestión completando la información que falta en la siguiente tabla:

Tipo de discurso	Situación en la que se produce	Público al que va destinado	Tiempo al que se refiere	Tema del que trata
	Un juicio			
	...	Asamblea que debe tomar una decisión	...	
	...	...	...	Los vicios o virtudes de la persona de la cual hablamos

3. ¿Cuáles son las cinco tareas que debemos llevar a cabo para elaborar un buen discurso? ¿Cómo se denominan estas tareas en latín? ¿En qué consiste cada una de ellas?

4. ¿En qué consisten los "tópicos" o "lugares comunes" a los que se refieren los antiguos autores que escriben sobre la retórica? ¿Podrías poner algún ejemplo del modo en que pueden emplearse los tópicos en un discurso?

5. ¿Cómo se denominan en latín las diferentes partes en las que debe articularse el discurso? ¿Qué contenido tiene cada una de estas partes?

Construye el concepto

6. Define los siguientes términos filosóficos con los diccionarios propuestos (p. 1). A continuación, escribe una frase con cada uno de ellos en la que se aprecie su significado.
   - retórica
   - oratoria
   - *argumentatio*
   - dialéctica
   - *exordio*
   - *peroratio*

Trabaja con textos

7. Lee el siguiente texto y contesta las preguntas:

La magnífica elocuencia es como la llama: con el material, se fomenta; con el impulso, se aviva, y, enardeciéndose, brilla. El mismo medio también adelantó en nuestra ciudad la elocuencia de los antiguos. Porque aunque los oradores de aquellos tiempos consiguieron aquellas cosas que era justo se concediesen a una República pacífica, quieta y feliz, no obstante, con esa perturbación y desenfreno les parecía haber conseguido muchas cosas cuando, mezclado todo y careciendo de una cabeza que dirigiese, tanto sabía cualquier orador cuanto podía persuadir a un pueblo desenfrenado. De aquí tanta multitud de leyes a nombre del pueblo; de aquí las arengas de los magistrados, que duraban en los rostros hasta bien entrada la noche; de aquí las acusaciones de reos poderosos y las enemistades vinculadas en las familias; de aquí las facciones de los principales, y las frecuentes contiendas del Senado contra la plebe; todo lo cual, aunque traía dividida la República, daba motivo a ejercitar la elocuencia de aquella edad, y parecía ser colmada de grandes premios. Porque cuanto más podía cada uno en orar, tanto más fácilmente lograba empleos, tanto más sobresalía en los mismos empleos sobre sus compañeros, tanto más favor se adquiría de los magnates, más autoridad entre los padres, más conocimiento y fama para con la plebe. Veíanse llenos de clientes, aun de las naciones extranjeras; mirábanlos con acatamiento los magistrados al mismo tiempo de partir a las provincias; obsequiábanlos estos mismos después de vueltos de ellas. A estos parece que voluntariamente convidaban las preturas y los consulados; estos, aun estando sin empleo, no estaban sin mando; pues manejaban con su consejo y autoridad al pueblo y al Senado. Antes bien: se habían persuadido ellos mismos de que ninguno podía conseguir o conservar en la ciudad puesto alguno visible y eminente sin la elocuencia; ni hay que maravillarse, pues eran sacados aun contra su voluntad a orar en presencia del pueblo: y era poco decir brevemente en el Senado su parecer, si no lo defendía con ingenio y elocuencia; y también cuando tuviesen que responder por sí mismos si eran acusados por envidia o por algún delito; cuando eran precisados a ser testigos y dar su declaración en público, sin que valiese la excusa de ausencia o el darla por escrito, sino que eran obligados a orar en propia persona y delante del concurso. Así, a los más altos premios de su elocuencia se agregaban grandes conexiones y utilidades; y se tenía por gran cosa, y de mucha gloria, ser elocuente; y, al contrario, por de menos valer, parecer mudo y sin lengua.

Cayo Cornelio TÁCITO: *Diálogo de los oradores*.

a) De acuerdo con este fragmento, ¿cuál era el papel de la oratoria en la antigua Roma? ¿Qué ventajas podían alcanzarse en esa época mediante el uso elocuente de la palabra?

b) ¿Piensas que está justificada la opinión que el autor expresa en este texto?

c) En tu opinión, ¿podría decirse que hoy en día también es necesario saber hablar con elocuencia para acceder a puestos de poder y responsabilidad? Trata de justificar tu respuesta con ejemplos concretos.

Practica

8. Te proponemos participar en un pequeño concurso de discursos retóricos. Se trata de que elabores en casa un discurso retórico breve (máximo 5 minutos) donde expongas un tema y lo argumentes coherentemente. Una vez en clase, os dividiréis en grupos aleatorios de cinco miembros y cada miembro expondrá su discurso al resto. Cuando todos hayan expuesto el suyo, deberéis decidir cuál os parece más convincente. Los mejores de cada grupo se pronunciarán delante de toda la clase, que elegirá por votación el que considere mejor, que será quien gane el concurso. Para construir tu discurso, deberás decidir en primer lugar si será deliberativo, forense o epidíctico. En segundo lugar, deberás seguir los pasos para la construcción del discurso: elegir el tema, determinar tu tesis, establecer los argumentos, decidir cómo lo iniciarás y cómo lo terminarás. Finalmente, deberás ensayar para encontrar los recursos para hacerlo más convincente.

III. La argumentación

8. El arte de razonar

8.1. ¿Qué es la argumentación?

Tanto la retórica como la dialéctica basan su fuerza de persuasión en la capacidad de sostener adecuadamente las afirmaciones que hacemos. Para lograrlo, resulta fundamental elaborar razonamientos convincentes que nos permitan justificar nuestra posición, lo cual requiere dominar el arte de la **argumentación**.

Argumentar consiste en utilizar razonamientos para apoyar o criticar un determinado punto de vista.

Como recordarás, los razonamientos están formados por una serie de proposiciones relacionadas entre sí. Un razonamiento bien elaborado se basa en ciertas proposiciones, denominadas premisas, que se aceptan como verdaderas. Partiendo de las premisas, el razonamiento nos conduce hasta una conclusión, que es una nueva proposición derivada de las premisas.

En el tema dedicado a la lógica hemos visto cuáles son las condiciones que debe cumplir un razonamiento para que podamos considerarlo lógicamente aceptable. Como sabes, la lógica emplea procedimientos formales que incluyen la utilización de un lenguaje simbólico y las tablas de verdad para comprobar la validez de los razonamientos.

El empleo estricto del formalismo lógico puede resultar muy útil para estudiar los razonamientos en algunas disciplinas como las matemáticas o la informática. Sin embargo, más allá de estos ámbitos especializados, los razonamientos también están presentes de forma habitual en nuestra vida cotidiana. Todos nosotros hacemos uso a diario de los razonamientos, por ejemplo, cuando queremos convencer a alguien para que realice una determinada acción, cuando tratamos de justificar nuestras opiniones personales o cuando decidimos qué hacer el fin de semana.

Como es natural, el tipo de razonamientos que llevamos a cabo en nuestra relación habitual con los demás no siempre obedece las rigurosas y exactas reglas de la lógica. Pero eso no significa que no sean importantes. De hecho, la capacidad de utilizar argumentos en nuestra conversación es crucial, porque nos ayuda a defender nuestros puntos de vista y a criticar las opiniones con las que no estamos de acuerdo. Las personas que saben argumentar de manera convincente disponen de recursos muy valiosos en su relación con los demás.

Cuando un razonamiento lógico deductivo está correctamente construido, siempre que las premisas sean verdaderas se puede asegurar con total certeza que la conclusión también ha de ser verdadera. En contraste con esta situación, los razonamientos de la vida cotidiana suelen ser informales, incompletos e imperfectos. Por lo general, los argumentos que empleamos en la práctica no nos permiten afirmar con total seguridad que la conclusión sea verdadera. Habitualmente, en nuestros razonamientos ordinarios, lo más que se puede decir es que, si las premisas son ciertas, es bastante probable que la conclusión también lo sea.

A diferencia de lo que sucede en la lógica formal, los razonamientos que empleamos en la vida cotidiana suelen producir conclusiones **plausibles**, y no certezas absolutas.

¿QUÉ ES ARGUMENTAR?

Por argumentar, en general, cabe entender la manera de dar cuenta y razón de algo a alguien o ante alguien con el propósito de lograr su comprensión y su asentimiento. La argumentación es la acción de argumentar o el producto de esta actividad. Tratándose de una actividad discursiva e intencional, corre a cargo de un agente con una determinada pretensión —en particular, la de dar cuenta y razón de algo a alguien—, y con un determinado propósito —en particular, el de inducir a los destinatarios del discurso a asumir o aceptar lo propuesto—. Según esto, la argumentación es una interacción discursiva e intencional, viva en una conversación o congelada en un texto, que involucra no solo a un agente, sino a unos destinatarios reales, potenciales o imaginarios del discurso, amén de suponer cierto entendimiento e, incluso, cierta complicidad entre ellos, sea más bien expresa o sea más bien tácita. [...] Un argumento viene a ser, en fin, una unidad discursiva básica, bien en el marco de una argumentación vista desde la perspectiva de la actividad de argumentar, o bien en el contexto de una argumentación vista como el producto textual correspondiente.

Luis VEGA: "Argumento", incluido en Luis VEGA y Paula OLMOS (eds.): *Compendio de Lógica. Argumentación y Retórica.*

22. De acuerdo con este texto, ¿en qué consiste la argumentación?

23. ¿Cuál es el objetivo que perseguimos cuando usamos argumentos?

24. Según el autor, ¿a quiénes puede ir dirigida una argumentación?

Fíjate

Plausible no debe confundirse con *posible*. *Plausible* significa literalmente 'digno de aplauso' y es equivalente a *aceptable* o *admisible*. Cuando decimos que un razonamiento es plausible, queremos decir que podemos aceptar su conclusión como verdadera siempre y cuando nuevas informaciones no derroten dicho razonamiento. Los argumentos plausibles son derrotables.

8.2. Cómo elaborar una buena argumentación

Como los razonamientos que empleamos en la vida cotidiana no producen verdades definitivas, su fuerza dependerá de la calidad de nuestros argumentos.

Un buen razonamiento debe ser capaz de obtener la aprobación de los demás. Para ello hace falta, en primer lugar, que las premisas de las que partimos sean **pertinentes**, es decir, que tengan relación con el tema que estamos tratando. Además, es preciso que estas premisas resulten **aceptables**, lo cual significa que nuestros interlocutores estén dispuestos a considerarlas verdaderas. Finalmente, nuestra argumentación debe ser **sólida**, lo cual sucede cuando a partir de las premisas podemos obtener la conclusión de una manera válida o convincente.

Una buena argumentación debe ser pertinente, aceptable y sólida.

En la práctica, si queremos que nuestro razonamiento resulte persuasivo, además de revisar su pertinencia, aceptabilidad y solidez también tendremos que prestar atención al tipo de argumentos que contiene.

Pueden distinguirse tres tipos de argumentos diferentes: los deductivos, los inductivos y los abductivos.

Los **argumentos deductivos** parten de una afirmación general para extraer de ella una conclusión particular. En este tipo de argumentos, si las premisas son verdaderas y el razonamiento está bien construido, puede garantizarse que la conclusión también ha de ser verdadera. Entre los ejemplos de argumentos deductivos se encuentran algunos silogismos tan conocidos como el *Modus Ponens* o el *Modus Tollens*.

Los **argumentos inductivos** parten de afirmaciones particulares para proponer una conclusión de carácter general. Estos argumentos no pueden garantizarnos la verdad de la conclusión. Aunque todas las premisas sean verdaderas, en un razonamiento inductivo la conclusión obtenida es únicamente probable. Por este motivo, la relación que hay entre las premisas y la conclusión puede ponerse en cuestión, lo cual significa que los razonamientos inductivos tienen menos fuerza de convicción que los deductivos.

Los **argumentos abductivos** también se llaman hipotéticos o presuntivos, puesto que se trata de razonamientos que no son seguros, sino solo plausibles. En este tipo de argumentos, si las premisas son verdaderas, la conclusión es una consecuencia únicamente probable. En estos casos la veracidad de la conclusión no está garantizada, porque puede depender de las circunstancias.

9. La estructura de la argumentación

9.1. Cómo organizar nuestros argumentos

A la hora de elaborar una argumentación debemos prestar mucha atención a la forma en que relacionamos las premisas con la conclusión. Para que nuestra posición resulte convincente, tenemos que asegurarnos de que los argumentos que empleamos están claramente organizados.

Pueden distinguirse cuatro posibilidades distintas para estructurar una argumentación. Una de las más habituales es la **estructura convergente**, en la que empleamos varias premisas distintas que permiten justificar nuestra

comprueba lo que sabes

A continuación tenemos sendos ejemplos de razonamiento deductivo, inductivo y abductivo.
Para cada uno de ellos, responde a las siguientes preguntas:

¿Qué opinas acerca de este argumento?

¿Te parece pertinente, aceptable y sólido?

¿Por qué calificamos este razonamiento como deductivo/inductivo/abductivo?

Suponiendo que sus premisas sean verdaderas, ¿podemos asegurar que la conclusión también ha de ser necesariamente verdadera?

En un razonamiento de este tipo, ¿podría darse el caso de que las premisas fueran verdaderas y la conclusión no lo fuera?

UN ARGUMENTO DEDUCTIVO

Todos los pájaros nacen de un huevo.

Mi periquito es un pájaro.

Por lo tanto, mi periquito nació de un huevo.

UN ARGUMENTO INDUCTIVO

El abuelo de Miguel, que era fumador, acabó desarrollando un cáncer de pulmón.

La madre de Luisa, que fumaba mucho, tiene cáncer de pulmón.

Al tío de Manuel, fumador empedernido, le han diagnosticado cáncer pulmonar.

La abuela de Andrés, que estuvo toda su vida tragando el humo de los cigarros que fumaba su marido, ha enfermado con cáncer de pulmón.

Por consiguiente, el humo de tabaco provoca cáncer de pulmón.

UN ARGUMENTO ABDUCTIVO

Luis no ha estudiado ni ha hecho los deberes durante esta evaluación.

Luis no presta atención al profesor en clase.

En el examen, Luis ha sacado un 10.

Si Luis hubiese copiado en el examen, habría podido sacar un 10 sin saber nada.

Luego Luis ha copiado en su examen.

tesis por separado. En este caso, la conclusión puede extraerse de cualquiera de las premisas de manera independiente. Así, aunque alguna de ellas sea rechazada, todavía podríamos sostener la conclusión apoyándonos en las premisas restantes.

Cuando la argumentación tiene una **estructura dependiente**, para obtener la conclusión es necesario que todas las premisas se verifiquen simultáneamente. En este caso, es preciso justificar convenientemente todas las premisas, puesto que si alguna resultase refutada, nuestro argumento perdería fuerza y no podríamos sostener la conclusión de manera convincente.

También son muy habituales los argumentos de **estructura encadenada**. En estos casos, la conclusión obtenida a partir de las premisas sirve a su vez de premisa para un nuevo razonamiento. Este proceso puede continuar en una cadena con varias etapas hasta obtener la tesis final. Como la conclusión del razonamiento depende de esta serie encadenada, la fortaleza de nuestra conclusión dependerá de que todos los eslabones de la argumentación hayan quedado debidamente justificados.

Decimos que el argumento tiene una **estructura divergente** cuando de las premisas se pueden extraer varias conclusiones diferentes. En realidad, esta estructura corresponde a dos argumentaciones distintas que conducen a tesis claramente independientes.

10. Falacias formales e informales

10.1. ¿Qué es una falacia?

Una **falacia** es un razonamiento que a primera vista parece válido, pero que en realidad es incorrecto porque contiene algún error.

Las falacias son muy habituales, porque los hablantes a menudo cometemos fallos argumentativos. Cuando estos razonamientos erróneos son intencionados, reciben el nombre de sofismas.

Un **sofisma** es una falacia hecha a propósito, con la intención de confundir o engañar a los que nos escuchan.

Sin embargo, no todas las falacias son iguales.

Algunos razonamientos son incorrectos porque están mal estructurados, de manera que, aunque las premisas sean verdaderas, no puede garantizarse que la conclusión sea cierta. Esto es lo que ocurre con las **falacias formales**, que en realidad son los razonamientos inválidos desde un punto de vista lógico.

Como sugiere su propio nombre, este tipo de falacias puede identificarse con facilidad expresando el razonamiento con el lenguaje formal propio de la lógica. Si sustuimos las palabras por símbolos y elaboramos la tabla de verdad correspondiente, nos daremos cuenta de que se trata de argumentaciones incorrectas.

Las falacias **formales** son argumentos que no respetan las reglas de la lógica, por lo que pueden identificarse revisando sus correspondientes tablas de verdad.

Las falacias informales se producen cuando en un razonamiento lo que aportan las premisas no tiene la fuerza necesaria como para justificar la

ESTRUCTURAS ARGUMENTATIVAS

ESTRUCTURA CONVERGENTE

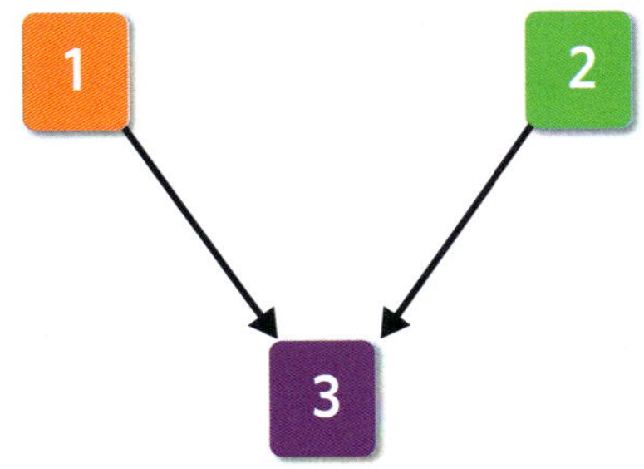

ESTRUCTURA DEPENDIENTE

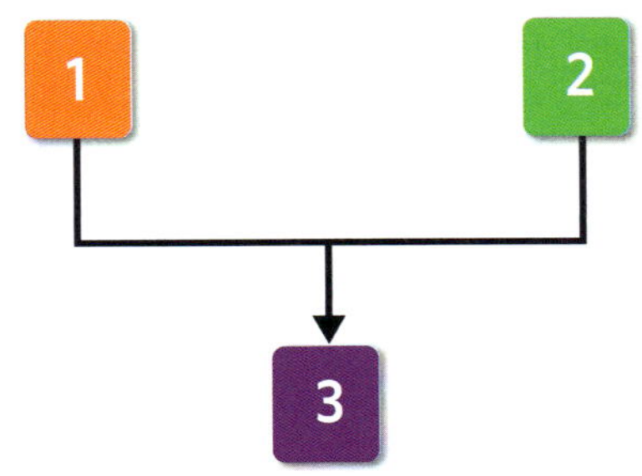

ESTRUCTURA ENCADENADA

ESTRUCTURA DIVERGENTE

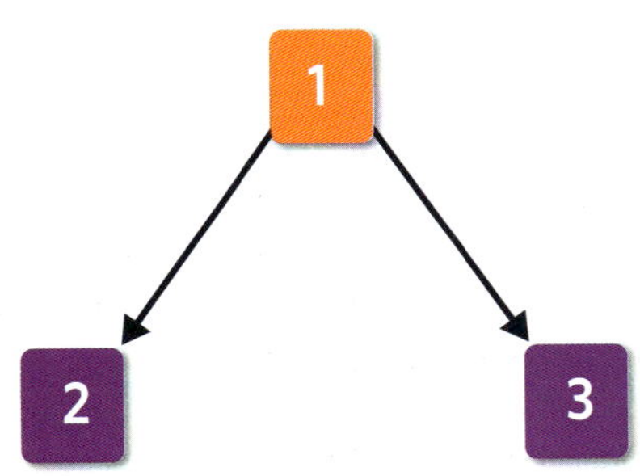

conclusión. Esto puede deberse a varios motivos. Por ejemplo, puede suceder que las premisas resulten ambiguas, porque en ellas aparezcan equívocos o anfibologías. También puede ocurrir que la información aportada por las premisas sea insuficiente, como en los casos de generalización incorrecta o falsa causa. Sin embargo, las falacias informales más comunes se presentan cuando la información aportada por las premisas resulta irrelevante para el tema que estamos tratando.

Las falacias **informales** son argumentos en los que lo aportado por las premisas no es adecuado para justificar la validez de la conclusión.

Fíjate

Utilizamos el símbolo ~~xxxx~~ para indicar que la conclusión no puede extraerse de las premisas, es decir, que se trata de una falacia.

10.2. Falacias formales

Como hemos visto, las falacias formales son argumentos lógicamente inválidos, pero que se asemejan a formas correctas de razonamiento. Algunos ejemplos de falacias formales son la afirmación del consecuente, la negación del antecedente o el silogismo disyuntivo falaz.

Afirmación del consecuente

Para entender en qué consiste este error, vamos a suponer que tenemos una implicación del tipo "si se produce A, entonces también debe producirse B". La falacia de afirmación del consecuente se produce cuando observamos que se ha producido B, y por ese motivo afirmamos que también se debe haber producido A. Sin embargo, esto no es cierto, porque lo único que nos dice la implicación es que en caso de tener A también debemos tener B. Eso quiere decir que B puede haberse producido por otros motivos diferentes.

Supongamos que todas las personas que no se abrigan bien enferman y que tú has enfermado. ¿Podemos deducir correctamente que tú no te has abrigado bien?

Ejemplo:

Las personas que no se abrigan bien enferman. Tú has enfermado. Por lo tanto, no te has abrigado bien.

(Este razonamiento no es correcto, porque es posible que hayas enfermado por otros motivos diferentes).

La falacia de afirmación del consecuente puede formalizarse en el lenguaje de la lógica de la siguiente manera: $[(p \rightarrow q) \wedge q] \rightarrow p$. O, lo que es lo mismo:

$p \rightarrow q$
q
~~xxxx~~
$\vdash p$

Pero esta regla de inferencia no es válida, como puede apreciarse si elaboramos su correspondiente tabla de verdad:

p	q	$p \rightarrow q$	$(p \rightarrow q) \wedge q$	$[(p \rightarrow q) \wedge q] \rightarrow p$
1	1	1	1	1
1	0	0	0	1
0	1	1	1	0
0	0	1	0	1

Como ves, la última columna presenta ceros y unos, lo cual quiere decir que no estamos ante una tautología. Si este razonamiento fuese lógicamente válido, estaríamos ante una ley lógica y la última columna solo debería tener unos. Esto significa que el argumento de afirmación del consecuente es inválido, por lo que se trata de una falacia formal.

Fíjate

Una manera no formalizada de mostrar que un razonamiento es una falacia formal es recurrir al método del contraejemplo. Consiste en demostrar que es inválido porque adoptando la misma forma de premisas verdaderas te puede llevar a una conclusión falsa, algo que como sabes no puede suceder en las argumentaciones válidas. Para construirlo, debemos aislar la forma del razonamiento y pensar en unas premisas que, siendo verdaderas, siguiendo la misma forma te lleven a una conclusión falsa. He aquí un contraejemplo para la falacia de la afirmación del consecuente:

Si es una bicicleta, tiene dos ruedas. V
Esto (una moto) tiene dos ruedas. V
Por tanto, esta moto es una bicicleta. F

Otro contraejemplo:

Si es española, es europea. V
Ella (una francesa) es europea. V
Ella es española. F

Negación del antecedente

Esta falacia también se presenta cuando tenemos un condicional como "si se produce A, entonces también debe producirse B". El error surge cuando no se produce A y por esa razón afirmamos que tampoco se produce B. Pero esto no es cierto, ya que B puede originarse por otros motivos diferentes.

Ejemplo:

Si comes chocolate, entonces engordas. Tú no comes chocolate. Por lo tanto no engordas.
(El argumento es erróneo, porque aunque no comas chocolate puedes haber engordado por otros motivos).

El argumento de negación del antecedente puede formalizarse en el lenguaje de la lógica del siguiente modo: $[(p \rightarrow q) \wedge \neg p] \rightarrow \neg q$. O, lo que es lo mismo:

$$
\begin{array}{l}
p \rightarrow q \\
\neg q \\
\text{~~xxxx~~} \\
\vdash \neg q
\end{array}
$$

Sin embargo, esta regla de inferencia no es válida, porque su tabla de verdad no corresponde a la de una tautología. ¿Serías capaz de elaborar la tabla de verdad de esta fórmula para comprobarlo?

Silogismo disyuntivo falaz

El silogismo disyuntivo falaz se presenta en situaciones en las que sabemos que "A es verdadera o B es verdadera". El error se produce cuando tenemos la seguridad de que A es cierta, y en ese caso afirmamos que B debe ser falsa. Pero esto no tiene por qué ser así necesariamente, ya que también cabe la posibilidad de que ambas sean verdaderas simultáneamente.

Ejemplo:

En este establecimiento el vino y el agua son las únicas bebidas disponibles. Así que el cliente que está sentado enfrente de mí solo puede tomar vino o agua. Como veo que en la mesa tiene un vaso de vino a medias, deduzco que no ha tomado agua.
(Pero este razonamiento no tiene por qué ser cierto, ya que cabe la posibilidad de que haya pedido ambas bebidas y haya tomado agua con anterioridad).

El argumento disyuntivo falaz también puede formalizarse. ¿Sabrías utilizar el lenguaje simbólico de la lógica para expresarlo como una fórmula? ¿Cómo sería la tabla de verdad correspondiente? ¿Podemos usar esa tabla para comprobar que no es un razonamiento lógicamente válido?

10.3. Falacias informales

El estudio de las falacias informales resulta especialmente interesante en el campo de la argumentación. Como hemos visto, estas falacias se producen cuando la información aportada por las premisas carece de la fuerza necesaria para justificar la validez de nuestra conclusión.

Sin embargo, no siempre es fácil saber si lo que nos dicen las premisas es adecuado para el razonamiento o si se trata de información irrelevante. En estos casos, para saber si las premisas son válidas o no hay que tener en cuenta la situación y el contexto en el que se plantea el argumento. En algunas circunstancias estos razonamientos son falaces, porque no resultan nada convincentes. Sin embargo, en otras ocasiones, la información aportada

Fíjate

Un contraejemplo para la falacia de la negación del antecedente:

Si has nacido en Oviedo, eres asturiano	V
Tu no has nacido en Oviedo (has nacido en Gijón)	V
Por tanto, no eres asturiano	F

Supongamos que el chocolate engorda y que tú no comes chocolate. ¿Se puede inferir correctamente que tú no vas a engordar?

Para ampliar en la Red...

Argumentación y falacias: www.tiching.com/685954

por las premisas sí que nos parece significativa y aceptable, por lo que no es apropiado decir que el razonamiento sea una falacia.

▲
El argumento *ad hominem* trata de rechazar una afirmación atacando personalmente a quien la enuncia.

Petición de principio

Para que un razonamiento sea válido las premisas no pueden basarse en la conclusión. Una petición de principio es un razonamiento erróneo que emplea en las premisas aquello que queremos demostrar.

Ejemplo:

Lo que afirma este libro es verdad, porque coincide con lo que dice el profesor. Y lo que dice el profesor es cierto, porque es lo mismo que pone en el libro.

Argumento *ad ignorantiam*

El nombre en latín de este razonamiento significa 'argumento de la ignorancia'. Consiste en sostener que una afirmación debe ser verdadera cuando nadie ha sido capaz de demostrar que sea falsa. También puede presentarse al revés, argumentando que algo es falso porque nadie ha sido capaz de demostrar que sea verdadero. En principio, en los dos casos se trata de un error, porque el hecho de que no hayamos podido comprobar si algo es cierto no implica que deba ser falso (ni al revés).

Ejemplo:

Dios no existe, porque nadie ha logrado demostrar su existencia.

Sin embargo, existen casos en los que este tipo de razonamientos pueden resultar aceptables. Esto es lo que ocurre cuando sostenemos que una persona debe ser considerada inocente hasta que no se demuestre lo contrario.

Argumento *ad hominem*

El 'argumento contra el hombre' intenta rechazar una afirmación descalificando a la persona que la enuncia. De esta manera ni siquiera se analiza el contenido de lo que la otra persona dice, porque la respuesta que se ofrece es un ataque personal.

@ Para ampliar en la Red...

Detección de falacias informales:
www.tiching.com/685955

Ejemplo:

El médico me ha recomendado que no beba. Pero no pienso hacerle caso, porque yo le he visto a él mismo bebiendo.

Aunque a menudo este argumento resulta falaz, también puede ser plausible en algunas circunstancias. Imagina que en un juicio se descubriese que el juez es un gran amigo del acusado. En ese caso podríamos rechazar la sentencia basándonos en que el juez que la ha elaborado no merece nuestra confianza.

Argumento *ad baculum*

El 'argumento del bastón' consiste en forzar a alguien mediante amenazas para que acepte nuestras afirmaciones. Habitualmente se emplea advirtiendo de las consecuencias que tendría rechazar lo que decimos. En vez de ofrecer razones y argumentos, tratamos de imponer nuestras ideas mediante el miedo al castigo y a las represalias. Tal vez no se trate de la mejor manera de argumentar, pero a menudo el recurso de la amenaza tiene una gran fuerza de convicción.

▲
El argumento *ad baculum* trata de hacer que los demás acepten nuestras afirmaciones mediante amenazas.

Ejemplo:

Esta asignatura es muy importante. Más vale que tú también lo creas, porque si no compartes mi opinión voy a suspenderte.

Por otra parte, los argumentos de amenaza resultan plausibles en ciertas situaciones. Por ejemplo, en una negociación laboral no es falaz considerar la amenaza de la parte trabajadora de ir a la huelga si no se atienden sus reivindicaciones.

Argumento *ad populum*

El 'argumento dirigido al pueblo' trata de convencernos de que una afirmación es cierta porque la mayor parte de la gente la acepta. Sin embargo, en rigor se trata de un argumento derrotable, porque puede que esa mayoría esté equivocada.

Ejemplo:

Toda la gente que conozco hace trampas al pagar sus impuestos. Por eso yo también lo hago.

Supongamos que cierta afirmación es compartida por la mayoría de la gente. ¿Significa eso, necesariamente, que la afirmación debe ser cierta?

Argumento *ad verecundiam*

El 'argumento de autoridad' consiste en defender una afirmación basándose en que ha sido aceptada por una persona importante. Cuando alguien es una "autoridad" en un campo, tendemos a creer en sus afirmaciones. En ciertos contextos este razonamiento puede ser aceptable. Los estudiantes, por ejemplo, tienen buenas razones para creer que las afirmaciones que hacen sus profesores son probablemente verdaderas. Pero debemos recordar que también las personas informadas y expertas pueden equivocarse en ocasiones.

Ejemplo:

Mi padre dice que el universo es infinito. Como él sabe mucho más que yo, seguro que es verdad.

Argumento *post hoc, ergo propter hoc*

El nombre en latín de este argumento significa 'ha sucedido después de esto, así que es consecuencia de esto'. Supongamos que el suceso B se produce después del suceso A. Si en este caso decimos que B es una consecuencia de A, estamos cometiendo un error desde el punto de vista lógico. Esto se debe a que damos por supuesto que A es la causa de B, cuando podría ser que no tuviesen ninguna relación.

Ejemplo:

Me puse la camisa amarilla y suspendí el examen. Así que mi suspenso se debe a ese color, que me trajo mala suerte.

Muchas creencias supersticiosas están basadas en el argumento *post hoc, ergo propter hoc.*

Argumento *ad misericordiam*

El argumento 'de misericordia' consiste en apelar a los sentimientos y las emociones de nuestros interlocutores para incitarles a actuar de una determinada manera.

Aunque prestar atención a los sentimientos de los demás puede ser relevante en determinadas circunstancias, este razonamiento se convierte en una falacia si se emplea únicamente porque carecemos de argumentos sólidos para apoyar nuestra posición.

Ejemplo:

Profesor, no me suspenda usted. Ciertamente, mi examen deja mucho que desear, pero hay que tener en cuenta que he tenido una semana espantosa. Con todos mis problemas personales apenas he podido estudiar, y estoy muy angustiado. Si además llevo a casa un suspenso, seguramente caeré en una terrible depresión.

Párate a pensar

Recapitula

1. ¿En qué consiste argumentar? ¿Cuál es el objetivo que perseguimos al desarrollar una argumentación?
2. ¿Cuáles son los tres requisitos que debe cumplir un buen argumento para que sea eficaz y convincente? ¿En qué consiste cada uno de estos requisitos? Explica tu respuesta con ejemplos.
3. Completa la siguiente tabla en la que se comparan los diferentes tipos de argumentos que puede haber:

Tipo de argumento	Definición	Si las premisas son ciertas...	Ejemplo
Deductivo	Parten de una afirmación general para obtener una conclusión particular	Podemos garantizar que la conclusión es cierta	Todos los seres humanos son mortales. Isabel es humana. Por lo tanto, Isabel es mortal
Inductivo			
Abductivo			

4. ¿Cuáles son las distintas posibilidades que tenemos a nuestra disposición para estructurar una argumentación? Explica en qué consisten ofreciendo un ejemplo concreto de razonamiento para cada una de ellas.
5. ¿Qué diferencia hay entre las falacias formales y las informales? ¿Puede resultar aceptable en algún caso una falacia formal? ¿Y una falacia informal? Explica tu respuesta.
6. Analiza los siguientes razonamientos para discernir cuáles de ellos te parecen correctos y cuáles no. Cuando se trate de razonamientos incorrectos, debes también indicar si estamos ante una falacia formal o informal.
   a) Todos los marcianos tienen las orejas puntiagudas. El profesor no tiene las orejas puntiagudas, así que no es un marciano.
   b) Cuando llueve yo siempre llevo un paraguas. Hoy está lloviendo, así que traigo el paraguas conmigo.
   c) Todas las aves ponen huevos. Las gallinas ponen huevos, así que las gallinas son aves.
   d) Ningún fantasma come carne. Manuel es vegetariano y, por lo tanto, Manuel es un fantasma.
   e) Todos los alumnos de bachillerato estudian lógica. Tú eres un alumno de bachillerato. Por lo tanto, estudias lógica.
   f) Ningún genio usa gafas. Andrés usa gafas, así que Andrés no es un genio.
   g) Ningún matemático utiliza calculadora. Isabel no es matemática, así que ella sí que usa la calculadora.
   h) Aristóteles fue discípulo de Platón, porque Platón fue el maestro de Aristóteles.
   i) Si tú te sabes esta lección, yo soy la reina de los mares. Yo no soy la reina de los mares, así que tú no te sabes esta lección.
   j) Si te organizas bien, te dará tiempo a estudiar. Si te da tiempo a estudiar, aprenderás todo. Y si aprendes todo, entonces aprobarás. Por lo tanto, si te organizas bien aprobarás.
7. A continuación te presentamos una lista con diversos ejemplos de razonamientos incorrectos. Identifica cuál es el tipo de falacia que se comete en cada uno de ellos, indicando el nombre que recibe. ¿Se trata de una falacia formal o informal? ¿Crees que podría darse alguna circunstancia en la que este argumento, aunque lógicamente inválido, pudiera resultar convincente?
   a) Antonio dice que el viernes tenemos un examen, pero seguro que es mentira porque Antonio es muy despistado.
   b) Ha ganado la carrera porque ha usado el amuleto que le regalé.
   c) Los alumnos pueden interrumpir la explicación para hacer preguntas en clase, pero deben tener en cuenta que si las preguntas son inadecuadas, eso se castigará con un cero.
   d) Nadie ha podido demostrar que haya vida en otros planetas, así que no existe vida fuera de la Tierra.
   e) ¿Por qué Mozart componía música? ¡Pues porque era compositor!
   f) Los alumnos que copian aprueban por los pelos. Así que Juan, que ha aprobado por los pelos el examen, seguramente ha copiado.
   g) Tú dices que eres ecologista, pero eso no puede ser cierto porque trabajas en una central nuclear.
   h) El aire debe tener peso, porque eso es lo que dice nuestro profesor de física.
   i) Claro que existen los Reyes Magos, pero si no crees en ellos, no te llevarán ningún regalo.
   j) Cuando un alumno estudia, acaba aprobando. Así que Sandra, que ha aprobado, sin duda ha estudiado.
   k) Bill Clinton fue un mal presidente porque le fue infiel a su esposa.
   l) Todos los países modernos están bajando los impuestos, así que nosotros también debemos hacerlo.
   m) El director de la empresa no permite fumar en el trabajo porque dice que es malo para la salud. Pero lo que dice no es fiable porque el director de la empresa no sabe nada de medicina.
   n) Nuestro gobierno debe apoyar este negocio, porque así lo creen los miles de parados que hay en nuestra región.
   ñ) Espero que estudies la lección, porque si no te la sabes te quedarás sin recreo.
   o) Todos los buenos médicos curan a sus pacientes, porque un médico es bueno cuando es capaz de curar a las personas que están a su cargo.

p) Cuando alguien maltrata a su pareja, la relación no tiene futuro. Pero como yo no maltrato a mi pareja, seguro que nuestra relación será para siempre.

q) Einstein era listísimo porque era un sabio.

Construye el concepto

8. Define los siguientes términos filosóficos con los diccionarios propuestos (p. 1). A continuación, escribe una frase con cada uno de ellos en la que se aprecie su significado.

- argumentación
- pertinencia
- aceptabilidad
- solidez
- abducción
- falacia
- sofisma
- contraejemplo

Trabaja con textos

9. Lee el texto y contesta las preguntas:

Ya contamos entonces con los términos necesarios para componer el primer esbozo de un esquema para analizar argumentos. La relación entre los datos y la afirmación a la que sirven de base puede simbolizarse con una flecha, indicando lo que nos permite pasar de unos a otra escribiendo la garantía inmediatamente debajo de la flecha. [...]

D ⟶ Por tanto C
Porque G

Como este esquema pone de relieve, en este argumento la afirmación apela directamente a los datos que le sirven de base; la garantía es, en cierto sentido, incidental y explicativa, pues su objetivo consiste simplemente en registrar explícitamente la legitimidad del paso dado, poniéndolo en relación con la clase más amplia de pasos cuya legitimidad se presupone.

Esta es una de las razones para distinguir entre los datos y las garantías: a los datos se apela explícitamente, a las garantías implícitamente. Además, puede observarse que las garantías son generales, certificando la validez de todos los argumentos del tipo correspondientes, por lo que tienen que establecerse de manera muy diferente que los elementos justificatorios que ofrecemos como datos. [...]

De paso, añadiremos una observación de tipo general: en cualquier campo de la argumentación, a menos que estemos dispuestos a trabajar con garantías de algún tipo, será imposible someter los argumentos de ese campo a una evaluación racional. Los datos que se aducen cuando se pone en duda una afirmación dependen de las garantías con que estemos dispuestos a funcionar en ese campo, y las garantías que aceptamos están implícitas en los pasos concretos, de los datos a las afirmaciones, que estamos dispuestos a dar y admitir.

Stephen E. TOULMIN: *Los usos de la argumentación*.

a) Este texto propone lo que se denomina el "modelo de Toulmin" sobre la argumentación. ¿Sabrías explicar de forma resumida en qué consiste este modelo?

b) ¿A qué se refiere el autor cuando habla de apoyar nuestro argumento con una "garantía"?

c) ¿Qué diferencia hay entre los datos que empleamos al efectuar nuestro razonamiento y las garantías en las que nos basamos?

d) Propón una argumentación elaborada por ti mismo en la que pueda apreciarse lo que quiere decir Toulmin en este fragmento.

10. Lee el siguiente texto y contesta las preguntas:

LAS REGLAS DE UNA DISCUSIÓN RACIONAL

Van Eemeren y Grootendorst introdujeron un código de conducta para argumentadores o discutidores racionales que actúan razonablemente en una discusión crítica. Este código de conducta se puede entender como un procedimiento de discusión dialéctica. [...]

Ambos autores resumieron los elementos más importantes de este procedimiento en diez reglas básicas instrumentales para resolver una disputa entre un proponente y un oponente (partes) de un punto de vista en litigio:

R1: Las partes involucradas en la disputa no deben crearse impedimentos recíprocamente en la posibilidad de expresar dudas o reservas.

R2: Quien expresa una opinión debe estar dispuesto a defenderla si se lo piden.

R3: Un ataque a una argumentación debe centrarse en la tesis que ha enunciado el proponente, sin desviar el discurso, sin presentar la tesis de forma diferente y sin actuar de forma que se le atribuya al oponente una tesis diferente de la que sostiene.

R4: Una tesis debe defenderse solo con argumentos relacionados con ella y que no tengan imbricaciones con otra.

R5: Una persona debe aceptar las consecuencias y la existencia de las premisas que deja implícitas y, en consecuencia, debe aceptar que se le ataque en el terreno de estas.

R6: Una tesis puede considerarse defendida de forma adecuada si se basa en argumentos pertenecientes a un punto de partida común.

R7: Una tesis puede considerarse defendida de forma adecuada si la defensa se desarrolla con el uso de argumentos que reflejan y respetan la praxis y el esquema argumentativo comúnmente aceptados.

R8: Los argumentos usados en una discusión deben ser o haber devenido válidos, haciendo explícitas algunas de las premisas que quedaban implícitas.

R9: Una defensa perdedora debe tener como consecuencia que el sujeto argumentante acepte cambiar su posición, mientras que una defensa vencedora debe tener por consecuencia que el oponente cambie su posición y retire sus dudas sobre la tesis defendida por el sujeto argumentante.

R10: La formulación de la tesis, de las posiciones recíprocas y de los argumentos debe ser lo más clara y comprensible posible.

Jesús ALCOLEA: "Discusión crítica", incluido en Luis VEGA y Paula OLMOS (eds.): *Compendio de lógica, argumentación y retórica*.

a) ¿Cuáles son las reglas básicas que, según este texto, deberíamos respetar en un diálogo racional con nuestros interlocutores?

b) ¿Crees que la gente habitualmente suele atenerse a las normas anteriores cuando discute o conversa con otras personas?

c) ¿En qué situaciones crees que es más frecuente ignorar estas normas?

d) ¿Y en qué circunstancias crees que suelen ser generalmente respetadas?

Comentario de texto

Texto 1

A pesar de que la argumentación es un fenómeno del uso del lenguaje, está claro que el discurso argumentativo, a diferencia de lo que los analistas de la conversación parecen creer, no puede ser tratado adecuadamente solo por la lingüística. Por lo menos, no mientras la lingüística continúe en su orientación descriptiva actual. Si así fuera, no se estarían tomando en cuenta todos los aspectos normativos del razonamiento y una teoría de la argumentación surgida de esta manera no permitiría una evaluación crítica de la aceptabilidad de los argumentos. Por otra parte, a diferencia de lo que muchos autores de textos de lógica parecen sugerir, la argumentación tampoco puede ser tratada adecuadamente solo por la lógica normativa. Por lo menos, no mientras la lógica mantenga su actual despreocupación por los datos lingüísticos empíricos. Si así fuera, no se estarían tomando en cuenta todos los aspectos relevantes de la argumentación tal como se presenta en el discurso cotidiano y, en consecuencia, no quedaría claro si una teoría de la argumentación así desarrollada estaría relacionada de alguna manera descriptiva con la realidad.

Proponemos un enfoque de la argumentación que combina sistemáticamente los aspectos descriptivos y los normativos. [...] Al tratar de producir, de esta manera, una convergencia de los diferentes ángulos, en cierto sentido estaríamos estimulando un regreso integrador a las raíces clásicas del estudio de la argumentación, ejemplificadas en la analítica, dialéctica y retórica aristotélicas.

Esto es precisamente lo que nos proponemos lograr en el enfoque de la argumentación que presentamos al explicar nuestros puntos de vista pragma-dialécticos teóricos teniendo una filosofía crítico-racionalista como trasfondo. De esta manera, damos forma al ideal de razonabilidad de una discusión crítica. El aspecto dialéctico consiste en que hay dos partes que intentan resolver una diferencia de opinión mediante el intercambio metódico de pasos en una discusión. El aspecto pragmático está representado por la descripción de los pasos de la discusión como actos de habla. En nuestra teoría pragma-dialéctica, la argumentación es descrita como un acto de habla complejo cuyo propósito es contribuir a la resolución de una diferencia de opinión o una disputa.

Frans H. van EEMEREN y Rob GROOTENDORST: *Argumentación, comunicación y falacias. Una perspectiva pragma-dialéctica.*

Disertación filosófica

El lenguaje y el pensamiento

- ¿Qué relación existe entre el lenguaje y el pensamiento?
- ¿Cuál de estas dos realidades tiene prioridad?
- ¿Se desarrollan en la infancia de forma simultánea o independiente?
- ¿Aprendemos primero a pensar y después a hablar, o sucede más bien al revés?
- ¿Hasta dónde puede llegar el pensamiento si lo separamos de las palabras?
- ¿Pueden pensar los animales?
- ¿En qué se distingue el pensamiento verbal del no verbal?
- ¿Hasta qué punto influye nuestro lenguaje en la visión del mundo que tenemos?
- ¿Podría llegar algún día a pensar una máquina?

Debate filosófico

La importancia de la retórica en nuestro mundo actual

- ¿Crees que la retórica desempeña un papel destacado hoy en día?
- ¿Cuáles son los ámbitos en los que suele estar más presente?
- ¿En qué tipo de actividades o entornos resulta esencial el arte de hablar con elocuencia?
- ¿Hay buenos y malos usos de la retórica?
- ¿Existe alguna forma de desenmascarar a las personas que utilizan sofismas para confundirnos en sus argumentaciones?
- ¿Deberíamos enseñar en las escuelas el arte de hablar en público?

Una obra para comentar

El milagro de Ana Sullivan

Película basada en la vida de la escritora estadounidense Helen Keller. Siendo muy pequeña, Helen sufrió una grave enfermedad que la dejó ciega y sorda, lo cual dificultó enormemente su desarrollo y su integración familiar. Sin embargo, el extraordinario trabajo realizado por su institutriz Ana Sullivan le permitió aprender a comunicarse utilizando el lenguaje. La película muestra el modo en que Ana Sullivan comenzó por enseñar a Helen a comportarse de manera disciplinada, respetando las normas sociales. También presenta las dificultades que Helen tuvo que superar hasta que logró comprender el significado de las palabras que Ana le enseñaba. Esta historia puede servirte para reflexionar acerca de la importancia del lenguaje.

Conexiones filosóficas

Filosofía y ciencias cognitivas

Los enormes avances realizados en los últimos años por las ciencias cognitivas nos sirven para reflexionar sobre las relaciones que existen entre estas y la filosofía del lenguaje. Las ciencias cognitivas estudian el modo en que nuestro cerebro procesa la información, combinando conocimientos procedentes de las neurociencias, la bioquímica, la cibernética y la lingüística. Para sus investigaciones, realizan simulaciones en las que los procesos del cerebro humano son modelados mediante la inteligencia artificial.

- ¿Qué relación puede existir entre los descubrimientos de las ciencias cognitivas y las grandes preguntas filosóficas acerca del lenguaje?
- ¿Pueden ser útiles los lenguajes informáticos como modelos del lenguaje humano?
- ¿En qué se parecen y en qué se diferencian los procesos cognitivos en el ser humano y en las máquinas?

Trabajo en equipo

La argumentación en la política

Para llevar a cabo este trabajo dividiremos la clase en varios grupos, cada uno de los cuales constará de cinco miembros. El profesor asignará a cada uno de los grupos un texto con la transcripción de las palabras pronunciadas por un político. Puede tratarse del fragmento de un discurso, de la participación en un debate o de una alocución en un mitin o en el Parlamento. Es importante elegir intervenciones de distintas personas y de diferente signo ideológico para que la actividad resulte plural y equilibrada.

En los grupos de referencia los alumnos se especializarán en un tipo concreto de argumento. Os sugerimos que repartáis las tareas asignando los siguientes papeles:

- Experto en el argumento *ad verecundiam*.
- Experto en el argumento *ad hominem*.
- Experto en el argumento *ad baculum*.
- Experto en el argumento *ad populum*.
- Experto en el argumento *ad ignorantiam*.

a) Una vez nombrados los especialistas, estos se separarán de sus respectivos grupos de referencia para trabajar con el resto de expertos especializados en su mismo tema. Cada grupo de expertos analizará los fragmentos distribuidos por el profesor, prestando especial atención para identificar el argumento concreto en el que están especializados. Si este tipo de argumentos aparece en el discurso, el grupo de expertos tendrá que considerar si se trata de argumentos pertinentes, aceptables y sólidos, justificando adecuadamente las razones que sostienen esa opinión. En caso contrario, el grupo de expertos deberá debatir si estamos ante un sofisma, considerando las motivaciones que podría tener el orador para plantearlo en público.

b) Una vez finalizada la tarea en el grupo de expertos, los especialistas volverán a su grupo de referencia, donde explicarán al resto de los miembros de su equipo lo que han encontrado en el discurso que les ha correspondido analizar. Con todas las aportaciones de los distintos expertos, el grupo elaborará un informe en el que emitirá un dictamen sobre la fiabilidad que en su opinión merecen las palabras del orador.

c) El ejercicio finalizará con la exposición en clase del trabajo realizado por cada uno de los grupos.

Bibliografía

Sylvain AUROUX: ***La filosofía del lenguaje.***

Jean PIAGET: ***El estructuralismo.***

Ludwig WITTGENSTEIN: ***Tractatus logico-philosophicus.***

Ludwig WITTGENSTEIN: ***Investigaciones filosóficas.***

ARISTÓTELES: ***Retórica.***

Umberto ECO: ***Obra abierta.***

CICERÓN: ***Sobre el orador.***

Stephen E. TOULMIN: ***Los usos de la argumentación.***

Luis VEGA y Paula OLMOS (eds.): ***Compendio de lógica, argumentación y retórica.***

Chaïm PERELMAN y Lucie OLBRECHTS-TYTECA: ***Tratado de argumentación: La nueva retórica.***

Filmografía

Wittgenstein. Derek JARMAN. Esta curiosa película no es ni un documental ni una biografía, sino una peculiar aproximación a la vida y la obra de Ludwig Wittgenstein. La cinta nos muestra el carácter de este personaje y la singularidad de su pensamiento.

JFK. Oliver STONE. Este filme trata de reconstruir los acontecimientos que condujeron al asesinato de John Kennedy, presidente de los Estados Unidos. Frente al dictamen ofrecido por la comisión oficial de investigación, la interpretación que hace el fiscal de distrito le lleva a pensar que el magnicidio fue el resultado de una conspiración. El protagonista tendrá que esforzarse, haciendo uso de su habilidad retórica y argumentativa, para desmontar la versión oficial y tratar de convencer a los demás de sus ideas.

Mapa conceptual

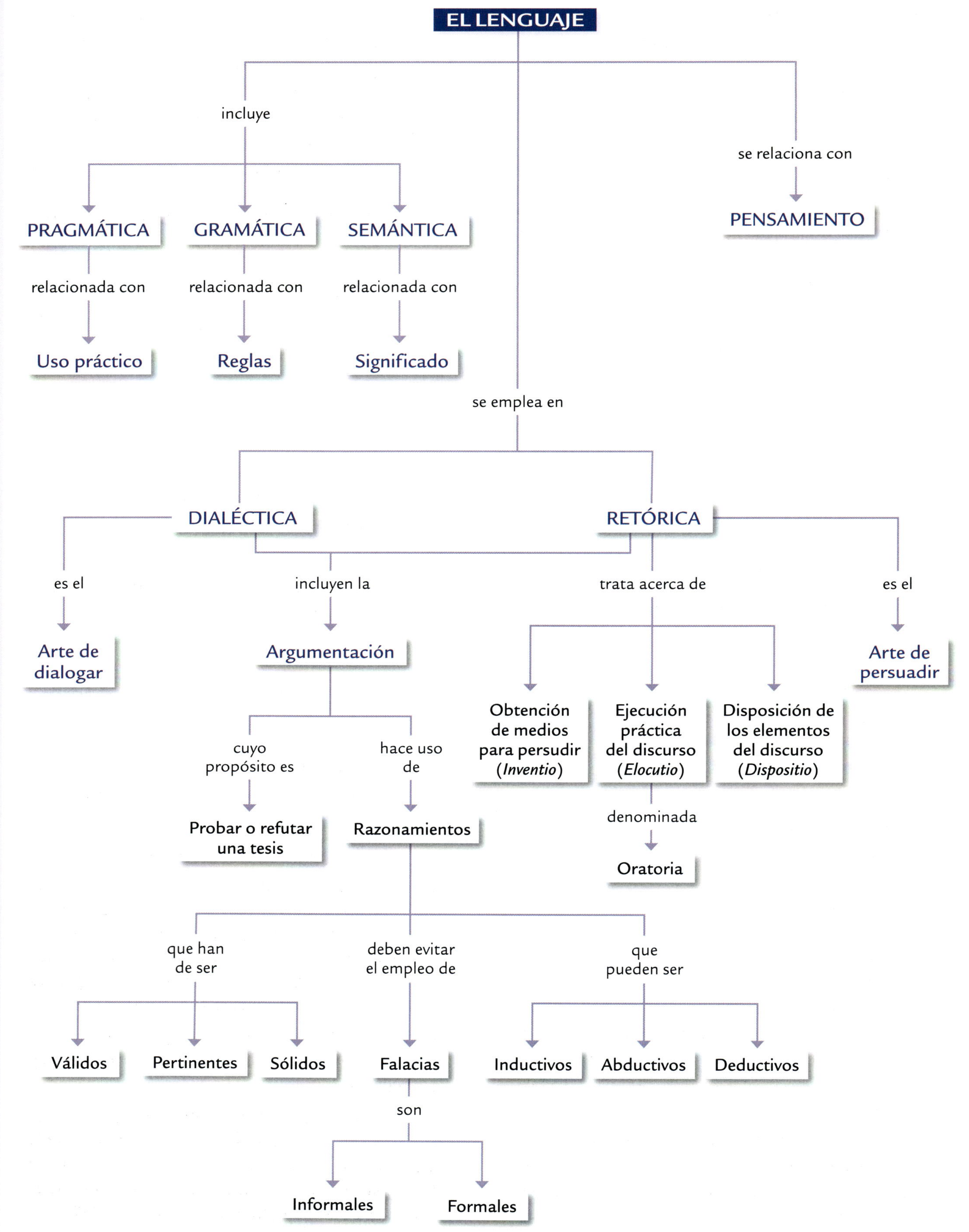

Evaluación

Elige la respuesta correcta para cada una de las siguientes preguntas. Recuerda que de todas las opciones solo una es válida.

1. **¿Qué es un símbolo?**
   a) Es un signo natural en que la relación entre significante y significado es la que hay entre una causa y su efecto.
   b) Es un signo natural o convencional que sirve para representar algo.
   c) Es un signo convencional en el que la relación entre significante y significado no tiene relación con la semejanza sino que es arbitraria.
   d) Es un signo convencional que representa algo mediante una analogía o semejanza.

2. **¿A qué se dedica la pragmática?**
   a) Es la disciplina que estudia los signos.
   b) Es la disciplina que estudia la forma en la que se combinan los signos, analizando la función que éstos desempeñan en el conjunto.
   c) Es la disciplina que estudia la relación entre los signos y los significados.
   d) Es la disciplina que estudia los usos de los signos, y la relación que hay entre ellos y quienes los utilizan.

3. **¿Por qué decimos que el lenguaje humano es articulado?**
   a) Porque emplea signos y símbolos.
   b) Porque nos permite expresar ideas abstractas.
   c) Porque permite combinar los signos de diferentes maneras para crear estructuras novedosas.
   d) Porque hace posible que podamos pensar.

4. **¿Cuál es la diferencia que hay entre un estudio diacrónico y otro sincrónico?**
   a) El estudio diacrónico analiza el lenguaje, mientras que el estudio sincrónico se centra en la lengua.
   b) El estudio diacrónico analiza la evolución temporal, mientras que el estudio sincrónico se centra en el sistema lingüístico en un momento determinado.
   c) El estudio diacrónico no considera válido el relativismo lingüístico, mientras que el sincrónico sí que lo tiene en cuenta.
   d) El estudio diacrónico analiza el sistema lingüístico en un momento determinado, mientras que el estudio sincrónico se preocupa por la evolución temporal de la lengua.

5. **¿Qué diferencia hay entre la retórica y la dialéctica?**
   a) La retórica estudia cómo persuadir al público en un discurso, mientras que la dialéctica analiza cómo convencer a los demás en una conversación.
   b) La retórica estudia de un modo teórico cómo convencer al público, mientras que la dialéctica es la capacidad de realizar ese discurso en la práctica.
   c) La retórica estudia cómo convencer en un diálogo, mientras que la dialéctica analiza cómo convencer al público con un discurso.
   d) La retórica es la capacidad real de ejecutar un discurso convincente, mientras que la dialéctica es el estudio teórico sobre cómo hay que preparar estos discursos.

6. **¿Cuáles son los tres tipos de discursos que hay, según Aristóteles?**
   a) Los inductivos, los deductivos y los abductivos.
   b) Los convergentes, los divergentes y los dependientes.
   c) Los deliberativos, los judiciales y los epidícticos.
   d) Los oratorios, los dialécticos y los retóricos.

7. **¿Cuáles son las características que debe tener una buena argumentación?**
   a) Debe ser veraz, convincente y breve.
   b) Debe ser pertinente, sólida y aceptable.
   c) Debe ser pertinente, veraz y breve.
   d) Debe ser breve, aceptable y sólida.

8. **¿Cuáles de las siguientes argumentaciones son ejemplos de falacias formales?**
   a) El argumento *ad ignorantiam*, el argumento *ad hominem* y el argumento *ad baculum*.
   b) El argumento *ad populum*, el argumento *ad verecundiam* y el argumento *post hoc ergo propter hoc*.
   c) La afirmación del consecuente, la negación del antecedente y el silogismo disyuntivo falaz.
   d) El silogismo disyuntivo falaz, la negación del consecuente y la afirmación del antecedente.

Contesta por escrito las cuestiones siguientes:

9. **¿Qué diferencia hay entre las ideas sobre el lenguaje del "primer Wittgenstein" y del "segundo Wittgenstein"? ¿Cuál de estas dos visiones se corresponde con una interpretación semántica acerca del lenguaje? ¿Cuál crees que está más relacionada con una interpretación pragmática del lenguaje? ¿Cuál de las dos te parece más convincente?**

10. **¿Crees que es lo mismo una falacia que un sofisma? ¿Y cuál es la diferencia que hay entre las falacias formales y las informales?**

11. **¿Crees que puede ser útil hoy en día el estudio de la retórica? ¿Quiénes podrían estar interesados en dominar la retórica desde un punto de vista práctico actualmente? ¿Crees que la retórica debería estudiarse en las escuelas para que los alumnos estén familiarizados con ella?**

11 El arte y la estética

- ¿Sabrías explicar lo que es el arte?
- ¿Es la belleza una cualidad intrínseca de los objetos que apreciamos? ¿O, por el contrario, los consideramos bellos porque nos agradan?
- ¿Qué relación hay entre la música, la literatura, las artes plásticas y la filosofía?
- ¿Puede tener el arte alguna influencia sobre la política?

Objetivos

> Exponer la diferencia entre las interpretaciones objetivista y subjetivista de la estética.

> Distinguir los enfoques formalista, expresionista y simbolista sobre la obra de arte.

> Apreciar el modo en que el significado y la función del arte han ido evolucionando a lo largo del tiempo.

> Valorar las complejas relaciones que existen entre el arte y el pensamiento, apreciando el valor de la experiencia estética para explorar temas de profundo significado filosófico.

Contenidos

La estética

- La experiencia estética está asociada a la capacidad humana de emocionarnos ante la belleza, tanto artística como natural.
- El arte está integrado por todas las obras humanas cuya finalidad principal es crear belleza.
- El objetivismo estético afirma que la belleza es una propiedad de los objetos hermosos. El subjetivismo estético considera que la belleza es el resultado de un sentimiento subjetivo, que depende del gusto del observador.
- El arte puede interpretarse desde distintos puntos de vista: formalismo, expresionismo y simbolismo.

El arte a través del tiempo

- En la antigua Grecia el arte se consideraba una imitación de la naturaleza. La belleza, para los griegos, estaba asociada al equilibrio y la armonía. Esta conexión entre belleza y armonía se mantuvo durante la Edad Media, aunque en esta época la belleza también se consideraba una manifestación de la perfección divina.
- En la Edad Moderna la belleza comenzó a estar ligada al gusto del público que encargaba y consumía las obras de arte.
- El aprecio por lo sublime es una característica del Romanticismo.
- En el arte contemporáneo domina la libertad estética y la innovación creativa.

Filosofía y arte

- La conexión entre las artes visuales y la filosofía ha sido explorada desde distintas perspectivas por filósofos tan relevantes como Friedrich Nietzsche, Walter Benjamin o Hans-Georg Gadamer.
- La literatura mantiene una estrecha relación con la filosofía, como muestra la profundidad de algunas grandes obras literarias, así como la frecuente presencia de temas filosóficos en la poesía, la novela y el teatro.
- Algunos grandes pensadores como Pitágoras, Schopenhauer o Nietzsche han mostrado un notable interés por estudiar el significado filosófico de la música.
- Existen opiniones encontradas acerca de la función social que pueda tener el arte. Algunas personas creen que el arte puede servir para cambiar la sociedad, mientras que otras opinan que el arte debe mantenerse apartado de la ética y la política.

I. La estética

1. La experiencia de la belleza

1.1. Estética y arte

Los seres humanos han dado muestras de su interés por el arte y la belleza desde los tiempos más remotos. Nuestros antepasados prehistóricos decoraron las paredes de sus cuevas con dibujos de una extraordinaria calidad artística. Todos los pueblos y culturas del mundo han apreciado el valor de la belleza, y en todos ellos el arte está presente de una u otra forma.

El reconocimiento de la belleza suscita en el ser humano una emoción estética de apreciación y agrado. Es lo que sucede, por ejemplo, cuando disfrutamos de un atardecer, de un paisaje marino, de una melodía agradable, de una imagen que nos fascina o de un rostro humano que nos atrae.

El origen de la experiencia estética está en nuestra capacidad de emocionarnos ante la **belleza**.

La experiencia estética está asociada a las emociones y sentimientos que nos suscita la belleza.

La sensación que nos produce lo hermoso puede estar provocada por elementos naturales (como un paisaje o una flor) o por obras artificiales (como una escultura o un cuadro). Estas últimas son piezas artísticas, porque han sido elaboradas por los seres humanos con la finalidad de ser bellas.

Una **obra de arte** es una creación humana que ha sido elaborada con el propósito de crear belleza.

1.2. Las claves de la belleza

Desde los orígenes del pensamiento racional, las cuestiones estéticas han suscitado el interés de los filósofos. Una de las cuestiones más controvertidas tiene que ver con el significado y el valor de la belleza: ¿En qué consiste lo bello? ¿Cómo podemos distinguir la belleza de la fealdad? ¿Existe algún criterio fiable para determinar la calidad de una obra artística?

Para comprender el sentido de estos interrogantes, puede ser útil que nos fijemos en algún caso concreto. Piensa, por ejemplo, en el *Guernica*, el célebre cuadro cubista de Pablo Picasso. ¿Crees que se trata de una obra bella? Para muchas personas, el *Guernica* es una obra maestra del arte universal y un ejemplo extraordinario del poder expresivo de la pintura y de su

@ Para ampliar en la Red...

La reflexión filosófica sobre la belleza: www.ticching.com/685963

¿Es el Guernica una obra bella y digna de admiración? Pablo PICASSO: *Guernica* (1937).

capacidad para emocionarnos. Sin embargo, también hay quienes piensan que el *Guernica* es una obra fea y confusa, repleta de figuras deformes y distorsionadas que hacen incomprensible la escena.

A lo largo de la historia de la filosofía se han planteado dos grandes teorías para responder a las cuestiones estéticas. Los defensores del **objetivismo estético** consideran que la belleza de una obra de arte es una propiedad intrínseca y objetiva que se encuentra en el objeto que estamos contemplando.

Según el objetivismo estético, la belleza del *Guernica* es una característica que se encuentra en la propia obra de arte. Para un objetivista estético, este cuadro tiene algunas propiedades (composición, estructura, combinación de elementos, técnica, originalidad, temática...) que hacen de él una pieza extraordinaria. Por eso, quienes lo consideran feo tal vez no tengan la formación o la sensibilidad necesaria para apreciarlo.

Frente a esta interpretación, los partidarios del **subjetivismo estético** afirman que el criterio para distinguir la belleza de la fealdad se encuentra en las personas que valoran el arte. Para un subjetivista estético, una obra de arte no es ni bella ni fea en sí misma. Son los espectadores los que la califican de este modo de acuerdo con los sentimientos que la obra les inspira.

De acuerdo con este punto de vista, el *Guernica* puede ser un cuadro feo para algunas personas y muy bello para otras. Si hoy en día lo consideramos una obra maestra es porque la mayor parte de la gente lo aprecia, incluyendo a muchas personas con gran sensibilidad y conocimientos artísticos. Pero la opinión del público sobre una obra puede cambiar, así que tal vez en el futuro la gente no comparta la opinión que hoy tenemos sobre esa pintura de Picasso.

Según la interpretación expresionista del arte, el valor de una obra artística estriba en su capacidad para conmovernos. Edvard MUNCH: *El grito* (1893).

1.3. El sentido de la obra artística

El arte ha estado presente en todas las sociedades desde los orígenes de la humanidad. Sin embargo, existen muchas maneras distintas de interpretar el sentido y la función del arte en el conjunto de la cultura. Dependiendo del punto de vista, las obras de arte pueden apreciarse por su forma, por lo que expresan o por lo que simbolizan.

La forma de una pieza artística hace referencia al modo en que los diversos elementos que la componen se integran en una unidad global. De acuerdo con el formalismo estético, el valor de una obra de arte reside en su forma. En los cuadros, las esculturas y las sinfonías que admiramos lo que apreciamos por encima de todo es el modo en que las partes se articulan entre sí. La relación entre las partes de la obra puede crear efectos de armonía y equilibrio, o de dinamismo y movimiento, por ejemplo.

La interpretación **formalista** considera que el elemento fundamental de una obra de arte es su estructura y su composición.

Aunque la forma de una obra artística es relevante, algunos pensadores creen que no se trata del elemento esencial en la experiencia estética. La interpretación expresionista del arte da más importancia al modo en que una obra es capaz de evocar emociones en el espectador. Según este punto de vista, lo que caracteriza al arte es la capacidad de suscitar emociones y sentimientos. Para el expresionismo estético, el valor de una obra de arte debe buscarse en su fuerza expresiva. Una obra será digna de admiración cuando sea capaz de expresar deseo, sorpresa, miedo, indignación, rabia, compasión, odio...

La teoría **expresionista** estima que el valor de una obra de arte está en su capacidad para expresar emociones y sentimientos.

EL DESCODIFICADOR DE LA OBRA ARTÍSTICA

¿Hace falta siempre un descodificador para entender una obra de arte?

Sí, siempre. Es un error imaginar que es posible el acceso a una obra de arte, sea cual sea, con las manos en los bolsillos, totalmente despreocupados, ingenuamente. No entendemos a un chino que nos dirige la palabra si no dominamos su lengua o si no poseemos ciertos rudimentos de la misma. Pero así procede el arte, como un lenguaje, con su gramática, su sintaxis, sus convenciones, sus estilos, sus clásicos. Quien ignore la lengua en la que está escrita una obra de arte se priva para siempre de comprender su significado y, por tanto, su alcance. Así, todo juicio estético se hace imposible, impensable, si se ignoran las condiciones de existencia y aparición de una obra de arte.

Michel ONFRAY: *Antimanual de filosofía*.

1. Según este texto, ¿qué es lo que necesitamos para poder disfrutar de una obra de arte?

2. ¿Estás de acuerdo con la opinión del autor? ¿Por qué?

Para la visión simbolista, lo decisivo en una obra de arte es su poder evocador. Odilon REDON: Detalle de *Reflejo* (1900).

Las obras de arte, que son una manifestación de la capacidad del ser humano para producir y combinar símbolos, también pueden servir para transmitir interpretaciones de la realidad. Según la teoría simbolista, lo que concede valor a una obra de arte es esta capacidad de simbolización. Así, las obras más dignas de aprecio serán las que contengan una gran riqueza de significaciones y asociaciones, las que ofrezcan perspectivas nuevas e insospechadas sobre el mundo.

De acuerdo con la visión **simbolista**, el valor de una obra artística está en su fuerza para sugerirnos varias interpretaciones de la realidad.

2. El arte como armonía

2.1. La imitación de la naturaleza

En la antigua Grecia se crearon obras artísticas de una extraordinaria calidad. Estas obras son tan perfectas que durante siglos han sido consideradas como modelos insuperables de belleza artística. Pero ¿por qué nos resultan tan hermosas y fascinantes las creaciones de los antiguos griegos?

El arte de la antigua Grecia buscaba reflejar la armonía y la hermosura de la naturaleza. Para los antiguos griegos, la belleza del mundo natural procedía del excepcional equilibrio de sus formas y medidas. El arte griego trataba de imitar este preciso orden basado en la proporción exacta entre las distintas partes de un conjunto.

La escultura clásica nos proporciona un excelente ejemplo del modo en que los antiguos griegos entendían la belleza. Para los griegos, el cuerpo humano era hermoso cuando sus distintos elementos tenían las proporciones adecuadas y existía una especial armonía en el conjunto. Para ser perfecto, el cuerpo tenía que responder a una armonía precisa donde todas las partes se integrasen en su justa proporción. Los griegos denominaban **canon**, que significa 'regla' o 'modelo', a esta justa medida entre las partes.

La filosofía griega también recoge la idea de que el arte aspira a representar la armonía natural. Aristóteles, por ejemplo, afirmaba que la belleza de una obra artística se basa en la **mímesis** o imitación de la realidad. Al igual que todas las demás formas artísticas, también la poesía y la literatura deben su interés y su belleza a esta imitación. Según Aristóteles, esto explica la fascinación que produce en nosotros el teatro, tanto en su dimensión trágica como en su vertiente cómica.

Fíjate

EL CANON DE LA ESCULTURA GRIEGA

El escultor griego Policleto, que vivió en el siglo V a.C., escribió un tratado en el que explicaba las proporciones que debía mantener una escultura entre las distintas partes del cuerpo humano. Aunque este tratado se ha perdido, conocemos su contenido gracias a referencias de otros autores y a las obras que el propio Policleto esculpió siguiendo los principios expuestos en él.

Según Policleto, para hacer una escultura armoniosa debía respetarse el canon o regla de las siete cabezas. Esto quiere decir que una escultura será equilibrada y hermosa cuando la altura total del cuerpo representado sea exactamente siete veces mayor que el tamaño de la cabeza. Los antiguos griegos pensaban que el origen de esta regla estaba en las medidas que podemos encontrar en la realidad cuando contemplamos un cuerpo bello, puesto que su tamaño aproximado tiene justamente esa misma proporción.

La escultura clásica griega proporciona un excelente ejemplo de la visión del arte como armonía y equilibrio de proporciones. MIRÓN: *Discóbolo* (460 a.C.), copia.

2.2. El reflejo de la perfección divina

Durante la Edad Media, el triunfo del cristianismo introdujo una nueva interpretación del significado y el valor del arte en Occidente. En esta época se mantuvo la visión de origen griego que identificaba la belleza con la armonía. Sin embargo, durante el Medievo la armonía de la naturaleza se consideraba un reflejo de la perfección divina. Por este motivo, el arte estaba íntimamente ligado a la religión.

Para la cristiandad medieval, las obras de arte deben esforzarse por mostrarnos la belleza del mundo natural, en el que se manifiesta la grandeza de la Creación. De acuerdo con esta visión, toda la belleza que hay en el mundo y que el arte pretende evocar procede de Dios. Cuando alguien contempla una obra de arte, la hermosura que percibe lo acerca a la sabiduría, la bondad y la perfección divinas.

Todo el arte medieval tiene un profundo contenido simbólico que trata de acercarnos a Dios. Para apreciar el sentido de una obra medieval es necesario conocer estas claves, debido a la enorme importancia que tiene el simbolismo en el arte de esta época.

El arte medieval tiene una fuerte carga simbólica, estrechamente ligada a la religión. MATEO: *Pórtico de la Gloria* (1168-1188) de la catedral de Santiago de Compostela.

3. El arte como expresión del gusto

3.1. La experiencia estética en la modernidad

A partir del Renacimiento, la cultura europea abandonó el teocentrismo medieval para prestar una mayor atención al ser humano. En la estética este cambio se manifestó en una nueva forma de entender el arte que subrayaba la importancia del espectador.

Dejando atrás el simbolismo característico del arte medieval, los artistas trataron de mostrar en sus obras una visión realista de la naturaleza. Para ello se introdujo la técnica de la perspectiva, que permitía representar el mundo desde el punto de vista del observador.

Los cambios sociales de la Edad Moderna también influyeron decisivamente en la nueva orientación del arte. Así, emergió un sector culto y rico de la población que impulsó el desarrollo de las artes mediante sus encargos. La aparición de este tipo de público también condicionó las tendencias estéticas, que se fueron adaptando paulatinamente a las demandas y preferencias de los clientes.

De esta manera surgió una nueva forma de valorar las obras de arte basándose en el gusto, es decir, en la apreciación que estas obras suscitaban en los espectadores. Esto permitió que con el paso del tiempo fuese surgiendo poco a poco un mercado de obras de arte, en el que las piezas que se acomodaban al gusto de los compradores podían llegar a alcanzar un precio muy elevado.

Ya en el siglo XVIII, la extensión del mercado del arte y la creciente variedad de las corrientes estilísticas que fueron desarrollándose justificaron la aparición de los primeros críticos. Un crítico de arte es un especialista que se dedica a informar al público comparando y valorando las obras que crean los artistas.

La importante labor desarrollada por los críticos sirvió durante mucho tiempo para educar al público y para orientar su gusto estético. También en esta época aparecieron los museos, que igualmente desempeñaron un papel decisivo en la configuración de los gustos del público.

@ Para ampliar en la Red...

Filosofía del arte:
www.tiching.com/685964

A partir del siglo XVIII, proliferan los museos. En la imagen, Museo del Louvre, en París.

3.2. La crítica del juicio

Cuando el gusto del público se convierte en el criterio decisivo para valorar el arte, el problema del carácter objetivo o subjetivo de la belleza adquiere una gran relevancia. ¿Es siempre acertado el gusto del público? ¿No podría ocurrir que los compradores prefieran las obras de arte mediocres despreciando las más meritorias?

En el siglo XVIII, Immanuel Kant trató de responder todas estas preguntas analizando las características que tienen nuestras afirmaciones sobre la belleza. Kant llamaba juicios estéticos a los enunciados en los que expresamos nuestra valoración de una obra de arte. Por eso el libro en el que trata este asunto se titula *Crítica del juicio*.

Según Kant, el juicio estético tiene unas características muy peculiares. En primer lugar, nuestras afirmaciones sobre la estética son **desinteresadas**. La apreciación de una obra de arte se basa únicamente en su belleza, y no en consideraciones como la utilidad, la eficacia, el placer o la comodidad.

En segundo lugar, los juicios estéticos tienen carácter **universal**. Cuando afirmamos que una obra de arte es bella, no estamos simplemente expresando el agrado que nos produce. Según Kant, existe una importante diferencia entre el gusto y el juicio estético. El gusto tiene que ver con los sentimientos y las opiniones personales, mientras que el juicio estético se refiere a la belleza propia de una obra de arte. Según Kant, puede suceder que una obra muy bella no resulte de nuestro agrado. Esto quiere decir que, aunque la obra no nos guste, sí que somos capaces de reconocer las propiedades de belleza objetiva que esta tiene.

¿Pero cómo podemos percibir que una obra es bella independientemente del gusto? Kant pensaba que esto es posible porque la belleza se fundamenta en unas reglas racionales que son comunes para todos los seres humanos. Por eso cualquier ser racional es capaz de reconocer la hermosura cuando la ve. Las normas a las que se ajusta lo bello proceden de la razón y son universales. El gusto, en cambio, es una opinión subjetiva y cambiante, que puede ser diferente en unas personas y otras.

4. El arte y lo sublime: el arte romántico

El Romanticismo fue un movimiento artístico y cultural que se desarrolló en Europa en la primera mitad del siglo XIX. Los artistas románticos pusieron en primer plano la pasión, el sentimiento y los elementos irracionales hu-

El concepto romántico de lo sublime se impone al espectador, que se siente cautivado por la inmensidad de la naturaleza. Caspar David FRIEDRICH: *Amanecer en el Riesengebirge* (1810-1811).

LA DIFERENCIA ENTRE LO BELLO Y LO AGRADABLE

En lo que toca a lo agradable, reconoce cada cual que su juicio, fundado por él en un sentimiento privado y mediante el cual él dice de un objeto que le place, se limita también solo a su persona. Así es que cuando, verbigracia, dice: "El vino de Canarias es agradable", admite sin dificultad que le corrija otro la expresión y le recuerde que debe decir: "Me es agradable." Y esto, no solo en el gusto de la lengua, del paladar y de la garganta, sino también en lo que puede ser agradable a cada uno para los ojos y los oídos. Para uno, el color de la violeta es suave y amable, para otro, muerto y mustio. Uno gusta del sonido de los instrumentos de viento, otro del de los de cuerda. Discutir para tachar de inexacto el juicio de otros, apartado del nuestro, como si estuviera con este en lógica oposición, sería locura. En lo que toca a lo agradable, vale pues, el principio de que cada uno tiene su gusto propio (de los sentidos).

Con lo bello ocurre algo muy distinto. Sería (exactamente al revés) ridículo que alguien, que se preciase un tanto de gusto, pensara justificarlo con estas palabras: "Ese objeto (el edificio que vemos, el traje que aquel lleva, el concierto que oímos, la poesía que se ofrece a nuestro juicio) es bello para mí." Pues no debe llamarlo bello si solo a él le place. Muchas cosas pueden tener para él encanto y agrado, que eso a nadie le importa; al estimar una cosa como bella, exige a los otros exactamente la misma satisfacción; juzga, no solo para sí, sino para cada cual, y habla entonces de la belleza como si fuera una propiedad de las cosas. Por lo tanto, dice: la cosa es bella y, en su juicio de la satisfacción, no cuenta con la aprobación de otros porque los haya encontrado a menudo de acuerdo con su juicio, sino que la exige de ellos. Los censura si juzgan de otro modo y les niega el gusto, deseando, sin embargo, que lo tengan. Por lo tanto, no puede decirse: cada uno tiene su gusto particular. Esto significaría tanto como decir que no hay gusto alguno, o sea que no hay juicio estético que pueda pretender legítimamente la aprobación de todos.

Immanuel KANT: *Crítica del juicio*.

3. ¿Cuál es la diferencia que existe, según Kant, entre lo agradable y lo bello? ¿Qué ejemplos ofrece en este fragmento para aclarar esta distinción?

4. En el texto se sostiene que sería absurdo decir que algo "es bello para mí". ¿Por qué cree el autor que esta afirmación no tiene sentido?

LE CORBUSIER: *Villa Savoye* (1929-1931), en Poissy, Francia. Paradigma de la nueva manera de construir edificios de viviendas en el siglo XX.

manos, rompiendo con el ideal de armonía y proporción que había caracterizado el arte occidental desde los tiempos de la antigua Grecia.

La exaltación de todo lo pasional e irracional condujo a los artistas románticos a valorar lo **sublime** como una nueva forma de belleza. Los románticos llamaron sublime a la manifestación temible y sobrecogedora de las fuerzas naturales, ante las cuales el ser humano se siente empequeñecido y aterrado. Una tempestad marina, con toda su violencia y su peligro, es algo sublime. Igualmente, podemos llamar sublimes a un vertiginoso precipicio en las montañas, a un volcán en erupción o a una batalla cruel y sangrienta.

Ninguno de estos casos responde al modelo clásico de lo bello. En estos ejemplos no podemos apreciar armonía ni equilibrio, no hay nada "bonito" en ellos. Por el contrario, lo que los caracteriza es la confusión, el desorden y la fuerza incontrolada y amenazadora. Ese carácter arrollador e imprevisible era lo que atraía a los románticos, que consideraron **genios** a aquellos creadores excepcionales capaces de plasmar lo sublime en sus obras.

5. El arte como juego: el arte de vanguardia

A finales del siglo XIX, el desarrollo del mercado del arte impulsó una creciente demanda de novedades por parte del público. Los artistas aspiraban a crear obras originales y sorprendentes, superando todas las normas que habían orientado la creación estética durante siglos.

Los artistas afirmaron el valor supremo de la libertad creativa, produciendo obras cada vez más atrevidas e impactantes. La creación se interpretó como una especie de juego desarrollado por el artista y basado en reglas y códigos nuevos. El arte dejó de estar sometido a normas fijas y pasó a convertirse en un espacio de experimentación. En sucesivas oleadas, los creadores de **vanguardia** elaboraron rompedoras propuestas estéticas que revolucionaron el mundo del arte.

La enorme **libertad formal** que caracteriza al arte contemporáneo tuvo también como consecuencia el progresivo distanciamiento del público. Como los artistas rompen todas las reglas e inventan continuamente nuevas formas de expresión, sus obras no siempre resultan fáciles de interpretar.

A menudo el arte contemporáneo resulta enigmático o incomprensible, porque los espectadores desconocen el código que el artista ha empleado para realizar su obra. Solo una pequeña minoría es capaz de mantenerse informada acerca de las últimas tendencias artísticas, mientras que la mayor parte del público tiene dificultades para apreciar las obras más innovadoras.

EL ARTE Y LA LIBERTAD

Que un espectador ante una obra de arte busque, de entrada, descifrar su significado ya demuestra el peso narrativo que caracterizó al arte clasicista occidental, que no en balde se basaba en contar una historia mediante imágenes. Pero en la ansiosa demanda de significado del sorprendido contemplador de una obra de arte de nuestra época también se revela el desconcierto de no poder juzgarla según el canon tradicional: el de la belleza. De manera que podemos resumir en dos las causas de la turbación del espectador del arte contemporáneo: la producida por no entender lo que en él se representa, cuando se representa algo, ya que a partir del siglo XX se ha practicado un arte no-figurativo o abstracto; y el que se refiere a no responder formalmente a ningún orden objetivo, es decir, que prescinde de los elementos de ordenación matemática mensurable que habían caracterizado su historia anterior como la perspectiva, la proporción, la simetría o la armonía. [...]

¿Cuál sería entonces el fundamento del arte nuevo? ¿Cómo precisar, en definitiva, ese arte que ya no buscaba una imitación selectiva de la realidad en pos de plasmar su belleza? Según dictaminó antes de concluir el siglo XVIII el romántico Schiller, el régimen estético que correspondía a este nuevo arte se basaba en la libertad, que es como decir que en lo sucesivo el arte carecería de cualquier principio o fundamento estables, pues el ejercicio de la libertad implica no aceptar ninguna determinación dogmática, ningún canon preestablecido.

Francisco CALVO SERRALLER: *El arte contemporáneo*.

5. ¿Qué dos razones explican las dificultades que encuentra el público ante el arte contemporáneo?

6. De acuerdo con el texto, ¿en qué valor se fundamenta la creación artística contemporánea?

Párate a pensar

Construye el concepto

1. Define los siguientes términos filosóficos con los diccionarios propuestos (p. 1). A continuación, escribe una frase con cada uno de ellos en la que se aprecie su significado.
   - objetivismo estético
   - subjetivismo estético
   - formalismo
   - expresionismo
   - simbolismo
   - mímesis
   - sublime
   - vanguardia artística

Recapitula

2. ¿Cómo definirías tú lo que es una obra de arte? ¿Podríamos considerar que una playa al amanecer es una obra de arte? Y si captamos la imagen de esa playa mediante un cuadro o una fotografía, ¿tendríamos entonces una obra de arte?

3. Imagina que, mientras estás caminando por el campo, encuentras en el suelo una rama que se ha desprendido de un árbol. La rama tiene una forma muy peculiar, con una curvatura que te llama la atención, así que la recoges y te la llevas a tu casa. ¿Deberíamos considerar que esta rama es una obra de arte? ¿Y si en lugar de haberla recogido tú la hubiese elegido un escultor para colgarla en una exposición? ¿Sería entonces una obra de arte?

4. ¿Qué diferencia existe entre el objetivismo estético y el subjetivismo estético? Trata de aclarar la diferencia entre estas dos posiciones clasificando las siguientes afirmaciones e indicando razonadamente cuáles de ellas reflejan la posición del objetivismo estético y cuáles son muestras del subjetivismo estético:
   - Aunque a ti no te gusten sus obras, tienes que reconocer que Velázquez es un genio universal de la pintura.
   - Sobre gustos no hay nada escrito.
   - No importa que este cantante tenga muchos seguidores. A pesar de ello su música es malísima.
   - A mí este cuadro me gustaba mucho, pero me enteré de que era una falsificación, así que ahora reconozco que no tiene ningún valor.
   - Ya sé que tú admiras mucho a este pintor, pero a mí me parece que sus cuadros son una tomadura de pelo.
   - Si no eres capaz de apreciar esta obra es porque no la entiendes. Si la comprendieses, tendrías que reconocer que se trata de una obra maestra.

5. ¿Cuál es el valor fundamental que aprecia el formalismo en una obra de arte? ¿Y el expresionismo? ¿Y el simbolismo? ¿Cuál de estos tres enfoques te parece más adecuado para valorar una obra artística?

6. Como hemos visto en la unidad, la concepción acerca del sentido y la función del arte ha ido cambiando a lo largo de la historia. Completa esta tabla explicando brevemente cuál es la interpretación general del arte que corresponde a cada época e incluye algunos ejemplos de obras artísticas para ilustrar tu respuesta:

	Cronología	Sentido y función del arte	Ejemplos de obras artísticas
Antigüedad clásica	Siglos V y IV a.C.	El arte debe imitar la armonía y el equilibrio de la naturaleza	El *Doríforo*, de Policleto El friso del Partenón de Atenas, de Fidias
Edad Media	...	...	...
Edad Moderna	...	...	...
Romanticismo	Siglo XIX	...	...
Arte contemporáneo	Siglos XX y XXI	...	...

7. Los antiguos griegos establecieron una clasificación del arte en seis grandes grupos. ¿Sabes cuáles son las seis bellas artes de acuerdo con esta división clásica que perduró durante siglos? ¿Cuál es el "séptimo arte" que apareció posteriormente? ¿A qué se refiere la gente cuando habla del "octavo arte" o del "noveno arte"?

   Puedes buscar información sobre este tema en los siguientes enlaces:
   - *Bellas Artes*: www.tiching.com/685965
   - *Numeración de las artes*: www.tiching.com/685966
   - *Ricciotto Canudo*: www.tiching.com/685967

8. En el año 1961, el artista italiano Piero Manzoni presentó una creación titulada *Merda d'artista*. Se trataba de latas de conserva en las que, según indica la etiqueta, se habían preservado "al natural" 30 gramos de los excrementos del propio autor.

   ¿Qué opinión te merece lo que hizo Manzoni? ¿Qué crees que pretendía? ¿Se trata de arte o es simplemente una tomadura de pelo? ¿Podría tener este tipo de obras algún significado crítico o algún mensaje social? Explica tu respuesta aportando algún otro ejemplo.

   Puedes buscar información sobre Piero Manzoni y su obra en los siguientes enlaces.
   - *Mierda de artista*: www.tiching.com/686240
   - *Piero Manzoni*: www.tiching.com/685968

Trabaja con textos

9. Lee el texto y contesta las preguntas:

   Aunque sea imposible un arte puro, no hay duda alguna de que cabe una tendencia a la purificación del arte. Esta tendencia llevará a una eliminación progresiva de los elementos humanos, demasiado humanos, que dominaban en la producción romántica y naturalista. Y en este proceso se llegará a un punto en que el contenido humano de la obra sea tan escaso que casi no se le vea. Entonces tendremos un objeto que solo puede ser percibido por quien posea ese don peculiar de la sensibilidad artística. Será un arte para artistas, y no para la masa de los hombres; será un arte de casta, y no demótico.

He aquí por qué el arte nuevo divide al público en dos clases de individuos: los que lo entienden y los que no lo entienden; esto es, los artistas y los que no lo son. El arte nuevo es un arte artístico.

José ORTEGA Y GASSET: *La deshumanización del arte.*

a) ¿A qué se refiere el autor cuando habla del "arte puro"?

b) ¿Por qué el arte puro es difícil de apreciar?

c) ¿Qué quiere decir Ortega cuando afirma que el arte puro "será un arte de casta, y no demótico"? ¿Cuál puede ser el significado del término *demótico*?

d) ¿Te parece que este texto describe adecuadamente los motivos por los que el público es a menudo incapaz de apreciar el arte contemporáneo? Explica tu respuesta.

10. Lee el texto y contesta las preguntas:

Generalmente en la noción de "obra de arte" van implícitos dos aspectos: a) el autor da comienzo a un objeto determinado y definido, con una intención concreta, aspirando a un deleite que la reinterprete tal como el autor la ha pensado y querido; b) sin embargo, el objeto es gustado por una pluralidad de consumidores, cada uno de los cuales llevará al acto del gustar sus propias características psicológicas y fisiológicas, su propia formación ambiental y cultural, esas especificaciones de la sensibilidad que entrañan las contingencias inmediatas y la situación histórica; por consiguiente, por honesto y total que sea el compromiso de fidelidad con respecto a la obra que ha de gustarse, todo deleite será inevitablemente personal y captará la obra en uno de sus aspectos posibles. El autor generalmente no ignora esta condición del carácter circunstancial de todo deleite, sino que crea la obra como "apertura" a estas posibilidades, apertura que, no obstante, oriente las posibilidades mismas en el sentido de provocarlas como respuestas diferentes pero afines a un estímulo en sí definido. Y el hecho de salvar esta dialéctica de "definitud" y "apertura" es algo que nos parece fundamental para una noción de arte como hecho comunicativo y diálogo interpersonal.

Por otra parte, en las antiguas concepciones del arte se ponía implícitamente el acento en el polo de la "definitud" de la obra. [...] El desarrollo de la sensibilidad contemporánea ha ido, en cambio, acentuando poco a poco la aspiración a un tipo de obra de arte que, cada vez más consciente de la posibilidad de diversas "lecturas", se plantea como estímulo para una libre interpretación orientada solo en sus rasgos esenciales.

Umberto ECO: "El problema de la obra abierta",
ponencia recogida en el libro *La definición del arte.*

a) ¿Cuáles son los dos rasgos de la obra de arte que se identifican en este fragmento?

b) ¿A qué se refiere el autor cuando habla de la "definitud" y la "apertura" de la obra de arte?

c) ¿Qué diferencias existen, según el texto, entre la concepción tradicional del arte y la visión contemporánea?

11. Lee el texto y contesta las preguntas:

Ya no existe criterio objetivo alguno que permita calificar o descalificar una obra de arte, ni situarla dentro de una jerarquía, posibilidad que se fue eclipsando a partir de la revolución cubista y desapareció del todo con la no figuración. En la actualidad todo puede ser arte y nada lo es, según el soberano capricho de los espectadores, elevados, en razón del naufragio de todos los patrones estéticos, al nivel de árbitros y jueces que antaño detentaban solo ciertos críticos. El único criterio más o menos generalizado para las obras de arte en la actualidad no tiene nada de artístico; es el impuesto por un mercado intervenido y manipulado por mafias de galeristas y *marchands* que de ninguna manera revela gustos y sensibilidades estéticas, solo operaciones publicitarias, de relaciones públicas y en muchos casos simples atracos.

Mario VARGAS LLOSA: "Caca de elefante". *El País*, 21-IX-1997.

a) ¿Por qué afirma el autor que "ya no existe criterio objetivo alguno" para valorar la calidad de una obra de arte?

b) ¿Qué papel desempeña el mercado en el panorama artístico actual? ¿Crees tú que el precio de una obra artística es un indicador adecuado de su calidad estética?

c) ¿Te parece a ti que en el mundo del arte contemporáneo son frecuentes las "operaciones publicitarias" y los "atracos"? ¿Podrías aclarar tu respuesta con algún ejemplo?

12. Lee el texto y contesta las preguntas

No pienso que la cuestión de fondo resida en juzgar si una obra nueva de arte contemporáneo es buena o mala: el tiempo se encargará de eso. Es más importante comprender de qué modo y por qué encaja en la historia del arte moderno. Nuestro amor por el arte moderno contiene una paradoja: por una parte, visitamos por millones museos como el Pompidou de París, el MOMA de Nueva York o la Tate Modern; por otra, la respuesta más frecuente que recibo cuando doy comienzo a una conversación sobre el tema es: "Lo siento, no sé nada sobre arte".

Esta confesión de ignorancia no obedece a una falta de inteligencia o de inquietud por la cultura. Se la he escuchado a escritores célebres, a exitosos directores de cine, a políticos importantes o a académicos prestigiosos. Todos ellos, por supuesto, están equivocados. Sí tienen conocimientos sobre arte. Saben que Miguel Ángel pintó la Capilla Sixtina y saben que Leonardo es el autor de la Mona Lisa. Con casi total seguridad saben que Rodin fue un escultor y, en la mayoría de los casos, pueden nombrar una o dos de sus obras. A lo que se refieren es a que no saben nada de arte moderno. De hecho, lo que realmente quieren decir es que pueden saber algo de arte moderno (por ejemplo, que Andy Warhol creó una obra de arte que estaba compuesta por latas de sopa Campbell), pero no lo entienden. No pueden hacerse a la idea de que algo que podría haber hecho un niño sea una obra maestra. Sospechan, en el fondo de sus corazones, que es una farsa, pero que, como las modas han cambiado, no es de buen tono decirlo en público.

Yo no creo que sea una farsa. El arte moderno, que se extiende desde 1860 hasta 1970, y el arte contemporáneo (que suele considerarse el que producen los artistas vivos) no es una prolongada broma gastada por unos pocos a un público crédulo. Es cierto que muchas de las obras que se producen actualmente (a decir verdad, la mayoría) no superarán la prueba del tiempo, pero, del mismo modo, habrá muchas que han pasado desapercibidas que algún día serán consideradas obras maestras. Lo cierto es que las obras de arte excepcionales que se crean en nuestra época, así como las que se han creado en los últimos cien años, se cuentan entre algunos de los mayores logros del hombre moderno. Solo un estúpido rechazaría el genio de Pablo Picasso, Paul Cézanne, Barbara Hepworth, Vincent van Gogh o Frida Kahlo.

Will GOMPERTZ: *¿Qué estás mirando?*

a) De acuerdo con el texto, ¿cuál es la cuestión fundamental que debemos preguntarnos para valorar la importancia de una obra de arte moderno?

b) ¿Cree el autor que el arte moderno es una broma? ¿Qué razones ofrece para argumentar su posición?

II. Filosofía y arte

6. Las artes visuales y la filosofía

6.1. La relación entre el arte y el pensamiento

Las **artes visuales** tradicionalmente incluían la **pintura**, la **escultura** y la **arquitectura**. Sin embargo, hoy en día el desarrollo de nuevas formas de expresión artística hace que también consideremos a la **fotografía**, el **cine** o la **videocreación** dentro de este grupo.

Desde la introducción de la perspectiva a comienzos de la Edad Moderna, la creciente importancia que han tenido las artes visuales ha estado asociada a su capacidad para reproducir situaciones, escenas y personas que consideramos dignas de ser recordadas. Por eso la pintura y la escultura también han servido como eficaz instrumento de propaganda al servicio de los poderosos para reflejar la fuerza y la influencia que ejercían en la sociedad.

Sin embargo, desde finales del siglo XIX el mundo del arte experimentó una revolución extraordinaria. Poco a poco los artistas fueron perdiendo interés en representar fielmente la realidad mientras prestaban cada vez más atención a las posibilidades de innovación formal y expresiva de la obra de arte.

En esta época surgieron diferentes movimientos artísticos de vanguardia que reformularon de manera radical nuestra manera de entender el arte. El cubismo, por ejemplo, rechazó las convenciones sobre la representación del espacio que habían sido aceptadas durante siglos. El surrealismo, por su parte, exploró la relación entre las imágenes y el pensamiento inconsciente. Finalmente, la aparición del arte abstracto supuso el final de la concepción representativa de la obra de arte.

El desarrollo de la abstracción artística permitió a los creadores gozar de una enorme libertad formal. Al no tenerse que preocupar de reflejar fielmente la realidad, los artistas pudieron servirse de sus obras para expresar todo tipo de emociones, ideas y estados de ánimo. Entre otras posibilidades, la abstracción permitió a algunos artistas expresar sus propias ideas filosóficas en forma de pinturas o esculturas.

Este conexión entre el arte y la metafísica puede apreciarse en la obra de artistas como **Wassily Kandinsky**, **Piet Mondrian**, **Constantin Brancusi, Jackson Pollock** o **Mark Rothko**. Finalmente, la relación entre el arte y el pensamiento se hizo explícita con la aparición del arte conceptual, en el cual lo verdaderamente importante no es la obra en sí, sino la idea que esta pretende expresar.

6.2. La visión de Nietzsche sobre el arte

Friedrich Nietzsche es el creador de una interpretación sumamente interesante sobre el significado del arte. Según Nietzsche, existen dos grandes tendencias opuestas en el ser humano que se corresponden con formas de expresión artística completamente distintas.

Por un lado está lo **apolíneo**, que está relacionado con la luz, la claridad, la racionalidad y el deseo de orden. El arte típicamente apolíneo es la escultura, que se caracteriza por su capacidad para delimitar nítidamente la silueta de las figuras individuales. El nombre con el que Nietzsche designa este elemento está inspirado en el dios griego Apolo, que estaba asociado al equilibrio, la mesura, la luz y la creación artística.

LO APOLÍNEO Y LO DIONISÍACO

—Mucho es lo que habremos ganado para la ciencia estética cuando hayamos llegado no solo a la intelección lógica, sino a la seguridad inmediata de la intuición de que el desarrollo del arte está ligado a la duplicidad de lo apolíneo y de lo dionisíaco: de modo similar a como la generación depende de la dualidad de los sexos, entre los cuales la lucha es constante y la reconciliación se efectúa solo periódicamente. Esos nombres se los tomamos en préstamo a los griegos, los cuales hacen perceptibles al hombre inteligente las profundas doctrinas secretas de su visión del arte, no, ciertamente, con conceptos, sino con las figuras incisivamente claras del mundo de sus dioses. Con sus dos divinidades artísticas, Apolo y Dioniso, se enlaza nuestro conocimiento de que en el mundo griego subsiste una antítesis enorme, en cuanto a origen y metas, entre el arte del escultor, arte apolíneo, y el arte no-escultórico de la música, que es el arte de Dioniso: esos dos instintos tan diferentes marchan uno al lado de otro, casi siempre en abierta discordia entre sí y excitándose mutuamente a dar a luz frutos nuevos y cada vez más vigorosos, para perpetuar en ellos la lucha de aquella antítesis, sobre la cual solo en apariencia tiende un puente la común palabra *arte*: hasta que, finalmente, por un milagroso acto metafísico de la "voluntad" helénica, se muestran apareados entre sí, y en ese apareamiento acaban engendrando la obra de arte a la vez dionisíaca y apolínea de la tragedia ática.

Friedrich NIETZSCHE: *El origen de la tragedia.*

7. ¿En qué dos divinidades griegas se inspira Nietzsche para nombrar a los dos principios que permiten explicar el desarrollo del arte?

8. ¿Con qué estaban relacionados estos dos dioses en la antigua mitología helénica?

9. ¿Cuál es el arte que está asociado de manera más característica con lo apolíneo?

10. ¿En qué forma artística se manifiesta mejor el espíritu dionisíaco?

11. ¿Cuál es la creación artística griega en la que Nietzsche ve la síntesis perfecta entre lo apolíneo y lo dionisíaco?

El segundo elemento es lo **dionisíaco**, que se corresponde con lo irracional, lo caótico, lo desenfrenado y lo oscuro. El nombre proviene del dios Dioniso, que estaba asociado al vino y a la celebración orgiástica. La música es un arte típicamente dionisíaco, porque evoca lo irreflexivo e instintivo, y en lugar de delimitar lo individual nos ofrece una intuición de que todo cuanto existe es solo un reflejo de una realidad única de la cual también nosotros formamos parte.

Nietzsche identificó dos elementos contrarios en el ser humano y en el arte: lo apolíneo y lo dionisíaco.

6.3. El aura y la obra artística

El filósofo alemán **Walter Benjamin** también estaba muy interesado por la relación entre el arte y la filosofía. En sus reflexiones, Benjamin se preguntaba por el modo en que el desarrollo científico y técnico de nuestra época había cambiado el modo en que hoy nos acercamos a una obra de arte.

Benjamin creía que en el pasado las personas reconocían en las obras de arte algo único y especial a lo que él denominaba el **aura**. El aura de una obra artística es lo que la hace atractiva y lo que nos emociona de ella. Captamos el aura cuando nos damos cuenta de que estamos ante algo sobrecogedor y fascinante, lejano y al mismo tiempo atractivo, que nos parece irrepetible y que nos conmueve.

El problema del arte en la época moderna es que esta magia asociada al aura se está perdiendo. Hoy en día las obras de arte se copian por millares y aparecen reproducidas como elemento decorativo en cualquier lugar. Pero eso ha hecho desaparecer el aura, el halo de misterio y fascinación que tenía la obra de arte original.

¿Qué se pierde cuando reproducimos una pintura? por ejemplo Ernst Ludwig KIRCHNER: *Torre roja en Halle* (1915).

¿QUÉ ES EL AURA

En la época de la reproducción técnica de la obra de arte lo que se atrofia es el aura de esta. El proceso es sintomático; su significación señala por encima del ámbito artístico. Conforme a una formulación general: la técnica reproductiva desvincula lo reproducido del ámbito de la tradición. Al multiplicar las reproducciones pone su presencia masiva en el lugar de una presencia irrepetible. Y confiere actualidad a lo reproducido al permitirle salir, desde su situación respectiva, al encuentro de cada destinatario. Ambos procesos conducen a una fuerte conmoción de lo transmitido, a una conmoción de la tradición, que es el reverso de la actual crisis y de la renovación de la humanidad. Están además en estrecha relación con los movimientos de masas de nuestros días. Su agente más poderoso es el cine. La importancia social de este no es imaginable incluso en su forma más positiva, y precisamente en ella, sin este otro lado suyo destructivo, catártico: la liquidación del valor de la tradición en la herencia cultural. [...]

Walter Benjamin (1892-1940)

Conviene ilustrar el concepto de aura, que más arriba hemos propuesto para temas históricos, en el concepto de un aura de objetos naturales. Definiremos esta última como la manifestación irrepetible de una lejanía (por cercana que pueda estar). Descansar en un atardecer de verano y seguir con la mirada una cordillera en el horizonte o una rama que arroja su sombra sobre el que reposa, eso es aspirar el aura de esas montañas, de esa rama. De la mano de esta descripción es fácil hacer una cala en los condicionamientos sociales del actual desmoronamiento del aura. Estriba este en dos circunstancias que a su vez dependen de la importancia creciente de las masas en la vida de hoy. A saber: acercar espacial y humanamente las cosas es una aspiración de las masas actuales tan apasionada como su tendencia a superar la singularidad de cada dato acogiendo su reproducción. Cada día cobra una vigencia más irrecusable la necesidad de adueñarse de los objetos en la más próxima de las cercanías, en la imagen, más bien en la copia, en la reproducción. Y la reproducción, tal y como la aprestan los periódicos ilustrados y los noticiarios, se distingue inequívocamente de la imagen. En esta, la singularidad y la perduración están imbricadas una en otra de manera tan estrecha como lo están en aquella la fugacidad y la posible repetición. Quitarle su envoltura a cada objeto, triturar su aura, es la signatura de una percepción cuyo sentido para lo igual en el mundo ha crecido tanto que incluso, por medio de la reproducción, le gana terreno a lo irrepetible. Se denota así en el ámbito plástico lo que en el ámbito de la teoría advertimos como un aumento de la importancia de la estadística. La orientación de la realidad a las masas y de estas a la realidad es un proceso de alcance ilimitado tanto para el pensamiento como para la contemplación.

Walter BENJAMIN: *La obra de arte en la época de su reproductibilidad técnica.*

12. ¿A qué se refiere el autor cuando habla del "aura"? ¿Se trata de algo asociado únicamente a la obra artística?

13. ¿Por qué cree Walter Benjamin que en la época actual la obra de arte ha perdido el aura que la caracterizaba en el pasado?

14. ¿Crees tú que hay razones para lamentar esta "pérdida del aura"?

La reflexión de Benjamin deja en el aire algunas preguntas complejas e inquietantes. ¿Debemos lamentarnos por la difusión sin límites de las obras artísticas? La reproducción técnica ha permitido a mucha gente acercarse a obras de arte que de otro modo no habría llegado a conocer nunca, pero al mismo tiempo está despojando a los originales de su aura. ¿Sería posible imaginar una nueva forma de experiencia estética que renuncie a buscar el aura de la obra? ¿O estamos perdiendo así algo esencial que sería preciso tratar de recobrar?

Según Walter Benjamin, la obra artística se caracteriza por tener un aura que la reproducción técnica contemporánea está haciendo desaparecer.

6.4. ¿Cómo acercarse a una obra artística?

La hermenéutica, cuyo principal representante es **Hans-Georg Gadamer**, se interesa en particular por la interpretación del arte.

Este tema tiene importantes repercusiones para la estética, ya que no siempre resulta fácil comprender una obra artística. ¿Cuál es la mejor manera de acercarnos a una obra de arte? ¿Es necesario conocer con detalle lo que pretendía el autor al elaborar su obra para poder apreciarla? ¿Podemos disfrutar de una obra liberados por completo de nuestros prejuicios y de las valoraciones previas sobre el arte que hemos ido elaborando a lo largo de nuestra vida?

La hermenéutica puede ofrecernos claves muy útiles para la interpretación de las obras de arte.

7. Literatura y filosofía

7.1. La literatura y el alma humana

La literatura siempre ha sido un campo idóneo para la expresión de ideas filosóficas. Esto puede apreciarse desde los mismos orígenes de la expresión literaria, ya que algunas de las primeras manifestaciones escritas que conocemos incluyen mitos que tratan de responder profundas preguntas sobre el mundo, el ser humano y la realidad.

ESTÉTICA Y HERMENÉUTICA

La disciplina que se ocupa clásicamente del arte de comprender textos es la hermenéutica. Si nuestras reflexiones son correctas, el verdadero problema de la hermenéutica tendrá que plantearse sin embargo de una manera bastante diferente de la habitual. Apuntará en la misma dirección hacia la que nuestra crítica a la conciencia estética había desplazado el problema de la estética. Más aún, la hermenéutica tendría que entenderse entonces de una manera tan abarcante que tendría que incluir en sí toda la esfera del arte y su planteamiento. Cualquier obra de arte, no solo las literarias, tiene que ser comprendida en el mismo sentido en que hay que comprender todo texto, y es necesario saber comprender así. Con ello la conciencia hermenéutica adquiere una extensión tan abarcante que llega incluso más lejos que la conciencia estética. La estética debe subsumirse en la hermenéutica. Y este enunciado no se refiere meramente a las dimensiones formales del problema, sino que vale realmente como afirmación de contenido. Y a la inversa, la hermenéutica tiene que determinarse en su conjunto de manera que haga justicia a la experiencia del arte. La comprensión debe entenderse como parte de un acontecer de sentido en el que se forma y concluye el sentido de todo enunciado, tanto del arte como de cualquier otro género de tradición.

Hans-Georg GADAMER: *Verdad y método*.

15. ¿Qué es lo que estudia la hermenéutica?

16. ¿Qué relación tiene la hermenéutica con el mundo del arte?

17. ¿Por qué afirma el autor que "la estética debe subsumirse en la hermenéutica? ¿Qué es lo que significa esta frase?

La literatura ejerce una fascinación que puede ser vehículo de reflexión filosófica.

Los poemas homéricos son un claro ejemplo de ello, ya que además de narrar las hazañas de los héroes que protagonizan el relato, también nos presentan un modelo de conducta que resume de forma inigualable el ideal ético característico de su tiempo.

Del mismo modo, a lo largo del tiempo numerosos escritores han sabido plasmar en sus obras la complejidad que nos caracteriza, con todas nuestras grandezas y miserias. Para conocer la profundidad del alma humana no hay nada mejor que leer a autores como **Sófocles**, **Dante**, **Shakespeare**, **Goethe**, **Dostoievski**, **Molière** o **Kafka**.

El **relato autobiográfico** es una forma particularmente interesante de explorar la interioridad humana. Algunos autores han escrito extraordinarias autobiografías en las que nos ofrecen un relato pormenorizado de sus contradicciones internas y de su evolución psicológica. Agustín de Hipona fue uno de los primeros en hacerlo. El relato de su vida que nos ha dejado en sus *Confesiones* resulta especialmente profundo por la conmovedora sinceridad con la que analiza su alma y por su aguda inteligencia filosófica.

7.2. Literatura y metafísica

Entre los muchos temas de interés filosófico que podemos encontrar en la literatura universal, destaca por su interés e importancia la pregunta sobre la realidad. Este tema está presente en obras cumbre como el *Quijote*, de Cervantes, o *La vida es sueño*, de Calderón de la Barca, así como también en novelas más recientes como *Niebla*, de Unamuno.

La lectura de estas obras nos hace plantearnos algunas preguntas metafísicas enormemente profundas. ¿Qué es lo verdaderamente real? ¿Cómo podemos diferenciar la realidad de la apariencia? ¿Cómo debo comportarme ante lo que veo cuando me parece que no es verdaderamente real? ¿Es posible que una ficción o una creación humana se convierta en algo más real que las cosas que podemos tocar?

El tema de la libertad es otra de las grandes cuestiones metafísicas y antropológicas que han preocupado a los literatos. El francés Voltaire, por ejemplo, escribió *Cándido* para mostrar su rechazo a la teoría de Leibniz según la cual todo cuanto ocurre obedece a una razón, porque vivimos en el mejor de los mundos posibles. Indignado ante esta afirmación, Voltaire nos presenta en un divertido relato las aventuras del ingenuo Cándido, que sufre en sus propias carnes toda la injusticia, la crueldad y el sinsentido de las acciones humanas y de las catástrofes naturales. De este modo irónico Voltaire pretendía criticar la filosofía de Leibniz, a quien ridiculiza en la obra con el personaje del profesor Pangloss.

En otras ocasiones la filosofía aparece explícitamente mencionada en las obras literarias. Esto sucede cuando en una novela o en una obra teatral se abordan de forma directa temas filosóficos, algo que en ocasiones incluye referencias concretas a grandes pensadores o a sus ideas. *El árbol de la ciencia*, de Pío Baroja, es un claro ejemplo de este planteamiento. En esta novela el protagonista expone abiertamente sus inquietudes filosóficas, en las que se aprecia la influencia de Kant y de Schopenhauer, así como los ecos del pensamiento nietzscheano.

El filósofo existencialista Jean-Paul Sartre nos ofrece otro ejemplo del modo en que la filosofía puede plasmarse en excelentes obras literarias. Sartre además de filósofo era un magnífico escritor, algo que podemos apreciar por la enorme fuerza que tienen sus novelas y sus piezas teatrales.

William BLAKE: *Torbellino de amantes* (1824-1827). Ilustración para la *Divina Comedia* de DANTE.

EL AUTOR FRENTE A SU PERSONAJE

Augusto, protagonista de la novela, protesta ante su autor por haber decidido su muerte. Ello da pie a una reflexión filosófica sobre el vivir y el morir.

—¡Don Miguel, por Dios, quiero vivir, quiero ser yo! [...]

—No puede ser, Augusto, no puede ser. Ha llegado tu hora. Está ya escrito y no puedo volverme atrás. Te morirás. Para lo que ha de valerte ya la vida...

—Pero... por Dios...

—No hay pero ni Dios que valgan. ¡Vete!

—¿Conque no, eh? —me dijo—, ¿conque no? No quiere usted dejarme ser yo, salir de la niebla, vivir, vivir, vivir, verme, oírme, tocarme, sentirme, dolerme, serme: ¿conque no lo quiere?, ¿conque he de morir ente de ficción? Pues bien, mi señor creador don Miguel, ¡también usted se morirá, también usted, y se volverá a la nada de que salió...! ¡Dios dejará de soñarle! ¡Se morirá usted, sí, se morirá, aunque no lo quiera; se morirá usted y se morirán todos los que lean mi historia, todos, todos, todos sin quedar uno! ¡Entes de ficción como yo; lo mismo que yo! Se morirán todos, todos, todos. Os lo digo yo, Augusto Pérez, ente ficticio como vosotros, nivolesco lo mismo que vosotros. Porque usted, mi creador, mi don Miguel, no es usted más que otro ente nivolesco, y entes nivolescos sus lectores, lo mismo que yo, que Augusto Pérez, que su víctima...

—¿Víctima? —exclamé.

—¡Víctima, sí! ¡Crearme para dejarme morir!, ¡usted también se morirá! El que crea se crea y el que se crea se muere. ¡Morirá usted, don Miguel, morirá usted, y morirán todos los que me piensen! ¡A morir, pues!

Miguel DE UNAMUNO: *Niebla*.

18. ¿Qué le pide Augusto a su creador Unamuno? ¿Qué le responde Unamuno a su personaje? ¿Cómo reacciona ante la actitud del escritor?

19. ¿Qué pretende decir Augusto cuando replica a Unamuno: "Dios dejará de soñarle"? ¿Qué tipo de comparación establece entre su existencia como personaje y la de Unamuno como persona?

¿La condición humana se parece a la del personaje de Sísifo? Escultura de Hans MARKS, en Neully-sur-Seine (Francia).

@ Para ampliar en la Red...

Encontrarás textos literarios de San Agustín, Calderón de la Barca, Voltaire, Pío Baroja, Jean-Paul Sartre, Albert Camus, Antonio Machado y Jorge Luis Borges en: www.tiching.com/686819

Albert Camus también fue un filósofo existencialista y un gran escritor. Sus obras exponen con crudeza la radicalidad del absurdo en el que, según Camus, se desarrolla nuestra vida. Los personajes de Camus descubren con angustia que la existencia no tiene ningún sentido, aunque por encima de esta situación algunos de ellos también son capaces de afirmar el valor de la solidaridad y del respeto a la dignidad humana.

Para explicar su visión de la condición humana Camus recurrió al mito de Sísifo en un libro con ese mismo título. Sísifo es un personaje de la mitología griega que fue castigado por los dioses a acarrear una pesada piedra hasta la cima de una montaña. Cuando por fin llegaba a su meta, la piedra volvía a caer, impelida por su propio peso, de manera que Sísifo tenía que reanudar su trabajo una y otra vez sin poder nunca culminarlo.

Según Camus, el ser humano está en una situación parecida, porque se ve condenado a una vida absurda en la que cada mañana debemos emprender la absurda tarea de existir, sabiendo que al hacerlo no nos será posible alcanzar ninguna meta porque al día siguiente tendremos que recomenzar todo de nuevo.

A menudo la filosofía está presente de forma manifiesta en las obras literarias, como sucede con autores como Baroja, Sartre o Camus.

8. La filosofía y la música

8.1. El arte que se extiende en el tiempo

A diferencia de las artes visuales, que se expresan en el espacio, la música es una forma artística cuyo ámbito de desarrollo es fundamentalmente temporal. Esto hace que escuchar una obra musical sea algo muy distinto a ver un cuadro o una escultura.

Resulta imposible abarcar toda una sinfonía de forma global y simultánea. La música, para manifestarse, necesita desarrollarse en el tiempo. Al hacerlo, puede evocar en nosotros diversos sentimientos y estados de ánimo que se suceden en el tiempo acompañando a la evolución del discurso musical. Estas características convierten la música en una forma de arte muy particular, que por ese motivo ha recibido una especial atención por parte de algunos filósofos.

LA ARMONÍA CÓSMICA PITAGÓRICA

Los pitagóricos, a veces, tenían la costumbre de decir: "todas las cosas son semejantes al número"; y de jurar, a veces su juramento más poderoso, así: "No, por aquel que nos dio la *tetraktys*, que contiene la fuente y la raíz de la siempre fluyente naturaleza". Con la expresión "aquel que dio" querían decir "Pitágoras", y con el término *tetraktys*, un número, que, por estar compuesto de los cuatro primeros números, causa el número más perfecto, el diez. Este número es la primera *tetraktys* y es la llamada "fuente de la siempre fluyente naturaleza", puesto que el universo entero es gobernado armónicamente y la armonía es un sistema de tres concordancias, la cuarta, la quinta y la octava, y las proporciones de estas tres concordancias se encuentran en los cuatro números mencionados —en el uno, dos, tres y cuatro.

SEXTO EMPÍRICO: *Contra los matemáticos.*

20. ¿A qué llamaba Pitágoras la *tetraktys*? ¿Por qué le otorgaba tanta importancia?

21. ¿Cuál es la relación que ven los pitagóricos entre el orden del cosmos, la música y las matemáticas?

8.2. La armonía del universo

Pitágoras, que fue un importante pensador presocrático, fue uno de los primeros en interesarse por la relación entre la música y la filosofía. Pitágoras creía que la música era la clave para comprender el orden y la regularidad de la naturaleza, que se manifestaban en las proporciones matemáticas presentes en la escala musical y en las relaciones armónicas. Esto explica que Pitágoras hablase de la "armonía cósmica" y de la "música de las esferas", las cuales, según pensaba, expresaban el prodigioso equilibrio matemático que sustenta todo el universo.

Pitágoras consideraba la música como un reflejo de la **armonía** matemática que sustenta el orden cósmico.

8.3. La música como expresión de la voluntad cósmica

La idea de que la música puede acercarnos a la esencia oculta del mundo reapareció, mucho tiempo después de Pitágoras, en la obra del alemán **Arthur Schopenhauer**. Según este pensador, que vivió en el siglo XIX, toda la realidad puede interpretarse como la manifestación de una fuerza cósmica a la que él llamaba "la voluntad". El poder de esa voluntad explica por qué todas las cosas tienen una tendencia natural a continuar existiendo. Según Schopenhauer, esto puede apreciarse con mucha claridad en el impulso que empuja a sobrevivir a los animales y también a los seres humanos. Sin embargo, esa fuerza ciega e irracional también es la causa del sufrimiento. A menudo no podemos satisfacer los deseos tanto instintivos como conscientes, que son expresión de esa voluntad, con lo cual sufrimos. Pero incluso si obtenemos lo que anhelamos, el sufrimiento aparecerá pronto, en cuanto pasemos a desear algo nuevo.

El papel del arte en la filosofía de Schopenhauer es importante porque, según creía, las creaciones artísticas no son más que manifestaciones concretas de esa voluntad cósmica que rige el universo entero. Sin embargo, no todas las artes son capaces de expresar la voluntad del mismo modo. Según creía Schopenhauer, la música es una forma de arte privilegiada, porque es la única capaz de acercarnos de forma directa a la esencia misma de la voluntad cósmica.

Para Schopenhauer, la música es una forma de arte especialmente importante, porque es una **manifestación directa** de la voluntad o fuerza cósmica que impulsa toda la realidad.

8.4. La música como expresión del pensamiento

La música también es una forma de arte singular por su carácter abstracto e inmaterial. A no ser que vaya acompañada de palabras, como ocurre en una canción o en una ópera, la música por sí sola no es capaz de transmitir pensamientos de una forma clara y directa. Por eso resulta tan difícil expresar musicalmente un determinado concepto, a diferencia de lo que ocurre con la literatura.

Sin embargo, a pesar de esta dificultad, muchos grandes compositores han tratado de aproximarse en sus obras a problemas de hondo significado filosófico. De esta manera intentaban dar forma musical a temas como la libertad, la muerte, el amor, el significado de la existencia, el destino, la trascendencia, etc.

LA MÚSICA Y LA VOLUNTAD

En efecto, la música es una objetivación e imagen de la voluntad tan inmediata como lo es el mundo mismo e incluso como lo son las ideas, cuyo fenómeno multiplicado constituye el mundo de las cosas individuales. Así pues, la música no es en modo alguno, como las demás artes, la copia de las ideas sino la copia de la voluntad misma cuya objetividad son también las ideas: por eso el efecto de la música es mucho más poderoso y penetrante que el de las demás artes: pues estas solo hablan de la sombra, ella del ser. Y al ser la misma voluntad la que se objetiva tanto en las ideas como en la música, solo que de forma distinta en cada una, tiene que haber no una semejanza inmediata pero sí un paralelismo, una analogía entre la música y las ideas, cuyo fenómeno en la multiplicidad y la imperfección es el mundo visible.

Arthur SCHOPENHAUER: *El mundo como voluntad y como representación.*

22. ¿Qué diferencia encuentra el autor entre la música y las demás formas de expresión artística?

23. ¿Crees que la música tiene una esencia radicalmente distinta a la de todas las demás artes?

Representación de la obra de Claudio MONTEVERDI: *Orfeo, favola in musica* (1607).

@ Para ampliar en la Red...

Sinfonías 5.ª y *9.ª* de Beethoven: www.tiching.com/685969

Tchaikovsky, *6.ª Sinfonía*: www.tiching.com/685970

Mahler, *5.ª Sinfonía*: www.tiching.com/685971

Mozart, *Sinfonía n.º 41*: www.tiching.com/685972

A lo largo del tiempo, los compositores se han ido sirviendo de recursos cada vez más sofisticados y complejos para expresarse musicalmente. La invención de la polifonía* en la Edad Media fue el inicio de un camino con el que la música occidental acabaría por distinguirse completamente de todas las demás manifestaciones musicales del mundo. Algunos de los pasos fundamentales en esta evolución fueron la adopción de los modos mayor y menor, la generalización de la escala temperada, el desarrollo de la forma sonata, la aparición de la ópera o el perfeccionamiento técnico de instrumentos como el violín o el piano.

La evolución formal que ha experimentado la música occidental en la Edad Moderna ha sido posible porque existía un público capaz de apreciar estas obras cada vez más sofisticadas. Sin embargo, las revolucionarias innovaciones introducidas en el siglo XX por algunos compositores como **Arnold Schönberg** han hecho que las obras musicales sean cada vez más difíciles de comprender para el público.

El filósofo **Theodor Adorno**, que sentía un gran interés por la música, reflexionó en su obra sobre esta situación. Adorno veía en la música contemporánea una clara expresión de la libertad creativa, pero también un gran peligro de distanciamiento entre el compositor y el público. Según Adorno, la música, como todas las formas de arte, es un mensaje que debe ser comprendido para que la relación entre el creador y el receptor tenga sentido. Por eso los compositores deben también tener en cuenta la necesidad de que exista un código compartido que permita al público entender la música que escucha.

▲ La obra de Adorno supone una contribución fundamental a la estética de la música del siglo XX.

***Polifonía:** música en la que suenan varias voces o melodías distintas de forma simultánea.

9. Arte, ética y política

9.1. ¿Tiene el arte una función social?

Desde los comienzos de la reflexión sobre la estética, los filósofos se han preguntado por la función del arte. ¿Tienen las obras de arte una función social? ¿Deberían los artistas estar al servicio de la comunidad para ayudar a construir un mundo mejor? ¿Puede el arte ayudarnos a ser mejores personas? ¿O es el arte una realidad independiente que no puede cambiar de ninguna manera nuestra forma de actuar?

9.2. ¿Es el arte un peligro para la sociedad?

Los antiguos griegos pensaban que el arte estaba íntimamente ligado a la ética y a la política. Para el pensamiento griego la belleza está unida al **bien**. Esto puede apreciarse con especial claridad en la filosofía de Platón, para quien las Ideas del bien, la belleza y la verdad aparecían unidas en la cima del mundo inteligible. Por este motivo, para Platón amar la belleza es una manera de amar el bien. Pero esto no significa que Platón fuera un gran defensor de las artes. Por el contrario, veía en ellas un peligro que era necesario controlar para garantizar la estabilidad social.

De acuerdo con la interpretación que hacían los griegos de la estética, Platón consideraba que las obras de arte imitaban la belleza del mundo natural. Esta imitación puede resultarnos enormemente atractiva, hasta el punto de llegar a hacernos olvidar el contenido de la verdadera realidad. Como recordarás, para Platón la realidad última no estaba constituida por los objetos del mundo sensible, sino por Ideas eternas e inmutables que pertenecían al mundo inteligible. El arte, por consiguiente, era para Platón una forma de hechizo fascinador, que en lugar de acercarnos a la verdadera realidad de

EL ARTE NOS APARTA DE LA VERDAD

—Parece, pues, que hemos quedado totalmente de acuerdo en esto: en que el imitador no sabe nada que valga la pena acerca de las cosas que imita; en que, por tanto, la imitación no es cosa seria, sino una niñería, y en que los que se dedican a la poesía trágica, sea en yambos, sea en versos épicos, son todos unos imitadores como los que más lo sean.

—Completamente cierto.

—Y esa imitación —exclamé yo—, ¿no versa, por Zeus, sobre algo que está a tres puestos de distancia de la verdad? ¿No es así?

—Sí. [...]

—A esta confesión quería yo llegar cuando dije que la pintura y, en general, todo arte imitativo hace sus trabajos a gran distancia de la verdad y trata y tiene amistad con aquella parte de nosotros que se aparta de la razón, y ello sin ningún fin sano ni verdadero.

PLATÓN: *La República*.

24. ¿Qué opinión se expresa en este fragmento acerca de la imitación en el arte? ¿Valora Platón a los creadores que imitan la realidad en sus obras?

25. ¿Qué significa que la imitación "está a tres puestos de distancia de la verdad"?

26. ¿Por qué se afirma en el texto que el arte imitativo se relaciona "con aquella parte de nosotros que se aparta de la razón"? ¿A qué parte de nosotros se está refiriendo?

En muchos casos, el arte contemporáneo es un arte de denuncia social. Jean-Michel BASQUIAT: *Poison Oasis* (1981).

las Ideas nos alejaba de ellas. Por este motivo, en el modelo de ciudad ideal diseñada por el filósofo, las artes quedan prohibidas o sometidas a una estricta vigilancia.

9.3. El arte como denuncia

De igual modo que los antiguos griegos, muchos otros autores han considerado que el arte guarda una relación muy estrecha con la ética y la política. Una de las diversas facetas del arte ha sido su capacidad para denunciar las injusticias y criticar la realidad. Muchos artistas también se han servido de sus obras para proponer alternativas o para apoyar movimientos sociales y políticos.

El poder propagandístico del arte también ha sido utilizado por el poder para influir sobre la población y transmitir sus mensajes a las masas. En la época contemporánea la labor de los artistas ha sido crucial para la difusión de las ideas políticas. Este hecho puede apreciarse con claridad en movimientos revolucionarios como el mexicano o el soviético. Pero también es cierto en el caso del fascismo, que igualmente se sirvió de la fuerza emotiva del arte y su poder persuasivo para publicitar y extender su dominio sobre la sociedad.

9.4. El arte por el arte

Frente a los que opinan que la estética está unida a la ética y la política, también hay quienes consideran que el arte debe ser un campo totalmente separado e independiente. De acuerdo con esta interpretación, el objetivo del arte es únicamente crear belleza, por lo que no tiene nada que ver con nuestro comportamiento o con nuestra forma de organización social.

Los defensores de esta visión piensan que el arte no tiene ninguna utilidad práctica, por lo que no puede servirnos para mejorar a las personas o para cambiar la realidad. Los artistas deben resistirse al intento de extender la función del arte hacia el campo de la ética o de la política.

Según los defensores del arte por el arte, la única justificación del arte está en sí mismo, por lo que los creadores deben limitarse a producir obras de arte puro, sin ningún mensaje crítico o alternativo.

Fíjate

El poder emotivo y expresivo del arte ha marcado decisivamente las relaciones entre los gobernantes totalitarios y los artistas. En los regímenes fascistas y comunistas, la creación artística estaba estrechamente vigilada y controlada por el Estado. Las obras que podían interpretarse como una crítica al poder fueron rigurosamente prohibidas mediante una férrea censura, y sus autores fueron perseguidos, encarcelados o condenados al exilio. Pero en esos mismos sistemas totalitarios también se impulsó la creación de poderosas obras de propaganda, destinadas a influir en las masas mediante la celebración de los éxitos del régimen y las excelencias de su líder.

A lo largo del siglo XX, los regímenes totalitarios a menudo recurrieron al arte para influir en la sociedad. Aleksandr GERASIMOV: *Alocución de Stalin ante el XVI Congreso del Partido Comunista* (1933).

Párate a pensar

Construye el concepto

1. Define los siguientes términos filosóficos con los diccionarios propuestos (p. 1). A continuación, escribe una frase con cada uno de ellos en la que se aprecie su significado.
   - Apolíneo
   - Dionisíaco
   - aura
   - voluntad (según Schopenhauer)

Recapitula

2. Completa la siguiente tabla en la que se comparan el principio apolíneo y el dionisíaco, según Nietzsche.

	Lo apolíneo	Lo dionisíaco
¿De qué divinidad griega toma su nombre?		
¿A qué estaba asociado el dios correpondiente?		
¿Se identifica con la razón o con lo irracional?		
¿Se corresponde con la identificación del individuo o con la unión de todo en una única realidad cósmica?		
¿Se refiere al predominio del equilibrio o al del desorden?		
¿Cuál es el arte que mejor lo manifiesta?		

3. ¿En qué consiste el "aura" a la que se refiere Walter Benjamin en sus reflexiones sobre estética? ¿Has experimentado tú la presencia del aura alguna vez cuando estabas ante una obra artística? ¿Crees que en nuestros tiempos se está perdiendo el aura de las obras de arte?

4. ¿Por qué afirma Gadamer que la hermenéutica puede ser muy útil para comprender mejor una obra de arte? ¿Cómo podría servirnos una aproximación hermenéutica para disfrutar más de una experiencia estética? Pon algún ejemplo concreto.

5. ¿Sabrías mencionar el nombre de cinco grandes obras literarias en las que se aborden temas de relevancia filosófica? ¿A qué ámbito de la filosofía corresponden estos temas? ¿De qué modo los ha presentado el autor? ¿Qué respuesta apunta en su obra a las cuestiones que plantea?

6. ¿Por qué estaba Pitágoras tan interesado en el estudio de la música? ¿Qué relación apreciaba él entre la música y la filosofía? Busca información en los siguientes enlaces:
   - *Pitágoras*: www.tiching.com/686221
   - *Armonía de las esferas*: www.tiching.com/686292
   - *El fundamento matemático de la escala musical*: www.tiching.com/686222
   - *Música y matemáticas*: www.tiching.com/686224

7. ¿En qué consiste la "voluntad" a la que se refiere Schopenhauer en su filosofía? ¿De qué forma está la voluntad conectada con la música, según este autor?

8. ¿Cuál es la opinión que tiene Platón acerca del arte? ¿Por qué consideraba este autor que el arte podía ser peligroso para el orden social? ¿Estás de acuerdo con esta interpretación del arte?

9. ¿Crees que el arte tiene la capacidad de cambiar la conducta de las personas? ¿Puede el arte servir para mejorar la sociedad en que vivimos?

Trabaja con textos

10. Lee el texto y contesta las preguntas:

> La filosofía no representa las cosas reales sino sus arquetipos, pero igual ocurre en el arte, y los mismos arquetipos de los cuales, según las demostraciones de la filosofía, estas (las cosas reales) solo son copias imperfectas, son los que, en cuanto arquetipos, y por tanto en su perfección, se objetivan en el arte y representan el mundo intelectual en el mundo reflejado. Para dar algunos ejemplos, la música no es otra cosa que el ritmo arquetípico de la naturaleza y del universo mismo que irrumpe mediante este arte en el mundo de la imagen. Las formas perfectas que produce la plástica son los arquetipos de la naturaleza orgánica misma objetivamente representados. La epopeya homérica es la identidad misma como existe en la base de la historia en lo absoluto. Toda pintura abre al mundo intelectual.
>
> Friedrich Wilhelm Joseph von SCHELLING: *Filosofía del arte.*

a) ¿En qué se parecen la filosofía y el arte?

b) ¿En qué consiste la música, de acuerdo con el autor?

c) Según Schelling, ¿cuál es la esencia de las artes plásticas?

d) ¿Estás de acuerdo con la visión del autor acerca del arte? Explica razonadamente tu respuesta.

11. Lee el texto y contesta las preguntas:

> Creo que el *living art*, la "realización" del Arte, solo puede ser el resultado de una sociedad cualitativamente diferente en la cual un nuevo tipo de hombre y de mujer ya no sea sujeto u objeto de la explotación y pueda llevar adelante en su vida y su trabajo la visión de las posibilidades *estéticas* suprimidas de los hombres y de las cosas; la estética no entendida como la propiedad específica de ciertos objetos (el *objet d'art* ['objeto de arte']), sino como formas y modos de existencia que correspondan a la razón y a la sensibilidad de individuos libres, eso que Marx llamaba "la apropiación sensual del mundo". La realización del Arte, el "arte nuevo", solo es concebible como un proceso de construcción del universo de una sociedad libre. En otras palabras: el Arte como Forma de la realidad.
>
> *El Arte como Forma de la realidad*: resulta imposible prevenirse contra las horribles asociaciones que provoca esta noción tales como los gigantescos programas de embellecimiento, las oficinas de las corporaciones artísticas, las fábricas estéticas, los parques industriales. Esas asociaciones provienen de la práctica de la represión. El Arte como Forma de la realidad significa, no el embellecimiento de lo dado, sino la construcción de una realidad opuesta, enteramente diferente. La visión estética es parte de la revolución; según la visión de Marx, "el animal construye solo de acuerdo con su necesidad; el hombre produce formas en concordancia con las leyes de la belleza".

Resulta imposible concretar el Arte como Forma de realidad. Se trataría más bien de creatividad, una creación en el material al mismo tiempo que un significado intelectual, del cruce entre la técnica y las artes en la reconstrucción total del entorno, del cruce de la ciudad y el campo, de la industria y la naturaleza luego de que todo eso haya sido liberado de los horrores de la explotación industrial y del embellecimiento, de manera tal que el Arte ya no sea utilizado como estímulo para los negocios. Evidentemente, la mera posibilidad de crear semejante entorno depende de la transformación total de la sociedad existente: un nuevo modo de producción con nuevos objetivos, un nuevo tipo de ser humano como productor, el fin del juego de roles, de la división del trabajo establecida, del trabajo y del placer.

Herbert MARCUSE: *El arte como forma de realidad.*

a) ¿Qué es lo que sería necesario para que surgiera un arte verdaderamente vivo y significativo?

b) ¿Por qué sostiene Marcuse que "la visión estética es parte de la revolución"?

c) ¿Crees tú, como apunta el autor, que el arte que existe en la actualidad es producto "de la práctica de la represión"?

12. Lee el texto y contesta las preguntas:

Escrito está: "En el principio era la Palabra"... Aquí me detengo ya perplejo. ¿Quién me ayuda a proseguir? No puedo en manera alguna dar un valor tan elevado a la palabra; debo traducir esto de otro modo si estoy bien iluminado por el Espíritu. —Escrito está: "En el principio era el sentido"... Medita bien la primera línea; que tu pluma no se precipite. ¿Es el pensamiento el que todo lo obra y crea?... Debiera estar así: "En el principio era la Fuerza"... Pero también esta vez, en tanto que esto consigno por escrito, algo me advierte que no me atenga a ello. El Espíritu acude en mi auxilio. De improviso veo la solución, y escribo confiado: "En el principio era la Acción".

Johann Wolfgang von GOETHE: *Fausto.*

a) ¿Sabes a qué se refiere Fausto cuando dice: "En el principio era la Palabra"?

b) ¿Cuáles son las distintas posibilidades que analiza Fausto cuando quiere encontrar qué es lo que había en el principio? ¿Cuál de ellas es la que finalmente adopta?

c) ¿Qué relación crees que puede tener este pasaje literario con la metafísica? Explica tu respuesta.

13. Lee el texto y contesta las preguntas:

ATENIENSE: Pero ¿tenemos también por exacto lo que se dijo más arriba: que todo lo que pertenece al compás y demás partes de la música es una imitación de las costumbres humanas, sean buenas o malas? ¿Qué pensáis vosotros?

CLINIAS: En ese punto no hemos mudado de opinión.

ATENIENSE: Por consiguiente, será preciso, a nuestro juicio, hacer los mayores esfuerzos para impedir que los niños se aficionen entre nosotros a nuevos géneros de imitación, sea en la danza, sea en la melodía, y que nadie les azuce en este sentido mediante el aliciente de la variedad de placeres.

CLINIAS: Tienes razón.

ATENIENSE: ¿Conocéis un medio más eficaz, para conseguir este objeto, que aquel de que se sirven los egipcios?

CLINIAS: ¿Cuál es?

ATENIENSE: Consiste en consagrar todos los bailes y todos los cantos. Comenzaremos primero por arreglar las fiestas, las épocas, los dioses, los hijos de los dioses, los genios que deben ser objeto de ellas. En seguida determinaremos los himnos y las danzas, que deben acompañar a cada sacrificio. Una vez arreglado todo, se hará un sacrificio a las Parcas y a todas las demás divinidades, en el cual los ciudadanos consagrarán en común, por medio de libaciones, cada uno de los himnos al dios o al genio a que aquel está destinado. Si en lo sucesivo alguno intentase introducir en honor de algún dios nuevos cantos o nuevas danzas, los sacerdotes y las sacerdotisas, de concierto con los guardadores de las leyes, se revestirán con la autoridad de la religión y de las leyes para impedirlo; y si espontáneamente no desistiese, mientras viva tendrá todo ciudadano derecho para llevarle ante los tribunales como culpable de impiedad.

CLINIAS: Muy bien. [...]

ATENIENSE: Mientras tanto, por extraña que parezca la cosa, quede sentado que los cantos serán para nosotros otras tantas leyes. Vemos que los antiguos daban el nombre de leyes a los aires que se tocan en la cítara. Quizá en esto no estaban distantes de pensar como nosotros, y acaso el primero que les aplicó este nombre, entrevió, ya en sueños, ya estando muy despierto, la verdad de lo que hemos dicho. Sentemos, pues, como una regla inviolable, que desde el momento en que la autoridad pública ha determinado y consagrado los cantos y los bailes, que son propios de la juventud, tan ilícito es a todo el mundo cantar y bailar de otra manera como violar cualquiera de las otras leyes. El que se conforme fielmente con esta resolución, no tendrá que temer ningún castigo; pero si alguno se separa de ella, los guardadores de las leyes, los sacerdotes y las sacerdotisas le castigarán según ya se ha dicho. Tal es la disposición que dictamos desde este acto.

PLATÓN: *Las leyes.*

a) ¿Por qué cree Platón que debemos evitar que los niños aprendan música como un "género de imitación"?

b) ¿Qué estrategia propone este texto para alejar a los niños de las formas perjudiciales de música?

c) ¿Qué debería hacerse con quienes canten y bailen de formas distintas a las aceptadas por el Estado según el texto?

d) ¿Crees tú que existen buenas razones para regular mediante leyes el tipo de arte que puede hacerse y el que debe prohibirse? Explica tu respuesta.

14. Lee el texto y contesta las preguntas:

Con razón, pues, la emprendemos con [el poeta] y lo colocamos en el mismo plano que al pintor, porque de una parte se le parece en componer cosas deleznables comparadas con la verdad y de otra se le iguala en su relación íntima con uno de los elementos del alma, y no con el mejor. Y así fue justo no recibirle en una ciudad que debía ser regida por buenas leyes, porque aviva y nutre ese elemento del alma y, haciéndolo fuerte, acaba con la razón a la manera en que alguien, dando poder en una ciudad a unos miserables, traiciona a esta y pierde a los ciudadanos más prudentes. De ese modo, diremos, el poeta imitativo implanta privadamente un régimen perverso en el alma de cada uno condescendiendo con el elemento irracional que hay en ella, elemento que no distingue lo grande de lo pequeño, sino considera las mismas cosas unas veces como grandes, otras como pequeñas, creando apariencias enteramente apartadas de la verdad.

PLATÓN: *La República.*

a) ¿Cuáles son las razones que ofrece Platón para rechazar a los poetas y a los pintores?

b) ¿Cuál es el papel que debería corresponder a los artistas en la sociedad de acuerdo con este texto?

Comentario de texto

Texto 1

Si consideramos todas las hipótesis que se han hecho o por la filosofía o por el conocimiento vulgar para explicar la diferencia entre belleza y fealdad, hallamos que todas pueden reducirse a esto, a saber: que la belleza es un orden de construcción de partes que, o por una constitución originaria de nuestra naturaleza o por hábito o capricho, es capaz de producir un placer o satisfacción en el alma. Este es el carácter distintivo de la belleza, y constituye su diferencia con la fealdad, cuya tendencia natural es producir dolor. Placer y dolor, por consiguiente, no son solo acompañantes necesarios de la belleza y de la fealdad, sino que constituyen su verdadera esencia. Y de hecho, si consideramos que una gran parte de la belleza que admiramos en los animales o en otros objetos se deriva de la idea de la conveniencia o utilidad, no debemos sentir escrúpulo alguno al asentir a esta opinión.

David HUME: *Tratado sobre la naturaleza humana.*

Texto 2

En última instancia las obras de arte son enigmáticas por su contenido de verdad, no por su composición. La pregunta con la que cualquier obra despide a quien la ha recorrido completamente es "¿qué quiere decir todo esto?", pregunta que, volviendo continuamente, se convierte en esta otra: "¿Es que es verdad?". Es la pregunta por lo absoluto, ante la que la obra de arte reacciona evitando la respuesta discursiva. La última información que proporciona el pensamiento discursivo sigue siendo el tabú sobre la respuesta, aunque el arte, como rebelión mimética contra ese tabú, intenta dar respuesta y, como no es discursivo, no lo consigue; por ello es enigmática como el primer amanecer del mundo que cambia pero no desaparece. Todo arte es su sismograma. Falta la clave de su enigma como la de los escritos de algunos pueblos desaparecidos. La figura extrema en que puede pensarse el carácter enigmático es cuestionarse si existe el sentido mismo o no. Y es que ninguna obra de arte existe sin una conexión de sentido, por muy cambiado que esté en su contrario.

Theodor ADORNO: *Teoría estética.*

Debate filosófico

¿Tiene límites la transgresión artística?

En algunas ocasiones, al visitar una exposición de arte contemporáneo podemos llegar a sentirnos enormemente confusos y desorientados. El afán provocador y experimental de los creadores puede hacer que los espectadores sean totalmente incapaces de captar el sentido del arte que están contemplando. El efecto de desconcierto puede ser todavía mayor si sabemos que esas obras incomprensibles a menudo alcanzan un precio astronómico en el mercado del arte.

- ¿Son estas obras auténticas genialidades que no sabemos valorar?
- ¿O, por el contrario, se trata de una tomadura de pelo de los artistas?
- ¿Es necesario que el creador nos provoque y escandalice para que su obra tenga éxito?
- ¿A dónde puede conducirnos esta imparable dinámica de transgresión revolucionaria?
- ¿Es posible seguir innovando cuando todas las reglas han sido ya rotas por los artistas?
- ¿Cabe imaginar algún otro tipo de arte que escape de la imparable vorágine de las vanguardias?

Conexiones filosóficas

Filosofía y poesía

En la obra de algunos pensadores la filosofía mantiene una estrecha relación con la poesía. En estos autores, el carácter abstracto, sugerente y evocador del lenguaje poético ha servido de inspiración para desarrollar ideas fecundas en el campo de la metafísica, de la gnoseología o de la antropología filosófica. Martin Heidegger, por ejemplo, manifestó un creciente interés en sus obras más tardías por la forma en que la poesía puede ser la mejor manera de expresar la verdad filosófica.

Del mismo modo, la pensadora española María Zambrano dedicó uno de sus libros más celebrados a explorar las relaciones que hay entre filosofía y poesía.

- ¿Crees tú que la poesía puede servir de inspiración para el desarrollo de ideas filosóficas?
- ¿Pueden las sugerencias y evocaciones de un poema iluminar de alguna manera los problemas filosóficos?
- ¿Podríamos decir que la filosofía es, en el fondo, una forma de pensamiento poético expresado de una manera distinta?
- ¿Es posible aclarar cuál es la diferencia esencial entre lo que hace un poeta y lo que hace un filósofo?
- ¿Hay ideas que se expresan mejor mediante la poesía que en clave filosófica?

Trabajo en equipo

El concepto del arte en las vanguardias

Desde finales del siglo XIX y sobre todo durante el primer tercio del siglo XX, la aparición de las vanguardias modificó por completo el panorama artístico. Cada uno de estos movimientos, además de proponer una ruptura con todo lo anterior, también ofrecía su particular visión acerca de lo que era el arte.

Con este trabajo en equipo te proponemos realizar una pequeña investigación para averiguar cuál es el concepto de arte que defendían estos movimientos vanguardistas. Para realizar la actividad dividiremos la clase en grupos de 4 personas. Cada grupo se centrará en estudiar un caso concreto de vanguardia artística. Entre otros, podéis centraros en los siguientes movimientos:

- Impresionismo
- Expresionismo
- Fauvismo
- Futurismo
- Ultraísmo
- Dadaísmo
- Surrealismo
- Cubismo

Dentro de cada equipo, os proponemos dividir la tarea del siguiente modo. Uno de los miembros del grupo será el especialista en cronología, otro se especializará en las biografías, un tercero se centrará en el enfoque teórico que inspiraba a estos artistas y el cuarto buscará ejemplos concretos de obras encuadradas en el movimiento que os ha correspondido estudiar. Cuando cada uno de los miembros del grupo haya finalizado su parte del trabajo, tendréis que ponerlo en común para elaborar una presentación en la que queden claras las siguientes cuestiones:

a) ¿Cuál es el nombre del movimiento artístico?

b) ¿En qué época se desarrolló? ¿Cuáles son las fechas aproximadas que delimitan la actividad de este tipo de vanguardia artística?

c) ¿Qué concepción del arte caracteriza a este movimiento? ¿En qué se diferencia de las formas tradicionales de entender la creación artística?

d) ¿Cuáles son los artistas más destacados de este movimiento? ¿Qué rasgos destacaríais de sus biografías?

e) ¿Qué obras artísticas pueden ponerse como ejemplo de este movimiento de vanguardia?

Una vez terminadas, todas las presentaciones serán mostradas en la clase para que todos los alumnos puedan verlas y comentarlas. La actividad puede finalizar con un debate en el que se contrasten las distintas concepciones del arte asociadas a los diferentes movimientos de vanguardia que habéis estudiado.

- ¿Qué queda de estas propuestas?
- ¿Puede rastrearse de algún modo su influencia en el arte actual?
- ¿Te parece que sus concepciones del arte son válidas hoy en día?

Bibliografía

ARISTÓTELES: ***Poética.***

Francisco CALVO SERRALLER: ***El arte contemporáneo.***

Umberto ECO: ***Obra abierta.***

Inmanuel KANT: ***Lo bello y lo sublime.***

Eugenio TRÍAS: ***Lo bello y lo siniestro.***

Eugenio TRÍAS: ***El canto de las sirenas.***

Will GOMPERTZ: ***¿Qué estás mirando?***

Félix de AZÚA: ***Diccionario de las artes.***

Filmografía

Pollock. Ed HARRIS. Es una película biográfica centrada en la vida del pintor estadounidense Jackson Pollock. Este importante artista fue uno de los más destacados autores del expresionismo abstracto americano, una corriente estética de enorme influencia en la segunda mitad del siglo XX. La película puede servir de aproximación para analizar el sentido y el valor de la pintura abstracta. También nos puede ayudar a analizar la figura del genio creador, capaz de inventar un nuevo lenguaje artístico rompiendo las reglas establecidas.

El triunfo de la voluntad. Leni RIEFENSTAHL. Se trata de un documental propagandístico. La perfección técnica y el impacto visual de esta legendaria película alemana resultan especialmente perturbadoras, porque están puestas al servicio de una ideología totalitaria. Fue encargado para exaltar el poder desplegado por el nazismo en el congreso de Núremberg en 1934. Plantea de manera muy directa el debate acerca de la responsabilidad ética y política del artista, así como la cuestión de las relaciones que hay entre la creación estética y el poder.

Mapa conceptual

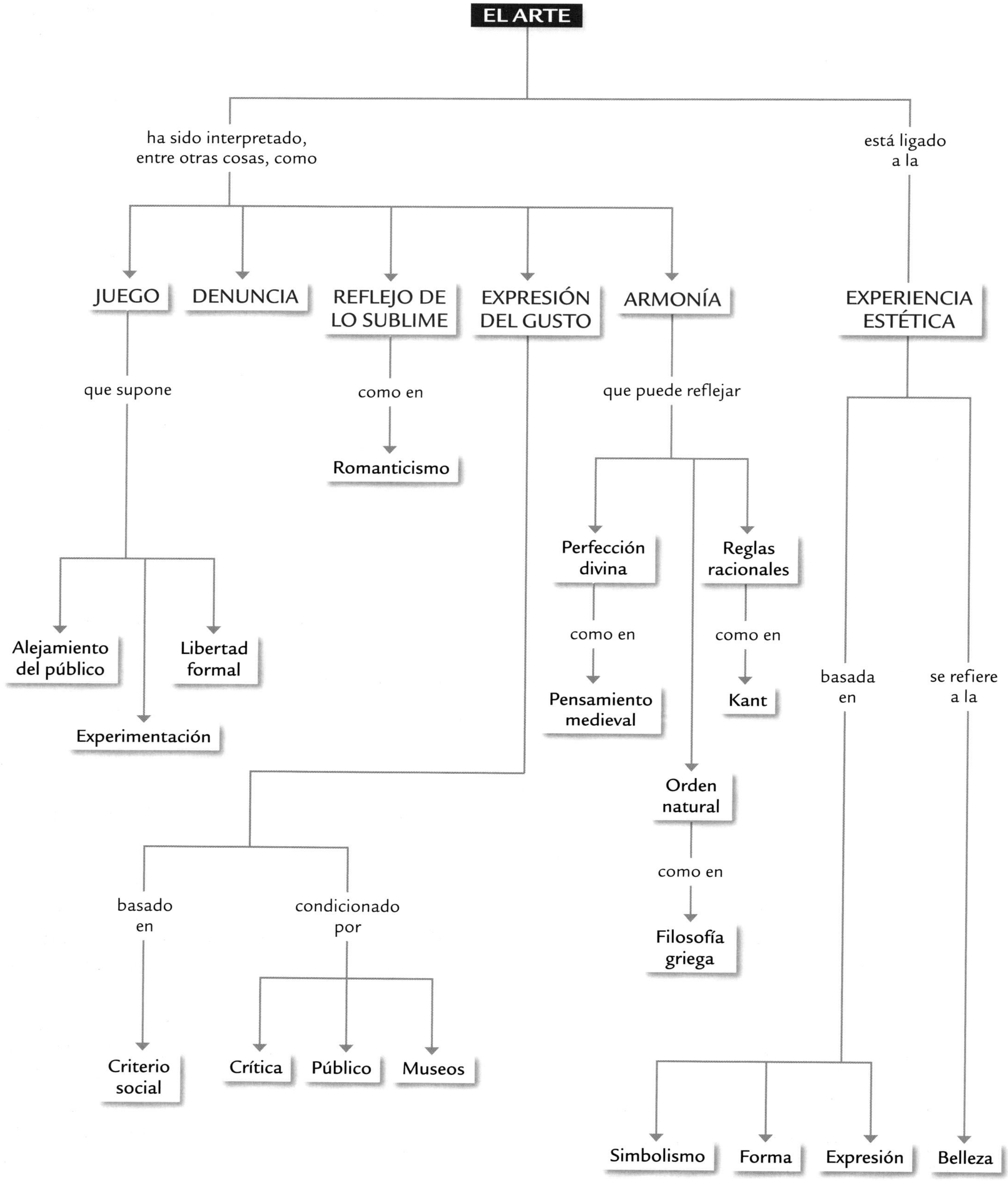

Evaluación

Elige la respuesta correcta para cada una de las siguientes preguntas. Recuerda que de todas las opciones solo una es válida.

1. **¿Cuál de las siguientes definiciones explica mejor lo que es el arte?**
   a) Es la experiencia humana de la belleza.
   b) Es el estudio teórico de la belleza, por lo que se trata de una rama de la filosofía.
   c) Es el conjunto de producciones humanas elaboradas con el propósito de crear belleza.
   d) Es cualquier realidad de tipo natural o artificial que suscita en nosotros admiración por su belleza.

2. **¿Qué diferencia hay entre el objetivismo estético y el subjetivismo estético?**
   a) Los objetivistas se interesan por el arte, mientras que los subjetivistas se preocupan por la estética.
   b) Los objetivistas creen que el valor del arte depende de las personas que lo aprecian, y los subjetivistas piensan que las obras de arte tienen valor por sí mismas.
   c) Los objetivistas opinan que las obras de arte tienen valor por sí mismas, y los subjetivistas creen que el valor del arte depende de las personas que lo aprecian.
   d) Los objetivistas creen que el arte es una imitación de la naturaleza, y los subjetivistas opinan que es una manifestación de los sentimientos subjetivos del artista.

3. **¿Cuáles son las distintas maneras propuestas a lo largo del tiempo para interpretar la experiencia estética?**
   a) El formalismo, el expresionismo y el simbolismo.
   b) El objetivismo y el subjetivismo.
   c) Lo apolíneo y lo dionisíaco.
   d) El arte figurativo y el arte abstracto

4. **¿A qué se refiere Aristóteles cuando en sus obras sobre estética habla de la "mímesis"?**
   a) A la importancia de captar en la obra de arte la esencia eterna e inmutable de las Ideas trascendentes.
   b) Al valor que tiene la expresión de los sentimientos personales en la creación estética.
   c) A la relevancia que tiene lo sublime cuando se trata de la creación artística.
   d) A la imitación de la naturaleza en la obra de arte.

5. **¿Cuáles son las características que tienen los jucios estéticos, según creía Kant?**
   a) Los juicios estéticos son objetivos y absolutos.
   b) Los juicios estéticos son subjetivos y relativos.
   c) Los juicios estéticos son desinteresados y universales.
   d) Los juicios estéticos son apolíneos y dionisíacos.

6. **¿Qué es el "aura" a la que se refería Walter Benjamin?**
   a) Es la belleza sobrenatural asociada a las auténticas obras de arte.
   b) Es la capacidad de acercarnos a la belleza gracias a la reproducción técnica de imágenes que nos hacen accesibles las grandes obras de arte producidas a lo largo de la historia.
   c) Es la expresión directa de una fuerza cósmica llamada "la voluntad".
   d) Es el halo de lejanía y misterio que rodeaba en el pasado a las grandes obras de arte.

7. **¿A qué se referían los románticos cuando hablaban de lo "sublime"?**
   a) A la expresión directa de la voluntad cósmica que rige todo el universo.
   b) Al halo de lejanía y misterio que rodeaba en el pasado a las grandes obras de arte
   c) A la emoción subjetiva que produce en el espectador la obra de arte.
   d) A la manifestación sobrecogedora de la fuerza terrible y amenazante de la naturaleza.

8. **¿Qué es lo que opina Platón acerca del arte?**
   a) Cree que es una manifestación sublime de la fuerza creativa del genio.
   b) Piensa que es una forma de imitación que resulta peligrosa y que es preciso controlar políticamente.
   c) Sugiere que el arte es expresión del gusto del público y que por ese motivo debería ser comprensible y fácil de entender.
   d) Afirma que se trata de la expresión directa de la voluntad cósmica que impulsa el universo entero.

Contesta por escrito las cuestiones siguientes:

9. **El arte ha sido considerado durante la Antigüedad y la Edad Media como una imitación de la naturaleza. ¿En qué se diferencian la visión antigua y la medieval sobre esta forma de imitación?**

10. **¿Por qué establece Kant una distinción entre lo agradable y lo bello? ¿Cuáles son los rasgos que, según Kant, caracterizan nuestras afirmaciones sobre la belleza?**

11. **Las peculiaridades de la música han llevado a algunos autores como Schopenhauer a considerarla una manera privilegiada de expresión estética. ¿Cuál es la interpretación de Schopenhauer sobre la música? ¿Por qué creía este autor que se trataba de una forma de arte especialmente importante? ¿Crees tú que hay algo en la música que la convierte en una manifestación artística singular y especialmente importante? Explica tu respuesta.**

12 La ética

- ¿Tenemos siempre la obligación moral de obedecer las leyes?
- ¿Qué diferencia hay entre la ética y la moral?
- ¿Cuáles son las principales perspectivas éticas que se han propuesto a lo largo del tiempo?
- ¿Cómo puede la ética ayudarnos a manejar los problemas del mundo actual?

Objetivos

> Diferenciar la ética de la moralidad y de la legalidad.

> Apreciar la capacidad que tenemos de modelar el carácter mediante nuestros hábitos.

> Reconocer que la moralidad está ligada a la libertad, y que el ejercicio de esta implica también una responsabilidad personal.

> Conocer la propuesta de Kohlberg acerca de las distintas etapas en el desarrollo de la conciencia moral.

> Comprender las principales perspectivas que los filósofos han propuesto a lo largo del tiempo acerca de la base, el contenido, la validez y los fundamentos de la ética.

> Valorar la importancia de la ética aplicada como reflexión práctica acerca de los problemas morales que se plantean en nuestro mundo actual.

Contenidos

I. Libertad y responsabilidad
1. Forjando nuestro carácter
2. La ley y la moral
3. La conciencia y los valores

II. Introducción a la ética

4. ¿De qué se ocupa la ética?
5. Distintas perspectivas sobre la ética
6. Ética aplicada

La ley y la moral

- Nuestra personalidad tiene una parte genética (el temperamento) y otra parte adquirida (el carácter). Aunque no es fácil modificar el temperamento, sí que podemos cambiar nuestro carácter con nuestros hábitos.
- Las leyes son normas elaboradas por la sociedad que pueden acarrear un castigo. La moral, en cambio, está formada por normas individuales dictadas por la conciencia.
- La teoría de Kohlberg propone un modelo para explicar el desarrollo de la conciencia moral en las personas.

Perspectivas sobre la ética

- Algunos filósofos creen que la ética se basa en la razón, mientras que otros piensan que se basa en los sentimientos.
- Para ciertos pensadores, la ética debe tener un contenido material concreto. Sin embargo, para otros la ética solo debe ocuparse de la forma que tienen nuestras normas.
- Diversos autores consideran que algunas normas son universales, válidas para todas las personas. En cambio, otros creen que todas las normas morales son relativas.
- Existen teorías éticas que sostienen que a la hora de actuar lo más importante es respetar siempre unos principios morales básicos. Sin embargo, también las hay que insisten en la importancia de tener en cuenta las consecuencias de nuestros actos.

Ética aplicada

- La ética aplicada intenta reflexionar sobre decisiones morales en situaciones prácticas.
- La bioética es una de las ramas más interesantes de la ética aplicada. La bioética estudia situaciones que tienen relación con la vida y se ocupa de casos tan importantes como la reproducción asistida, la clonación, el aborto o la eutanasia.
- Otras ramas de la ética aplicada incluyen campos como la ética ambiental, la ética profesional, la ética de las empresas, la ética de la información, la ingeniería ética o la ética del ciberespacio.

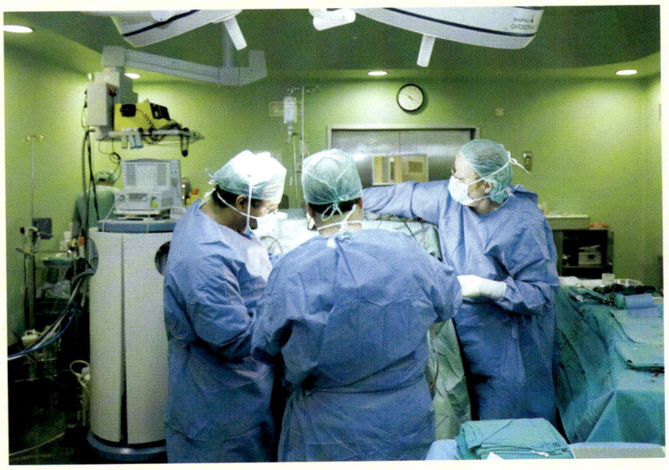

I. Libertad y responsabilidad

1. Forjando nuestro carácter

1.1. Temperamento y carácter

Tú eres una persona distinta de todas las demás. Cada uno de nosotros se caracteriza por una serie de rasgos específicos que nos diferencian del resto de seres humanos. Algunos de estos rasgos son **innatos**, porque nos acompañan desde que nacemos y están codificados en nuestros genes. Sin embargo, otros rasgos son **adquiridos**, puesto que no los teníamos al nacer, sino que los hemos ido incorporando con el tiempo.

Algunos ejemplos de rasgos innatos son el color de tus ojos, el grupo sanguíneo al que perteneces o el aspecto general que tiene tu rostro. Estas características están escritas en tus genes, y por ese motivo no resulta posible cambiarlas. Los rasgos innatos son naturales, porque forman parte de nuestra herencia biológica.

Como ejemplo de rasgos adquiridos podemos mencionar la lengua que hablas, tus opiniones e ideas, tus aficiones o tu forma de vestir. Ninguna de estas características estaba presente cuando tú naciste, sino que las has ido desarrollando con los años. Los rasgos adquiridos son culturales, porque los aprendemos y elaboramos con el tiempo.

Sin embargo, también debes tener en cuenta que muchos de nuestros rasgos tienen una parte genética y otra adquirida. Nuestra estatura y nuestro peso, por ejemplo, dependen de factores genéticos, porque cada persona tiene un metabolismo distinto, que forma parte de nuestra herencia biológica. Pero la altura y el peso que tienes también dependen del modo en que te alimentas. Las particularidades de tu metabolismo son un rasgo genético. En cambio, tus hábitos alimentarios son un rasgo adquirido, porque los has ido desarrollando con el tiempo. Cambiar el funcionamiento de tu metabolismo no es nada fácil, porque forma parte de tu constitución biológica. Sin embargo, sí que puedes modificar tus costumbres cambiando de dieta.

Tu personalidad es uno de estos rasgos complejos que tienen una parte genética y otra parte adquirida.

Llamamos **personalidad** a nuestra peculiar forma de ser, que nos identifica y nos distingue del resto de la gente.

Los seres humanos podemos ir más allá de aquello que determina nuestra herencia.

@ Para ampliar en la Red...

Lo innato y lo adquirido en el ser humano:
www.tiching.com/685973

En la persona están presentes rasgos innatos y rasgos adquiridos.

La parte genética de tu personalidad se denomina temperamento. Tu temperamento incluye las inclinaciones y tendencias que te acompañan desde que naciste. Estas tendencias condicionan tu personalidad, pero no la determinan por completo, porque una parte importante de esta depende de tus costumbres y se puede modificar. La parte adquirida de tu personalidad se llama carácter. A diferencia del temperamento, el carácter sí se puede cambiar, ya que depende de nuestras acciones y de nuestros hábitos.

La personalidad tiene una parte genética llamada **temperamento**, y una parte adquirida que se denomina **carácter**.

1.2. Somos lo que hacemos

La posibilidad de modificar nuestro carácter hace que nuestros hábitos tengan una enorme importancia. Por ejemplo, si te acostumbras a compartir, invitar a los demás y hacerles regalos, se podrá decir que eres una persona generosa. Si, por el contrario, nunca invitas a nadie ni sueles compartir tus cosas, te convertirás en un tacaño. Ser generoso o ser tacaño no es algo genético, porque depende de lo que hacemos.

Si te das cuenta, esto también quiere decir que cambiando tus costumbres puedes acercarte al tipo de persona que quieres llegar a ser.

Los **hábitos** que adquirimos van forjando nuestro carácter, y nos transforman cambiando nuestra personalidad.

Por eso es crucial pararse a pensar en las costumbres que tenemos, para saber si nos acercan o nos alejan de aquello en lo que verdaderamente queremos convertirnos. Este es el sentido que tiene la distinción entre virtudes y vicios. Una virtud es un hábito bueno, como la generosidad, la valentía o la capacidad de escuchar y tener en cuenta a los demás. En cambio, un vicio es un hábito malo, como la tacañería, la cobardía o la intolerancia.

Los hábitos buenos se denominan **virtudes**, mientras que los hábitos malos se llaman **vicios**.

NOS VOLVEMOS JUSTOS CUANDO PRACTICAMOS LA JUSTICIA

Las acciones se llaman justas y moderadas cuando son tales que un hombre justo y moderado podría realizarlas. [...] Se dice bien, pues, que realizando acciones justas y moderadas se hace uno justo y moderado respectivamente; y sin hacerlas nadie podría llegar a ser bueno. Pero la mayoría no ejerce estas cosas, sino que, refugiándose en la teoría, creen filosofar y poder, así, ser hombres virtuosos; se comportan como los enfermos que escuchan con atención a los médicos, pero no hacen nada de lo que les prescriben. Y, así como estos pacientes no sanarán del cuerpo con el tratamiento, tampoco aquellos sanarán del alma con tal filosofía.

ARISTÓTELES: *Ética a Nicómaco*.

1. ¿Cómo podemos, según el autor, convertirnos en personas justas y moderadas?

2. ¿Cree Aristóteles que se puede cambiar la personalidad de alguna manera? Explica tu respuesta.

2. La ley y la moral

2.1. ¿Quién ordena lo que hay que hacer?

Como hemos visto, las costumbres que tenemos influyen de manera decisiva en el tipo de persona que somos. Además, las acciones que repetimos habitualmente también pueden afectar a los demás. Por eso es tan importante aprender a controlar nuestro comportamiento, reflexionando acerca de lo que hacemos o dejamos de hacer. Este es el ámbito en el que actúan las leyes y la moral.

Las leyes sirven para regular la conducta de las personas y para hacer posible la convivencia. Las leyes nos indican cuáles son nuestras obligaciones, señalando claramente las cosas que podemos y no podemos hacer en nuestro trato con los demás. Se trata de **normas elaboradas por la sociedad, pero que tienen carácter obligatorio** para todos los individuos. Por eso, si no cumplimos las leyes podemos ser castigados. En una determinada sociedad, la ley impone las mismas normas para todos.

Las **leyes** son normas de comportamiento, dictadas por la sociedad. Si no las cumplimos, podemos ser sancionados.

Las normas legales son de origen social. Tienen carácter coercitivo, pues si no cumplimos las leyes nos pueden castigar. Jacobello del FIORE: Detalle de *La Justicia entre los arcángeles Miguel y Gabriel* (1421).

En cambio, **la moral está compuesta por reglas personales de conducta**. Mis normas morales hacen referencia a lo que a mí me parece que es correcto o incorrecto, de acuerdo con mis propias ideas y creencias. Cada individuo tiene sus propias normas morales, que pueden ser diferentes en distintas personas.

Las normas morales son internas, porque están dictadas por nuestra propia conciencia. Sin embargo, también podemos actuar en contra de nuestras convicciones morales más profundas. En esas ocasiones sentimos remordimiento por haber desobedecido a nuestra conciencia, aunque nadie vaya a castigarnos por lo que hemos hecho.

La **moral** está compuesta por normas **internas** de conducta, dictadas por nuestra **conciencia**. Si actuamos en contra de nuestras convicciones morales, sentimos **remordimiento**.

2.2. Autonomía y heteronomía

Para apreciar la diferencia que hay entre la ley y la moral tenemos que preguntarnos quién establece las normas. Las normas morales las ponemos nosotros mismos, de acuerdo con nuestra conciencia. Decimos que una persona es autónoma cuando ella misma crea sus propias normas de conducta. La moral está constituida por reglas autónomas, creadas por el propio individuo.

La **autonomía** es la capacidad de un individuo para elaborar por sí mismo sus propias normas de conducta.

Las normas legales, en cambio, no las hemos elaborado nosotros mismos, sino que han sido creadas por otros. Cuando una persona sigue las reglas dictadas por otros, decimos que actúa de manera heterónoma. La ley está formada por reglas heterónomas, dictadas por la sociedad.

Un individuo actúa con **heteronomía** cuando obedece las normas dictadas por otras personas.

Moral	Ley
Normas individuales de conducta.	Reglas sociales de obligado cumplimiento.
Provienen de mi propia conciencia individual.	Provienen de un acuerdo establecido por la sociedad.
Tienen carácter interno (autonomía).	Tienen carácter externo (heteronomía).
No respetar estas normas produce en nosotros arrepentimiento, pesar y remordimiento.	Si desobedecemos estas normas podemos ser castigados.

Tal vez sea útil poner algún ejemplo para aclarar la diferencia que hay entre autonomía y heteronomía. Imagina el caso de un alumno excelente, que siempre llega puntual a clase, hace sus tareas con regularidad y se esfuerza por sacar buenas notas. Suponte que preguntamos a este alumno por las razones que le llevan a ser tan trabajador y estudioso.

Este alumno quizá podría decirnos que lo hace porque eso es lo que sus padres o sus profesores esperan de él, porque si suspende lo pueden castigar. Si nos contesta de esta manera, el alumno está actuando de manera heterónoma, porque su conducta obedece a las normas que los demás le han transmitido.

Fíjate

Para comprender el significado de la palabra *autonomía*, resulta muy útil revisar los términos griegos de los que procede.

En griego, *auto* significa 'uno mismo', mientras que *nomos* quiere decir 'ley'. Por eso la autonomía hace referencia a las leyes que yo me impongo a mí mismo.

En cambio, *hetero* signfica en griego 'diferente'. Por eso la heteronomía surge cuando yo no elaboro las normas, sino que estas provienen de alguien distinto de mí.

La autonomía es una capacidad que nos permite elaborar por nosotros mismos nuestras propias normas de conducta y que se aprende ejercitándola.

Sin embargo, el alumno podría contestar de una manera muy diferente. Tal vez podría decirnos que se esfuerza porque le interesa aprender, porque cree que así tendrá un futuro mejor. En este caso, el alumno tiene un comportamiento autónomo, porque ha decidido por sí mismo lo que deseaba hacer.

2.3. Somos responsables porque somos libres

Una de las características más significativas de los seres humanos es nuestra capacidad de elegir cómo queremos actuar. A diferencia de lo que sucede con los animales, las personas podemos controlar nuestros instintos y decidir lo que queremos hacer gracias a nuestra libertad.

Pero ¿a qué nos estamos refiriendo cuando hablamos de la libertad? Para evitar confusiones, conviene distinguir entre dos sentidos diferentes de este concepto.

Por un lado, *libertad* significa 'ausencia de coacción'. Nadie puede ser libre si está amordazado o si le están apuntando con un arma. Una primera dimensión de la libertad consiste en que no haya ningún obstáculo que nos impida actuar. Esto es lo que se conoce como libertad **negativa**. La libertad negativa es una "**libertad de**", porque tenemos libertad en este sentido cuando estamos libres de presiones, amenazas y ataduras.

Tenemos **libertad negativa** cuando no hay obstáculos que nos impidan hacer lo que deseamos.

Pero para conseguir lo que deseamos no basta con la ausencia de ataduras. También hace falta que podamos proponernos nuestras propias metas y que podamos trabajar para alcanzarlas. En eso consiste la libertad positiva. La libertad positiva es una "**libertad para**", ya que consiste en que seamos libres para elegir nuestros propios objetivos. El concepto de libertad positiva se relaciona con la autonomía, puesto que solo tenemos libertad en este sentido cuando podemos realmente decidir por nosotros mismos. Nuestra libertad positiva se reduce en una situación de analfabetismo o de pobreza.

La **libertad positiva** consiste en la capacidad real de decidir con autonomía lo que queremos hacer.

Esta doble dimensión de la libertad hace que la conducta humana no pueda calcularse ni predecirse. Aunque a menudo existen factores que nos condicionan, nuestras acciones no están previamente determinadas.

Como personas, los seres humanos somos **autónomos** y **libres**.

La capacidad de elegir también nos hace responsables de nuestros actos. Ser responsable significa hacerse cargo de las decisiones que tomamos. Como somos libres de elegir, también tenemos la obligación de justificar por qué hemos elegido una cosa y no otra.

La **responsabilidad** implica responder por nuestros actos, dando explicaciones de la elección que hemos hecho y haciéndonos cargo de sus consecuencias, reparando el daño que hayamos podido causar.

Tenemos que asumir la responsabilidad de lo que hacemos de forma libre, consciente y voluntaria. Por eso es justo que nos castiguen cuando nos comportamos incorrectamente, ya que nuestra libertad siempre nos da la posibilidad de elegir. En cambio, no sería justo castigar a un león por devorar a su presa, ya que su conducta no es libre, sino instintiva.

La libertad negativa, entendida como ausencia de coacción, es distinta de la libertad positiva, que consiste en la capacidad de elegir autónomamente.

LIBERTAD NEGATIVA Y LIBERTAD POSITIVA

La respuesta a la pregunta *quién me gobierna* es lógicamente diferente de la pregunta *en qué medida interviene en mí el Gobierno*. En esta diferencia es en lo que consiste en último término el gran contraste que hay entre los dos conceptos de libertad negativa y libertad positiva. El sentido "positivo" de la libertad sale a relucir, no si intentamos responder a la pregunta *qué soy libre de hacer o de ser*, sino si intentamos responder a *por quién estoy gobernado* o *quién tiene que decir lo que yo tengo y lo que no tengo que ser o hacer*. [...]

El sentido "positivo" de la palabra *libertad* se deriva del deseo por parte del individuo de ser su propio dueño. Quiero que mi vida y mis decisiones dependan de mí mismo, y no de fuerzas exteriores, sean estas del tipo que sean. Quiero ser el instrumento de mí mismo y no de los actos de voluntad de otros hombres. Quiero ser sujeto, no objeto, ser movido por razones y por propósitos conscientes que son míos, y no por causas que me afectan, por así decirlo, desde fuera.

Isaiah BERLIN: *Dos conceptos de libertad*.

3. Según el autor, ¿qué diferencia hay entre los conceptos de libertad negativa y libertad positiva?

4. ¿Cuál de estos dos sentidos está relacionado con el concepto de autonomía? ¿Cómo aparece esta idea en el texto? Explica tu respuesta.

3. La conciencia y los valores

3.1. La voz de la conciencia

Al hablar de las normas morales hemos comentado que se trata de reglas de conducta dictadas por la conciencia. Pero ¿en qué consiste la conciencia?

La palabra *conciencia* puede tener dos significados muy diferentes, que conviene distinguir con claridad. Por una parte, puede tratarse de la **conciencia intelectual**, que está relacionada con el conocimiento. En este sentido, la conciencia es la capacidad de reflexionar sobre nuestros propios procesos mentales. La conciencia intelectual nos sirve para pensar y para darnos cuenta de que estamos pensando.

Sin embargo, en esta unidad nos estamos interesando por el sentido ético de la palabra *conciencia*. Se trata de la **conciencia moral**, que es la capacidad humana de distinguir lo que está bien y lo que está mal. La conciencia moral es la fuente de nuestras normas morales de conducta. También es ella el origen de los sentimientos de arrepentimiento y remordimiento cuando actuamos en contra de nuestras propias reglas morales de comportamiento.

La **conciencia moral** es la capacidad que tenemos los seres humanos de distinguir el bien y el mal.

Nuestra conciencia es como un mandato interior que a la hora de actuar nos recuerda lo que tenemos que hacer y lo que debemos evitar. Por eso algunos filósofos han comparado la conciencia con una voz interior, como si siempre hubiera a nuestro lado un genio aconsejándonos sobre la conducta que debemos seguir.

La conciencia moral se desarrolla en varias etapas a lo largo de la vida del individuo.

EL *DAIMON* SOCRÁTICO

Hay junto a mí algo divino y demónico; [...] Está conmigo desde niño, toma forma de voz y, cuando se manifiesta, siempre me disuade de lo que voy a hacer, jamás me incita.

PLATÓN: *Apología de Sócrates.*

5. ¿A qué se refiere Sócrates cuando habla en este texto de una "voz" que lo disuade de lo que va a hacer?

3.2. Las etapas del desarrollo moral

¿De dónde proviene la conciencia moral? ¿Se desarrolla la conciencia en todos los seres humanos por igual? ¿Cómo evoluciona a lo largo de la vida de una persona?

A lo largo de la historia se han propuesto diferentes respuestas para estas preguntas. Algunos filósofos piensan que la conciencia moral es un rasgo innato y común a todas las personas. De acuerdo con esta teoría, la capacidad de discernir el bien del mal es una característica específicamente humana, que nos distingue claramente de los demás animales.

Sin embargo, otros pensadores consideran que la conciencia moral tiene una dimensión adquirida. Según esta perspectiva, nuestros juicios sobre lo que está bien o mal son aprendidos. Tanto nuestra familia como la sociedad en que vivimos nos transmiten su particular valoración de lo que es correcto o incorrecto. Desde la infancia, el individuo va incorporando las normas morales aceptadas en su entorno a su propia conciencia moral.

La psicología evolutiva ha tratado de aclarar esta controversia estudiando el modo en que la conciencia moral se desarrolla a lo largo de la vida. A comienzos del siglo XX, el psicólogo **Jean Piaget** llevó a cabo una serie de investigaciones sobre este tema, y distinguió dos etapas distintas en el desarrollo moral individual.

Según Piaget, hay una etapa, en torno a los 10-11 años de edad, en la que las valoraciones morales de las personas cambian de forma muy significativa. Los niños menores de 10 años tienden a considerar que las reglas se basan en lo que ordenan los adultos, y que son rígidas e inmutables. Las personas mayores de esa edad, por el contrario, creen que las reglas se pueden cambiar si

@ Para ampliar en la Red...

La teoría del desarrollo moral:
www.tiching.com/685974

todo el mundo está de acuerdo, porque comprenden que las normas son instrumentos para la convivencia, y no mandatos inflexibles.

Lawrence Kohlberg amplió estos estudios, diferenciando tres etapas y seis niveles distintos en el proceso de **evolución moral de la persona**.

Según Kohlberg, la primera etapa del desarrollo moral se caracteriza por el individualismo y la heteronomía. A edades tempranas, los niños creen que lo correcto es lo que los adultos ordenan y lo que les beneficia. Cuando alcanzan un segundo nivel, consideran que el comportamiento debe adecuarse a las reglas aceptadas por el grupo al que pertenecen. En la tercera y última etapa de desarrollo, comienzan a basar los juicios morales en el respeto a los derechos de las personas y en el reconocimiento de la dignidad que tienen todos los seres humanos.

3.3. Los valores

La conciencia está íntimamente relacionada con la capacidad que tenemos los seres humanos de apreciar los valores morales. El filósofo alemán **Max Scheler** concedió gran importancia al estudio de los **valores**, que para él constituían el núcleo mismo de la ética. La teoría ética de Scheler es **axiológica***, porque se centra en estudiar los valores morales y el modo en que estos influyen en la acción humana.

Un **valor** es algo que estimamos porque nos parece importante.

Distintos tipos de valores

En nuestra vida hay muchas cosas que consideramos valiosas. Por eso podemos distinguir muchos tipos distintos de valores. Algunos valores son instrumentales, porque están relacionados con la utilización de algún medio para alcanzar un fin. La eficiencia, la eficacia o la utilidad son algunos ejemplos de valores **utilitarios**, porque se trata de características que apreciamos en este sentido. Pero también hay valores **vitales**, como la salud, la fortaleza física o el bienestar corporal. La verdad, el rigor, la precisión o la exactitud están entre los más importantes valores **científicos**. Entre los valores **estéticos** destacan la belleza, la armonía y la fuerza expresiva. Algunos valores **religiosos** son la santidad, lo sagrado, la trascendencia o la salvación.

Los valores éticos

Aunque hay muchas clases de valores, Scheler creía que los valores **éticos** se distinguen de todos los demás por sus especiales características. Para comprender por qué, conviene considerar algunos valores éticos concretos, como son la sinceridad, la bondad, la valentía, la prudencia, la generosidad o la justicia.

Antonio CANOVA: *Psique reanimada por el beso del Amor* (1793).

Axiología: filosofía de los valores. La ética de Scheler es una axiología, por la gran importancia que concedió a los valores en teoría moral.

Fíjate

LAS ETAPAS DEL DESARROLLO MORAL SEGÚN KOHLBERG

- **Primer nivel: Nivel preconvencional.** En sus razonamientos morales los sujetos solo proponen planteamientos individuales, sin tener en cuenta su pertenencia a la sociedad.
  - **Etapa 1: Obediencia y miedo al castigo.** Los niños se comportan de manera heterónoma, cumpliendo las normas impuestas por los adultos. La conducta está regulada por el miedo al castigo, según unas reglas que se consideran fijas e inamovibles.
  - **Etapa 2: Individualismo.** Los niños aceptan que puede haber normas diferentes para distintas personas, pero basan sus propias reglas en el individualismo. Lo bueno es lo que me beneficia, así que puedo negociar intercambios contigo si eso me favorece.
- **Segundo nivel: Nivel convencional.** Las personas razonan considerándose miembros de una colectividad. Las normas morales se corresponden con los valores aceptados por el grupo al que se pertenece.
  - **Etapa 3: Acomodación a las expectativas interpersonales.** La actuación correcta consiste en comportarse de acuerdo con lo que se espera de uno en la familia o el grupo de amigos.
  - **Etapa 4: Mantenimiento del orden social.** Lo correcto es cumplir las normas generalmente aceptadas y obedecer las leyes para mantener el orden de la sociedad.
- **Tercer nivel: Nivel posconvencional.** Las normas morales se basan en una decisión racional y autónoma, que puede entrar en conflicto con las normas legales aceptadas en la sociedad.
  - **Etapa 5: Respeto de los derechos individuales.** La sociedad está basada en un acuerdo mediante el que se reconocen ciertos derechos que nadie puede violar. Lo correcto consiste en respetar las decisiones democráticas en las que se afirman estos derechos.
  - **Etapa 6: Afirmación de principios morales universales.** Lo correcto es actuar de forma imparcial y justa con todos los seres humanos. Nuestro comportamiento siempre debe respetar la dignidad de las demás personas.

Si te fijas bien, te darás cuenta de que nunca podemos asignar estos valores a una cosa. Esto distingue a los valores morales de los demás tipos de valores.

Los valores éticos solo adquieren sentido cuando los referimos al **comportamiento** de las personas.

Si estamos hablando de una piedra, una escultura o una teoría científica, se puede decir de ellas que son útiles o bellas. Pero nunca pueden ser justas ni moralmente buenas. Lo único que puede ser justo o moralmente bueno es una acción humana.

Pero esto no es todo. Scheler señalaba además que los valores éticos se nos presentan con unos rasgos especialmente significativos. Al pensar en valores como la justicia o el bien, estos conceptos se nos aparecen como incondicionales, universales y necesarios.

Las personas interpretamos los valores éticos como **incondicionales**, **universales** y **necesarios**.

Para entender lo que esto significa, piensa en lo que ocurre cuando ves una injusticia. Cuando decimos que una acción es injusta, no estamos simplemente afirmando que a nosotros nos parezca injusta. Lo que queremos realmente decir es que se trata de algo objetivamente injusto, y que así debería parecérselo a cualquier persona imparcial.

Escalas de valores

Según Max Scheler, todos los valores son **polares**. Esto quiere decir que los valores pueden ser positivos o negativos, porque para cada valor siempre es posible encontrar su correspondiente contravalor. Así, por ejemplo, frente al valor de la belleza está el contravalor de la fealdad, o frente al valor de la justicia el contravalor de la injusticia.

Además, los valores están **jerarquizados**. Esto significa que no todos los valores son igual de importantes. Para Scheler existe una **escala de valores**, en la que se pueden distinguir valores más importantes y valores menos importantes. Lo que ocurre cuando nos enfrentamos a una decisión difícil es que vivimos una contradicción entre distintos valores incompatibles. Así que la clave de la acción moral es, para Scheler, ser capaces de elegir adecuadamente priorizando los valores más importantes y relegando los menos significativos.

La vida de Gandhi (1869-1948) se ha considerado un modelo de existencia orientada por valores morales.

Protagonistas de la filosofía

MAX SCHELER (1874-1928)

El filósofo alemán Max Scheler destacó por sus estudios sobre la religión, aunque es más conocido por su estudio de los valores. La axiología de Scheler considera que los valores son el fundamento de la ética. Según Scheler, los valores son objetivos e independientes de nosotros, y las personas podemos captarlos de forma intuitiva gracias a nuestra facultad valorativa. De esta manera podemos apreciar que a cada valor le corresponde un contravalor, como sucede con la belleza y la fealdad, o con la bondad y la maldad.

Los valores, de acuerdo con Scheler, están ordenados en una jerarquía. Los menos importantes son los valores sensibles, como lo agradable o lo desagradable. Después están los valores vitales, como la salud o la enfermedad. En tercer lugar están los valores espirituales, que pueden ser estéticos, jurídicos o intelectuales. Los valores superiores, según Scheler, son los religiosos, como la oposición entre lo sagrado y lo profano.

Max Scheler fue, además, uno de los primeros filósofos en advertir de los peligros que podría acarrear para Alemania el triunfo del nazismo, años antes de que ese temor se convirtiera en realidad.

@ Para ampliar en la Red...

Los valores: www.tiching.com/685975

Párate a pensar

Recapitula

1. ¿Tu forma de ser tiene un origen genético o se trata de algo adquirido? Explica tu respuesta.

2. ¿En qué consisten las virtudes? ¿Y los vicios? Aclara tu respuesta indicando tres ejemplos de virtudes y tres ejemplos de vicios que creas que te caracterizan.

3. Completa la siguiente tabla en la que se comparan las normas legales con las normas morales.

	Normas legales	Normas morales
¿Quién elabora las normas?	···	···
¿Qué sucede si no las obedecemos?	···	···
¿Se trata de normas internas o externas?	···	···
Cuando seguimos estas normas, ¿actuamos de forma autónoma o heterónoma?	···	···
Ejemplos de reglas de uno y otro tipo	···	···

4. ¿Qué diferencia hay entre la libertad negativa y la libertad positiva? ¿Cuál de ellas se corresponde con la "libertad de" y cuál con la "libertad para"? Pon algún ejemplo concreto.

5. ¿Por qué suele decirse que la libertad supone una responsabilidad? ¿Qué queremos decir cuando afirmamos que somos responsables de nuestros actos?

6. ¿En qué consiste la conciencia moral? ¿Qué perspectivas existen acerca del origen de la conciencia moral?

7. ¿Cómo definirías tú lo que es un valor ético? De acuerdo con la teoría de Scheler, ¿en qué se distinguen los valores éticos de los demás tipos de valores?

Construye el concepto

8. Las normas dictadas por la ley no siempre coinciden con nuestras reglas morales individuales. A veces la ley y la moral entran en conflicto, porque ordenan cosas distintas. Eso es lo que sucede cuando pensamos que una ley es injusta, porque nos parece que va en contra de nuestras normas morales.

   a) ¿Podrías poner algún ejemplo en el que se aprecie este conflicto entre lo que indican las leyes y lo que dicta nuestra conciencia? ¿Cómo crees que habría que actuar en esas ocasiones?

   b) ¿Debemos cumplir siempre las leyes, aunque nos parezcan injustas? ¿Debemos siempre obedecer nuestras normas morales, aunque vayan contra la ley? Explica tu respuesta.

Trabaja con textos

9. Lee el texto y contesta las preguntas:

—¿Quién me llama? —dijo Pinocho muy asustado.

—Soy yo.

Pinocho se volvió y vio un enorme grillo que subía lentamente por la pared.

—Dime, grillo, y tú, ¿quién eres?

—Soy el Grillo-parlante y vivo en esta habitación desde hace más de cien años.

—Pues hoy esta habitación es mía —dijo el muñeco— y, si quieres hacerme un favor, vete en seguida, y rápido.

—No me iré de aquí —respondió el Grillo— sin decirte antes una gran verdad.

—Dímela y pronto.

—¡Ay de los niños que se rebelan contra sus padres y abandonan caprichosamente la casa paterna! No conseguirán nada bueno en este mundo, y, tarde o temprano, tendrán que arrepentirse amargamente.

Carlo COLLODI: *Las aventuras de Pinocho.*

   a) ¿Qué representa el grillo que se le aparece a Pinocho? ¿Por qué crees que Pinocho trata de echarlo de la habitación?

Resuelve el dilema

10. El siguiente fragmento es uno de los dilemas que Kohlberg empleó en su investigación sobre las etapas del desarrollo moral. Léelo con atención y trata de responder de forma clara y sincera a la pregunta del final.

En Europa, una mujer estaba a punto de morir de un tipo especial de cáncer. Había un medicamento que los médicos pensaban que podría salvarla. Era una sustancia nueva que un farmacéutico de la misma ciudad había descubierto recientemente. Resultaba caro fabricar este medicamento, pero el farmacéutico cobraba por ella diez veces más de lo que le costaba producirla. Por una dosis, que a él le suponía invertir 200 dólares, el farmacéutico pedía 2000.

El esposo de la mujer enferma, Heinz, pidió dinero prestado a todos los que conocía, pero solo pudo reunir unos 1000 dólares, que es la mitad de lo que costaba la medicina. Le dijo al farmacéutico que su esposa se estaba muriendo y le pidió que se lo vendiera más barato o que le dejase pagar más tarde. Pero el farmacéutico le dijo: "No, yo descubrí el medicamento y voy a hacer dinero con él." Así que Heinz, desesperado, decidió entrar por la noche en el almacén del hombre para robar la medicina que necesitaba su esposa.

¿Hizo Heinz lo correcto?

   a) Compara tu respuesta con las etapas del desarrollo de la conciencia moral descritas por Kohlberg. ¿A qué fase del desarrollo moral crees que corresponde tu contestación? Justifica tu respuesta.

Pregúntate

11. Los antiguos griegos, que valoraban mucho la labor de los poetas, solían expresar sus creencias recitando versos célebres. Una de estas famosas frases, escrita originalmente por el poeta Píndaro, decía lo siguiente: "Llega a ser quien eres".

   a) ¿Qué relación crees que tiene la célebre frase con lo visto en esta sección? ¿Cómo es posible que alguien llegue a convertirse en la persona que realmente es?

   b) ¿Quiere eso decir que las personas no siempre nos comportamos de acuerdo con lo que somos de verdad?

II. Introducción a la ética

4. ¿De qué se ocupa la ética?

Hemos visto que la **moral** está formada por un conjunto de normas individuales de conducta, que pueden variar de una persona a otra. La moral tiene que ver con lo que nos parece correcto o incorrecto. La **ética**, en cambio, es una parte de la filosofía que se hace preguntas acerca de la moral.

La ética se ocupa de la **reflexión filosófica** sobre la moral.

Cuando alguien nos explica cuál es, según su opinión, un buen o mal comportamiento, lo que hace es hablarnos de su moral individual. Sin embargo, si a esta persona le pedimos que nos explique las razones en las que se basa para sostener esas ideas, entonces entramos en el terreno de la ética.

La ética se pregunta por qué ciertas cosas son buenas o son malas, tratando de encontrar el fundamento de nuestros juicios morales. Por eso la ética es una parte de la filosofía, ya que trata de encontrar respuestas racionales sobre las preguntas que surgen al cuestionarnos la moral.

Fíjate

La palabra *moral* procede del latín, de la palabra *mos-moris*, que significa 'costumbre'. La palabra *ética*, en cambio, proviene del griego. En griego, *êthos* significa 'carácter', aunque esta palabra a su vez procede del término *éthos*, que quiere decir 'hábito' o 'costumbre'.

5. Distintas perspectivas sobre la ética

5.1. La controversia acerca de la ética

La ética es una disciplina con una importante dimensión práctica. Las cuestiones éticas tienen una relación directa con lo que nos parece que debe hacerse o evitarse. Por eso la ética siempre ha sido un campo muy controvertido, en el que se han propuesto teorías muy distintas que a menudo se contradicen entre sí.

A lo largo del tiempo los filósofos han mantenido posiciones enfrentadas en torno a los principales problemas éticos. Esta disputa se extiende a múltiples aspectos de la ética, porque tiene que ver con su base, su contenido, su validez y su fundamento. En su reflexión acerca de la moral, los pensadores no han logrado ponerse de acuerdo sobre ninguno de estos aspectos.

5.2. ¿En qué debe basarse la ética?

El debate en torno a la base de la ética ha dividido a los filósofos durante siglos. La disputa surge al tratar de responder la siguiente pregunta: ¿En qué se basan nuestros juicios morales?

LA ÉTICA Y EL CARÁCTER

Es la acepción más usual del vocablo *êthos* la que, según toda la tradición filosófica a partir de Aristóteles, atañe directamente a la ética. Según ella significa 'modo de ser' o 'carácter' [...]

Retengamos esta palabra, *carácter*. Carácter, pero no en el sentido biológico de 'temperamento' dado con las estructuras psicológicas, sino en el modo de ser o forma de vida que se va adquiriendo, apropiando, incorporando a lo largo de la existencia. ¿Cómo se produce esa apropiación? [...] La etimología nos guía: *êthos* deriva de *éthos*, lo cual quiere decir que el carácter se logra mediante el hábito, que el *êthos* no es, como el *páthos*, dado por naturaleza, sino adquirido por hábito (virtud o vicio). Pero no por eso tiene menos realidad, y de ahí la enérgica y usual expresión "segunda naturaleza".

José Luis LÓPEZ ARANGUREN: *Ética*.

6. ¿Qué es lo que significa el término *êthos* en griego? ¿Y el vocablo *éthos*? ¿Qué diferencia hay entre estos dos términos cuando se escriben usando las letras del alfabeto griego?

7. ¿Qué es lo que quiere decir el autor cuando afirma que "el carácter se logra mediante el hábito"? ¿Qué relación tiene esto con la ética?

8. ¿Qué significado tiene la palabra *páthos*? ¿Por qué dice el autor que "el *éthos* no es, como el *páthos*, dado por naturaleza"?

Según el intelectualismo moral, la ética se basa en la razón. Fotograma de *Confucio* (2010), de HU Mei.

Algunos autores creen que la razón es la base de la moral. Según estos filósofos, para saber lo que está bien y lo que está mal lo que tenemos que hacer es usar la inteligencia. La ética es una cuestión racional, íntimamente ligada al conocimiento, aunque se trata de una racionalidad práctica, y no teórica, ya que tiene que ver con las acciones que llevamos a cabo y que pueden afectar a los demás. Esta posición se denomina **intelectualismo moral**. Sócrates, Platón y Kant son ejemplos de filósofos que han defendido el intelectualismo en ética.

El **intelectualismo moral** es la teoría según la cual la base de los juicios morales está en la razón.

La posición opuesta es el **emotivismo moral**. Para los emotivistas, la base de nuestros juicios morales no está en la razón, sino en los sentimientos. Son nuestros sentimientos y nuestras emociones las que nos ayudan a determinar lo que es bueno y lo que es malo. Cuando decimos que una acción es incorrecta y que por eso debemos evitarla, en realidad lo que estamos expresando es la sensación de rechazo que ese comportamiento nos provoca. De acuerdo con estos autores, la moral no tiene que ver con la razón, porque en ocasiones puede ser muy racional actuar de manera inmoral, por ejemplo cuando podemos obtener un beneficio por ello.

El emotivismo moral afirma que los juicios morales no se basan en la razón, sino en los **sentimientos**.

5.3. ¿Cuál es el contenido de la ética?

Todos los filósofos aceptan que la ética es una reflexión filosófica sobre la moral. Las discrepancias surgen cuando se plantea la cuestión del contenido específico del que debe ocuparse esta disciplina.

Algunos autores piensan que la tarea de la ética consiste en encontrar cuáles son los fines a los que debemos aspirar los seres humanos. De acuerdo con esta visión la ética tiene un contenido **material**, porque se ocupa de algo concreto, como determinar los bienes que debemos perseguir o el tipo de vida que debemos tratar de alcanzar.

El filósofo **Epicuro** (ss. IV-III a.C.) nos proporciona un buen ejemplo de esta visión de la ética, centrada en un contenido material concreto. Según Epicuro, la ética debe orientarnos para alcanzar la felicidad, que se obtiene buscando el placer y evitando el dolor. Así pues, el contenido de la ética es la búsqueda de un propósito determinado, que en este caso es el placer.

Otros autores creen, por el contrario, que la ética no debe proponernos ningún contenido material concreto. Hacerlo significaría limitar la libertad del individuo, que debe tener total autonomía para proponerse él mismo los fines que le parezcan más apropiados. Así que la ética no puede ocuparse de la materia de los juicios morales, sino únicamente de su forma. Eso quiere decir que la ética no nos debe decir lo que tenemos que hacer. Tan solo puede aspirar a decirnos cuál es **la forma** que deben tener las normas que nosotros mismos elijamos de acuerdo con nuestros propios fines. Kant es un buen ejemplo de esta visión, porque propuso una ética formal que carece por completo de contenido material específico.

Algunos autores creen que la ética debe ocuparse de un **contenido material** concreto, indicándonos los fines que debemos perseguir con nuestras acciones. Otros, en cambio, piensan que la ética solo debe centrarse en los **aspectos formales** de la acción moral.

¿SE BASA LA ÉTICA EN LA RAZÓN?

Cuando la pasión ni se halla fundada en falsos supuestos ni escoge medios insuficientes para su fin, el entendimiento no puede ni justificarla ni condenarla. No es contrario a la razón preferir la destrucción del mundo entero al arañazo de mi dedo. No es contrario a la razón, para mí, preferir mi total ruina para evitar el menor sufrimiento a un indio o a un hombre totalmente desconocido. Tampoco es contrario a la razón el preferir lo mío, aunque reconocido como menos bueno, a lo que es mejor y experimentar una más ardiente afección por lo primero que por lo último.

David HUME: *Tratado de la naturaleza humana.*

9. ¿Por qué afirma el autor que el entendimiento no puede justificar ni condenar la pasión?

10. ¿Es Hume un intelectualista moral o un emotivista moral? Explica tu respuesta.

@ Para ampliar en la Red...

Problemas éticos: www.tiching.com/685976

Para Epicuro la ética tenía un contenido material, que era la búsqueda del placer.

sofistas relativistas, todos los demás Universalistas: Sócrates, Platón, Kant.

5.4. ¿Hay reglas morales que sean válidas para todos?

Cuando se comparan las formas de vida de distintos pueblos y diferentes épocas históricas, se aprecia que las normas morales son muy variables. Algunas cosas que en una sociedad determinada se consideran positivas pueden merecer rechazo o castigo en otros lugares. ¿Existen a pesar de esto algunas normas morales que sean válidas para todo el mundo?

Algunos filósofos consideran que sí es posible encontrar algunas reglas universales que se aplican a los seres humanos por igual. Según este punto de vista, existen ciertas normas básicas de gran importancia que tienen validez para todas las personas, en todas partes y en todas las épocas. El asesinato, el incesto o la mentira, por ejemplo, son acciones que todos los pueblos del mundo rechazan, por lo que pueden considerarse universales.

Esta visión se denomina **universalismo moral**, porque defiende la existencia de ciertas normas morales universales. Platón era un filósofo universalista, porque insistía en que lo que es verdaderamente bueno y correcto debe serlo por igual para todas las personas.

Según el universalismo moral, hay una serie de **normas morales básicas** que son válidas para todas las personas, en todas las épocas y todos los lugares del mundo.

La interpretación opuesta es el **relativismo moral**. Los filósofos relativistas no creen que puedan encontrarse reglas morales universalmente válidas. Cada sociedad (e incluso cada persona) tiene sus propias normas morales, que pueden ser diferentes de las de los demás.

De acuerdo con esta visión, no existe ningún criterio universalmente válido para determinar lo que es correcto para todo el mundo. Lo bueno y lo malo dependen del punto de vista y de los valores aceptados en cada momento y en cada lugar. En la Grecia antigua, los sofistas eran relativistas, y por este motivo Platón, que no compartía esta teoría, mantuvo una acalorada disputa con ellos.

El relativismo moral afirma que todas **las reglas y los valores morales dependen de la situación**. Para los relativistas no es posible encontrar ninguna regla moral universal.

LA MEDIDA DE TODAS LAS COSAS

[Protágoras] afirmó que el hombre es medida de todas las cosas, que es como decir que lo que opina cada uno es la pura verdad; pues, si es así, resulta que la misma cosa es y no es, y es mala y es buena, y así lo demás que se dice en los juicios contradictorios, ya que muchas veces a unos les parece que una cosa determinada es hermosa y a otros lo contrario, y la medida es lo que parece a cada uno.

ARISTÓTELES: *Metafísica*.

11. ¿Es la postura de Protágoras descrita aquí universalista o relativista? ¿Por qué?

12. ¿Estás de acuerdo con la afirmación de que el ser humano "es medida de todas las cosas"?

5.5. ¿Respetar los principios o pensar en las consecuencias?

Los filósofos tampoco están de acuerdo a la hora de determinar cuál debe ser el fundamento último de nuestras acciones. ¿Qué es más importante: respetar siempre unos principios básicos o tener en cuenta las consecuencias de lo que hacemos?

Algunos autores piensan que para orientar nuestro comportamiento lo principal es mantenerse siempre fieles a unos principios morales básicos. Hay ciertas acciones que siempre son malas, por lo que no debemos hacerlas nunca, independientemente de las circunstancias. A la hora de actuar, lo crucial es cumplir con nuestro deber, sin preocuparnos por lo que pueda pasar después.

Esta postura, que insiste en la importancia de cumplir nuestro deber, se denomina **deontologismo**. La palabra *deontología* proviene del griego *deon*, que significa 'deber'. La ética de Kant, por ejemplo, es deontológica, porque este filósofo insiste mucho en que nuestra conducta debe estar guiada por el cumplimiento del deber, obedeciendo siempre nuestros principios morales.

La deliberación consiste en establecer los fines, coordinar y adecuar los medios, y prever las consecuencias.

◀ Conservamos el diario que Ana Frank escribió durante los dos años que permaneció escondida hasta que fue delatada. En él encontramos la visión adolescente de los graves hechos a los que hubo de enfrentarse y que culminarían con su reclusión en un campo de concentración, donde murió a los 16 años.

Sin embargo, también hay filósofos que sostienen la posición opuesta. Para estos pensadores, a la hora de actuar debemos tener en cuenta las consecuencias de nuestros actos. Según este punto de vista, lo importante no es atenerse siempre a unos principios, sino considerar el efecto que van a tener nuestras acciones sobre los demás. Decir la verdad puede ser algo bueno en general, pero puede haber casos en los que la sinceridad puede tener terribles consecuencias.

Esta teoría se denomina **consecuencialismo**, porque hace hincapié en las consecuencias de nuestros actos. Los filósofos utilitaristas, como John Stuart Mill, eran consecuencialistas. Estos autores creían que para saber si una acción es buena o mala debemos fijarnos en las consecuencias que tiene para los demás. Según John Stuart Mill, si mi acción crea infelicidad y dolor, entonces es mala aunque se apoye en nobles y elevados principios morales.

6. Ética aplicada

6.1. La ética aquí y ahora

Como la ética es una reflexión sobre la acción práctica de las personas, su contenido tiene mucho que ver con nuestra vida diaria y con los difíciles retos que plantea la relación con los demás. La reflexión moral tiene importantes aplicaciones concretas, que se ponen claramente de manifiesto al analizar los conflictos de nuestro mundo actual.

Los problemas éticos aparecen continuamente en campos tan diversos como la investigación científica, la ecología, la medicina, la informática, las relaciones internacionales o el trato que damos a los animales. En esos casos, la ética puede ayudarnos a decidir cuál debe ser el comportamiento correcto. La ética aplicada es una rama de la ética que trata de encontrar criterios para orientar nuestras decisiones en estos terrenos tan complejos.

La **ética aplicada** trata de ofrecernos una guía para decidir cómo actuar en casos que presentan circunstancias complejas.

A veces, las situaciones que analiza la ética aplicada son casos difíciles en los que solo es posible elegir entre dos opciones distintas. Por lo general, las dos posibilidades tienen ventajas e inconvenientes, de manera que no resulta nada fácil saber qué es lo que debemos hacer. Estos casos reciben el nombre de **dilemas morales**, porque solo tienen dos salidas posibles.

Un **dilema moral** es una situación compleja en la que debemos decidir entre dos cursos de acción contradictorios.

Fíjate

¿DEBEMOS DECIR SIEMPRE LA VERDAD?

¿Sabes quién era Ana Frank? Esta chica era una joven judía alemana que vivía exiliada en Ámsterdam cuando Holanda fue invadida y ocupada por las tropas nazis. Para escapar, Ana se escondió junto con su familia gracias a la colaboración de algunos amigos.

Este caso puede servirnos para reflexionar sobre la conveniencia de decir siempre la verdad. Imagina que tú eres un amigo de Ana Frank y que la has ayudado a esconderse en tu casa. Si apareciera un policía nazi preguntándote si sabes de judíos escondidos por el barrio, ¿deberías decirle la verdad? En tu opinión, ¿qué comportamiento sería el moralmente correcto en este caso? Fíjate ahora en la respuesta que has dado. ¿Has razonado de forma deontológica o de manera consecuencialista?

▲ La dificultad de los dilemas es que si tomamos un camino, debemos abandonar el otro.

Otras veces, la ética aplicada se enfrenta a situaciones más abiertas, a las que podemos responder de muchas maneras distintas. Estos casos se denominan **problemas morales**, y por lo general suelen estar más cercanos a las situaciones que se presentan realmente en la práctica. Por eso el estudio de los problemas morales es uno de los temas principales de los que se ocupa la ética aplicada.

Un **problema moral** es un caso difícil ante el que podemos actuar de muchas maneras diferentes.

6.2. Algunos campos de la ética aplicada

Bioética

La bioética es uno de los campos más activos de la ética aplicada. Se ocupa de analizar dilemas y problemas morales relacionados con la vida. Entre otras cosas, la bioética reflexiona sobre las situaciones complejas que se presentan en la medicina y en nuestro trato con los seres vivos.

Los problemas filosóficos relacionados con la vida son muy complejos y controvertidos. Por eso muchas de las cuestiones de las que se ocupa la bioética han sido objeto de intensos y acalorados debates. Es algo comprensible, si tenemos en cuenta que la bioética se ocupa de cuestiones como el aborto, la eutanasia, la contracepción o la clonación. ¿Cómo deberíamos actuar en estos casos? ¿Es posible saber cuál es el comportamiento correcto? ¿Se pueden encontrar criterios que nos ayuden a orientar nuestra conducta?

Para guiarnos en estas situaciones, los filósofos que se dedican a la bioética han identificado cuatro normas básicas que siempre deberían respetarse. Se trata de los principios fundamentales de la bioética, que son los siguientes:

- **Principio de autonomía**. Siempre que sea posible debemos permitir que las personas decidan por sí mismas.
- **Principio de beneficencia**. Todo lo que hagamos debe estar encaminado a hacer un bien, ayudando a los demás y favoreciendo sus intereses.
- **Principio de no maleficencia**. Nuestras actuaciones nunca deben producir daño ni perjudicar a los demás.
- **Principio de justicia**. En nuestras acciones debemos tratar de dar a cada persona lo que le corresponde, evitando un trato desigual.

El científico Ian Wilmut, jefe del equipo que obtuvo en 1996 el primer mamífero por clonación, la oveja Dolly.

EL BOTE SALVAVIDAS

El acorazado Espíritu del Norte ha recibido el impacto de un torpedo en plena sala de máquinas y está empezando a hundirse.

—¡Abandonen el barco! —grita el capitán Pedernal.

Pero son muy pocos los botes que han quedado intactos. Uno de ellos, cargado hasta los topes, consigue a duras penas alejarse del barco antes de que este se hunda del todo. En proa va el capitán Pedernal. Las grises y gélidas aguas del Atlántico, que rodean el bote, rebosan de voces que piden desesperadas que se las salve.

Pero, ante la cruda certeza de que el pequeño bote corre el riesgo de volcar, poniendo en peligro la vida de los que ya se hallan a bordo... ¿habría que recoger más marineros para salvarlos?

Martin COHEN: *101 dilemas éticos.*

13. ¿Qué crees que deberíamos hacer en una situación como esta?

14. ¿Se trata de un dilema moral o de un problema moral? ¿Por qué?

@ Para ampliar en la Red...

Centros de investigación de bioética en España: www.ticing.com/685977

Aunque estos principios parecen claros y evidentes, aplicarlos en la práctica puede resultar muy complicado. Puede suceder que dos de estos principios sean contradictorios, como cuando beneficiar a una persona supone perjudicar a otra. En esas situaciones no resulta fácil decidir lo que hacer.

Por eso, en las situaciones complejas que se presentan en la práctica, puede ser útil crear grupos de personas para reflexionar conjuntamente y orientar nuestras elecciones. Estos **comités de bioética** están formados por científicos, filósofos y expertos, pero también deben incluir a representantes de las personas afectadas por la decisión que hay que tomar. De este modo es posible conocer las distintas perspectivas que se presentan ante la situación para poder elegir lo que debe hacerse de una manera más justa y equilibrada.

Ética ambiental

En las últimas décadas, el desarrollo económico y la creciente presión sobre los recursos naturales han tenido un importante efecto sobre nuestro planeta. La ética ambiental se ocupa de estas cuestiones, analizando el modo en que nuestra conducta repercute sobre la naturaleza y sobre el medioambiente. Se trata de temas morales, porque el bienestar de los seres humanos depende de la salud del planeta Tierra. Nuestro comportamiento en relación con la naturaleza tiene una dimensión ética, porque está destruyendo el equilibrio natural y empobreciendo el lugar en que vivimos.

▲
La ética ambiental estudia la dimensión moral de nuestra relación con el medioambiente.

Los planteamientos de la ética ambiental nos invitan a pensar en las consecuencias que tiene nuestra forma de vida sobre el sistema ecológico. Entre otros temas, la ética ambiental se ocupa de cuestiones como el calentamiento global, la contaminación, la sobreexplotación de los recursos naturales, la desertización, etc.

Las teorías éticas formuladas a lo largo de la historia siempre han insistido en recordarnos nuestra responsabilidad con los demás. Nuestro comportamiento tiene repercusiones para otras personas, así que debemos pensar en cómo lo que hacemos puede afectar a los demás. Pero según el filósofo **Hans Jonas**, esta responsabilidad no solo afecta a quienes conviven con nosotros, sino que también debe extenderse a las **generaciones futuras**.

Lo que hacemos hoy puede tener consecuencias para las personas que vivan en la Tierra después de nosotros. Por eso, las actividades que desarrollamos deben tener en cuenta su repercusión sobre el medio natural. Antes de emprender una actividad, deberíamos pensar en cómo puede afectar a nuestro planeta y a sus futuros habitantes. En esto consiste el **principio de responsabilidad**, que puede formularse del siguiente modo: "Actúa de manera que tus acciones permitan la permanencia de una vida humana auténtica sobre nuestro planeta".

Ética profesional

La ética profesional reflexiona acerca del comportamiento que deberían seguir los trabajadores en el ejercicio de sus funciones. Actuar moralmente en el trabajo es especialmente importante cuando lo que hacemos tiene gran influencia en la vida de los demás. Esto es lo que sucede en algunas profesiones como la medicina, el periodismo, la política, la administración de justicia o el cuidado de personas dependientes.

Para regular el correcto comportamiento en estos ámbitos, y para evitar conductas inadecuadas, pueden elaborarse reglas específicas a las que se conoce como **códigos deontológicos**. Un código deontológico es un conjunto de normas que indican a los profesionales de un campo concreto cuáles son los deberes que deben cumplir en el ejercicio de su profesión.

EL PRINCIPIO DE RESPONSABILIDAD

Un imperativo que se adecuara al nuevo tipo de acciones humanas y estuviera dirigido al nuevo tipo de sujetos de la acción diría algo así como: "Obra de tal modo que los efectos de tu acción sean compatibles con la permanencia de una vida humana auténtica en la Tierra"; o, expresado negativamente: "Obra de tal modo que los efectos de tu acción no sean destructivos para la futura posibilidad de esa vida"; o, simplemente: "No pongas en peligro las condiciones de la continuidad indefinida de la humanidad en la Tierra"; o, formulado, una vez más, positivamente: "Incluye en tu elección presente, como objeto también de tu querer, la futura integridad del hombre".

Hans JONAS: *El principio de responsabilidad.*

15. ¿Cuál de las cuatro formulaciones te parece mejor? ¿Por qué?

16. Pon dos ejemplos de acciones tuyas en las que se pueda aplicar este principio.

El juramento hipocrático que hacen los médicos cuando son admitidos dentro de su profesión es un célebre ejemplo de código deontológico. Otro ejemplo es la ética periodística, que prescribe la veracidad y exactitud en las noticias, acudiendo a las fuentes, corrigiendo los errores y no difundiendo rumores infundados. Del mismo modo, existen códigos de este tipo para muchas otras profesiones.

Ética empresarial

La actuación de las empresas tiene una relevante dimensión ética, puesto que sus prácticas laborales, económicas y medioambientales influyen directamente en la vida de muchas personas. La ética empresarial reflexiona sobre los distintos problemas morales que pueden presentarse en el mundo de los negocios, ofreciendo pautas y criterios para orientar las decisiones empresariales.

Las empresas son cada vez más conscientes de la repercusión que tienen sus actividades en la sociedad y el medioambiente. Muchas han desarrollado códigos de conducta para regular la actuación de sus empleados y directivos. Estas normas sirven de guía en campos tan diversos como la contratación y el despido de los trabajadores, el impacto medioambiental de la empresa o las relaciones con proveedores y clientes.

A veces las empresas se refieren a la **responsabilidad social corporativa** para suscitar esta reflexión ética. Este concepto alude a la necesidad que tienen las empresas modernas de asumir las consecuencias que tiene su actividad y de comprometerse en la mejora ambiental y social.

Ética de las comunicaciones y la informática

El desarrollo de las tecnologías de la información y de la comunicación ha influido decisivamente en nuestras vidas y ha modificado el modo en que nos relacionamos con los demás. Algunas prácticas que hace unos años eran impensables son hoy en día algo cotidiano y habitual.

Aunque estos avances nos han proporcionado muchas ventajas, también han creado situaciones complejas que suscitan situaciones moralmente problemáticas. Piensa, por ejemplo, en los problemas asociados a la privacidad en Internet, a la piratería digital o al espionaje informático. En relación con estos temas ha surgido un campo muy activo de investigación ética, que trata de ofrecernos criterios prácticos para orientar nuestra conducta en el mundo de las nuevas tecnologías.

El "caso *Wikileaks*" fue un hito en las implicaciones éticas y políticas de la informática. En la fotografía, el fundador de *Wikileaks* refugiado en la embajada de Ecuador en Londres.

Fíjate

EL JURAMENTO HIPOCRÁTICO

(según la versión de la Declaración de Ginebra de 1948)

En el momento de ser admitido entre los miembros de la profesión médica, me comprometo solemnemente a consagrar mi vida al servicio de la humanidad. Conservaré a mis maestros el respeto y el reconocimiento del que son acreedores. Desempeñaré mi arte con conciencia y dignidad. La salud y la vida del enfermo serán las primeras de mis preocupaciones. Respetaré el secreto de quien haya confiado en mí. Mantendré, en todas las medidas de mi medio, el honor y las nobles tradiciones de la profesión médica. Mis colegas serán mis hermanos. No permitiré que entre mi deber y mi enfermo vengan a interponerse consideraciones de religión, de nacionalidad, de raza, partido o clase. Tendré absoluto respeto por la vida humana. Aún bajo amenazas, no admitiré utilizar mis conocimientos médicos contra las leyes de la humanidad. Hago estas promesas solemnemente, libremente, por mi honor.

@ Para ampliar en la Red...

Ética en las redes sociales:
www.tiching.com/686376

Párate a pensar

Recapitula

1. ¿Qué diferencia existe entre la ética y la moral?

2. Completa esta tabla sobre algunas de las perspectivas éticas.

Criterio de clasificación	Nombre de la teoría	Planteamiento de la teoría	Filósofos que la apoyan
Base de la ética	Intelectualismo moral	La ética se basa en la razón	Sócrates
Base de la ética	...	...	Hume
Contenido de la ética	Ética material	...	...
Contenido de la ética	...	...	Kant
Validez de las normas	Universalismo	...	...
Validez de las normas	...	...	Sofistas
Fundamento de nuestras acciones	...	Respetar las normas	...
Fundamento de nuestras acciones	...	Pensar en las consecuencias	...

3. ¿En qué consiste la ética aplicada? ¿Sabrías mencionar algunos de los campos en los que se divide esta disciplina?

4. ¿Cuáles son los principios básicos de la bioética? ¿Qué es lo que propone cada uno de ellos? ¿Es posible que estos principios entren en conflicto?

5. ¿En qué consiste el principio de responsabilidad propuesto por Hans Jonas? ¿Cómo crees que deberíamos actuar si nos tomásemos en serio lo que propone?

Construye el concepto

6. Define los siguientes términos filosóficos con los diccionarios propuestos (p. 1). A continuación, escribe una frase con cada uno de ellos en la que se aprecie su significado.

- consecuencialismo
- emotivismo moral
- ética material
- universalismo moral
- ética formal
- relativismo moral
- deontología
- bioética

Trabaja con textos

7. Lee el texto y contesta las preguntas:

Imaginemos que un día aterrizan en nuestro planeta seres extraterrestres, unos seres como los de la película de Hollywood *Independence Day*. Estos seres son increíblemente inteligentes y muy superiores a los seres humanos. Como el presidente americano no siempre está dispuesto a pilotar un avión de combate en un derroche de heroicidad, y como esta vez ningún genio anónimo ha paralizado el ordenador extraterrestre con virus terrestres, los alienígenas han vencido a la humanidad y la han encerrado. Comienza un régimen de terror sin precedentes. Los extraterrestres utilizan a los humanos para realizar experimentos médicos, fabrican zapatos, asientos de coche y pantallas de lámpara con su piel, y aprovechan sus pelos, huesos y dientes. Además se comen a los humanos y devoran con especial fruición a los niños pequeños y a los bebés, cuya carne es tierna y blanda.

Un ser humano al que acaban de sacar del calabozo para realizar con él un experimento médico grita a los alienígenas:

—¡Cómo podéis hacer algo así! ¿No veis que tenemos sentimientos, que nos hacéis daño? ¿Cómo podéis quitarnos a nuestros hijos para matarlos y comerlos? ¿No veis cómo sufrimos? ¿No os dais cuenta de lo crueles y bárbaros que sois? ¿No teneis compasión ni moral?

Los extraterrestres asienten con la cabeza:

—Sí, sí —dice uno de ellos—. Es posible que seamos un poco crueles. Pero tenéis que comprender que somos superiores a vosotros. Somos más inteligentes y racionales, podemos hacer muchas cosas que vosotros no podéis hacer. Somos una especie muy superior, estamos a un nivel totalmente distinto del vuestro. Comparada con la nuestra, vuestra vida vale bien poco. Además, aunque nuestra conducta no sea del todo correcta, una cosa es indiscutible: ¡vuestra carne nos sabe a gloria!

Richard David PRECHT: *¿Quién soy y... cuántos?*

a) ¿Qué opinas sobre la situación que plantea este texto? ¿Crees que el modo de actuar que tienen los extraterrestres es moralmente correcto?

b) ¿Cuál es la argumentación que ofrecen los extraterrestres para justificar su conducta? ¿Te parece que sus razones son convincentes? ¿Por qué?

c) ¿Existe alguna diferencia entre esta situación imaginaria y lo que ocurre cuando los seres humanos comemos carne? ¿Es moralmente incorrecto comer ternera, pollo, etc.? ¿Tenemos la obligación moral de ser vegetarianos? ¿Hay argumentos que justifiquen que comer carne no es algo malo?

8. Lee el texto y contesta las preguntas:

En todo sistema moral de que haya tenido noticia, hasta ahora, he podido siempre observar que el autor sigue durante cierto tiempo el modo de hablar ordinario, estableciendo la existencia de Dios o realizando observaciones sobre los quehaceres humanos, y, de pronto, me encuentro con la sorpresa de que, en vez de las cópulas habituales de las proposiciones: 'es y no es', no veo ninguna proposición que no esté conectada con un 'debe o un no debe'. Este cambio es imperceptible, pero resulta, sin embargo, de la mayor importancia. En efecto, en cuanto que este 'debe o no debe' expresa alguna nueva relación o afirmación, es necesario que esta sea observada y explicada y que al mismo tiempo se dé razón de algo que parece absolutamente inconcebible, a saber: cómo es posible que esta nueva relación se deduzca de otras totalmente diferentes. Pero como los autores no usan por lo común de esta precaución, me atreveré a recomendarla a los lectores: estoy seguro de que una pequeña reflexión sobre esto subvertiría todos los sistemas corrientes de moralidad, haciéndonos ver que la distinción entre vicio y virtud, ni está basada meramente en relaciones de objetos, ni es percibida por la razón.

David HUME: *Tratado de la naturaleza humana.*

a) ¿Está Hume defendiendo aquí una posición intelectualista o emotivista?

b) ¿Qué argumentos ofrece el autor para apoyar su posición?

Comentario de texto

Texto 1

De lo que se trata es de tomarse en serio la libertad, o sea de ser responsable. Y lo serio de la libertad es que tiene efectos indudables, que no se pueden borrar a conveniencia una vez producidos. Soy libre de comerme o no comerme el pastel que tengo delante; pero una vez que me lo he comido, ya no soy libre de tenerlo delante o no. [...] Lo serio de la libertad es que cada acto libre que hago limita mis posibilidades al elegir y realizar una de ellas. Y no vale la trampa de esperar a ver si el resultado es bueno o malo antes de asumir si soy o no su responsable. Quizá pueda engañar al observador de fuera, como pretende el niño que dice "¡yo no he sido!", pero a mí mismo nunca me puedo engañar del todo. [...]

De modo que lo que llamamos "remordimiento" no es más que el descontento que sentimos con nosotros mismos cuando hemos empleado mal la libertad, es decir, cuando la hemos utilizado en contradicción con lo que de veras queremos como seres humanos. Y ser responsable es saberse auténticamente libre, para bien y para mal: apechugar con las consecuencias de lo que hemos hecho, enmendar lo malo que pueda enmendarse y aprovechar al máximo lo bueno. A diferencia del niño malcriado y cobarde, el responsable siempre está dispuesto a responder de sus actos: "¡Sí, he sido yo!".

Fernando SAVATER: *Ética para Amador.*

Texto 2

Lo que tienen en común [las distintas caracterizaciones de la ética] es más importante que sus diferencias. Están de acuerdo en que un principio ético no se puede justificar en relación a un grupo particular o parcial dado: la ética requiere un punto de vista universal, lo cual no quiere decir que un juicio ético particular deba ser universalmente aplicable. Las causas se ven modificadas por las circunstancias, como ya hemos podido ver. Lo que quiere decir es que al hacer juicios éticos vamos más allá de lo que nos gusta o disgusta personalmente. Desde un punto de vista ético, el hecho de que sea uno el que se beneficia, por ejemplo, de una distribución más equitativa de la renta y otro el que salga perjudicado, tiene poca importancia. La ética requiere que vayamos más allá del "yo" y del "tú" en favor de la ley universal, el juicio universalizable, la postura del espectador imparcial o del observador ideal, o como decidamos denominarlo.

Peter SINGER: *Ética práctica.*

Texto 3

En el ámbito simbólico-operativo de la ética, la forma de la relación es la comunicación racional, pues en ella se objetiva la máxima reciprocidad y una igualdad intrínseca que permite todas las diversidades concretas. Los interlocutores se comunican, es decir, instituyen el reconocimiento de la autodeterminación del otro en forma de asentimiento o disentimiento; al aceptar la racionalidad lingüística, con toda su infinita riqueza de formas persuasivas y expresivas, acatan una palestra común en la que cada cual mostrará su consideración por el otro al someter sus propias opciones a consideración. [...] En resumen, *mantener una relación ética con los otros es estar siempre dispuesto a concederles la palabra y a poner en palabras lo que exigimos de ellos, lo que les ofrecemos o lo que les reprochamos.*

Fernando SAVATER:
Invitación a la ética.

Disertación filosófica

¿Existen normas morales universales?

Los universalistas morales creen que existen algunas normas morales universales, válidas para todas las personas en todos los lugares y en todas las épocas.

Estas normas podrían provenir de nuestra común naturaleza humana, codificada en nuestros genes. Tal vez el respeto de estas normas básicas, como no matar o ayudar a quienes lo necesitan, haya sido crucial en el proceso evolutivo que transformó a nuestros ancestros en auténticos seres humanos.

Frente a esta posición, los relativistas morales aseguran que no hay ninguna norma moral universalmente válida. El estudio de la gran diversidad de pueblos y culturas que han existido en nuestro planeta permite apoyar esta posición con muchos datos empíricos.

Las leyes y las normas socialmente aceptadas cambian enormemente en distintos lugares y distintos momentos. Prácticas que hoy nos parecen inaceptables e irracionales, como la esclavitud, el canibalismo o los sacrificios humanos a los dioses, han sido aceptadas durante siglos por otros pueblos.

- ¿Es posible, a pesar de esto, encontrar algunas normas universales?
- ¿O, por el contrario, tenemos que aceptar que todas las normas son relativas?
- ¿Qué consecuencias prácticas tienen estas dos posiciones?
- ¿Cómo deberíamos actuar si realmente ninguna norma es válida universalmente?
- ¿Tenemos derecho a intervenir si, por ejemplo, en un pueblo remoto se están violando normas que nos parecen fundamentales?

Conexiones filosóficas

Filosofía y ciencias de la vida

La bioética es una de las ramas más activas e interesantes de la ética aplicada. En este campo, la opinión de los científicos tiene una gran importancia. Al fin y al cabo, los científicos son los que tienen información rigurosa y veraz sobre estos temas.

- ¿No sería mejor que eligieran ellos lo que hay que hacer?
- ¿Por qué no dejamos las decisiones difíciles en manos de los médicos o de los biólogos?
- ¿Tiene la filosofía algún papel en la bioética?
- ¿Cuáles son las relaciones que debería haber entre la ciencia y la filosofía en un campo como este?
- ¿Es relevante lo que puedan pensar los interesados o afectados por la decisión?
- ¿De qué forma se podrían integrar las opiniones e intereses de todos estos actores?

Trabajo en equipo

Los grandes temas de la ética aplicada

Te proponemos realizar una investigación sobre algunos de los temas más relevantes de los que se ocupa la ética aplicada. Para empezar, dividiremos la clase en equipos de 5 alumnos.

Cada equipo elegirá un problema que tenga especial interés para la ética aplicada. Os sugerimos que tengáis en cuenta los siguientes temas:

- La ética de los negocios
- La pobreza y el hambre en el mundo
- La eutanasia
- El aborto
- El trato a los animales
- La corrupción en la política
- La responsabilidad de los periodistas

Deberéis comenzar escribiendo una lista de los principales problemas de ética aplicada que se presentan en el tema que habéis elegido.

Después, cada miembro del grupo asumirá una función diferente según cinco perspectivas distintas del problema:

- Estudio de los principios éticos que deberían respetarse.
- Análisis de las consecuencias que tienen nuestras acciones.
- Opinión de los expertos sobre el tema.
- Opinión de los implicados y afectados en el problema.
- Opinión de los grupos sociales y de la opinión pública.

a) El trabajo se desarrollará en dos etapas. En una primera etapa, los grupos se dividirán de manera que todos los especialistas en una misma perspectiva tendrán que trabajar juntos. Podréis buscar información en Internet, o consultar libros, revistas y periódicos.

b) Una vez completada esta fase, los especialistas regresarán a su grupo de referencia. Allí tendréis que tratar de encontrar conjuntamente una solución adecuada de los problemas que habíais identificado. Es importante que al elaborar la propuesta de actuación final se tomen en consideración las distintas perspectivas del problema, integrándolas todas en la medida de lo posible.

c) Para finalizar, cada grupo presentará su trabajo al resto de la clase. Tendréis que explicar en detalle cuál era el problema al que os enfrentabais y cuál es la propuesta de actuación que habéis decidido. Recordad que lo más importante es que seáis capaces de justificar con argumentos esta decisión, prestando atención a las diferentes perspectivas que existen sobre el problema.

Bibliografía

Fernando SAVATER: ***Invitación a la ética.***

Adela CORTINA: ***Ética mínima.***

José Luis LÓPEZ ARANGUREN: ***Ética.***

Martin COHEN: ***101 dilemas éticos.***

José Antonio MARINA: ***Ética para náufragos.***

Max WEBER: ***El político y el científico.***

Filmografía

Bueno (Good). Vicente AMORÍN. **Película que muestra la lenta pero imparable transformación a la que puede verse sometida una persona cuando acepta en silencio el triunfo de la injusticia.**

Mar adentro. Alejandro AMENÁBAR. **Película inspirada en la vida real de Ramón Sampedro, un marinero que, tras un accidente en su juventud, queda tetrapléjico. La película permite abordar el debate sobre la eutanasia.**

Mapa conceptual

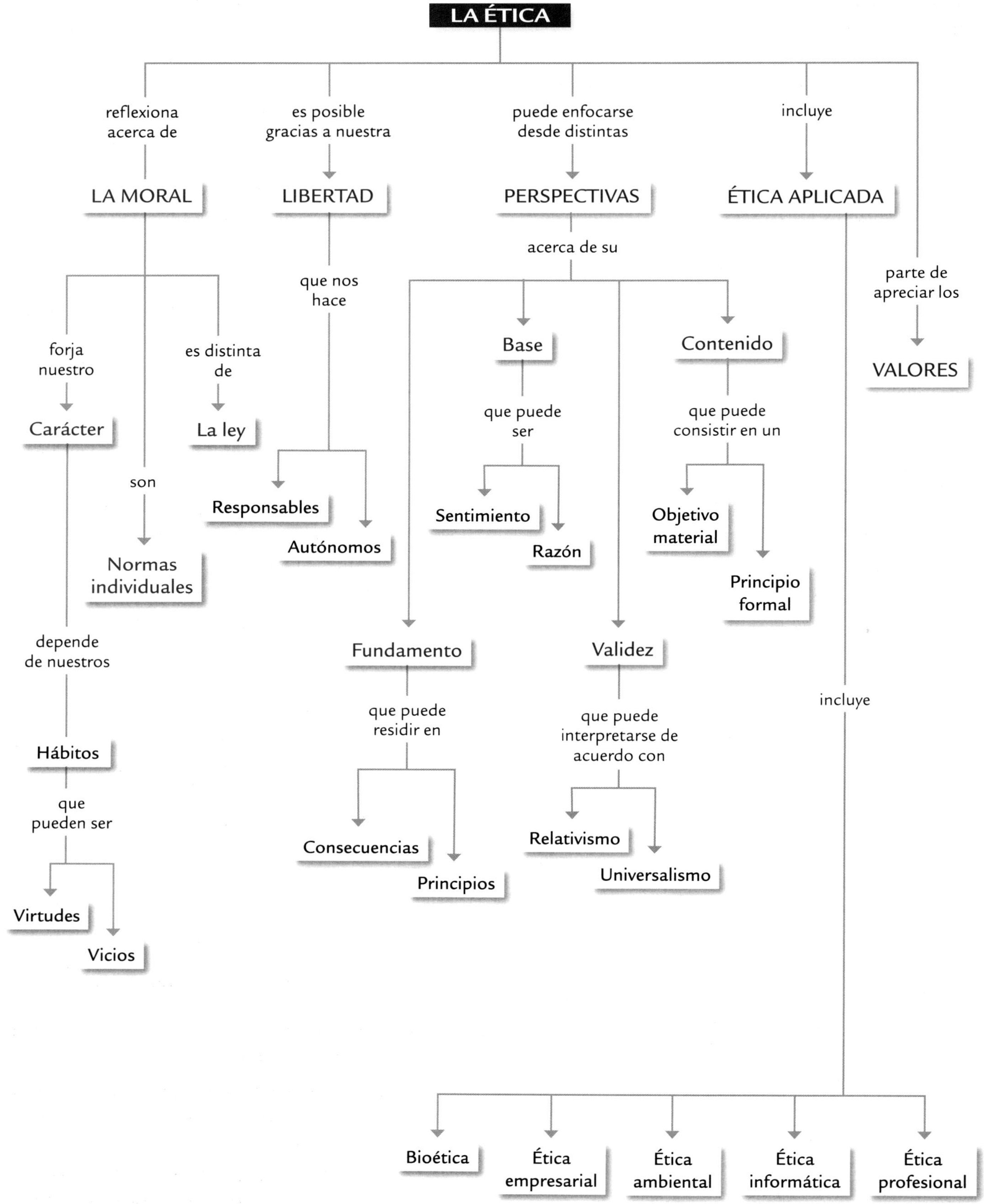

Evaluación

Elige la respuesta correcta para cada una de las siguientes preguntas. Recuerda que de todas las opciones solo una es válida.

1. **¿Qué diferencia se establece entre el temperamento y el carácter?**
   a) El temperamento es la parte adquirida de nuestra personalidad, mientras que el carácter es la parte genética de nuestra personalidad.
   b) El temperamento se construye con nuestros hábitos, mientras que el carácter se forja con las virtudes y vicios que vamos adquiriendo.
   c) El temperamento es la parte innata de nuestra personalidad, mientras que el carácter es la parte adquirida de nuestra personalidad.
   d) El temperamento es lo mismo que la personalidad, mientras que el carácter está formado por nuestras inclinaciones y tendencias naturales.

2. **¿Cuáles son los rasgos que caracterizan a la moral?**
   a) La moral es autónoma, proviene de mi conciencia y si la desobedezco puedo sentir remordimiento.
   b) La moral es heterónoma, proviene de la sociedad y si la desobedezco puedo sentir remordimiento.
   c) La moral es una reflexión teórica sobre lo que es correcto o incorrecto, por lo que se trata de una rama de la filosofía.
   d) La moral es universal, porque proviene de la sociedad y si la desobedezco puedo ser castigado.

3. **¿Cómo podemos distinguir la libertad negativa de la libertad positiva?**
   a) La libertad negativa es la que se utiliza de manera incorrecta, mientras que la libertad positiva es la que empleamos para actuar de manera adecuada.
   b) La libertad negativa es una "libertad para" mientras que la libertad positiva es una "libertad de".
   c) La libertad negativa es la capacidad de decidir de manera autónoma, mientras que la libertad positiva es la ausencia de obstáculos para actuar.
   d) La libertad negativa es la ausencia de obstáculos para actuar, mientras que la libertad positiva es la capacidad de decidir de manera autónoma.

4. **¿En qué consiste la axiología?**
   a) Es la voz de la conciencia interior.
   b) Es la rama de la filosofía que estudia las etapas del desarrollo moral en los individuos.
   c) Es la rama de la filosofía que estudia los valores.
   d) Es la capacidad de elegir, asociada a la libertad y a la responsabilidad.

5. **¿Qué es lo que caracteriza a las éticas materiales?**
   a) Que se preocupan por el bienestar físico y por satisfacer nuestras necesidades humanas.
   b) Que proponen un objetivo que debemos alcanzar y hacia el cual debemos orientar todas nuestras acciones.
   c) Que no nos dicen lo que tenemos que hacer, porque solo nos indican la forma que deben tener las normas que nosotros elegimos de manera autónoma.
   d) Que insisten en la importancia del placer para lograr la felicidad.

6. **¿Cuál es la base de la ética deontológica?**
   a) Tener en cuenta las consecuencias de nuestros actos.
   b) Recordar que no hay ninguna norma ética universalmente válida.
   c) Insistir en la importancia de orientar nuestra vida en busca de la felicidad.
   d) Hacer hincapié en la relevancia de respetar siempre nuestro deber.

7. **¿Cuáles son los principios básicos que orientan las deliberaciones en los casos que estudia la bioética?**
   a) Heteronomía, beneficencia, libertad y justicia.
   b) Autonomía, beneficencia, solidaridad y justicia.`
   c) Autonomía, libertad, igualdad y solidaridad.
   d) Autonomía, beneficencia, no maleficencia y justicia.

8. **¿Qué es lo que nos recuerda el principio de responsabilidad enunciado por Hans Jonas?**
   a) Que no solo debemos tener en cuenta a las personas que conviven ahora mismo con nosotros, sino también a quienes habitarán nuestro planeta en el futuro.
   b) Que debemos ser autónomos y libres.
   c) Que siempre debemos cumplir el deber.
   d) Que a la hora de actuar siempre debemos tener en cuenta a las personas que conviven con nosotros.

Contesta por escrito las cuestiones siguientes:

9. **¿Cuáles son los tipos de valores que identificó Max Scheler en su estudio sobre la axiología? ¿Existe alguna característica específica que distinga a los valores morales de los demás tipos de valores?**

10. **¿Existe alguna diferencia entre el intelectualismo moral y el emotivismo moral? ¿Puede una teoría ética ser a la vez intelectualista y emotivista?**

11. **¿En qué consiste la responsabilidad moral? ¿Por qué decimos que la libertad conlleva responsabilidad? ¿Crees que todas las personas asumen de manera adecuada la responsabilidad de sus acciones libremente elegidas?**

13 Teorías éticas

- ¿Cuál es la conducta correcta que debemos seguir en nuestra vida?
- ¿Cómo podemos decidir lo que debemos hacer?
- ¿Qué diferencia hay entre una ética del bien y una ética del deber?
- ¿En qué consisten las éticas de la justicia?

Objetivos

> Apreciar la diferencia que existe entre las éticas del bien, las éticas del deber y las éticas de la justicia.

> Conocer los planteamientos básicos de las éticas materiales propuestas por Aristóteles, Epicuro y los utilitaristas.

> Comprender el planteamiento deontológico de la ética kantiana, prestando especial atención al significado del imperativo categórico.

> Describir los planteamientos básicos de las éticas procedimentales propuestas por John Rawls y Jürgen Habermas.

Contenidos

Las éticas del bien

- Estas teorías éticas nos proponen orientar nuestras acciones para alcanzar un objetivo supremo que se identifica con el bien.
- La ética de Aristóteles considera que la felicidad es el bien máximo al que aspiramos las personas.
- La propuesta de Epicuro afirma que el bien supremo es el placer, entendido como ausencia de dolor.
- Los filósofos utilitaristas creían que el bien consistía en procurar la mayor felicidad para el mayor número posible de personas.
- Las políticas de bienestar en nuestras sociedades pretenden aplicar principios utilitaristas.

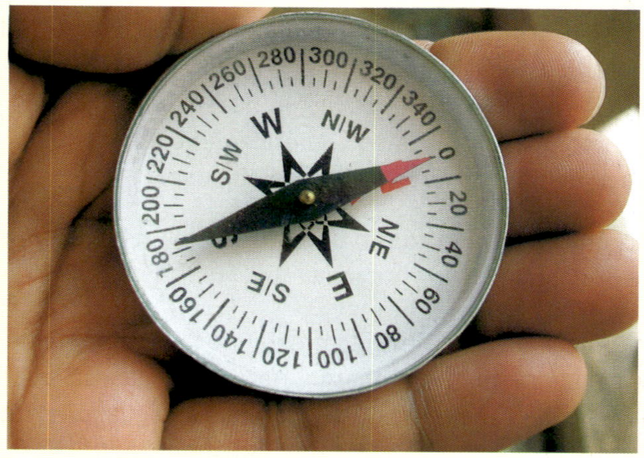

La ética del deber

- La propuesta ética de Kant otorga gran importancia a la autonomía del sujeto y al cumplimiento del deber.
- La ética kantiana es formal, porque en lugar de decirnos lo que debemos hacer solo nos indica la forma que deben tener nuestras normas morales.
- Según Kant, nuestra vida debe estar regulada por reglas autónomas, que hayamos elaborado nosotros mismos, pero que se ajusten al imperativo categórico. Esto significa que nuestras normas de conducta deberían poder convertirse en reglas de carácter universal.

Las éticas de la justicia

- Estas teorías éticas insisten en la importancia de encontrar normas justas para organizar la vida en común.
- La ética de Rawls se basa en una concepción de la justicia como imparcialidad, según el modelo de la posición original. Rawls propone elaborar nuestras normas éticas de acuerdo con dos reglas básicas: la regla de la igualdad y la regla de la diferencia.
- La propuesta de Apel y de Habermas consiste en una ética consensual fundamentada en una comunidad ideal de diálogo. De acuerdo con estos autores, la forma correcta de crear normas justas consiste en establecer un diálogo dentro de una comunidad donde todos puedan participar para llegar a un acuerdo.

I. La ética del bien

1. El eudemonismo de Aristóteles

1.1. En busca de la felicidad

La ética de Aristóteles puede agruparse con la de otros autores como Epicuro o J. S. Mill, que tratan de orientarnos para que seamos capaces de alcanzar el mayor bien posible en nuestra vida. Por eso decimos que la filosofía moral aristotélica es una **ética del bien**, ya que pretende servirnos de guía para que podamos lograr ese objetivo.

Las éticas del bien consideran que existe un **bien supremo** hacia el que debe orientarse la vida humana.

Todas las éticas del bien creen que la vida humana debe encaminarse a lograr esa meta. Sin embargo, no existe acuerdo a la hora de determinar cuál es el bien supremo que debemos perseguir. ¿Se trata tal vez del placer? ¿Será acaso la calma y la tranquilidad de espíritu? ¿O consistirá más bien en la salvación eterna de nuestra alma?

▲ En el camino de la vida, ¿qué fines debemos perseguir?

En su ética, Aristóteles sostiene que el bien máximo al que podemos aspirar las personas es la felicidad. Es verdad que los seres humanos se esfuerzan por conseguir otras metas, como la riqueza, la fama o el poder. Pero Aristóteles nos recuerda que ninguna de estas aspiraciones es una finalidad en sí misma. Nadie desea ser rico únicamente para acumular oro. La riqueza es un medio que puede proporcionarnos ventajas y oportunidades. Y lo mismo sucede con la fama o el poder, ya que no los deseamos por sí mismos, sino únicamente como instrumentos al servicio de un objetivo superior.

Según Aristóteles, lo que las personas verdaderamente queremos es ser felices. Si lo logramos, habremos alcanzado el máximo bien al que podemos aspirar. La felicidad no es un medio, sino una meta en sí misma, que constituye el objetivo más importante que las personas podemos desear.

De acuerdo con Aristóteles, el bien supremo que perseguimos los seres humanos es la **felicidad**.

El término griego para referirse a la felicidad es *eudaimonía*. Por eso suele decirse que la ética de Aristóteles es una **ética eudemonista**, ya que insiste en la importancia de orientar nuestra vida para que podamos ser felices.

EL BIEN SUPREMO ES LA FELICIDAD

Puesto que todo conocimiento y toda elección tienden a algún bien, ¿cuál es la meta de la política, o cuál es el bien supremo entre todos los que pueden realizarse? Sobre su nombre, casi todo el mundo está de acuerdo, pues tanto el vulgo como los cultos dicen que es la felicidad, y admiten que vivir bien y obrar bien equivalen a ser feliz. Pero cuando se trata de decir en qué consiste realmente la felicidad, hay diferencias de opinión y no lo explican del mismo modo el vulgo y los sabios.

ARISTÓTELES: *Ética a Nicómaco*.

1. ¿Cuál es el bien supremo que puede realizarse, de acuerdo con este texto?
2. ¿Están todos de acuerdo a la hora de definir el contenido preciso de ese bien supremo?
3. ¿Qué relación encuentras entre este texto y la orientación teleológica que caracteriza toda la filosofía aristotélica?

◀ La felicidad es algo más que la alegría o la euforia.

1.2. ¿En qué consiste la felicidad?

Decir que los seres humanos perseguimos la felicidad es hacer una afirmación demasiado general. Muchas personas están de acuerdo con este principio, pero no todas coinciden cuando se trata de explicar con precisión en qué consiste ser feliz.

Para aclarar cuál es el contenido de la felicidad, Aristóteles parte de lo que nos define como seres humanos. Según Aristóteles, las personas somos distintas del resto de los animales porque tenemos razón y palabra. El ser humano es un animal con **logos**. Como la capacidad de pensar es nuestra facultad más noble y valiosa, Aristóteles considera que la felicidad más elevada consistirá, precisamente, en ejercitarla.

Aristóteles sostiene que la felicidad consiste en realizar aquello que es propio de los seres humanos: **la vida racional**.

La vida más feliz, por lo tanto, no será la de quien se preocupa de las cosas materiales, ni tampoco la de quien busca el honor, la fama y la consideración de los demás. La más alta felicidad corresponde a la forma de vida del sabio, que dedica su tiempo a pensar y a buscar la verdad.

1.3. La ética de la virtud

Hemos visto que, para Aristóteles, la vida más noble y más feliz es la del filósofo que se dedica a ejercitar la razón. Sin embargo, Aristóteles era muy consciente de que este tipo de vida no estaba al alcance de todo el mundo. De hecho, incluso los filósofos tienen necesidad de relacionarse con los demás y de ocuparse de asuntos prácticos. Por eso hace falta encontrar alguna guía que nos ayude a encontrar la felicidad en la vida práctica. ¿Cómo podemos ser felices en nuestra relación con los demás?

Para alcanzar la felicidad en la vida práctica, Aristóteles creía que debemos ejercitarnos en **desarrollar la virtud**. La palabra griega para *virtud* es ***areté***, que significa 'excelencia'. Aristóteles pensaba que las personas felices son las que se comportan de manera excelente, porque saben actuar correctamente en cada situación.

La virtud, según Aristóteles, surge de la costumbre. Nos volvemos virtuosos cuando nos acostumbramos a comportarnos de manera adecuada. Las personas podemos modificar nuestro carácter con nuestras elecciones, porque la conducta que elegimos va transformándonos. Con el tiempo, estas elecciones se convierten en tendencias o inclinaciones que forman parte de nuestra forma de ser. Así pues, los seres humanos podemos construir nuestra propia felicidad si nos acostumbramos a elegir bien cómo actuar en la vida.

¿Cuándo esta elección es correcta y adecuada? Aristóteles pensaba que, en la práctica, debemos huir de los excesos, procurando siempre elegir el término medio entre dos extremos. Sin embargo, no siempre resulta fácil saber dónde está el punto medio. Aristóteles creía que esta posición intermedia depende de las circunstancias. Así que cada cual debe aprender a elegir cuál es el punto medio que se corresponde con su situación personal.

Para encontrar este punto medio debemos emplear la razón. Al igual que existen virtudes asociadas a nuestra relación con los demás, también hay virtudes relacionadas con el uso de la inteligencia. Según Aristóteles, la más importante de las virtudes intelectuales consiste en usar nuestra razón para elegir sabiamente cómo debemos comportarnos. Aristóteles llamaba **prudencia** a esta virtud fundamental que nos ayuda a determinar cuál es la conducta correcta en cada circunstancia, dependiendo de nuestra situación personal.

EL FIN ÚLTIMO

Sencillamente, llamamos [fin] perfecto al que siempre se elige por sí mismo y nunca por otra cosa.

Tal parece ser, sobre todo, la felicidad, pues la elegimos por ella misma y nunca por otra cosa, mientras que los honores, el placer, la inteligencia y toda virtud, los deseamos en verdad, por sí mismos (puesto que desearíamos todas estas cosas, aunque ninguna ventaja resultara de ellas), pero también los deseamos a causa de la felicidad, pues pensamos que gracias a ellos seremos felices. En cambio, nadie busca la felicidad por estas cosas, ni en general por ninguna otra.

ARISTÓTELES: *Ética a Nicómaco.*

4. ¿Por qué afirma Aristóteles que la felicidad es "un fin perfecto"?

5. De acuerdo con este texto, ¿en qué se diferencia la felicidad de otros bienes como el placer o la inteligencia?

Fíjate

LA VIRTUD ESTÁ EN EL TÉRMINO MEDIO

Para entender la teoría aristotélica de la virtud como término medio puede ser útil analizar algún caso concreto. Piensa, por ejemplo, en lo que hay que hacer para convertirse en una persona generosa. Alguien que nunca invita a los demás no se caracteriza por la virtud de ser generoso, sino por el vicio de la tacañería. Sin embargo, la conducta opuesta tampoco es adecuada. Una persona que está siempre invitando a los demás y nunca deja que los demás le hagan regalos no se comporta de manera correcta. Es más bien derrochadora, y se expone a que los amigos abusen de su tendencia a invitar. Para Aristóteles, estas dos conductas opuestas son extremos. Lo correcto sería adoptar una posición intermedia, invitando en algunas ocasiones y dejándose invitar en otras. La generosidad consiste precisamente en eso, en saber invitar cuando corresponde y a quien corresponde, dejando que los demás inviten en otras ocasiones.

¿Pero es ese punto medio igual para todos? Aristóteles creía que no. Una persona muy rica podrá invitar a menudo, mientras que otra con pocos recursos solo podrá hacerlo de vez en cuando. Cada cual debe aprender a encontrar el punto medio que se corresponde con su situación personal. Para ello debemos hacer uso de la prudencia, que es una virtud intelectual de capital importancia. Solo así conseguiremos convertirnos en personas verdaderamente felices.

2. El hedonismo de Epicuro

2.1. La felicidad consiste en el placer

La ética de Epicuro, al igual que la de Aristóteles, es una ética del bien, ya que insiste en la importancia del objetivo supremo que debe orientar nuestra conducta. Epicuro creía que el placer es el bien supremo que debemos tratar de alcanzar en nuestra vida. Como el término griego para referirse al placer es *hedoné*, a menudo se afirma que la ética epicúrea es hedonista.

La ética epicúrea es **hedonista**, porque afirma que el bien supremo consiste en el **placer**.

Para entender bien lo que Epicuro quería decir, conviene explicar el sentido que tiene el concepto de placer en su filosofía. El placer no consiste en desenfrenos, sino sobre todo en la ausencia de temor y de dolor.

Según Epicuro, aunque los excesos pueden producirnos un placer intenso y momentáneo, posteriormente suelen causar sufrimiento y dolor. Este tipo de conductas no nos acercan a la felicidad. Lo que hay que buscar es más bien la calma y el sosiego, que solo pueden llegar si nos ejercitamos en perder el miedo al destino, al dolor y a la muerte.

Además, Epicuro distinguió tres tipos distintos de placeres. Alimentarse, vestirse o cobijarse frente a las inclemencias del tiempo son algunos placeres **naturales y necesarios**, al igual que reflexionar o cultivar la amistad. Existen también placeres **naturales pero innecesarios**, que están asociados al deseo de refinamientos artificiosos, como el lujo o las diversiones exóticas y refinadas. Pero también hay placeres que no son **ni naturales ni necesarios**, como ocurre con el ansia de fama y de éxito social.

De acuerdo con la ética de Epicuro, si queremos ser verdaderamente felices debemos centrarnos solo en satisfacer nuestros deseos naturales y necesarios, haciéndolo además con moderación y sensatez.

2.2. El placer y la ataraxia

El término griego con el que Epicuro expresaba esta aspiración a la tranquilidad es ***ataraxia***, que significa 'imperturbabilidad'. Para alcanzar la felicidad auténtica, lo que debemos hacer es evitar la inquietud siguiendo una vida serena y equilibrada.

La ética de Epicuro propone alcanzar la ataraxia, que es un estado de calma caracterizado por la **ausencia de perturbación**.

Según el epicureísmo, la tranquilidad es condición necesaria para gozar del placer.

EL PLACER NO CONSISTE EN EXCESOS

Entonces, cuando decimos que el placer es el fin, no hablamos de los placeres de los disolutos ni a los que residen en el goce regalado, como creen algunos que ignoran o no están de acuerdo o que interpretan mal la doctrina, sino de no padecer dolor en el cuerpo ni turbación en el alma. Pues ni las bebidas ni los banquetes continuos, ni el goce de muchachos y mujeres, ni de los pescados y todas las otras cosas que trae una mesa suntuosa engendran la vida grata, sino el sobrio razonamiento que indaga las causas de toda elección y rechazo, y expulsa las opiniones por las cuales se posesiona de las almas la agitación más grande.

EPICURO: *Carta a Meneceo*.

6. ¿A qué se refiere Epicuro cuando habla del "placer"? ¿Está defendiendo el autor una vida de excesos y desenfrenos? Explica tu respuesta.

Protagonistas de la filosofía

EPICURO (341 a.C.-270 a.C.)

Aunque Epicuro nació en la isla de Samos, en su juventud se trasladó a Atenas para estudiar filosofía. Algún tiempo después fundó en esta ciudad su propia escuela filosófica en un terreno ajardinado donde se reunía con sus discípulos. Por esta razón a los epicúreos también se les llama a veces "los filósofos del Jardín".

Epicuro fue un autor muy prolífico, pero de su amplia obra solo han sobrevivido hasta nuestros días unos pocos fragmentos. Entre los textos de Epicuro que se han conservado destaca la *Carta a Meneceo*, que recoge los planteamientos fundamentales de su teoría ética.

Pero conviene insistir en que el placer físico, para Epicuro, no es necesariamente algo malo que debamos rechazar. Lo que sucede es que este placer debe estar siempre controlado por la moderación, para evitar el sufrimiento. En realidad, los mejores placeres no son los del mundo material, sino más bien los espirituales, entre los cuales destacan principalmente el conocimiento y la amistad.

3. El utilitarismo

3.1. El cálculo de los placeres

La ética utilitarista comparte los objetivos de la felicidad y el placer con Aristóteles y Epicuro. Sin embargo, los utilitaristas creen que las ideas de estos dos filósofos solo tienen en cuenta la felicidad del individuo aislado.

Según el utilitarismo, es preciso ir más allá del punto de vista individual. A la hora de actuar hemos de pensar en las **consecuencias** de lo que vamos a hacer. Esto significa que debemos considerar cómo nuestras acciones pueden hacer felices o infelices a las personas que nos rodean. Así, una acción será moralmente buena cuando proporcione felicidad, es decir, bienestar y ausencia de dolor. Por el contrario, un comportamiento será moralmente reprobable si causa malestar y dolor.

¿Y qué es lo que deberíamos hacer si nuestra acción puede hacer felices a algunos e infelices a otros? En ese caso, el utilitarismo nos propone realizar un **cálculo de los placeres**. Para decidir lo que sería correcto hacer, debemos tener en cuenta el número de personas que van a resultar beneficiadas o perjudicadas dependiendo de nuestra conducta.

El concepto de **utilidad** hace referencia a estas consecuencias. Una acción es útil cuando hace feliz a un gran número de personas, produciendo el mayor placer a unos y el menor dolor a otros.

Para la ética utilitarista, la acción moralmente correcta es la que proporciona la **mayor utilidad** para el **mayor número** posible de personas.

3.2. El utilitarismo de Bentham

El filósofo inglés **Jeremy Bentham** fue un destacado utilitarista del siglo XIX. Según Bentham, lo bueno coincide con lo útil. Es bueno lo que da placer y evita el dolor. Esto supone que el criterio para decidir lo que es moralmente correcto depende de la cantidad de placer y de dolor que produzcan nuestras acciones. Con nuestra conducta debemos procurar la mayor felicidad para el mayor número posible de personas.

Para poder calcular adecuadamente la cantidad de placer y de dolor que generamos, Bentham proponía tener en consideración distintos factores, tales como la intensidad, la duración, la certeza o la proximidad de los placeres.

Un placer intenso, duradero, seguro y próximo deberá contar más que otro débil, efímero, incierto y lejano. Si tenemos en cuenta estos elementos, podremos medir los placeres y calcular su valor total.

Bentham también proponía que los gobernantes deberían basarse en este cálculo de los placeres para hacer las leyes. Una ley es justa y adecuada cuando tiene consecuencias positivas. Y estas consecuencias se pueden medir calculando el placer y el dolor que producen.

LO ÚTIL ES LO PLACENTERO

La naturaleza ha colocado al hombre bajo el imperio del placer y del dolor; a ellos debemos todas nuestras ideas, y de ellos proceden los juicios y determinaciones de nuestra vida. [...] El principio de la utilidad lo subordina todo a estos dos móviles.

Por utilidad entendemos la propiedad o la tendencia de una cosa para procurar algún bien o para preservar de algún mal. Por mal, pena, dolor o causa de él; y por bien, placer o causa de él. Lo conforme a la utilidad de un individuo es lo que aumenta la suma total de su bienestar, y lo conforme a la utilidad pública es lo que aumenta el bienestar de los individuos de la comunidad que la componen. [...]

Según este sistema de utilidad, la virtud no es un bien sino porque produce los placeres que se derivan de ella, y el vicio no es un mal sino por las penas que emanan de él. El bien moral no es bien sino por su tendencia a producir bienes físicos, y el mal moral no es mal sino por su tendencia a producir males físicos; entendemos por bienes y males físicos, tanto los placeres y penas del alma, como las penas y los placeres de los sentidos.

Jeremy BENTHAM: *Los principios de la moral y la legislación*.

7. De acuerdo con el texto, ¿cuáles son los dos principios a los que está sujeta nuestra vida?

8. ¿A qué denomina el autor "utilidad"?

9. Según Bentham, ¿por qué la virtud es buena? ¿Y por qué el vicio es malo?

▲ Bentham fue un filósofo y reformador político. Su cuerpo se conserva en una vitrina del University College de Londres.

▲
Mill proponía que debíamos preferir los placeres atendiendo a su cualidad. Los placeres de un ser humano son superiores a los que puede experimentar un animal.

3.3. El utilitarismo de J. S. Mill

Una de las cosas que Mill criticaba era el hecho de que para Bentham todos los placeres se contabilizasen de la misma manera. Según Mill, esto es incorrecto, porque no todos los placeres son iguales. Algunos placeres tienen más valor que otros, y esta diferencia debe ser tenida en cuenta a la hora de realizar el cálculo utilitarista.

Mill creía que los placeres superiores son los que nos distinguen de los demás animales. Entre ellos destacan los placeres **intelectuales y morales**, que son los que pueden proporcionarnos una mayor felicidad. Estos placeres tienen más valor que los que están asociados a la pura satisfacción de nuestras necesidades materiales. Por eso pensamos que una vida feliz es algo más que dedicarse a comer, beber y dormir.

3.4. Desarrollos posteriores del utilitarismo

Desde su aparición a mediados del siglo XIX, el utilitarismo ha ejercido una notable influencia en el mundo contemporáneo. Si te fijas, hoy en día es habitual adoptar políticas apelando a argumentos utilitaristas. De acuerdo con esta visión, los gobernantes deben actuar pensando en las consecuencias de sus acciones y tratando de beneficiar al mayor número posible de personas. Esta visión, aunque tal vez pueda parecerte natural, es en realidad producto de una interpretación utilitarista de la sociedad y la política.

Actualmente muchos filósofos se declaran herederos del utilitarismo. Sin embargo, el pensamiento utilitarista de nuestro tiempo es bastante más sofisticado que el del siglo XIX. Por ejemplo, el utilitarismo actual ya no identifica de forma simple y directa la utilidad con el placer. Si lo piensas bien, te darás cuenta de que las personas no siempre actuamos buscando el placer y tratando de evitar el dolor. En ocasiones elegimos hacer cosas que nos provocan sufrimiento o que parecen irracionales desde el punto de vista del cálculo de los placeres, como cuando alguien decide sacrificar su vida para salvar a otras personas.

Para explicar casos como este, los utilitaristas de hoy en día suelen hablar del modo en que las personas tratan de satisfacer sus **preferencias** personales. Estas preferencias no siempre tienen por qué coincidir con algo placentero, porque dependen de nuestra propia elección personal. De acuerdo con esta formulación, lo moralmente correcto será lo que facilite la satisfacción de las preferencias individuales del mayor número posible de personas.

NO TODOS LOS PLACERES VALEN LO MISMO

Es mejor ser un hombre insatisfecho que un cerdo satisfecho, es mejor ser Sócrates insatisfecho que un loco satisfecho. Y si el loco o el cerdo son de distinta opinión, es porque solo conocen su propio lado de la cuestión. El otro extremo de la comparación conoce ambos lados.

J. S. MILL: *Utilitarismo.*

10. ¿Por qué afirma Mill que es mejor ser un hombre insatisfecho que un cerdo satisfecho? ¿Estás de acuerdo con esta afirmación?

11. ¿Qué tipo de vida crees tú que elegiría un cerdo si pudiese conocer "los dos lados de la cuestión"?

@ Para ampliar en la Red...
John Stuart Mill: www.tiching.com/685978

Fíjate

EL UTILITARISMO DEL ACTO Y EL UTILITARISMO DE LA NORMA

En general, podríamos decir que los planteamientos utilitaristas se dividen actualmente en dos grandes grupos.

El **utilitarismo del acto**, siguiendo la línea de pensamiento abierta por Bentham y Mill, considera que debemos tener en cuenta las consecuencias de nuestras acciones. Para un utilitarista del acto, cada vez que tomamos una decisión debemos considerar detenidamente cómo nuestra conducta va a afectar a los demás. Así pues, el comportamiento correcto será el que permita maximizar la satisfacción de las preferencias individuales de las personas afectadas por esa acción concreta.

Los críticos de esta interpretación piensan que no resulta nada práctico tener que estar calculando las consecuencias de nuestros actos continuamente. En realidad, la mayor parte del tiempo nuestro comportamiento se basa en cumplir una serie de normas establecidas que damos por buenas. Según este punto de vista, lo importante es que esas normas tengan consecuencias globalmente positivas para la sociedad. El **utilitarismo de la norma** afirma que lo que debe maximizar la satisfacción de nuestras preferencias deben ser las normas y no las acciones particulares.

Párate a pensar

Recapitula

1. ¿Por qué suele decirse que la ética de Aristóteles es eudemonista? ¿Qué significado tiene el término *eudaimonía* en griego?

2. La ética aristotélica afirma que nuestra vida debe orientarse en busca de la felicidad. Pero, según Aristóteles, ¿en qué consiste exactamente una vida feliz? ¿Cómo debemos comportarnos si queremos ser verdaderamente felices?

3. ¿A qué se refiere Aristóteles cuando elogia la virtud de la prudencia? ¿Cómo se comportan las personas que son prudentes en este sentido del término? Explica tu respuesta con ejemplos.

4. ¿En qué consiste el hedonismo que defiende Epicuro en su propuesta ética? ¿Cuál debe ser, según este filósofo, el objetivo que ha de guiar nuestra vida?

5. ¿Cuál es la concepción del placer que caracteriza la filosofía de Epicuro? ¿Defiende una vida de excesos en busca de placeres intensos y desenfrenados? Explica tu respuesta.

6. Completa la siguiente tabla en la que se recogen las similitudes y diferencias que caracterizan las tres éticas del bien que hemos estudiado en la unidad.

	Ética aristotélica	Ética epicúrea	Ética utilitarista
¿Cuál es el bien supremo que las personas buscamos en nuestra vida?	…	Placer	…
¿En qué consiste ese bien supremo al que debemos aspirar? ¿Cuál es su contenido concreto?	…	Ausencia de temor y dolor, estado de calma denominado ataraxia	…
¿Cómo debemos actuar para alcanzar ese bien que deseamos obtener?	…	…	…
Ejemplos de reglas de uno y otro tipo	…	…	…

7. ¿En qué se parecen y en qué se diferencian las éticas utilitaristas de Bentham y John Stuart Mill? ¿Existe alguna distinción entre estas propuestas y las formulaciones actuales de la filosofía utilitarista?

Construye el concepto

8. Define los siguientes términos filosóficos con los diccionarios propuestos (p. 1). A continuación, escribe una frase con cada uno de ellos en la que se aprecie su significado.

- eudemonismo
- *areté*
- prudencia
- hedonismo
- preferencias
- ataraxia
- utilitarismo del acto
- utilitarismo de la norma
- bienestar

Trabaja con textos

9. Lee el texto y contesta las preguntas:

> La virtud es, por tanto, un hábito selectivo, consistente en una posición intermedia para nosotros, determinada por la razón y tal como la determinaría el hombre prudente. Posición intermedia entre dos vicios, el uno por exceso y el otro por defecto. Y así, unos vicios pecan por defecto y otros por exceso de lo debido en las pasiones y en las acciones, mientras que la virtud encuentra y elige el término. Por lo cual, según su sustancia y la definición que expresa su esencia, la virtud es medio, pero desde el punto de vista de la perfección y del bien es extremo.
>
> ARISTÓTELES: *Ética a Nicómaco.*

a) Según este texto, ¿en qué consiste la virtud?

b) De acuerdo con Aristóteles, ¿cómo debemos comportarnos si queremos ser virtuosos?

c) ¿Qué quiere decir el autor cuando afirma que "según su sustancia y la definición que expresa su esencia, la virtud es medio, pero desde el punto de vista de la perfección y del bien, es extremo"?

10. Lee el texto y responde las preguntas:

> El credo que acepta como fundamento de la moral la Utilidad, o el Principio de la Mayor Felicidad, mantiene que las acciones son correctas en la medida en que tienden a promover la felicidad, incorrectas en cuanto tienden a producir lo contrario a la felicidad. Por felicidad se entiende el placer y la ausencia de dolor; por infelicidad, el dolor y la falta de placer. Para ofrecer una idea clara del criterio moral que esta teoría establece es necesario indicar mucho más: en particular, qué cosas incluye en las ideas de dolor y placer, y en qué medida es esta una cuestión a debatir. Pero estas explicaciones suplementarias no afectan a la teoría de la vida sobre la que se funda esta teoría de la moralidad —a saber, que el placer y la ausencia del sufrimiento son las únicas cosas deseables como fines—; y que todas las cosas deseables (que son tan numerosas en el proyecto utilitarista como en cualquier otro) son deseables bien por el placer inherente a ellas mismas, o bien como medios para obtener placer y evitar el dolor.
>
> J. S. MILL: *Utilitarismo.*

a) ¿Cuál es la idea básica de la teoría utilitarista que se recoge en este fragmento?

b) ¿Cuál es la definición de felicidad, según el texto? ¿Y la infelicidad, en qué consiste?

c) De acuerdo con el autor, ¿cuáles son las únicas cosas que deseamos como fines en sí mismas? ¿Estás de acuerdo con esta afirmación?

II. La ética del deber

4. El deontologismo de Kant

4.1. La crítica a las éticas materiales

La filosofía moral de Kant parte de un planteamiento muy crítico ante todas las éticas anteriores. Según Kant, las distintas propuestas éticas que se han elaborado a lo largo del tiempo comparten una misma característica. Todas ellas son éticas del bien, porque consideran que la vida humana debe orientarse a perseguir un objetivo supremo. Este objetivo nos sirve de guía para saber cómo debemos actuar si queremos alcanzarlo.

Ciertamente, no existe acuerdo acerca de cuál es este objetivo. Para unos es el placer; para otros, la felicidad; para otros, la salvación del alma; para otros, la tranquilidad de espíritu... Pero el caso es que todas estas teorías éticas, pese a sus diferencias, tienen algo en común. En todas ellas la filosofía moral nos ofrece un contenido específico al que aspirar. Kant denominaba **éticas materiales** a estas concepciones en las que se nos propone un objetivo determinado.

Las éticas materiales fundamentan la acción moral en la **meta** hacia la que debemos orientar nuestra vida.

Kant pensaba que las éticas materiales presentaban graves inconvenientes. Para empezar, las normas de una ética material siempre son **hipotéticas**. Esto quiere decir que no hay actos absolutamente buenos, sino que solo lo son si aceptamos aquel objetivo supremo y si, además, sirven para ayudarnos a alcanzarlo.

Piensa, por ejemplo, en las propuestas de la ética epicúrea. Para Epicuro el objetivo supremo del ser humano es ahuyentar el dolor y vivir en un placentero estado de calma interior. Para conseguirlo, la ética epicúrea nos recomienda evitar los excesos, vivir con moderación y cultivar placeres nobles como la amistad. Estas indicaciones sobre lo que tenemos que hacer pueden ser muy útiles, pero únicamente nos sirven si verdaderamente queremos obtener placer y eliminar el dolor. Si mis intereses son otros, las normas de vida que propone Epicuro ya no me sirven. Cuando alguien no aspira a obtener placer sino, por ejemplo, a salvar su alma, la conducta que debe seguir es muy distinta.

Además de ser hipotéticas, las éticas materiales también son **heterónomas**. Esto quiere decir que las normas de conducta no las elige el sujeto, si-

Estatua de Kant en Königsberg, Kaliningrado en la actualidad, ciudad en la que nació, vivió y murió el filósofo prusiano.

LAS LIMITACIONES DE LAS ÉTICAS MATERIALES

Cuando la voluntad busca la ley que ha de determinarla en algún otro lugar diferente a la aptitud de sus máximas para su propia legislación universal y, por lo tanto, sale fuera de sí misma a buscar esa ley en la constitución de alguno de sus objetos, se produce entonces, sin lugar a dudas, heteronomía. No es entonces la voluntad la que se da a sí misma la ley, sino que es el objeto, por su relación con la voluntad, el encargado de dar tal ley. Ya sea que descanse en la inclinación, ya sea que lo haga en representaciones de la razón, esta relación no hace posibles más que imperativos hipotéticos, tales como debo hacer esto o lo otro porque quiero alguna otra cosa. En cambio, el imperativo moral o, lo que es igual, categórico, sostiene: debo obrar de este o de aquel modo al margen absolutamente de lo que yo quiera.

Immanuel KANT:
Fundamentación de la metafísica de las costumbres.

12. De acuerdo con este texto, ¿qué es lo que sucede cuando nuestra voluntad guía sus normas morales para lograr algún objetivo exterior?

13. ¿En qué consisten los imperativos hipotéticos? ¿Cuál es la diferencia entre estos mandatos y los imperativos categóricos?

Kant llamó *éticas materiales* a aquellas que proponen alguna finalidad que oriente nuestra vida.

no que vienen dadas por el bien supremo que debemos perseguir. Continuando con nuestro ejemplo, si lo que yo deseo es vivir placenteramente, entonces existen ciertas normas básicas que debo respetar. Esas normas no las he puesto yo, sino que se derivan de la meta que estoy persiguiendo.

Además de estos dos problemas, Kant también señalaba que todas las éticas materiales son ***a posteriori***. Esto significa que para saber cómo debemos comportarnos debemos basarnos en la experiencia. Si lo que deseo es obtener placer, no tengo más remedio que probar distintas situaciones para saber cuáles son agradables y cuáles no. No es posible saber de antemano qué cosas son buenas o malas si no las hemos experimentado antes.

Kant criticaba las éticas materiales porque todas ellas son hipotéticas, heterónomas y *a posteriori*.

4.2. La propuesta de una ética formal

Para evitar los inconvenientes de las éticas materiales, Kant elaboró una teoría ética que tuviera unas características opuestas. La filosofía moral de Kant pretende ser una ética **necesaria**, **autónoma** y ***a priori***.

En primer lugar, Kant insiste en que las normas éticas no deben depender de ninguna condición, sino que han de ser universalmente válidas. Por eso la ética no debe ser hipotética, sino **necesaria**, que es justamente lo contrario.

Además, Kant creía que la base de la ética debe ser la **autonomía** del sujeto. Cada persona debe ser capaz de elaborar sus propias normas, sin que nada ni nadie nos imponga lo que tenemos que hacer. Solo así el individuo será verdaderamente libre y solo así la moral respetará la dignidad humana, que está ligada a la capacidad de cada cual para decidir por sí mismo.

Finalmente, Kant quería elaborar una propuesta ética que fuese válida *a priori*, es decir, que fuese independiente de la experiencia. Una ética *a priori* es siempre válida, porque sus normas no dependen de las circunstancias. Si logramos elaborar una ética *a priori* sabremos en todo momento lo que hacer, sin necesidad de tener que empezar por probarlo empíricamente.

Kant pretende elaborar una ética universalmente válida, que sea necesaria, autónoma y *a priori*.

Pero ¿cómo puede lograrse una ética así? ¿Existe alguna posibilidad de articular una propuesta moral que cumpla estas condiciones? Kant creía que sí es posible, pero solo si renunciamos a buscar un objetivo concreto para nuestras vidas. Una ética material nunca puede ser verdaderamente universal. La propuesta de Kant es, por el contrario, una **ética formal**.

Decimos que la ética de Kant es formal porque no contiene órdenes ni prohibiciones concretas. La ética kantiana no nos indica el **contenido** de lo que debemos hacer, porque considera que somos nosotros mismos quienes debemos decidirlo haciendo uso de nuestra autonomía. Lo que hace esta ética, en cambio, es señalarnos cuál debe ser la **forma** que deben tener esos mandatos que cada cual debe elaborar por sí mismo.

Kant denominaba **máximas** a las reglas de conducta individuales que, según su propuesta ética, el sujeto debe elaborar autónomamente. Lo que viene a decir la ética formal de Kant es que no todas las máximas de conducta son igualmente válidas. Solo resultan moralmente aceptables aquellas que han sido correctamente elaboradas y tienen la forma adecuada. Pero ¿en qué consiste realmente esta forma?

¿QUÉ ES AUTÉNTICAMENTE BUENO?

Lo único bueno sin restricción es una buena voluntad. El valor, el poder, la riqueza y el honor son buenos y deseables, pero pueden ser extraordinariamente dañinos si la voluntad hace un mal uso de estos dones. Lo que los antiguos consideraban el valor interior de la persona (la moderación de afectos y pasiones, el dominio de sí mismo, la sobria reflexión, etc.) no son buenos sin restricción. La buena voluntad tampoco es buena en relación al fin que alcanza.

Si suponemos que el fin del hombre es la felicidad, entonces habría sido mejor que la naturaleza hubiera dotado al hombre de instinto en vez de razón para alcanzar este fin. La razón no proporciona la felicidad y la satisfacción en la vida, porque la razón tiene un propósito mucho más digno. El fin de la razón es el producir una voluntad buena, que es el bien supremo y la condición de cualquier otro fin. La consecución de este fin supremo puede ir unido a algún perjuicio para alcanzar los fines de las inclinaciones, que se resumen bajo el nombre general de "felicidad".

Immanuel KANT: *Fundamentación de la metafísica de las costumbres.*

14. Según este texto, ¿cuál es la única cosa que es absolutamente buena sin ninguna duda?

15. ¿Cree Kant que la razón humana tiene como finalidad ayudarnos a lograr la felicidad? ¿Qué razones ofrece para apoyar su opinión?

16. De acuerdo con este fragmento, ¿cuál es la función que tiene la razón en el ámbito de la ética?

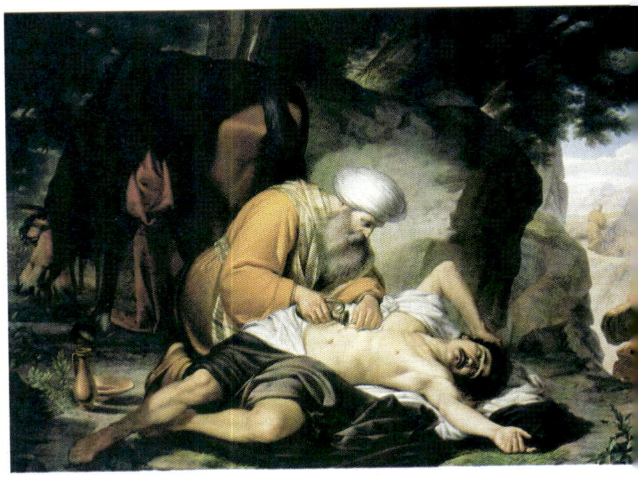

La acción moral es, según Kant, la acción completamente desinteresada. Giacomo CONTI: *La parábola del buen samaritano* (ca. 1870).

Aunque la regla de oro es una norma básica compartida por muchas religiones, el imperativo categórico kantiano va más allá de este principio ético.

4.2. El imperativo categórico

Kant llamaba imperativo categórico a la forma específica a la que deben ajustarse las máximas si queremos que sean moralmente válidas.

El **imperativo categórico** se formula del siguiente modo: "Obra siempre según una máxima que puedas querer que se convierta en ley universal".

Para entender lo que significa el imperativo categórico imagina la siguiente situación: Tus acciones se van a guiar por una serie de normas o máximas de conducta que debes elaborar autónomamente. Podrías pensar en elegir una norma que dijera: "Voy a mentir cuando me convenga". ¿Tiene esta máxima la forma adecuada?

Para saberlo, debemos comprobar si esta norma se ajusta a lo que nos impone el imperativo categórico. ¿Puedes verdaderamente querer que esta máxima se convierta en ley universal? ¿Qué sucedería si todo el mundo adoptase como regla de conducta esa misma máxima? Es evidente que nadie podría fiarse de nadie y que la vida en común se haría muy difícil. Ninguna persona sensata puede querer que una conducta así se generalice. Por eso esta norma no cumple la condición formal que indica el imperativo categórico. Por eso mentir cuando te convenga no es algo moralmente aceptable.

¿Y qué ocurriría con la norma opuesta? Imagina que eliges una máxima de conducta que diga: "Siempre voy a decir la verdad". ¿Puedes querer que esta regla se convierta en una ley universal? En este caso sí. Por eso decir siempre la verdad es algo moralmente correcto.

4.3. Una ética del deber

El imperativo categórico está íntimamente unido a otro concepto clave en la ética de Kant, que es el **deber**. Por eso suele decirse que la ética kantiana es **deontológica**, ya que la palabra *deon* significa 'deber' en griego.

De acuerdo con este punto de vista, una acción es moralmente correcta cuando la hacemos porque debemos hacerla, aunque ello nos desagrade o nos perjudique. Debemos pensar únicamente en cuál es nuestro deber.

Kant pensaba que lo verdaderamente importante no son las consecuencias de lo que hacemos, sino únicamente la **intención** que tenemos al actuar.

Lo único que es siempre moralmente bueno es obrar siguiendo una **buena voluntad**. A la hora de decidir lo que debemos hacer, lo relevante son nuestros propósitos, que deben estar inspirados por normas que respeten la dignidad de todos los seres humanos.

Fíjate

MÁS ALLÁ DE LA REGLA DE ORO

Tal vez el imperativo categórico te recuerde la célebre "regla de oro", presente en diversas culturas y religiones del mundo. Esta regla puede enunciarse de una forma muy simple: "No hagas a los demás lo que no te gustaría que te hicieran a ti". ¿Existe alguna diferencia entre esta regla y el imperativo kantiano?

Tanto la regla de oro como el imperativo categórico insisten en la importancia de que nuestras normas morales tengan validez universal. Sin embargo, existe una importante diferencia entre la una y el otro. La regla de oro habla de cómo debemos comportarnos con los demás. El imperativo kantiano, en cambio, habla de cómo debemos comportarnos en **cualquier** situación, lo cual incluye el modo en que debo tratarme a mí mismo.

Para que entiendas lo que esto supone puede ser útil pensar en el problema del suicidio. La regla de oro no nos sirve para decidir si el suicidio es moralmente aceptable o no, porque esta norma solo se aplica en nuestro trato con los demás. Para Kant, sin embargo, está claro que el suicidio es moralmente inaceptable.

¿Por qué Kant rechaza el suicidio? Uno de los principios básicos de la ética kantiana es el respeto de la dignidad humana. Según Kant, cuando una persona elige acabar con su propia vida (por ejemplo, porque sufre graves dolores a causa de una enfermedad incurable), lo que está haciendo es tratarse a sí mismo simplemente como un medio (en este caso, para evitar el sufrimiento). Pero eso supone que esa persona no está respetando su propia dignidad humana, que le exige tratarse a sí mismo siempre como un fin y no solo como un instrumento. Este caso nos permite entender por qué motivo el imperativo kantiano va más allá de la regla de oro.

Párate a pensar

Recapitula

1. ¿En qué se diferencia la ética de Kant del resto de propuestas éticas elaboradas por otros filósofos?
2. ¿Por qué se dice que la ética de Kant es deontológica? ¿Cuál es el significado del término *deontología*?
3. Completa la siguiente tabla, en la que se comparan los rasgos de la ética material y de la ética formal.

	Ética material	Ética formal
¿Tiene la ética un contenido concreto?	Sí	No
¿De dónde proceden las normas?	Del objetivo que debemos tratar de alcanzar	Del individuo, que elabora las normas por sí mismo
¿Es una ética autónoma o heterónoma?	...	...
¿Son las normas válidas en todos los casos o solo en algunas circunstancias?	...	...
¿Es una ética hipotética o necesaria?	...	...
¿Se basa esta ética en la experiencia?	...	...
¿Es una ética *a priori* o *a posteriori*?	...	...

4. ¿Crees que la ética kantiana es consecuencialista? ¿Por qué?

Construye el concepto

5. Define los siguientes términos filosóficos con los diccionarios propuestos (p. 1). A continuación, escribe una frase con cada uno de ellos en la que se aprecie su significado.
   - ética material
   - máxima de conducta
   - ética formal
   - deontologismo
6. Kant ofreció en sus libros varias formulaciones distintas del imperativo categórico. Aunque todas ellas son equivalentes, cada una incide en un aspecto distinto de la actuación moral. ¿Qué aspecto subraya cada una de las tres formulaciones siguientes?
   - Obra siempre según una máxima que puedas querer que se convierta en ley universal.
   - Obra siempre de forma que uses la humanidad, tanto en tu persona como en la de cualquier otro, siempre como un fin y no solo como un medio.
   - Obra siempre como si tú fueras el máximo legislador en un reino universal de los fines (es decir, en una sociedad perfecta en la que siempre se respetase la dignidad de las personas y nunca se tratase a los demás únicamente como instrumentos destinados a lograr nuestros intereses).

Trabaja con textos

7. Lee el texto y contesta las preguntas:

   Cuando pienso un imperativo hipotético en general no sé lo que contiene hasta que me es dada la condición, pero si pienso un imperativo categórico enseguida sé qué contiene.

   En efecto, puesto que el imperativo no contiene, aparte de la ley, más que la necesidad de la máxima de adecuarse a esa ley, y esta no se encuentra limitada por ninguna condición, no queda entonces nada más que la universalidad de una ley general a la que ha de adecuarse la máxima de la acción, y esa adecuación es lo único que propiamente representa el imperativo como necesario.

   Por consiguiente, solo hay un imperativo categórico y dice así: obra solo según aquella máxima que puedas querer que se convierta, al mismo tiempo, en ley universal.

   Immanuel KANT: *Fundamentación de la metafísica de las costumbres.*

   a) ¿Qué diferencia existe, según este fragmento, entre lo que Kant denomina imperativo hipotético e imperativo categórico?

   b) ¿Por qué el imperativo categórico nos obliga a elaborar normas universalmente válidas?

   c) ¿Cuál es la formulación del imperativo categórico que aparece recogida en este texto?

Resuelve el dilema

8. El texto que tienes a continuación presenta el célebre "dilema del tranvía" propuesto por la filósofa británica Philippa Foot.

   La situación que plantea nos obliga a analizar algunas de las consecuencias problemáticas que pueden estar asociadas a una ética utilitarista.

   Supongamos que un juez se enfrenta a unos manifestantes violentos que exigen encontrar un culpable para un determinado delito, amenazando, de lo contrario, con tomarse la justicia por su mano de forma sangrienta. Como el verdadero culpable es desconocido, el juez solo se ve capaz de evitar el derramamiento de sangre acusando a una persona inocente y ejecutándola.

   Junto a este ejemplo podemos poner otro en el que un piloto cuyo avión está a punto de chocar tiene que decidir si debe dirigirse desde una zona más poblada a una zona menos poblada. Para hacer los dos casos lo más similares posible, se puede suponer también que se trata del conductor de un tranvía fuera de control que solo puede elegir entre dos caminos distintos. En una de las direcciones posibles hay cinco hombres trabajando, mientras que hay un hombre en la otra. Sea cual sea el camino que elija, el conductor se ve obligado a matar a alguien. En el caso de los disturbios podemos pensar que si los manifestantes deciden vengarse lincharán a cinco personas, con lo que en ambas situaciones intercambia la vida de un hombre por las vidas de otros cinco.

   Philippa FOOT: *El problema del aborto y la doctrina del doble efecto* (adaptación).

   a) ¿Qué crees que debería hacer el juez del dilema que se plantea en el fragmento anterior ante esa situación? ¿Por qué motivos?

   b) ¿Y qué debería hacer el conductor del tranvía? ¿Por qué razones?

III. La ética de la justicia

5. La justicia como imparcialidad en la teoría ética de Rawls

5.1. ¿Qué es la justicia?

Desde los inicios del pensamiento filosófico, la justicia siempre ha sido considerada como una virtud ética fundamental. Para garantizar nuestra convivencia con los demás es necesario que la justicia se respete. Pero ¿qué es exactamente la justicia?

De acuerdo con la definición generalmente aceptada, la justicia consiste en dar a cada persona **lo que le corresponde**.

En las sociedades tradicionales, donde existía un rígido reparto de papeles para las distintas funciones sociales, estaba bastante claro lo que correspondía a cada uno. En estos casos existía una visión compartida sobre lo que era justo o injusto.

Nuestras igualitarias sociedades modernas, por el contrario, son mucho más diversas y complejas, de manera que no siempre es fácil saber lo que es justo o injusto. En el mundo actual conviven muchos grupos distintos de personas, que suelen tener opiniones diferentes acerca del bien. No todos estamos de acuerdo a la hora de determinar cuáles son los objetivos más importantes que debemos tratar de alcanzar en la vida.

En estas circunstancias resulta imprescindible encontrar la manera de elaborar unas normas mínimas de convivencia que todos podamos aceptar. Las éticas de la justicia se centran precisamente en analizar cómo podríamos crear esas normas armonizando la pluralidad de valores e intereses que caracterizan el mundo actual.

Las éticas de la justicia pretenden encontrar una forma adecuada para elaborar las normas que regulan nuestra convivencia **respetando el pluralismo** de las sociedades contemporáneas.

Fíjate

DOS CONCEPCIONES DE LA JUSTICIA

En su *Política*, Aristóteles distingue dos formas distintas de justicia que conviene diferenciar con claridad.

Por un lado está la **justicia conmutativa**, asociada a los **intercambios**. La justicia conmutativa se presenta, por ejemplo, cuando compramos o vendemos algo. En esos casos es justo que recibamos algo con el mismo valor de lo que damos.

Pero además existe la **justicia distributiva**, que está relacionada con los **repartos**. Esta forma de justicia surge, por ejemplo, cuando tenemos que distribuir recompensas o cargas entre varias personas. En este caso lo justo es distribuir de acuerdo con el **mérito**, la **capacidad** o la **necesidad** de cada cual. Un ejemplo importante en nuestra sociedad actual es el de los impuestos. No sería justo que todo el mundo pagase los mismos impuestos, porque algunas personas tienen muchos más recursos que otras. Así que es preciso distribuir esta carga de forma adecuada, haciendo que paguen más los que más tienen.

5.2. La teoría de la justicia de Rawls

Las reflexiones sobre la justicia del filósofo norteamericano **John Rawls** comienzan planteando una pregunta aparentemente sencilla: ¿Qué condiciones deberían cumplirse para que podamos decir que las normas que rigen nuestra sociedad son justas?

Las leyes legítimas son las que se inspiran en unos criterios de justicia.

Según Rawls, las normas no son justas cuando están diseñadas para beneficiar a un grupo concreto de personas perjudicando al resto de la población. Para que podamos decir que en una sociedad reina la justicia, hace falta que todas las personas sean tratadas con imparcialidad. Eso significa que las normas no deben establecer diferencias injustas basadas en características personales como el color de la piel, el sexo, la inteligencia o la riqueza.

Si queremos establecer unas normas válidas que sean justas e imparciales, lo que debemos hacer es llegar a un acuerdo que sea aceptable para todos, independientemente de las circunstancias personales o de la posición en la sociedad.

5.3. La posición originaria y el velo de ignorancia

Para comprender cómo podríamos llegar a un acuerdo de este tipo, Rawls nos invita a imaginar que pudiéramos participar en el proceso por el cual se crean las leyes que regulan nuestra vida en común. Supongamos que todas las personas que van a formar parte de la sociedad pudieran reunirse para fundar su convivencia. En ese encuentro se tiene que llegar a un acuerdo sobre las normas que van a organizar la sociedad. ¿Cuál es el procedimiento que debemos seguir para que esas reglas sean justas?

Si queremos conseguir que las normas sean imparciales, ninguno de los participantes debe tratar de obtener privilegios basados en sus características personales. Rawls explica que esto podría conseguirse si las personas que están elaborando las reglas de convivencia no supiesen cuáles van a ser sus circunstancias en el futuro.

Rawls llama posición originaria a esta situación ficticia que pretende reproducir las condiciones adecuadas para alcanzar acuerdos justos. En esta posición, los participantes no saben cuál va a ser su papel en la sociedad, como si existiese sobre ellos un velo de ignorancia que les impidiera conocer su situación futura.

La teoría de la justicia de Rawls introduce la idea de una **posición originaria** en la que los participantes estuvieran bajo un **velo de ignorancia**. En estas condiciones, las normas elaboradas entre todos serían justas porque respetarían la **imparcialidad**.

Supongamos que las personas que tienen que establecer las normas no pudieran saber cuál va a ser su inteligencia, su sexo, su etnia, su clase social o su riqueza en esa sociedad futura. Rawls piensa que en esa situación tratarían de hacer leyes justas e imparciales, de manera que no se vieran perjudicadas si en el nuevo reparto de papeles sociales les tocasen en suerte unas circunstancias desventajosas.

5.4. Los principios de una sociedad justa

Si las normas que regulan nuestra sociedad pudieran establecerse en la posición originaria tras un velo de ignorancia, ¿cuáles serían los principios básicos que habría que respetar? Rawls piensa que en esas circunstancias todos los participantes tratarían de conseguir que la posición social más desfavorecida tuviera las mejores condiciones posibles de vida. Esto, en la práctica, se traduce en dos principios fundamentales que constituyen la base de la justicia social:

- **Principio de igualdad**: Todas las personas deben gozar de derechos y de la máxima libertad posible. Lo único que puede limitar nuestros derechos y libertades es el respeto a los derechos y libertades de los demás.

Fíjate

LA MÁQUINA DEL VELO DE IGNORANCIA

En un lejano país, un inventor prodigioso ha conseguido fabricar la máquina del velo de ignorancia. Si una persona entra en esa máquina, su cuerpo se desintegra y en su lugar aparece otro cuerpo diferente. Antes de entrar en la máquina nadie sabe en qué va a convertirse al salir. Puedes salir transformado en una persona muy rica o muy pobre, en alguien muy inteligente o poco lúcido, en un hombre o en una mujer, en una persona de piel blanca o de piel negra...

Los habitantes de este país han decidido usar la máquina para construir una sociedad más justa. Para lograrlo van a reunirse entre todos y van a tratar de llegar a un acuerdo sobre las normas que deben regular la convivencia. Lo principal es que todos los participantes se han comprometido a pasar por la máquina del velo de ignorancia cuando termine la reunión. De esta forma nadie tratará de aprovecharse de su situación para hacer leyes que le beneficien particularmente, puesto que no sabe en qué se va a convertir al final de la reunión.

17. Si tú estuvieras en esta situación, ¿qué tipo de leyes contribuirías a establecer?

18. ¿Cuáles crees que deberían ser los principios básicos de una sociedad que pudiera construirse de esta manera?

19. ¿Crees que esos criterios serían justos?

LA POSICIÓN ORIGINARIA

En *Teoría de la justicia* se afirma que la posición originaria tiene la función de establecer un procedimiento justo. Se trata de una concepción procedimental de la justicia que pretende anular los efectos que las contingencias concretas ejercen sobre los hombres y que les permiten obtener ventajas naturales o sociales. Para neutralizar esas posibles ventajas, se coloca a los participantes de la posición originaria tras un velo de ignorancia que les impide el conocimiento de las diversas alternativas que se relacionan con su propia situación, obligándoles a evaluar los principios conforme a consideraciones generales. Los únicos hechos particulares que conocen las partes son las circunstancias de justicia y los hechos generales acerca de la sociedad humana.

Elena BELTRÁN PEDREIRA: *La filosofía política de John Rawls*, incluido en Fernando VALLESPÍN (ed.) *Historia de la Teoría Política*.

20. ¿Qué quiere decir que la teoría de Rawls es una "concepción procedimental de la justicia"?

21. ¿Qué es lo que pretende conseguir Rawls al situar a los participantes en la posición originaria tras un velo de ignorancia?

- **Principio de diferencia**: Las diferencias sociales solo son justas cuando producen un beneficio para todos los individuos, incluyendo a los más desfavorecidos. Esto significa que en una sociedad justa no es preciso que todas las personas gocen de los mismos bienes y privilegios. Sin embargo, la desigualdad en la distribución solo es justa cuando también favorece a los que están en peor situación. Además, para que haya una verdadera igualdad de oportunidades es necesario que la sociedad compense las desigualdades que puedan existir entre las personas y que no se deban a una diferencia de mérito entre ellas.

6. La ética dialógica de Apel y Habermas

6.1. Una ética del consenso

La propuesta ética de **Karl Otto Apel** y de **Jürgen Habermas** también aspira a diseñar un procedimiento que nos permita elaborar normas justas. Según estos autores, esto solo se puede conseguir mediante un diálogo sincero y abierto en el que todos los implicados traten de llegar a un acuerdo. Por eso se suele decir que Apel y Habermas proponen una **ética dialógica** basada en el consenso.

Como nuestras sociedades plurales son muy diversas, cualquier proceso de diálogo deberá tener en cuenta una multiplicidad de perspectivas diferentes que no siempre resulta fácil conjugar. En estas circunstancias, podemos decir que una norma es justa cuando todos los afectados por ella están de acuerdo en aceptarla después de haber dialogado abiertamente sobre su contenido y consecuencias.

Sin embargo, no toda forma de comunicación conduce a normas justas y adecuadas. Para ser aceptable, el proceso de diálogo debe estar abierto a todos los interesados. Además, debe garantizarse a todos los participantes la posibilidad de expresar su opinión sin que haya ningún tipo de coacciones o amenazas. Una situación como esta, en la que todos pueden intervenir en condiciones de simetría e igualdad, es una **comunidad ideal de diálogo**.

Según Apel y Habermas, la forma válida de establecer normas justas es el **consenso** dentro una comunidad ideal de diálogo.

La teoría de la acción comunicativa de Apel y Habermas resalta la importancia del diálogo entre todas las personas afectadas.

HALLAR LA JUSTICIA MEDIANTE EL DIÁLOGO

Obra solo según una máxima tal que puedas suponer (en un experimento mental) que las consecuencias y subconsecuencias que —para la satisfacción de los intereses de cada uno de los afectados— resultaran previsiblemente de su seguimiento universal pudieran ser aceptadas sin coacción por todos los afectados (en un diálogo real, si pudiera ser llevado a cabo entre todos ellos).

Karl Otto APEL: *¿Límites de la ética discursiva?*

22. Según el texto, ¿cuál es la condición que deben cumplir nuestras máximas de conducta?

23. ¿En qué se parece y en qué se diferencia esta condición del imperativo categórico kantiano?

Protagonistas de la filosofía

JÜRGEN HABERMAS (1929)

El filósofo y sociólogo alemán Jürgen Habermas es una de las figuras intelectuales más relevantes de la segunda mitad del siglo XX. Su interés por la filosofía práctica y las cuestiones sociales le llevó a colaborar con Theodor Adorno en el Instituto de Investigación Social de Frankfurt. Debido a su relación con esta institución y a sus importantes aportaciones en el campo de la sociología, puede decirse que Habermas es el principal representante de la segunda generación de la Escuela de Frankfurt.

El pensamiento de Habermas se caracteriza por haber logrado sintetizar el estudio empírico de la sociedad con algunas de las propuestas filosóficas más relevantes del pensamiento contemporáneo. Nuestra época se caracteriza por una grave crisis de confianza en el proyecto racional y emancipador de la Ilustración. En este contexto, la propuesta de Habermas pretende reafirmar la importancia de la razón para superar las críticas a las que esta ha sido sometida. Para ello, Habermas propone reformular nuestra concepción de la racionalidad, ligándola estrechamente al procedimiento deliberativo y a la ética discursiva. Estas ideas están recogidas en su obra *Teoría de la acción comunicativa*, que es uno de los libros de filosofía más importantes del siglo XX.

Párate a pensar

Recapitula

1. ¿En qué consiste la posición original de la que habla John Rawls en su teoría de la justicia? ¿Por qué afirma Rawls que en esas circunstancias los participantes deberían actuar bajo un velo de ignorancia?
2. De acuerdo con Rawls, ¿cuáles son los dos principios básicos que deben estructurar una sociedad justa establecida desde la posición original?
3. ¿Qué es lo que propone la ética dialógica de Apel y Habermas?
4. ¿En qué consiste una "comunidad ideal de diálogo"? ¿Qué normas deben satisfacerse para que podamos decir que una conversación tiene lugar en una comunidad ideal de diálogo?

Construye el concepto

5. Define los siguientes términos filosóficos con los diccionarios propuestos (p. 1). A continuación, escribe una frase con cada uno de ellos en la que se aprecie su significado.
   - ética procedimental
   - velo de ignorancia
   - principio de igualdad
   - principio de diferencia
   - ética dialógica
   - comunidad ideal de diálogo

Trabaja con textos

6. Lee el texto y contesta las preguntas:

   En la justicia como imparcialidad, la posición original de igualdad corresponde al estado de naturaleza en la teoría tradicional del contrato social. Por supuesto que la posición original no está pensada como un estado de cosas históricamente real, y mucho menos como una situación primitiva de la cultura. Se considera como una situación puramente hipotética caracterizada de tal modo que conduce a cierta concepción de la justicia. Entre los rasgos esenciales de esta situación, está el de que nadie sabe cuál es su lugar en la sociedad, su posición, clase o estatus social; nadie sabe tampoco cuál es su suerte en la distribución de ventajas y capacidades naturales, su inteligencia, su fortaleza, etc. Supondré, incluso, que los propios miembros del grupo no conocen sus concepciones acerca del bien, ni sus tendencias psicológicas especiales. Los principios de la justicia se escogen tras un velo de ignorancia. Esto asegura que los resultados del azar natural o de las contingencias de las circunstancias sociales no darán a nadie ventajas ni desventajas al escoger los principios. Dado que todos están situados de manera semejante y que ninguno es capaz de delinear principios que favorezcan su condición particular, los principios de la justicia serán el resultado de un acuerdo o de un convenio justo, pues dadas las circunstancias de la posición original y la simetría de las relaciones entre las partes, esta situación inicial es equitativa entre las personas en tanto que seres morales, esto es, en tanto que seres racionales con sus propios fines, a quienes supondré capaces de un sentido de la justicia. Podría decirse que la posición original es el *statu quo* inicial apropiado y que, en consecuencia, los acuerdos fundamentales logrados en ella son justos. Esto explica lo apropiado del nombre "justicia como imparcialidad": transmite la idea de que los principios de la justicia se acuerdan en una situación inicial que es justa.

   John RAWLS: *Teoría de la justicia*.

   a) ¿Cuáles son las características que definen la posición original según el autor?

   b) ¿Por qué se afirma en el texto que la posición original garantiza la "justicia como imparcialidad"? ¿Qué significado tiene esta expresión?

7. Lee el texto y contesta las preguntas:

   Con la práctica argumentativa se pone en marcha una competición cooperativa a la búsqueda de los mejores argumentos, competición que une *a limine* a los participantes en el orientarse al objetivo del entendimiento. El supuesto de que la competición puede conducir a resultados "aceptables racionalmente", e incluso "convincentes", se fundamenta en la fuerza de convicción de los argumentos. Lo que cuenta como buen o mal argumento es algo que, por supuesto, se puede poner en discusión. Por tanto, la aceptabilidad racional de una emisión reposa en último término en razones conectadas con determinadas propiedades del mismo proceso de argumentación. Nombraré solo las cuatro más importantes: (a) nadie que pueda hacer una contribución relevante puede ser excluido de la participación; (b) a todos se les dan las mismas oportunidades de hacer sus aportaciones; (c) los participantes tienen que decir lo que opinan; (d) la comunicación tiene que estar libre de coacciones tanto internas como externas, de modo que las tomas de posición con un sí o con un no ante las pretensiones de validez susceptibles de crítica únicamente sean motivadas por la fuerza de convicción de los mejores argumentos [...] Bajo las premisas supuestas por todos de una orientación al entendimiento recíproco al fin puede lograrse "en común" esa aceptación "sin coacción".

   Jürgen HABERMAS: *Una consideración genealógica acerca del contenido cognitivo de la moral*.

   a) ¿Cuáles son, según el texto, las condiciones que deben cumplirse en una argumentación para que el diálogo sea válido y aceptable?

   b) De acuerdo con el autor, ¿cuál es el objetivo que tiene una comunidad ideal de diálogo como esta?

8. Lee el texto y contesta las preguntas:

   Nos encontramos, pues, con una reformulación del imperativo kantiano de la universalización, en la que se expresa una razón dialógica, y cuya prueba de fuego no es la contradicción con el pensamiento, sino con el querer las consecuencias que se seguirían en el caso de que la norma entrase en vigor. La voluntad racional, lo que "todos podrían querer", sigue siendo el criterio para legitimizar normas morales, pero desde el diálogo real y el cálculo de las consecuencias. Semejante norma nos dirá quiénes son "todos" los incluidos en el concepto de voluntad racional que —frente a Kant— no serán todos los seres racionales y —frente a los convencionalistas— no serán todos los participantes de facto en el diálogo, sino todos los afectados por la entrada en vigor de la norma. Sin embargo, con ello no hemos excedido el ámbito de las reglas de la argumentación y por ello la ética discursiva propone un principio ético, que expresa la idea fundamental de una teoría moral: "Solo pueden pretender validez las normas que encuentran (o podrían encontrar) aceptación por parte de todos los afectados, como participantes en un discurso práctico".

   Adela CORTINA: *La ética discursiva*, incluido en Victoria CAMPS (ed): *Historia de la ética*.

   a) Según este texto, ¿cuál es la relación que hay entre la ética dialógica y la ética kantiana? ¿En qué se parecen y en qué se diferencian estas dos propuestas éticas?

   b) De acuerdo con la autora, ¿cómo podría formularse la idea básica de la ética discursiva?

Comentario de texto

Texto 1

Si la felicidad es, pues, la actividad conforme a la virtud, es razonable pensar que ha de serlo conforme a la virtud más alta, la cual será la virtud de la parte mejor del hombre. Ya sea esta la inteligencia, ya alguna otra facultad a la que por naturaleza se adjudica el mando y la guía y el cobrar noticia de las cosas bellas y divinas; y ya sea eso mismo algo divino o lo que hay de más divino en nosotros; en todo caso la actividad de esta parte ajustada a la virtud que le es propia será la felicidad perfecta. Y ya hemos dicho antes que esta actividad es contemplativa.

ARISTÓTELES: *Ética a Nicómaco.*

Texto 2

Únicamente es imparcial la situación desde la cual son susceptibles de universalización precisamente aquellas normas que, al incorporar de modo manifiesto un interés común a todas las personas afectadas, pueden contar con una aprobación general, así como conseguir un reconocimiento intersubjetivo. La formación imparcial del juicio se expresa en un principio que obliga a cada cual en el círculo de los afectados a acomodarse a la perspectiva de todos los demás a la hora de sopesar los intereses. [...] Así, cada norma válida habrá de satisfacer la condición de que las consecuencias y efectos secundarios que se siguen de su acatamiento general para la satisfacción de los intereses de cada persona (presumiblemente) puedan resultar aceptados por todos los afectados (así como preferidos a los efectos de las posibilidades sustitutivas de regulación).

Jürgen HABERMAS: "Ética del discurso",
incluido en el volumen *Conciencia moral y acción comunicativa.*

Texto 3

Acostúmbrate a considerar que la muerte no es nada en relación a nosotros. Porque todo bien y todo mal está en la sensación; ahora bien, la muerte es privación de sensación. De aquí se sigue que el recto conocimiento de que la muerte no es nada en relación a nosotros hace gozosa la condición mortal de la vida, no añadiéndole un tiempo ilimitado, sino apartándole el anhelo de inmortalidad. Pues no hay nada temible en el vivir para aquel que ha comprendido rectamente que no hay nada temible en el no vivir. Necio es, entonces, el que dice temer la muerte, no porque sufrirá cuando esté presente, sino porque sufre de que tenga que venir. Pues aquello cuya presencia no nos atribula, al esperarlo nos hace sufrir en vano.

Así, el más terrorífico de los males, la muerte, no es nada en relación a nosotros, porque, cuando nosotros somos, la muerte no está presente, y cuando la muerte está presente, nosotros no somos más. Ella no está, pues, en relación ni con los vivos ni con los muertos, porque para unos no es, y los otros ya no son. Pero el vulgo unas veces huye de la muerte como el mayor de los males, otras la prefiere como el término de los males del vivir. El sabio, en cambio, no teme el no vivir: pues ni le pesa el vivir ni estima que sea algún mal el no vivir. Y así como no elige en absoluto el alimento más abundante, sino el más agradable, así también no es el tiempo más largo, sino el más placentero el que disfruta. El que recomienda al joven vivir bien, y al viejo bien morir, es necio, no solo por lo agradable de la vida, sino también porque el arte de vivir bien y de morir bien es el mismo.

EPICURO: *Carta a Meneceo.*

Disertación filosófica

Las éticas materiales frente a las éticas formales

Las éticas materiales nos proponen encaminar nuestra vida hacia la consecución de un bien supremo. Las éticas formales, en cambio, rechazan esta perspectiva porque consideran que debe ser el propio individuo quien elija de forma autónoma sus propios objetivos y sus normas morales.

- ¿Cuál de estas dos propuestas éticas te parece más adecuada?
- ¿Son compatibles las éticas materiales con la necesaria autonomía de los agentes morales?
- ¿Es posible saber con certeza cuál debe ser el objetivo material que ha de guiar nuestras vidas?
- ¿Puede una ética formal ofrecernos alguna indicación precisa sobre el modo en que debemos actuar? ¿O, por el contrario, resulta que las éticas formales no tienen utilidad práctica en la vida real?

Debate filosófico

¿Es posible aplicar una ética de la justicia?

Las éticas de la justicia son propuestas procedimentales que prestan especial atención a la forma en la que deberían elaborarse las normas para que estas puedan ser justas. Rawls considera que la justicia quedaría asegurada en la posición originaria si los participantes legislasen como si estuvieran tras un velo de ignorancia sobre su posición futura en la sociedad. Habermas, en cambio, piensa que la condición para que las normas sean justas es que estas hayan sido elaboradas en una auténtica comunidad ideal de diálogo.

- ¿Pueden estas propuestas llevarse a la práctica?
- ¿No se tratará de idealizaciones hipotéticas que nunca pueden llevarse a cabo en la vida real?
- ¿Cómo son realmente las situaciones en las que los agentes dialogan para establecer unas normas?
- ¿Están caracterizadas por la igualdad, la imparcialidad y la simetría?

Una obra para comentar

Carta a Meneceo

La *Carta a Meneceo*, de Epicuro, es un texto muy claro y muy breve en el que se exponen las ideas fundamentales de lo que llamamos ética hedonista. Epicuro defiende la importancia del placer como objetivo al que debemos aspirar, deteniéndose a explicar que el placer se logra gracias a la ausencia de miedo, dolor y perturbación. La felicidad consiste en el bienestar del cuerpo y del alma. Si queremos tener una vida feliz, debemos esforzarnos por liberarnos de las preocupaciones y las inquietudes, cultivando la sabiduría y la amistad, y tratando de comportarnos con moderación y prudencia.

Conexiones filosóficas

Ética y psicología

Todas las éticas materiales suponen que los seres humanos tenemos una serie de necesidades fundamentales que pretendemos satisfacer. Eso significa que, para vivir satisfactoriamente, debemos esforzarnos en perseguir un bien supremo, que coincide con nuestras máximas aspiraciones.

- ¿Es cierto que todos los seres humanos deseamos las mismas cosas?
- ¿Qué relación existe entre la ética y las necesidades psicológicas de las personas?
- ¿Puede la psicología científica ayudarnos a entender las motivaciones y aspiraciones de los seres humanos?
- ¿Sería posible fundar una ética material en alguna teoría empírica sobre la psicología, como la pirámide de las necesidades propuesta por Maslow?

Trabajo en equipo

Véndeme tu ética

Se trata de preparar un anuncio publicitario en el que se promocione una teoría ética concreta. Primero hay que conseguir información sobre el tema para poder crear después un corto espacio de publicidad elaborado con diapositivas o con un vídeo. Entre otras, podéis trabajar con las siguientes propuestas éticas:

- El intelectualismo moral de Sócrates
- El estoicismo
- La ética cristiana
- El emotivismo moral de Hume
- La ética de Nietzsche
- El utilitarismo
- El imperativo categórico

a) El profesor creará los grupos y asignará a cada uno una corriente ética. Después, los grupos buscarán información sobre la corriente que les haya correspondido.

b) A continuación, el grupo preparará la presentación publicitaria para vender esta ética como la mejor de todas. Se trata de una presentación de diapositivas, a la que podemos añadir imágenes, música, mensajes grabados en audio, etc. Como un anuncio de verdad, la presentación será mejor cuanto más clara, impactante y directa resulte.

c) Una vez terminada la tarea, se pasarán todos los anuncios en clase y se realizará una votación para ver qué anuncio nos ha gustado más, y para comprobar qué ética es la que os parece la más adecuada.

Bibliografía

ARISTÓTELES: ***Ética a Nicómaco.***

EPICURO: ***Obras completas.***

John Stuart MILL: ***Utilitarismo.***

Immanuel KANT: ***Fundamentación de la metafísica de las costumbres.***

John RAWLS: ***La justicia como equidad.***

Alasdair MACINTYRE: ***Historia de la ética.***

Filmografía

Michael Clayton. Tony GILROY. La película aborda el dilema moral de un exitoso abogado cuando un amigo descubre que la compañía a la que defiende es responsable de haber intoxicado y causado la muerte a cientos de personas.

El jardinero fiel. Fernando MEIRELLES. La esposa de un diplomático inglés enviado a África investiga las sospechosas prácticas de grandes empresas farmacéuticas en la zona.

Mapa conceptual

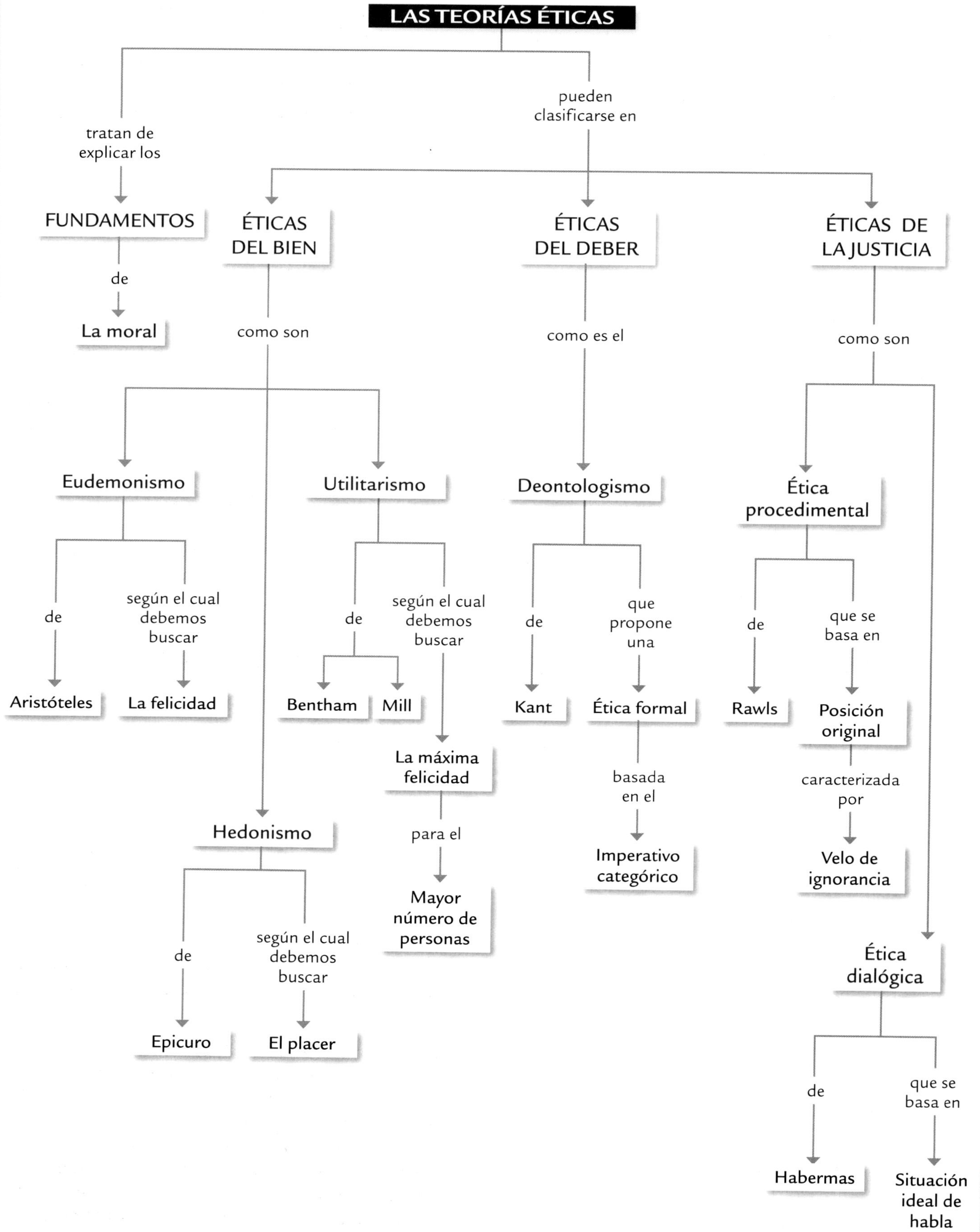

Evaluación

Elige la respuesta correcta para cada una de las siguientes preguntas. Recuerda que de todas las opciones solo una es válida.

1. **¿Por qué decimos que la ética propuesta por Aristóteles es eudemonista?**
   a) Porque insiste en la importancia de cultivar la virtud humana.
   b) Porque afirma que la base de la ética está en la racionalidad humana.
   c) Porque sostiene que el objetivo que debe guiar nuestras acciones es la búsqueda de la felicidad.
   d) Porque defiende la importancia de la costumbre en el desarrollo de nuestra vida ética.

2. **¿Qué es lo que propone el hedonismo de Epicuro?**
   a) El cumplimiento del deber.
   b) La reflexión sobre las consecuencias que tienen nuestras acciones.
   c) El cálculo del placer y del dolor que nuestro comportamiento va a producir en los demás.
   d) La búsqueda del placer propio tratando de evitar el sufrimiento.

3. **¿Qué es lo que significa el término griego *ataraxia*?**
   a) Placer.
   b) Felicidad.
   c) Imperturbabilidad.
   d) Virtud.

4. **¿A qué llamaban "utilidad" los filósofos Jeremy Bentham y John Stuart Mill?**
   a) Al placer individual.
   b) A la felicidad que todos los seres humanos tratamos de alcanzar.
   c) Al sentimiento de realización personal que obtenemos cuando cumplimos con nuestra obligación.
   d) Al cálculo de las consecuencias que tendrán nuestras acciones sobre los demás.

5. **¿Por qué criticaba Kant todas las propuestas éticas anteriores a él?**
   a) Porque eran materiales, heterónomas, hipotéticas y a posteriori.
   b) Porque eran formales, autónomas, hipotéticas y a posteriori.
   c) Porque eran materiales, heterónomas, necesarias y a priori.
   d) Porque eran materiales, autónomas, universales y a posteriori.

6. **¿De qué modo formuló Immanuel Kant su célebre imperativo categórico?**
   a) Actúa siempre según una máxima que puedas querer que se convierta en ley universal.
   b) Actúa siempre según una máxima que respete la dignidad de las personas.
   c) Actúa siempre según una máxima que pudiera convertirse en la legislación de una sociedad perfecta.
   d) Kant ofreció tres formulaciones distintas del imperativo categórico, que se corresponden con las tres respuestas anteriores.

7. **¿A qué llama John Rawls "la posición originaria"?**
   a) A una situación en la que todos los miembros de la sociedad elaboran las normas de convivencia mediante un proceso de diálogo imparcial y abierto.
   b) A una situación en la que todos los miembros de la sociedad elaboran las normas de convivencia mediante un cálculo utilitarista.
   c) A una situación en la que todos los miembros de la sociedad elaboran las normas de convivencia bajo un velo de ignorancia que respete la imparcialidad.
   d) A una situación en la que todos los miembros de la sociedad elaboran las normas de convivencia de acuerdo con la representación proporcional obtenida en un proceso de votación democrático y abierto.

8. **¿Cuál es la idea fundamental que articula la propuesta ética de Apel y Habermas?**
   a) El cumplimiento del deber.
   b) La búsqueda de la utilidad.
   c) El consenso alcanzado en el proceso de diálogo.
   d) La posición originaria tras un velo de ignorancia.

Contesta por escrito las cuestiones siguientes:

9. **¿Existe alguna distinción entre una ética eudemonista y una ética hedonista? ¿Es posible que una teoría ética sea al mismo tiempo eudemonista y hedonista?**

10. **¿Qué diferencia hay entre el utilitarismo del acto y el de la norma? Aclara tu respuesta con ejemplos concretos. ¿Cuál de estas dos propuestas te parece más adecuada dentro del marco de una ética utilitarista?**

11. **¿Crees que el imperativo categórico kantiano puede servirnos hoy en día como guía para la elaboración de normas éticas? ¿Pueden derivarse reglas específicas de este principio tan general y abstracto? ¿Es realista una propuesta ética que otorga más importancia al cumplimiento del deber que a las consecuencias prácticas de nuestro comportamiento? ¿Cómo podría reformularse el imperativo kantiano para adecuarse a los problemas éticos de nuestro tiempo?**

14 La política

- ¿Cómo debería organizarse nuestra convivencia en sociedad? ¿Cuándo resulta aceptable el ejercicio del poder?
- ¿Es la sociedad algo natural o se trata de una creación artificial?
- ¿Qué es el Estado? ¿Qué relación existe entre el Estado y el individuo?
- ¿Qué diferencia hay entre un Estado liberal y otro totalitario?
- ¿En qué consiste la democracia?

Objetivos

> Identificar las distintas modalidades de legitimación del poder político.

> Distinguir la teoría de la sociabilidad natural de las teorías del contrato social.

> Explicar en qué consiste el Estado, describiendo la relación que existe entre el Estado y los individuos.

> Reconocer los rasgos que diferencian a un Estado totalitario de otro liberal.

> Saber en qué consiste la democracia, distinguiendo la democracia directa de la representativa.

Contenidos

Política y sociedad

- El poder político es la capacidad que tienen algunos individuos o instituciones para dirigir las acciones de los demás.
- El ejercicio del poder solo es legítimo cuando cuenta con la aprobación y el reconocimiento de quienes deben obedecer.
- En la filosofía de Aristóteles, la ética y la política están unidas. Sin embargo, en la Edad Moderna los filósofos separaron estos dos ámbitos de reflexión.

El origen de la sociedad

- Aristóteles pensaba que los seres humanos somos sociales por naturaleza. Vivir en sociedad forma parte de nuestra esencia humana desde el nacimiento.
- Los filósofos de la Edad Moderna defienden una visión contractualista de la sociedad. Según esta teoría, la convivencia es resultado de un acuerdo que permitió a los seres humanos salir del estado de naturaleza.

El individuo y el Estado

- Nuestra forma de organización sociopolítica actual, basada en la existencia de distintos Estados nacionales, comenzó a desarrollarse a finales de la Edad Media.
- El Estado es una institución soberana e independiente que se considera legitimado para ejercer el poder sobre una población que vive en un territorio determinado.
- Existen diversas formas de entender las relaciones entre el individuo y el Estado, que van desde el anarquismo hasta el liberalismo o el totalitarismo.

La democracia y los derechos humanos

- La democracia es una forma de organización política en la que el poder está en manos del pueblo.
- Para que exista una verdadera democracia debe verificarse el imperio de la ley, los poderes del Estado deben estar separados, los derechos de los ciudadanos han de respetarse y la pluralidad política debe estar garantizada.
- La democracia es el régimen político que mejor garantiza el respeto a los derechos humanos.

I. Política y sociedad

1. Formas de organización social

1.1. Somos seres sociales

Los seres humanos vivimos en **sociedad**. La vida en común facilita nuestra supervivencia y hace posible el aprendizaje. Entre otras cosas, la vida en sociedad nos permite adquirir un lenguaje y asimilar el conjunto de conocimientos, creencias y formas de vida que integran la cultura.

Los humanos somos **seres sociales**. Necesitamos convivir con los demás para desarrollarnos plenamente como personas.

Sin embargo, a lo largo del tiempo han existido formas muy diferentes de organizar la vida en común de los seres humanos. Algunas de ellas son la organización tribal, el esclavismo, el feudalismo o nuestro actual sistema de Estados nacionales. Estas distintas formas de organización social se distinguen por el modo en que reparten las funciones sociales y por la manera en que establecen lo que debe hacer cada persona.

A lo largo del tiempo han existido diversas formas de organizar la vida en sociedad. Algunas de ellas son la organización tribal, la esclavista, la feudal y la estatal.

Litografía del siglo XIX que ilustra el transporte de esclavos africanos.

2. Poder y legitimidad

2.1. ¿Quién debe mandar?

En todas las sociedades humanas existe algún tipo de organización colectiva para distribuir las tareas y mantener el funcionamiento del grupo. En las sociedades complejas formadas por un gran número de individuos, estas tareas de coordinación se realizan mediante el ejercicio del poder político.

El **poder político** es la capacidad de obligar a los demás a actuar de una determinada manera.

El control del poder político permite que un individuo, un grupo o una institución ordene al resto de la población lo que debe hacer. Sin embargo, estas órdenes no siempre son respetadas. Para que el poder político sea

EL PODER Y LA DOMINACIÓN

Poder significa 'la probabilidad de imponer la propia voluntad, dentro de una relación social, aun contra toda resistencia y cualquiera que sea el fundamento de esa probabilidad'.

Por *dominación* debe entenderse 'la probabilidad de encontrar obediencia a un mandato de determinado contenido entre personas dadas'; por *disciplina* debe entenderse 'la probabilidad de encontrar obediencia para un mandato por parte de un conjunto de personas que, en virtud de actitudes arraigadas, sea pronta, simple y automática'. [...]

La situación de dominación está unida a la presencia actual de **alguien** mandando eficazmente a **otro**, pero no está unida incondicionalmente ni a la existencia de un cuadro administrativo ni a la de una asociación; por el contrario, sí lo está ciertamente –por lo menos en todos los casos normales– a **una** de ambas. Una asociación se llama asociación de dominación cuando sus miembros están sometidos a relaciones de dominación en virtud del orden vigente.

Max Weber: *Economía y sociedad*.

1. ¿Cómo define Max Weber el poder? ¿Coincide su definición con la del texto de la unidad?

2. ¿En qué consiste la dominación? ¿Qué diferencia hay, según el autor, entre el poder y la dominación?

3. ¿Qué relación crees que puede haber entre el concepto de dominación que presenta Weber y la idea de autoridad que hemos visto en la unidad?

Proclamación de la Independencia de Perú por José de San Martín el 28 de julio de 1821.

realmente eficaz hace falta que los que deben obedecer acepten la validez de esas órdenes y estén dispuestos a acatarlas.

El poder político es **legítimo** cuando los que deben obeceder reconocen que se ejerce de forma válida.

Para aclarar lo que esto significa, conviene distinguir los conceptos de **poder** y de **autoridad**. Decimos que una persona tiene autoridad cuando quienes deben obedecer sus órdenes la respetan y valoran. A diferencia de lo que sucede con el poder, la autoridad no se puede imponer, sino que solo puede surgir de la aceptación y el reconocimiento de los demás.

2.2. La legitimación del poder político

En ocasiones, el poder político puede imponerse mediante la fuerza a pesar de no ser reconocido como legítimo por la población. Sin embargo, para que el ejercicio del poder pueda mantenerse y perdurar, es mucho más eficaz contar con la aprobación y el reconocimiento de los demás. Por eso para el poder resulta tan importante encontrar una forma de legitimación que justifique su dominio sobre los demás.

Según Max Weber, a lo largo de la historia ha habido tres formas diferentes de legitimación del poder político. La **legitimación tradicional** se basa en el prestigio de las costumbres que se han mantenido inalterables con el transcurso del tiempo. En las sociedades tradicionales, el ejercicio del poder se considera válido si respeta las reglas que se han mantenido en vigor durante generaciones.

En cambio, la **legitimación carismática** se asocia a un individuo excepcional, que por su personalidad extraordinaria suscita la admiración y el respeto de los demás. La sociedad acepta entregar el poder a ese individuo especial por sus cualidades singulares e irrepetibles.

Finalmente, la **legitimación racional-legal** se apoya en la existencia de leyes y reglas racionales que regulan el ejercicio del poder. De acuerdo con esta forma de legitimación, el poder solo será legítimo si se ajusta a lo que indican estas normas.

▲ El absolutismo monárquico fue una de las formas de poder político en la Europa de los siglos XVII y XVIII. Fyodor ROKOTOV: *Catalina II de Rusia* (ca. 1770).

3. Ética y política

3.1. La visión griega de la política

Los antiguos griegos consideraban que una vida humana solo podía alcanzar su plenitud mediante el contacto con los demás. Para ser felices, necesitamos desarrollarnos como personas en sociedad. Por eso, para la filosofía griega la política está estrechamente unida a la ética. Ambas disciplinas tratan acerca de un mismo tema, que es el de la felicidad y el bienestar de las personas.

La filosofía griega considera que la **ética** y la **política** están estrechamente unidas.

Mientras la ética analiza las condiciones de la felicidad individual, la política estudia cómo debe organizarse la sociedad para garantizar una buena vida para todos. Por una parte, la sociedad solo podrá ser buena y justa si las personas que la forman se comportan de manera correcta. Pero, por otra parte, las personas solo serán buenas si la sociedad en que viven está organizada de una forma adecuada y satisfactoria.

LOS TRES TIPOS DE DOMINACIÓN LEGÍTIMA

Existen tres tipos puros de dominación legítima. El fundamento primario de su legitimidad puede ser:

1. De carácter racional: que descansa en la creencia en la legalidad de ordenaciones estatuidas y de los derechos de mando de los llamados por esas ordenaciones a ejercer la autoridad (autoridad legal).

2. De carácter tradicional: que descansa en la creencia cotidiana en la santidad de las tradiciones que rigieron desde lejanos tiempos y en la legitimidad de los señalados por esa tradición para ejercer la autoridad (autoridad tradicional).

3. De carácter carismático: que descansa en la entrega extracotidiana a la santidad, heroísmo o ejemplaridad de una persona y a las ordenaciones por ella creadas o reveladas (autoridad carismática).

Max WEBER: *Economía y sociedad*.

4. De acuerdo con el texto, ¿cuáles son los tres tipos de dominación legítima que puede haber?

5. ¿A cuál de estos tres tipos crees tú que corresponde la legitimación del poder propia de nuestra sociedad actual?

3.2. La sociedad ideal para Platón

El pensamiento político de Platón propone un modelo de sociedad ideal en el que cada persona pueda desarrollarse plenamente según sus características personales. Como recordarás, Platón creía que los seres humanos pueden clasificarse en tres grupos según el tipo de alma que predomine en cada cual. Por eso, Platón pensaba que en una sociedad justa y bien organizada cada tipo de persona debería dedicarse a la ocupación que mejor se ajustase a sus características. Este diseño social está explicado con gran detalle en *La República*, que es una de las obras más importantes de Platón.

Quienes tienen un **alma concupiscible** están dominados por el **apetito**. Estas personas se interesan básicamente por satisfacer sus necesidades materiales, como dormir, comer o resguardarse de las inclemencias del tiempo. Por eso la función social que mejor les corresponde es la **producción** de bienes. Estos individuos deberían dedicarse a la agricultura, a la ganadería, a la artesanía o al comercio, porque este tipo de trabajos se corresponde con sus intereses y aptitudes.

Las personas con **alma irascible** se caracterizan por tener una personalidad apasionada y combativa. Estos individuos serían excelentes **soldados**, ya que el honor y la pasión son sus intereses principales. Por eso quienes tienen este tipo de alma deben ocuparse de defender y proteger a los demás.

Los individuos en los que predomina el alma **racional** se interesan por el **conocimiento** y la sabiduría. La superioridad intelectual de este tipo de personas hace que sean las únicas capacitadas para estudiar **filosofía**. De este modo, tras un largo y dificultoso proceso, podrán llegar algún día a contemplar el mundo de las Ideas. Solo quienes tienen un alma racional pueden comprender cuál es la verdadera realidad y alcanzar la sabiduría. Por eso ellos deben ser los encargados de gobernar.

En la sociedad ideal de Platón, el gobierno debe estar en manos de los filósofos y cada persona debe dedicarse a la función social que mejor se ajuste a su tipo de alma. Solo así la sociedad estará organizada con **justicia**.

3.3. El realismo político aristotélico

La filosofía política de Aristóteles es muy diferente de la de Platón. Las obras de Platón nos describen **cómo debería ser** la sociedad ideal. Por eso suele afirmarse que el pensamiento político de Platón es **normativo**, ya que nos indica cómo habría que organizar la convivencia para que esta fuera satisfactoria.

▲ En la Atenas clásica, el sistema político era una democracia directa. Acrópolis ateniense.

LA ÉTICA Y LA POLÍTICA ESTÁN UNIDAS

La ética y la política (para dar a sus palabras su traducción establecida) constituyen para Aristóteles un estudio continuo al que él llama la filosofía de la vida humana. [...] El tema de ambas es el bien del hombre, el fin al que se dirigen todas las actividades humanas [...]. Al comienzo de la *Ética nicomáquea* se llama al arte político el arte arquitectónico o soberano, que estudia el objetivo final de la acción humana. Aunque el bien es el mismo para un individuo y para la ciudad, el bien para un pueblo y una ciudad "es más grande y más completo, más bello y más bienaventurado". "Estos", continúa él, "son los fines del estudio que nos ocupa [es decir, la ética], que es de una naturaleza política".

W. K. C. GUTHRIE: *Historia de la filosofía griega.*

6. ¿Por qué consideraba Aristóteles que la ética y la política forman una unidad? ¿A qué se dedica cada una de estas dos disciplinas?

7. ¿Qué es lo que lleva a Aristóteles a afirmar que la ética "es de una naturaleza política"?

LA SOCIEDAD IDEAL PLATÓNICA

◀ Según Platón, la sociedad debía construirse a semejanza de las partes del alma humana. El lugar social de los individuos se determinaba por la parte predominante de su alma.

En cambio, los libros de Aristóteles se ocupan más bien de aclararnos **cómo funciona realmente** la sociedad. La perspectiva aristotélica es más bien descriptiva, porque sobre todo se interesa por explicarnos cuáles son los distintos modelos de organización social que pueden encontrarse en la práctica.

Aristóteles comienza por reconocer la existencia de muchas formas de gobierno diferentes. Estas maneras de organizar la convivencia son **justas** cuando buscan el **bien común**. En cambio, las formas de gobierno que se preocupan por el **bien particular** son **injustas**, porque no ejercen el poder en beneficio de todos, sino solo de unos pocos.

Existen tres formas de gobierno justas, dependiendo de cuántas personas ejerzan el poder. En la **monarquía** el mando está a cargo de un único individuo, en la **aristocracia** el gobierno depende de un grupo de personas y en la **democracia** el poder reside en la mayoría del pueblo. En estos tres casos el poder se ejerce de una manera justa, porque el objetivo es la búsqueda del bien común.

Sin embargo, estas tres formas de gobierno también se pueden corromper cuando en lugar del bien común se persigue el bien particular. La **tiranía** aparece como corrupción de la monarquía cuando el rey se interesa por su beneficio individual y no por el bien del pueblo. La **oligarquía** es la degeneración de la aristocracia cuando el gobierno beneficia solo a sus intereses de grupo. Y la **demagogia** es el resultado de un sistema democrático corrupto en el que las mayorías abusan de su poder y no respetan a las minorías.

Aristóteles señaló que todas las formas de gobierno pueden corromperse. Gustav Adolph SPANGENBERG: Detalle de *La escuela de Aristóteles* (1883-1888).

3.4. La separación de ética y política en la Edad Moderna

Las grandes transformaciones que experimentó Europa en la época del Renacimiento provocaron importantes cambios en la visión que los filósofos tenían acerca de la política. En esta época, los pensadores comenzaron a distinguir las cuestiones políticas de los asuntos éticos.

A partir del Renacimiento, los filósofos consideran que la política constituye un ámbito independiente de la moral.

Esta separación entre la ética y la política resulta muy clara en la obra del italiano Nicolás Maquiavelo. En su libro *El príncipe*, Maquiavelo afirma que la política debe ocuparse únicamente de cómo ejercer el poder con eficacia. Para que este saber pueda ser útil es preciso separarlo de las consideraciones éticas. Un buen gobernante no tiene por qué ser bueno, pero sí es imprescindible que sea poderoso. En ocasiones, para adquirir y mantener su poder el rey puede verse obligado a actuar de forma inmoral. Por eso la mentira, el asesinato o la manipulación pueden estar justificados si permiten acrecentar y consolidar el poder.

La distinción entre la ética y la política permitió a los filósofos reflexionar acerca de la sociedad de una forma independiente y ajustada a la realidad. Con el tiempo, esto permitió el desarrollo de la **ciencia política**, que se ocupa de analizar empíricamente las diferentes formas de gobierno y de organización social que existen.

Desde entonces, la ciencia política ha enriquecido notablemente nuestro conocimiento sobre las diversas formas de organizar la vida en común que existen en el mundo. Sin embargo, conviene recordar que aunque la ciencia política puede describir cómo funcionan las sociedades humanas, esta disciplina no es capaz de decirnos cuál es la forma más adecuada de organización social, ni cómo tendríamos que diseñar la política para vivir en un mundo mejor. De estas preguntas, que no tienen respuesta empírica, se ocupa la **filosofía política**.

¿CÓMO DEBE ACTUAR UN PRÍNCIPE?

Nos queda ahora por ver cuál debe ser el comportamiento y el gobierno de un príncipe con respecto a súbditos y amigos. Y porque sé que muchos han escrito de esto, temo —al escribir ahora yo— ser considerado presuntuoso, tanto más cuanto que me aparto —sobre todo en el tratamiento del tema que ahora nos ocupa— de los métodos seguidos por los demás. Pero, siendo mi propósito escribir algo útil para quien lo lea, me ha parecido más conveniente ir directamente a la verdad real de la cosa que a la representación imaginaria de la misma. Muchos se han imaginado repúblicas y principados que nadie ha visto jamás ni se ha sabido que existieran realmente; porque hay tanta distancia de cómo se vive a cómo se debería vivir, que quien deja a un lado lo que se hace por lo que se debería hacer aprende antes su ruina que su preservación: porque un hombre que quiera hacer en todos los puntos profesión de bueno, labrará necesariamente su ruina entre tantos que no lo son. Por todo ello es necesario a un príncipe, si se quiere mantener, que aprenda a poder ser no bueno y a usar o no usar de esta capacidad en función de la necesidad.

Nicolás MAQUIAVELO: *El príncipe*.

8. De acuerdo con este fragmento, ¿qué es lo que ocurre cuando en lugar de tener en cuenta lo que se hace nos dedicamos a pensar en lo que se debería hacer?

9. Según Maquiavelo, ¿qué es lo que debe aprender un príncipe si quiere mantenerse en el poder?

3.5. La utopía frente a la realidad

Sin embargo, no todos los pensadores aceptaron los planteamientos de Maquiavelo. En la época renacentista también hubo filósofos que defendieron la necesidad de reformar la sociedad inspirándose en modelos ideales de organización política. Uno de los más destacados fue el inglés **Tomás Moro**, autor de un libro titulado *Utopía* que pronto se haría muy célebre.

La obra de Moro se presenta como la descripción de una isla imaginaria llamada Utopía, donde la sociedad está organizada de forma igualitaria para garantizar la felicidad de todos. En la isla todos tienen cuanto necesitan para vivir y no existe la propiedad privada, de manera que nadie ambiciona apoderarse de los bienes de los demás. En las cuestiones religiosas la sociedad descrita por Moro es tolerante y respetuosa, favoreciendo así la convivencia pacífica entre personas con diferentes opiniones.

La descripción de esta forma ideal de convivencia contrasta con los graves defectos que caracterizan a las sociedades que existen en la realidad. Por eso la obra de Moro puede interpretarse como una seria crítica a la forma de hacer política que existía en su tiempo. Desde entonces, muchos otros autores han elaborado descripciones similares en las que se detalla cómo habría que organizar la sociedad para superar las imperfecciones e inconvenientes que encontramos en la realidad. En recuerdo del libro escrito por Tomás Moro, estos diseños ideales se denominan utopías.

Una **utopía** es la descripción de un mundo inexistente en el que la sociedad está organizada de manera modélica e ideal.

El desarrollo del pensamiento utópico

El libro de Tomás Moro tuvo un gran éxito y sirvió de inspiración para la elaboración de otros diseños utópicos como *La nueva Atlántida*, de Francis Bacon, y *La ciudad del Sol*, de Tommaso Campanella. En todas estas obras se combina la denuncia de los defectos presentes en las sociedades reales con la confianza en la capacidad de la razón humana para crear una nueva forma de organización política que pueda hacernos mejores y más felices. En el siglo XIX también floreció el pensamiento utópico.

Existe una forma alternativa para denunciar los fallos de la sociedad, que consiste en mostrar el escenario de pesadilla en el que podría llegar a convertirse nuestra convivencia si no se corrigen estos errores. Estas descripciones fantásticas, que se llaman **distopías**, han sido muy populares en el siglo XX.

Las distopías describen con detalle una sociedad del futuro en la que el diseño político ha arrebatado la libertad y la dignidad de las personas. Aunque se trata de relatos imaginarios, las distopías nos proporcionan claves muy valiosas para interpretar el mundo en que vivimos, porque nos hacen pensar en las consecuencias que podrían tener ciertas prácticas sociales si se llevasen a su extremo. Entre las distopías más conocidas cabe destacar novelas como *Un mundo feliz*, de Aldous Huxley, *La máquina del tiempo*, de G. H. Wells, *1984* de George Orwell, o *Fahrenheit 451* de Ray Bradbury.

A menudo los planteamientos utópicos han sido menospreciados por su carácter ilusorio y alejado de la realidad. Sin embargo, las utopías también han servido para poner de manifiesto las incoherencias y las limitaciones de las formas de organización social en las que vivimos. En este sentido, el pensamiento utópico también puede proporcionar un horizonte esperanzador proyectado hacia el futuro, capaz de movilizar las energías de los individuos hacia el cambio en la situación de la sociedad.

UNA SOCIEDAD SIN DINERO

La ciudad está dividida en cuatro distritos iguales. En el centro de cada distrito hay un mercado público donde se encuentra de todo. A él afluyen los diferentes productos del trabajo de cada familia. Estos productos se dejan primero en depósitos, y son clasificados después en almacenes especiales según los géneros.

Cada padre de familia va a buscar al mercado cuanto necesita para él y los suyos. Lleva lo que necesita sin que se le pida a cambio dinero o prenda alguna. ¿Por qué habrá de negarse algo a alguien? Hay abundancia de todo, y no hay el más mínimo temor a que alguien se lleve por encima de sus necesidades. ¿Pues por qué pensar que alguien habrá de pedir lo superfluo, sabiendo que no le ha de faltar nada? Lo que hace ávidos y rapaces a los animales es el miedo a las privaciones. Pero en el hombre existe otra causa de avaricia: el orgullo. Este se vanagloria de superar a los demás por el boato de una riqueza superflua. Un vicio que las instituciones de los utopianos han desterrado.

Tomás MORO: *Utopía*.

10. ¿Cómo funciona la producción y distribución de bienes en la isla de Utopía? ¿Crees que este diseño podría utilizarse en la práctica?

11. ¿Cuál es el origen de la avaricia humana?

12. Si tuviéramos cubiertas las necesidades materiales, ¿seguiría habiendo personas ávidas de acumular prestigio y riquezas? Explica tu respuesta.

▲ La isla de Utopía. Grabado de autor desconocido que ilustraba la primera edición de la obra de Moro (1516).

Párate a pensar

Recapitula

1. ¿Qué es el poder político? ¿En qué se distingue el poder de la autoridad? Explica tu respuesta con ejemplos concretos.

2. Completa la información que falta en esta tabla, donde se presentan las tres formas de legitimación identificadas por Max Weber.

	Legitimación del poder	¿Cómo se ejerce?	Ejemplos
Tradicional	Cuando se respetan las costumbres consagradas por el tiempo	...	...
Carismática	...	Mediante el liderazgo	...
Racional-legal	...	Siguiendo de forma racional lo que indican una serie de reglas prefijadas	Los Estados modernos, como los que existen en la actualidad

3. ¿Qué relación existía, según los antiguos griegos, entre la ética y la política? ¿De qué forma cambió la visión sobre este tema durante la Edad Moderna? Explica tu respuesta.

4. ¿En qué consiste la propuesta de organización social elaborada por Platón en su libro *La República*? ¿Crees que se trata de una visión descriptiva o normativa de la sociedad? Explica tu respuesta.

5. ¿Qué diferencia existe, según Aristóteles, entre las formas de gobierno justas y las injustas? ¿Cuáles son las formas de gobierno justas que describe este autor? ¿Y cuáles son las injustas?

6. ¿Qué es lo que describe el concepto de utopía? ¿De dónde procede este término? ¿Qué significado tiene esta palabra en griego?

   Puedes buscar información sobre esta cuestión en los siguientes enlaces:

   - *Wikipedia*: www.tiching.com/686279
   - *Etimologías*: www.tiching.com/686280
   - *Wikcionario*: www.tiching.com/686281

7. ¿En qué consiste la ciencia política? ¿Qué es lo que diferencia a la ciencia política de la filosofía política?

8. Tomás Moro no fue el único pensador utópico de la época renacentista. Otros destacados autores que elaboraron teorías similares fueron Tommaso Campanella y Francis Bacon.

   Busca información sobre estos pensadores. ¿Qué proponían sus diseños de reforma social? ¿En qué se parecen y en qué se diferencian estos modelos ideales de la isla Utopía imaginada por Tomás Moro?

   Para realizar esta actividad, puede ser útil que consultes los siguientes enlaces:

   - *Campanella*: www.tiching.com/686284
   - *Bacon*: www.tiching.com/686286
   - *Proyecto filosofía*: www.tiching.com/686288

Construye el concepto

9. Define los siguientes términos filosóficos con los diccionarios propuestos (p. 1). A continuación, escribe una frase con cada uno de ellos en la que se aprecie su significado.

   - esclavismo
   - poder político
   - autoridad
   - legitimidad
   - legalidad
   - carisma
   - tiranía
   - oligarquía
   - demagogia
   - utopía

Trabaja con textos

10. Lee el siguiente texto y, a continuación, contesta las preguntas que se proponen:

> Siendo cosas idénticas el gobierno y el régimen político, y siendo el gobierno señor supremo de la ciudad, es absolutamente preciso que el señor sea o un solo individuo, o una minoría, o la multitud de los ciudadanos.
>
> Cuando el dueño único, o la minoría, o la mayoría, gobiernan consultando el interés general, el régimen es necesariamente recto; cuando gobiernan en su propio interés, sea el de uno solo, sea el de la minoría, sea el de la multitud, el régimen se desvía del camino trazado por su fin, puesto que, una de dos cosas, o los miembros de la asociación no son verdaderamente ciudadanos o lo son, y en este caso deben tener su parte en el provecho común.
>
> Cuando la monarquía o gobierno de uno solo tiene por objeto el interés general, se le llama comúnmente reinado. Con la misma condición, al gobierno de la minoría, con tal que no esté limitada a un solo individuo, se le llama aristocracia; y se la denomina así, ya porque el poder está en manos de los hombres de bien, ya porque el poder no tiene otro fin que el mayor bien del Estado y de los asociados. Por último, cuando la mayoría gobierna en bien del interés general, el gobierno recibe como denominación especial la genérica de todos los gobiernos, y se le llama república. Estas diferencias de denominación son muy exactas. [...]
>
> Las desviaciones de estos gobiernos son: la tiranía, que lo es del reinado; la oligarquía, que lo es de la aristocracia; la demagogia, que lo es de la república. La tiranía es una monarquía que solo tiene por fin el interés personal del monarca; la oligarquía tiene en cuenta tan solo el interés particular de los ricos; la demagogia, el de los pobres. Ninguno de estos gobiernos piensa en el interés general.
>
> ARISTÓTELES: *Política*.

a) Según se desprende de este fragmento, ¿cuál crees que es la diferencia entre los regímenes políticos rectos y los desviados?

b) ¿Cuáles son las tres formas de gobierno rectas que se distinguen en el texto?

c) ¿Cuáles son las tres formas de gobierno desviadas que menciona aquí Aristóteles?

II. El origen de la sociedad

4. La teoría de la sociabilidad natural

4.1. El animal político

En la antigua Grecia, los sofistas defendieron la idea de que la sociedad es una creación humana, inventada para facilitar nuestra vida en común. Según esta teoría, la sociedad tiene un origen artificial, porque es el resultado de un convenio.

Por el contrario, Aristóteles estaba convencido de que los seres humanos somos sociales por naturaleza. Según sus propias palabras, el ser humano es un *zoon politikon*, es decir, un 'animal político y social'. Las personas necesitamos vivir en sociedad porque la sociabilidad forma parte de nuestra esencia humana desde el nacimiento. Nadie puede llegar a ser verdaderamente humano si vive al margen de la sociedad. Únicamente conviviendo con los demás podemos alcanzar nuestro objetivo más importante, que es la felicidad.

Para Aristóteles el ser humano es **social por naturaleza**, puesto que solo puede alcanzar la felicidad conviviendo con los demás.

La sociabilidad humana se manifiesta en múltiples formas.

La influencia del pensamiento aristotélico explica que sus opiniones acerca de la sociedad tuvieran una amplia aceptación. En la Edad Media, Tomás de Aquino, basándose en la filosofía de Aristóteles y en las ideas cristianas, insistió en el carácter natural de la sociabilidad humana. Esta opinión se mantuvo en vigor durante mucho tiempo, hasta que comenzó a ser cuestionada a comienzos de la Edad Moderna.

5. La teoría del contrato social

5.1. El origen contractual de la sociedad

En contraste con lo que pensaba Aristóteles, la **teoría del contrato social** afirma que la sociedad no es natural, sino que es una creación artificial tal y como pensaban los sofistas. Según esta teoría, para entender el origen de la organización social debemos comenzar por imaginarnos cómo vivían los seres humanos antes de que existiera la sociedad. Esa situación anterior a la creación de la sociedad es lo que se denomina "**estado de naturaleza**".

Algunas teorías fundamentan la democracia en un compromiso tácito entre todas las personas que conforman la ciudadanía.

EL SER HUMANO ES SOCIAL POR NATURALEZA

La comunidad perfecta de varias aldeas es la ciudad, que tiene ya, por así decirlo, el nivel más alto de autosuficiencia, que nació a causa de las necesidades de la vida, pero subsiste para vivir bien. De aquí que toda ciudad es por naturaleza, si también lo son las comunidades primeras. La ciudad es el fin de aquellas, y la naturaleza es fin. En efecto, lo que cada cosa es, una vez cumplido su desarrollo, decimos que es su naturaleza, así de un hombre, de un caballo o de una casa. Además, aquello por lo que existe algo y su fin es lo mejor, y la autosuficiencia es, a la vez, un fin y lo mejor.

De todo esto es evidente que la ciudad es una de las cosas naturales y que el hombre es por naturaleza un animal social, y que el insocial por naturaleza y no por azar es o un ser inferior o un ser superior al hombre.

ARISTÓTELES: *Política*.

13. Según este fragmento, ¿cuál es la finalidad que persigue la ciudad?

14. ¿Qué quiere decir Aristóteles cuando afirma que el ser humano "es por naturaleza un animal social"?

Las personas en estado de naturaleza vivían aisladas unas de otras, tratando de sobrevivir de forma independiente. Sin embargo, esta situación presentaba numerosas desventajas. Al cabo del tiempo, los seres humanos se dieron cuenta de que sus vidas podrían mejorar notablemente si aceptaban vivir juntos. Por eso decidieron establecer un pacto para crear la sociedad y disfrutar de las ventajas que la vida en común les podía proporcionar.

El pacto social como hipótesis

Según la teoría del contrato social, la **sociedad** no es natural, sino que es **producto de un acuerdo**. El pacto social permitió a los seres humanos abandonar el estado de naturaleza y fundar la vida en común.

Para entender adecuadamente lo que esto significa, conviene hacer una aclaración importante. El pacto social del que hablan los defensores de la teoría **contractualista*** no debe interpretarse como una situación real que haya tenido lugar en algún momento histórico concreto. La idea del contrato debe interpretarse más bien como una hipótesis teórica que puede servirnos para entender cómo funciona la sociedad. Esta visión pretende explicar el origen convencional y artificial de la sociedad, que según estos autores solo puede existir gracias al acuerdo entre sus miembros.

Las teorías del contrato social adquirieron gran importancia durante los siglos XVII y XVIII. En esta época surgieron diversas interpretaciones acerca del origen de la sociedad, que se distinguían por su particular visión sobre el estado de naturaleza y sobre el pacto social.

5.2. El contractualismo de la Edad Moderna

El filósofo inglés Thomas Hobbes consideraba que el ser humano en estado de naturaleza es egoísta y vive en guerra con los demás hombres por su supervivencia. En estas condiciones la vida humana es precaria, breve, solitaria e insegura. Por eso surgió la necesidad de superar esta situación mediante un acuerdo que garantizase la paz y la tranquilidad de las personas.

Según Hobbes, el pacto social fue posible cuando todos los individuos renunciaron a la guerra de unos contra otros y aceptaron someterse a un único poder supremo capaz de poner fin a la continua inseguridad del estado de naturaleza. Este poder supremo es lo que caracteriza al **soberano***, que es quien crea las leyes y las hace cumplir. Para aclarar el significado de su teoría, Hobbes comparó el poder del Estado con el **Leviatán**, un monstruo terrible que se menciona en la Biblia y cuyo nombre sirve de título para su obra más famosa.

De acuerdo con la teoría de Hobbes, el soberano está por encima de las leyes porque él es quien posee el poder absoluto. Por eso esta propuesta política justifica la legitimidad de la monarquía absoluta. Sin embargo, la autoridad del soberano se basa en su capacidad para proporcionar seguridad a sus súbditos. De modo que si no es capaz de imponer la paz social, es justo que sea depuesto y sustituido por otro gobernante más eficaz.

Frente a la teoría de Hobbes, John Locke creía que el ser humano está dotado de una serie de derechos que son válidos incluso en el estado de naturaleza. Todos tienen derecho a disfrutar plenamente de la vida, la libertad y la propiedad. Sin embargo, en el estado de naturaleza estos derechos no siempre eran respetados. Por eso fue necesario establecer un acuerdo para organizar la vida en común.

De acuerdo con Locke, el contrato social permitió crear una comunidad para proteger la libertad y la propiedad frente a la ambición y el egoísmo de

Thomas HOBBES: *Leviatán* (1651). Portada de la edición príncipe.

***Contractualista:** que se basa en un contrato. Los filósofos contractualistas suponen que la sociedad se originó mediante un acuerdo.

***Soberano:** individuo, grupo o institución social que ejerce el poder supremo en una sociedad.

EL ESTADO DE NATURALEZA SEGÚN HOBBES

Todo aquello que es consustancial a un tiempo de guerra, durante el cual cada hombre es enemigo de los demás, es natural también en el tiempo en que los hombres viven sin otra seguridad que la que su propia fuerza y su propia invención pueden proporcionarles. En una situación semejante no existe oportunidad para la industria, ya que su fruto es incierto; por consiguiente, no hay cultivo de la tierra, ni navegación, ni uso de los artículos que pueden ser importados por mar, ni construcciones confortables, ni instrumentos para mover y remover las cosas que requieren mucha fuerza, ni conocimiento de la faz de la tierra, ni cómputo del tiempo, ni artes, ni letras, ni sociedad; y lo que es peor de todo, existe continuo temor y peligro de muerte violenta; y la vida del hombre es solitaria, pobre, desagradable, brutal y corta.

Thomas HOBBES: *Leviatán*.

15. ¿Por qué compara el autor el estado de naturaleza con el tiempo de guerra?

16. ¿Cuáles son las características que tiene la vida del ser humano en esta situación?

unos pocos. Este contrato implica delegar el poder en unos representantes que deben ejercerlo al servicio del bien común. Si los gobernantes incumplen el pacto, los ciudadanos tienen derecho a destituir al gobierno. Locke piensa que el poder del gobernante no es absoluto porque nadie, ni siquiera el rey, debe estar por encima de la ley. La teoría de Locke permite de este modo justificar la legitimidad de una monarquía parlamentaria, en la que el poder del rey esté controlado por los representantes del pueblo.

Jean-Jacques Rousseau tampoco compartía la visión pesimista del estado de naturaleza propuesta por Hobbes. Rousseau pensaba que el ser humano en su estado de naturaleza era bondadoso y feliz. Lamentablemente, con la creación de la sociedad apareció la propiedad privada, que hizo surgir la envidia y la codicia, y que originó el enfrentamiento entre los seres humanos. Para remediar esta situación sería necesario refundar la sociedad, estableciendo un pacto social adecuado para que triunfe la justicia.

El contrato social debe servir para que el poder se oriente por la **voluntad general***, que persigue el bien del pueblo en su conjunto. Por eso el único soberano legítimo es el pueblo, que debe tener la posibilidad de participar directamente en los asuntos políticos. Los gobernantes solo son agentes encargados de realizar la voluntad general. Por eso, si no cumplen con el mandato recibido, pueden ser sustituidos por otros. De este modo, la teoría de Rousseau sirve para fundamentar la legitimidad de un sistema político democrático, en el que la soberanía esté en manos del pueblo.

Immanuel Kant pensaba que los hombres tienen por un lado una sociabilidad natural, pero por otro una tendencia al egoísmo y el enfrentamiento. Kant se refiere a esta paradójica situación hablando de "la insociable sociabilidad humana". Para organizar esta difícil convivencia el hombre ha de regirse por principios universales de la razón, que deben ser el fundamento de las leyes. Los hombres forman la sociedad dando su consentimiento al contrato originario, de forma que cada cual solo se somete a las leyes que libremente ha aceptado. La sociedad se convierte de este modo en el ámbito de la autonomía y la participación de los ciudadanos, a la vez que es una garantía para el uso de la libertad individual.

Más allá de las distintas formulaciones que se hicieron de ella en la Edad Moderna, la teoría contractualista ha mantenido su vigor hasta nuestros días como herramienta para reflexionar acerca de la sociedad. Algunas propuestas recientes de gran interés, como la teoría de la justicia de John Rawls o la ética dialógica de Jürgen Habermas, están claramente inspiradas en el modelo del contrato social.

Protagonistas de la filosofía

JEAN-JACQUES ROUSSEAU (1712-1778)

Rousseau es uno de los principales representantes de la Ilustración francesa y una figura fundamental en la historia del pensamiento político. Sin embargo, sus ideas no compartían el optimismo racionalista típico de los filósofos del siglo XVIII. Según Rousseau, la ciencia y la cultura no han conseguido hacernos más felices, sino que nos han alejado de nuestra bondad natural. Rousseau creía que todos los seres humanos tenemos una naturaleza bondadosa y amable, que sin embargo ha sido corrompida por culpa de la civilización. Para superar esta lamentable situación, sería necesario refundar la sociedad desde nuevos fundamentos. Para ello haría falta pactar un nuevo contrato social, basado en la soberanía popular y en el cumplimiento de la voluntad general. Rousseau consideraba también imprescindible reformar el sistema educativo, suprimiendo el aprendizaje memorístico y favoreciendo el desarrollo espontáneo del talento natural de las personas.

Aunque Rousseau fue muy admirado en su tiempo, su difícil carácter y el rechazo que algunas de sus ideas suscitaron en ciertos sectores de la sociedad hicieron que su vida no fuera siempre fácil. Sin embargo, las ideas de Rousseau tuvieron una enorme influencia en la historia de Europa, puesto que sirvieron de inspiración ideológica en la Independencia de los Estados Unidos de América, y también en la Revolución francesa.

***Voluntad general:** expresión del sentir de los ciudadanos cuando ponen sus miras en el bien común. Como la voluntad general es soberana, este mandato no puede ser suprimido, dividido ni transferido a nadie.

El cuadro conmemora uno de los hitos de la Revolución francesa. Jacques-Louis DAVID: Detalle de *El juramento del juego de la pelota* (1791).

Párate a pensar

Recapitula

1. ¿En qué consiste la diferencia entre la visión aristotélica de la sociedad y la teoría contractualista? Explica detalladamente tu respuesta.

2. Completa la siguiente tabla en la que se comparan las visiones acerca del contrato social defendidas por Hobbes, Locke y Rousseau.

	Hobbes	Locke	Rousseau
¿Qué es lo que caracteriza el estado de naturaleza?	...	...	...
¿En qué consiste el pacto originario que funda la sociedad?	...	...	...
¿Cuál es la forma de gobierno que se deriva de esta teoría?	...	...	...

3. ¿En qué consiste el "estado de naturaleza"? ¿Creen los defensores de la teoría contractualista que esta situación se produjo realmente en algún momento de la historia humana? ¿Cuál es la función que tiene este concepto dentro de la teoría del contrato social?

4. ¿En qué consiste la "voluntad general" que menciona Rousseau? ¿Cómo puede materializarse esta voluntad general en la práctica?

5. ¿A qué se refiere Kant cuando habla de la "insociable sociabilidad humana"? De acuerdo con este autor, ¿cómo debe organizarse la sociedad para que las personas podamos convivir satisfactoriamente?

Construye el concepto

6. Define los siguientes términos filosóficos con los diccionarios propuestos (p. 1). A continuación, escribe una frase con cada uno de ellos en la que se aprecie su significado.
   - estado de naturaleza
   - contrato social
   - soberano
   - voluntad general

Trabaja con textos

7. Lee el texto y contesta las preguntas:

   La soberanía es el poder absoluto y perpetuo de una República... Es necesario definir la soberanía, porque, pese a que constituye el tema principal y que requiere ser mejor comprendido al tratar de la República, ningún jurisconsulto ni filósofo político la ha definido todavía. Habiendo dicho que la *República es un recto gobierno de varias familias, y de lo que les es común, con poder soberano*, es preciso ahora aclarar lo que significa *poder soberano*. Digo que este poder es perpetuo, puesto que puede ocurrir que se conceda poder absoluto a uno o a varios por tiempo determinado, los cuales, una vez transcurrido este, no son más que súbditos. Por tanto, no puede llamárseles *príncipes soberanos* cuando ostentan tal poder, ya que solo son sus custodios o depositarios, hasta que place al pueblo o al príncipe revocarlos. Es este quien permanece siempre en posesión del poder. [...]. La soberanía no es limitada, ni en poder, ni en responsabilidad, ni en tiempo [...]. Es necesario que quienes son soberanos no estén de ningún modo sometidos al imperio de otro y puedan dar ley a los súbditos y anular o enmendar las leyes inútiles.

   Jean BODIN: *Los seis libros de la República.*

   a) ¿Cuál es la definición de soberanía que se ofrece en este texto?

   b) ¿Qué características tiene, según el autor del texto, el poder soberano?

8. Lee el texto y contesta las preguntas:

   Si en el estado de naturaleza la libertad de un hombre es tan grande como hemos dicho; si él es señor absoluto de su propia persona y de sus posesiones en igual medida que pueda serlo el más poderoso; y si no es súbdito de nadie, ¿por qué decide mermar su libertad? ¿Por qué renuncia a su imperio y se somete al dominio y control de otro poder? La respuesta a estas preguntas es obvia. Contesto diciendo que, aunque en el estado de naturaleza tiene el hombre todos esos derechos, está, sin embargo, expuesto constantemente a la incertidumbre y a la amenaza de ser invadido por otros. Pues como en el estado de naturaleza todos son reyes lo mismo que él, cada hombre es igual a los demás; y como la mayor parte de ellos no observa estrictamente la equidad y la justicia, el disfrute de la propiedad que un hombre tiene en un estado así es sumamente inseguro. Esto lo lleva a querer abandonar una condición en la que, aunque él es libre, tienen lugar miedos y peligros constantes; por lo tanto, no sin razón está deseoso de unirse en sociedad con otros que ya están unidos o que tienen intención de estarlo con el fin de preservar sus vidas, sus libertades y sus posesiones, es decir, todo eso a lo que doy el nombre genérico de propiedad.

   John LOCKE: *Segundo tratado sobre el gobierno civil.*

   a) De acuerdo con este texto, ¿tienen las personas derechos cuando se encuentran en estado de naturaleza? ¿De qué derechos se trata?

   b) ¿Cuál es la razón que, según el autor del texto, lleva a los individuos a salir del estado de naturaleza para fundar la sociedad?

9. Lee el texto y contesta las preguntas:

   Al ser los hombres, como ya se ha dicho, todos libres por naturaleza, iguales e independientes, ninguno puede ser sacado de esa condición y puesto bajo el poder político de otro sin su propio consentimiento. El único modo en que alguien se priva a sí mismo de su libertad natural y se somete a las ataduras de la sociedad civil es mediante un acuerdo con otros hombres, según el cual todos se unen formando una comunidad, a fin de convivir los unos con los otros de una manera confortable, segura y pacífica, disfrutando sin riesgo de sus propiedades respectivas y mejor protegidos frente a quienes no forman parte de dicha comunidad. Esto puede hacerlo cualquier grupo de hombres, porque no daña la libertad de los demás, a quienes se deja, tal y como estaban, en estado de naturaleza. Así, cuando un grupo de hombres ha consentido formar una comunidad o gobierno, quedan con ello incorporados a un cuerpo político en el que la mayoría tiene el derecho de actuar y decidir en nombre de todos.

   John LOCKE: *Segundo tratado sobre el gobierno civil.*

   a) Según Locke, ¿cuál es la condición que debe cumplirse para que una persona se convierta en miembro de la sociedad?

   b) De acuerdo con este fragmento, ¿de qué modo deberían adoptarse las decisiones en la sociedad?

III. El individuo y el Estado

6. Estado y sociedad

6.1. El poder del Estado

Nuestra actual forma de organización social comenzó a desarrollarse a comienzos de la Edad Moderna, cuando el sistema feudal entró en crisis y fue progresivamente sustituido por un modelo diferente. En esa época se formaron los Estados nacionales, que constituyen el marco político dentro del cual vivimos en la actualidad.

Para definir adecuadamente lo que es el Estado, es preciso tener en cuenta tres características fundamentales. En primer lugar, el Estado es una institución que ostenta la **soberanía**, porque dispone del poder supremo. Este poder es ejercido de manera legítima cuando los que están sometidos a su influencia reconocen su autoridad.

En segundo lugar, el Estado ejerce sus funciones dentro de un **espacio geográfico** claramente delimitado, que se distingue del territorio correspondiente a otros Estados diferentes.

Finalmente, en tercer lugar, el Estado extiende su influencia sobre la **población** que vive dentro de sus fronteras, y que está sujeta a las leyes y normas dictadas por el poder estatal.

El **Estado** es la institución que ostenta la soberanía en las sociedades modernas. El Estado dispone de una estructura administrativa que ejerce el poder sobre una población determinada que vive dentro de un territorio con fronteras claramente establecidas.

En su análisis del Estado, Max Weber prestó especial atención a la importancia de la legitimidad. Según Weber, el Estado se caracteriza por ser la única institución que dentro de un determinado territorio puede utilizar la **violencia** de manera legítima.

6.2. El Estado y la sociedad civil

La importancia que tiene el Estado en la organización política del mundo moderno no debe hacernos olvidar que también los individuos y las asociaciones desempeñan un importante papel en nuestra sociedad.

Llamamos sociedad civil a este conjunto de personas y de grupos que no dependen directamente del Estado, pero que contribuyen con su actividad a articular nuestra convivencia social.

Según Max Weber, el Estado monopoliza el ejercicio de la violencia legítima.

¿QUÉ ES EL ESTADO?

Estado es aquella comunidad humana que, dentro de un determinado territorio (el "territorio" es elemento distintivo), reclama (con éxito) para sí el monopolio de la violencia física legítima. Lo específico de nuestro tiempo es que a todas las demás asociaciones e individuos solo se les concede el derecho a la violencia física en la medida en que el Estado lo permite. El Estado es la única fuente del "derecho" a la violencia.

Max WEBER: *La política como vocación.*

17. ¿Cómo define Max Weber lo que es el Estado?

18. ¿Se corresponde esta definición con la idea habitual que tenemos cuando pensamos en un Estado concreto como España, Francia o Rusia?

Las organizaciones no gubernamentales (ONG) son un ejemplo de iniciativas de la sociedad civil.

La sociedad civil incluye una gran variedad de organizaciones voluntarias, como las asociaciones vecinales, los sindicatos, las congregaciones de fieles que comparten una misma religión, las organizaciones de voluntariado, las asociaciones de ocio y tiempo libre, etc.

La **sociedad civil** está formada por todos los individuos y grupos que no dependen directamente del Estado pero que contribuyen con su actividad a mejorar nuestra convivencia.

7. Liberalismo, anarquismo y totalitarismo

7.1. El liberalismo

Desde su aparición, el Estado ha ido adquiriendo un creciente protagonismo en la vida social y política del mundo moderno. La enorme influencia que las decisiones del Estado pueden tener sobre las personas ha hecho que las relaciones entre el poder estatal y los individuos no siempre hayan sido fáciles.

La consolidación de los primeros Estados nacionales a comienzos de la Edad Moderna estuvo asociada al desarrollo del **absolutismo**. En una monarquía absoluta, el rey dispone de todo el poder del Estado y ejerce personalmente la soberanía. Las personas sobre las que el rey ejerce su dominio son sus **súbditos**, ya que están sujetos a las normas y decisiones establecidas por la Corona.

En contraste con el absolutismo, el **liberalismo** es una doctrina política que afirma la libertad e independencia del individuo frente al poder del Estado. De acuerdo con la doctrina liberal, un régimen político solo puede ser legítimo si cuenta con el consentimiento de la población. Para los liberales, el poder del Estado debe estar sometido a límites y controles estrictos para que nunca pueda emplearse contra la libertad de los individuos.

El liberalismo promueve un régimen político basado en la libertad de los individuos y sostiene que el poder del Estado debe tener límites y basarse en el consentimiento.

Los pensadores liberales estaban muy preocupados por evitar que el Estado pudiera convertirse en una institución tiránica. Para que eso nunca ocurra hace falta que todos los individuos respeten las leyes, independientemente de su posición. Un sistema político organizado de este modo se ca-

Las Cortes de Cádiz se inspiraron en principios liberales. Salvador VINIEGRA: *La promulgación de la Constitución de 1812* (1812).

LA SOCIEDAD SEGÚN HEGEL

La persona concreta, que es para sí como un fin *particular*, en cuanto totalidad de necesidades y mezcla de necesidad natural y de arbitrio, es uno de los *fundamentos* de la sociedad civil; pero la persona particular en cuanto sustancialmente en relación con otra individualidad igual, de suerte que cada una se hace valer y se satisface mediante la otra y al mismo tiempo simplemente mediatizada, gracias a la forma de la *universalidad*, constituye el otro principio.

El fin egoísta en su realización, condicionado de ese modo por la universalidad, establece un sistema de conexión universal por el cual la subsistencia y el bienestar del individuo y su existencia jurídica, entrelazada con la subsistencia, el bienestar y el derecho de todos, se cimenta sobre ellos y solo en esa dependencia son reales y seguros. A este sistema se le puede considerar como *Estado externo*, como Estado de la *necesidad* y del *entendimiento*.

G. F. W. HEGEL: *Principios de filosofía del derecho*.

19. ¿Cuáles son los dos principios que, según Hegel, fundamentan la sociedad civil?

20. ¿Por qué afirma el autor que la sociedad civil puede considerarse como un "Estado externo"? ¿Qué relación tiene esta frase con la distinción que existe entre el Estado y la sociedad civil?

Fíjate

La palabra *liberalismo*, tal y como la hemos empleado en esta unidad, hace referencia a una teoría política que insiste en la importancia de la libertad individual. Sin embargo, muchos autores emplean el término *liberalismo* para referirse al liberalismo económico, que es algo muy distinto. El liberalismo económico también otorga un gran valor a la libertad, pero limitándola al campo de la economía. Según el liberalismo económico, para que la producción, el comercio y las finanzas funcionen adecuadamente en una determinada sociedad, hay que garantizar que todos los agentes disponen de la máxima libertad posible para que la ley de la oferta y la demanda pueda regular los precios de la mejor manera posible.

racteriza por el **imperio de la ley**, puesto que lo que hay que hacer viene indicado por las leyes, y no por ninguna persona concreta.

La **división de poderes** es otro importante mecanismo que sirve para garantizar la libertad y evitar la tiranía. Con la idea de evitar posibles abusos, los pensadores liberales propusieron dividir el poder en distintas partes, encomendando el ejercicio de cada una de ellas a una institución diferente.

Para garantizar que estos mecanismos siempre sean respetados, el liberalismo político insiste en que deben estar recogidos en una **Constitución**. La Constitución es la ley suprema que regula el funcionamiento del Estado y que todos están obligados a obedecer. Así se confía en poder evitar los excesos que habían sido tan frecuentes en tiempos del absolutismo.

La importancia de llevar a cabo esta división de poderes fue defendida con gran vigor por el francés **Montesquieu**. Este pensador proponía distinguir tres poderes distintos dentro del Estado: el poder **legislativo**, el poder **ejecutivo** y el poder **judicial**.

El poder legislativo es el que se encarga de elaborar las leyes, mientras que el ejecutivo es el que las pone en práctica y el judicial es el que vela por su cumplimiento, castigando a quienes no respetan las normas.

De acuerdo con Montesquieu, para que en un Estado reine la libertad y la justicia es necesario que estos tres poderes estén a cargo de instituciones distintas y sean ejercidos por personas diferentes. De este modo, si uno de los tres poderes pretende abusar de su posición, existirán otras dos instituciones independientes que podrán poner freno a los excesos y garantizar el buen gobierno.

Tras un complejo proceso de luchas revolucionarias que se extendió durante varios siglos, los planteamientos políticos liberales lograron imponerse en numerosos países.

De hecho, nuestra actual forma de organización política occidental sigue estando basada en las ideas fundamentales del liberalismo, incluyendo el respeto de la libertad individual y el establecimiento de límites para el ejercicio del poder estatal. Por eso puede decirse que los Estados democráticos que hay en la actualidad son herederos directos de la tradición política liberal.

7.2. El anarquismo

La aparición del Estado como forma de organización social no siempre ha sido valorada positivamente. El **anarquismo** es una teoría política que rechaza la existencia del Estado. Los anarquistas piensan que la estructura **coercitiva*** del Estado provoca muchos más problemas de los que resuelve.

El anarquismo critica el modo en que el Estado oprime a los individuos y defiende la necesidad de organizar la sociedad prescindiendo de la estructura estatal.

Según los postulados anarquistas, el Estado somete a los individuos, limita su libertad y reprime sus posibilidades de desarrollo personal. Solo será posible construir una sociedad verdaderamente libre y plena cuando el Estado desaparezca y las personas puedan relacionarse entre sí con total libertad y espontaneidad.

Una vez abolido el Estado ya no habrá coerción, ni cárceles, ni policía, ni ejército. Todas estas instituciones represivas dejarán de ser necesarias, porque en una sociedad anarquista los seres humanos podrán finalmente cooperar entre sí con total libertad para crear un mundo mejor.

DEMOCRACIA Y LIBERALISMO

A decir de Kelsen, "la democracia coincide con el liberalismo *político*". No es exacto. Si acaso, es la democracia política la que coincide con el liberalismo, en el sentido de que refluye en él. Pero para ser exactos hay que decirlo así: el Estado democrático —si está identificado con el nombre que le corresponde— es el Estado liberal constitucional. En lo esencial, y en términos estructurales, el Estado que tenemos es el Estado diseñado por el constitucionalismo liberal.

Giovanni SARTORI: *¿Qué es la democracia?*

21. Según este texto, ¿qué relación hay entre los modernos Estados democráticos y el liberalismo?

22. ¿Por qué insiste el autor en señalar que se refiere al liberalismo político y a la democracia política en este fragmento? ¿Existen otros tipos de liberalismo y de democracia?

***Coercitiva:** que ejerce la coerción, es decir, que impone sus decisiones de manera coactiva mediante el uso de la fuerza.

Cartel de propaganda del sindicato anarquista Confederación Nacional del Trabajo, fundado en 1910.

Aunque el anarquismo ha contado con numerosos seguidores, su propuesta de organización social nunca ha sido puesta en práctica de forma coherente y sistemática. Los críticos del anarquismo sostienen que esta teoría ofrece una visión excesivamente optimista de los seres humanos, porque cree que las personas somos fundamentalmente bondadosas y cooperativas.

Según esta visión crítica, el anarquismo peca de ingenuo al olvidar las tendencias egoístas y destructivas que están presentes en nuestra naturaleza humana. Sin embargo, los anarquistas responden a estos planteamientos afirmando que si las personas son agresivas y competitivas es porque están sometidas a la represión del Estado, de forma que, cuando este ya no exista, estas tendencias negativas y antisociales también desaparecerán.

7.3. El totalitarismo

Podría decirse que el **totalitarismo** es la doctrina política opuesta al anarquismo. En un régimen totalitario el poder del Estado es tan grande que se extiende a todos los ámbitos de la vida, incluyendo la economía, la organización social e incluso la vida personal de los individuos, sus ideas y sus costumbres. El control absoluto del Estado sobre todas las esferas de la vida se ejerce mediante la dictadura de un partido único, dominado por un líder incuestionable que moviliza a las masas manipulando los medios de comunicación y empleando poderosas formas de propaganda.

Un régimen totalitario es un sistema político en el que el Estado ejerce un **poder ilimitado** sobre todos los ámbitos de la vida, sin respetar la libertad de los individuos.

El auge de los regímenes totalitarios marcó decisivamente la historia de Europa durante los años 30 y 40 del siglo XX. **Hannah Arendt** es una de las filósofas que más radicalmente ha denunciado el totalitarismo en su obra *Los orígenes del totalitarismo* (1951).

El **nazismo** alemán y el **estalinismo** soviético son dos ejemplos de sistemas políticos que ejercieron el poder de forma totalitaria.

El régimen nazi es un ejemplo de régimen fascista. El **fascismo** es un movimiento nacionalista agresivo que aspira a organizar la sociedad de forma

El nazismo transformó el Estado democrático alemán en un régimen totalitario.

Protagonistas de la filosofía

HANNAH ARENDT (1906-1975)

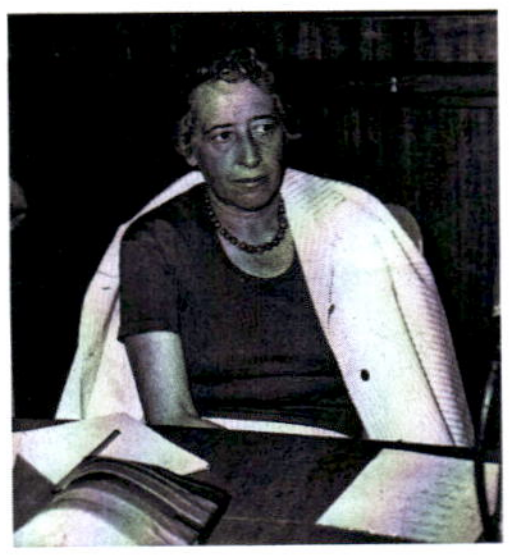

Hannah Arendt es una de las figuras más relevantes del pensamiento político contemporáneo. Aunque su familia era de origen judío, el ambiente en el que creció Hannah estaba perfectamente integrado en la cultura alemana de su tiempo. El gran interés que sentía por la filosofía la llevó a estudiar con Husserl y con Heidegger, dos de los pensadores más importantes del momento.

A partir de 1933, con el partido nazi en el poder, la situación de los judíos alemanes se hizo cada vez más difícil. Escapando de la persecución, Arendt se refugió en París, y posteriormente emigró a los Estados Unidos. En esa época participó activamente en una organización sionista que ayudaba a los judíos a escapar a Palestina.

La vida intelectual de Hannah Arendt en América fue muy fructífera. Allí escribió sus obras más importantes, en las que desarrolló agudas reflexiones acerca del antisemitismo, el totalitarismo y la filosofía política. La figura de Hannah Arendt se hizo muy famosa en 1961, cuando asistió como periodista al juicio que se celebró en Israel contra Adolf Eichmann, un conocido criminal de guerra nazi. En la crónica que escribió sobre el proceso, Arendt sostuvo que Eichmann, al igual que otros muchos responsables del Holocausto, era en realidad un funcionario gris que obedecía órdenes de manera irreflexiva. Arendt se refirió a esta terrible situación hablando de la "banalidad del mal". Con esta expresión quería indicar que los asesinatos masivos del régimen nazi no fueron obra de personas diabólicas, sino de gente normal y corriente que se limitaba a acatar las instrucciones de sus superiores sin cuestionarlas. Lo que Arendt pretendía señalar era la importancia de nuestras elecciones morales, que implican siempre una responsabilidad. Bajo el régimen nazi, obedecer calladamente las órdenes recibidas implicaba hacerse cómplice de los criminales.

jerárquica, incluyendo la completa obediencia a las órdenes del líder. Además, el nazismo se basaba en una ideología excluyente, que insistía en la superioridad biológica de unas razas sobre otras.

El nazismo incluía en su programa político la intención de desplazar a las razas inferiores para extender el dominio de las razas superiores sobre la Tierra con el fin de crear un mundo nuevo.

La ideología del régimen estalinista estaba basada en el **comunismo**, una teoría política que aspiraba a liberar a los seres humanos de la explotación capitalista. Según la doctrina comunista, las injusticias y las desigualdades sociales se originan porque los medios productivos (las fábricas, la tierra y el **capital***) están en manos privadas.

Por eso, para cambiar esta situación, es necesario acabar con la propiedad privada y con el actual sistema de clases sociales, lo cual solo será posible si los trabajadores toman el poder y controlan el Estado. Entonces será posible una sociedad sin clases en la que ya no existirá la explotación ni la miseria.

Aunque la ideología de estos dos regímenes era muy diferente, puede considerarse que los dos sistemas compartían una misma visión sobre el ejercicio del poder. En ambos casos, el completo control del Estado sobre todos los aspectos de la vida sometió por completo la iniciativa individual y provocó un enorme sufrimiento. Conviene además recordar que cuando llegaron al poder, estas ideologías que afirmaban su deseo de construir un mundo mejor suprimieron la libertad y provocaron millones de muertos.

Según la interpretación de Hannah Arendt, una de las pensadoras políticas más lúcidas del siglo XX, el **totalitarismo** pretendía superar los conflictos de la vida social suprimiendo la confrontación política y sustituyéndola por un acuerdo unánime impuesto por la fuerza.

En este sentido, los totalitarismos se parecen a los diversos diseños utópicos que los filósofos han planteado a lo largo de la historia. En todos estos casos, el objetivo consiste en suprimir la incertidumbre que ocasiona la política creando en su lugar un modelo ideal de sociedad en el que esta actividad ya no será necesaria.

Sin embargo, según nos recuerda Hannah Arendt, la política es una dimensión esencial de los seres humanos, en la que se expresa la libertad y se manifiesta la diversidad de opiniones y puntos de vista que enriquecen nuestra convivencia. Por eso, de acuerdo con Arendt, la política no puede eliminarse, sino que forma parte inevitable de nuestra realidad auténticamente humana.

¿EL FINAL DE LA POLÍTICA?

Arendt es sobre todo una gran pensadora de la política. Según ella, la práctica totalidad de los filósofos —empezando por el mismísimo Platón— no han reflexionado sobre la política sino sobre el final de la política, es decir, sobre cómo vernos libres de esa molestia: las utopías, el orden perfecto del mundo, la armonía definitiva entre los humanos o el poder sin límites de Leviatán son formas de intentar poner punto final a la acción política, que sin embargo es una dimensión polémica pero necesaria e incesante de la actividad humana. La política es un componente indispensable de la condición humana (así se titula una de sus obras más destacadas) y el campo de ejercicio de la libertad, no una búsqueda transitoria de algún tipo de estabilidad que nos libre por fin de esa zozobra.

Fernando SAVATER:
Historia de la filosofía sin temor ni temblor.

23. ¿Cuál fue el tema principal del que se ocupa Hannah Arendt en sus libros?

24. ¿Qué opina Arendt sobre el modo en que los filósofos han reflexionado acerca de la política?

25. De acuerdo con esta filósofa, ¿es posible suprimir la actividad política del ser humano? ¿Por qué?

***Capital:** en economía, se denomina capital al conjunto de instalaciones, herramientas y recursos que sirven para producir bienes. Según esta definición, las fábricas, la tierra, el dinero o las materias primas son algunos ejemplos de capital.

El comunismo fue interpretado por Stalin (1878-1953) en términos totalitarios.

Párate a pensar

Recapitula

1. ¿Qué es un Estado nacional? ¿Qué es lo que caracteriza al sistema político estatal en el que vivimos actualmente?
2. ¿Qué diferencia hay entre el Estado y la sociedad civil? Explica tu respuesta con ejemplos concretos.
3. ¿En qué consistió el absolutismo? ¿Por qué decimos que en esa época las personas eran súbditos del rey?
4. ¿Cuáles son las características de la teoría política liberal? ¿Qué razones ofrecían los partidarios del liberalismo para combatir al sistema absolutista?
5. ¿Qué es lo que propone el anarquismo? ¿Crees que se trata de una doctrina política viable que podría llevarse a cabo en la práctica real? Explica razonadamente tu respuesta.
6. ¿Qué es el totalitarismo? ¿Por qué suele afirmarse que el totalitarismo es completamente distinto de otras formas de autoritarismo político?
7. Completa la siguiente tabla, en la que se comparan los dos grandes regímenes totalitarios del siglo XX:

	Nazismo	Estalinismo
¿En qué país ejerció el poder?	...	...
¿Cuál era su ideología?	...	...
¿Quién fue su máximo líder?	...	...
¿Por qué se trataba de un régimen totalitario?	...	...
¿Cuáles fueron las consecuencias que tuvo para la población?	...	...

8. ¿Qué opina Hannah Arendt acerca de las teorías filosóficas que pretenden diseñar una sociedad perfecta? ¿Por qué considera que estos modelos están de antemano condenados al fracaso?

Construye el concepto

9. Define los siguientes términos filosóficos con los diccionarios propuestos (p. 1). A continuación, escribe una frase con cada uno de ellos en la que se aprecie su significado.
   - Estado
   - sociedad civil
   - absolutismo
   - liberalismo
   - anarquismo
   - totalitarismo
   - fascismo
   - comunismo

Trabaja con textos

10. Lee el texto y contesta las preguntas:

    Esto es lo que saca a los hombres del estado de naturaleza y los pone en un Estado: el establecimiento de un juez terrenal con autoridad para decidir todas las controversias y para castigar las injurias que puedan afectar a cualquier miembro del Estado; y dicho juez es la legislatura, o el magistrado nombrado por ella. [...]

    De aquí resulta evidente que la monarquía absoluta, considerada por algunos como el único tipo de gobierno que puede haber en el mundo, es, ciertamente, incompatible con la sociedad civil y excluye todo tipo de gobierno civil. Pues el fin al que se dirige la sociedad civil es evitar y remediar estos inconvenientes del estado de naturaleza que necesariamente se siguen del hecho de que cada hombre sea juez de su propia causa; y este fin se logra mediante el establecimiento de una autoridad conocida a la que todos los miembros de la sociedad pueden apelar cuando han sido víctimas de una injuria. [...] Allí donde haya personas que carezcan de una autoridad así, [...] esas personas continuarán en estado de naturaleza; y en esa condición se halla todo príncipe absoluto con respecto a aquellos que están bajo su dominio.

    John LOCKE: *Segundo tratado sobre el gobierno civil.*

    a) ¿Por qué afirma Locke en este texto que "la monarquía absoluta [...] es incompatible con la sociedad civil"?
    b) ¿Qué ideas del texto son propias del liberalismo? ¿En qué sentido resultan opuestas a las ideas absolutistas?

11. Lee el texto y contesta las preguntas:

    Ser gobernado significa ser vigilado, inspeccionado, espiado, dirigido, legislado, reglamentado, encasillado, adoctrinado, sermoneado, fiscalizado, estimado, apreciado, censurado, mandado, por seres que carecen de título, ciencia y virtud para ello...

    Ser gobernado significa ser anotado, registrado, empadronado, arancelado, sellado, medido, evaluado, cotizado, patentado, licenciado, autorizado, apostillado, amonestado, contenido, reformado, enmendado, corregido, al realizar cualquier operación, cualquier transacción, cualquier movimiento.

    Significa, so pretexto de utilidad pública y en nombre del interés general; verse obligado a pagar contribuciones, ser inspeccionado, saqueado, explotado, monopolizado, depredado, presionado, embaucado, robado, luego a la menor queja, reprimido, multado, vilipendiado, vejado, acosado, maltratado, aporreado, desarmado, agarrotado, encarcelado, fusilado, ametrallado, juzgado, condenado, deportado, sacrificado, vendido, traicionado y, para colmo, burlado, ridiculizado, ultrajado, deshonrado. ¡Eso es el gobierno, esa es su justicia, esa es su moral!

    P. J. PROUDHON: *Idea general de la Revolución en el siglo XIX.*

    a) ¿En qué consiste el gobierno, según Proudhon?
    b) ¿Estás de acuerdo con la opinión que manifiesta el autor?

12. Lee el texto y contesta las preguntas:

    Los movimientos totalitarios son organizaciones de masas de individuos atomizados y aislados. En comparación con otros partidos y movimientos, su característica externa más manifiesta es la exigencia de una lealtad total, sin restricción, incondicional e inalterable del miembro individual. Esta exigencia es formulada por los dirigentes de los movimientos totalitarios incluso antes de la llegada al poder. Precede usualmente a la organización total del país bajo su dominio y se deduce de la afirmación de sus ideologías de que su organización abarcará a su debido tiempo a toda la raza humana.

    Hannah ARENDT: *Los orígenes del totalitarismo.*

    a) ¿Cómo define la autora los movimientos totalitarios?
    b) ¿Qué es lo que diferencia al totalitarismo de otros movimientos políticos autoritarios?
    c) ¿Qué regímenes políticos del siglo XX responden a esta caracterización?

IV. La democracia y los derechos humanos

8. La democracia

8.1. El gobierno del pueblo

En un sistema político democrático, el poder está en manos del pueblo. La palabra *democracia* proviene de los términos griegos *demos* ('pueblo') y *kratos* ('poder'). Esto se debe a que la forma de gobierno democrática fue adoptada por primera vez en la ciudad griega de Atenas, donde alcanzó su máximo desarrollo hacia el siglo V a.C.

La **democracia** es un sistema de organización social en el cual el pueblo tiene el poder.

A diferencia de lo que ocurría en otras ciudades donde gobernaban los reyes o los nobles, en la antigua Atenas las decisiones políticas más importantes se adoptaban mediante votación en una **asamblea*** abierta a todos los atenienses. El único requisito necesario para poder participar en la asamblea era ser ciudadano, lo cual en aquella época significaba ser un hombre libre, mayor de edad e hijo de padres atenienses.

Esto quería decir que había grandes grupos de personas que quedaban fuera del sistema democrático. Ni las mujeres, ni los extranjeros residentes en la ciudad, ni los numerosos esclavos que vivían en Atenas podían tomar parte en las discusiones democráticas.

Sin embargo, y pese a estas importantes limitaciones, el sistema político de Atenas es el más abierto e igualitario que existió en la antigüedad, sobre todo si lo comparamos con el modo en que se ejercía el poder en otros lugares por aquella misma época.

El sistema político que adoptaron los atenienses era una **democracia directa**, porque en ella todos los ciudadanos que lo deseaban podían intervenir y participar en la política. Esto era posible porque Atenas no era una ciudad demasiado grande, y porque a las asambleas no siempre acudían todos los ciudadanos.

La época de esplendor de la democracia ateniense coincidió con momentos de auge económico, militar y cultural para la ciudad. Sin embargo, no to-

Las conquistas de Alejandro Magno, rey de Macedonia, supusieron el fin de la experiencia democrática en la Antigüedad. Detalle del mosaico de Alejandro del s. IV a.C. Representa la batalla de Issos. Conservado en el Museo Arqueológico Nacional de Nápoles.

***Asamblea:** reunión en la que todos los asistentes pueden expresar su opinión y participar en la toma de decisiones.

LA DEMOCRACIA ATENIENSE

Disfrutamos de un régimen político que no imita las leyes de los vecinos; más que imitadores de otros, en efecto, nosotros mismos servimos de modelo para algunos. En cuanto al nombre, puesto que la administración se ejerce en favor de la mayoría, y no de unos pocos, a este régimen se le ha llamado democracia; respecto a las leyes, todos gozan de iguales derechos en la defensa de sus intereses particulares; en lo relativo a los honores, cualquiera que se distinga en algún aspecto puede acceder a los cargos públicos, pues se le elige más por sus méritos que por su categoría social; y tampoco al que es pobre, por su parte, su oscura posición le impide prestar sus servicios a la patria, si es que tiene la posibilidad de hacerlo.

Tenemos por norma respetar la libertad, tanto en los asuntos públicos como en las rivalidades diarias de unos con otros, sin enojarnos con nuestro vecino cuando él actúa espontáneamente, ni exteriorizar nuestra molestia, pues esta, aunque inocua, es ingrata de presenciar. Si bien en los asuntos privados somos indulgentes, en los públicos, en cambio, ante todo por un respetuoso temor, jamás obramos ilegalmente, sino que obedecemos a quienes les toca el turno de mandar, y acatamos las leyes, en particular las dictadas en favor de los que son víctimas de una injusticia, y las que, aunque no estén escritas, todos consideran vergonzoso infringir.

TUCÍDIDES: *Historia de la guerra del Peloponeso*.

26. ¿Cuál era el sistema político de la antigua Atenas? ¿Qué significado se da en el texto al término que se emplea para describirlo?

27. De acuerdo con este fragmento, ¿en qué se diferenciaba este régimen de las otras formas de gobierno que existían en la antigüedad?

dos los atenienses estaban a favor de este régimen político. Entre los muchos personajes que criticaron el sistema democrático destaca sobre todo Platón, quien consideraba que el poder no debería estar en manos del pueblo, ya que las decisiones adoptadas por mayoría muchas veces son equivocadas. Platón pensaba que el poder debía estar a cargo de los más sabios, porque únicamente ellos saben lo que es verdaderamente bueno para la sociedad.

A pesar de su brillantez, la democracia ateniense no duró mucho tiempo. En el siglo IV a.C. Atenas cayó bajo la influencia del reino de Macedonia y algún tiempo después fue sometida al poder de Roma. Tras la breve experiencia democrática en Grecia, esta forma de gobierno prácticamente desapareció y no volvió a surgir hasta muchos siglos más tarde.

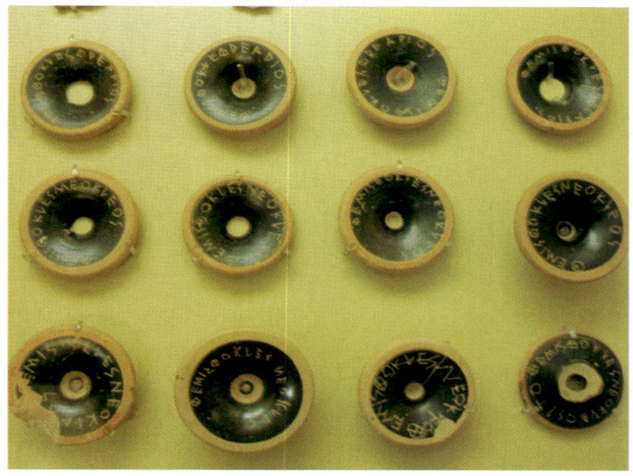

Los *ostrakon* eran piezas de cerámica usadas en las asambleas atenienses para decidir la expulsión de un ciudadano, grabando en ellas su nombre.

8.2. De súbditos a ciudadanos

Después de una larga etapa en la que la democracia parecía haberse extinguido por completo, el sistema de gobierno democrático reapareció de nuevo a finales del siglo XVIII. En esta época se desarrollaron dos grandes acontecimientos históricos de enorme importancia: la independencia de los Estados Unidos de América y la Revolución francesa. En ambos casos se produjo una ruptura revolucionaria con la situación anterior para instaurar un sistema más igualitario y democrático.

Sin embargo, tanto los Estados Unidos como Francia son países mucho más grandes que la antigua Atenas. Los modernos Estados nacionales se caracterizan por tener un extenso territorio y una población muy numerosa, que no se pueden gobernar mediante una democracia directa. Para solventar este problema se propuso desarrollar un sistema diferente, basado en la **democracia representativa**.

En una democracia representativa, los ciudadanos también participan en las decisiones, pero lo hacen de manera indirecta porque no resultaría práctico convocarlos a todos a una asamblea abierta. Para garantizar la intervención del pueblo se realizan elecciones, en las que los ciudadanos eligen a unos representantes para que actúen en su nombre. Estos representantes son los que se reúnen para deliberar, hacer las leyes y tomar las decisiones en el **Parlamento***.

***Parlamento:** en una democracia representativa, es el lugar en el que se reúnen los representantes del pueblo para discutir, elaborar las leyes y tomar las decisiones políticas. En España, el Parlamento está formado por dos cámaras distintas: el Congreso de los Diputados (o cámara baja), y el Senado (o cámara alta).

EL DISCURSO DE GETTYSBURG

Hace ochenta y siete años, nuestros padres fundaron en este continente una nueva nación concebida en la libertad y consagrada en el principio de que todas las personas son creadas iguales.

Ahora estamos empeñados en una gran guerra civil que pone a prueba si esta nación, o cualquier nación así concebida y así consagrada, puede perdurar en el tiempo. Estamos reunidos en un gran campo de batalla de esa guerra. Hemos venido a consagrar una porción de ese campo como lugar de último descanso para aquellos que dieron aquí sus vidas para que esta nación pudiera vivir. Es absolutamente correcto y apropiado que hagamos tal cosa.

Pero, en un sentido más amplio, nosotros no podemos dedicar, no podemos consagrar, no podemos santificar este terreno. Los valientes hombres, vivos y muertos, que lucharon aquí ya lo han consagrado, muy por encima de lo que nuestras pobres facultades podrían añadir o restar a su obra. El mundo apenas advertirá y no recordará por mucho tiempo lo que aquí digamos, pero nunca podrá olvidar lo que ellos hicieron aquí. Somos, más bien, nosotros, los vivos, quienes debemos consagrarnos aquí a la tarea inconclusa que los que aquí lucharon hicieron avanzar tanto y tan noblemente. Somos más bien los vivos los que debemos consagrarnos aquí a la gran tarea que aún resta ante nosotros: que de estos muertos a los que honramos tomemos una devoción incrementada a la causa por la que ellos dieron la última medida colmada de celo. Que resolvamos aquí firmemente que estos muertos no habrán dado su vida en vano. Que esta nación, Dios mediante, tendrá un nuevo nacimiento de libertad. Y que el gobierno del pueblo, por el pueblo y para el pueblo no desaparecerá de la faz de la Tierra.

Abraham LINCOLN: Discurso de Gettysburg, 19 de noviembre de 1863.

28. De acuerdo con Lincoln, ¿cuáles son los principios que sirvieron para fundar los Estados Unidos de América?

29. ¿A qué se refiere Lincoln cuando habla del "gobierno del pueblo, por el pueblo y para el pueblo"?

En una democracia viva aparecen nuevas formas de acción y participación política.

Tanto los revolucionarios estadounidenses como los franceses eran muy conscientes de la importancia histórica que tuvo la reaparición de la democracia. A diferencia de lo que sucede cuando gobiernan los reyes, en un sistema democrático las personas pueden participar en las decisiones que les afectan. Cuando el poder está en manos del pueblo, los individuos ya no son súbditos, sino que pasan a ser **ciudadanos**. Esto quiere decir que las personas han dejado de estar sujetas al poder de otro y han pasado a gobernarse a sí mismas, implicándose activamente en la organización y el mantenimiento del orden social.

Un ciudadano es un **miembro activo** de la sociedad, que puede intervenir en las decisiones y participar en los asuntos políticos.

8.3. Los requisitos de la democracia

Desde su aparición a finales del siglo XVIII la democracia representativa se ha ido consolidando y extendiendo. Hoy en día casi todos los países del mundo se presentan como sistemas democráticos, aunque la situación real en muchos de ellos no siempre se corresponde con esta afirmación.

LA DIVISIÓN DE PODERES EN EL ESTADO MODERNO

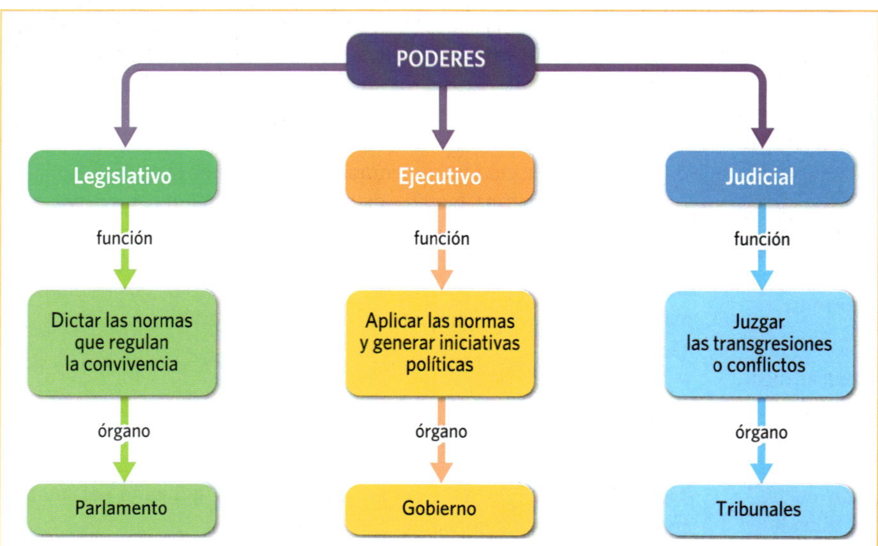

El contrapeso que suponen los diversos poderes mejora la democracia.

LA SEPARACIÓN DE PODERES SEGÚN MONTESQUIEU

Hay en todos los Estados tres especies de poder: el legislativo, el de ejecutar aquello que depende del derecho de gentes y el de ejecutar lo que depende del derecho civil. Por el primero, el príncipe o el magistrado hace leyes, para algún tiempo o para siempre, y corrige y abroga las que existen. Por el segundo, hace la paz o la guerra, envía o recibe embajadas, vela por la seguridad, previene las invasiones. Por el tercero, castiga los crímenes o juzga los pleitos de los particulares. Este último debe llamarse poder judicial y el otro, simplemente poder ejecutivo del Estado.

La libertad política, en los ciudadanos, es aquella tranquilidad de ánimo que nace de la opinión que cada uno tiene de su seguridad; y para que exista esta libertad, es menester que ningún ciudadano pueda temer a otro.

Cuando el poder legislativo y el ejecutivo se reúnen en la misma persona o el mismo cuerpo de magistrados, no hay libertad, porque puede temerse que el monarca o el tirano haga leyes tiránicas para ejecutarlas tiránicamente. No hay tampoco libertad si el poder judicial no está separado del legislativo y el ejecutivo. Si está unido a la potestad legislativa, el poder de decidir de la vida y la libertad de los ciudadanos será arbitrario, porque el juez será al mismo tiempo legislador: si está unido al poder ejecutivo, el juez tendrá en su mano la fuerza de un opresor.

Todo estaría perdido si el mismo hombre, o el mismo cuerpo de los próceres o de los nobles o del pueblo, ejerciese estos tres poderes: el de hacer las leyes, el de ejecutar las resoluciones públicas y el de juzgar los delitos o las diferencias de los particulares.

MONTESQUIEU: *Del espíritu de las leyes*.

30. ¿Cuáles son los tres poderes que distingue Montesquieu en este fragmento? ¿De qué se ocupa cada uno de ellos?

31. ¿Por qué es necesario que los tres poderes del Estado estén separados? ¿Qué podría suceder si todos los poderes estuvieran concentrados en una única persona?

Para que podamos decir que un Estado es verdaderamente democrático, es preciso que se cumplan una serie de requisitos básicos. En primer lugar, deben respetarse el **imperio de la ley** y la división de poderes. En una verdadera democracia existe **igualdad ante la ley**, porque las leyes son las mismas para todos los ciudadanos y se aplican de la misma manera independientemente de nuestras circunstancias personales. También deben existir elecciones libres con **sufragio universal***, para que los ciudadanos puedan elegir libremente a sus representantes entre distintos partidos políticos. Además, los **derechos** de los ciudadanos deben estar reconocidos y protegidos por la ley, de forma que se respeten la igualdad, la libertad y la participación de todos.

***Sufragio universal:** sistema para la elección de representantes políticos en el que todos los ciudadanos mayores de edad pueden votar, independientemente de su sexo, condición o situación económica

¿LA PEOR FORMA DE GOBIERNO?

Se ha dicho que la democracia es la peor forma de gobierno, excepto por todas las otras formas que han sido probadas de vez en cuando.

WINSTON CHURCHILL: Extraído de un discurso pronunciado en la Cámara de los Comunes el 11 de noviembre de 1947.

32. ¿Qué crees que pretendía afirmar Winston Churchill con esta frase?

33. Tras leer estas palabras, ¿crees que Churchill estaba a favor o en contra de la democracia?

9. Los derechos humanos

9.1. Los derechos de los ciudadanos

Como acabamos de ver, el respeto a los derechos de las personas es uno de los rasgos fundamentales de los modernos sistemas democráticos. La democracia se diferencia de otros sistemas políticos porque dispone de garantías legales y de procedimientos claros para proteger los derechos de las personas.

Desde su aparición a finales del siglo XVIII, las democracias modernas siempre han tenido en cuenta la importancia de los derechos individuales. Cuando se produjo la Revolución francesa, una de las primeras medidas adoptadas por los revolucionarios consistió en establecer los derechos fundamentales de los ciudadanos.

Estos derechos quedaron recogidos en la **Declaración de los Derechos del Hombre y del Ciudadano**, proclamada en 1789. Desde entonces, las democracias modernas se han caracterizado por reconocer que todos los ciudadanos tenemos unos derechos básicos que nadie nos puede arrebatar.

Un **derecho** es algo que nos corresponde por el simple hecho de ser personas y que, por esa misma razón, podemos exigir.

La política Eleanor Roosevelt (1884-1962) presidió la comisión de la ONU que redactó la Declaración Universal de Derechos Humanos.

Algunos de nuestros derechos más importantes son el derecho a la vida, el derecho a la libertad, el derecho a que nadie nos maltrate, el derecho a que nadie nos discrimine, el derecho a votar, el derecho a la educación, el derecho a la salud, el derecho a unas condiciones de vida dignas...

Estos derechos están basados en el hecho de que todas las personas somos básicamente iguales a pesar de nuestras diferencias. Todos los seres humanos tenemos la misma dignidad y por eso todos debemos ser tratados con respeto. Estos derechos son **universales**, porque se aplican a todas las personas por igual, sin importar nuestras particularidades individuales. También son **inalienables**, porque no podemos renunciar a ellos ni cedérselos a nadie. Además, son **imprescriptibles**, lo que significa que nunca desaparecen ni caducan, e **inviolables**, porque nadie puede quitárnoslos.

Los **derechos humanos** son universales, inalienables, imprescriptibles e inviolables.

Para conseguir que todos acepten la existencia de estos derechos ha sido necesaria una larga lucha en defensa de la dignidad humana contra los abusos y la intolerancia. El reconocimiento definitivo de estos derechos se produjo en 1948, cuando la Organización de Naciones Unidas los recogió en la **Declaración Universal de Derechos Humanos**. Desde entonces, este documento se ha convertido en la norma básica de referencia para que todos podamos conocer y ejercer nuestros derechos.

@ Para ampliar en la Red...

La Declaración Universal de Derechos Humanos:
www.tiching.com/686289

9.2. Los derechos no siempre se respetan

Aunque todas las personas tenemos los mismos derechos, lo cierto es que hay muchos lugares en los que estos derechos no siempre son respetados. Esto sucede sobre todo en los países que no tienen democracia, donde a menudo se violan los derechos más fundamentales.

De todos los derechos, el más importante es el derecho a la vida y a la seguridad personal. Sin embargo, hay quienes ni siquiera tienen garantizados estos derechos tan elementales.

Hay muchos millones de personas que pasan hambre, que no tienen una vivienda digna o una sanidad adecuada. En algunos países aún existe la pena de muerte y en muchos otros se maltrata y tortura. Hay lugares en los que no se reconoce la libertad de los ciudadanos ni se les permite expresar sus ideas o participar en las decisiones políticas. Muchos millones de niños tienen problemas para satisfacer sus necesidades más básicas, incluyendo la atención personal y el acceso a la educación. Y todavía hay muchos lugares en los que las mujeres no tienen los mismos derechos que los hombres.

Para combatir esta situación se han creado diversas organizaciones internacionales que se encargan de defender los derechos humanos y de ayudar a la población en situaciones difíciles. Muchas de estas organizaciones dependen de la **Organización de Naciones Unidas**, aunque también existen organizaciones no gubernamentales que se esfuerzan por mejorar la situación de los derechos humanos en el mundo.

Por otra parte, existen diferentes órganos de defensa y protección de los derechos humanos a los que podemos acudir los ciudadanos. En nuestro país, los derechos humanos están protegidos por la **Constitución** y la ley ampara a cualquiera que denuncie su violación.

Cuando es preciso acudir a un nivel superior, se puede recurrir al **Tribunal Europeo de Derechos Humanos**.

A nivel mundial existe también una Corte Penal Internacional, en la que se pueden denunciar las más graves violaciones de los derechos humanos, como el genocidio o los crímenes de guerra. Sin embargo, aún no todos los Estados del mundo reconocen a esta institución tan importante.

FUNDAMENTO DE LOS DERECHOS HUMANOS

Considerando que la libertad, la justicia y la paz en el mundo tienen por base el reconocimiento de la dignidad intrínseca y de los derechos iguales e inalienables de todos los miembros de la familia humana;

Considerando que el desconocimiento y el menosprecio de los derechos humanos han originado actos de barbarie ultrajantes para la conciencia de la humanidad, y que se ha proclamado, como la aspiración más elevada del hombre, el advenimiento de un mundo en que los seres humanos, liberados del temor y de la miseria, disfruten de la libertad de palabra y de la libertad de creencias;

Considerando esencial que los derechos humanos sean protegidos por un régimen de Derecho, a fin de que el hombre no se vea compelido al supremo recurso de la rebelión contra la tiranía y la opresión;

Considerando también esencial promover el desarrollo de relaciones amistosas entre las naciones;

Considerando que los pueblos de las Naciones Unidas han reafirmado en la Carta su fe en los derechos fundamentales del hombre, en la dignidad y el valor de la persona humana y en la igualdad de derechos de hombres y mujeres, y se han declarado resueltos a promover el progreso social y a elevar el nivel de vida dentro de un concepto más amplio de la libertad;

Considerando que los Estados Miembros se han comprometido a asegurar, en cooperación con la Organización de las Naciones Unidas, el respeto universal y efectivo a los derechos y libertades fundamentales del hombre, y

Considerando que una concepción común de estos derechos y libertades es de la mayor importancia para el pleno cumplimiento de dicho compromiso;

LA ASAMBLEA GENERAL proclama la presente DECLARACIÓN UNIVERSAL DE DERECHOS HUMANOS [...]

ONU: Preámbulo de la *Declaración Universal de Derechos Humanos*.

34. ¿Qué razones, según la Asamblea General de las Naciones Unidas, justifican la Declaración?

35. ¿Sabes cuántos derechos incluye? Para conocer su situación en el mundo entra en:

- *Human Rights Watch*: www.tiching.com/686290
- *Amnistía Internacional*: www.tiching.com/686291

A pesar de los avances en derechos humanos, subsisten en muchos lugares de nuestro mundo graves problemas, como la discriminación de las mujeres.

Párate a pensar

Recapitula

1. ¿En qué consiste la democracia? ¿Sabrías explicar lo que significan las palabras griegas de las que procede este término?

2. Completa la siguiente tabla en la que se comparan la antigua democracia ateniense y la democracia actual surgida en la Edad Moderna.

	Democracia ateniense	Democracia moderna
Siglo en el que surgió por primera vez	...	...
¿Quién ejerce el poder?	...	...
¿Era una democracia directa o representativa?	...	...
¿Servía para gobernar una pequeña ciudad o un territorio muy amplio?	...	...
¿Quiénes son los ciudadanos que pueden participar en las decisiones?	...	...

3. ¿Por qué estaba Platón en contra de la democracia ateniense? ¿En qué argumentos se basaba para criticar este sistema político? ¿Estás de acuerdo con su opinión?

4. ¿Qué diferencia hay entre un súbdito y un ciudadano? ¿En qué consiste la ciudadanía que ejercen los individuos en las democracias modernas?

5. ¿Cuáles son las condiciones que debe satisfacer un país para que podamos decir que es una democracia auténtica? ¿Crees que nuestro país cumple satisfactoriamente todos estos requisitos?

6. Busca información sobre al menos cuatro países que no cumplan totalmente los requisitos necesarios para que podamos considerarlos democráticos. ¿Qué es lo que habría que mejorar para que pudieran convertirse en verdaderas democracias? ¿Crees que la situación en estos lugares podría cambiar en el futuro?

7. ¿Sabrías explicar en qué consisten los derechos humanos? ¿En qué documento se encuentran recogidos nuestros derechos? ¿Qué es lo que queremos decir cuando afirmamos que estos derechos son universales, imprescriptibles, inalienables e inviolables?

Construye el concepto

8. Define los siguientes términos filosóficos con los diccionarios propuestos (p. 1). A continuación, escribe una frase con cada uno de ellos en la que se aprecie su significado.
   - asamblea
   - democracia directa
   - democracia representativa
   - separación de poderes
   - imperio de la ley
   - sufragio universal
   - derechos humanos
   - parlamento

Trabaja con textos

9. Lee el texto y contesta las preguntas:

La mejor forma de gobierno, y apenas si es necesario decirlo, no consiste en una que sea practicable o elegible en todos los grados de civilización, sino en una que, en las circunstancias en que sea practicable y elegible, vaya acompañada de la mayor proporción de consecuencias benéficas inmediatas y futuras. Un gobierno totalmente popular es el único sistema que puede adjudicarse esta índole. Se distingue en las dos ramas en que se divide la grandeza de una constitución política. Ofrece condiciones más favorables para el buen gobierno y a la vez fomenta una forma mejor y más elevada de carácter nacional que cualquier otro sistema.

Su superioridad en cuanto al bienestar actual se basa en dos principios tan veraces y aplicables universalmente como lo puede ser una proposición general que se establezca con respecto a los asuntos humanos. El primero consiste en que la única seguridad de que los derechos e intereses de toda persona no van a pasarse por alto se obtiene solo cuando la persona interesada es apta, y habitualmente está dispuesta a defenderlos. El segundo estriba en que la prosperidad general alcanza una mayor altura y se difunde con más amplitud, en proporción con el grado y la variedad de las energías personales y que se apresten para fomentarla.

Si exponemos estas dos proposiciones de un modo más peculiar a su aplicación actual, diremos: los seres humanos solo se aseguran contra el daño por parte de los demás en la medida de su fuerza para protegerse a sí mismos, y únicamente pueden alcanzar un alto grado de éxito en su lucha contra la naturaleza en la proporción en que se basten a sí mismos, es decir, si dependen de lo que personalmente puedan hacer, ya sea por separado o en conjunto, más que de lo que otros puedan hacer por ellos.

John Stuart MILL: *Del gobierno representativo.*

a) De acuerdo con este fragmento, ¿cuál es la mejor forma de gobierno posible?

b) En opinión del filósofo y político inglés John Stuart Mill, ¿cuál es la mejor manera que tenemos a nuestra disposición para protegernos frente al daño que puedan hacernos la naturaleza o las demás personas?

10. Lee el texto y contesta las preguntas:

Ante todo, con arreglo al criterio que hemos adoptado, la democracia no significa ni puede significar que el pueblo gobierne efectivamente, en ninguno de los sentidos evidentes de las expresiones *pueblo* y *gobernar*. La democracia significa tan solo que el pueblo tiene la oportunidad de aceptar o rechazar a los hombres que han de gobernarlo. Pero como el pueblo puede decidir esto también por medios no democráticos en absoluto, hemos tenido que estrechar nuestra definición añadiendo otro criterio identificador del método democrático, a saber: la libre competencia entre los pretendientes al caudillaje por el voto del electorado. Ahora puede expresarse un aspecto de este criterio diciendo que la democracia es el gobierno del político. Es de la mayor importancia comprender lo que esto implica.

Joseph A. SCHUMPETER: *Capitalismo, socialismo y democracia.*

a) ¿Por qué no cree el autor que la democracia signifique que el pueblo gobierne de manera efectiva?

b) De acuerdo con este texto del célebre economista Schumpeter, ¿en qué consiste la democracia? ¿Estás de acuerdo con este punto de vista?

Comentario de texto

Texto 1

El único camino para erigir semejante poder común, capaz de defender [a los hombres] contra la invasión de los extranjeros y contra las injurias ajenas, asegurándoles de tal suerte que por su propia actividad y por los frutos de la tierra puedan nutrirse a sí mismos y vivir satisfechos, es conferir todo su poder y fortaleza a un hombre o a una asamblea de hombres, todos los cuales, por pluralidad de votos, puedan reducir sus voluntades a una voluntad. Esto equivale a decir: elegir un hombre o una asamblea de hombres que represente su personalidad; y que cada uno considere como propio y se reconozca a sí mismo como autor de cualquier cosa que haga o promueva quien representa su persona, en aquellas cosas que conciernen a la paz y a la seguridad comunes; que, además, sometan sus voluntades cada uno a la voluntad de aquel, y sus juicios a su juicio. Esto es algo más que consentimiento o concordia; es una unidad real de todo ello en una y la misma persona, instituida por pacto de cada hombre con los demás, en forma tal como si cada uno dijera a todos: "autorizo y transfiero a este hombre o asamblea de hombres mi derecho de gobernarme a mí mismo, con la condición de que vosotros transferiréis a él vuestro derecho, y autorizaréis todos sus actos de la misma manera". Hecho esto, la multitud así unida en una persona se denomina ESTADO, en latín, *CIVITAS*. Esta es la generación de aquel gran LEVIATÁN, o más bien (hablando con más reverencia), de aquel dios mortal, al cual debemos, bajo el Dios inmortal, nuestra paz y nuestra defensa. Porque en virtud de esta autoridad que se le confiere por cada hombre particular en el Estado, posee y utiliza tanto poder y fortaleza, que por el terror que inspira es capaz de conformar las voluntades de todos ellos para la paz, en su propio país, y para la mutua ayuda contra sus enemigos, en el extranjero.

Y en ello consiste la esencia del Estado, que podemos definir así: una persona de cuyos actos se constituye en autora una gran multitud mediante pactos recíprocos de sus miembros con el fin de que esa persona pueda emplear la fuerza y medios de todos como lo juzgue conveniente para asegurar la paz y defensa común. El titular de esta persona se denomina SOBERANO, y se dice que tiene poder soberano; cada uno de los que le rodean es SÚBDITO suyo.

Thomas HOBBES: *Leviatán.*

Texto 2

La democracia tiene que ser enseñada, porque no es natural, porque va en contra de inclinaciones muy arraigadas en los seres humanos. Lo natural no es la igualdad sino el dominio de los fuertes sobre los débiles. Lo natural es el clan familiar y la tribu, los lazos de sangre, el recelo hacia los forasteros, el apego a lo conocido, el rechazo de quien habla otra lengua o tiene otro color de pelo o de piel. Y la tendencia infantil y adolescente a poner las propias apetencias por encima de todo, sin reparar en las consecuencias que pueden tener para los otros, es tan poderosa que hacen falta muchos años de constante educación para corregirla. Lo natural es exigir límites a los demás y no aceptarlos en uno mismo. Creerse uno el centro del mundo es tan natural como creer que la Tierra ocupa el centro del universo y que el Sol gira alrededor de ella. El prejuicio es mucho más natural que la vocación sincera de saber. Lo natural es la barbarie, no la civilización, el grito o el puñetazo y no el argumento persuasivo, la fruición inmediata y no el empeño a largo plazo. Lo natural es que haya señores y súbditos, no ciudadanos que delegan en otros, temporalmente y bajo estrictas condiciones, el ejercicio de la soberanía y la administración del bien común. Lo natural es la ignorancia: no hay aprendizaje que no requiera un esfuerzo y que no tarde en dar fruto. Y si la democracia no se enseña con paciencia y dedicación y no se aprende en la práctica cotidiana, sus grandes principios quedan en el vacío o sirven como pantalla a la corrupción y a la demagogia.

Antonio MUÑOZ MOLINA: *Todo lo que era sólido.*

Disertación filosófica

¿Es posible vivir sin Estado?

Los pensadores anarquistas creen que el Estado es una estructura represiva que somete a los individuos e impide su libre desarrollo como personas. Según el anarquismo, los seres humanos viviríamos mucho mejor sin Estado.

- Pero ¿sería posible organizar la convivencia sin el Estado?
- ¿No causarían numerosos problemas los individuos agresivos, egoístas y violentos?
- ¿Deberíamos confiar en el poder de la educación y de la libertad para convertirnos en personas bondadosas y cooperativas?
- ¿O, por el contrario, existe un fondo de maldad inevitable en nuestra naturaleza humana que no es posible eliminar y que requiere establecer controles sociales y castigos para que podamos convivir?

Una obra para comentar

Política para Amador

Política para Amador, de Fernando Savater, es una excelente introducción a la filosofía política. Escrito en 1992, utilizando un lenguaje claro y accesible, el autor presenta, en un libro dedicado a su hijo, cuáles son las grandes cuestiones asociadas a la convivencia, la vida en sociedad y la organización de nuestra vida en común.

Debate filosófico

El peligro del totalitarismo

La experiencia totalitaria ha marcado trágicamente la historia del siglo XX.

- ¿Cómo fue posible la aparición de este tipo de regímenes?
- ¿Cuáles fueron las causas que permitieron el triunfo del totalitarismo en Alemania y en Rusia?
- ¿Sería posible que esta experiencia se repitiera de nuevo?

Conexiones filosóficas

Ciencia política y filosofía política

Como hemos visto en la unidad, el enfoque empírico de la ciencia política hace que sus análisis sean principalmente descriptivos. En cambio, la filosofía política tiene una visión más normativa, porque nos plantea cómo debería organizarse la sociedad para mejorar nuestra convivencia.

- ¿Cuál es la relación que hay entre estas dos disciplinas?
- ¿Puede hacerse filosofía política sin conocer a fondo la realidad empírica analizada por la ciencia política?
- ¿Cuál es la función que tiene la utopía en el pensamiento político?
- ¿Debería la ciencia política ocuparse también de la forma en que nuestros diseños utópicos influyen en la realidad?

Trabajo en equipo

Utopía y sociedad ideal

Te proponemos analizar algunos de los modelos de sociedad ideal que se han presentado a lo largo de la historia de la filosofía. Para realizar vuestra tarea tendréis que formar en grupos de 4 miembros. Cada uno de ellos se ocupará de estudiar en detalle la propuesta política de un pensador concreto. Entre los filósofos que podéis elegir están los siguientes: Platón, Aristóteles, Tomás Moro, Tommaso Campanella, Francis Bacon, Auguste Comte, Karl Marx, John Rawls, Jürgen Habermas.

Cada miembro del grupo se especializará en un tema específico de la siguiente manera:

- Especialista en la organización de la economía.
- Especialista en las relaciones entre grupos sociales.
- Especialista en cultura, religión, educación e ideología.
- Especialista en el sistema que se emplea para tomar decisiones.

a) En primer lugar, os proponemos que todos los especialistas en un mismo tema de los distintos grupos realicen una investigación en común sobre su correspondiente campo. Después, los especialistas volverán a sus grupos de referencia y comentarán con sus compañeros lo que han aprendido. Finalmente, cada grupo presentará a la clase la información sobre el modelo social diseñado por el filósofo que le haya correspondido.

b) La actividad puede completarse con un debate en gran grupo en el que se comenten las opiniones de los distintos filósofos, incluyendo la valoración personal de los alumnos sobre estas propuestas y sus propias sugerencias para organizar una sociedad ideal.

Bibliografía

Jean-Jacques ROUSSEAU: ***El Contrato social. Principios de derecho político.***

John LOCKE: ***Segundo Tratado sobre el Gobierno Civil.***

George ORWELL: ***1984.***

William GOLDING: ***El señor de las moscas.***

Aldous HUXLEY: ***Un mundo feliz.***

Ray BRADBURY: ***Fahrenheit 451.***

Giovanni SARTORI: ***¿Qué es la democracia?***

José Antonio MARINA y María de la VÁLGOMA: ***La lucha por la dignidad.***

Filmografía

El señor de las moscas. Harry HOOK. Basada en la novela del premio Nobel W. Golding. Tras sufrir un accidente, un grupo de adolescentes se ve obligado a organizarse para sobrevivir en una isla desierta sin la ayuda de los adultos.

1984. Michael RADFORD. Se basa en una de las más célebres novelas de George Orwell. Esta historia recrea una hipotética sociedad futura en la que dominan la infelicidad, el horror y la miseria.

American history X. Tony KAYE. Muestra de forma cruda y muy directa las consecuencias a las que puede llegar a arrastrarnos una ideología excluyente basada en el odio racial.

Mapa conceptual

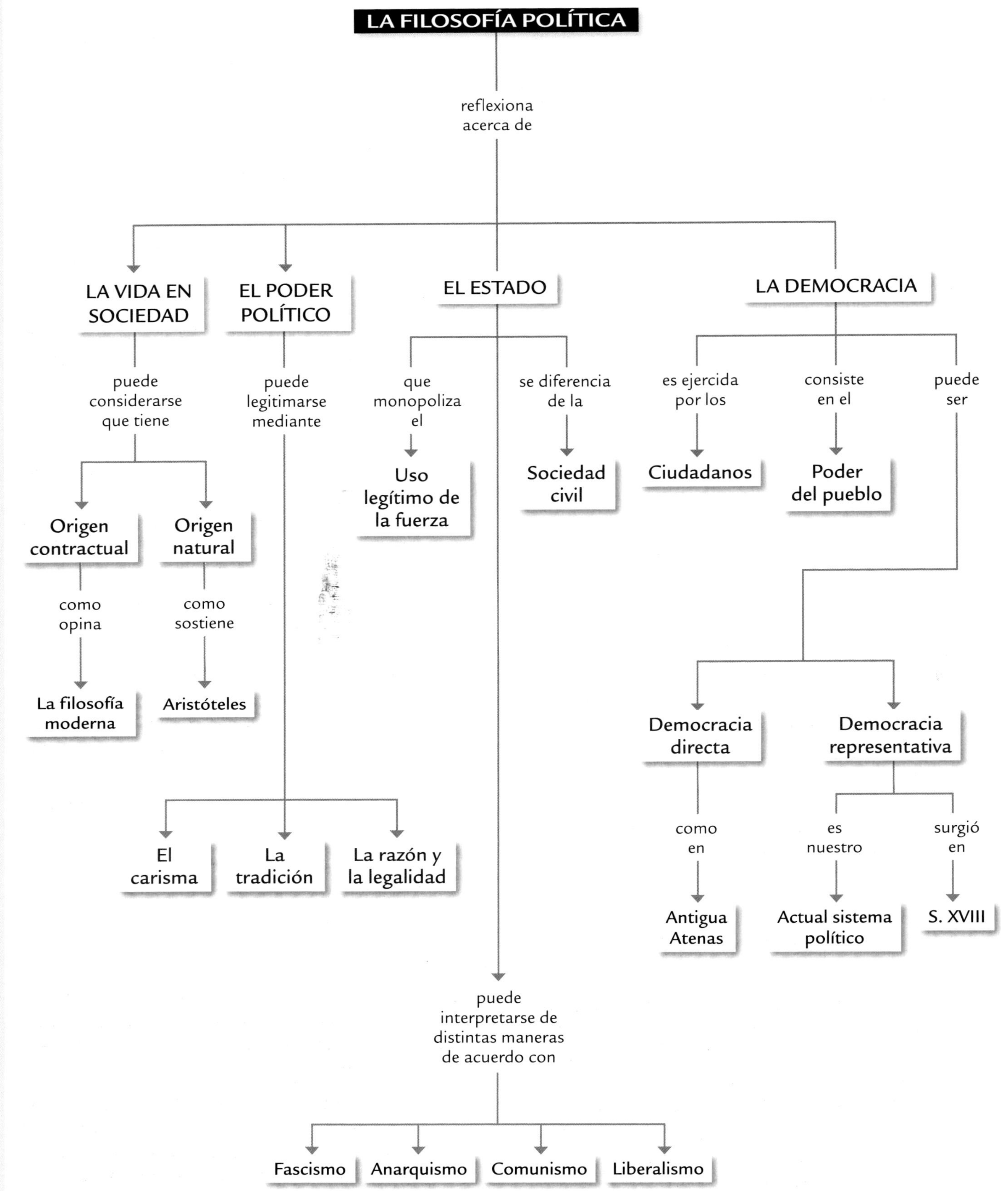

Evaluación

Elige la respuesta correcta para cada una de las siguientes preguntas. Recuerda que de todas las opciones solo una es válida.

1. **¿Cuáles de las siguientes formas de organización social han caracterizado la convivencia humana?**
   a) La tradicional, la carismática y la racional-legal.
   b) La organización tribal, la esclavista, la feudal y la estatal.
   c) La organización en el estado de naturaleza y la organización en sociedad.
   d) La anarquista, la totalitarista y la liberal.

2. **¿Cuáles son los distintos tipos de legitimación política que distinguió Max Weber en su obra?**
   a) La tradicional, la carismática y la racional-legal.
   b) La legitimación mediante el poder y la legitimación mediante la autoridad.
   c) La legitimación mediante la fuerza, la legitimación mediante el acuerdo y la legitimación mediante la convicción.
   d) La social, la política y la estatal.

3. **¿A qué se refiere Platón cuando habla de la importancia de organizar una sociedad de acuerdo con la justicia?**
   a) Al cumplimiento estricto de las leyes.
   b) A distribuir las cargas y los méritos proporcionalmente según las necesidades y el mérito de cada uno.
   c) A confiar una función determinada a cada persona según el tipo de alma que tenga, dejando el gobierno en manos de los sabios.
   d) A una forma de organización democrática y participativa donde se tenga en cuenta la opinión de todos los ciudadanos.

4. **¿Cuáles de las siguientes formas de gobierno son ejemplos de sistemas políticos justos, según Aristóteles?**
   a) La monarquía, la tiranía y la aristocracia.
   b) La tiranía, la oligarquía y la demagogia.
   c) La monarquía, la oligarquía y la demagogia.
   d) La monarquía, la aristocracia y la democracia.

5. **¿Qué postura han mantenido los filósofos a lo largo del tiempo acerca de las relaciones entre la ética y la política?**
   a) Siempre han estado todos de acuerdo en considerar que la ética y la política son dos ramas distintas de la filosofía que se encuentran claramente separadas.
   b) Siempre han estado todos de acuerdo en considerar que la ética y la política son dos aspectos de una única realidad, por lo que están estrechamente unidas.
   c) Los antiguos griegos pensaban que la ética y la política estaban unidas, pero desde la Modernidad los filósofos consideran que se trata de dos ámbitos separados.
   d) Los antiguos griegos pensaban que la ética y la política estaban separadas, pero desde la Modernidad los filósofos consideran que se trata de dos ámbitos estrechamente unidos entre sí.

6. **¿Qué es una utopía?**
   a) Es un tipo de sociedad realmente existente que se usa como modelo para las demás.
   b) Es un tipo de sociedad realmente existente que revela los defectos e imperfecciones de la nuestra.
   c) Es una sociedad imaginaria, imperfecta y defectuosa, que sirve para mostrar los problemas que deberíamos esforzarnos por resolver en la política.
   d) Es una sociedad imaginaria y perfecta, que sirve para mostrar cómo debería organizarse una sociedad ideal.

7. **¿Qué diferencia hay entre las distintas visiones políticas de Hobbes y Rousseau?**
   a) Hobbes creía que el ser humano es social por naturaleza, y Rousseau defendía la teoría del contrato social.
   b) Hobbes creía que los seres humanos eran libres y bondadosos en estado de naturaleza, pero Rousseau pensaba que en esa etapa las personas eran egoístas y vivían en guerra permanente entre sí.
   c) Rousseau creía que los seres humanos eran libres y bondadosos en estado de naturaleza, y Hobbes consideraba que en esa etapa las personas eran egoístas y vivían en guerra permanente entre sí.
   d) Hobbes creía que los seres humanos tienen derechos naturales e innatos incluso en estado de naturaleza, y Rousseau creía que los derechos solo surgen en sociedad, cuando el soberano los otorga a sus súbditos.

8. **¿Qué sistemas políticos pueden considerarse totalitarios?**
   a) El anarquismo y el liberalismo.
   b) La democracia y el comunismo.
   c) El nazismo y el estalinismo.
   d) El fascismo y el absolutismo.

Contesta por escrito las cuestiones siguientes:

9. **¿Defendía Locke el carácter natural de la sociabilidad humana o era partidario de la teoría del contrato social? ¿Qué particularidades caracterizan la doctrina política de Locke en comparación con la de Hobbes?**

10. **¿Cuál es la diferencia entre un súbdito y un ciudadano? ¿Por qué insistieron tanto los revolucionarios franceses y americanos en la importancia de establecer los derechos de los ciudadanos tras el final del absolutismo?**

11. **¿Qué es lo que podría suceder si los poderes del Estado no estuvieran separados? ¿Ha ocurrido eso alguna vez a lo largo de la historia?**

15 Filosofía aplicada al desarrollo de proyectos

- ¿Existe alguna relación entre la filosofía y el mundo del trabajo?
- ¿Puede ser útil la filosofía para el diseño de un proyecto vital y empresarial?
- ¿Qué es una empresa? ¿Qué papel desempeñan en nuestro sistema laboral?
- ¿De qué modo contribuyen las empresas al desarrollo de la economía y la sociedad?

Objetivos

> Valorar el modo en que la filosofía aplicada puede ser de utilidad para desarrollar nuestros proyectos personales y empresariales.

> Apreciar el destacado papel que tienen las empresas en nuestro actual sistema económico, social y laboral.

> Apreciar la relación que existe entre las distintas dimensiones de la empresa y las diferentes ramas de la filosofía.

> Comprender que el modo filosófico de preguntar puede llevarnos más allá del mundo empresarial, cuestionando también nuestro actual modelo económico.

Contenidos

I. La filosofía y el desarrollo de proyectos
1. Filosofía aplicada
2. Filosofía y proyectos

II. Aproximación filosófica al proyecto empresarial
3. Empresa y filosofía
4. Más allá del mundo de la empresa

La filosofía y el mundo de las organizaciones

- La filosofía tiene una vertiente aplicada que está relacionada con los problemas y las preocupaciones cotidianas de las personas.
- La filosofía aplicada nos ofrece una perspectiva útil para comprender mejor el mundo de las organizaciones.
- Las aportaciones de la filosofía aplicada también pueden servirnos para analizar el funcionamiento de distintas formas de organización económica.
- Actualmente vivimos en un sistema económico de mercado donde las empresas interactúan libremente con sus clientes según la ley de la oferta y la demanda.

Una aproximación filosófica al proyecto vital y empresarial

- La filosofía aplicada puede resultar de mucha utilidad para orientar todos nuestros proyectos: personales, vitales, empresariales...
- Las empresas desempeñan un papel esencial en las modernas sociedades de mercado, contribuyendo a crear riqueza y a crear empleo.
- Entre otras cosas, la filosofía aplicada puede ayudarnos a perfilar las metas de la empresa, su estructura organizativa, su actividad comercial, su estrategia de comunicación y su cultura organizacional.

Mas allá del mundo de la empresa

- La filosofía aplicada también puede ser muy útil como guía en nuestros proyectos personales, más allá de la dimensión económica o empresarial.
- Todas las actividades, los planes y las iniciativas que desarrollas en tu vida cotidiana forman parte de tu proyecto vital, que puede enriquecerse con las reflexiones de la filosofía aplicada.
- Por otra parte, la filosofía también puede servirnos para aprender a valorar críticamente los problemas del mundo en el que vivimos y del sistema económico capitalista imperante.

I. La filosofía y el desarrollo de proyectos

1. Filosofía aplicada

Algunas personas creen que la filosofía solo se interesa por temas complicados, abstractos y alejados de las preocupaciones cotidianas de la gente. Sin embargo, la filosofía también tiene una vertiente aplicada, que se ocupa de cuestiones prácticas y concretas que tienen una relación directa con nuestra vida diaria.

En concreto, la filosofía aplicada puede proporcionarnos orientaciones muy valiosas para desarrollar nuestro propio proyecto vital y personal. La forma de preguntar que es característica de la aproximación filosófica es muy útil para clarificar qué es lo que queremos hacer con nuestra vida, hacia dónde queremos dirigirla y cómo podríamos desarrollarla. Desde este punto de vista, la filosofía no es solo un aprendizaje teórico, sino que también sirve para ayudarnos a vivir mejor. Esto es justamente lo que quería decir **Kant** cuando insistía en la importancia de tener en cuenta el **uso práctico de la razón**.

La filosofía aplicada trata de ofrecernos respuestas para problemas concretos desde un punto de vista filosófico, haciendo uso de la razón práctica.

Entre los asuntos que abarca la filosofía aplicada se incluyen campos como la medicina, la investigación científica, el medioambiente, los medios de comunicación, la informática y las comunicaciones o el funcionamiento del **mundo laboral y de las organizaciones**. Este último tema tiene una especial relevancia, ya que muchas de las actividades que realizamos a diario están relacionadas con el trabajo y se enmarcan en algún tipo de organización. Piensa, por ejemplo, que las escuelas, los hospitales, el ejército, los ministerios o las empresas son distintos ejemplos de organizaciones que desempeñan un papel muy importante dentro del mundo laboral.

2. Filosofía y proyectos

2.1. El desarrollo de proyectos

Tener unas nociones básicas sobre filosofía aplicada puede ser de gran utilidad a la hora de poner en marcha un proyecto personal de cualquier tipo. En realidad, todas las actividades que desarrollamos, los objetivos que tratamos de alcanzar y las ilusiones que nos impulsan en la vida forman parte de nuestros proyectos personales. Si te paras a pensarlo, te darás cuenta de lo variados y diversos que son los proyectos que desarrollamos. Un proyecto puede ser encontrar trabajo, crear un grupo musical, organizar un viaje de fin de curso, hacer una campaña a favor de alguna causa, acceder a los estudios que queremos seguir, formar parte de algún equipo deportivo, vencer en una competición...

También hay muchos ejemplos de proyectos personales que tienen relación con el mundo laboral y económico. Entre ellos están poner en marcha un negocio, trabajar en una empresa o seguir una carrera profesional. La relevancia que tienen este tipo de proyectos está asociada a su importancia práctica y a la influencia que tienen en nuestras vidas. Por eso merece la pena estudiar un poco más de cerca cómo la filosofía puede orientarnos para desarrollar este tipo específico de proyectos.

LA VIDA COMO PROYECTO

Hay un ente cuyo ser consiste, por lo pronto, en lo que aún no es, en un mero proyecto, pretensión o programa de ser; que, por tanto, ese ente tiene que afanarse en la realización de sí mismo. No puede lograrla sino con elementos reales; como el artista no puede realizar la estatua imaginada si no tiene una materia sólida en que plasmarla. La materia, el elemento real donde y con el cual el hombre *puede* llegar a ser de hecho lo que en proyecto es, es el mundo. Este le ofrece la posibilidad de existir y, a la par, grandes dificultades para ello. En tal disposición de los términos la vida parece constituida como un problema casi ingenieril: aprovechar las facilidades que el mundo ofrece para vencer las dificultades que se oponen a la realidad de nuestro programa.

José ORTEGA Y GASSET: *Meditación de la técnica*.

1. ¿Qué pretende decir el autor cuando afirma que el ser humano es "un ente cuyo ser consiste [...] en lo que aún no es, en un mero proyecto"?

2. ¿Podría servir esta característica para distinguir a las personas de otros seres diferentes, como las plantas o los animales? Trata de ofrecer algunos ejemplos concretos para aclarar tu respuesta.

3. ¿Por qué dice Ortega que la vida se nos presenta como "un problema casi ingenieril"? ¿Te parece a ti que podemos interpretar nuestra vida como el esfuerzo continuo para utilizar el mundo que nos rodea al servicio de nuestro proyecto personal?

4. ¿Crees que la filosofía puede ser útil para llevar a cabo el proyecto en que consiste tu propia vida? Explica tu respuesta.

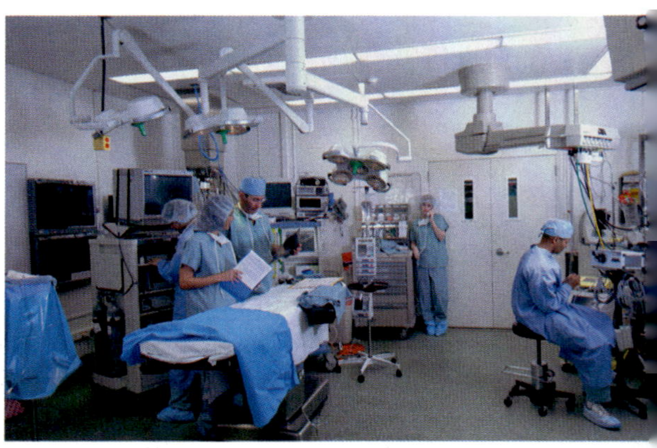

▲ Muchos proyectos requieren el trabajo en equipo.

2.2. Economía y proyecto empresarial

La economía estudia cómo asignar los recursos disponibles en la sociedad para producir distintos bienes y servicios. Los economistas suelen decir que su disciplina se encarga de responder tres preguntas fundamentales: *¿qué se va a producir?*, *¿cómo se va a fabricar?* y *¿a quién van destinados los productos?*

En la mayor parte de los países del mundo estas preguntas se responden en el marco de una economía de mercado capitalista. En el capitalismo o economía de mercado las decisiones sobre qué fabricar, cómo producirlo y a quién destinarlo son el resultado de la interacción entre las empresas y los consumidores.

La sociedad de mercado se basa en la libre empresa y en la ausencia de una regulación centralizada de la economía.

Las empresas desempeñan un papel fundamental en la economía de mercado, porque son las que se encargan de tomar sus propias decisiones sobre la producción y la distribución. De este modo las empresas contribuyen a satisfacer los deseos y necesidades de los consumidores, generando riqueza y creando empleo en la economía.

Sin embargo, conviene señalar que incluso en el sistema capitalista existen sectores que funcionan al margen del mercado. Las escuelas, los hospitales y los centros de salud públicos, la policía o el ejército son importantes ejemplos de instituciones gestionadas por el Estado que no se basan en las leyes del mercado. Además, para que no se produzcan abusos ni irregularidades, el Estado también se encarga de supervisar el correcto funcionamiento del mercado, estableciendo controles y límites cuando resulta necesario.

Uno de los objetivos de la actividad empresarial es la producción de bienes.

2.3. Comunismo y capitalismo

Existen otras formas de organización económica además de la sociedad de mercado. El comunismo que se estableció en Rusia tras la revolución soviética es un sistema económico muy distinto al capitalismo. En el comunismo soviético la economía estaba **planificada** y regulada por el Estado, que era el propietario de los medios de producción, como las fábricas, la tierra o las fuentes de energía. Aunque el comunismo soviético aspiraba a crear una sociedad igualitaria y justa para todos, en la práctica la economía planificada por el Estado resultaba ineficaz y poco rentable. El deterioro de la situación económica aceleró los procesos de cambio social y político que finalmente provocaron el colapso de la Unión Soviética.

Sin embargo, la sociedad capitalista también tiene sus problemas. La historia ha mostrado con claridad que la economía de mercado está sometida a ciclos de crecimiento que vienen seguidos por **períodos de crisis**. Cuando el mercado funciona libremente, sin ningún tipo de regulación, la economía sufre inestabilidades que pueden alterar todo el sistema productivo, produciendo la ruina de miles de empresas y dejando a millones de personas sin empleo.

Esto es justamente lo que sucedió con el colapso bursátil de 1929, tras el cual se produjo una gravísima crisis económica que tuvo además serias repercusiones sociales y políticas. Para tratar de evitar que algo tan grave pudiera volver a producirse, los países capitalistas decidieron adoptar algunas medidas para controlar el funcionamiento del mercado. Sin embargo, los defensores del liberalismo económico las han criticado por considerar que imponen una intervención injustificada que coarta innecesariamente la libertad de los individuos y de las empresas.

¿QUÉ ES UNA EMPRESA?

Una empresa es una organización de personas, es decir, un conjunto de personas que trabajan de forma coordinada para lograr objetivos que a todos interesan. Esta definición, simple en apariencia, encierra la esencia misma de la vida de cualquier empresa: personas, acciones coordinadas, objetivos, logros. La evolución de los diferentes modelos de organización ha puesto de manifiesto la importancia no solo de las aptitudes o conocimientos de las personas que integran la organización, sino también de las actitudes.

Pablo CARDONA y Pilar GARCÍA-LOMBARDÍA: *Cómo desarrollar las competencias de liderazgo.*

5. ¿Cómo define este texto qué es una empresa?

6. ¿Qué características de las personas deben tomarse en consideración dentro de una organización?

II. Aproximación filosófica al proyecto empresarial

3. Empresa y filosofía aplicada

3.1. El proyecto empresarial

Para que un proyecto empresarial tenga éxito, hace falta que obtenga un rendimiento en forma de beneficios económicos.

Sin embargo, sería erróneo pensar que el único objetivo de una empresa es ganar dinero. Aunque los beneficios son necesarios para que el negocio sobreviva, no debemos olvidar que la principal función de la empresa es ofrecer a la sociedad bienes y servicios útiles para mejorar la vida de las personas. Aquí es donde la filosofía aplicada puede servirnos para aclarar algunas de las preguntas que se plantean cuando estamos tratando de lanzar un proyecto empresarial.

3.2. El modo de preguntar metafísico y las metas empresariales

Cuando se pone en marcha un proyecto empresarial, siempre se hace con la idea de ofrecer algún tipo de producto o servicio que pueda ser útil e interesante para los potenciales clientes. Esta es la **misión** o razón de ser de la empresa, lo que justifica su existencia. Por lo general, la misión está estrechamente relacionada con la **visión** o imagen de lo que se pretende que llegue a ser la empresa a lo largo del tiempo, y también con los objetivos concretos que queremos alcanzar.

La filosofía aplicada puede ser muy útil para aclarar la misión, la visión y los objetivos de un proyecto empresarial, porque puede ayudarnos a plantear las preguntas básicas que están relacionadas con las metas de la empresa.

En realidad, lo primero que hace falta para tener claro un plan de empresa es saber qué va a hacer la empresa, así como el modo en que quiere hacerlo y los propósitos que pretende alcanzar haciéndolo. Se trata de profundizar en el qué, el cómo y el para qué del proyecto empresarial. Por eso puede decirse que este enfoque guarda cierta relación con la radicalidad característica del modo de preguntar metafísico.

El modo que tiene la metafísica de plantear preguntas radicales puede ser útil para aclarar la misión, la visión y los objetivos de un proyecto empresarial.

3.3. Lógica, gnoseología y empresa

Una empresa típica está formada por muchas personas que trabajan realizando tareas diferentes que es preciso organizar y coordinar adecuadamente. Para llevar a cabo todas estas actividades hace falta diseñar una estructura apropiada, que distribuya las diferentes funciones de forma eficaz.

La filosofía aplicada puede ser muy útil para planificar un sistema organizativo que responda a criterios racionales. Las aportaciones de la lógica y de la gnoseología pueden servirnos para orientar la organización de la empresa de una forma adecuada. En este proceso conviene recordar, entre otras cosas, la teoría de las inteligencias múltiples, que tiene una aplicación directa a la hora de organizar el trabajo en la empresa.

La lógica y la gnoseología pueden ser muy valiosas para diseñar racionalmente la organización de una empresa.

LA META DE LA EMPRESA

La meta de la *actividad empresarial* es la *satisfacción de necesidades humanas* a través de la puesta en marcha de un capital, del que es parte esencial el capital humano —los recursos humanos—, es decir, las capacidades de cuantos cooperan en la empresa. Por tanto, el bien interno de la actividad empresarial consiste en lograr satisfacer estas necesidades y, de forma inseparable, en desarrollar al máximo las capacidades de sus colaboradores, metas ambas que no podrá alcanzar si no es *promocionando valores de libertad, igualdad y solidaridad desde el modo específico en que la empresa puede y debe hacerlo.*

Es en este sentido en el que la recién nacida *ética de la empresa* tiene por valores irrenunciables la *calidad* en los productos y en la gestión, la *honradez* en el servicio, el *mutuo respeto* en las relaciones internas y externas a la empresa, la *cooperación* por la que conjuntamente aspiramos a la calidad, la *solidaridad al alza*, que consiste en explotar al máximo las propias capacidades de modo que el conjunto de personas pueda beneficiarse de ellas, la *creatividad*, la *iniciativa*, el *espíritu de riesgo*.

Adela CORTINA: *Ética de la empresa*.

7. ¿Cuál es la meta de una empresa, según este fragmento?

8. ¿Qué grandes valores debe promocionar una empresa que aspire a alcanzar sus metas?

9. ¿De qué forma se concretan estos valores en el marco de la ética empresarial?

Fíjate

La capacidad para asumir riesgos es un aspecto importante para desarrollar un proyecto de cualquier tipo. Si no nos atrevemos a correr ningún riesgo, no seremos capaces de poner en marcha nuestro proyecto. Sin embargo, si asumimos un riesgo excesivo o imprudente podemos acabar fracasando. La inteligencia emocional desempeña un papel crucial para ayudarnos a evaluar los riesgos y a decidir cuándo merece la pena arriesgarse para lograr una meta a la que aspiramos.

▲ La innovación científica y tecnológica es fundamental para el desarrollo productivo.

¿QUÉ ES INNOVAR?

La innovación puede ser definida como la tarea de dotar a los recursos humanos y materiales de una nueva y mayor capacidad de producir riqueza.

Los gerentes deben convertir las necesidades de la sociedad en oportunidades para negocios que den ganancias. Eso, también, es una definición de innovación y necesita ser destacado en la actualidad, cuando somos conscientes de las necesidades de la sociedad, de las escuelas, de los sistemas de salud, de las ciudades y del medioambiente.

Peter DRUCKER: *Drucker esencial*.

10. ¿Cómo define el autor qué es innovar?

11. ¿Qué relación hay entre la innovación y las oportunidades de negocio para las empresas?

3.4. Empresa, antropología y estética

La actividad comercial de una empresa incluye procesos como la promoción, la distribución y la innovación, que resultan cruciales para el éxito a largo plazo. Este es el momento en que se desarrolla el *marketing* empresarial, dentro del cual se enmarcan los estudios de mercado y las campañas de difusión publicitaria.

La estética está presente en ámbitos empresariales tan importantes como el diseño, la creatividad y la innovación. En estas áreas, la filosofía aplicada puede ser de gran ayuda. El mundo del *marketing* está muy ligado a la imagen que las empresas proyectan hacia el público. Por eso, para quienes trabajan en los departamentos de publicidad y de promoción es muy enriquecedor saber plantear preguntas relevantes en torno a la belleza y al arte.

Por su parte, la antropología filosófica puede ofrecer claves muy valiosas para el proceso de innovación. En un mundo en continua transformación, el éxito a largo plazo requiere que las empresas sean capaces de adaptarse a las transformaciones del mercado y a los rápidos cambios en las demandas de los clientes. Esto significa que la creatividad es un elemento esencial para las empresas que aspiren al liderazgo.

En una economía de la innovación, una de las cualidades más valoradas en los trabajadores es la creatividad, que la empresa debe esforzarse por reconocer y alentar en un entorno adecuado.

La estética puede desempeñar un papel muy destacado en el departamento comercial de las empresas, mientras que la antropología filosófica puede ayudarnos a comprender las claves de la innovación empresarial.

3.5. Empresa, retórica y argumentación

La comunicación desempeña un papel de enorme importancia en la vida de una empresa, tanto interna como externamente. Hacia el interior, la comunicación es un medio imprescindible para resolver de forma negociada los posibles conflictos que puedan darse entre distintas personas o departamentos. Hacia el exterior, la principal función de la comunicación consiste en conectar con el público presentando un producto atractivo que los clientes estén dispuestos a comprar.

Fíjate

El estudio de la retórica y la argumentación puede ser de gran ayuda para facilitar la comunicación en el entorno empresarial. Expresar nuestras ideas con claridad y respeto hacia los demás no siempre es una tarea fácil. Por eso en las relaciones humanas es habitual que surjan roces, conflictos y malentendidos. Esta situación también puede darse en el interior de una empresa, o entre miembros de la empresa y personas externas, como clientes, proveedores o representantes de la administración. Saber gestionar estos conflictos de una forma asertiva, racional y satisfactoria es un aspecto fundamental para mejorar el clima de trabajo y los resultados empresariales.

La retórica y la teoría de la argumentación son las ramas de la filosofía aplicada que pueden resultar más útiles en el campo de la comunicación empresarial. Para que una campaña publicitaria tenga éxito, hay que poner en práctica estrategias de persuasión eficaces, utilizando mensajes convincentes que se adapten al tipo de público al que nos dirigimos.

La retórica y la argumentación resultan fundamentales para mejorar las competencias comunicativas tanto dentro como fuera de la empresa.

3.6. Empresa, ética y política

Aunque las personas que trabajan juntas sean muy distintas entre sí, siempre es posible encontrar en ellas algunos elementos comunes que son típicos de la empresa a la que pertenecen. Este conjunto de creencias, expectativas y valores compartidos por todos los trabajadores es lo que se denomina **cultura de la empresa**.

En todas las empresas existe una cultura específica que orienta el comportamiento individual de las personas, y también el de la institución como colectivo. La cultura de la empresa influye decisivamente en la toma de decisiones y en la evaluación de las líneas de actuación que conviene adoptar o rechazar. Todas estas alternativas tienen repercusiones que van más allá del ámbito empresarial, porque generan efectos sobre otras personas, sobre otras instituciones y sobre el medioambiente. Por eso este ámbito de la vida empresarial está conectado con ramas de la filosofía aplicada como la ética y la política.

En los últimos tiempos se ha desarrollado la conciencia de que las decisiones de las empresas pueden tener consecuencias que conviene considerar. A esto es a lo que nos referimos cuando hablamos de la **responsabilidad social corporativa**.

Si los procesos productivos de una empresa son muy contaminantes, eso tendrá repercusiones para el medioambiente. Si los productos elaborados por la empresa son de baja calidad, eso tendrá un efecto sobre los consumidores. Si las condiciones laborales en la empresa son inadecuadas, eso tendrá un impacto sobre la salud y el bienestar de los trabajadores. Si una empresa no atiende a sus compromisos económicos, eso tendrá un efecto negativo sobre sus proveedores.

ÉTICA Y EMPRESA

Pero ¿no bastan las leyes para regular estas relaciones y actividades laborales? Desde luego, una legislación adecuada es imprescindible para el funcionamiento adecuado de la actividad empresarial. Hacen falta leyes para que las grandes multinacionales no evadan el pago de impuestos instalando su sede en paraísos fiscales (cuya sola existencia ya indica una complicidad supranacional en el fraude) o para que los más desaprensivos no tengan otro remedio que respetar los derechos sociales de los asalariados y no puedan deslocalizar sus empresas para aumentar beneficios buscando condiciones laborales de corte esclavista. Pero las leyes son reactivas, se enfrentan a abusos y tratan de minimizar los daños o impedirlos del todo, aunque nunca se ocupan más que de las situaciones negativas. En cambio la ética es proactiva, es decir, busca lo bueno y no solo pretende evitar lo malo: a partir de principios morales, proyecta directrices futuras y transforma la convivencia y la colaboración dentro de la empresa, innovando hacia lo mejor y no solo prohibiendo lo evidentemente peor.

Fernando SAVATER: *Ética para la empresa.*

12. ¿Por qué afirma el autor de este texto que las leyes por sí solas no bastan para regular adecuadamente las relaciones laborales?

13. Según el texto, ¿cuál podría ser la función de la ética en el ámbito del trabajo y las empresas?

14. ¿Crees tú que estas reflexiones podrían tener validez para otros ámbitos que vayan más allá del mundo laboral?

¿QUÉ ES LA CULTURA DE LA EMPRESA?

De manera sencilla, suele entenderse la cultura de una empresa como aquello que la identifica, le da unidad y constituye el supuesto desde el que actúa. Así, en cuanto que marco de actuación, interviene a través de dos factores capitales en la vida cotidiana de una organización, a saber: los comportamientos individuales y el proceso de toma de decisiones.

Iñaki VÉLAZ: *Clima y cultura empresarial.*

15. ¿En qué consiste la cultura de la empresa?

16. ¿Cuáles son los elementos fundamentales de la empresa en los que influye la cultura empresarial?

◀ Rotura de la balsa de residuos tóxicos de la mina de Aznalcóllar en 1998.

El desastre de Bhopal (India), en 1984, se originó por la fuga de gas tóxico de una fábrica de pesticidas. Fallecieron unas 20.000 personas y otras 150.000 sufrieron graves secuelas.

Todas estas circunstancias han impulsado la creación de **códigos deontológicos** que sirvan para orientar la conducta de las empresas. Un código deontológico es un conjunto de normas que señala cuáles son las obligaciones que la empresa debe respetar. Los códigos deontológicos no solo indican lo que debe hacerse, sino también lo que tiene que evitarse para no causar daño a los demás. Estos códigos pueden además complementarse difundiendo ejemplos de **buenas prácticas**, que sirvan de inspiración para desarrollar diversas acciones positivas y respetuosas en el marco empresarial.

4. Más allá del mundo de la empresa

4.1. Una perspectiva crítica sobre la economía y la sociedad

A lo largo de esta unidad hemos tratado de relacionar las distintas ramas de la filosofía con el desarrollo de una empresa. Como hemos visto, la filosofía aplicada puede ofrecernos perspectivas de gran interés para la empresa desde el punto de vista de la metafísica, la gnoseología, la lógica, la antropología filosófica, la estética, la ética o la filosofía política.

Sin embargo, la perspectiva filosófica también puede servirnos para evaluar críticamente la realidad, haciéndonos preguntas más allá del marco empresarial. Como recordarás, la filosofía se caracteriza por plantearse cuestiones de un modo radical, universal y crítico. Cuando analizamos la economía y la sociedad con esta mirada global podemos formularnos preguntas mucho más generales y profundas, que ya no pueden responderse únicamente desde el mundo de la empresa.

Así, la actitud de indagación filosófica también puede servirnos para cuestionar el sistema económico en el que vivimos. De este modo la filosofía puede llevarnos a plantear preguntas como las siguientes: ¿Es justo y deseable el modelo económico actual? ¿Son inevitables las escandalosas desigualdades que existen hoy en día entre los distintos países del mundo? ¿Hay alguna manera de prevenir o moderar las crisis económicas del capitalismo? ¿Ofrece la economía de libre mercado oportunidades iguales para todos en un marco de justicia social? ¿Se corresponde el mundo actual con el tipo de sociedad que deseamos para vivir? ¿Es posible imaginar una ordenación económica diferente que supere los problemas del mundo actual?

EMPRESA Y CÓDIGOS DE CONDUCTA MORAL

Resulta fácil comprobar que nuestro comportamiento y nuestra conducta están influidos en gran medida por nuestros valores y prioridades. En las actividades económicas, la prioridad de perseguir un beneficio material y la obtención de ganancias es algo que se da por sentado normalmente. Esta no es, en sí misma, una posición absurda, ya que el objetivo de la empresa no deja de tener relación con estas metas y propósitos. Pero estos no pueden ser los únicos valores, las únicas prioridades, que las personas dedicadas a los negocios tienen razones para valorar. Nadie puede llevar una vida tan unidimensional, y la ética empresarial está muy relacionada con otros valores –distintos a la persecución del propio interés y del beneficio– que pueden influir en el comportamiento empresarial.

Aunque frecuentemente se considere a Adam Smith como el "promotor" del *Homo oeconomicus*, seguramente nadie ha escrito tanto como él sobre el papel de otros valores. Así figura en *La riqueza de las naciones*, pero aún más en su otra gran obra, *La teoría de los sentimientos morales*, donde Smith investigó extensamente el papel social de los códigos morales de conducta.

Amartya SEN: *Ética de la empresa y desarrollo económico.*

17. De acuerdo con el autor, ¿es la búsqueda de beneficio el único objetivo que deben plantearse las empresas? ¿Por qué?

18. En este texto se menciona a Adam Smith, que es uno de los fundadores de la economía moderna. Busca en Internet si, según Smith, el ansia de riqueza era el único valor relevante para el mundo de la economía.

LA NECESIDAD DE REGULAR LA ECONOMÍA

Después de veinte años de excesos neoliberales, vuelve a surgir poco a poco la idea de que un gobierno no puede abandonar la economía a ella misma. Por todas partes se hace sentir fuertemente la necesidad del Estado para corregir los graves inconvenientes de la globalización. El desarme del poder financiero se convierte en el principal trabajo cívico si queremos evitar que el mundo de este siglo se transforme definitivamente en una selva donde los cazadores harán la ley.

Ignacio RAMONET: *Globalización, ética y empresa.*

19. ¿Por qué cree el autor que los gobiernos deben intervenir en la economía?

20. ¿A qué se refiere el autor cuando habla de los "excesos neoliberales"?

Párate a pensar

Recapitula

1. ¿En qué consiste la filosofía aplicada? ¿Sabrías identificar algunos de los temas de que se ocupa?
2. ¿Qué utilidad puede tener la filosofía aplicada para ayudarnos a orientar nuestros proyectos personales, vitales y laborales? Explica tu respuesta con ejemplos concretos.
3. ¿Qué es lo que define la economía de mercado? ¿En qué se diferencia de la economía comunista que existía en la Unión Soviética?
4. ¿Cuál es el papel que desempeñan las empresas en la economía de mercado? ¿De qué forma contribuyen a mejorar la sociedad y a crear riqueza? Aclara tu respuesta con ejemplos concretos.
5. ¿Crees que el único objetivo de una empresa es obtener beneficios? Explica tu respuesta.
6. ¿Qué diferencia hay entre la misión, la visión y los objetivos de una empresa?
7. ¿De qué forma puede la metafísica ofrecernos ayuda para clarificar las metas de un proyecto empresarial?
8. ¿Qué tipos de disciplinas filosóficas pueden ser útiles a la hora de planificar la organización de una empresa? ¿Podrías poner algún ejemplo para aclarar tu respuesta?
9. ¿A qué se dedica el departamento comercial de las empresas? ¿Qué ramas de la filosofía aplicada pueden ser útiles para mejorar la actividad comercial empresarial?
10. ¿En qué sentido pueden ser útiles para la empresa la retórica y la argumentación? Explica tu respuesta con ejemplos concretos.
11. ¿En qué consiste la cultura empresarial? ¿Qué relación guarda con los valores de la empresa?
12. ¿Sabes qué es la responsabilidad social corporativa? ¿Con qué ramas de la filosofía crees que tiene conexión?
13. Como actividad práctica para desarrollar lo que hemos aprendido en esta unidad, te proponemos trabajar sobre un proyecto personal que tú tengas. Si quieres, puedes plantearte un proyecto pequeño, como lograr el dinero necesario para financiar tu viaje de fin de curso o como entrenarte para preparar una competitición deportiva. Pero también podría tratarse de un proyecto más ambicioso, como aprender a tocar un instrumento o como acceder a los estudios para los que sientes una vocación personal. Piensa detenidamente en cuál podría ser tu proyecto, cómo puedes ponerlo en marcha y qué tipo de recursos pueden ser de utilidad en su desarrollo. No olvides tener en cuenta todo lo que la filosofía aplicada puede aportarte para perfilar tu proyecto personal. Para concluir, elabora un pequeño documento con tus reflexiones y expón en qué consiste tu proyecto al resto de tus compañeros.

Construye el concepto

14. Consulta en Internet y define los siguientes términos empresariales. A continuación, escribe una frase con cada uno de ellos en la que se aprecie su significado.

- sociedad de mercado
- misión empresarial
- visión empresarial
- objetivos empresariales
- *marketing*
- cultura empresarial
- responsabilidad social corporativa

Practica

15. En este ejercicio te vamos a pedir que hagas un esfuerzo para imaginar una empresa determinada. ¿Qué es lo que la empresa fabrica? ¿Cómo lo produce? ¿Qué tipo de clientes tiene? Trata de imaginar también cómo de grande es la empresa, cuántos trabajadores tiene y qué tipo de proveedores y consumidores tienen relación con ella.

    a) Escribe un breve resumen en el que expliques todos los detalles que has imaginado sobre el sector económico, la dimensión, el funcionamiento y las características de la empresa.

    b) Ahora imagina que tú trabajas en ella como asesor especializado en ética empresarial. La compañía te ha contratado para que elabores un **código deontológico** en el que queden claras las cosas que deben hacerse y las que tienen que evitarse. Redacta este código intentando condensarlo en un **decálogo**, es decir, en una lista de 10 normas de conducta obligatorias para la empresa. Estas reglas deben tener en cuenta los distintos ámbitos en los que influye la actividad empresarial: el laboral, el social, el relacionado con el medioambiente, etc.

Trabaja con textos

16. Lee el texto y contesta las preguntas:

Cabe hablar de cuatro grandes tipos de motores relacionados con la responsabilidad y la sostenibilidad. El primero de ellos engloba todos los efectos colaterales de carácter medioambiental de nuestro modelo industrial, con su consumo de materias primas no renovables, la producción de desechos y la contaminación del aire, las aguas y los suelos. El segundo atañe a la proliferación de organizaciones sociales y otras partes interesadas crecientemente interconectadas gracias al desarrollo de las tecnologías de la información y la comunicación, y a sus requerimientos de transparencia y comportamiento medioambiental y socialmente sostenible. El tercer motor lo constituyen las tecnologías emergentes sostenibles que, dado su potencial disruptivo, pueden convertir en obsoletas algunas de las industrias y tecnologías actuales en un futuro más o menos próximo. Finalmente, la pobreza y desigualdad actuales constituyen el cuarto motor; revertir la actual situación de injusticia y desesperación es la premisa ineludible para conseguir un desarrollo realmente sostenible.

La creación de valor sostenible exige que las empresas respondan a los requerimientos que se derivan de los cuatro motores. Efectivamente, las empresas pueden crear valor reduciendo el nivel de consumo de materiales y de emisiones en los diferentes medios de desechos, con la consiguiente reducción de los riesgos de todo tipo (legales, de imagen, etc.) que dichos consumos y emisiones conllevan. También pueden crear valor siendo más transparentes y manteniendo unas enriquecedoras relaciones con las partes interesadas, mediante la mejora de la reputación y de la capacidad de innovar que ello les puede reportar. Asimismo, pueden crear valor mediante el desarrollo o adopción de tecnologías sostenibles disruptivas, es decir, que tengan el potencial de reducir en órdenes de magnitud el impacto medioambiental de las actividades empresariales y humanas en general, y puedan sustituir con ventaja desde todos los puntos de vista las tecnologías actuales. Por último, como algunas empresas pioneras están demostrando, [...] pueden crear valor mediante el desarrollo de negocios dirigidos a satisfacer las ingentes necesidades insatisfechas de los cuatro mil millones de personas que forman la base de la pirámide social mundial; en este, como en tantos otros temas, las ventajas asociadas a ser el primero pueden tener un inmenso valor estratégico.

Aldo OLCESE SANTONJA: *El capitalismo humanista.*

a) ¿Cuáles son los cuatro ámbitos de responsabilidad y sostenibilidad a los que se refiere este texto?

b) ¿Cómo pueden las empresas comprometerse en su actividad para responsabilizarse en cada uno de estos cuatro ámbitos?

17. Lee el texto y responde las preguntas:

Domingo García-Marzá ha estudiado la vinculación de la confianza con eso que ha venido en llamarse "responsabilidad social corporativa", ese eufemismo que da nombre a la ética empresarial. [...] García-Marzá sitúa el desarrollo de la responsabilidad social corporativa en la refutación del célebre dicho del apóstol del neoliberalismo Milton Friedman, según el cual la única responsabilidad social de la empresa es incrementar sus beneficios. Si pretendemos dar a la responsabilidad social todo su valor y sentido, habría que aspirar a algo más que ese primer y respetable objetivo de incrementar los beneficios y atender también a otros propósitos. ¿Qué exige la ética más allá del beneficio económico y del cumplimiento de la legislación? Contestar a esta pregunta —dice García-Marzá— consiste precisamente en establecer los presupuestos de la confianza en la empresa. Unos presupuestos que, sin duda, tienen que ver con el conjunto de expectativas que la actividad empresarial crea en los distintos grupos internos y externos afectados por ella. Expectativas como que a igual trabajo debe corresponder igual salario, que hay que procurar la conciliación de la vida laboral y la familiar, que hay que preocuparse por los daños ecológicos que la actividad corporativa pueda producir, etcétera. Para ir más allá de la teoría de Friedman, hay que suscribir una suerte de "contrato moral" por el que la empresa adquiera todos aquellos compromisos que se esperan de ella. Es esa estrategia que supondrá un añadido a los objetivos más materiales de cualquier actividad económica la que conferirá a la empresa el subproducto de la confianza.

Victoria CAMPS: *El gobierno de las emociones.*

a) ¿Cuál es la única responsabilidad social de la empresa según Milton Friedman?

b) ¿Está Domingo García-Marzá de acuerdo con el punto de vista expresado por Friedman? ¿Por qué?

c) Según este texto, ¿qué es lo que haría falta para ir más allá de la opinión de Friedman?

18. Lee el texto y contesta las preguntas:

Hay tres tareas igualmente importantes, pero en esencia diferentes, que el *management* debe realizar para permitir a la institución a su cargo que funcione y que haga un aporte a la sociedad:

— Alcanzar el propósito específico y cumplir con la misión de la institución, sea una empresa de negocios, un hospital o una universidad.

— Conseguir que el trabajo sea productivo y que el trabajador se realice.

— Administrar los impactos y las responsabilidades sociales.

Una institución existe con un propósito específico y con una misión, existe para cumplir con una función social. En la empresa de negocios esto significa rendimiento económico. [...]

En todas las demás instituciones, como hospitales, universidades, iglesias, el ejército, lo económico es una limitación. En las empresas de negocios, el rendimiento económico es su razón de ser y su propósito.

El *management* de un negocio debe siempre, en cada decisión y en cada acción, priorizar el rendimiento económico. Solo así puede justificar su existencia y su autoridad a través de los resultados económicos que produce. [...]

La segunda función del *management* es hacer que el trabajo sea productivo y el trabajador se realice. La empresa de negocios (o cualquier otra institución) solo tiene un recurso auténtico, el hombre, y funciona haciendo que los recursos humanos sean productivos. Conseguir que el trabajo sea productivo es, por lo tanto, una función esencial, pero al mismo tiempo estas instituciones de la sociedad de hoy en día constituyen cada vez más el medio por el cual los seres humanos individuales se ganan la vida, encuentran la vía de acceso al estatus social, a la realización y satisfacción tanto de la comunidad como del individuo. Conseguir que el trabajador encuentre su realización es, por lo tanto, cada vez más importante y constituye una medida del éxito de la institución. [...]

La tercera función del *management* es administrar los impactos y las responsabilidades sociales de la empresa. Ninguna de nuestras instituciones existe por sí misma ni es un fin en sí mima. Cada una de ellas es un órgano de la sociedad y existe en función de ella. Y los negocios no constituyen una excepción. La libre empresa no puede ser justificada por ser buena para los negocios. Solo puede justificarse como algo bueno para la sociedad.

Los negocios existen con el fin de proveer bienes y servicios para los consumidores, no para dar trabajo a los obreros y a los gerentes, y ni siquiera con el objetivo de producir dividendos para los accionistas. [...]

Para cumplir con su cometido, para producir bienes y servicios, la empresa de negocios debe producir efectos en la gente, en la comunidad y en la sociedad. Debe tener poder y autoridad sobre algún colectivo, como el de sus empleados, cuyos propios fines y propósitos no están definidos por la empresa ni dentro de ella. Debe tener algún efecto sobre la comunidad como un vecino más, como fuente de empleos y como contribuyente, pero también como generadora de desechos y elementos contaminantes. Además, en nuestra pluralista sociedad de organizaciones, la empresa de negocios debe agregar a su preocupación fundamental por lo cuantificable en la vida, es decir, por los bienes y servicios económicos, el interés por todo lo que pueda afectar a la calidad de vida, es decir, por el entorno físico, humano y social de la comunidad y el hombre modernos.

Peter DRUCKER: *Drucker esencial.*

a) ¿Cuáles son las tres tareas que se asocian al *management*?

b) De acuerdo con este texto, ¿cuál es el propósito específico de una empresa? ¿Cree el autor que este propósito es el único que debe plantearse dentro de la empresa? ¿A qué se refiere el autor cuando habla de la "realización" del trabajador?

c) ¿Por qué cree Drucker que la empresa debe prestar atención al impacto de su actividad en la gente más allá del ámbito estrictamente económico?

Comentario de texto

Texto 1

En cada momento de mi vida se abren ante mí diversas posibilidades: puedo hacer esto o lo otro. Si hago esto, seré A en el instante próximo; si hago lo otro, seré B. En este instante puede el lector dejar de leerme o seguir leyéndome. Y por escasa que sea la importancia de este ensayo, según que haga lo uno o lo otro, el lector será A o será B, habrá hecho de sí mismo un A o un B. El hombre es el ente que se hace a sí mismo. [...]

Pero el hombre no solo tiene que hacerse a sí mismo, sino que lo más grave que tiene que hacer es determinar lo que va a ser. [...] Si el lector ha resuelto ahora seguir leyéndome en el próximo instante será, en última instancia, porque hacer eso es lo que mejor concuerda con el programa general que para su vida ha adoptado, por tanto, con el hombre determinado que ha resuelto ser. Este programa vital es el yo de cada hombre, el cual ha elegido entre diversas posibilidades de ser, que en cada instante se abren ante él.

Sobre estas posibilidades de ser importa decir lo siguiente:

1.º Que tampoco me son regaladas, sino que tengo que inventármelas, sea originalmente, sea por recepción de los demás hombres, incluso en el ámbito de mi vida. Intento proyectos de hacer y de ser en vista de las circunstancias. Esto es lo único que encuentro y que me es dado: la circunstancia. Se olvida demasiado que el hombre es imposible sin imaginación, sin la capacidad de inventarse una figura de vida, de "idear" el personaje que va a ser. El hombre es novelista de sí mismo, original o plagiario.

2.º Entre esas posibilidades tengo que elegir. Por tanto, soy libre. Pero, entiéndase bien, soy por fuerza libre, lo soy quiera o no. La libertad no es una actividad que ejercita un ente, el cual aparte y antes de ejercitarla tiene ya un ser fijo. Ser libre quiere decir carecer de identidad constitutiva, no estar adscrito a un ser determinado, poder ser otro del que se era y no poder instalarse de una vez y para siempre en ningún ser determinado. Lo único que hay de ser fijo y estable en el ser libre es la constitutiva inestabilidad.

José ORTEGA Y GASSET:
Historia como sistema.

Disertación filosófica

Un filósofo en la empresa

La contratación de filósofos en empresas se está convirtiendo cada vez más en una tendencia. Así, en los últimos años algunas grandes corporaciones han ido incorporando personas con formación filosófica a su plantilla de trabajadores.

- ¿De qué modo crees que un filósofo puede ser útil dentro de una empresa?
- ¿Qué tipo de tareas o funciones imaginas tú que se le podrían asignar?
- ¿Cómo puede contribuir un filósofo a mejorar el funcionamiento de una empresa?
- ¿Se trata solo de una figura decorativa o tiene un papel relevante y con impacto real?
- Si tú fueras un empresario, ¿te plantearías la posibilidad de contratar a un filósofo?
- ¿Tendrías en cuenta sus recomendaciones a la hora de diseñar tu proyecto empresarial?

Debate filosófico

El papel de las empresas en la sociedad actual

Según una conocida afirmación del célebre economista Milton Friedman, la única responsabilidad por la que debe preocuparse una empresa consiste en aumentar sus ganancias. Friedman también señaló que, en su búsqueda de beneficios, la empresa siempre debe obedecer las leyes y las normas éticas aceptadas en la sociedad. Sin embargo, en opinión de Friedman, eso no debe hacernos olvidar que el objetivo fundamental de las empresas es ganar dinero.

- ¿Compartes tú la visión que tiene Milton Friedman sobre las empresas?
- ¿Cuál crees que es el papel que tienen las empresas en la sociedad?
- En tu opinión, ¿es la actividad empresarial globalmente positiva o negativa para la sociedad?
- ¿Qué efectos beneficiosos y perjudiciales puede tener la actividad de las empresas?
- ¿Debería el gobierno intervenir de alguna manera para regular lo que hacen las empresas?
- ¿Qué cosas crees que las empresas deben hacer y qué cosas deben esforzarse por evitar?

Una obra para comentar

En busca de la felicidad

La Constitución de los EE.UU. incluye como un derecho de todos los ciudadanos el de desarrollar sus propios proyectos para tratar de alcanzar la felicidad. Esta película, dirigida por Gabriele Muccino en 2006 e inspirada en hechos reales, cuenta la historia de uno de estos sueños que llegó a ser realidad. Quizá de una forma simplificada, el film opta por subrayar la fuerza que puede llegar a tener el empeño de un individuo para sacar adelante su propio proyecto vital, incluso aunque las condiciones sean difíciles. Esta historia recuerda la situación de muchos emprendedores que, al iniciar su proyecto, tienen que afrontar todo tipo de dificultades y obstáculos.

Conexiones filosóficas

Relación entre economía y filosofía

- ¿Qué relación hay entre la economía y la filosofía?
- ¿Es la economía una ciencia rigurosa capaz de ofrecernos una visión objetiva del mejor modo posible de asignar recursos en la sociedad?
- ¿O se trata de una disciplina cargada de ideología que solo sirve para justificar la existencia de un orden social injusto?
- ¿Puede la filosofía ser un instrumento útil para el trabajo de un economista?
- ¿Deberían los filósofos aprender economía si se interesan por cuestiones sociales y políticas?

Trabajo en equipo

Elaboración de un plan de empresa

Con este trabajo en equipo os proponemos poner en práctica lo aprendido en la unidad, relacionando las diferentes áreas de la filosofía con un posible proyecto empresarial. Para llevar a cabo la tarea dividiremos la clase en grupos de 5 miembros. Cada grupo tendrá que diseñar un proyecto de empresa centrado en un sector económico específico. El equipo deberá decidir con la mayor concreción posible qué es lo que va a hacer la empresa, cómo va a hacerlo y a qué público irá destinado el producto. Para desarrollar los detalles del plan de empresa, los miembros del equipo se especializarán en un ámbito concreto. Así, cada grupo deberá asignar a distintas personas los siguientes papeles:

- Especialista en las metas de la empresa.
- Especialista en organización empresarial.
- Especialista en actividad comercial.
- Especialista en comunicación.
- Especialista en cultura empresarial.

a) Una vez asignados estos papeles, los equipos se separarán. Todos los especialistas en una misma cuestión trabajarán juntos en grupos de expertos. Así, todos los especialistas en las metas de la empresa se reunirán para enfocar los temas de la misión, la visión y los objetivos de la empresa desde un cuestionamiento metafísico. Los especialistas en organización tratarán las cuestiones relacionadas con sus respectivas empresas desde un enfoque lógico y gnoseológico. Los especialistas en actividad comercial se basarán en las preguntas propias de la estética y la antropología filosófica. Los especialistas en comunicación podrán servirse de los planteamientos de la retórica y la argumentación. Los especialistas en cultura empresarial podrán emplear preguntas e ideas procedentes de la ética y de la filosofía política. Todas estas preguntas filosóficas deberían servir para que los distintos proyectos empresariales se perfilen con nitidez y claridad.

b) Una vez finalizado el trabajo en los grupos de expertos, los alumnos volverán a sus grupos de referencia para compartir lo que han aprendido con sus compañeros. El trabajo final consistirá en la redacción de un plan de empresa detallado que tenga en cuenta las aportaciones de todos los expertos del grupo.

c) Para saber cómo elaborar el plan de empresa:
- *Guía de elaboración:* www.tiching.com/686217
- *Desarrollo:* www.tiching.com/686218
- *Madrid Emprende:* www.tiching.com/686219

Filmografía

Capitalismo, una historia de amor. Michael MOORE. Ante los estragos producidos por la grave crisis económica iniciada en 2008, Moore se plantea preguntas acerca del funcionamiento de la economía y de la sociedad norteamericana. La aguda ironía de esta película se dirige contra las maniobras financieras de Wall Street, que desencadenaron una grave crisis cuyos efectos han afectado sobre todo a los más pobres e indefensos.

Bibliografía

Aldo OLCESE: ***El capitalismo humanista.***

Adela CORTINA: ***Construir confianza. Ética de la empresa en la sociedad de la información y de las comunicaciones.***

Peter DRUCKER: ***Drucker esencial.***

Friedrich HAYEK: ***Camino de servidumbre.***

Fernando SAVATER: ***Ética para la empresa.***

Mapa conceptual

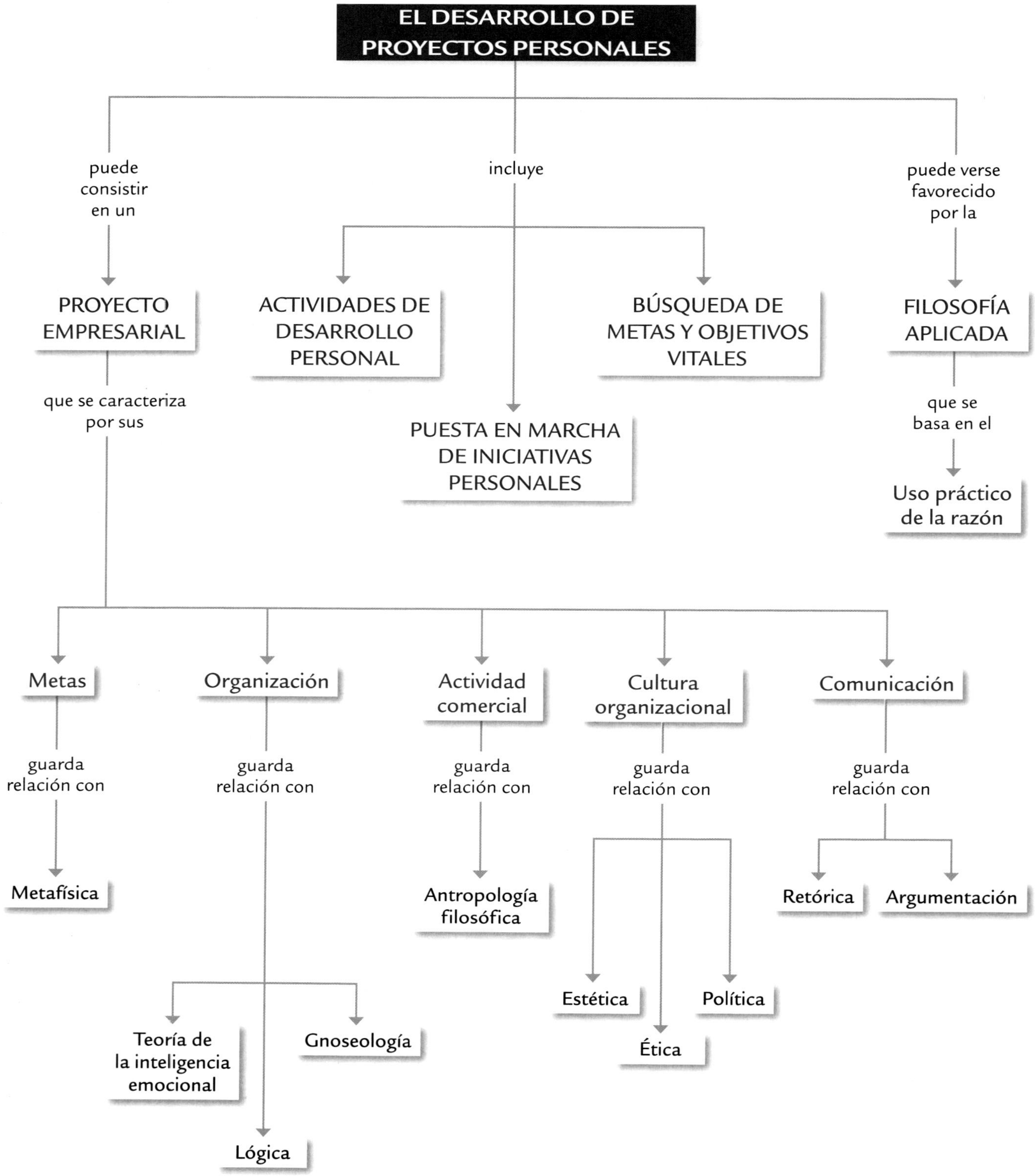

Evaluación

Elige la respuesta correcta para cada una de las siguientes cuestiones. Recuerda que de todas las opciones solo una es válida.

1. **¿De qué se ocupa la filosofía aplicada?**
   a) De solucionar cuestiones prácticas de carácter técnico.
   b) De responder preguntas mediante la realización de experimentos.
   c) Del uso práctico de la razón.
   d) Del uso teórico de la razón.

2. **¿A qué nos referimos cuando hablamos de un proyecto personal?**
   a) A la puesta en marcha de una empresa.
   b) A la búsqueda de soluciones económicas que nos permitan ganarnos la vida.
   c) A la elaboración de un documento que recoja lo que queremos hacer en nuestra vida.
   d) Al desarrollo de cualquier actividad encaminada a lograr nuestras metas y objetivos.

3. **¿Qué es lo que caracteriza específicamente a una sociedad de mercado?**
   a) La planificación centralizada de la economía.
   b) La existencia de empresas que interactúan libremente con los consumidores.
   c) La organización de la actividad económica por parte del Estado.
   d) La proliferación de organizaciones sociales como escuelas, hospitales, ministerios, etc.

4. **¿Cuál es la razón de ser que justifica la existencia de una empresa?**
   a) La búsqueda de beneficios económicos.
   b) La aplicación de unos principios deontológicos de buenas prácticas.
   c) La provisión de bienes o servicios que puedan ser de interés para los consumidores.
   d) La necesidad de desarrollar un proyecto personal para alcanzar el éxito profesional.

5. **¿Es el capitalismo un sistema económico estable y seguro?**
   a) Sí, porque es capaz de crear empleo y riqueza mediante la ley de la oferta y la demanda.
   b) Sí, porque ha demostrado su capacidad para garantizar el crecimiento económico sostenido.
   c) No, porque el sistema capitalista es poco eficaz y escasamente rentable.
   d) No, porque el capitalismo puede crear graves crisis económicas si no se regula adecuadamente.

6. **¿Qué diferencia hay entre la misión y la visión de una empresa?**
   a) La misión es la razón de ser de la empresa, mientras que la visión es aquello en lo que la empresa aspira a convertirse en el futuro.
   b) La misión es aquello en lo que la empresa aspira a convertirse en el futuro, mientras que la visión es la razón de ser de la empresa.
   c) La misión de una empresa es ganar dinero, en cambio la visión consiste en el conjunto de objetivos concretos que se plantea.
   d) La misión y la visión son lo mismo. Ambas se refieren a los objetivos que la empresa trata de alcanzar.

7. **¿En qué consiste la responsabilidad social corporativa?**
   a) En la necesidad que tiene la empresa de respetar las leyes en su trato con los trabajadores, los clientes y el medioambiente.
   b) En la necesidad que tiene la empresa de asumir las consecuencias que tiene su actividad desde el punto de vista ético.
   c) En la necesidad que tiene la empresa de tener en cuenta a los representantes de los trabajadores.
   d) En la necesidad que tiene la empresa de tener una cultura común, con valores, expectativas y creencias compartidas por todos los trabajadores.

8. **¿Qué es un código deontológico?**
   a) Un conjunto de normas elaboradas por el gobierno para regular el funcionamiento de todas las empresas de un determinado sector.
   b) Un conjunto de normas, expectativas y valores compartidos por los trabajadores de una misma empresa.
   c) Un ejemplo de buenas prácticas que se puede generalizar a otras empresas similares.
   d) Un conjunto de normas elaboradas por la empresa y que indican a sus trabajadores lo que debe hacerse y lo que conviene evitar.

Contesta por escrito las cuestiones siguientes:

9. **¿De qué modo y en qué campos puede ser útil en una empresa la retórica y la argumentación?**

10. **¿Cuáles son las ramas de la filosofía aplicada que pueden resultar de utilidad para apoyar el proceso de innovación y creatividad? ¿Por qué resulta tan importante esta dimensión en el mundo actual?**

11. **¿Crees que la filosofía puede ayudarnos a valorar críticamente el sistema económico en el que vivimos? ¿Qué aspectos de la sociedad de mercado te parecen adecuados y satisfactorios? ¿Cuáles crees que habría que modificar?**

Herramientas para filosofar

- Técnicas de trabajo en filosofía
- Glosario

MASS MEETING
VOTES
FOR
WOMEN

1. Cómo se hace un mapa conceptual

Un mapa conceptual nos permite representar las ideas más importantes de un tema de una forma clara y ordenada. Lo que caracteriza a los mapas conceptuales es la posibilidad de mostrar visualmente la relación que existe entre los distintos contenidos de la unidad. Al presentar la información principal y las conexiones entre las ideas, el mapa conceptual puede servirte para estudiar y repasar de un modo muy práctico y eficaz.

Para elaborar un mapa conceptual, en primer lugar debemos identificar las ideas más importantes del tema. Cada idea debe designarse mediante un concepto claro y concreto. Trataremos de nombrar los conceptos con sustantivos, y los situaremos en el interior de cajas bien marcadas, para distinguirlos sin dificultad.

Cuando estamos estudiando un tema, es crucial que aprendamos a distinguir las ideas principales de las secundarias. Esto también debe quedar reflejado en tu mapa conceptual. Para que el mapa sea útil, los conceptos que aparezcan en él deben estar ordenados según su importancia. Los conceptos más relevantes aparecerán más arriba, y los secundarios aparecerán después.

Para mostrar esta dependencia jerárquica entre conceptos, emplearemos líneas que servirán para conectar unas cajas con otras. Cada una de esas líneas incluirá un breve texto, señalando cuál es la relación entre los conceptos.

Un ejemplo concreto: Cómo elaborar el mapa conceptual del tema 1

En esta unidad hemos visto en qué consiste la filosofía. Has aprendido que la filosofía se plantea una clase muy especial de preguntas. Además, eso es lo que distingue a la filosofía de otros campos, como la religión, la ciencia o el arte. ¿Cómo podríamos representar esto en un mapa conceptual?

En primer lugar, identificaremos los conceptos clave asociados a esta parte del tema. Serían los siguientes: FILOSOFÍA, PREGUNTAS, RELIGIÓN, CIENCIA, ARTE...

A continuación viene la parte más importante, que consiste en conectar estas ideas para mostrar su relación. ¿Cómo podemos hacer esto? Podríamos, por ejemplo, señalar que la filosofía se cuestiona algunas preguntas, mientras que se diferencia de la religión, la ciencia o el arte. Esto se puede hacer así:

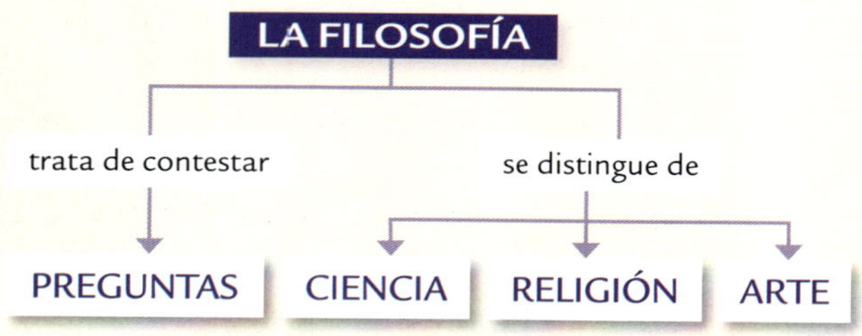

Si te das cuenta, todos los conceptos son sustantivos y están dentro de cajas. Las cajas están unidas por líneas, en las que hemos escrito el vínculo que hay entre las ideas. Así, podemos leer este mapa partiendo de cualquier concepto para llegar al siguiente. Por ejemplo, puedes salir del primer concepto ("La filosofía") y dirigirte a otro (por ejemplo, "la ciencia"). Al hacerlo, estarás creando una frase que recoge el contenido del tema: "La filosofía es distinta de la ciencia".

Este mapa es muy elemental, así que conviene mejorarlo un poco. Por ejemplo, podríamos explicar qué es lo que caracteriza a la ciencia. La ciencia se basa en los experimentos, y por eso se distingue de la filosofía. Esto se puede representar así:

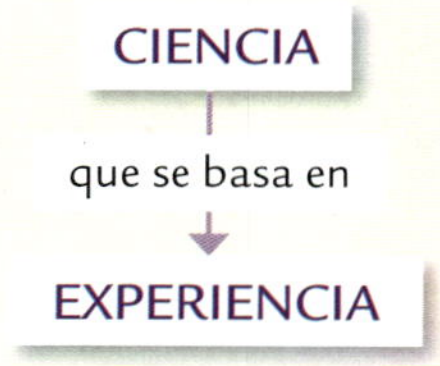

Al unirlo todo obtendríamos el siguiente resultado:

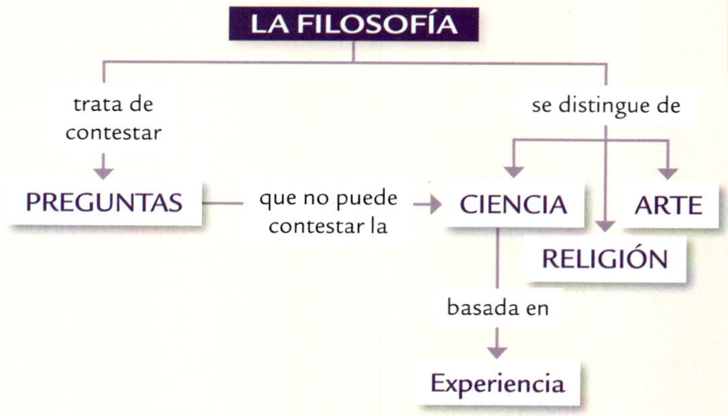

Por supuesto, sigue estando incompleto. Ahora hay que explicar qué es lo que singulariza a la religión. La religión se basa en la fe, así que deberíamos incluir esto en el mapa. Lo mismo sucede con el arte, que se distingue por buscar la belleza. ¿Sabrías incluir estas novedades para completar el mapa conceptual?

Para que practiques

Ahora ya puedes continuar elaborando el mapa conceptual de la unidad 1. Para que no se olvide nada importante, conviene que repases detenidamente el tema. Cuando identifiques alguna idea importante trata de conectarla con los demás conceptos del mapa. En esta unidad, por ejemplo, hemos visto que las preguntas de la filosofía pueden también responderse de otras maneras. ¿Recuerdas cúales son? ¿Qué es lo que distingue a las preguntas filosóficas de las demás cuestiones que nos planteamos? ¿Dónde y cuándo comenzó la filosofía?

Si eres capaz de reflejar estas ideas en tu mapa, habrás logrado sintetizar lo más importante del tema de forma clara y ordenada. Una buena forma de comprobar el resultado consiste en compararlo con el mapa conceptual que proponemos al final de la unidad. ¿Has sabido reflejar de forma parecida la conexión entre las ideas y su orden de importancia?

A la hora de valorar tu trabajo debes tener en cuenta que no existe un único mapa conceptual correcto. Cada persona desarrolla y conecta las ideas de una forma particular, según su estilo de aprendizaje y su visión individual. Dos mapas muy distintos entre sí pueden ser igualmente válidos y útiles.

Lo importante a la hora de hacer tu mapa es que hayas sabido representar la jerarquía de las ideas del tema, mostrando las conexiones que ligan unas con otras. Por eso, el mapa conceptual que incluimos al final de cada tema es únicamente una propuesta. Lo valioso es que tú elabores tus propios mapas conceptuales, porque así podrás reflejar lo que has aprendido de una manera personal y significativa.

2. Cómo se elabora un esquema

La elaboración de esquemas permite sintetizar de forma clara y ordenada las ideas más importantes de un tema. Del mismo modo que un mapa conceptual, el esquema te puede ser muy útil para repasar de manera rápida y global los principales contenidos de la unidad.

Existen muchas maneras diferentes de hacer esquemas. Con objeto de poder resaltar la diferencia entre las ideas principales y las secundarias se pueden emplear símbolos o notaciones especiales.

Una de las posibilidades consiste en agrupar las ideas en distintos niveles usando llaves. En esos casos el diagrama se denomina cuadro sinóptico.

Otras opciones que puedes probar son el empleo de distintos tipos de sangrado, el uso de viñetas o números, la diferenciación de conceptos mediante colores...

Independientemente del esquema que prefieras realizar, conviene que tengas en cuenta los siguientes consejos, por su utilidad práctica:

- Un esquema **no es simplemente un resumen**. En el esquema deben aparecer solo los conceptos y las ideas más relevantes, ordenados según su importancia.
- Para que sea verdaderamente útil, el esquema debe mostrar cuáles son las ideas principales y cuáles son las secundarias, agrupándolas según su orden lógico.
- En un esquema **no es preciso incluir toda la información** del tema. Esto, además de ser poco práctico, resultaría de escasa utilidad a la hora de emplear el esquema para estudiar o repasar la unidad. Recuerda que el esquema debe resultar un instrumento útil para revisar el tema de forma clara y visualmente ordenada.
- Los esquemas son de mucha utilidad para las personas que tienen un estilo de aprendizaje lineal y estructurado. Si tu estilo de aprendizaje es más horizontal y hace más hincapié en las conexiones y relaciones entre las ideas, tal vez pueda serte más útil elaborar mapas conceptuales.
- Lo mejor es que pruebes las distintas técnicas que aquí te proponemos para que elijas la que más se adapte a tu forma personal de aprender.

El modelo que aquí te proponemos es el de un esquema numerado. Este tipo de esquemas agrupa las ideas según su importancia, distinguiendo las principales de las secundarias. Las ideas más importantes se numeran con un dígito, mientras que las ideas subordinadas se numeran con dos o más dígitos. Aunque al principio parece algo complicado, verás que en realidad resulta muy sencillo.

1. Identifica las ideas más importantes del tema, resumiéndolas en un concepto o una frase breve. Estas ideas se numerarán ordenadamente: 1, 2, 3...
2. Vamos a centrarnos en la primera idea importante de la unidad, que hemos identificado con el número 1. Trata ahora de identificar las cuestiones subordinadas que están incluidas en esta idea. A estas cuestiones las identificaremos con un término o una frase, y las numeraremos por orden del siguiente modo: 1.1., 1.2., 1.3.,.
3. Si la cuestión 1.1. está integrada, a su vez, por elementos subordinados, también podemos numerarlos. La notación empleada sería 1.1.1., 1.1.2., 1.1.3.,.
4. Completa el esquema incluyendo todos los elementos que te parezcan relevantes. Para aclarar la jerarquía de las ideas, conviene que emplees un sangrado distinto para cada nivel de importancia.

Un ejemplo práctico: Esquema de la primera parte de la unidad 2

Te mostramos a continuación un posible esquema numerado que incluye las ideas más importantes.

1. Las ramas de la filosofía

- 1.1. Razón teórica y razón práctica
  - 1.1.1. La razón teórica se usa para conocer
  - 1.1.2. La razón práctica se usa para actuar
- 1.2. Las ramas de la filosofía
- 1.3. La lógica
  - 1.3.1. La lógica estudia la formulación de los razonamientos
  - 1.3.2. La lógica ayuda a detectar falacias
- 1.4. La metafísica
  - 1.4.1. Metafísica: estudio filosófico sobre la realidad
  - 1.4.2. Ontología: estudio acerca de los seres que existen
- 1.5. La filosofía del conocimiento
  - 1.5.1. Gnoseología: filosofía del conocimiento
  - 1.5.2. Epistemología: filosofía de la ciencia
- 1.6. La antropología filosófica
  - 1.6.1. Antropología filosófica: preguntas filosóficas sobre el ser humano
  - 1.6.2. Antropología cultural: estudio empírico sobre las culturas
- 1.7. La ética
  - 1.7.1. Ética: Reflexión filosófica sobre los fundamentos de la moral
  - 1.7.2. Moral: Concepciones acerca del bien y el mal
- 1.8. La filosofía política
  - 1.8.1. Filosofía política: preguntas filosóficas sobre la convivencia
  - 1.8.2. Ciencia política: estudio empírico sobre la sociedad
- 1.9. La estética
  - 1.9.1. Una reflexión sobre la belleza
- 1.10. Otras ramas de la filosofía
  - 1.10.1. Teología
  - 1.10.2. Filosofía del lenguaje
  - 1.10.3. Filosofía de la historia
  - 1.10.4. Filosofía de la mente.

Si te das cuenta, este libro siempre incluye al comienzo de cada unidad una versión simplificada de este tipo de esquemas. Por simplicidad, el esquema numerado que aparece como índice solo recoge los dos primeros niveles. Sin embargo, si estos esquemas te son de utilidad, tú mismo puedes completarlo incluyendo los niveles adicionales que te parezcan necesarios.

Para que practiques

Intenta ahora aplicar esta misma técnica para elaborar el esquema numerado correspondiente a la segunda parte del esquema anterior. Para comenzar, puedes fijarte en el índice del tema, en el que aparecen los primeros niveles del esquema.

3. Cómo se define un concepto filosófico

Definir con precisión y claridad los conceptos filosóficos resulta fundamental para poder desarrollar un aprendizaje comprensivo en esta materia. A la hora de definir un concepto filosófico conviene tener en cuenta las siguientes recomendaciones:

1. Comienza por **investigar la etimología** del término. El origen de las palabras puede darnos muchas orientaciones acerca de su significado. Muchos términos filosóficos proceden de palabras comunes que han adoptado un sentido específico, que conviene precisar y recalcar. Otros son traducciones de palabras que tienen un significado algo distinto en la lengua de la cual proceden, y que conviene revisar. Para llevar a cabo esta búsqueda puedes consultar diccionarios etimológicos y filosóficos, que suelen prestar especial atención a las cuestiones filológicas.
2. Presta atención al **contexto en que aparece el término**. Los conceptos filosóficos no siempre significan lo mismo. A menudo el sentido de las palabras depende del uso que de ellas hace el autor. Un mismo concepto puede tener connotaciones muy distintas según el filósofo que las emplee. Incluso tratándose de un mismo autor, el significado puede depender de la etapa de su pensamiento en la que lo utiliza, o del texto concreto en que lo emplea. Por eso resulta muy importante que te fijes en quién emplea esa palabra, en qué texto y dentro de qué situación.
3. A menudo resulta útil **contrastar el término con otros conceptos** que permiten así delimitar su significado de manera más precisa. Muchos conceptos filosóficos se elaboran para perfilar con matices muy sutiles algún aspecto de la realidad. Comparar ese término con otros relacionados pero diferentes puede ayudarnos a explicar los detalles que queremos definir.
4. Finalmente, conviene que intentes **formular una definición clara y rigurosa** del concepto filosófico. Es recomendable **ejemplificar el uso del término en una frase** que tenga sentido. El significado específico de un concepto quedará mucho más claro si lo empleas en la práctica. Recuerda, sin embargo, que el uso debe atenerse al significado concreto que tenga el término en el contexto específico del que se trate.

Un ejemplo práctico: El concepto de sustancia en Aristóteles

1. El término *sustancia* (que también puede escribirse *substancia*) proviene del latín. La palabra se compone de un prefijo (*sub-*, que significa 'por debajo') y de un verbo (*stare*, que quiere decir 'permanecer'). La etimología del término *sustancia* nos habla de lo que permanece o se encuentra por debajo. La palabra actual proviene de la traducción al latín del término empleado por Aristóteles, que es *ousía*. En el griego coloquial del siglo IV a.C. la *ousía* hacía referencia a una propiedad, a la hacienda o el patrimonio, así como al valor asociado a esa posesión. Un sentido de la *ousía* sería 'lo que permanece de valor aunque el patrimonio pase de unas manos a otras'. Cuando Aristóteles habla de la *ousía* se refiere a lo que sigue teniendo existencia y valor aunque otras cosas cambien.
2. El concepto de sustancia aparece en la *Metafísica* de Aristóteles para definir aquello que realmente existe. Aristóteles repite varias veces en su libro que "el ser se dice de muchas maneras". Sin embargo, también afirma que, de entre todas esas manifestaciones del ser, la sustancia es la más importante. Así pues, en la *Metafísica* de Aristóteles la sustancia aparece como la dimensión principal o fundamental del ser. Esto se debe a que la sustancia aristotélica hace referencia a lo que existe por sí mismo. Aquí conviene recordar que Aristóteles es un filósofo realista, por lo que para él la verdadera realidad está constituida por todo lo que integra el mundo sensible. La sustancia para Aristóteles consiste en primer lugar en los individuos particulares del mundo sensible. A esta realidad de los seres particulares Aristóteles la llama "sustancia primera". Esto le sirve para distinguirla de la forma o la especie a la que pertenecen los individuos, a la que llama "sustancia segunda". De esta manera, Ana o Pedro serían sustancias primeras, pero ambas realidades comparten una misma sustancia segunda (ambas son ejemplos individuales de seres humanos, por lo que tienen en común la forma o especie a la que pertenecen).
3. En su metafísica, Aristóteles distingue la sustancia de los accidentes. La sustancia es lo que tiene existencia propia, mientras que los accidentes solo existen como modificaciones o propiedades de la sustancia. Los accidentes no existen por sí mismos, sino que existen en otros.
4. Podemos definir la sustancia en la filosofía de Aristóteles como aquello que existe por sí mismo, a diferencia de los accidentes, que solo pueden existir en otro. La sustancia, para Aristóteles, está constituida en primer lugar por los individuos particulares del mundo sensible, que son los seres que realmente existen por sí mismos.

Para aclarar el significado del concepto aristotélico de sustancia podemos elaborar algunas frases que permitan mostrar el sentido de este término:

- Cuando decimos que "la nieve es fría", la nieve es una sustancia mientras que la frialdad es un accidente. La nieve existe por sí misma. En cambio la frialdad no puede existir independientemente. La frialdad solo puede darse cuando hay "algo" que esté frío. Ese "algo" es la sustancia.

- Aristóteles afirma que la sustancia es lo que tiene existencia propia, lo que permanece aunque cambien sus propiedades o atributos. Mi perro es una sustancia, porque aunque crezca, envejezca, pierda el pelo o enferme sigue existiendo y siendo el mismo.

Para que practiques

Intenta ahora aplicar este procedimiento para definir los siguientes conceptos filosóficos:

- idea (en el contexto de la filosofía de Platón)
- Esencia
- Ente

4. Cómo se elabora una disertación filosófica

Una disertación filosófica es un ejercicio de reflexión personal acerca de un tema concreto. Hay varias formas distintas de elaborar una buena disertación, ya que los temas pueden tratarse de maneras muy diversas. Aquí te mostraremos un procedimiento sencillo para que comiences a redactar tus propias disertaciones. Con la práctica, tú mismo encontrarás el modo de mejorarlas y de adaptarlas a tu propio estilo personal.

Para empezar, es importante que tengas claro **lo que no debes hacer** en una disertación.

Como se espera de ti que hagas un ejercicio personal, no tiene ningún sentido que intentes copiar o plagiar una disertación elaborada por otra persona. No se trata de que cuentes lo que has aprendido en un libro, ni de que escribas lo primero que se te ocurra o te limites a criticar las ideas de otras personas.

En una disertación **lo que debes hacer** es analizar el tema que te proponen, intentando profundizar en su significado desde una perspectiva filosófica. Al elaborar tu disertación debes recordar que la actitud filosófica se caracteriza por ser racional. Por eso en tu redacción tienes que ofrecer definiciones claras, argumentaciones justificadas y razonamientos sólidos para apoyar tu posición. Tu reflexión se enriquecerá si empleas los conocimientos que has ido aprendiendo sobre filosofía, incluyendo definiciones precisas, distinciones terminológicas, ideas de distintos autores... Pero debes tener claro que la disertación no es un examen. Se trata de que utilices tus conocimientos como apoyo para que, basándote en ellos, hagas un esfuerzo para pensar por ti mismo.

Para redactar tu disertación te recomendamos que la estructures en tres grandes bloques, que debes separar mediante puntos y aparte:

1. **Introducción**. Para empezar, es crucial que delimites con claridad el tema sobre el que versa la disertación. Siempre que puedas, conviene que lo formules como una pregunta filosófica capaz de incitar a la reflexión.

   Al principio tal vez sea necesario que ofrezcas alguna definición, explicación o aclaración que te parezca oportuna. A menudo es útil recurrir a la etimología del término que aparece en el tema propuesto, o contrastarlo con otros conceptos para delimitar con precisión el significado que tiene. Recuerda que en ocasiones el sentido de un concepto filosófico puede variar según el filósofo que lo emplea o el campo concreto al que se refiere.

   Trata de ser breve, claro y preciso en este apartado, porque al tratarse del arranque de tu disertación todo lo que escribas después dependerá del rigor con el que hayas precisado el asunto del que vas a ocuparte.

2. **Desarrollo**. Esta es la parte principal de la disertación, por lo que debería extenderse en detalle ocupando la mayor parte del texto. En esta sección debes analizar las diferentes perspectivas que puede haber acerca del tema. Ahora puedes exponer las distintas opiniones y visiones que existen sobre el problema que estás analizando. Para hacerlo, puede ser muy útil que recurras a todo lo que has aprendido sobre el pensamiento de diferentes filósofos a lo largo del tiempo. También puedes referirte a las opiniones y creencias generalmente aceptadas o criticadas. En todo caso, recuerda que es necesario argumentar racionalmente estas posiciones, ofreciendo una adecuada justificación para fundamentar las ideas que mencionas.

   El desarrollo es el momento en el que debes dar cuerpo a tu disertación, contrastando las diferentes opiniones, relacionando las ideas que has expuesto y articulando los conceptos entre sí. Lo más importante en este apartado es que analices en detalle los distintos significados e implicaciones de cada elemento. Si has conseguido identificar diferentes posiciones sobre el tema, trata de encontrar cuáles son las conclusiones que se derivan de cada una de ellas. ¿Son incompatibles las distintas perspectivas que hay sobre el tema? ¿Es posible contrastar empíricamente las implicaciones de cada una de ellas? ¿Hay alguna manera de sintetizarlas o de superarlas? ¿Existen puntos de vista alternativos?

3. **Conclusión**. Tu disertación debe finalizar con una breve sección de recapitulación y conclusiones. Después de haber estudiado el tema en detalle, ahora debes indicar cuál es el punto hacia el que nos llevan los argumentos anteriormente expuestos. Este es el momento en el que puedes exponer tu tesis o respuesta personal a la pregunta filosófica que has estado analizando. Esta posición personal tiene que estar justificada y debe ser capaz de responder a los argumentos propuestos en el desarrollo.

Un ejemplo práctico: Disertación filosófica

El problema de la verdad

El problema de distinguir la verdad de la apariencia ha sido uno de los temas centrales de la filosofía desde sus orígenes en la antigua Grecia. Esta cuestión suscita importantes preguntas filosóficas: ¿Qué es lo que

diferencia lo aparente de lo verdadero? ¿Es posible conocer la verdad con certeza? ¿Hay alguna manera de alcanzar verdades indudables?

Platón fue uno de los primeros pensadores en diferenciar la opinión del saber verdadero. Según Platón, la opinión (*doxa*) se capta mediante los sentidos, pero es engañosa y poco fiable porque se refiere a cosas cambiantes y fugaces. La ciencia (*episteme*), en cambio, solo puede alcanzarse mediante el uso de la razón. La filosofía platónica establece una neta separación entre ambas formas de conocimiento, afirmando que la verdad únicamente se puede captar mediante la razón.

El papel de la razón en la búsqueda de la verdad también era crucial para Descartes. Según Descartes, existen ciertas ideas innatas que son absolutamente indudables y que pueden captarse mediante la intuición racional. Una de estas verdades es el *cogito*, la afirmación absolutamente indudable "pienso, luego existo". Esta es una verdad clara, distinta y evidente que no puede ponerse en duda de ninguna manera. Descartes creía que era posible construir un sistema completo de conocimientos seguros si se partía de verdades tan firmes como esta y se utilizaba un método de razonamiento adecuado. Las matemáticas son un ejemplo de este tipo de verdades firmes y seguras, obtenidas mediante la deducción a partir de algunos principios axiomáticos.

Frente a lo que piensan Platón o Descartes, también hay filósofos que niegan la posibilidad de conocer la verdad. Se trata de los escépticos, quienes insisten en recordarnos que todas las afirmaciones son inciertas y dudosas. De acuerdo con los escépticos, no hay argumentos que nos permitan defender con absoluta certeza ninguna posición. Basta con comprobar la amplia variedad de opiniones contradictorias que existen sobre cualquier tema. ¿Por qué deberíamos apoyar una afirmación y no su contraria? Ante esta situación, la actitud más sabia para los escépticos consiste en no pronunciarse con rotundidad sobre ninguna cuestión. Si queremos mantener el sosiego, lo sensato es adoptar una actitud moderada y tolerante, ya que no tenemos motivos para definirnos por ninguna posición en concreto.

La ciencia moderna, surgida a partir del siglo XVII, ofrece una forma de superar las dudas del escepticismo. El método experimental ha permitido encontrar verdades acerca de la naturaleza que son generalmente aceptadas. ¿Podemos afirmar que las verdades científicas son seguras e indudables?

De acuerdo con el falsacionismo de Popper, la ciencia no puede verificar con absoluta certeza si sus afirmaciones son verdaderas. Cuando realizamos un experimento y este resulta contrario a las predicciones de nuestra teoría, decimos que esta ha sido falsada. En ese caso es necesario rechazar esa teoría y elaborar una nueva. Cuando el experimento sale según lo esperado, podemos aceptar la validez de la teoría de manera provisional. Las teorías científicas nunca pueden considerarse completamente ciertas. Las mejores teorías son solo transitoriamente aceptables, válidas únicamente mientras no haya ningún experimento que las false.

Lo que nos muestra el falsacionismo es que ni siquiera la ciencia actual es capaz de aportarnos verdades absolutas. Según este punto de vista, la verdad es algo provisional y sujeto a revisión. Tal vez la pretensión que tenía Descartes de encontrar certezas indudables resulte exagerada. Quizá una dosis moderada de escepticismo pueda ser útil para recordarnos que aquello en lo que creemos es solo una opinión que, de momento, nos parece válida.

Para que practiques

Intenta ahora aplicar este procedimiento al siguiente tema:

¿Debemos tener miedo al desarrollo de la técnica?

5. Cómo se identifican las ideas de un texto

La lectura, interpretación y comentario de textos es una de las técnicas de trabajo más útiles e importantes para estudiar filosofía. Aprender a trabajar con textos puede en un primer momento resultar complicado, sobre todo cuando se trata de obras filosóficas de difícil comprensión. Por eso, para hacer más fácil tu aprendizaje, vamos a comenzar por explicar cómo extraer las ideas de un texto. Después abordaremos, en un apartado posterior, cómo realizar un comentario de texto filosófico.

1. Aunque parezca una obviedad, tenemos que recordar que el primer paso para poder entender un texto consiste en **leerlo** con **detenimiento** y atención. Debemos dedicar el tiempo necesario a comprender todos los términos que aparezcan, consultando los que no conozcamos en un diccionario. Como sabes, en filosofía los conceptos tienen a veces un significado distinto del habitual, que debemos ser capaces de identificar para poder entender el sentido de lo que estamos leyendo.
2. Después de haber hecho una primera lectura comprensiva del texto, ya podemos emprender la tarea de identificar sus ideas. En este punto conviene señalar que no todas las ideas de un texto son igualmente importantes. Las más relevantes y señaladas son las **ideas principales**, las cuales, a su vez, pueden incluir **ideas secundarias** de menor importancia. Por lo general, las ideas secundarias amplían, desarrollan o comentan algún aspecto de las ideas principales.
3. Una buena manera de identificar las ideas centrales de un texto consiste en volver a leerlo **subrayando** las frases que contengan la información más destacada. A la hora de realizar este primer subrayado debes **centrarte únicamente en lo más importante**. Si subrayas la mayor parte del texto, no serás capaz de seleccionar lo que es de verdad significativo. Este es un error común que debes evitar. En un texto de media página de extensión no suele haber más de dos o tres frases verdaderamente importantes, que son las que debes señalar. Estas frases nos ayudarán a identificar las ideas principales, aunque conviene tener en cuenta que no siempre estas ideas aparecen de forma completa o explícita en el texto. A menudo hace falta parafrasear, reescribir o completar estas frases para dar una forma adecuada a las ideas que hemos identificado.
4. Cuando hayas encontrado las ideas principales debes **leer de nuevo** el texto para buscar las **ideas secundarias**. No todos los textos contienen ideas secundarias, así que debes evitar inventártelas si no aparecen. Fíjate bien en lo que dice el tex-

to. Las ideas secundarias están asociadas a las ideas principales, puesto que son comentarios, explicaciones o argumentaciones que las completan. Para distinguirlas, subráyalas en otro color o empleando una notación diferente. Debes tener en cuenta que en ocasiones será necesario completar o reelaborar estas frases para que tengan sentido.

5. Una vez identificadas las ideas del texto, debemos **volver a leerlo** de nuevo para tratar de encontrar la **relación** que hay entre ellas. Una buena forma de encontrar cómo se relacionan las ideas consiste en buscar los términos que suelen emplearse para conectarlas. Trata de localizar expresiones como *y*, *además de esto*, *o*, *pero*, *a pesar de ello*, *sin embargo*, *por otra parte*, *no obstante*... Señala estos conectores subrayándolos con otro color o empleando una notación diferente a la que has empleado para identificar las ideas. Presta mucha atención al modo en que estas expresiones relacionan unas ideas con otras. A veces conectan en paralelo dos ideas igualmente importantes, mientras que en otras ocasiones introducen una relación de subordinación entre ellas.

6. Ahora ya podemos exponer las ideas del texto mostrando la relación que hay entre ellas. Haz primero un esquema que recoja las ideas principales y las secundarias, mostrando la relación que hay entre ellas. Después, elabora una redacción explicando el contenido de este esquema de forma breve y clara.

Un ejemplo práctico:

Identifica las ideas del siguiente texto mostrando la relación que hay entre ellas:

> La cultura no es un fenómeno exclusivamente humano, sino que está bien documentada en muchas especies de animales superiores no humanos. Y el criterio para decidir hasta qué punto cierta pauta de comportamiento es natural o cultural no tiene nada que ver con el nivel de complejidad o de importancia de dicha conducta, sino solo con el modo como se trasmite la información pertinente a su ejecución. [...] Los chimpancés son animales muy culturales. Aprenden a distinguir cientos de plantas y sustancias, y a conocer sus funciones alimentarias y astringentes. Así logran alimentarse y contrarrestar los efectos de los parásitos. Tienen muy poco comportamiento instintivo o congénito. No existe una "cultura de los chimpancés" común a la especie. Cada grupo tiene sus propias tradiciones sociales, venatorias, alimentarias, sexuales, instrumentales, etc. [...] La cultura es tan importante para los chimpancés que todos los intentos de reintroducir en la selva a los chimpancés criados en cautividad fracasan lamentablemente. Los chimpancés no sobreviven. Les falta la cultura. No saben qué comer, cómo actuar, cómo interaccionar con los chimpancés silvestres, que los atacan y matan. Ni siquiera saben cómo hacer cada noche su alto nido-cama para dormir sin peligro en la copa de un árbol. Durante los cinco años que el pequeño chimpancé duerme con su madre, tiene unas 2.000 oportunidades de observar cómo se hace el nido-cama. Los chimpancés hembras separados de su grupo y criados con biberón en el zoo ni siquiera saben cómo cuidar a sus propias crías, aunque lo aprenden si ven películas o vídeos de otros chimpancés criando.
>
> Jesús MOSTERÍN: *¡Vivan los animales!*

Siguiendo la pauta que hemos mostrado, vamos a trabajar del siguiente modo:

1. Comenzaremos por leer el texto detenidamente buscando el significado de todos los términos que desconozcamos.
2. Tratamos de localizar las ideas principales, distinguiéndolas de las secundarias.
3. Para identificar las ideas principales del texto, subrayamos (en este caso, en azul) aquellas palabras o frases que nos parezcan más importantes.
4. Buscamos ahora las ideas secundarias que señalaremos de una forma diferente para poder distinguirlas (ahora en lila).
5. A continuación, intentamos aclarar cómo se conectan las distintas ideas del texto. Para ello tenemos que identificar los conectores que relacionan unas ideas con otras, que marcaremos (en este caso, en rojo).
6. Finalmente, empleando estas ideas podemos elaborar nuestra redacción final.

Después de llevar a cabo este trabajo, nuestro texto quedaría de la siguiente manera:

> La cultura no es un fenómeno exclusivamente humano, sino que está bien documentada en muchas especies de animales superiores no humanos. Y el criterio para decidir hasta qué punto cierta pauta de comportamiento es natural o cultural no tiene nada que ver con el nivel de complejidad o de importancia de dicha conducta, sino solo con el modo como se trasmite la información pertinente a su ejecución. [...] Los chimpancés son animales muy culturales. Aprenden a distinguir cientos de plantas y sustancias, y a conocer sus funciones alimentarias y astringentes. Así logran alimentarse y contrarrestar los efectos de los parásitos. Tienen muy poco comportamiento instintivo o congénito. No existe una "cultura de los chimpancés" común a la especie. Cada grupo tiene sus propias tradiciones sociales, venatorias, alimentarias, sexuales, instrumentales, etc. [...] La cultura es tan importante para los chimpancés que todos los intentos de reintroducir en la selva a los chimpancés criados en cautividad fracasan lamentablemente. Los chimpancés no sobreviven. Les falta la cultura. No saben qué comer, cómo actuar, cómo interaccionar con los chimpancés silvestres, que los atacan y matan. Ni siquiera saben cómo hacer cada noche su alto nido-cama para dormir sin peligro en la copa de un árbol. Durante los cinco años que el pequeño chimpancé duerme con su madre, tiene unas 2.000 oportunidades de observar cómo se hace el nido-cama. Los chimpancés hembras separados de su grupo y criados con biberón en el zoo ni siquiera saben cómo cuidar a sus propias crías, aunque lo aprenden si ven películas o vídeos de otros chimpancés criando.
>
> Jesús MOSTERÍN: *¡Vivan los animales!*

El esquema que podríamos elaborar, distinguiendo las ideas principales de las ideas secundarias, es el siguiente:

IDEAS PRINCIPALES:

- La cultura no es solo una característica humana.
- Algunos animales no humanos también tienen cultura.
- Para decidir si un comportamiento es natural o cultural, debemos fijarnos en cómo se ha transmitido la información.

IDEAS SECUNDARIAS (que sirven de ejemplo para aclarar la segunda idea principal):

1. Los chimpancés también tienen cultura. Por ejemplo, son capaces de distinguir muchas plantas.
2. Este conocimiento no es instintivo, porque la forma de vida no es común a todos los chimpancés. Cada grupo tiene sus propias tradiciones.
3. Los chimpancés criados en cautividad tienen problemas para adaptarse a la vida en libertad porque les falta la cultura.
4. Las hembras de chimpancé separadas de su grupo no saben ni siquiera cómo cuidar a las crías.

Ahora podríamos redactarlo todo de la siguiente manera:

La cultura no es solo una característica humana. Algunos animales no humanos también tienen cultura. Esto nos indica que, para decidir si un comportamiento es natural o cultural, debemos fijarnos en cómo se ha transmitido la información.

Los chimpancés, por ejemplo, son capaces de distinguir muchas plantas. Este conocimiento no es instintivo, porque la forma de vida no es común a todos los chimpancés. Cada grupo tiene sus propias tradiciones. Los chimpancés criados en cautividad tienen problemas para adaptarse a la vida en libertad porque les falta la cultura. Además, las hembras de chimpancé separadas de su grupo no saben ni siquiera cómo cuidar a las crías.

Un ejemplo práctico:

Intenta ahora aplicar este procedimiento al siguiente ejercicio:

Identifica las ideas del siguiente texto mostrando la relación que hay entre ellas:

Además de la herencia biológica, el ser humano pasa a los otros miembros de la especie una herencia cultural. La herencia cultural se basa en la transmisión de información a través de un proceso —la enseñanza, entendida en un sentido amplio— que es independiente del parentesco biológico. En el presente contexto, uso la palabra *cultura* en un sentido muy amplio. En este sentido la cultura incluye todos los hábitos adquiridos y maneras de vivir del ser humano, las artes y técnicas de hacer y usar objetos materiales, el lenguaje, las instituciones sociales y políticas, las tradiciones éticas y religiosas, los conocimientos científicos y humanísticos. Es decir, la cultura significa en este caso todo lo que la humanidad conoce o hace como resultado de lo aprendido de otros seres humanos. La cultura se adquiere no solo de los padres, sino de todos los seres humanos con los que se entra en contacto directa o indirectamente. El mecanismo de transmisión no son las células sexuales, sino la comunicación directa, oral o gesticular, los libros, la prensa, la radio y la televisión, el cine y el teatro, y, en general, cualesquiera medios de comunicación. La cultura le permite al ser humano acumular y transmitir sus experiencias a través de las generaciones, algo que es imposible a los demás animales. Ortega y Gasset escribió repetidamente que la mayor ventaja del ser humano sobre los animales consiste en que nosotros poseemos lo que se puede llamar "memoria social", además de la memoria individual que tenemos en común con ellos.

La adaptación de una especie a su ambiente es el proceso principal que mueve y dirige la evolución biológica. La adaptación ocurre debido a la selección natural, es decir, debido a la reproducción diferencial de las variantes genéticas existentes en la especie. En el ser humano, y solo en él, la adaptación al ambiente se puede llevar a cabo también por medio de la cultura; la cultura es, de hecho, un método de adaptación considerablemente más eficaz que el mecanismo biológico por dos razones principales: por ser un método más rápido y por ser más poderoso.

Francisco J. AYALA: *La naturaleza inacabada*.

6. Cómo se comenta un texto filosófico

En filosofía, comprender y analizar textos resulta fundamental, ya que casi todo lo que sabemos sobre las opiniones e ideas de los filósofos se basa en lo que ellos mismos escribieron o en lo que nos han transmitido sus discípulos acerca de su pensamiento. Únicamente en el caso de los filósofos más próximos a nosotros podemos también recurrir a otro tipo de documentos, como las conferencias o entrevistas grabadas en radio o televisión. Sin embargo, la existencia de este tipo de testimonios no reduce la importancia que hoy en día siguen teniendo los textos escritos para la filosofía.

Como es lógico, para poder comentar un texto debemos empezar por leerlo atentamente y comprender lo que dice. De hecho, el primer paso para comentar un texto filosófico consiste en identificar sus ideas, distinguiendo las principales de las secundarias y analizando su estructura argumentativa. Si no tienes clara la forma de llevar a cabo esta tarea, te recomendamos consultar el apartado específico dedicado a las "técnicas de trabajo", que explica cómo identificar las ideas de un texto filosófico.

Para continuar con nuestra explicación, supondremos que has leído el texto, que lo has comprendido y que has sido capaz de captar las ideas que se presentan y la estructura en la que estas se organizan. Ahora es cuando podemos empezar el comentario propiamente dicho. Como recordarás, la filosofía es un intento racional de contestar preguntas que nos resultan significativas, pero que la ciencia por sí sola por lo general no puede responder. Comentar un texto filosófico consiste precisamente en aclarar la pregunta que el autor se plantea, así como la respuesta que se ofrece para responderla.

Cuando comentamos un texto filosófico, llamamos **problema** a la pregunta que se está planteando el autor. Al tratarse de una pregunta, resulta muy útil que seamos capaces de formular el problema como una interrogación, aunque conviene tener en cuenta que el problema no siempre aparece explícitamente formulado en el fragmento que tenemos que comentar. A menudo la cuestión sobre la que el autor se interroga se da por supuesta, o se expresa de manera velada o indirecta. Sin embargo, si estamos ante un texto filosófico, podemos estar seguros de que el autor está tratando de responder a algún interrogante que le preocupa. Para poder comentar el texto adecuadamente resulta crucial identificar de qué problema se trata.

El siguiente paso consiste en identificar la **tesis**, que es la respuesta ofrecida por el autor para el problema planteado. Aquí es preciso tener en cuenta que no todos los textos filosóficos ofrecen una contestación concreta y claramente formulada para el problema. Entre otras cosas, puede ocurrir que el autor dude entre varias posibles respuestas o que declare la imposibilidad de contestar a la pregunta planteada. En estas situaciones tendremos que recoger esta postura, explicando en todo caso cuál es el modo en que el autor trata de contestar a la pregunta propuesta.

Es asimismo importante que seamos capaces de identificar las razones que ofrece el autor para apoyar su tesis. Aquí es donde interviene el análisis de la estructura argumentativa del texto, incluyendo el modo en que se organizan sus ideas principales y secundarias. Para aclarar cómo se llega a la tesis final, tenemos que señalar cuál es el tipo de argumentación empleada por el autor. A veces el texto tendrá un enfoque deductivo, porque parte de lo general para llegar a conclusiones particulares. Otras veces se planteará inductivamente, exponiendo en primer lugar varios casos concretos y tratando posteriormente de generalizar. O a lo mejor el texto se basa en argumentos de autoridad, en la experiencia personal, en las ideas compartidas por la mayor parte de la gente, en los descubrimientos científicos, en la intuición... En tu comentario debes prestar mucha atención a estos razonamientos, ya que son ellos los que conducen al autor desde la pregunta inicial que se ha planteado (el problema) hasta la respuesta final que propone (su tesis).

Si ya has logrado aclarar el problema, la tesis y la estructura argumentativa del texto, seguramente te resultará fácil identificar el **tema**. Como sabes, el **tema** se corresponde con la idea principal del texto, de modo que podría servir como título para el fragmento.

Si quieres estructurar adecuadamente tu comentario de texto, te sugerimos que comiences presentando el tema en una frase clara y concisa. A continuación conviene que aclarares cuál es el problema filosófico que se plantea el autor, mostrando después cuál es el razonamiento que se ha empleado para tratar de responder a esta pregunta. Una vez aclarada la estructura argumentativa del texto, debes indicar cuál es la tesis que propone el autor, mostrando cómo esta se deriva del razonamiento anterior.

Además de los elementos básicos que hemos visto (la identificación del tema, el problema y la tesis), a veces el profesor espera que el comentario incluya un último apartado de elaboración personal, en el que el alumno trate de profundizar en los planteamientos del texto que acaba de analizar. En esta sección puedes comparar la tesis del autor con la de otros filósofos relevantes, viendo los puntos de coincidencia o de controversia entre ellos. También es interesante que consideres la importancia o el significado que tiene para nosotros la pregunta que se está haciendo el autor. ¿Se trata de una cuestión relevante hoy en día? ¿De qué formas puede responderse actualmente esta pregunta? Finalmente, puedes expresar tu opinión personal sobre la cuestión, prestando mucha atención para justificarla con argumentos adecuados.

Un ejemplo práctico:

Comenta el siguiente texto filosófico:

> Estas ideas simples, los materiales de todo nuestro conocimiento, le son sugeridas y proporcionadas a la mente por solo esas dos vías arriba mencionadas, a saber: sensación y reflexión. Una vez que el entendimiento está provisto de esas ideas simples tiene el poder de repetirlas, compararlas y unirlas en una variedad casi infinita, de tal manera que puede formar a su gusto nuevas ideas complejas. Empero, el más elevado ingenio o el entendimiento más amplio, cualquiera que sea la agilidad o variedad de su pensamiento, no tiene el poder de inventar o idear en la mente ninguna idea simple nueva que no proceda de las vías antes mencionadas.
>
> John LOCKE: *Ensayo sobre el entendimiento humano.*

Respuesta:

El tema que se trata en este fragmento es el origen del conocimiento. El autor se pregunta de dónde proceden las ideas de nuestra mente. Y responde afirmando que todas nuestras ideas proceden de los sentidos.

Para apoyar su tesis, Locke utiliza el siguiente razonamiento: Nuestro conocimiento está constituido por ideas, que pueden ser simples o complejas. Sin embargo, las ideas complejas están compuestas de ideas simples que nuestro entendimiento combina entre sí. Así pues, la base del conocimiento son las ideas simples. Pero nuestra mente no puede fabricar por sí sola una idea simple. Las ideas simples solo pueden provenir de la sensación o de la reflexión. Esto quiere decir que las ideas elementales proceden siempre de los sentidos, tanto externos (sensación) como internos (reflexión).

Para que practiques

Intenta ahora aplicar este procedimiento al siguiente ejercicio.

Comenta el siguiente texto filosófico:

> Aparentemente, en los casos particulares de la operación de los cuerpos, no podemos descubrir, ni mediante el más celoso examen, nada que no sea que un evento sigue a otro, sin llegar a identificar ninguna fuerza o poder por el que opera la causa, ni ninguna conexión entre esta y su supuesto efecto. La misma dificultad se da al contemplar las operaciones de la mente sobre el cuerpo, donde observamos que el movimiento de este último se sigue de la volición de la primera, pero somos incapaces de observar o concebir el vínculo que une el movimiento y la volición, o la energía por la que la mente produce este efecto. La autoridad de la voluntad sobre sus propias facultades e ideas no es ni un ápice más comprensible. De ahí que, en su conjunto, en toda la naturaleza no aparece ni un solo caso de conexión que nos sea concebible. Todos los eventos parecen estar completamente sueltos y separados. Un evento sigue al otro, pero nunca podemos observar ningún vínculo entre ellos. Parecen estar unidos, pero nunca conectados. Y como no podemos hacernos ninguna idea de nada que no haya aparecido nunca ante nuestro sentido externo o sentimiento interno, necesariamente la conclusión parece ser que no tenemos idea alguna de la conexión o el poder, y que estas palabras no tienen absolutamente ningún significado cuando las empleamos tanto en los razonamientos filosóficos como en la vida ordinaria.
>
> David HUME: *Investigación sobre el entendimiento humano.*

Glosario

A

***a priori*:** Independientemente de la experiencia.

abducción: Forma de razonamiento en la que, si las premisas son verdaderas, la conclusión es un resultado plausible, aunque no totalmente seguro.

absolutismo: Régimen político monárquico en el cual el rey ejerce un poder ilimitado.

abstracción inductiva: Proceso que permite extraer la esencia o forma compartida por varios individuos particulares de la misma especie. Según Aristóteles, esto es posible porque nuestro entendimiento compara los individuos particulares, prescindiendo de sus rasgos concretos y extrayendo la esencia que tienen en común. De este modo se puede obtener un conocimiento universal mediante generalización.

accidentes: Para Aristóteles, los accidentes son atributos de la sustancia. Los accidentes no pueden existir por sí mismos, sino que siempre existen como una propiedad o modificación de la sustancia.

aceptabilidad: Un argumento es aceptable cuando nuestros interlocutores están dispuestos a considerar que las premisas son verdaderas.

***actio*:** Es la quinta y última tarea precisa para llevar a cabo un discurso. Consiste en pronunciarlo adecuadamente ante el público.

agente: En el pensamiento aristotélico, el agente es la causa eficiente de lo que existe, que explica quién o qué lo ha creado.

agnosia: Enfermedad que consiste en la incapacidad de convertir las sensaciones en percepciones dotadas de significado.

alienación: También llamada enajenación, es el proceso de extrañamiento característico del sujeto en la sociedad capitalista. Los obreros se sienten alienados porque vuelcan su fuerza de trabajo en un producto que no les pertenece, desarrollando una tarea mecánica y poco creativa que resulta deshumanizadora. Pero además de este tipo de alienación, también puede existir una alienación religiosa e ideológica cuando las personas se sienten enfrentadas a una realidad que les es ajena y ante la que experimentan un extrañamiento similar.

alma: Parte espiritual e inmaterial de los seres humanos.

alma concupiscible: Según Platón, es uno de los tres tipos de almas que existen. El alma concupiscible es el lugar de los apetitos. Está interesada por lo material y se preocupa por los elementos primarios de la vida humana, como comer, beber o descansar.

alma irascible: El segundo de los tres tipos de alma, según Platón. El alma irascible es la sede de las pasiones (orgullo, heroísmo, ira, honor...).

alma racional: El tercer tipo de alma según la antropología platónica. En ella tiene su sede la razón y la inteligencia. En una persona justa y sensata, el alma racional es capaz de dominar los apetitos del alma concupiscible y las pasiones del alma irascible.

ambigüedad: Situación en la que un término puede tener varios significados distintos.

anarquismo: Teoría según la cual el Estado debería desaparecer, porque se trata de una institución represiva que oprime al individuo y coarta su libertad.

anfibología: Se produce cuando tenemos frases ambiguas, en las que no queda claro el significado preciso de lo que se quiere decir.

animismo: Teoría según la cual todas las cosas que existen (y no solo las personas) tienen un alma.

antropocentrismo: Mentalidad propia del Renacimiento que considera al ser humano como elemento central del pensamiento y la vida.

antropología cultural: Ciencia empírica que estudia la cultura, las costumbres y las formas de vida de los distintos pueblos que habitan en nuestro planeta.

antropología filosófica: Estudio filosófico acerca del ser humano.

apolíneo: Según Nietzsche, es el principio racional de la luz, la medida, el equilibrio y la individuación. Lo apolíneo se manifiesta de forma muy clara en la escultura.

arbitrario: Adoptado mediante acuerdo. La palabra *convencional* tiene un significado muy similar. Cuando afirmamos que algo es arbitrario o convencional, queremos decir que ha sido establecido por los seres humanos mediante una decisión que podría haber sido diferente.

***areté*:** En griego significa 'virtud', en el sentido de excelencia.

***argumentatio*:** Tercera parte del discurso, que es el núcleo central del mismo. En ella se presentan argumentos para refutar las opiniones contrarias y se ofrecen razones para apoyar nuestra posición.

aristocracia: En la clasificación de Aristóteles, es el sistema de gobierno justo donde el poder lo ejerce un grupo de personas.

***arjé*:** Según los filósofos presocráticos, es el principio que permite explicar el origen de todo lo que existe.

arte: Ámbito de creación humana en el que se pretende mostrar la belleza produciendo emociones y sentimientos.

asamblea: Reunión en la que todos los asistentes pueden expresar su opinión y participar en la toma de decisiones.

ascetismo: Menosprecio del cuerpo y de las necesidades materiales, que se sacrifican a favor de la parte espiritual del individuo.

asimilacionismo: Actitud que pretende integrar a las culturas minoritarias que conviven en una sociedad, incitándolas a adoptar la forma de vida de la cultura mayoritaria.

ataraxia: Imperturbabilidad, estado de calma y quietud espiritual en el que nada nos inquieta ni desequilibra.

atomismo: Teoría que afirma la existencia de corpúsculos materiales indivisibles llamados átomos que forman todo cuanto existe.

aura: Según Walter Benjamin, es el halo de lejanía y misterio que envuelve a las grandes obras de arte, pero que está desapareciendo a causa de la reproducción técnica característica de la época contemporánea.

autonomía: Capacidad para elegir nosotros mismos nuestras propias normas. Situación en la que una persona elabora sus propias normas.

autoridad: Reconocimiento otorgado al poder cuando este es aceptado por parte de quienes deben obedecer.

axiología: Filosofía de los valores. La ética de Scheler es una axiología, por la gran importancia que concedió a los valores en teoría moral.

axioma: Afirmación que se acepta como verdadera y que es el punto de partida para elaborar demostraciones deductivas, por ejemplo en matemáticas.

B

bicondicional: Operador lógico que representa una coimplicación y que se expresa con el símbolo ↔. Suele aparecer relacionado con expresiones del tipo "Si y solo si... entonces..."

bioética: Rama de la ética aplicada que reflexiona acerca de los dilemas y problemas morales asociados a la vida. La ética médica es un campo importante que está incluido en la bioética.

bipedestación: Capacidad de desplazarse en posición erguida apoyándose sobre las extremidades posteriores.

bivalente: Que tiene solo dos valores posibles. La lógica bivalente es la que maneja proposiciones que solo pueden tener dos valores de verdad, correspondientes a 1 (verdadero) y 0 (falso).

borrosa: Rama de la lógica que analiza los razonamientos en los que se emplean términos como *mucho*, *muy* o *muy poco*.

C

carácter: Dimensión adquirida de nuestra personalidad, que podemos cambiar si modificamos nuestras costumbres.

categorías: Son las distintas dimensiones o maneras de existir que identificó Aristóteles en su metafísica.

ciencia normal: En la teoría de Kuhn, es el tipo de ciencia que se desarrolla de manera ordinaria cuando los científicos trabajan dentro del marco de un paradigma establecido y aceptado de forma general.

ciencia política: Estudio empírico de las diferentes formas de organización social y de los distintos tipos de gobierno que existen.

ciencia revolucionaria: En la teoría de Kuhn, es el tipo de investigación científica que llevan a cabo los científicos que se apartan del paradigma establecido y tratan de elaborar un paradigma nuevo alternativo.

ciencias empíricas: Ciencias que se basan en la experiencia y que elaboran sus saberes mediante la experimentación. La mayoría de las ciencias empíricas aspiran a plasmar las regularidades de la naturaleza mediante leyes matemáticas.

ciencias formales: Ciencias que se ocupan de objetos abstractos que no están presentes en el mundo físico. Estas ciencias suelen emplear el método deductivo. Las matemáticas y la lógica son ejemplos de ciencias formales.

ciencias humanas: Ciencias que se ocupan del ser humano y de la sociedad. Por lo general, las ciencias humanas no pueden ofrecer leyes matemáticas ni modelos explicativos, porque se basan en la comprensión e interpretación. También se denominan ciencias sociales o ciencias del espíritu.

ciencias naturales: Ciencias que se ocupan de realidades presentes en el mundo físico, que pueden estudiarse empíricamente.

ciudadano: Individuo activo de la sociedad, cuyos derechos están reconocidos por la ley y que puede intervenir en los asuntos que le afectan.

clase: Conjunto al que pertenecen una serie de elementos que comparten alguna característica común. La lógica de clases es una rama de la lógica que presta atención a los conjuntos o clases a los cuales pertenecen los individuos concretos.

cogito: Es la primera verdad indudable encontrada por Descartes tras aplicar la duda metódica. Se trata de una evidencia absolutamente cierta: si yo dudo y pienso, ciertamente yo tengo que existir. La palabra proviene de la expresión latina *cogito ergo sum*, que significa 'pienso, luego existo'.

comunidad ideal de diálogo: En la ética dialógica, es la situación de conversación abierta y sincera que se produce cuando todos los interesados pueden participar y expresar su opinión con el objetivo de llegar a acuerdos.

comunismo: Teoría política que aspiraba a liberar a los seres humanos de la explotación capitalista suprimiendo la propiedad privada y eliminando la lucha de clases.

conciencia moral: Capacidad para discernir lo que es moralmente correcto e incorrecto. Muchos autores han comparado la conciencia moral con una voz interior que nos avisa de lo que debemos o no debemos hacer.

conclusión: Proposición final que se deduce en un silogismo a partir de las premisas.

conductismo: Corriente psicológica que se centraba en el estudio de la conducta. El conductismo rechazaba analizar los procesos mentales porque en su opinión estos no podían registrarse de forma objetiva y rigurosamente científica.

conectores: Signos que en lógica simbólica nos permiten representar la negación, la conjunción, la disyunción, la implicación y la coimplicación.

consciente: Espacio mental del que tenemos pleno conocimiento racional. Según Freud, el consciente representa solo una pequeña parte de nuestra compleja vida psíquica.

consecuencialismo: Teoría ética que afirma la importancia crucial de tener en cuenta las consecuencias de nuestros actos.

Constitución: Ley suprema que regula el funcionamiento de los Estados democráticos.

contingente: Que existe, pero podría no existir, o podría existir de una manera diferente.

contractualista: Que se basa en un contrato. La teoría del pacto social es contractualista porque supone que la sociedad se originó mediante un acuerdo.

contradicción: Expresión lógica que siempre es falsa, independientemente de las circunstancias.

contrato social: Según la teoría contractualista, se trata del acuerdo mediante el cual los seres humanos salieron del estado de naturaleza y pactaron las reglas para vivir en común constituyendo la sociedad.

convencional: Establecido mediante acuerdo.

cosmología: Estudio del origen y la estructura del universo. Durante siglos fue parte de la filosofía, aunque hoy en día es una ciencia empírica independiente.

cosmovisión: Visión global de la realidad.

creacionismo: Teoría que defiende la idea de que las especies fueron creadas por Dios en el inicio de los tiempos, manteniéndose fijas desde entonces hasta nuestros días.

criterio de autoridad: Procedimiento según el cual una afirmación puede considerarse como verdadera si la persona que la realizó tiene el suficiente prestigio.

criterio de verdad: Procedimiento para juzgar si una proposición es verdadera o falsa.

cultura: Forma de vida de una sociedad, integrada por ideas, normas, instituciones, objetos y técnicas de un grupo humano concreto. La cultura es una realidad aprendida y de carácter simbólico que se transmite socialmente.

D

darwinismo: Teoría evolucionista defendida por Darwin. Para Darwin, la evolución se basa en la variabilidad de la descendencia y en el proceso de selección natural.

***Dasein*:** En la filosofía de Martin Heidegger, es el término empleado para referirse al ser humano.

deducción: Proceso que permite pasar de afirmaciones generales a otras particulares.

demagogia: En la clasificación de Aristóteles, se trata de un sistema de gobierno corrupto en el que los ciudadanos están manipulados.

democracia: Sistema de organización política en el cual el poder está en manos del pueblo.

democracia directa: Sistema democrático en el que todos los ciudadanos pueden opinar, participar e intervenir directamente en las decisiones.

democracia representativa: Sistema democrático en el que los ciudadanos eligen mediante votación a unos representantes, que son los que discuten y toman parte en las decisiones.

deontologismo: Propuesta ética que insiste en la importancia de cumplir con nuestro deber, ateniéndonos a ciertos principios morales sin considerar sus posibles consecuencias.

derechos humanos: Son aquellas cosas que todos podemos exigir porque nos corresponden simplemente por ser personas. Nuestros derechos están recogidos en la Declaración Universal de Derechos Humanos proclamada por las Naciones Unidas en el año 1948.

determinista: Que permite calcular los fenómenos con exactitud y precisión.

devenir: Cambio, transformación, modificación permanente de todo lo que existe.

diacrónico: Análisis que se interesa por el modo en que un fenómeno concreto ha ido cambiando a lo largo del tiempo.

dialéctica: Arte de utilizar el lenguaje en una conversación. En la filosofía de Hegel este término tiene un significado diferente, asociado a la evolución dinámica de la realidad mediante un contraste entre principios opuestos.

dilema moral: Situación compleja en la que nos vemos obligados a decidir entre únicamente dos posibles cursos de acción. En estos casos, ambas opciones suelen presentar ventajas e inconvenientes, por lo que no es fácil determinar cuál de las dos resulta preferible.

dionisíaco: En la filosofía de Nietzsche, es el principio irracional de la noche, el éxtasis orgiástico, el caos creativo y la unión de todo en una única realidad. Lo dionisíaco se presenta de forma paradigmática en la música.

discursos deliberativos: Discursos en los que el orador trata cuestiones políticas ofreciendo argumentos para que se adopte una determinada decisión.

discursos epidícticos: Discursos de alabanza o reprobación en los que el orador describe las virtudes o los vicios de alguien.

discursos forenses: Discursos judiciales en los que el orador lleva a cabo una acusación o una defensa ante un tribunal.

***dispositio*:** Disposición. Segunda tarea en la elaboración de un discurso; consiste en ordenar adecuadamente aquello de lo que vamos a hablar.

dogma: Verdad que se acepta sin discusión ni análisis racional.

dogmatismo: Teoría filosófica según la cual existen algunas verdades fundamentales que pueden conocerse con absoluta seguridad.

***doxa*:** Opinión. En el pensamiento de Platón es el conocimiento sensible e inferior.

dualismo: Teoría metafísica que defiende la existencia de dos realidades distintas.

dualismo antropológico: Teoría que defiende la existencia de dos elementos distintos y separados en el ser humano: un cuerpo material y un alma espiritual.

duda metódica: Procedimiento ideado por Descartes para eliminar todos los conocimientos que pudieran resultar dudosos. El objetivo que perseguía Descartes con este método era alcanzar verdades seguras que fuesen absolutamente indudables.

E

ello: Según Freud, es la parte de nuestra mente que aspira a la satisfacción inmediata de sus deseos e impulsos, guiada por el principio del placer.

***elocutio*:** Elocución. Es la tercera tarea requerida para preparar un buen discurso. Se centra en la elaboración de un estilo adecuado, prestando atención a la corrección gramatical, a la claridad y a la elegancia de la expresión.

emergentismo: Teoría según la cual el ser humano está formado por materia, pero organizada de manera que permite la aparición de propiedades cualitativamente distintas que emergen de la complejidad.

emotivismo moral: Teoría según la cual la ética se basa en los sentimientos.

empatía: Capacidad para ponerse en el lugar de los demás, imaginando cómo se sienten.

empírico: Procedente de la experiencia.

empirismo: Corriente filosófica de la Edad Moderna que afirma la importancia de la experiencia para alcanzar el verdadero conocimiento.

enajenación: Alienación.

ente: Un ser que existe.

episteme: Ciencia o conocimiento verdadero. Para Platón, se trata del conocimiento racional, que es superior al conocimiento sensible.

epistemología: Parte de la filosofía que analiza la ciencia.

escepticismo: Corriente filosófica que niega la posibilidad de alcanzar la verdad absoluta e indudable.

Escolástica: Filosofía cristiana desarrollada en las escuelas medievales entre los siglos XI y XIV.

esencia: Es el conjunto de características fundamentales que hacen que un ente sea lo que es, y no otra cosa distinta.

Estado: Institución que ostenta la soberanía en las sociedades modernas. El Estado dispone de una estructura administrativa que ejerce el poder de modo legal sobre una población determinada que vive dentro de un territorio con fronteras claramente establecidas.

estado de naturaleza: Situación hipotética anterior a la creación de la sociedad, en la que los seres humanos vivían de forma aislada e independiente.

estado metafísico: Segunda etapa en la evolución espiritual de la humanidad, según Comte. En este momento los seres humanos rechazan las interpretaciones religiosas de la realidad y buscan explicaciones basadas en conceptos abstractos.

estado positivo: Para Comte, es el tercer y último estado en el desarrollo del espíritu humano. Se trata de una etapa caracterizada por la confianza en la ciencia, que permite obtener conocimientos reales, útiles y provechosos para el progreso social.

estado teológico: En el pensamiento de Comte, es la fase inicial en el desarrollo de la humanidad en el que las personas buscan explicaciones sobrenaturales para las preguntas que se plantean. Esta fase se caracteriza por la fe en dioses y el desarrollo de las religiones.

estética: Parte de la filosofía que estudia el arte y la belleza.

estructuralismo: Teoría según la cual la clave para interpretar la realidad está en el sistema de combinaciones y oposiciones que existe entre los elementos que la integran.

ética: Rama de la filosofía que reflexiona acerca de la moral.

ética dialógica: Teoría ética según la cual las normas son moralmente correctas cuando todos los afectados por ellas las han aceptado después de un proceso de diálogo franco y abierto.

ética formal: Teoría ética que carece de contenido concreto y solo se preocupa por establecer la forma a la que deben ajustarse nuestras normas morales.

ética material: Teoría ética que presenta un contenico concreto, indicándonos el objetivo hacia el cual debemos encaminar nuestra vida.

éticas del bien: Teorías éticas que consideran que la vida humana debe encaminarse a obtener un bien supremo. Existen distintas propuestas concretas que se diferencian en la identificación precisa del bien al que debemos aspirar, que puede ser la felicidad, el placer, la salvación eterna...

etnia: Conjunto de personas que comparten una misma cultura y forma de vida.

etnocentrismo: Actitud que considera como buena y natural la forma de vida de nuestra cultura, mientras que califica como extrañas y antinaturales las costumbres de otras sociedades. El etnocentrismo tiende a juzgar a las demás culturas desde el punto de vista de nuestra particular forma de vida.

eudemonismo: Teoría ética según la cual el objetivo de los seres humanos debe ser alcanzar la felicidad.

evolucionismo: Teoría que afirma la existencia de cambios y modificaciones en las especies a lo largo del tiempo.

existencialismo: Corriente de la filosofía contemporánea preocupada por la cuestión de la existencia personal.

existir: Para los filósofos existencialistas, es la manera que tenemos las personas de ser, asociada a la libertad y a la capacidad de forjar nuestras propias vidas. Según el existencialismo, en rigor solo los seres humanos existen. El resto de las cosas son, pero carecen de existencia.

exordio: Primera parte de un discurso, que suele ser una introducción.

expresionismo: Visión del arte que valora por encima de todo la capacidad de una creación para expresar emociones y estados de ánimo.

F

falacia: Razonamiento que parece correcto pero que presenta algún error.

falacias formales: Argumentos que no respetan las reglas de la lógica, por lo que pueden identificarse revisando sus correspondientes tablas de verdad.

falacias informales: Argumentos en los que lo aportado por las premisas no es adecuado para justificar la validez de la conclusión.

falsacionismo: Teoría propuesta por Karl Popper según la cual la ciencia está compuesta por afirmaciones que son falsables, porque se pueden someter a experimentos para comprobar si son falsas. Sin embargo, el falsacionismo considera que estas afirmaciones nunca pueden verificarse por completo.

falsar: Demostrar que una afirmación científica es falsa mediante la realización de un experimento.

fascismo: Movimiento nacionalista agresivo que aspira a organizar la sociedad de forma jerárquica, incluyendo la completa obediencia a las órdenes del líder.

fe: Creencia basada en la revelación, la tradición o el sentimiento que no se apoya en argumentos racionales.

fenómeno: Lo que aparece, lo que se muestra. Un fenómeno es un acontecimiento tal y como se nos presenta a los sentidos y al conocimiento.

fijismo: Teoría según la cual las especies vivas son inmutables y no experimentan cambios.

filosofía analítica: Corriente filosófica interesada por el estudio del lenguaje, sus posibilidades y sus límites.

filosofía del lenguaje: Rama de la filosofía que analiza el lenguaje y las palabras con las que nos comunicamos.

filosofía política: Rama de la filosofía que se formula preguntas acerca de la sociedad y la organización de la convivencia.

finalidad: Para la filosofía de Aristóteles, la finalidad es la causa final. Es , al mismo tiempo, el propósito y la finalización de lo que se persigue.

finito: Limitado.

física clásica: Teoría que interpreta la realidad física mediante las leyes de la mecánica de Newton. La física clásica ofrece un modelo determinista y mecanicista del universo.

forma: Para Aristóteles la forma es la causa formal. Se trata de la configuración o estructura que explica cómo está hecho algo.

formalismo: Interpretación según la cual el elemento más importante de una obra artística es su composición formal.

G

genética: Ciencia que estudia las leyes biológicas de la herencia y el modo en que las características de los individuos se transmiten de una generación a la siguiente.

genio: Creador excepcional capaz de enfrentarse a la visión de lo sublime para plasmarla después en una obra artística. Un rasgo esencial del genio es la capacidad de romper las reglas establecidas para desarrollar códigos innovadores y revolucionarios.

geocentrismo: Teoría según la cual la Tierra ocupa el centro del universo.

gnoseología: Rama de la filosofía que se plantea cuestiones sobre el conocimiento.

gramática generativa: En la teoría de Chomsky, la gramática generativa está formada por un conjunto de reglas generales que permiten a un hablante producir combinaciones lingüísticas correctas.

H

hecho: Acontecimiento que puede observarse y registrarse.

hedonismo: Teoría ética según la cual las personas debemos orientar nuestra vida a obtener placer y evitar dolor.

helenismo: Período histórico posterior a la muerte de Alejandro Magno.

heliocentrismo: Teoría según la cual el Sol se encuentra en el centro del universo.

herejía: Doctrina religiosa que se considera desviada de la ortodoxia según la autoridad eclesiástica.

hermenéutica: Corriente filosófica contemporánea que presta especial atención al tema de la interpretación y comprensión de los textos.

heterogéneo: Que tiene diferentes propiedades en distintos lugares.

heteronomía: Situación en la que una persona sigue las normas elaboradas por otros.

hipótesis: Suposición o conjetura.

hominización: Proceso de cambios biológicos que produjeron la evolución desde nuestros ancestros hasta la aparición de la especie humana.

homogéneo: Que tiene las mismas propiedades en todas partes.

humanización: Procesos de cambios culturales que contribuyeron a la aparición de los seres humanos actuales.

I

icono: Signo que representa mediante analogía una realidad determinada.

idealismo: Teoría que defiende el carácter inmaterial de la verdadera realidad, que se considera constituida por ideas o espíritu.

Ideas: En la filosofía de Platón las Ideas son formas o esencias eternas e inmutables que pertenecen a un espacio propio e independiente de nosotros, denominado mundo inteligible.

ideología: En la filosofía de Marx, la ideología es una visión distorsionada de la realidad que sirve para justificar el dominio de los poderosos.

ilusiones perceptivas: Percepciones erróneas debidas al funcionamiento a veces engañoso de nuestros sentidos.

imperativo categórico: En la ética de Kant, es la regla básica a la que deben ajustarse las normas morales que el sujeto establece autónomamente. En una de sus formulaciones más conocidas puede enunciarse del siguiente modo: "Obra siempre según una máxima que puedas querer que se convierta en ley universal".

imperio de la ley: Situación en la cual las leyes son las que indican lo que hay que hacer en cada caso.

imprescriptible: Que nunca caduca.

inalienable: Que no puede ser transferido, vendido ni entregado a otra persona.

inconsciente: Según Freud, es el ámbito de nuestra mente en el que se encuentran los deseos reprimidos y los traumas ocultos de la infancia. En el inconsciente se almacenan todos los elementos de nuestra vida psíquica que no podemos aceptar y que quedan ocultos a la inspección de la conciencia.

indeterminación: Expresión lógica que puede ser verdadera o falsa dependiendo de los casos.

inducción: Proceso que permite pasar de afirmaciones particulares a verdades universales mediante generalización.

inductivismo: Teoría según la cual la ciencia se basa fundamentalmente en el proceso de inducción.

inferencia: Razonamiento lógico que, en una implicación, nos permite pasar del antecedente al consecuente.

inmanente: Que está en este mundo, dentro de la realidad ordinaria.

institución: Práctica socialmente establecida que se mantiene a lo largo del tiempo.

intelectualismo moral: Teoría según la cual la ética se basa en la razón.

interculturalismo: Actitud que insiste en la importancia de establecer cauces que relacionen y comuniquen a las distintas culturas que conviven en un territorio para potenciar la riqueza asociada a la diversidad de formas de vida.

***inventio*:** Invención. Es la primera tarea que debemos llevar a cabo para elaborar un buen discurso. Consiste en encontrar aquello de lo que vamos a hablar.

J

juegos de lenguaje: En la teoría del segundo Wittgenstein, son los diferentes usos que podemos hacer de las palabras, ligados a una determinada forma de vida.

justicia: Consiste en dar a cada persona lo que le corresponde.

justicia conmutativa: Es el concepto de justicia que se asocia a los intercambios, en el que se espera dar lo mismo que se recibe.

justicia distributiva: Es el concepto de justicia que se aplica en los repartos, donde a cada cual le corresponde una parte distinta dependiendo de su mérito, capacidad o necesidad.

L

lamarckismo: Teoría evolucionista defendida por Lamarck. Según Lamarck, el uso repetido de un órgano provoca modificaciones anatómicas y fisiológicas que se transmiten a la descendencia.

legitimación carismática: Reconocimiento de la validez del poder basándose en las características excepcionales de la persona que lo ejerce.

legitimación racional-legal: Reconocimiento de la validez del poder basándose en la existencia de normas y reglas que todos conocen y pueden comprender.

legitimación tradicional: Reconocimiento de la validez del poder basándose en la costumbre.

legitimidad: El poder político se ejerce con legitimidad cuando quienes deben obedecer reconocen a los que mandan y aceptan la validez de las órdenes recibidas.

lengua: Sistema concreto de signos que emplea un hablante para comunicarse.

lenguaje: Capacidad genérica que tenemos todos los seres humanos para utilizar eficazmente los signos lingüísticos como medio de comunicación.

lenguaje articulado: Es la característica del lenguaje humano que nos permite combinar los elementos lingüísticos para crear signos y mensajes complejos.

ley: Normas externas, elaboradas por la sociedad y que todos debemos cumplir. Si no obedecemos las leyes podemos ser castigados.

ley científica: Expresión de una regularidad observada empíricamente. Las leyes científicas aparecen a menudo formuladas matemáticamente.

ley de los tres estados: En la filosofía de Comte, es el principio que explica la evolución del espíritu humano desde el estado teológico al estado metafísico y, finalmente, al estado positivo.

liberalismo: Teoría política que defiende la libertad del individuo frente al Estado, según la cual el poder solo es legítimo cuando cuenta con el consentimiento de los gobernados.

libertad negativa: Ausencia de coacción. Es una "libertad de", entendida como la eliminación de los obstáculos e impedimentos que nos dificultan la acción.

libertad positiva: Capacidad real de elegir por uno mismo lo que deseamos hacer. Es una "libertad para", entendida como autonomía y posibilidad auténtica de elección personal.

libre albedrío: Capacidad humana para elegir entre el bien y el mal.

literatura: Actividad que aspira a crear belleza mediante el lenguaje.

lógica: Parte de la filosofía que estudia cómo organizar los razonamientos para que estén adecuadamente construidos.

lógica cuantificacional: Rama de la lógica que presta atención a las propiedades y relaciones de los individuos particulares a los que se refieren las proposiciones.

lógica de predicados de orden superior: Rama de la lógica de predicados en la que se aplican los cuantificadores a los individuos pero también a sus propiedades, por ejemplo afirmando que existen algunas personas que no tienen ninguna enfermedad.

lógica de predicados de primer orden: Rama de la lógica de predicados en la que solo se aplican los cuantificadores a los individuos, por ejemplo afirmando que existen algunos pájaros que vuelan.

lógica proposicional: Rama de la lógica que estudia la inferencia tomando las proposiciones como totalidades, pero sin entrar a analizar su contenido.

logos: Término griego que significa 'razón' y 'palabra'. Se usa para distinguir las explicaciones basadas en el mito de las que son racionales.

M

maestros de la sospecha: Expresión con la que Paul Ricoeur se refiere a Marx, Nietzsche y Freud, quienes sospecharon que en los seres humanos existen elementos ocultos que pueden quedar escondidos en un primer análisis racional y superficial de la realidad humana.

magia: Creencia en la capacidad humana de forzar a la naturaleza y a los dioses para que cumplan nuestros deseos.

materia: En la metafísica de Aristóteles la materia es la causa material, aquello de lo cual está hecho algo.

materialismo: Teoría según la cual la realidad está formada en último término por la materia.

máxima: Regla de conducta moral.

***memoria*:** Se trata de la cuarta tarea en la preparación de un discurso, que consiste en aprenderlo de memoria.

memoria a corto plazo: Memoria que nos permite retener los datos percibidos por los sentidos durante un tiempo breve, de 15 a 20 segundos.

memoria a largo plazo: Memoria capaz de almacenar información de forma permanente y aparentemente ilimitada, aunque no siempre resulte fácil de recuperar.

memoria sensorial: Memoria asociada a los sentidos, que son capaces de retener los estímulos registrados durante un breve espacio de tiempo, de 1 a 2 segundos.

metafísica: Rama de la filosofía que estudia la realidad.

método científico: Procedimiento empleado por las ciencias naturales y que consta de los siguientes pasos: **1.** Planteamiento del problema; **2.** Elaboración de hipótesis; **3.** Contrastación experimental de las consecuencias derivadas de la hipótesis; **4.** Obtención de conclusiones.

mímesis: Imitación. Los antiguos griegos consideraban que el arte es mímesis, porque se basa en imitar la naturaleza.

mito: Narración legendaria protagonizada por dioses o héroes que ofrece una explicación sobrenatural acerca de la realidad.

mónadas: En la metafísica de Leibniz son los puntos elementales de fuerza que integran las infinitas sustancias que existen.

monarquía: En la clasificación de Aristóteles, se trata de un sistema de gobierno justo en el que el poder es ejercido por una sola persona.

monismo: Teoría según la cual la verdadera realidad es única.

monismo antropológico: Teoría según la cual el ser humano está formado únicamente por materia.

moral: Valores, creencias y normas de conducta individual que nos orientan para decidir acerca de las acciones buenas y malas. La moral es personal, aunque suele estar influida por el entorno social y cultural en que vivimos.

multiculturalismo: Reconocimiento del valor asociado a la diversidad de culturas que conviven en un mismo territorio, afirmando la necesidad de respetar el derecho que tienen a desarrollarse de forma separada e independiente.

mundo inteligible: En la filosofía platónica, es el ámbito de las Ideas, integrado por las esencias eternas e inmutables. El mundo inteligible solo puede captarse con ayuda de la razón.

mundo sensible: En el pensamiento de Platón, es el ámbito de las cosas cambiantes e imperfectas, formado por todo aquello que podemos percibir con los sentidos.

N

***narratio*:** Segunda parte de un discurso, en la que se exponen los hechos.

necesario: Que existe y no puede no existir. Un ser necesario es un ser que forzosamente ha de existir, porque su inexistencia sería contradictoria e impensable.

neopositivismo: Corriente filosófica inspirada en las ideas del *Tractatus* que rechaza la metafísica, afirmando que el único conocimiento válido es el proporcionado por las ciencias experimentales.

O

objetivismo estético: Teoría según la cual la belleza es una propiedad objetiva e intrínseca de la realidad.

oligarquía: En la clasificación de Aristóteles, es un sistema de gobierno injusto en el cual el poder está en manos de un grupo de personas.

omnipotente: Todopoderoso. Los filósofos cristianos consideran que Dios es un ser omnipotente.

omnisciente: Que conoce todo. Los filósofos cristianos consideran que Dios es un ser omnisciente.

ontología: Parte de la metafísica que analiza los seres que existen.

oratoria: Arte práctico que consiste en saber hablar con elocuencia.

P

paradigma científico: Sistemas integrados de conocimientos, creencias, interpretaciones y métodos de trabajo, dentro de los cuales se desarrolla el trabajo de los científicos. Un paradigma científico articula diversas leyes para ofrecer una interpretación global de la realidad.

Parlamento: Cámara de representación democrática en la que los diputados elegidos por votación popular elaboran las leyes y controlan la acción del gobierno.

patrística: Etapa de la filosofía cristiana protagonizada por los "Padres de la Iglesia", tales como Agustín de Hipona.

percepción: Proceso mediante el cual somos capaces de reconocer el mundo que nos rodea, atribuyendo sentido al conjunto de sensaciones registradas por los sentidos.

***peroratio*:** Parte final de un discurso, en la que el orador recapitula y propone una conclusión.

persona: Ser inteligente, autónomo, libre y consciente de su propia existencia y de su valor único e irrepetible.

perspectivismo: Teoría filosófica según la cual el aspecto que presenta la verdad depende de la posición o perspectiva desde la cual se contempla la realidad.

persuasión: Capacidad de convencer a los demás con nuestros razonamientos.

pertinencia: Un argumento es pertinente cuando tiene relación con el tema que estamos tratando.

pluralismo: Teoría filosófica para la cual existen varias realidades últimas.

poder ejecutivo: Poder del Estado que se encarga de poner en práctica las leyes.

poder judicial: Poder del Estado que supervisa el cumplimiento de las leyes y castiga a quienes las incumplen.

poder legislativo: Poder del Estado que se encarga de elaborar las leyes.

poder político: Capacidad que tienen algunos individuos o instituciones para obligar a otras personas a actuar de una determinada manera.

polivalente: La lógica polivalente tiene en cuenta la posibilidad de que algunas proposiciones puedan tener más de dos valores de verdad. Este tipo de lógica permite analizar razonamientos con proposiciones que tienen una cierta probabilidad de ser verdaderas.

posición originaria: En la teoría de la justicia de Rawls, corresponde a la situación hipotética en la que los miembros de la sociedad deciden en común cuáles van a ser las reglas de su convivencia, sin saber previamente el papel que les va a corresponder desempeñar.

positivismo: Teoría según la cual el único conocimiento válido es el científico. Para el positivismo, la filosofía es un saber vacío e inútil del cual sería mejor prescindir.

pragmática: Aspecto de la semiótica que se centra en los usos del lenguaje y las relaciones que existen entre los signos y las maneras en las que estos se emplean.

pragmatismo: Corriente filosófica según la cual la utilidad práctica es el criterio que permite determinar si una afirmación es verdadera.

preconsciente: En la teoría freudiana, es el espacio intermedio entre el inconsciente y el consciente. Algunos elementos del inconsciente pueden en ocasiones pasar al preconsciente, pero cuando lo hacen sufren una transformación para esconder sus aspectos vergonzosos o inaceptables a la luz de la razón.

prejuicios: Creencias que mantenemos sin haberlas cuestionado previamente, es decir, sin haberlas sometido a un juicio racional.

premisa: Cualquiera de las proposiciones que se toman como punto de partida para un silogismo.

presocráticos: Son los primeros filósofos griegos, que vivieron en el siglo VI a.C. y son anteriores a Sócrates. Su principal preocupación filosófica era el estudio de la naturaleza, su orden y su regularidad.

presupuestos: Ideas que aceptamos y que son la base sobre la que se fundamentan nuestros pensamientos, nuestras palabras y nuestras acciones.

primates: Orden biológico al que pertenecemos los seres humanos, junto con otros animales como los chimpancés, los gorilas o los orangutanes.

principio de indeterminación: Ley de la física cuántica que establece la imposibilidad de conocer al mismo tiempo y con total precisión la posición y el movimiento de una partícula.

problema moral: Situación compleja en la que tenemos que tomar decisiones difíciles, pero en la que es posible imaginar muchas maneras distintas de actuar.

profano: Ámbito ordinario de la realidad, en contraposición con lo sagrado.

proposición: Frase que afirma o niega algo.

proposición compuesta o molecular: Es una proposición que contiene dos o más proposiciones atómicas en su interior.

proposición simple o atómica: Proposición elemental que no puede descomponerse en proposiciones más sencillas.

prudencia: En la filosofía de Aristóteles es una virtud que consiste en la capacidad de decidir racionalmente cómo debemos actuar en la práctica.

psicoanálisis: Método terapéutico basado en la interpretación de los procesos mentales, que tiene en cuenta la existencia de elementos inconscientes en nuestra vida psíquica.

psicología de la *Gestalt*: Corriente psicológica que presta atención al modo en que nuestra mente capta la realidad como totalidades estructuradas o "formas". La palabra *Gestalt* significa 'forma' en alemán.

R

racionalismo: Corriente filosófica de la Edad Moderna según la cual el conocimiento válido y seguro debe lograrse mediante la razón.

rasgos adquiridos: Características aprendidas culturalmente que hemos incorporado con el tiempo gracias a nuestra vida en sociedad.

rasgos innatos: Características heredadas biológicamente que tenemos desde nuestro nacimiento.

razón instrumental: Empleo de la razón para encontrar los medios más adecuados para lograr un fin predeterminado. La razón instrumental no se cuestiona la finalidad propuesta, sino que únicamente se preocupa por hallar los medios necesarios para alcanzarlo.

razón orientada a fines: Empleo de la razón para reflexionar acerca de los fines que pretendemos lograr con nuestra acción.

realismo: Teoría filosófica según la cual la verdadera realidad está compuesta por los individuos particulares del mundo sensible.

reduccionismo: Teoría que trata de explicar una parte de la realidad reduciéndola a elementos que proceden de un ámbito distinto. El monismo en antropología ha sido acusado de ser reduccionista, porque pretende ofrecer una explicación de la compleja realidad humana limitándola a su dimensión material.

relativismo cultural: Teoría según la cual todas las culturas son igualmente buenas y respetables, por lo que no es posible establecer comparaciones ni juicios acerca de las culturas diferentes a la nuestra.

relativismo epistemológico: Teoría según la cual lo que se considera verdadero o falso depende del punto de vista. Los relativistas suelen considerar que lo que se acepta como verdad depende de factores sociales e históricos.

relativismo lingüístico: Teoría según la cual las palabras que usamos determinan (o, según otras versiones, condicionan) nuestra visión del mundo.

relativismo moral: Teoría según la cual todas las normas morales son relativas, porque dependen de la situación y del punto de vista.

religión: Conjunto de prácticas, creencias y saberes relacionados con lo sagrado.

reminiscencia: Recuerdo. Para Platón, conocer es recordar. Por eso el pensamiento platónico insiste en que el conocimiento no es más que una reminiscencia.

retórica: Disciplina teórica que estudia el arte de utilizar el lenguaje para persuadir al público mediante un discurso.

revolución científica: Cambio que se produjo a partir del siglo XVII cuando comenzó a emplearse el método experimental y las ciencias se separaron de la filosofía.

rito: Ceremonia consistente en una serie de actos prefijados que se realizan siempre de la misma manera. Los ritos religiosos pueden estar conectados con los mitos y con las creencias mágicas.

S

sagrado: Ámbito especialmente valioso e importante que es preciso separar del resto de la realidad y tratar con veneración y respeto.

selección natural: Proceso mediante el cual los organismos mejor adaptados a las circunstancias ambientales son capaces de sobrevivir y reproducirse, transmitiendo sus rasgos a la siguiente generación, mientras que los seres peor adaptados tienden a morir sin descendencia.

semántica: Rama de la semiótica que estudia los significados, analizando las relaciones que hay entre los signos y lo que estos representan.

semiótica: Ciencia que estudia los signos.

señal: Signo natural en el que la conexión entre significante y significado proviene de la relación entre causa y efecto.

sensación: Proceso mediante el cual nuestros sentidos captan estímulos de tipo físico o químico.

separación de poderes: División del poder del Estado en tres ramas diferentes, ejercidas por instituciones y personas distintas. Los tres poderes del Estado son el legislativo, el ejecutivo y el judicial.

ser en acto: Es un ser que ha alcanzado por completo la plenitud de todo lo que puede llegar a ser.

ser en potencia: Para Aristóteles, se trata de lo que aún no ha se ha convertido en todo lo que puede llegar a ser. El ser en potencia puede, si se dan las condiciones adecuadas, transformarse en algo diferente.

ser-en-sí: En la filosofía de Jean-Paul Sartre, los seres-en-sí son las cosas, que tienen una esencia prefijada y determinada que especifica lo que son.

ser-para-sí: Para Sartre, las personas son seres-para-sí, porque en ellas la existencia es previa a la esencia. Los seres humanos no tenemos una esencia fija, sino que vamos construyendo lo que somos mediante nuestras elecciones libres.

significado: Es aquello que un signo representa.

significante: Es el elemento concreto que forma un signo.

signo: Cualquier elemento que sirve para representar algo.

silogismo: Razonamiento formado por unas proposiciones (llamadas premisas) que se aceptan como válidas, a partir de las cuales se obtiene otra proposición distinta (denominada conclusión).

simbolismo: Interpretación para la cual el aspecto más relevante de una obra de arte es su capacidad para transmitir significados simbólicos.

símbolo: Signo convencional no icónico. Los símbolos representan una realidad concreta, pero la relación que hay en ellos entre significante y significado es arbitraria y no se basa en el parecido.

sincrónico: Un estudio sincrónico analiza un fenómeno específico en un momento de tiempo concreto.

sintaxis: Parte de la semiótica que analiza las relaciones que pueden establecerse entre los signos, para analizar qué secuencias de signos están bien formadas y cuáles no.

soberano: Individuo, grupo o institución social que ejerce el poder supremo en una determinada sociedad.

socialización: Proceso mediante el cual un individuo internaliza e incorpora la cultura del grupo humano en el que vive.

sociedad civil: Conjunto de personas y de grupos que no dependen directamente del Estado, pero que contribuyen con su actividad a articular nuestra convivencia social.

Sócrates: Filósofo griego que vivió en el siglo V a.C. Se interesaba principalmente por cuestiones relacionadas con el ser humano.

sofisma: Argumentación incorrecta elaborada con la intención de engañar o confundir.

solidez: Un argumento es sólido cuando a partir de las premisas podemos inferir la conclusión de una manera adecuada y convincente.

súbdito: Persona que está sometida al poder del soberano, viéndose obligada a cumplir sus órdenes.

subjetivismo estético: Teoría según la cual la belleza es una cualidad subjetiva, asociada al sentimiento de agrado o rechazo que nos produce lo que percibimos.

subjetivismo: Teoría filosófica según la cual lo que a una persona le parece verdadero depende únicamente de factores individuales.

sublime: Dimensión amenazante, terrible y sobrecogedora de la belleza que suscitó una enorme fascinación en los artistas románticos.

sufragio universal: Sistema para la elección de representantes políticos en el que todos los ciudadanos mayores de edad pueden votar, independientemente de su sexo, condición o situación económica.

superyó: De acuerdo con Freud, el superyó es el ámbito mental que almacena las normas, prohibiciones y órdenes que hemos aprendido en nuestra infancia y que posteriormente hemos interiorizado.

sustancia: En la filosofía de Aristóteles, la sustancia es aquello que existe por sí mismo. La sustancia actúa como sustrato que soporta o contiene los accidentes.

sustancia extensa: En la filosofía cartesiana es la materia, caracterizada por su atributo de ocupar un lugar en el espacio.

sustancia infinita: Para Descartes se trata de Dios, que es un ser infinito, onmisciente y todopoderoso.

sustancia pensante: Para Descartes es el yo, la conciencia. Su atributo es el pensamiento, que es inmaterial.

T

tabla de verdad: Procedimiento de cálculo que nos permite determinar el valor de verdad de una función lógica a partir de los valores de verdad de las proposiciones que la componen.

tautología: Expresión lógica que siempre es verdadera, independientemente de las circunstancias.

técnica: Actividad transformadora de la realidad que crea procedimientos o artefactos destinados a satisfacer nuestros deseos y necesidades de tipo material.

tecnociencia: Unión de ciencia y técnica, estrechamente relacionadas en la época contemporánea.

teleología: Teoría filosófica según la cual todo lo que existe aspira a cumplir una meta o finalidad.

temperamento: Dimensión genética de nuestra personalidad, que no resulta fácil modificar.

teocentrismo: Visión de la realidad en la que Dios es el centro de todas las preocupaciones e intereses.

teología: Estudio acerca de Dios. La teología forma parte de la filosofía cuando trata de alcanzar conocimientos acerca de Dios mediante la razón.

teoría científica: Conjunto de leyes interrelacionadas entre sí, que permite ofrecer una explicación coherente de un cierto campo de la realidad.

teoría del caos: Rama de la física y las matemáticas que estudia la evolución de los sistemas dinámicos caóticos, en los cuales una pequeña variación de las condiciones iniciales puede modificar dramáticamente el estado final del sistema después de un cierto tiempo.

teoría sintética de la evolución: Es la teoría evolutiva actualmente en vigor, que combina el darwinismo con los descubrimientos de la genética.

tiranía: En la clasificación de Aristóteles, se trata de un sistema de gobierno injusto en el que el poder es ejercido por una única persona.

tópicos: Principios o recursos que pueden servir para fundamentar una argumentación. Como se trata de argumentaciones que suelen ser conocidas y aceptadas por el público, los tópicos también reciben el nombre de "lugares comunes".

totalitarismo: Sistema político en el que el Estado ejerce un poder ilimitado sobre todos los ámbitos de la vida, sin respetar la libertad de los individuos.

trascendente: Que está más allá de este mundo, en otra realidad diferente de la que vemos y percibimos ordinariamente.

trayectoria: Camino seguido por un objeto en movimiento.

trívium: Conjunto de disciplinas formado por la gramática, la retórica y la dialéctica, que durante toda la Edad Media europea constituyó la base de la educación.

U

universal: Válido de forma general, para todas las personas en todos los lugares y en todos los momentos.

universales culturales: Elementos culturales comunes que están presentes en todas las sociedades conocidas.

universales: Términos que sirven de referente para agrupar a diferentes individuos que comparten alguna característica común. Las palabras *pájaro*, *azul* o *mesa* son universales. Los filósofos han disputado durante siglos sobre el problema de determinar si estos universales existen por sí mismos en un ámbito separado del mundo sensible o si únicamente son palabras que no existen independientemente del lenguaje.

universalismo moral: Teoría que afirma la validez general de algunas normas morales fundamentales.

uso práctico de la razón: Empleo de la razón para decidir cómo actuar.

uso teórico de la razón: Utilización de la razón para conocer.

utilitarismo: Teoría ética según la cual las acciones moralmente correctas son las que resultan útiles porque producen el máximo placer al mayor número posible de personas.

utilitarismo de la norma: Versión de la teoría utilitarista según la cual una norma es correcta cuando su aplicación general maximiza la satisfacción de las preferencias individuales.

utilitarismo del acto: Versión de la teoría utilitarista según la cual la acción correcta es la que maximiza la satisfacción de las preferencias individuales.

utopía: Diseño político ideal que pretende construir una sociedad perfecta, pero que no existe en la realidad.

V

valor de verdad: Función que asigna a cada proposición un valor de 1 si es verdadera o de 0 si es falsa.

vanguardia: Movimiento artístico que rechaza las normas tradicionalmente aceptadas, creando obras experimentales e innovadoras que rompen con lo establecido de manera provocadora y revolucionaria.

variabilidad de la descendencia: Diversidad de características existente entre los distintos descendientes. Actualmente sabemos que esta variabilidad se debe a factores genéticos y a la existencia de mutaciones.

velo de ignorancia: Situación que se presenta en la posición originaria, caracterizada por la imposibilidad de saber cuáles serán las circunstancias personales en la sociedad una vez establecidas las reglas generales de convivencia.

verdades innatas: Verdades evidentes e indudables que están en nuestra mente y que no proceden de la experiencia. Los racionalistas creían en la existencia de algunas importantes verdades innatas.

vicio: Hábito negativo.

virtud: Hábito positivo.

vitalismo: Teoría que defiende la importancia decisiva de la vida individual, que debe tomarse como punto de partida para la reflexión filosófica.

voluntad general: Según Rousseau, la voluntad general expresa los deseos del pueblo en defensa de los intereses de toda la sociedad. Como la voluntad general es soberana, este mandato no puede ser suprimido, dividido ni transferido a nadie. Las personas encargadas de llevar a cabo la voluntad general tan solo son representantes del pueblo, por lo que pueden ser depuestos si no cumplen con el mandato que han recibido.

Y

yo: Para Freud, el yo se encuentra situado entre los deseos del ello y las constricciones del superyó. En su proceso de mediación entre estos dos ámbitos, el yo se guía por el principio de realidad.

Este libro está impreso en papel ecológico reciclable y con tintas exentas de elementos pesados solubles contaminantes. Directiva Europea 88/378/UE, norma revisada EN/71.

Primera edición, 2015

Depósito Legal: B. 25.389-LVII/ N.º de Orden V.V.: FL42.

IMPRESO EN ESPAÑA. PRINTED IN SPAIN.